한국불교의
일생의례

한국불교의 일생의례

출생에서 죽음까지

구미래 지음

민족사

머리말

살아가는 동안 우리는 끊임없이 통과의례를 거치며 살아간다. 크든 작든, 원하든 원치 아니하든 새로운 세계에 들어서는 것은 중요한 전환점이며 자신과 주변 사람의 마음을 환기시키는 일이다.

'시작이 반이다', '시작이 좋으면 끝도 좋다'는 말이 있듯이 첫발을 잘 내딛는 일이 중요하지만 낯선 곳으로 들어설 때는 삿된 기운이 침범하거나 실수가 따르기 쉽다. 따라서 낯선 세계로 들어서는 민감한 변화의 시점에 특별한 의례를 치름으로써 현실적·초월적 존재들로부터 인정과 보호를 받아 그 단계를 무사히 통과할 수 있다고 여겼다. 통과의례가 공동체의 승인을 받는 사회적 행위이면서 동시에 종교적 성격을 띠는 것은 이러한 특성 때문일 것이다.

무수한 통과의례 가운데, 태어나 죽을 때까지 일생 동안 누구나 거치는 중요한 마디에 치르는 의례를 일생의례(一生儀禮)라 부른다. 대표적인 통과의례이자 일생의례로서 흔히 관혼상제(冠婚喪祭)의 사례(四禮)를 떠올리게 되나, 사례에는 일생의 맨 마지막 통과의례로 '죽음'은 들어 있으나 처음 시작인 '출생'이 빠져 있다. 아울러 일생의례는 의례를 치름으로써 새로운 지위를 부여받기 때문에 되풀이되지 않고 일생에 한 번 거치는 특성을 지닌다. 따라서 산 자와 죽은 자가 주기적으로 만나는 제례(祭禮)는 의례의 연속적 흐름을 살펴보기 위해 함께 다루더라도, 일생의례의 의미에 해당되지 않는다는 사실도 새길 필요가 있다.

또한 일생의례를 다룰 때 곧잘 누락되는 회갑(回甲)은 노인으로 진입하는 일생의 중요한 시점이다. '인생은 육십부터'라는 말이 공연히 생겨난 게 아니라 육십갑자를 한 바퀴 돌고 나서 이때부터 새로운 갑자가 시작되기 때문이다. 주역에서도 회갑이 지나면 사주팔자(四柱八字)의 괘가 나오지 않는다니, 그야말로 사주팔자에서 벗어나 새 인생을 자유롭게 펼쳐 나갈 시점인 셈이다.

이렇듯 일생의례는 삶의 근간을 이루는 것으로, 초월적 존재를 향한 기원 또한 절실해지게 마련이어서 민간의 일생의례에 미쳐온 불교의 영향력은 깊고도 넓다. 이 책의 주제인 '불교 일생의례'는 불교적 영향력 속에서 치르는 일생의례를 말한다. 의례란 의미를 부여한 것에 대한 상징적 대처 방식이기 때문에, 일생의례를 보면 삶의 각 단계를 그 사회에서 어떻게 인식하고 있는지 알 수 있다. 따라서 불교 일생의례를 다룸에 있어 출생·성인·혼인·노인·죽음 등을 불교에서 어떻게 인식해 왔는지 파악하는 것이 중요하고, 의례 속에서 또한 그러한 관점을 읽어내야 할 것이다.

실제 한국불교의 일생의례는 활성화되어 있지 못한 편이다. 불교의례는 주로 사후에 집중되어 있고, 출생이나 혼인처럼 삶의 각 단계에 치를 수 있는 의례기반이 빈약하다. 따라서 불교 일생의례에 대한 관심과 연구 또한 단편적으로 이루어졌을 뿐, 역사적 검토는 물론 총체적·체계적 접근이 전무한 실정이다. 이는 규범화된 의례에 중점을 둠으로써 일생의례가 민간의 역동적 삶 속에서 전개된다는 점을 간과했기 때문이라 여겨진다.

불교신도들이라 하더라도 일생의례는 불교의 논리에 따르기보다 그들의 자생적 신앙 방식에 의지한다는 점을 염두에 두면 불교 일생의례의 내용은 보다 넓고 다채로워진다. 민간의 삶으로 눈을 돌렸을 때 출생에서부터 죽음에 이르기까지 일생의 중요한 마디마다 불교를 적극적으로 수용해온 다양한 양상을 접할 수 있기 때문이다. 따라서 전승기반이 튼실하지 않은 불교 일생의례를 체계적으로 복원하기 위해서는 새로운 차원의 자료를 본격적인 분석대상으로 삼을 필요가 있다. 이를테면 민속지(民俗誌) · 생활문물 · 구술채록 등과 같이 기존에 관심을 기울이지 못했던 영역에서 일생의례의 다면적 모습을 새롭게 발굴 · 분석해낼 수 있을 것이며 생동감 있는 생활불교의 현장도 포착할 수 있다.

이러한 문제의식에 따라 이 책에서는 불교 일생의례에 대한 교리적 · 의례적 접근, 역사적 · 민속적 접근을 고루 시도하는 가운데 '석가모니의 일생'과 '사하촌(寺下村)의 일생의례'를 사례로 다루었다. 석가모니는 인간으로 태어나 깨달음을 이룬 존재로, 불교 일생의례의 이념적 모델이 되어온 그의 삶을 통해 일생의 각 단계를 살펴보는 것은 중요한 의미를 지닌다. 사하촌은 생활불교의 전승 현장이자 전승 주체가 살고 있는 마을로, 사찰과 긴밀한 상호관계 속에 살아가는 주민들의 삶을 통해 일생의례에 대한 실증적 고찰이 가능하기 때문이다.

아울러 출생 · 혼인 · 노인 · 죽음 등의 문제를 경전과 교리에 근거하여 살핌으로써 불교에서 인간 삶의 각 과정을 어떻게 인식하였고, 중생을 대상으로 어떤 가르침을 펼쳐 왔는지 새겨 보았다.

특히 의례에 대한 분석은 물론, 역사적 · 민속적 양상을 면밀하게 고찰하고자 노력하였다. 이를테면 출생의 단계에서 미륵(彌勒)을 마을로 내려오게 만든 기자신앙의 양상, 제석(帝釋)의 다양한 변용과 수용, 마을을 찾는 탁발승을 둘러싼 출생담론 등은 민속불교의 역동성을 실감나게 하는 대목들이다. 혼인과 성인(成人)의 단계에서는 혼인이 '물리적 · 사회적 어른 되기'에 해당한다면, 자신의 삶을 주체적으로 자각하는 것이 '실존적 어른 되기'임을 석가모니의 행적으로 추적해 보았다. 아울러 불교가 왕성했던 고려시대와 이후 갈등관계에 있던 조선시대의 상황을 통해 불교 일생의례에 대한 수용과 배척의 다면적 역사를 다루었다. 특히 상례에서는 '임종-빈소-장지-탈상'에 이르기까지 의례 단계별로 새로운 역사적 접근을 하고 탈상의례로서 사십구재의 의미를 다각적으로 고찰했으며, 제례의 경우 고려시대에 불교에서 유교보다 먼저 기제사를 활발하게 치렀던 기록 등을 분석하였다.

이 책을 디딤돌로 삼아 불교 일생의례에 대한 심층적·실증적 연구가 활발해지길 기대한다. 종단마다 일생의 각 단계별 의식을 마련해 놓고 있으나, 의식절차를 갖추어 놓는 것만으로는 불교 일생의례의 활성화에 거의 영향력을 미칠 수 없다. 이에 대한 논의가 활발하고 전통자료가 풍성하게 제시됨으로써 다양한 생활의례로 접목될 수 있는 방향성이 자연스럽게 도출될 수 있을 것이다. 현대에 맞는 불교 일생의례의 정립 또한 전통적 양상의 복원 위에서 이루어져야 함은 물론이다.

한 분 한 분 거론하지 못하지만 학계와 불교계의 여러 어른들과 선학·동료들, 가족친지의 격려와 도움은 책을 집필하는 데 큰 힘과 기쁨이 되었기에 깊이 고마운 마음을 간직하고 있다. 윤창화 대표님과 정영옥 차장을 비롯하여 좋은 책으로 좋은 세상을 꿈꾸는 민족사 여러분께도 고마움을 전한다.

책을 쓰고 마무리하는 중에도 주변에는 생로병사의 소식이 끊이지 않았다. 과일 속에 씨를 품고 있듯이 모든 생명 있는 존재는 태어나면서부터 죽음을 품고 있기에 '일생'이라는 말도, '삶'이라는 말도 생겨났으리라. 일생이란 죽음을 인식하면서 비로소 뚜렷해지는 개념임을 절감하는 나날이다.

이 책을 석정(石鼎) 스님 영전에 바치며 스님의 맑고 명쾌한 불교적 일생을 되새겨본다. 또한 병마에 시달리는 한 분의 소중한 삶이 회복되기를 간절히 기도한다.

2012년 12월 구미래

목차

불교와 일생의례

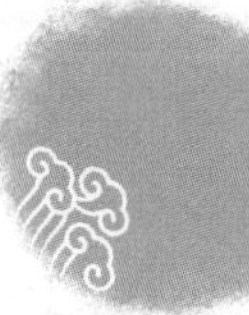

1. 일생에 대한 불교의 관점

인간은 태어나서 죽을 때까지 사회적 인정이 필요한 중요한 마디를 거치는 가운데 살아가게 된다. 곧 최초로 공동체의 성원이 되는 출생, 어른 노릇과 대접을 받는 성인으로의 진입, 일가를 이루는 혼인, 태어난 간지(干支)의 해를 맞아 노인으로 거듭남에 이르기까지 사회구성원으로 큰 전환이 일어나는 시점을 설정하여 이에 큰 의미를 부여하고 있다. 따라서 이 시기에 출생의례 · 성인의례 · 혼례 · 회갑례 등의 의례를 치름으로써 사회적 인정을 받아 새로운 지위를 획득하게 되는 것이다. 아울러 삶을 마감하는 죽음 역시 망자의 영혼이 무사히 저승에 진입하여 조상으로 자리할 수 있도록 정교한 상례의 단계를 거치게 된다.

이에 비해 불교에서 일생을 보는 관점은 보다 원론적이고 자연적이다. 곧 나서 늙어가고 병들어 죽는 생로병사(生老病死)의 과정으로 일생을 설명하면서, 인간 삶의 유한함 · 무상함으로써 불교적 진리를 일깨우고 있기 때문이다.

석가모니 일대기에는 이러한 생로병사의 근원적 고뇌에 대한 인식이, 태자로 태어나 부러울 것 없이 유복하게 자란 싯다르타가 출가를 결심하는 결정적 계기로 설정되어 있다. 이른바 사문유관(四門遊觀)[1]이라 일컫는 이 사건은, 싯다르타가 동문 밖에서 구부러진 허리에 제대로 걷지 못하는 노인을 만나 늙음을 피할 수 없다는 사실을 깨닫고, 남문 밖에서 병든 환자를 만나 언젠가는 몸이 쇠하여 병으로 고통당할 수밖에 없음을 절감하며, 서문 밖에서 장례 행렬을 만나 그 누구도 죽음에서 벗어날 수 없음에 번민하게 된다. 이후 북문 밖에서 한 사문(沙門)을 만나 번뇌를 끊을 수 있는 길이 있음을 확신하고 마침내 출가를 결심하게 되는 것이다.

이렇듯 궁극적으로 늙고 병들어 죽음에 이른다는 사실을 강조함으로써 불교를 염세적인 종교라 보기도 한다. 그러나 불교에서는 역으로 현상적인 모든 것들은 실체가 없고 한순간도 고정됨 없이 변하는(無常) 것임을 철저하게 인식하는 일이야말로 어떻게 살아야 할 것인지를 깨닫는 지름길이라 본다. 모든 번뇌는 탐착으로 인해 생겨나는 것임을 알고 괴로움의 실체를 분명히 깨닫는 자만이 고(苦)의 근원에서 벗어나 행복한 삶을 살아갈 수 있기 때문이다.

불교를 떠나 모든 사람들이 생로병사에 대한 인식을 지닌 채 살아가고 있지만, 불교에서는 이를 존재와 삶을 파악하는 근간으로 둔다는 데 차이가 있다. 곧 성인으로 인정받거나 혼인으로써 가정을 꾸리는 등의 사회적 과정보다 무상한 변화로 진행되는 존재론적 과정을 직시하는 가운데 어떤 삶을 살아갈 것인지에 대한 문제를 끊임없이 던지고 있는 셈이다. 이러한 관점은 불교의 윤회관이 전생에 지은 업(業)에 따라 내생을 받는 인과응보(因果應報)와 연

---

1 『大藏一覽集』 卷1(『한글대장경』 316, 동국역경원, 2000), 第1門 出家品, pp.66~73.

기(緣起)에 근거하고 있다는 점과도 직결된다. 방편적으로는 보다 나은 내세를 위해, 근원적으로는 번뇌의 고리를 끊기 위해 존재론적 과정을 직시함으로써 삶의 방향성을 제시하고 있기 때문이다.

따라서 사후의 문제 역시 공동체에서 공인된 의례를 치름으로써 자연스럽게 저승에 안착하고 조상으로 자리하는 것이 아니라, 생전의 삶의 질이 죽음 이후에 막대한 영향을 미침으로써 생(生)과 사(死)가 보다 유기적으로 연계되어 있다.

불교의 윤회관에 따르면 인간은 깨달음을 이루어 윤회에서 벗어나지 않는 한 끊임없이 생과 사를 되풀이(輪廻轉生)하게 된다. 아울러 일회의 삶인 일생을 생유(生有)·본유(本有)·사유(死有)·중유(中有)라는 4유(四有)로써 설명하고 있다. 곧 각자의 업에 따라 모태에 의탁하여 태어나는 순간을 생유라 하고, 출생 후 죽음에 이르기까지 생전의 존재를 본유라 하며, 죽는 순간을 사유, 그리고 죽어서 다시 태어나기 전까지의 존재를 중유 또는 중음(中陰)이라 한다. 따라서 이전 존재가 다음 존재로 태어나기 위해서는 중유라는 사후기간을 거쳐야 가능하기에, 순환하는 삶의 구도에서 보면 본유와 중유가 결합하여 일생을 이루고 있는 셈이다(그림1 참조).

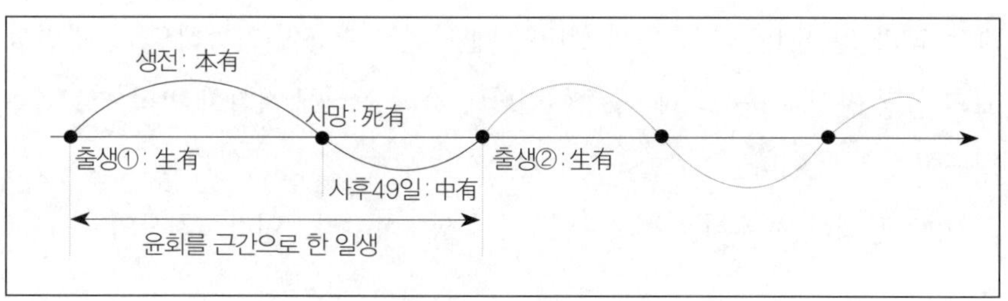

〈그림1〉 본유와 중유가 결합된 불교적 일생

그런데 본래 불교에서는 몸과 분리된 고정불변의 실체적 자아 혹은 윤회하는 주체로서 불멸하는 영혼의 존재를 인정하지 않는다. 곧 인간 존재는 하나의 육체적 요소인 색(色)과, 네 가지 정신적 요소인 수(受) · 상(想) · 행(行) · 식(識)의 오온(五蘊)으로 이루어져 있으며, 이 다섯 가지 요소는 어떤 원인에 의해 일시적으로 결합된 것[2]이라 본다. 자아는 그것을 발생시키는 조건이 있을 때 조건적으로만 존재할 뿐 고정불변하는 실체적 '나'는 없으며,[3] 윤회가 이루어지는 현상 역시 인과관계에 따른 체계적인 연기설(緣起說)로써 설명하고 있다. 이때 윤회의 주체는 업(業)으로, 한 존재가 살아 있을 때 지은 업은 잠재적 에너지(業力) 상태로 그 존재 속에 축적되어 있다가 존재가 죽으면 그 업력이 작용하여 다음 존재를 만든다는 것이다. 따라서 업이 있는 한 인간은 윤회를 할 수밖에 없고 윤회를 한다는 것은 업이 있기 때문이라 본다.[4] 이처럼 '업'의 전이를 통해 윤회전생(輪廻轉生)하는 것을 삶과 죽음의 원리로 보는 것이 불교 생사관의 핵심이라 할 수 있다.

이러한 생사관을 근간으로 한 가운데, 실제 불교 현장에서 방편적으로 이루어지는 양상은 '업'이 '영혼'으로 대체되어 있다. 왜냐하면 윤회의 주체가 업이라는 사실은 고정불변의 '나'를 부정하는 무아윤회(無我輪廻)를 기반으로 하는 것이어서 민간의 일반적 죽음 인식과는 거리가 멀기 때문이다. 곧 사후세계는 몸과 분리된 영혼을 통해 설명할 때 보편적 수용이 가능하므로, 방편불교의 설명 방식과 죽음의례 역시 이러한 민간의 인식에 적합한 방식으로 체계화되어 있는 것이다.

이때 윤회하는 세계는 지옥 · 아귀 · 축생 · 아수라 · 인간 · 천상의 육도(六

---

2 윤호진, 「佛敎의 죽음이해」, 『신학과 사상』 21(가톨릭대학출판부, 1997), pp.9~13.
3 안옥선, 「초기불교에서 본 '무아의 윤회'」, 『불교평론』 20(불교시대사, 2004), p.225.
4 윤호진, 앞의 논문(1997), pp.17~24.

道)로 분화되어 있고, 육도의 한 곳으로 윤회하는 원리는 생전에 지은 대로 받는 자력의 인과관계에 따른다. 그런데 윤회하는 이전 존재와 다음 존재 사이에 중유의 기간이 설정되고 중생의 문제를 구제하기 위한 방편이 확산되면서 윤회의 양상은 다각도로 진행되기에 이른다. 곧 생전에 극히 선하거나 악한(極惡極善) 업을 지은 이는 곧바로 다음 생을 받게 되지만 대부분의 사람은 중유기(中有期)에 다음 생의 과보가 결정[5]된다고 보는 것이다. 따라서 이 기간은 중유의 존재가 태어날 인연을 찾는 시간인 동시에, 타력으로 망자의 구제를 도모할 수 있는 시간으로 수용되었다. 유족 등이 망자를 위해 행하는 공덕으로써 생전의 업을 없애거나 감하여 망자의 내세에 큰 영향을 미칠 수 있다고 여기게 된 것이다.

이처럼 내세의 모습을 좌우하는 것은 윤회의 주체가 짓고 받는 자력의 과보뿐만 아니라, 남은 자들이 중유의 기간에 망자를 위해 행하는 타력[6]의 공덕이 함께 작용하고 있다. 이러한 관점은 잘 사는 것이 잘 죽는 것이라는 '좋은 죽음'의 담론에 남은 자의 역할이 추가되어, 망자는 잘 죽고 유족은 잘 보냄으로써 잘 태어나게 된다는 순기능을 살펴보게 한다. 아울러 다음 생은 망자에게 주어진 또 다른 업으로 열려 있어 결국 본유의 삶을 어떻게 살아가야 할 것인지를 강조하는 구도를 띠고 있다.

지금까지 살펴본 것처럼 불교의 순환적 생사관에 따를 때, 본유와 중유가 결합한 일생에서 다음 생을 결정짓는 힘은 생전에 스스로 지은 자력의 업과 유족이 지은 타력의 공덕이 함께 작용하게 된다. 중생은 전생의 업에 따라 내세를 받게 됨을 알면서도 크고 작은 악업을 짓는 가운데 살아가는 모순된 존

---

5 耘虛 龍夏, 『佛教辭典』(동국역경원, 1961), p.811.
6 중유의 존재에게 궁극적으로 작용하는 타력은 불 · 법 · 승 삼보(三寶)의 힘이지만, 유족은 의례를 성립케 한 주체로서 타력의 우선적 작용자라 보아도 무리가 없을 것이다.

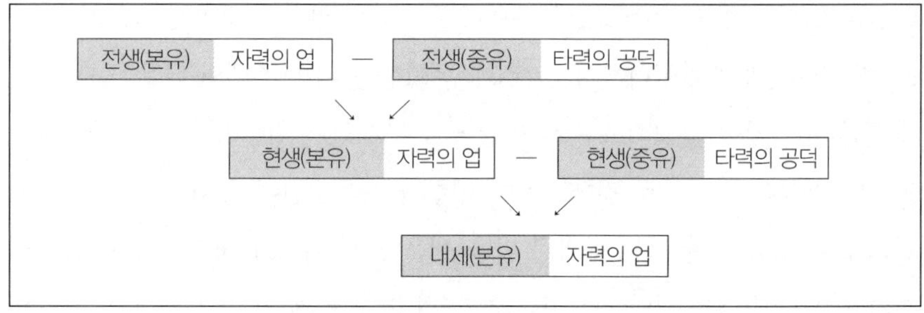

〈그림2〉 생과 사의 변증법적 순환

재이다. 따라서 중유에 행하는 유족의 공덕은 망자가 생전에 지은 악업에 대한 상대적 힘으로 작용하게 된다. 이처럼 자력의 악업이 지닌 모순으로 인해 타력의 공덕이 작용하여(자력↔타력, 악업↔공덕) 변화를 가져온 것이 곧 내세의 모습이며, 내세의 존재는 다시 자력의 업을 쌓아가는 과정을 반복하게 된다. 이러한 불교적 생사관은 '생과 사', '자력과 타력'의 문제가 유기적으로 연계된 변증법적 순환으로 파악할 수 있으며 이를 도상화하면 〈그림2〉와 같다.

2. 불교 일생의례의 성립 배경

한국불교의 일생의례는 죽음과 관련된 국면을 제외하면 체계화되어 있지 못한 편이다. 사후문제처럼 종교적 해명이 따르는 부분에서는 불교 특유의 세계관으로써 두드러진 역할을 수행해 왔으나 생전의 통과의례에 대해서는 본격적인 뒷받침이 따르지 못한 것이다. 현재 상황을 중심으로 살펴볼 경우, 죽음의례 역시 중유의 기간에 치르는 사십구재를 제외하면 불교적 영향력이 크지 않은 상태이다.

이처럼 한국불교가 지닌 역사성과 토착성을 감안할 때 삶의 근간을 이루는 불교 일생의례가 신자들에게 생활화되지 못한 상황은 다소 뜻밖일 수 있다. 이에 크게 일생의례의 특성, 불교의 교리·사상적 기반, 역사·사회적 맥락으로 나누어 그 성립 배경을 살펴봄으로써 불교 일생의례의 양상을 보다 합리적으로 이해해 보고자 한다. 이는 불교만이 아니라 모든 종교에 적용되는 분석개념이기도 하다. 민간의 일생의례가 해당 종교의 교리·사상적 기반을 통해 수용되면서, 역사·사회적 여건 속에 영향을 주고받으며 성립되기 때문이다. 따라서 종교에 따라 이들 세 요인이 일생의례 성립에 순기능 또는 역기능을 초래하는 가운데 다양하게 전개되어 왔을 것이다. 그런데 한국불교의 경우는 이들 요인이 상호영향력을 미치며 불교 일생의례의 기반에 역기능으로 작용해온 경향이 짙다. 따라서 이에 대한 고찰은 불교 일생의례가 체계적으로 자리 잡지 못한 데 대한 분석과 맥을 같이한다.

첫째, 일생의례가 지닌 근원적 특성이 불교 일생의례의 성립에 미친 영향을 살펴볼 수 있다. 일생의례는 공동체로부터 승인받는 사회적·통과의례적 의미가 커서, 민간의 논리에 따라 의례의 의미가 규정되고 민간이 주체가 되는 생활 속의 의례로 진행된다. 일정한 의식을 통해 새로운 사회적 지위를 획득[7]하게 되므로 신적 존재의 개입이나 종교적 해석이 따르지 않더라도 문제를 풀어나갈 수 있다. 그 중에서도 사후의례는 생사를 둘러싼 세계관적 해명이 요구됨에 따라 종교의 역할이 부각되지만, 생전의례는 상대적으로 종교적 장치가 절실하지 않은 성격을 지닌다. 따라서 불교 일생의례 중 민간의 논리가 우선하는 생전의례는 민간이 주체가 된 가운데 필요에 따라 불교를 선택적으

---

7 일생의례의 성격과 특성에 대해서는 임재해, 「민속문화에 갈무리된 제의의 정체성과 문화 창조력」, 『실천민속학 연구』 제10호(실천민속학회, 2007), pp.25~40.

로 수용해온 셈이다.

　특히 근래 들어 혼례·상례는 물론 각종 출생의례와 회갑·칠순 등 축수의례에 이르기까지 가정에서 치렀던 일생의례를 전문 예식장이나 요식업체에서 전담함으로써, 생활 여건의 변화가 의례 주체와 의례 공간의 변화로 이어지게 되었다. 이러한 경향 또한 일생의례의 탈종교화를 가져온 주요한 요인으로 작용하였음은 물론이다. 전문업체의 개입 자체가 종교성의 약화를 의미하는 것일 뿐만 아니라, 다종교가 공존하는 현대 한국사회에서 여러 유형의 손님을 한꺼번에 초청하여 특정 종교의 방식으로 의례를 진행할 경우 부담이 될 수밖에 없다. 따라서 현대사회에서 일생의례에 대한 종교적 개입은 죽음을 기점으로 활성화되는 특성을 지닌다.

　둘째, 불교의 교리·사상적 기반을 통해 일생의례의 성립 근거를 살펴볼 수 있다. 앞서 다룬 바와 같이 불교에서는 인간의 삶을 파악하는 근간을 생로병사의 존재론적·자연적 관점에 두고 있다. 이러한 존재론적 과정을 직시하는 가운데 시시각각 변하는 세상만물의 무상함을 깨달아 번뇌의 근원을 끊고 업과 윤회의 순환고리에서 벗어나는 성찰적 삶을 목적으로 하고 있는 것이다. 따라서 본유의 삶의 질과 선업(善業)을 중시하는 가운데, 내세의 삶 역시 지은대로 받게 되는 자업자득의 인과원리를 강조하고 있다. 이처럼 불교의 교리는 철저히 자력적·수행적 삶으로 이끄는 구도를 지니면서 종교적 믿음보다는 철학적 각성을 중시한다. 살아가는 동안 맞게 되는 사회적 과정은 중생의 몫으로 남겨둔 채, 존재론적 과정에 초점을 맞추어 어떠한 삶을 살아갈 것인가의 문제를 직시하는 것이 불교가 인간 삶에 접근하는 근간을 이룬다. 따라서 사회적 인간으로 살아가면서 겪게 되는 중요한 고비인 일생의례에 상대적으로 무심한 것이 불교적 관점이라 할 수 있다.

　그런데 근본교리와는 별개로 신앙적 측면을 살펴볼 때, 불교는 궁극적으로 깨달음을 지향하지만 그것에 이르는 길은 하나로 보지 않고 중생의 수용능력에 맞추어 다양한 접근이 가능한 특성을 지니고 있다. 따라서 교리적용에 구속을 받는 기독교와 달리 민간의 통과의례에 관여할 수 있는 가능성이 열려 있다. 이는 불교사상이 시대와 토양에 따라 다양하게 전개됨으로써 하나의 불교가 불가능한 현실과 밀접한 관련을 지닌다. 단일한 교리와 그에 따른 일사불란한 신앙행위를 기대하기 힘든 불교의 특성으로 인해 문화권마다 독자적인 모습을 지니고 있는 것이다. 이렇듯 방편적 적용이 열려 있음에도 불구하고 한국불교의 일생의례가 실생활에 반영될 수 있는 체계를 갖추지 못한 것은 역사적 맥락과 밀접하게 관련되어 있다.

셋째, 한국불교가 처한 역사·사회적 맥락 속에서 일생의례를 살펴볼 수 있다. 조선시대에 불교가 처한 상황은 한국불교의 여러 면모에 직·간접적인 영향을 주었다. 고려시대의 불교는 민간의 삶과 깊은 유대를 맺고 있어 불교의 사상과 예제(禮制)가 생의 각 단계에 영향을 미쳤다. 혼례의 경우는 통과의례의 면에서 엄격성이 낮고 조선시대보다 소략하여 불교식 예제에 대한 기록이 전하지 않는 것이라 추측되지만,[8] 상례와 제례 등 죽음의 문제는 불교에서 주로 담당해온 것이 고려시대의 상황이었다. 그러다가 조선시대에 와서 의례를 비롯한 모든 생활규범이 점차 유교질서에 따라 재편되었는데, 이는 불교적 생활 공간에서 성리학적 생활 공간으로의 변화를 의미하는 것[9]이다. 따라서 조선시대 이후 지금까지 민간의 일생의례는 유교적 규범 속에서 생활화되었고, 불교식 일생의례는 유교 상제례에 더하여 치르는 천도재(薦度齋)를 중심으로 전승되었다.

---

8 許興植, 「高麗의 佛敎와 融合된 社會構造」, 『東洋文化硏究』 제10집(慶北大學校出版部, 1983), pp.62~71.

9 張哲秀, 『韓國의 冠婚喪祭』(집문당, 1995), pp.83~84.

이처럼 생전의례·사후의례를 통틀어 일생의례에 대한 유교의 영향력은 막강한 것이었다. 따라서 한국불교는 공동체 사회와 긴밀한 유대관계로 맺어져 있는 기독교 국가나, 승려의 가정방문이 일상화되고 민간의 일생의례에 불교가 깊이 관여하는 동남아 불교국가들과는 다른 차원에서 신도들의 삶에 개입할 수밖에 없었던 셈이다. 수백 년 간 민간의 일생의례에 대한 체계적 접근이 차단되어 있었기에, 이러한 관습이 굳어져 근래에 이르기까지 불교 일생의례의 양상은 당시의 상황과 크게 달라진 바가 없다. 이로 인해 승려가 사찰을 벗어나 신도의 집을 방문하거나 여타 공간에서 의식을 행하는 일이 사후의례로 제한되어 있고, 사찰과 신도 간의 유대관계 역시 활발하지 못하다. 이는 역사적 상황을 극복하지 못한 채 불교의 생활화를 일구어내지 못한 불교권의 대처와도 무관하지 않을 것이다.

3. 불교 일생의례의 연구관점

앞서 살펴본 여러 요인으로 인해 현대 불자들의 삶을 뒷받침할 수 있는 불교 일생의례가 잘 정립되어 있지 않을뿐더러 이에 대한 역사적 검토도 체계적으로 이루어진 바가 없다. 불교 일생의례에 대한 관심과 연구는 사후의례에 집중되어 있을 뿐 총체적 접근은 전무하다. 이는 생전의례와 관련된 불교의 의례 기반이 빈약한 점과 더불어, 제도화·규범화된 의례에 중점을 둠으로써 일생의례가 민간의 역동적인 삶 속에서 전개된다는 점을 간과했기 때문으로 보인다.

불교권에서 마련해 놓은 생전의례가 체계화되지 않은 가운데, 오히려 민간의 삶으로 눈을 돌려보면 그들은 출생에서부터 죽음에 이르기까지 일생의 중요한 마디마다 불교를 적극적으로 수용해 왔다. 지배층의 이념과 무관하게 불교와 무속은 민간의 종교적 삶을 지배해온 소중한 정신적 터전이었던 것이다. 특히 살아가는 동안 중요한 단계마다 치르는 일생의례는 삶의 근간을 이루는 생활양식으로, 이러한 변화의 고비를 무사히 넘어서기 위해 종교적 뒷받침이 상대적으로 커지는 시기이다.

따라서 전승 기반이 튼실하지 않은 불교 일생의례를 체계적으로 복원하기 위해서는 자료와 연구관점에 대한 새로운 접근이 필수적이다. 먼저 자료에 있어서는 경전과 관련문헌 중심의 연구에서 벗어나 새로운 차원의 자료를 본격적인 분석 대상으로 삼을 필요가 있다. 문헌을 포함하여 다양한 양상으로 흩어져 존재하는 민속지(民俗誌)·생활문물·구술 채록 등과 같이 기존에 관심을 기울이지 못했던 민속불교의 영역에서 불교 일생의례의 다면적 모습을 새롭게 발굴·분석해낼 수 있기 때문이다.

또한 일생의례의 연구관점과 연구범위에 대한 전환이 필요하다. 의례 자체만이 아니라, 의례 주제를 둘러싼 속신·담론·작품 등에서부터 주술·종교적 행위에 이르기까지 포괄적인 내용을 연구 대상으로 삼을 수 있다. 궁극적으로 중요한 것은 의례가 아니라, 의례가 담고 있는 출생·혼인·죽음 등의 문제를 사회에서 어떻게 인식하고 그것에 대처하고 있는지를 읽어내는 것이어야 하기 때문이다. 이러한 접근을 통해 일생의 과정에 대한 불교적 인식을 총체적으로 이해할 수 있으며, 어떠한 문화적 배경 속에서 의례가 탄생되었는지를 보다 명확하게 드러낼 수 있을 것이다. 아울러 이와 같은 통합적 관점으로 일생의례를 인식함으로써 오늘날에 맞는 불교 일생의례의 방향성을 정립하는 데도 중요한 지침이 될 수 있다.

불교 일생의례라 하면 불교권에서 마련하여 제시하는 것이라고만 생각하기 쉬우나, 실제 민간에서는 종교적으로 정제된 규범보다 그들의 자생적 신앙 방식에 의지하는 측면이 크다. 예컨대 불교적 기자신앙의 양상은 그 폭이 넓고 사례도 다양하다. 기자신앙의 주 대상으로 삼음으로써 미륵(彌勒)을 절에서 마을로 내려오게 만들었는가 하면, 제석(帝釋)의 다양한 변용과 수용, 마을을 찾는 탁발승을 둘러싼 출생담론 등은 민속불교의 역동성을 실감나게 하는 대목들이다. 그들의 바람이 간절할수록 적극적 종교행위로 불교를 수용하게 되고 이처럼 민속화된 불교의 경우 민간의 논리가 앞서게 되는 것이다.

일생의례 가운데 사후의례가 불교의 체제 속으로 민간의 문제가 들어오는 경향이 크다면, 생전의례는 민간의 삶 속에 불교가 다양하게 수용·흡수되어 왔다. 규범화된 종교적 지침이 큰 효력을 발휘하기보다는 민속화된 불교, 민간에서 적극 수용한 불교를 통해 다양한 방식으로 존재해온 것이다. 이러한 상황이다 보니 의례 양상은 무수한 현상으로 흩어져 전승되었지만 이를 체계적으로 살피는 작업은 절대적으로 부족하였다. 따라서 다양한 문헌과 민속자료를 통해 민간의 일생의례에 불교가 어떠한 방식으로 영향을 미치며 전승되어 왔는지 복원해 내는 작업이 긴요하다.

이렇듯 교리적으로 마련된 규범에서 벗어나 새로운 관점으로 접근할 경우 불교 일생의례의 역사는 얼마든지 복원할 수 있으며, 생동감 있는 의례 현장의 양상 역시 포착이 가능하다. 물론 각 종단에서 발간한 법요집에는 생일의식·결혼의식·회갑의식·임종염불·조문기도·영결의식·성묘의식·가정제사 등에 대한 의식 절차가 마련되어 있어, 누구든 불교식으로 일생의례를 치르고자 할 때 참조할 수 있다. 그러나 의식 절차를 갖추어놓는 것만으로는 불교 일생의례의 활성화에 거의 영향력을 미칠 수 없다. 불교 일생의례에 대한 논의가 활발하고 전통 자료가 풍성하게 제시됨으로써 다양한 생활의례로 접목될 수 있는 방향성이 자연스럽게 도출될 수 있을 것이기 때문이다. 따라서 현대에 맞는 불교 일생의례의 정립은 전통적 양상의 복원 위에서 이루어져야 한다.

한편, 일생의례를 연구함에 있어 그 범주에 대해 보다 면밀한 접근이 필요하다. 일생이란 나서 죽을 때까지를 말한다. 따라서 일생의례 역시 출생에서부터 죽음까지의 과정을 일회적인 시간의 흐름으로 보아 중요한 마디마다 치러지는 각종 의례를 말한다. 그런데 지금까지의 연구 경향을 보면 일생의례·평생의례라는 주제를 다루면서도 주로 관혼상제(冠婚喪祭)의 사례(四禮)를 주 대상으로 삼아 왔다. 출생을 포함시킨 연구는 더러 있지만, 육십갑자가 새로 시작되어 노인으로 진입하는 회갑의 시기를 포착하여 함께 다룬 경우는 거의 찾기 힘들다. 이는 일생에 대한 문제의식이 부족하였고, 『주자가례(朱子家禮)』에서 중시한 관혼상제의 관습적 의례에 천착한 탓일 것이다.

따라서 불교 일생의례를 연구함에 있어서는 출생의례와 회갑례를 포함하여 출생의례, 혼례, 회갑례, 상례, 제례의 다섯 가지 주제를 다루었다. 일생의례의 한 단계인 관례(冠禮)의 경우는 혼례의 범주에 포함하여 살펴보았다. 관례는 양반들의 성인 의례였고 서민들은 혼례 전날 머리를 올림으로써 관례와 혼례를 함께 치르다 보니 이에 대한 불교적 접근이 희박할뿐더러 혼례와 중복되는 감이 있기 때문이다.

아울러 일생의례는 의례를 치름으로써 새로운 지위를 부여받기 때문에 되풀이되지 않는 특성을 지니고 있어, 다른 맥락에서 이루어지는 제례는 일생의례의 대상에 포함되지 않는다는 관점[10]이 있다. 통과의례의 성격을 지니는 일생의례와 달리, 제례는 사회적으로 공유하는 의식이 아니라 가족·혈연 중심의 의식으로 한정되기 때문이다. 특히 불교적 일생을 보면 중유의 단계를

---

10 임재해, 앞의 논문(2007), pp.25~32.

거쳐 다른 존재로 태어나기 때문에 제례의 의미는 사실상 무의미하다. 그러나 현실 속에서는 불교신자들이 제사를 지내고 있음은 물론, 사찰에서도 고인의 기제사를 치러주고 있다. 이에 대해서는 본문에서 상세하게 다루겠거니와, 통과의례적 성격을 떠나 죽음 이후에 만나는 존재 또한 동일한 주인공이므로 의례의 연속적 흐름을 살펴보기 위해 제례(祭禮)를 포함하여 다루었다.

일생의례의 다섯 단계를 다룬 각 장(章)에서는 교리적 접근, 석가모니의 일생, 역사적 접근, 민속적 접근, 의례적 접근을 고루 시도하였다. 각 의례의 특성상 모두 균일하게 다섯 가지 틀에 따라 다루지는 못했으나 전반적으로 이러한 관점을 견지하고자 했다.

첫째, 의례가 담고 있는 출생·혼인·노인·죽음 등의 문제를 경전과 교리에 근거하여 살펴봄으로써 불교에서 인간 삶의 각 과정을 구체적으로 어떻게 인식하였고, 중생을 대상으로 어떤 가르침을 펼쳐왔는지 다루었다. 이러한 내용은 이후에 살펴볼 역사적 전개, 민속적 양상, 의례 내용의 근본을 이루는 것으로 그 본래의 가르침을 상기시키는 의미가 크다.

둘째, 석가모니는 인간의 몸으로 태어나 깨달음을 이룬 존재이다. 출생에서부터 혼인을 하고 진정한 어른으로 거듭나기까지, 그리고 깨달음을 이루고 죽음에 이르기까지 석가모니의 삶은 그의 열반 직후에 진행된 경전 결집과 함께 비교적 상세하게 기록·전승되어 왔다. 따라서 석가모니가 거쳐 온 삶의 각 단계와 의미는 불교 일생의례의 이념적 모델이 되어 왔기에 그의 삶을 통해 일생의 각 단계를 살펴보는 것은 중요한 의미를 지닌다. 이에 대한 내용은 출생의례, 혼례(관례) 및 상례 중 임종의례와 장례에서 주로 다루었다.

셋째, 역사적 접근과 민속적 접근은 각 단계의 특성에 따라 자유롭게 다루었다. 역사적 맥락으로 접근하는 것이 어려운 출생의례의 경우는 다양한 민속적 양상을 위주로 살펴보았고, 나머지 단계는 역사적 전개 과정을 다루되 불교가 왕성했던 고려시대와, 이후 갈등관계에 있던 조선시대의 양상을 집중적으로 분석하였다. 20세기에 접어들어 불교적 접근이 이루어졌던 혼례의 경우는 근대 이후부터 다루었음은 물론이다.

넷째, 각 단계마다 의례의 실제 내용과 현황을 살피는 일은 기본적으로 필요하다. 혼례의 경우는 근대의 불교 선각자들이 마련한 혼례 내용을 분석하면서 근래의 내용과 비교하였다. 임종의례·빈소의례·장례·탈상의례로 구분한 상례는 장(場)에 따른 의례 내용을 살펴보되 특히 체계적인 의례와 상징적 내용으로 구성된 사십구재의 경우는 불교 의례의 특성이 함축되어 있어 보다 상세하게 다루었다. 이에 비해 의례적 기반이 미약한 출생의례·축수의례는 현재 불교권에서 마련해 놓은 의례 규범을 중심으로 간략하게 살펴보았다.

다섯째, 마지막 장에서는 이전까지 다룬 문헌연구에서 벗어나, 생활불교의 전승 현장이자 전승 주체가 살고 있는 사하촌(寺下村)을 조사 마을로 선정하여 그들의 생활사 속에서 불교 일생의례를 둘러싼 다양한 양상을 파악하였다. 충북 보은군 내속리면 속리산 법주사(俗離山法住寺) 사하촌인 사내리(舍乃里)와 충북 제천시 한수면 월악산 덕주사(月岳山德周寺) 사하촌인 송계리(松界里)를 대상으로, 실제 전승현장 주민들의 삶을 조사함으로써 그들이 어떠한 불교적 기반 위에 일생의례를 치러왔는지 실증적으로 살펴보았다.

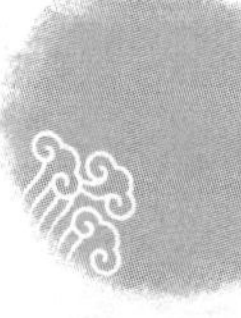

출생의례, 생명을 품고 낳다

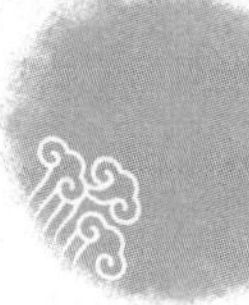
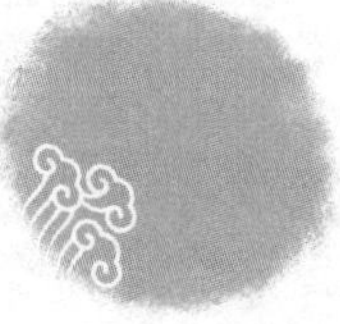
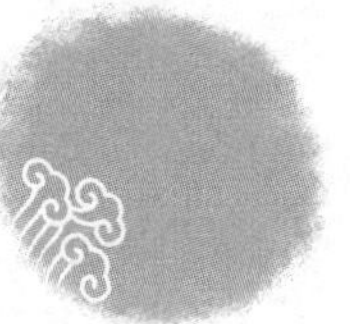

일생의례는 주로 관혼상제(冠婚喪祭)라는 유교의 제도적 틀 속에서 다루어
짐으로써 삶이 시작되는 출생과 관련된 영역에 대해서는 체계적인 접근이 부
족하였다. 유교 사회에서 출생에 대한 의례는 가례(家禮) 등의 공식적 영역에
서 제외되었고, 여성이 주체가 되어 자율적으로 행하는[1] 양상이 주를 이루었
던 것이다. 그러나 양반 사대부들이 겉으로는 주술·종교적 특성을 지닌 기
자치성(祈子致誠)에 대해 무관심한 태도를 보이는 한편으로, 집안 여성을 사찰
로 보내어 아들을 점지해 달라고 빌게 하는 사례가 만연[2]하였듯이, 출생과 관
련된 의례와 주술·종교적 행위는 광범위하게 전승되고 있다.

출생의례에 대한 불교의 개입은 대개 자식을 바라거나, 무사히 태어나 잘

---

1 이와 관련해 산속(産俗)이 가례에서 제외되고 자율성을 지니게 된 요인에 대해서는 다음의
  글 참조. 이광규, 『韓國人의 一生』(형설출판사, 1985) ; 한양명, 「한국 産俗의 체계적 이해를
  위한 試論」, 『比較民俗學』第16輯(比較民俗學會, 1999) 등.
2 유재숙, 「産前俗에 드러난 민간사고와 남녀관계의 상보성」(경북대학교 고고인류학과 석사논문,
  1993), p.67.

자라도록 비는 종교적 기원과 관련되어 있다. 신적 존재를 향해 치성을 드리며 간절한 소망을 비는 것은 인간 본연의 심성이기 때문이다. 따라서 치성의 대상은 중생의 원을 들어줄 수 있다고 여기는 다양한 초월적 존재, 곧 천지신명에서부터 조상신·삼신·산신·칠성신·산신(山神) 등으로 열려 있고, 사찰에 모신 신적 존재들 역시 이러한 맥락에서 기원의 대상으로 적극 수용되어왔다. 그중에서도 체계적인 교리와 성전(聖殿)을 갖추고 성직자의 보살핌이 따르는 불교가 민간의 소망을 수렴하는 생활종교의 중추적 구실을 해왔음은 주지의 사실이다.

불교에서는 부모와 자식의 만남이 귀하고 소중한 것임을 설명하기 위해 수백·수천 겁(劫)에 이르는 인연으로 맺어졌다는 표현을 즐겨한다. '겁'의 시간 개념을 나타내는 서사적 표현을 보면, 1겁은 가로·세로와 높이가 각기 1유순(10km)인 바위에 천녀가 백 년에 한 번씩 지나가며 옷깃을 스쳐 바위가 다 닳아 없어지는 시간일 뿐만 아니라, 가로·세로가 1유순인 크기의 성 안에 겨자씨를 가득 채우고 백 년마다 하나씩 꺼내어 그것이 없어질 때까지의 시간이라는 것이다. 이러한 겁이 다시 수백·수천이라 하여 가늠할 수조차 없는 무한의 수를 사용함으로써 현상계를 넘어서는 과거·현재·미래의 무궁한 시간개념을 나타내고 있다. 따라서 그만큼 힘들게 만난 현세의 인연이니 부모와 자식은 서로 소중하게 여기며 살아갈 것을 강조한다.

출생의례는 출생을 인식하며 행하는 일련의 의례와 주술·종교적 행위를 아우르는 보다 넓은 개념으로 다루었다. 따라서 잉태를 기원하는 기자속(祈子俗)에서부터 태교, 출산, 삼칠일, 백일, 돌에 이르기까지의 과정을 포함시킬 수 있을 것이다. 돌이란 아기가 태어난 지 1년이 되는 첫 생일로, 조심스러운 고비를 무사히 넘어선 시점에 특별한 의미를 부여하여 공동체가 함께 축하하는 날로 여겼기에 출생의례와 관련해서는 이 시기까지 포함하는 것이 적절하다.

출생(出生)과 비슷한 개념으로 출산(出産)·해산(解産)이 있는데, 생명의 탄생이라는 동일한 현상을 말하지만 주체가 서로 다르다. 출산과 해산은 '아기 낳기(産)'에 초점을 맞춘 것으로 산모가 주체가 된다. 이에 비해, 출생이란 '태어남(生)'의 의미를 지녀 아기가 주체가 되므로 인간의 일생을 연속선상에서 살펴볼 때 보다 적합한 용어에 해당한다.

일생의례 가운데 불교적 접근이 미약했던 출생의례를 살펴봄에 있어서는, 의례 국면을 포함하여 출생을 둘러싼 불교적 관점을 이해할 필요가 있다. 아울러 규범화된 의례에서 벗어나 여러 양상으로 전승되는 자료에 관심을 기울임으로써 다면적인 출생을 만날 수 있고, 불교적 출생과 출생의례의 지평을 확장할 수 있을 것이다. 이러한 관점에 따라 출생의례의 장에서는 다음의 내용을 다루었다.

첫째, 경전과 교리에 근거하여 불교의 태아관(胎兒觀)과 출생에 대한 인식을 살펴보았다. 불교의 윤회사상에 근거한 출생의 의미를 비롯하여, 초기경전에서 구체적으로 다루어 놓은 태아관과 태아 발달단계 등은 출생에 대한 불교적 인식과 의례·행위 양상을 이해하는 데 기반이 되는 내용이기 때문이다.

둘째, 팔상도(八相圖)를 통해 석가일대기에 나타난 석가모니의 출생을 분석하였다. 이 텍스트는 중생을 향한 전법(傳法)의 핵심을 이루는 내용으로 불교적 출생의 근원과 이념화된 출생 모티브가 담겨 있다. 때로 설화적·신화적으로, 때로 현실적으로 전개되는 석가모니의 일생에서 출생과 관련된 부분은 불교의 생사관과 주요사상이 상징적으로 농축되어 있어 이를 새로운 관점으로 접근하였다.

셋째, 잉태를 기원하는 기자불공(祈子佛供)의 민속을 다양한 자료를 통해 고찰하였다. 역사 기록을 비롯하여 각종 신화·설화·전설의 주요 모티브로 정착한 백일불공과 기자신앙은 불교 일생의례의 첫 장을 여는 주제이고, 이에 대한 구비전승 자료는 불교가 민간의 출생에 어떠한 방식으로 영향을 미쳐 왔는지 살필 수 있는 좋은 연구대상이라 할 수 있다. 기자신앙과 미륵신앙의 결합 등 출생과 관련하여 민간에서 수용한 불교가 다양한 모습으로 전승되고 있어, 파편화된 자료를 수집해 체계적으로 고찰하는 작업이 긴요한 분야에 해당한다.

넷째, 잉태 이후의 양상으로 태교와 출산의 민속을 살펴보았다. 전통태교와 일맥상통하는 불교의 태교관은 부모와 자식의 업연(業緣)에 영향을 미치는 적극적 행위로, 이러한 태교 내용은 불자들에게 중요한 지침이 되었음직하다. 또한 출산 이후 삼칠일 · 백일 · 돌에 이르는 의례와 민속에 불교의 신적 존재가 개입된 양상을 통해 불교교리와 무관한 민속사회의 논리를 다루었다. 아울러 불교권에서 마련해 놓은 의례 절차에서부터, 근대 불교 선각자가 개척한 불교식 출생의례 지침에 이르기까지 근현대기 불교 출생의례의 규범과 양상을 다루었다.

1. 불교의 태아관과 출생에 대한 인식

1) 윤회 주체와 부모 인자의 결합

불교에서는 여러 경전에서 인간의 출생에 대해 다루는 가운데 태아의 형성과 성장 과정까지 소상하게 언급하고 있다. 이에 대해 구체적으로 살펴보기 전에 먼저 불교의 생사관에 따라 삶의 시작인 출생의 문제를 이해할 필요가 있다.

삶과 죽음의 문제를 변화하는 우주의 원리로 이해함으로써 신적 존재를 개입시키지 않는다는 점에서 불교는 자연과학적 인식과 맥을 함께한다. 그러나 태어나는 생명을 아버지와 어머니의 인자(因子)가 결합된 존재로만 보는 것이 아니라, 윤회라는 개념을 통해 전생의 존재와 연계시키는 특유의 관점을 취하고 있다.

윤회관에 따르면 하나의 생명적 존재는 죽음으로써 완전히 소멸되는 것이 아니라, 살아 있을 때 지은 업이 잠재적 에너지 상태로 축적되어 있다가 죽으면 그 업력(業力)이 작용하여 다음 존재를 만든다는 것[3]이다. 따라서 유식불교에서는 업력을 축적해 간직하고 있는 식(識)을 아뢰야식(阿賴耶識)이라 하여 윤회의 주체가 된다고 본다. 후기불교에서는 이 업력을 식물의 씨앗에 비유하여 종자(種子)라 부르면서 업력을 간직한 아뢰야식을 종자식(種子識)이라고도 한다. 종자·아뢰야식·업력 등은 유전인자와 비슷한 개념이지만, 유전인자가 부모의 업력에 해당한다면 종자는 존재 스스로의 업력이라는 점에서 큰 차이가 있다.

죽은 후에는 이 아뢰야식이 중유(中有)·중음(中陰)이라는 중간존재로 머물다가 자신의 업력에 따라 모태에 의탁해 다음 생을 받게 된다. 태어나는 존재에 초점을 맞추었을 때, 생명의 잉태란 무에서 이루어지는 것이 아니라 윤회 속의 한 생명에너지가 부모와 인연이 되어 만난다는 것이다. 이때의 중유는 다시 태어날 때까지 한시적으로 머무는 존재라서 수명에 한계가 있다. 따라서 7일이 지나도록 생연(生緣)을 얻지 못하면 죽어서 다시 태어나게 되고, 이렇게 하기를 거듭하여 7·7일에 이르면 반드시 생연을 얻게 된다[4]고 한다. 결국 중유에서 생유로 넘어가는 기간은 사후 매 7일을 기점으로 이루어지면서

---

3 윤호진, 「佛敎의 죽음이해」, 『신학과 사상』 21(가톨릭대학출판부, 1997), pp.17~24.
4 『瑜伽師地論』 卷1(『한글대장경』 110, 동국역경원, 1995), 本地分 意地①, p.34.

49일에 이를 때까지는 다음 삶의 형태가 결정된다는 것이다.

이처럼 윤회를 하기 위해서는 전생에서 현세로 태어나는 과정에 대한 설명이 따라야 하기 때문에 초기불교에서는 생명의 잉태에 대해 다양하게 언급하고 있다. 사(死)와 생(生) 사이에 머무는 중유의 존재는 장차 태어날 생명의 핵심체로, 중유뿐만 아니라 의성·구생·식향·기 등 다섯 가지 별칭[5]으로써 그 특징을 설명하기도 한다. 중유(中有)라 부르는 것은 전생과 금생의 중간에 있기 때문이며, 의성(意成)이란 뜻에 따라 태어난다는 뜻으로 부모의 인연에만 의지하는 것이 아님을 나타내는 말이다. 항상 태어날 곳을 찾아다니기를 좋아하여 구생(求生), 향기를 맡음으로써 생명을 유지하고 태어날 곳으로 가기에 식향(食香), 태어날 곳을 향해 잠시 일어나기 때문에 기(起)라는 명칭을 두루 지녔다고 한다. 따라서 중유는 사후에 일시적으로 머물면서 끊임없이 태어날 곳을 찾아다니는 존재라 보고 있다.

그렇다면 중유로 머물던 존재가 업력에 따라 자신이 태어날 곳을 찾아가는 방식은 어떻게 전개되는 것일까. 경전에는 중유가 부모와 인연이 되어 모태에 잉태되는 과정[6]이 상세하게 설명되어 있다.

즉 중유의 존재는 자신이 태어날 세계의 생명들을 보면 함께 어울리고 싶어 하며 그곳에 가고 싶은 욕망을 일으키는 속성을 지녔다고 한다. 이에 부모가 될 인연을 지닌 남녀 또는 암수가 교합하는 중에 나타나는 정혈(精血: 정자와 난자)을 보고 자신이 그 행위를 하는 듯 착각을 하여 여아로 태어날 존재라면 아버지에게, 남아로 태어날 존재라면 어머니에게 애착을 일으키게 된다. 이윽고 모태 속에서 정자와 난자가 마치 끓인 우유가 엉기듯 응결되어 머물 때 아뢰야식이 이 응결체에 결합하는 것이다. 정혈의 응결체와 아뢰야식이

---

5 『阿毘達磨俱舍論』 卷10(『한글대장경』 66, 동국역경원, 1989), 第10 分別世品③, p.262.
6 『瑜伽師地論』 卷1, 앞의 책(1995), 本地分 意地①, pp.36~37.

한 덩어리로 합쳐짐과 동시에 중유는 소멸하고, 감각기관과 지수화풍(地水火風)의 4대가 생겨나며, 이러한 상태에 식이 머문 것을 결생상속(結生相續)이라한다.

따라서 생명이 잉태되기 위해서는 부모의 정자와 난자 외에 아뢰야식 또는 중유라 불리는 윤회의 주체가 필요함을 알 수 있다. 이때 중유와 부모의 인연은 생전의 업력에 따라 연기(緣起)의 원리로 맺어지는 것이기에, 중유의 업력과 부모의 업력이 서로 맞아떨어져 마치 자석이 당기듯 인연을 맺는 모습으로 묘사되곤 한다. 예컨대 부모는 존귀한데 중유가 미천하거나 중유는 존귀한데 부모가 미천하면 태에 들지 못하며, 부모와 중유가 모두 존귀하더라도 업이 화합하지 않으면 역시 태를 이루지 못하고 같은 업을 느껴야 비로소 태에 든다는 것이다.

이러한 점을 강조하기 위해 모태에 드는 순간 중유가 느끼게 되는 바를 생생하게 묘사해 놓기도 한다. 곧 전생에 악업을 많이 지은 자는 비천한 집에서 태어나기에, 죽을 때와 모태에 들어갈 때 귀로는 온갖 요란한 소리를 듣게 되고 눈으로는 대나무와 갈대가 우거진 험한 곳으로 들어가는 듯 망견을 갖게 된다는 것이다. 이에 비해 선업을 많이 지은 자는 존귀한 집안에 태어나게 되니, 아름답고 미묘하여 뜻에 맞는 소리를 듣게 되고, 고요한 경계를 보거나 궁전에 오르는 것과 같이 뜻에 맞는 상이 나타나는 망견을 갖게 된다고 한다.[7]

따라서 부모의 정자·난자와 식이 화합하여 생명을 잉태하는 데는 몇 가지 조건이 필요하게 마련인데, 이를 삼사화합설(三事和合說)[8]로써 설명하고 있다.

---

7 위의 책, p.36.

8 『增一阿含經』卷12(『한글대장경』 9, 동국역경원, 1985), 第2 三寶品, p.217. 『아비달마구사론』에서도 "첫째, 어머니의 신체가 건강해야 하고 둘째, 어머니와 아버지가 서로 사랑하는 마음으로 교합해야 하며 셋째, 건달박(捷達縛:중유의 존재)이 그 자리에 현현해야 한다"고 보면

첫째, 부모가 한 장소에 같이 있고 모두 병이 없어야 하며 둘째, 식(識)이 찾아와야 하며 셋째, 부모 모두가 자식을 가질 인연이 있어야 한다는 것이다. 이러한 삼사화합설을 계승하는 가운데, 인간의 심식구조를 깊이 탐구한 유식학파에서 윤회의 주체로 '아뢰야식'을 발견하게 된 것이었다. 곧 근본불교에서는 식을 여섯 감각기관에 해당하는 안식(眼識)·이식(耳識)·비식(鼻識)·설식(舌識)·신식(身識)·의식(意識)의 6식으로 설명해 왔으나, 대승불교에서는 제7식 말나식(末那識)과 제8식 아뢰야식을 추가하였다. 따라서 이전까지는 윤회의 주체가 되는 정신적 존재를 막연하게 식이라고 보다가 구체적으로 아뢰야식임을 해명한 것이라 하겠다. 이 아뢰야식은 중유에서 생유로 넘어가는 매개체이자 새 생명을 형성하는 질료인자로, 몸이 없어져도 오직 이 식만은 남아서 새로운 생명을 형성하는 주체가 된다고 보았다.[9]

아울러 생전의 업력으로 부모의 인연을 만나 모태에 안착한 생명체에게는, 장차 새로운 삶을 어떻게 살아가느냐에 따라 또 다른 인과응보를 지어갈 주체적 미래가 열려 있다는 점이 무엇보다 중요하다.

2) 주체적·능동적 생명의 시작

경전에는 생명이 잉태되는 과정에 이어 태아의 성장과 발달단계에 대해서도 상세히 기록해 놓았다. 초기불교 당시에는 태아의 발달을 포괄적으로 설명했으나 후대로 오면서 5기·8기 등의 단계별로 나누어 상세히 다루고 있다. 곧 처음 잉태된 태아가 점차 이목구비와 오장육부를 갖추며 인간의 모습

서『증일아함경』과 유사한 삼사화합설을 제시하였다: 『阿毘達磨俱舍論』卷8(『한글대장경』 66, 동국역경원, 1989), 第10 分別世品①, p.215.

9 오형근, 『불교의 영혼과 윤회관』(새터, 1995 증보판), pp.17~25.

으로 완성되어 가는 과정을 다섯 혹은 여덟 단계로 나누고, 이를 오위설(五位說)·팔위설(八位說)이라 하였다.

태아가 모태에 머무는 임신기간에 대해서도 9개월설·10개월설·38주설 등 여러 설이 전한다. 이 가운데 38주(266일)가 지나면 태아의 신체와 정신 구조가 완전히 성숙하고, 그로부터 4일 정도 지나면 출산한다는 『유가사지론(瑜伽師地論)』의 설이 일반적으로 인정된다.[10] 38주설에 따라 각 주별로 세분하여 태아의 상태를 설명한 내용도 있다.

아울러 태아가 어떤 과정을 거쳐 태내에서 성장하는지에 대해 석가모니가 제자들에게 언급한 내용이 초기경전에 등장한다.[11] 그 내용을 보면 처음 태내에 잉태된 생명은 점차 언 연유(酥)처럼 되었다가, 우무버섯과 같은 상태를 거쳐 형상을 이루게 된다고 한다. 머리와 목이 먼저 생기고, 점차 손과 발이 생겨나며, 온갖 뼈마디에 이어 머리카락과 손톱·발톱·치아가 생겨난다. 태를 받은 목숨은 어머니가 먹는 음식의 정기로 살아가면서 형체가 이루어지고 모든 감각기관을 완전히 갖추어서, 어머니에 의지하여 태어난다고 하였다.

이에 따르면 태아의 신체발달은 머리 부분에서 하체로 진행됨을 알 수 있는데, 이는 현대의학에서 보는 신체발달 순서와 같다. 석가모니의 이러한 언급을 구체화하여 태아발달에 대해 단계별 이론을 정립한 것이 아비달마학파의 태내오위설(胎內五位說)과 이후에 나온 태장팔위설(胎臟八位說)이다. 태장팔위설은 태내오위설을 토대로 한 기존이론을 종합하고 구체화한 것으로 내용[12]은 다음과 같다.

---

10 김명실, 「佛典에 나타난 胎兒의 形成과 發達理論 : 兒童發達心理學의 胎內發達理論과 비교하여」, 『硏究論集』第20輯(東國大學校 大學院, 1990), p.16.

11 『增一阿含經』卷30(『한글대장경』 10, 동국역경원, 1985), 第37 六重品②, pp.91~92.

12 『佛說胞胎經』(『한글대장경』 148, 동국역경원, 1995), pp.261~276 ; 『阿毘達磨俱舍論』(『한글

제1기 갈라람위(羯羅藍位): 어머니의 태에 들어선 최초 7일간의 태아이다. 갈라람은 아뢰야식의 의탁처로 화합·응활(凝滑)·태시막(胎始膜) 등이라 번역되듯이, 아버지와 어머니와 식의 세 요소가 화합하여 새로운 생명이 생겨남을 뜻한다. 정자와 난자가 한데 엉겨 응결된 우유의 형태를 띤다. 아뢰야식이 태에 의탁함과 동시에 중유는 소멸하고, 지수화풍의 사대(四大)가 생겨나 이를 근원으로 미세한 감각기관이 형성되기 시작하며, 안·이·비·설·신의 5근(根)이 표면화되기 시작한다.

제2기 알부담위(頞部曇位): 2주째의 태아로, 포결(皰結)·수포(水泡)·식육(息肉) 등이라 번역된다. 사대를 근원으로 점차 응고하여 얇은 피부가 생겨나는데, 형태는 마치 끓인 우유에 막이 생긴 듯하며 아직은 살점인 육(肉)이라 할 수 없는 상태이다.

제3기 폐시위(閉尸位): 3주째의 태아로, 혈육·혈단(血團)·초육(初肉)·응결 등이라 번역된다. 알부담위에서 형성된 얇은 피부가 조금 견고해지고 혈육이 생기며 살점이 형성되기는 했지만 아직은 유연하다.

제4기 건남위(健南位): 4주째의 태아로, 견후(堅厚)·견육(堅肉)·시견(始堅) 등이라 번역된다. 피부가 견고하고 두터워지며 사람의 모습을 어느 정도 갖추기 시작한 상태이다.

제5기 발라사구위(鉢羅奢佉位): 5주째의 태아로, 지절(肢節)·오지(五支)·오절(五節) 등이라 번역된다. 태내오위설에서는 5주부터 출산까지를 이 단계로 총칭하기도 한다. 몸이 점차 성장하여 머리와 팔다리의 오지·오절이 형성되며, 형상은 마치 연유와 같다.

제6기 발모사위(髮毛似位): 6주째의 태아로, 머리카락과 손톱 등이 나온다.

대장경』66, 동국역경원, 1989), 分別世品②, p. 228 ;『瑜伽師地論』卷2(『한글대장경』110, 동국역경원, 1995), 意地②, pp.44~68 등.

『수행도지경(修行道地經)』에서는 '형상이 식육(息肉)과 같다'고 표현함으로써 숨을 쉬는 모습을 구체적으로 묘사하였다.

제7기 근위(根位): 7주째의 태아로, '형상이 단육(段肉)과 같다'고 했듯이 몸의 구분이 드러나는 시기이다. 5근 또는 5관(官)이 형성되며, 유연하기가 물이끼나 거품덩이와 같다.

제8기 형위(形位): 8주째부터 출산 때까지의 시기를 총칭한다. 8주째는 사람의 모습이 뚜렷하게 형성되고, 9주 이후에는 오장육부 등 몸의 여러 기관이 완성되어 간다. 28주가 되면 정신활동이 활발해지고 착각과 망상까지 일으키기도 한다. 29주에는 피부색이 뚜렷해지는데, 전생에 지은 업에 따라 백·흑·불백(不白)·불흑(不黑)·청·간고(乾枯)·윤택 등의 개인차가 생긴다. 마침내 38주에 이르러 태아가 완전히 성숙하게 되면, 무게를 감당하기 어려워 머리를 아래로, 발을 위쪽으로 하여 출생을 기다리게 된다. 이때 남녀에 따라 자세와 방향이 달라진다고 보는 점이 흥미롭다. 남아는 어머니 오른쪽 옆구리에 배를 의지하고 등 방향으로 자리하며, 여아는 왼쪽 옆구리에 등을 의지하고 배 방향으로 자리한다는 것이다. 이는 마야부인이 오른쪽 옆구리로 석가모니를 낳았다는 내용과 일치한다. 『유가사지론』과 『불설포태경(佛說胞胎經)』에는 이후 제9기부터 38주에 이르는 주별 발달단계까지 더욱 세부적으로 제시해 놓았다.

이처럼 불교에서 보는 태아는 현대의학의 생물학적 발달과정과 비슷한 단계로 성장하는 가운데, 중유의 존재와 업에 따른 연기설 등 불교 특유의 관점으로 설명하고 있다. 태아는 아버지와 어머니의 인자가 결합하여 수동적으로 탄생되는 것이 아니라, 새로운 삶에 뜻을 두고 태어날 곳을 찾아다니는 정신적 존재로 보고 있는 것이다. 이때의 정신적 존재가 의지를 지닌 주체적 생명체라 하더라도 그 의지는 전생의 업력에 따라 발휘됨으로써 연기의 큰 테두리에서 진행된다는 점을 분명히 하고 있다.

『현우경(賢愚經)』[13]에는 태아가 모체의 자극을 수동적으로 받아들이는 존재만이 아니라 어머니에게 물리적·정신적 영향을 줄 수 있는 적극적 생명체라는 의미의 이야기가 전한다. 이에 따르면, 한 관상가가 인물됨이 빼어난 아들을 낳은 재상에게 "이 아기를 잉태한 뒤로 특별한 일이 없었습니까?"라고 묻는다. 재상이 답하기를 "참으로 이상한 일이 있었다오. 아내의 성품이 본래 선량하지 않았는데, 아기를 가진 뒤부터 남의 불행을 가엾이 여기고 주위 사람들을 사랑하며 도우려 했답니다"라고 하자, 관상가는 크게 기뻐하며 다음과 같이 말하는 것이다. "그것은 아기의 뜻입니다."

대개 아기를 가진 부모는 태교의 차원에서 선행을 하며 심신을 가다듬게 되지만, 위의 내용에서 '아기의 뜻'이라 표현한 것은 태중 생명을 인격적 주체로 보는 불교의 관점을 말해 주는 것이라 하겠다. 이처럼 태아를 어머니와 정신적으로 상호 교류하며 영향을 받고 주기도 하는 능동적 인격체로 보는 가치관은 불교의 독특한 사상에서 나온 것[14]이다. 이는 『불설포태경』·『현우경』 등 불교 태아관이 담긴 여러 경전에서 일관되게 드러나는 관점이다.

지금까지 살펴본 바에 따라 불교에서 보는 출생의 특성은 크게 두 가지로 정리할 수 있다.

첫째, 출생이란 부모자식 간 생물학적 인자의 계승을 넘어, 이전 존재에서 계승된 생명체의 업력과 부모의 업력이 서로 작용하여 맺어진 현세의 인연이라는 점이다. 따라서 태아는 주체적이고 독자적인 인격체로, 태속에서 부모와 상호 교류하며 영향력을 주고받을 수 있는 정신적 존재라 여긴다. 이러한

---

13 『賢愚經』卷9(『한글대장경』 18, 동국역경원, 1993), 善事太子入海品, p.229.
14 황옥자, 『불교아동교육론』(불교시대사, 2007), pp.127~128.

전제는, 인간이 여러 생을 거치는 동안 부모·자식·친구 등의 인연으로 서로 얽히며 윤회하는 평등한 생명체라는 불교적 인식[15]을 기반으로 하고 있다.

둘째, 출생이란 내세의 모습을 좌우할 이승의 인자를 만들어 가는 새로운 삶의 출발선이라는 점이다. 인과응보의 원리에 따라 전생－현생－내생이 연계되어 끊임없이 윤회하는 가운데 전생의 악업을 선업으로 바꿀 수 있는 씨앗이 바로 출생인 것이다. 과보의 수레바퀴 속에서 스스로 깨달음에 이를 수 있는 무한한 가능성을 중시함으로써, 모든 중생이 불성(佛性)을 지닌 존재라고 보는 관점을 담고 있다. 이는 지은 대로 받는 인과응보의 불교 윤회관을 운명론적인 것으로 보는 비판에 대한 정반대의 답이기도 하다.

초기불교가 출현하기 직전에 등장했던 우파니샤드의 가르침에 따르면 업이란 일상의 모든 행위가 미래의 삶을 규정한다는 방향으로 나아갔다. 과거의 행위가 미래의 태생과 가문을 결정한다는 이러한 업 관념은 행위의 형식적 측면에 치우치고 말아, 과거에 지은 업은 현재의 의지와 무관하게 우리의 삶 전체를 규정하게 된다. 이러한 형식주의적 업 관념에 대해 석가모니는 "나는 의도(思)를 업이라고 말하나니, 의도하고 난 연후에 신체와 언어와 마음에 의한 업을 짓는다"고 하였다.[16] 지은 대로 받는 인과응보가 불교 윤회관의 핵심을 이루지만, 현재의 마음가짐은 그것을 바꿀 수 있는 인자라는 사실을 분명히 한 것이다. 앞으로 어떠한 모습으로 살아가느냐에 따라 무한히 열려 있는 생의 모습이 좌우된다는 점에서, 출생이란 스스로의 운명을 개척해 가는 출발점이라 하겠다.

---

15 위의 책, p.128.
16 임승택, "초기불교순례21: 제식주의와 업", 「법보신문」 2011년 6월 22일자.

2. 팔상도로 읽는 석가의 출생

1) 불교적 출생의 근원과 출생 모티브

부처(佛, Buddha)는 예수 · 마호메트 등과 같은 고유명사가 아니라 일반명사이다. 부처는 '깨달은 자', '깨어 있는 사람'을 의미하여 누구든 깨달으면 부처가 될 수 있기 때문에 불교신도들은 "부처 되세요"라는 인사말을 즐겨한다.

역사적 존재로 부처를 이룬 최초의 인물은 인도 석가족(釋迦族)의 태자로 태어난 석가모니(釋迦牟尼)[17]로, 그는 불교를 성립시킨 교조가 되었다. 따라서 그의 행적이 미친 곳은 세계인들의 순례가 이어지는 성지(聖地)로 자리 잡았고, 석가모니의 일생을 적은 불전(佛傳)은 불교도들에게 가장 기본적이고 중요한 가르침으로 전승되고 있다.

석가모니가 세상을 떠난 후 그의 가르침과 깨달음의 세계를 체계적으로 정리하고 많은 이들에게 전달하기 위해 경전 결집이 이루어지는 한편, 이를 형상화하는 불교미술이 생겨나게 되었다. 그 가운데 석가모니의 삶을 그림으로 나타낸 것을 불전도(佛傳圖)라 하는데, 특히 불전팔상(佛傳八相)이라 하여 일생을 여덟 가지 중요한 사건으로 압축해 8폭의 그림에 담은 팔상도(八相圖)가 널리 알려져 있다(사진1).

① 도솔래의상(兜率來儀相): 석가모니의 전생 존재가 현세에 태어나기 위해 하늘에서 내려와 어머니의 태중에 드는 장면이다.

② 비람강생상(毘藍降生相): 어머니 마야부인의 오른쪽 옆구리를 통해 태어나

---

17 모니(牟尼)란 성자(聖者)라는 말로, 석가모니라는 명칭은 석가족의 성자를 의미한다.

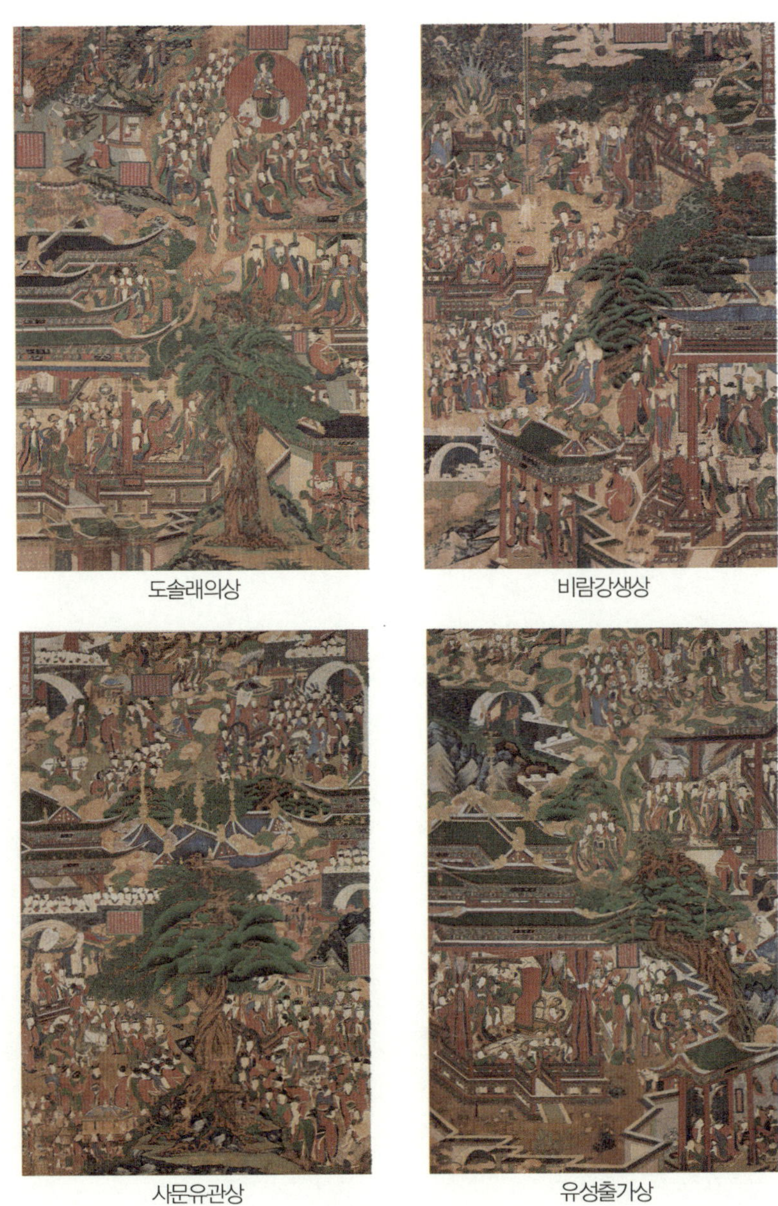

〈사진1-1〉 통도사 팔상도

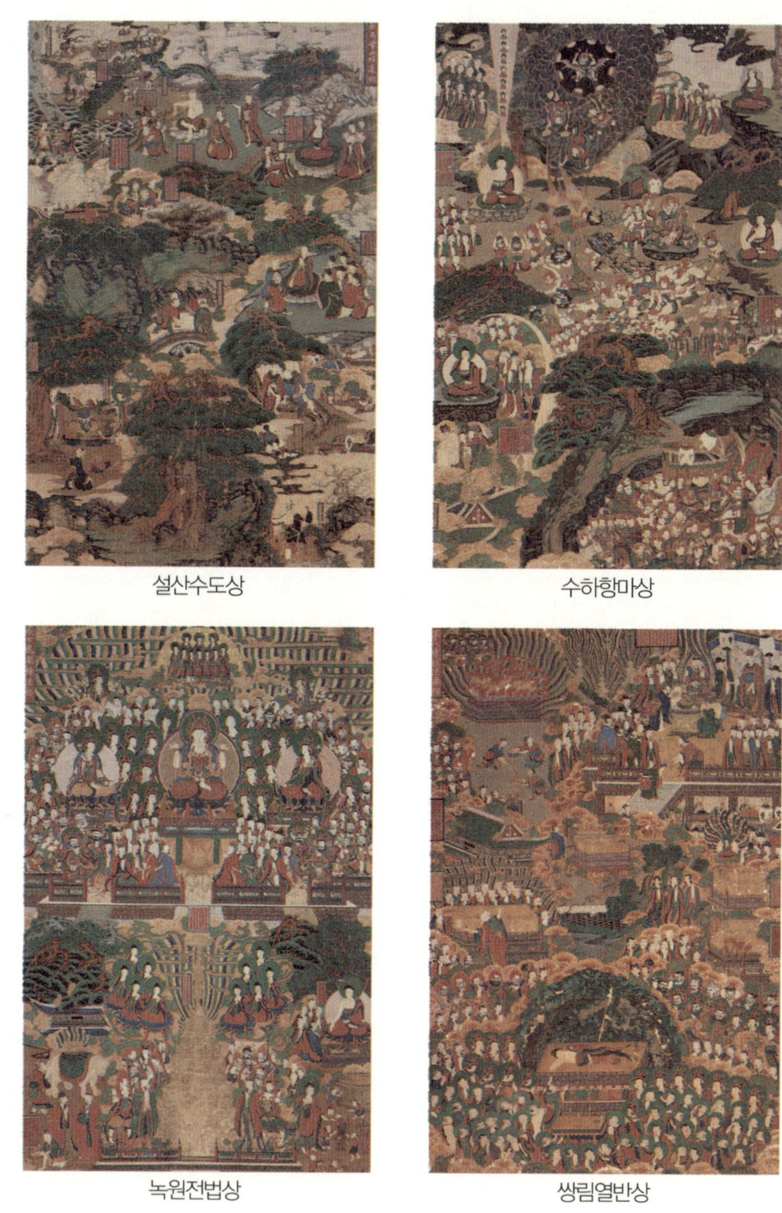

〈사진1-2〉 통도사 팔상도

46

자신의 존재를 드러내는 장면이다.

③ 사문유관상(四門遊觀相): 태자로 성장한 뒤 성 밖에서 중생의 고통을 관찰하고 인생의 무상함을 느껴 발심하는 장면이다.

④ 유성출가상(踰城出家相): 깨달음을 구하고자 성을 넘어 출가하는 장면이다.

⑤ 설산수도상(雪山修道相): 설산에 들어가 6년간 고행 수도하는 장면이다.

⑥ 수하항마상(樹下降魔相): 깨달음을 얻은 뒤 마왕의 무리를 항복시키는 장면이다.

⑦ 녹원전법상(鹿苑轉法相): 최초로 설법하는 장면이다.

⑧ 쌍림열반상(雙林涅槃相): 80세에 사라쌍수 아래서 열반에 드는 장면이다.

우리나라에서 팔상을 다룬 최초의 문헌은 『석보상절(釋譜詳節)』(1447년)로, 이곳에 실려 있는 판화도상들이 이후 팔상도의 중심주제로 일관되게 전승되었다. 지금처럼 통일된 팔상의 화제(畵題)와 중심주제는 중국 문헌에 근거를 두고 있지만, 18세기에 들어와 본격적으로 그린 한국의 팔상도는 중국과 다른 독창적인 세부 도상 표현들을 살펴볼 수 있다.[18]

석가모니를 형상화하기 시작한 초기 인도 간다라미술의 불전도가 사상도(四相圖)·오상도(五相圖)·팔상도로 자리를 잡아갔으나,[19] 이들 도상은 중국·한국의 팔상과는 전혀 다른 것이었다. 곧 인도의 팔상은 탄생을 제1도로 삼고 깨달음을 얻은 단계(降魔成道)를 제2도로 설정[20]함으로써 위대한 존재가 된 이후의 사건들을 중요하게 다루고 있다. 이에 비해 중국과 한국에서는 깨

---

18 李英宗, 「朝鮮時代 八相圖의 圖像的 淵源과 展開」(서울大學校 考古美術史學科 碩士論文, 1995), pp.116~119.

19 劉根子, 「간다라 佛傳 圖像의 硏究」(東國大學校 美術史學科 博士論文, 2005), p.6.

20 李英宗, 앞의 논문(1995), p.2.

달음을 이룬 단계를 제6도로 설정하고 이전 삶에 다섯 단계를 할애함으로써 석가모니의 인간적 과정에 좀 더 비중을 두고 있음을 알 수 있다.

그런데 어떤 존재가 종교성을 지니게 될 때의 보편적 경향으로, 석가모니의 일대기 역시 극적인 상황과 신성성을 드러내기 위한 다양한 요소들로 점철되어 있다. 출생에서 죽음에 이르기까지, '역사적 사실'을 기반으로 한 가운데 '설화적 윤색'과 '신화적 장치'가 곳곳에 자리하고 있는 것이다. 이로 인해 석가모니를 신으로 보아 비역사적 인물로 여기는 혼란을 불러일으키기도 한다. 특히 세속의 존재와 구별되는 신성 존재의 초월성을 드러내고자 할 때 출생에 가장 많은 윤색이 이루어지게 마련이다. 나라를 세운 시조들의 출생이 늘 비범하게 묘사되고 있듯이, 세상에 태어날 때부터 무언가 특별함을 지니고 있었다는 것이야말로 신성성을 묘사하기에 가장 적합하기 때문이다.

아울러 그림이란, 메시지를 직접 전달할뿐더러 무궁무진한 이야기를 담을 수 있어 불화(佛畵)에 담긴 불교사상은 중생을 향한 전법(傳法)의 핵심을 이룬다. 불화는 감상의 대상이 아니라 신앙생활과 관련되는 실용화[21]로, 불교사상이 방편적으로 농축되어 있을 뿐만 아니라 뜻하는 목적이 도상에 뚜렷이 반영되어 있다. 따라서 석가모니의 출생 내력이 종교적으로 윤색되고 신성화되는 양상에 주목하면서 팔상도에 나타난 다양한 상징성을 읽어볼 수 있을 것이다.

이 글에서는 인간 사회에서 있을 만하지만 실제 있었던 일이라기보다 극적 상황을 조성하기 위해 설정되었음직한 내용에 대해 '설화적 윤색'이라는 용어를 사용하였다. 이때 무엇보다 조심스러운 점은 '역사적 사실'과 '설화적 윤색'을 구분하는 일일 것이다. 따라서 역사적 사실에 가까운 내용을 추려냄에 있

---

21 홍윤식, 『불화』(대원사, 1989), p.130.

어서는, 허구와 과장이 배제된 초기 팔리어(Pali語) 문헌을 중심으로 하여 산스크리트어(Sanskrit語) 문헌들을 함께 면밀히 분석한 선행연구[22]에 전적으로 의존하였다. 그 외에 신성성을 드러내기 위해 설정된 일련의 신이현상(神異現象)은 '신화적 장치'[23]라는 용어를 사용하였다.

팔상도는 각 폭마다 정해진 중심주제가 있되, 주제와 관련하여 여러 시공간에서 펼쳐지는 다양한 사건과 이야기를 하나의 화면에 담는 특성을 지니고 있다. 아울러 한국의 팔상도 역시 정형화된 하나의 도상으로 전승되는 것이 아니라, 핵심표현은 같지만 시대에 따라 조금씩 유형이 달라진다. 따라서 여기서는 대표적인 팔상도의 하나로서 1775년(영조 51)에 조성된 '통도사 영산전 팔상도'(이하 '통도사팔상도'라 칭함)를 대상으로, 출생과 관련된 제1도 〈도솔래의상〉과 제2도 〈비람강생상〉의 두 점에 대해 살펴보고자 한다.

2) 출생을 둘러싼 역사와 신화적 장치

석가모니는 기원전 624년경[24] 석가족의 부족장으로 카필라왕국을 이루어 살고 있던 정반왕(淨飯王)과 마야부인(摩耶夫人)의 장남으로 태어났다. 출산일이 가까워진 마야부인이 아기를 낳기 위해 친정으로 가던 중 카필라성과 50리

---

22 유성욱, 『붓다의 신격화에 관한 연구』(종교와 이성, 2007).

23 이때의 '신화적'이라는 말은 유신론을 전제하는 것이 아니라 '신적' 존재를 의미한다.

24 석가모니의 생몰연대에 대해서는 여러 설이 있다. 석가모니가 활동했던 시기보다 앞선 베다시대의 경우 연대에 관한 정보가 전혀 없어서, 그가 살았던 시대로부터 역으로만 인도고대사의 연대추정이 가능하다. 따라서 고대 인도의 역사는 석가모니의 출현으로 역사시대에 접어들었다고도 조심스럽게 말할 수 있을 것이다: 유성욱, 앞의 책(2007), pp.111~112. 따라서 여기서는 우리나라가 속한 남방불교권에서 통용되는 '기원전 624년~기원전 544년'을 석가모니의 생몰시기로 수용하여 살펴본다.

정도 떨어진 룸비니 촌락에서 태자를 출산하게 되었다. 그러나 아기를 낳은 지 7일이 지나 마야부인은 세상을 떠났으며, 이후 그녀의 여동생인 마하파자파티가 그를 키우게 되었다. 이는 그의 이모가 정반왕의 두 번째 아내가 되었음을 뜻하는데, 고대아시아 전통에서는 남성이 죽은 아내의 여형제와 혼인하는 것이 자연스러운 일이었다. 이후 인간의 삶에서 반드시 필요한 정화의식의 하나로, 갓난아기에게 이름을 주는 명명식(命名式)을 행하였다. 따라서 '고타마'인 성에 이름을 '싯다르타'로 정하여[25] 깨달음을 이루기 전까지 그는 '고타마 싯다르타'로 불리게 되었다. 이때 여덟 명의 브라만들이 참석하여 여러 가지 예언을 하였다. 후일 아소카왕 시대에 와서 석가모니가 태어난 룸비니 촌락에는 세금을 면제시키고 공납을 곡물 $\frac{1}{8}$로 정했다고 한다.[26]

팔상도에서 출생과 관련된 두 그림을 살펴보면, 위의 역사적 사실에 근거한 내용은 주로 하단에 그려져 있음을 알 수 있다. 두 그림은 모두 상단과 하단으로 구분되는데, 상단에는 '신화적 장치'에 해당하는 내용으로 출생을 둘러싼 신이한 현상을 묘사한 데 비해, 하단에는 '역사적 사실'과 '설화적 윤색'에 해당하는 내용으로 현실에서 있음직한 이야기를 주로 배치해 놓았다.

하단을 먼저 보면, 제1도 〈도솔래의상〉에는 마야부인이 태몽을 꾸는 장면과, 마야부인의 태몽을 들은 정반왕이 당시 최고 성직자계급인 브라만을 불러 해몽을 듣는 장면을 담았다. 이렇듯 태몽과 해몽은 출생을 둘러싸고 전개되는 일상사일 뿐만 아니라 이야기나 그림으로 잉태를 드러내고자 할 때 자연스럽게 선택될 수 있는 요소이다. 제2도 〈비람강생상〉의 하단에는 마야부인

---

25 유성욱은 명명식에서 어떤 이름이 지어졌는지 밝혀지지 않았고 '싯다르타'라는 이름 역시 초기경전에 등장하지 않는다고 했으나, 석가모니가 출가 전까지 '싯다르타'라는 이름을 지니고 있었다는 사실은 광범위하게 전승되는 것이므로 편의상 이를 따랐다.

26 유성욱, 앞의 책(2007), pp.105~123.

이 친정으로 가던 중에 태어난 태자가 궁으로 돌아오는 모습을 그린 것으로, 당시 인도사회에서 여성이 임신하면 친정에 가서 출산하는 관습이 그대로 반영되어 있다. 아울러 명명식 때 여러 브라만들이 참석하여 예언했듯이, 선인(仙人)이 태자의 관상을 보며 예언하는 장면 또한 당시 귀족사회에서 일반화된 풍습이었음을 짐작케 한다.

이에 비해 상단에 그려진 내용을 보면 제1도의 경우 '전생과 현생의 연계'를, 제2도의 경우 '신성출생'을 암시하는 신화적 내용으로 이루어져 있다. 현생의 존재가 전생의 존재와 연계되었다거나 신성한 존재의 탄생과 같은 내용은 종교적 믿음과 관련된 것으로, 신화적·설화적 설정 하에 전개가 가능하다. 특히 신성존재라는 초월성을 드러내고자 할 경우 출생에 중요한 윤색이 따르게 마련이다. 그런데 팔상도의 성립이 석가모니가 불교의 교주로 자리하고 그의 일대기가 신성화된 후에 이루어진 것임을 고려할 때, 초월성을 강화하기 위한 신성출생(神聖出生)의 모티브들이 존재함에도 불구하고 모태출생(母胎出生)으로 표현한 데 대한 의문을 가져볼 수 있을 것이다.

이러한 의문은 간단하게 풀린다. 싯다르타를 낳은 정반왕과 왕비가 역사적으로 실재한 인물들이기 때문이다. 이는 석가모니가 신이 아니라 인간으로 태어나 부처를 이룬 존재라는 사실과, 그를 둘러싼 신성화작업 또한 이러한 실제적 토대 위에서 이루어지고 있다는 점을 다시금 상기시키고 있다. 따라서 팔상도를 포함하여 글과 그림으로 표현된 석가모니 일대기를 대할 때 이러한 관점을 놓치지 않는 것이 중요하다.

3) 현생 내력과 전생 연계의 암시, 〈도솔래의상〉

제1도 〈도솔래의상(兜率來儀相)〉(사진2)은 석가모니의 잉태를 담은 그림으로

〈사진2〉 제1도 도솔래의상

전생, 태몽, 전생과 현생의 연계 등의 모티브가 표현되어 있다. 묘사된 내용은 상단·하단이 다시 좌·우로 구분됨으로써 전체는 네 장면으로 이루어졌다.

상단 좌측에 그려져 있는 첫째장면은 석가모니의 조상이 구담이라는 성을 갖게 된 내력을 담은 '구담귀성(瞿曇貴姓)'의 내용으로, 5인의 인물이 등장한 가운데 석가모니의 전생에 관한 이야기를 펼쳐 놓았다. 상단 우측의 둘째장면 '승상입태(乘象入胎)'는 석가모니의 전생인물인 호명보살(護明菩薩)[27]이 흰 코끼리를 타고 수많은 남녀 군상을 거느린 모습이며, 하단 좌측의 셋째장면은 '마야탁몽(摩耶託夢)'으로 마야궁중(摩耶宮中)·입태전(入胎殿)이라는 현판이 걸린 궁궐 안에 왕비 마야가 쉬고 있는 모습을 묘사하였다. 이때 둘째장면의 코끼리를 탄 호명보살과 셋째장면의 마야부인을 나선형의 구름으로 연결시켜 놓음으로써 호명보살이 마야부인의 몸에 잉태됨을 상징적으로 드러내었다. 하단 우측에는 넷째장면인 '정반성왕(淨飯聖王)'이 있는데, 정반왕궁(淨飯王宮)이라는 현판이 걸린 궁궐에서 시종을 거느린 왕과 왕비가 그 앞에 무릎 꿇은 신하와 이야기를 나누는 장면이 묘사되어 있고, 앞쪽 건물에는 돈화문(敦化門)[28]이라는 현판이 걸려 있다.

제1도에서는 석가모니의 현생 출현을 설명하기 위해 두 가지 모티브가 필요했던 것으로 보인다. 하나는 석가모니가 태어나는 집안에 대한 내력이 제시되어야 한다는 것이며, 또 하나는 그가 이승에 태어나기 위해서는 윤회관에 따라 전생의 존재가 전제되어야 한다는 것이다. 이러한 현생의 조상 내력과 전생의 존재가 신성성을 담보하기에 적합해야 함은 두말할 나위가 없다.

따라서 제1도를 풀어 보면, 석가모니가 정반왕과 마야부인의 아들로 태어나게 되었는데(셋째장면 '마야탁몽'과 넷째장면 '정반성왕'), 그는 전생에 천상의 존재

27　능인보살(能仁菩薩)이라고도 한다.
28　팔상도의 궁궐에 창덕궁을 나타내는 '돈화문'이라 표기한 점이 흥미롭다.

인 호명보살이었으며(둘째장면 '승상입태') 정반왕의 집안인 고타마 종족은 존귀하고 신성한 집안(첫째장면 '구담귀성')이라는 내용이 담겨 있다. 4개의 장면은 각기 다른 시공간의 상황을 나타내지만 순서에 따라 서로 연결되는 장치를 마련해놓음으로써 그림을 읽는 재미를 아울러 맛볼 수 있다.

(1) 현생 내력: 성속결합과 희생을 통한 재생

첫째장면(상단 좌측)의 주제인 '구담귀성(瞿曇貴姓)'(사진3)에는 고타마 종족의 내력이 담겨 있다. 구담은 석가모니 집안의 성씨 고타마를 한역한 것으로, 구담이라는 성씨가 얼마나 존귀한 내력을 지녔는지에 대해 설명하는 내용이다.

〈사진3〉 구담귀성(제1도 도솔래의상의 부분)

곧 석가모니의 전생이 부처를 이룰 만한 신성성과 존귀함을 획득하고 있듯이, 현생에 출현하게 된 고타마 집안 역시 지상에서의 신성성과 존귀함을 지녔음을 드러내기 위함이다. 그림 옆에 써놓은 방기(傍記)와 『석가보(釋迦譜)』를 참조하여 첫째장면의 이야기를 간추려 보면 다음과 같다.

대모초(大茅草)의 왕인 의마왕(懿摩王)은 왕위를 아우에게 양보하고, 구담(瞿曇)이라는 성을 가진 선인(仙人)에게 배움을 청하였다. 선인이 이를 받아들이자 왕은 '구담'의 성을 이어 깊은 산속의 감자원(甘蔗園)에서 살았는데, 이상한 옷차림을 하여 아무도 그를 알아보지 못했다.

어느 날 도적이 나타나 감자원을 지나 달아나게 되었는데, 쫓아온 군사들이 그를 도적으로 알고 붙잡아 나무기둥에 묶어놓고 과녁으로 삼아 활을 쏘니 피가 땅에 흘렀다. 이에 대구담(大瞿曇) 선인이 천안(天眼)으로 소구담(小瞿曇)을 살펴보고 급히 날아와서, 무슨 죄가 있어 이렇게 참혹한 행동을 하는지 물었다. 그리고는 흘러내린 피를 취해 진흙으로 뭉친 후 좌우 손에 들고 정사로 돌아와 왼쪽 피는 왼쪽 그릇에, 오른쪽 피는 오른쪽 그릇에 담아 놓고 기원하였다.

열 달이 되자 왼쪽 그릇에 담은 피는 남자가 되고 오른쪽 그릇에 담은 피는 여자가 되어, '구담(瞿曇)'이라 칭하였다. 이후 후손이 이어져 사자협왕(獅子頰王) 때 이르러 4명의 태자를 두었는데 첫째는 정반(淨飯), 둘째는 백반(白飯), 셋째는 곡반(斛飯), 넷째는 감로반(甘露飯)이었다. 이처럼 정반왕의 먼 조상이 나라를 버리고 수행하여 구담이라는 성씨를 받았기 때문에 이 집안은 존귀한 종족이 되었다.[29]

---

29 『釋迦譜』 卷1(『한글대장경』 275, 동국역경원, 1999), 第2 釋迦賢劫初姓瞿曇緣譜, pp.12~15.

<사진4> 구담귀성 중 남녀 탄생 장면

　위의 내용을 참조하여 그림을 살펴보면, 첫째장면에서 하의만 걸친 채 기둥에 묶여 있는 인물이 고타마 종족의 시조에 해당하는 소구담(小瞿曇)이고, 그를 도적으로 오인한 군사가 활을 겨누고 있으며, 그들을 향해 대구담(大瞿曇)이 구름을 타고 황급히 내려오는 모습을 담았다. 그 아래쪽의 정자 안에 두 아이가 각기 적색·백색 용기에 앉아 합장하고 있는 것은 소구담의 피를 이어 새로운 남녀가 탄생한 것을 의미하며, 정자 밖에 무릎 꿇고 합장한 이는 대구담으로 천신(天神)에게 이들을 사람으로 탄생시켜 주기를 기원하고 있다. 따라서 대구담은 구름을 타고 내려오는 모습과 천신에게 기원하는 모습으로 한 장면에 중복 등장한 셈이다.

이처럼 석가모니가 현생에 인연을 맺게 될 집안은 매우 존귀하고 신이한 내력을 지닌 종족으로 묘사되어 있다. 그런데 이러한 지위는 본래부터 주어진 것이 아니라 존귀함(貴)과 신성함(聖)이 결합되고, 고난과 희생을 거침으로써 새롭게 획득된 것이라는 데 주목해볼 수 있다.

곧 고타마 종족의 시조에 해당하는 의마왕(懿摩王)은 동생에게 왕위를 양보하고 초야로 물러난 고귀한 왕족의 신분이자 지선(至善)한 인물이지만, 도적으로 몰려 억울하게 죽음을 당하는 시련과 비운의 존재이기도 하다. 그러나 구담(瞿曇)이라는 신성존재(仙人)의 성을 이어받아 '대구담−소구담'의 친족관계를 맺게 되고, 소구담은 죽었지만 그가 흘린 피로 왕족(貴)의 피(血)와 선인(聖)의 성(族)을 이은 지상에서의 새로운 남녀가 탄생되기에 이른 것이다. 특히 왕족은 존귀하지만 속(俗)에 속한 존재이므로, 선인과의 결합을 통해 성(聖)을 획득하게 됨으로써 그 누구도 넘보지 못할 존귀함과 신성성을 겸비하게 된 셈이다. 아울러 성속의 결합, 희생을 통해 새롭게 탄생한 후손이 한 명이 아니라 남녀 한 쌍인 것은 새 우주의 열림으로 여겨지는 대목이다(사진4).

이렇듯 지금까지 그다지 관심을 끌지 못했던 도1의 첫째장면은 성속의 결합, 소우주의 창조, 희생 후의 재생 등과 같은 신화적 구조 속에서 고타마 종족의 신성성을 부각시키고 있음을 읽어볼 수 있다.

한편, 정자 위쪽에 면류관을 쓰고 합장한 채 서 있는 인물 역시 흥미롭다. 그 옆에 '금위천자가 속히 천상으로 돌아가다(金圍天子速還天上)'라는 방기를 적어 놓아 천상에서 내려온 금위천자[30]임을 알 수 있는데, 그는 첫째장면에 속해 있으면서 둘째장면을 향하고 있어 자연스럽게 둘째장면인 '승상입태'와

---

30 금단천자(金團天子)라고도 한다.

연결시키는 구실을 하고 있다. 그는 석가의 전생 존재인 호명보살에게 "…대대로 성왕(聖王)이 나타나서 백성을 덕으로 교화한 집안으로 현재 백성을 다스리는 이는 사자협왕(獅子頰王)의 아들 정반왕이며, 왕후는 고리성주인 아누석가왕의 딸 마야부인으로 매우 현명하고 단정한 분입니다. 그들을 부모로 정하심이 어떠하오리까"[31]라고 구담족의 사연을 아뢰며, 현생에 태어날 곳을 추천해 주는 인물이다. 고타마 종족의 내력을 풀어놓는 장면에 이처럼 국외자적 인물을 배치하여 그 내력을 관망케 하고, 이를 자연스럽게 다음 장면으로 연결시킴으로써 그림의 서사성을 부각시키고 있다.

(2) 전생 연계: 선택된 현생과 준비된 부처

둘째장면 '승상입태(乘象入胎)'(사진5)는 수많은 천인·천녀들이 번(幡)을 들고 악기를 연주하며 축복하는 가운데, 흰 코끼리를 탄 호명보살(護明菩薩)의 모습을 적색의 원 안에 묘사하였다. 과거 오랜 선업의 공덕으로 도솔천(兜率天)에 머물며 수행 중이던 호명보살이 중생교화를 위해 인간세상에 태어나게 되었는데, 금위천자에게 명하여 어느 곳에 태(胎)를 잡을지 신중하게 살펴 고르도록 한 것이 바로 고타마(구담) 성씨집안이었던 셈이다.

호명보살의 하생 내력을 보면,[32] 그는 아득한 시절에 선혜선인(善慧仙人)으로 수행 중이었다. 어느 날 연등불(燃燈佛)[33]께 바칠 꽃을 간절히 구하던 중, 일곱 송이 연꽃을 가진 구리선녀(俱夷仙女)와 내생의 부부가 될 것을 언약한

---

31 오고산·이종익·심재열 편역, 『도해팔상록』(寶蓮閣, 2004), pp.53~54.

32 위의 책(2004), pp.16~33.

33 역사적 인물인 석가모니부처가 사망하자마자 곧바로 부처는 유일한 존재가 아니라 반복적 현상이라는 사상이 생겨나기 시작했다. 여러 분의 부처가 이전 시대에도 나타났었는데, 마지막 부처가 고타마 싯다르타의 모습으로 출현했다는 것이다: 프랑크 라이너 셰크·만프레드 괴르겐스 지음, 황선상 옮김, 『불교』(예경, 2007), p.12.

<사진5> 승상입태(제1도 도솔래의상의 부분)

후에야 꽃을 구할 수 있게 되었다. 이에 연등불께 헌화하니 상서로움이 나타나, 연등불로부터 "도를 구하는 정성이 지극하여 수없는 세월이 지난 후 부처가 될 것이며, 호를 석가모니라 하리라"는 수기(授記)를 받았다. 이후 1억 겁 이상의 세월이 지나서 도솔천에 태어나 천왕이 되었다가 4천 년의 수한(壽限)이 다하자 하생 후 부처를 이룰 시기가 되었음을 결정하게 되었다고 한다. 따라서 둘째장면의 호명보살을 나선형의 구름으로 마야부인과 연결시켜 놓음으로써 이야기는 자연스럽게 현실 속의 셋째장면과 넷째장면으로 넘어가게 된다.

셋째장면 '마야탁몽(摩耶託夢)'(사진6)은 마야부인이 궁궐 안에서 꿈을 꾸고

〈사진6〉 마야탁몽(제1도 도솔래의상의 부분)

〈사진7〉 정반성왕(제1도 도솔래의상의 부분)

있는 모습을, 넷째장면 '정반성왕(淨飯聖王)'(사진7)은 마야부인이 정반왕에게 꿈이야기를 한 후 바라문에게 해몽을 듣는 모습을 담았다. 셋째장면에서 마야부인이 꾼 꿈은 어느 보살이 코끼리를 타고 자신의 품속으로 들어오는 것이어서, 둘째장면은 마야부인의 꿈속장면을 표현한 것이기도 하다. 특히 『보요경(寶曜經)』 「소현상품(所現象品)」에 따르면, 호명보살이 어떤 모습으로 모태에 드는 것이 좋을지에 대해 천자들과 의논을 거쳐 흰 코끼리(白象)를 택하게 되었다고 한다. 따라서 팔상도 중에는 태몽 장면에 흰 코끼리만 등장하는 경우도 많은데, 이는 흰 코끼리가 곧 호명보살의 화신이기 때문이다. 예컨대 산신도(山神圖)에서 산신이 호랑이를 거느리기도 하고 호랑이가 산신을 상징하기도 하듯이, 경외의 대상이 되는 동물이 인격적 존재의 신성성을 대신하거나 짝을 이루어 함께 등장하기도 하는 보편적 현상을 살펴볼 수 있다.

그런데 여기서 호명보살과 정반왕 부부의 현생인연이 호명보살의 선택에 따른 것일 뿐만 아니라, 1억겁 이상의 세월 전에 그가 부처를 이루게 될 것이 예견되었다는 사실을 통해 석가모니의 신성성을 무한히 확대하고 있다. 중생이 다음 생의 인연을 만나는 원리는 전생에 지은 업보에 따른 것이기에 수동적일 수밖에 없다. 그러나 석가모니는 중생 구제를 위해 하생하는 위대한 존재이기에 자신이 태어날 곳을 스스로의 의지로 선택할 수 있었던 것이다. 따라서 이전에 금위천자가 수십여 나라를 추천했으나 호명보살은 모두 마땅하게 여기지 않았다.

> 금위천자 : "가시국 베레나성에 선광왕의 아들 선장부왕이 있사오니 어떠하오리까?"
> 호명보살 : "가시국 선장부왕은 깨끗한 종족이라고 하나 사도(邪道)를 좋아하니 마땅치 않느니라."
> 금위천자 : "금강국에 베야리성이 있는데, 오곡이 풍족하고 대중이 안락하며 국토가 장엄하기 하늘나라와 같사오며, 왕의 종족도 순결하오니 그 왕자로 태어나심이 어떠하오리까?"
> 호명보살 : "베야리성의 임금은 선대부터 존귀한 종족이기는 하나 그 나라 사람의 성품이 사납고 교만·방일하며, 존비의 예절을 지키지 못하니 마땅치 않느니라."[34]

이처럼 호명보살은 금위천자를 통해 자신이 태어날 곳을 알아보게 하면서

---

34 오고산·이종익·심재열 편역, 앞의 책(2004), pp.50~55.

도 모든 것을 꿰뚫고 있었으며, 마지막으로 석가족의 정반왕과 마야부인을 추천했을 때 "착하다, 네가 바로 관찰하였도다. 나 또한 그렇게 생각하였느니라"고 하면서 이미 스스로의 현생인연을 선택해 놓은 존재였던 것이다.

또한 선혜선인 때 당시의 부처로부터 '석가모니 부처가 되리라'는 수기를 받은 이후, 거듭 전생(轉生)이 이루어지면서 후세의 여러 부처로부터 지속적인 수기를 받게 된다. 예컨대 승일체여래(勝一切如來)는 '1억 겁을 지나 부처가 될 것'이라 하였고, 연화상여래(蓮華上如來)는 '10만 겁을 지나 불도를 성취할 것'이라 하였으며, 최상행여래(最上行如來)는 1천 겁, 이후에는 1백 겁·95겁·94겁 등으로 점차 그 시기가 가까워지는 가운데 끊임없이 '미래에 부처가 되어 호를 석가모니라 하리라'는 수기를 받아온 것이다.[35]

고대 인도에서 1겁(一劫)이란 가로 세로와 높이가 각기 1유순(10km)인 바위에 천녀가 백 년에 한 번씩 지나가면서 옷깃으로 스쳐 바위가 다 닳아 없어지는 시간으로 비유할 만큼 아득한 기간을 의미한다. 그런데 석가모니는 중생구제를 위해 1억 겁 이전부터 인간세계에 하생하여 부처가 될 것이라 계시를 받고 한량없는 준비기간을 통해 마침내 인간세계에 모습을 드러냈으니 그 위대성은 극에 달할 수밖에 없을 것이다.

4) 성인 출생의 중층적 장치, 〈비람강생상〉

제2도 〈비람강생상(毘藍降生相)〉(사진8)은 석가모니의 탄생을 담은 그림으로, 성인(聖人)의 출생임을 드러내는 다양한 전조(前兆)가 나타나 있다. 크게 다섯 장면이 한 화폭에 그려져 있는데, 첫째장면인 상단 우측의 '수하탄생

---

35 위의 책, pp.48~52.

〈사진8〉 제2도 비람강생상

(樹下誕生)'은 룸비니동산의 커다란 나무 아래서 왕비가 오른팔을 들어 나뭇가지를 잡은 채 서 있고, 왕비의 오른쪽 소매에서 갓난아이가 나오는 모습을 담았다. 둘째장면인 '지천지지(指天指地)'는 갓 태어난 태자가 사방이 연꽃으로 둘러싸인 가운데 우뚝 서서 왼손으로 하늘을 가리키고 오른손으로 땅을 가리키는 모습이 그려졌으며, 셋째장면인 '구룡관욕(九龍灌浴)'은 상단 좌측에 아홉 마리의 용이 입으로 물을 내뿜어 탄생불(誕生佛)의 몸을 씻겨 주는 모습으로 묘사되어 있다. 중단 좌측에 그려진 넷째장면은 '종원환궁(從園還宮)'으로 태자가 룸비니의 원림에서 궁으로 돌아오는 모습을, 하단에 그려진 다섯째장면 '선인점상(仙人占相)'은 선인들이 태자의 관상을 보며 예언하는 모습을 담았다.

제1도가 석가모니의 잉태를 암시하는 내용이라면, 제2도 〈비람강생상〉은 석가모니의 출생을 담은 내용이다. 따라서 성인 출생을 드러내는 다양한 요소들이 마련되어 있으며, 특히 상단의 세 장면은 석가모니의 출생에 종교적 의미를 부여하는 신화적 장치로 점철되어 있다. 그것은 '옆구리 출생-갓난아기의 자존적 선언-아홉 마리 용에 의한 정화의식'으로 요약할 수 있을 것이다. 이에 비해 현실적 내용을 담은 하단의 두 장면은 실제 있었음직한 예언자들의 입을 통해, 태자가 비범한 인물임과 장차 위대한 존재가 될 것임을 다시 한 번 밝히고 있는 셈이다.

(1) 모태출생의 역사성과 우협출생의 신성성

첫째장면인 '수하탄생(樹下誕生)'(사진9)은 출생의 순간을 묘사한 것으로, 무우수(無憂樹) 나무 아래에 선 마야부인이 오른손으로 나뭇가지를 잡은 채 의연하게 서서 오른쪽 옆구리를 통해 석가모니를 출산하는 장면이다. 이를 우협출생(右脅出生)이라 하는데, 주변에서 시녀들이 받드는 가운데 갓난아기는 어

<사진9> 수하탄생(제2도 비람강생상의 부분)

머니의 긴 소맷자락에서부터 스스로 걸어 나오는 모습을 취하고 있다. 이러한 우협출생을 통해 몇 가지 시사점을 찾아볼 수 있다.

하나는, 초월성을 강화하기 위한 신성출생의 신화적 장치가 가능함에도 불구하고 석가모니는 신이 아닌 정반왕과 마야부인 사이에서 태어난 역사적 인물이기 때문에 모태(母胎)에 의탁하고 있다는 점이다. 이는 석가 일대기가 수많은 신화적 장치로 꾸며졌지만 '완벽하게 신화인 것'과 '역사적 사실이 신화화된 것'의 차이를 살펴볼 수 있는 대목이기도 하다. 아울러 편무영의 언급처럼[36], 마야부인의 몸을 통한 출생에는 역사적 인물이라는 사실 외에 고대 인

---

36 편무영, 「종교와 그림을 위한 서론: 연화신인출생(蓮花神人出生) 신화의 글로컬리제이션」,

도의 신앙적 배경과도 깊은 관련성을 찾을 수 있다. 나무에 기대선 수하미인(樹下美人)의 모습으로 즐겨 묘사되는 수신(樹神)이자 풍요의 여신 약시니(Yaksni), 지모신(地母神)인 락슈미(Lakshmi) 등 당시 숭배의 대상이던 여신들이 마야부인에 투영되어 있다는 점 역시 모태출생이 전면적으로 나서게 된 또 다른 이유가 될 것이다.

또 하나는, 모태에 의탁하였지만 '옆구리 출생'으로써 세속적 출산과 차이를 드러내고 있다는 점이다. 이는 당시 인도사회의 카스트제도와 관련된 것으로, 계급에 따라 출생 방식이 다르다는 신화적 설정이 있었다. 곧 사제계급인 브라만은 정수리, 귀족인 크샤트리아는 오른쪽 겨드랑이, 평민인 바이샤는 배꼽, 노예인 수드라는 발바닥에서 태어난다[37]는 것이다. 따라서 모태출생을 전제로 한 가운데 인도사회의 계급문화를 반영하여 출산의 차별적 신성성을 부각시키고 있음을 알 수 있다. 뿐만 아니라 이러한 신성출생의 연장선상에서, 머리부터 세상을 향해 나오는 것이 아니라 스스로의 의지에 따라 두 발로 걸어 나오는 형상을 취하고 있는 것이다.

그런데 제1도의 '마야탁몽'에서 코끼리가 마야부인의 몸속으로 들어가는 태몽 장면에 근거하여 석가모니의 모태출생을 처녀수태와 연결 짓는 해석[38]도 초기부터 있었던 듯하다. 이는 동정녀 마리아처럼 마야부인 역시 그때까지 순결을 유지했다는 윤색이 첨가된 셈인데, 특히 마야부인이 출산 후 7일만에 사망한 점에서 더욱 그럴듯한 연계라 하겠다. 곧 여러 석가 일대기에서

『종교와 그림』(민속원, 2008), pp.36~38.

37 배진달, 『세상은 연꽃 속에』(프로네시스, 2006), p.20. 혹은 큰 성인이나 전륜성왕은 반드시 오른쪽 옆구리를 통해 낳는다는 인도의 전설에 따른 것이라는 설도 있다: 오고산 · 이종익 · 심재열 편역, 앞의 책(2004), p.61.

38 프랑크 라이너 셰크 만프레드 괴르겐스 지음, 앞의 책(2007), p.13.

마야부인의 죽음에 대해 미래의 부처가 머물렀던 자궁은 결코 다시 점유될 수 없기 때문에 세상을 떠나 천계에서 다시 태어났다고 설명[39]하듯이, 태자의 출산 때까지 순결을 유지했다가 출산 후 사망함으로써 모태의 순결성·유일성을 통해 신성성을 고조시킬 수 있기 때문이다. 마야부인의 죽음과 그녀의 여동생이 어머니를 대신하게 된 것은 역사적 사실로 보고 있어, 마야부인의 이른 죽음으로 인해 이를 수태의 처녀성과도 연계시키기에 적합했을 것이라 여겨진다. 이는 역사적 사실을 기반으로 신화적 장치를 적절히 결합시킨 사례들이라 할 수 있다.

(2) 자존적 선언과 예언으로 표출한 현생 출현의 당위성

둘째장면인 '지천지지(指天指地)'(사진10)는 석가모니가 갓 태어나자마자 사방으로 일곱 걸음을 옮긴 뒤, 하늘과 땅을 가리키며 '천상천하 유아독존(天上天下 唯我獨尊)'의 사자후(獅子吼)를 하는 유명한 장면을 묘사한 것이다. '통도사팔상도'에는 태자가 동서남북으로 걸음을 옮길 때마다 연꽃이 한 송이씩 피어나 태자의 주변을 감싸는 모습인데, 탄생 직후의 기적과 관련해서는 시대마다 조금씩 다른 유형이 존재한다.

초기 간다라미술의 탄생도상에서는 다리를 교차한 채 서 있는 마야부인의 옆구리에서 태자가 태어나고, 제석천(帝釋天)이 태자를 받아 안는 모습으로만 표현되어 있었다.[40] 이후 시대가 내려오면서 『불설보요경(佛說普曜經)』[41]에서는 겨드랑이에서 태자가 탄생하자 홀연히 몸이 보배연꽃 위에 서 있게 되었고, 일곱 걸음을 옮기는 가운데 '나는 천상과 천하를 구원하는 위없는 존재로

---

39 유성욱, 앞의 책(2007), pp.118~119.
40 劉根子, 앞의 논문(2005), pp.153~155.
41 『佛說普曜經』(『한글대장경』155, 동국역경원, 1995), p.380.

〈사진10〉 지천지지(제2도 비람강생상의 부분)

서 일체중생들을 편히 할 것'이라는 내용의 사자후를 한 것으로 되어 있다. 이에 이즈음부터 일곱 걸음(七步)·연꽃·사자후(탄생게) 등의 요소들이 등장하기 시작하여, 『과거현재인과경(過去現在因果經)』[42]에는 일곱 줄기의 큰 연꽃이 솟아나 태자가 그 위에 떨어졌고 스스로 일곱 걸음을 걸으며 사자후를 한 것으로 기록되어 있다. 갓 태어난 태자를 받친 연꽃이 다시 일곱 송이로 확대된 것이다. 이후 대승경전인 『방광대장엄경(方廣大莊嚴經)』[43]에 와서는 사방과 상하로 일곱 걸음을 걸을 때마다 발자국에서 연꽃이 솟아나는 가운데, 자존적

---

42 『過去現在因果經』(『한글대장경』 156, 동국역경원, 1995), p.35.
43 『方廣大莊嚴經』(『한글대장경』 155, 동국역경원, 1995), p.74.

(自尊的)이고 중생구제(衆生救濟)의 다짐을 담은 사자후를 남겼음을 기록하였
다. 이에 따르면 전방을 향했던 7보가 사방과 상하를 향함으로써 42보로 확대
되고, 태자를 받치던 일곱 송이 연꽃이 태자의 발자국마다 솟아나는 것으로
변환되면서 42송이가 되기에 이른 셈이다. 따라서 '통도사팔상도'의 제2도는
사방의 연꽃, 땅·하늘을 가리킨 태자의 손을 표현함으로써 『방광대장엄경』
에 가장 가까운 묘사였던 것이다.

이러한 변화 과정을 통해, 첫째장면 '수하탄생'의 모티브를 중심으로 점차
신성화되고 윤색되는 과정에서 둘째장면 '지천지지'가 파생되었음을 엿볼 수
있게 한다. 곧 탄생·재생의 주요한 모티브이자 존귀함의 상징인 연꽃이 등
장하고, 아득한 전생의 선혜선인 시절에 연등불께 헌화하던 일곱 송이 연꽃
이 현생의 탄생과 상징적으로 연계되어 있다. 뿐만 아니라 이 땅에 발을 디딤
과 동시에 '천상천하 유아독존'의 자존적 선언을 하는 파격적 모습을 보이고
있는데, 이로 인해 일부 후세인들로부터 자만심에 가득 찬 선언이라는 비판
을 받고 있기도 하다. 후대에 보다 구체적으로 확장된 탄생게(誕生偈)를 살펴
보면 다음과 같다.

동방으로 일곱 걸음을 옮기는데 발자국에 연꽃이 솟아나며 말하기를, "나는
온갖 훌륭한 법을 얻어서 중생을 위해 설하리라" 하였고, 남방으로 일곱 걸
음을 걸으면서 말하기를, "나는 천상·인간의 공양을 받으리라" 하였고, 서
방으로 일곱 걸음을 걸으면서 "나는 이 세상에 가장 높고 가장 거룩하리라.
이것이 곧 최후의 몸으로서 나고 늙고 죽음을 끝내리라" 하였고, 북방으로
일곱 걸음을 걸으면서 "나는 장차 모든 중생 가운데 최상이 되리라" 하였고,
하방으로 일곱 걸음을 걸으면서 "나는 장차 온갖 마군을 항복받고 또 지옥의
타는 불을 끄며 법의 구름, 법의 비로써 중생을 안락케 하리라" 하였고, 상

방으로 일곱 걸음을 걸으면서 "나는 장차 일체 중생의 우러러보는 바가 되리라" 하였다.[44]

이러한 탄생게는 '가장 존귀하고 뛰어나다, 이번이 최후의 생이다, 중생을 제도하기 위해 태어났다'[45]는 세 가지 핵심요소를 지니고 있다. 갓 태어난 태자가 스스로의 존귀함을 선언하는 파격적이고 단도직입적인 설정이 필요했던 것은, 현생에 태어난 이유를 보다 분명히 밝히기 위함일 것이다. 출생을 둘러싼 그 어떤 신이한 현상이나 설명보다 갓 태어난 존재의 자존적 선언이 압도적인 의미를 지닐 수밖에 없기 때문이다. 이는 석가모니가 탄생하자마자 천안(天眼)으로 현생에 존재하는 모든 것을 꿰뚫어본 후 자신과 같은 경지에 도달한 이, 자신처럼 현생에서 부처를 이루어 윤회에서 벗어날 이, 자신과 같은 중생 제도(濟度)의 뜻을 가진 이가 아무도 없음을 분명히 알게 되었음을 의미한다. 아울러 이러한 뜻을 한마디로 압축한 것이 '천상천하 유아독존'으로서, 이는 자만심에 가득 찬 외침이 아니라 한량없는 전생을 거듭하며 중생구제의 큰 뜻을 안고 출현한 것임을 드러내는 것이다.

둘째장면 '지천지지'의 아래쪽에는 연화대(蓮花臺)를 마련하여 장차 부처를 이루어 그 자리의 주인이 될 존재임을 드러내었고, 태자의 머리 위로는 오색 줄기가 힘차게 뻗어 오르는데 방기에는 '이 빛이 태미궁을 비추었다(此光貫太微宮)', '혹자는 마궁을 덮어 가렸다 한다(或曰覆弊魔宮)'고 적었다. 따라서 첫째장면이 귀족계급의 신성출생을 드러내는 것이라면 둘째장면은 교조의 탄생을 종교적으로 극대화한 모습이라 할 수 있으며, 이러한 맥락은 셋째장면 '구룡관욕(九龍灌浴)'(사진11)에서 계속 이어지고 있다.

---

44 『方廣大莊嚴經』, 앞의 책(1995), p.74.
45 정병삼, 『그림으로 보는 불교이야기』(풀빛, 2000), pp.75~76.

〈사진12〉 천녀들과 저절로 솟아나는 온수·냉수

〈사진11〉 구룡관욕(제2도 비람강생상의 부분)

　　곧 셋째장면은 두광(頭光)·신광(身光)의 광배(光背)를 지닌 탄생불의 모습
으로 자리에 앉아 머리 위로 오색 서기(瑞氣)를 내뿜는 가운데, 천상에서 아홉
마리의 용이 물을 뿜어 그의 몸을 씻어 주는 신이한 장면을 묘사하고 있다.
그 아래의 방기에는 '차가운 물이 절로 나오다(冷井自出)' '뜨거운 물이 절로 나
오다(溫井自出)' '천녀들이 각자 향수를 가지고 오다(天女等各持香水)'라고 적어
모든 천상과 지상의 존재들이 그의 탄생을 축복하는 모습을 장엄하게 표현하
였다(사진12). 이러한 관욕(灌浴)은 고대 인도에서 신상(神像)을 물로 정갈히 하
는 의례가 반영된 것으로, 이후 중국불교에서는 석가탄신일에 탄생불을 중심으
로 관욕을 적용[46]함으로써 동남아의 여러 불교국가에서는 욕불(浴佛)이 석가탄

46　편무영, 『초파일 민속론』(민속원, 2002), pp.218~220.

<사진13> 종원환궁(제2도 비람강생상의 부분)

신일의 주요행사로 자리 잡았다.

상단의 세 장면이 탄생을 둘러싼 신화적 장치임에 비해, 하단에 궁으로 돌아오는 넷째장면 '종원환궁(從園還宮)'(사진13)을 거쳐 태자의 미래를 예언하는 다섯째장면 '선인점상(仙人占相)'(사진14)은 실제 있었음직한 사실에 근거하여 설화적 윤색이 이루어진 경우라 할 수 있다. 이 장면에는 정반왕이 궁전에 앉아 있고 신하가 머리 위로 태자를 높이 받들고 있으며(사진15), 한 인물이 왕의 앞에 꿇어앉아 무언가를 보고하는 듯한 모습이 묘사되어 있다. 방기에는 아시타(阿私陀) 선인 등이 태자의 얼굴을 살펴본 후 슬피 울었는데, 정반왕이 연유를 묻자 다음과 같이 답하였음을 적고 있다.

… 태자는 32상(相) 80종호를 구족(具足)하여 세간에 계시면 훌륭한 전륜성왕(轉輪聖王)이 되고, 출가하면 중생을 구제하는 부처님이 되실 것입니다. 그러나 우리는 나이가 많아 머지않아 목숨이 다함으로써 태자의 설법을 듣지 못하

〈사진14〉 선인점상(제2도 비람강생상의 부분)

〈사진15〉 태자를 받든 신하

게 될 것이 마음 아프고 슬프기 때문입니다.

아시타 선인은 '태자가 세상에 있으면 가장 훌륭한 왕이 되고 출가하면 부처가 될 것'이라 하였으나, 부처를 이룰 때쯤 자신은 세상을 떠나 그 설법을 들을 수 없기 때문에 슬프다고 함으로써 이미 태자가 '세간(世間)의 왕'이 아닌 '출세간(出世間)의 왕(부처)'이 될 것임을 예견한 셈이다.

이처럼 상단의 내용이 신이한 현상을 통해 태자의 신성성을 드러내고 있다면, 현실적 내용을 담은 하단의 장면은 예언자들의 입을 통해 태자가 비범한 인물임과 장차 위대한 존재가 될 것임을 다시 한 번 밝히고 있다. 특히 태자의 상호를 살핀 선인이, 세간에 머물 경우 훗날 이상적인 제왕이 될 것이며, 출가하여 수행자의 길을 걸을 경우 깨달음을 얻어 부처가 될 것이라는 두 가지 예언을 함으로써 이후에 펼쳐질 삶에 긴장감을 불어넣고 있다. 곧 태자가 성장하면서 정반왕은 그의 출가를 막기 위해 외부세계와 접근을 차단한 채 부족함 없는 삶과 환락의 세계를 제공하게 된다. 따라서 태자로서 풍요함과 안락함이 클수록 그러한 삶을 뿌리치고 수행자의 길을 택하는 그의 위대성이 부각될 것이다.

5) 종교와 철학 사이에 놓인 팔상도

팔상도로 살펴보았듯이 석가모니의 일생 가운데 특히 출생을 둘러싼 내력은 지극히 종교적이다. 그의 역사적 삶을 뼈대로 하여, 종교의 교주로서 위상을 드러내고자 잉태되기 이전 단계에서부터 탄생 후의 자태에 이르기까지 신성성과 초월성으로 점철되어 있는 것이다. 이러한 묘사는 불제자들이 부처와 부처의 가르침을 추앙하고 표현하는 방식인 동시에 불교의 세계관과 사상적 배경을 담고 있어 소중한 의미를 지닌다.

〈도솔래의상〉에서는 현생에 태어날 석가모니가 전생의 한량없는 세월 동안 수많은 공덕과 지극한 수행을 쌓아 부처를 이룬 위대한 존재이자, 그가 태어나게 된 고타마 집안이 매우 신성하고 존귀한 종족임을 강조하고 있다. 곧 장면1에서 고타마 집안의 시조는 '존귀함과 신성함(貴·聖), 성과 속(聖·俗)이 결합'해→'자기희생과 고난'을 거쳐→'새로운 우주를 창조'한 존재였다. 아울러 장면2에서 석가모니는 '지극한 구도의 수행자'로→'1억 겁에 걸쳐 부처가 될 존재'로 수기를 받아→스스로 태어날 곳을 정한 '자의적 출생'의 존재였다 (그림1 참조).

〈비람강생상〉에서는 마침내 현생에 모습을 드러낸 석가모니의 출생이 얼마나 신성한 존재의 위대한 탄생인지에 대해 설명하고 있다. '옆구리를 통한

출생'에서부터 → 갓 태어난 태자의 '자존적 선언' → 신이한 천상존재들의 '욕
불의례(浴佛儀禮)' → 태자의 미래에 대한 '선인의 예언'에 이르기까지 석가모니
의 신성성과 위엄에 가히 압도당할 수밖에 없다(그림2 참조). 신앙심 깊은 신도
들이라면 이러한 석가모니의 위대함에 더욱 발심하여 믿음이 공고해질 수 있
을 것이다. 또한 그러한 위신력에 힘입어 고단한 현실의 문제들을 기대어 보
는 기복적 귀의를 불러일으킬 수도 있으리라 여겨진다.

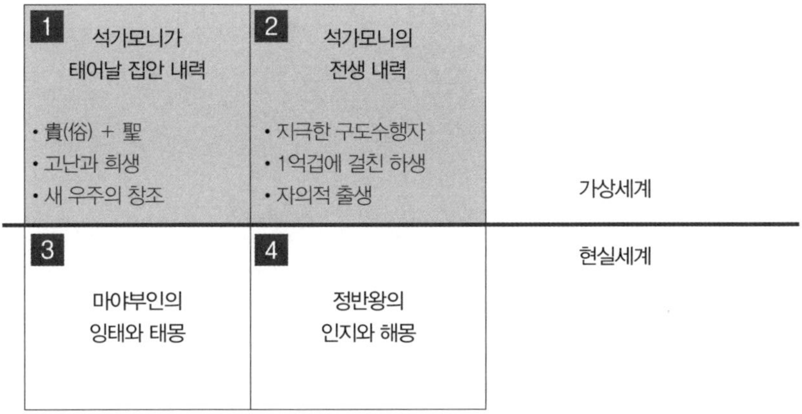

1 석가모니가 태어날 집안 내력 • 貴(俗) + 聖 • 고난과 희생 • 새 우주의 창조	2 석가모니의 전생 내력 • 지극한 구도수행자 • 1억겁에 걸친 하생 • 자의적 출생	가상세계
3 마야부인의 잉태와 태몽	4 정반왕의 인지와 해몽	현실세계

<그림1> 도솔래의상의 내용

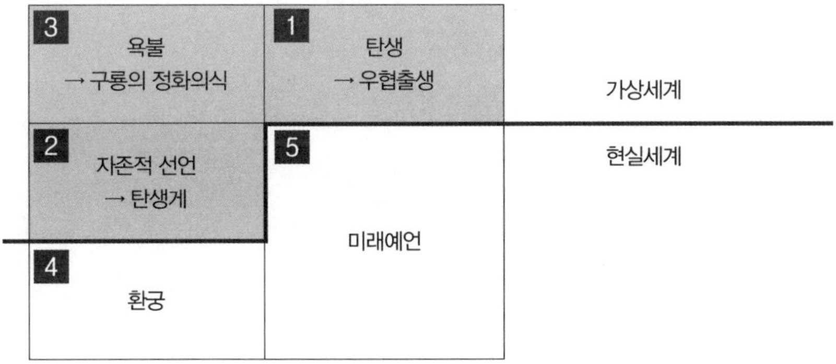

3 욕불 → 구룡의 정화의식	1 탄생 → 우협출생	가상세계
2 자존적 선언 → 탄생게	5 미래예언	현실세계
4 환궁		

<그림2> 비람강생상의 내용

두 점의 팔상도에 담긴 석가모니의 출생 내력을 통해, 불교에서 출생을 보는 관점을 두 가지로 요약해볼 수 있다.

첫째, 석가모니의 출생담은 철저히 윤회관에 기반을 두고 있다는 점이다. 생명의 탄생이란 부모의 인자가 결합하는 순간에서 비롯되는 것이 아니라, 원인(因)이 결과(果)를 만들어 내는 가운데 과거—현재—미래로 이어지는 존재의 연계성을 살펴볼 수 있다. 석가모니가 위대한 존재로 탄생할 수 있었던 것은 아득한 전생부터 지극한 구도의 수행자로 선업을 쌓아 왔기에 가능하였던 것이다. 아울러 초기경전에서 부모와 자식은 서로 인연이 당겨져 맺어진다고 했듯이, 석가모니가 귀하고 신성한 집안에서 태어난 것과, 고타마 집안에서 석가모니라는 위대한 자식을 얻은 것은 모두 서로의 전생이 이러했기 때문이라는 것을 설명해 주고 있다. 최상의 존재인 석가모니를 통해 궁극의 윤회현상을 보여줌으로써 인과의 원리와 출생의 관계를 명확하게 드러내고 있는 것이다.

둘째, 새롭게 태어날 생명은 철저히 주체적 존재라는 점이다. 석가모니가 스스로 태어날 곳을 고르고, 태어나자마자 탄생게로써 이 세상에 태어난 이유를 밝히는 것은 비범하고 초월적 존재이기에 가능한 일이었다. 그러나 모든 중생이 불성(佛性)을 지니고 있어 누구든 깨달으면 부처가 될 수 있다는 불교의 가르침은, 단지 초월적 존재의 신성성을 드러내는 의미만이 아님을 말해 주고 있다. 누구든 이 세상에 태어난 뜻을 성찰하면서 마음을 닦으며 살아가는 일이 곧 부처를 이루는 것이기 때문이다. 따라서 출생이란 전생에 내가 살아온 모습을 보여주는 것인 동시에 내세의 모습을 좌우할 출발점이므로, 석가모니의 출생 또한 앞으로의 삶을 어떻게 살아갈 것인지에 대한 방향성을 제시해 주고 있다.

한편, 출생 이후 역사적 존재로서 석가모니의 삶을 보면 싯다르타 태자로 유복한 유년기를 보내고, 청년이 되자 혼인을 하여 '라훌라'라는 아들을 두었다. 그러나 번뇌에서 벗어날 수 없는 인간 삶의 실존적 고뇌에 직면하여 29세에 출가를 결심, 이를 실행에 옮김으로써 수행자의 길로 들어서게 된다. 이후 6~7년간의 수행과 고행의 과정을 거쳐 마침내 깨달음을 이루게 되고, 그를 따르는 제자들이 점차 늘어나 거대한 수행자 집단을 이루는 가운데 80세에 죽음을 맞이하기까지, 갠지스로 이어지는 중부인도를 유랑하며 가르침을 전하는 데에만 전념하였다.

그런데 이처럼 신성성과 위대함이 점철된 불전문학(佛傳文學)으로서 석가 일대기의 핵심은, 인간으로 태어나 부처를 이룬 석가모니의 역사적 삶에 갈무리되어 있을 것이다. 석가모니가 스스로의 깨달음을 통해 몸소 보여주고 펼친 가르침 역시 인식론적 각성을 일깨우는 것이었다. 그러나 '믿음'을 무엇보다 중시하는 종교로서 불교가 성립되고, 석가모니가 신앙의 대상으로 자리하는 가운데, 석가의 전기를 그림으로 드러내는 팔상도 역시 종교적 믿음과 신앙심을 고양시키는 쪽으로 확대된 것은 당연한 일이다. 실존적 인식 못지않게 믿음을 통해 삶을 순화시키고 종교적 심성을 가꾸어 나가는 것 또한 소중한 가치이기 때문이다.

이렇게 보았을 때 석가모니의 역사적 삶이 중생의 실존적 자각을 일깨우는 것이라면, 신화적·설화적으로 윤색된 불전문학은 종교적 믿음을 통해 순화되는 삶일 것이다. 따라서 팔상도를 포함한 종교화로서 불화는 그림이라는 종교적 상징물을 통해 기복(祈福)에서 자각(自覺)에 이르기까지 스스로의 몫으로 발견해 나가야 할 다층적 함의를 품고 있는 것이라 하겠다.

3. 잉태를 기원하는 불교민속

1) 기자신앙과 미륵신앙의 결합

출생에 대한 불교의 영향력은 자식을 바라는 주술·종교적 기원에서 가장 큰 부분을 차지해 왔다. 재력 있는 집안에서는 큰 사찰에 시주하며 백일불공을 드렸고, 서민층에서는 미륵불을 비롯해 사찰의 법당이나 산신각·칠성각 등을 찾아 그곳에 모신 불보살과 칠성신·산신 등에 기도하였다. 조선시대에는 개국 초부터 부녀자들이 자식의 잉태를 빌기 위해 절을 찾는 이른바 부녀상사(婦女上寺) 금지법을 공포한 바 있다. 그러나 불교적 기자치성(祈子致誠)은 신적 존재를 향한 인간 본연의 심성을 담고 있어, 제도적·표면적 금지 이면에 민간에서는 물론 왕실·귀족에 이르기까지 뿌리 깊은 관습으로 지속되었다.

특히 기자불공의 주 대상이 되어온 불보살로는 미륵불(彌勒佛)을 들 수 있다. 그중에서도 법당에 좌정한 불상보다는 돌로 다듬어 마을 곳곳에 우뚝 서 있는 돌미륵이 입석신앙과 깊이 관련되면서 기자불공을 올리는 대표적인 신앙의 대상이 되어 왔다.

미륵은 석가모니로부터 장차 성불(成佛)하리라는 수기를 받고 도솔천에 올라가 천인(天人)을 교화하는 보살로 있었는데, 석가모니가 입멸한 지 56억7천만 년이 지난 뒤 세상에 나타나 중생을 제도하게 된다는 미래불(未來佛)이다.[47] 미륵신앙의 역사는 불교의 유입시기와 맥을 같이하며, 미륵은 민중에게 현실의 고난과 모순을 해결해 주는 구세주적 존재로 널리 신앙되었다. 조선 중기 이후부터 미륵은 점차 사찰에서 마을로 내려오게 되었고, 마을 곳곳

---

47 耘虛龍夏 著, 『佛教辭典』(동국역경원, 1961), p.233.

에 민간의 힘으로 미륵이 세워졌다. 폐사된 절터에서 업어온 부처를 미륵으로 모시거나 마을주민들이 정성을 모아 미륵을 조성하기도 했으며, 잘생기거나 기이한 암석, 땅속·바다·강에서 올라온 큰 돌 등을 세워놓고 미륵으로 받들었던 것이다.

미륵이 마을에 자리를 잡게 된 데는 남아선호사상이 결정적 역할을 하였는데,[48] 이는 돌미륵을 기자석(祈子石)과 동일하게 여겼기 때문이다. 돌을 대상으로 아들 낳기를 기원하는 기자석의 민속은 우뚝 솟은 돌 모양이 남근(男根)을 닮았다는 유감주술(類感呪術)에 따른 것이다. 이때 기자석이 단순한 돌이 아니라 미륵이라면 그 영험함이 더욱 커질 것이므로 기자석과 돌미륵은 자연스럽게 결합된 셈이다. 미륵에 대한 치성 내용을 조사한 한 연구[49]에 따르면, 아들을 얻기 위한 목적이 30% 정도를 차지하여 기자 대상신으로서 미륵의 위상을 확인할 수 있다고 하였다.

미륵을 대상으로 한 기자신앙은 무수하지만 몇 가지 사례로써 살펴보면, 경북 안강 안계2리의 미륵[50]은 석탑의 면석 위에 결가부좌한 불상으로 마을 사람들이 미륵님·종불님·부처님이라 부르고 있다. 아들을 갖지 못한 이들은 미역·고추·숯을 그 앞에 차려놓고 빌었는데, 본인의 이름과 사주를 말하고 나이 수대로 미륵불을 모신 판석(板石) 위에 돌을 문질러 아들이면 붙고 딸이면 안 붙는다는 속신이 전승되고 있다. 기도일도 효험 있는 날짜가 정해져 있어 정월 15일, 3월 3일, 4월 8일, 5월 단오, 손 없는 날을 택하며, 3일 전에 목욕재계하고 생선을 먹지 않는 등 부정이 타지 않도록 해야 한다는 것

---

48 주강현, 『우리문화의 수수께끼』(한겨레신문사, 1996), pp.32~34.

49 박영선, 「祈子對象神 미륵의 설화문학적 전승연구」(부산대학교 국어국문학과 석사논문, 2000).

50 이종철, 「안계마을의 민속지」, 『석주선교수 회갑기념 민속학논총』(통문관, 1971), pp.345~ 346.

이다.

　조선시대의 기록을 보면,[51] 1482년 경상도 개령현 송방리에서 농부가 밭을 갈다가 목이 없는 돌부처를 캐내게 되어 언덕에 세워 두었다. 어느 날 병으로 고생하던 이가 찾아와 돌부처에게 절을 하고 나서 효험을 보게 되자 소문이 퍼져 여러 마을에서 병든 이, 아들 없는 이, 노비를 잃어버린 이 등 갖가지 소원을 가진 사람들이 모여들기 시작했다. 수많은 남녀가 쌀과 베, 돈, 향과 촛불, 꽃과 과일 등을 바치게 되자 한 승려가 향을 올리는 일을 담당하게 되었고, 점차 시주하는 이들이 늘어나 그곳에 큰 절을 지어 돌부처를 모시기로 계획하였다. 서민들만이 아니라 양반부녀들도 모두 와서 기도를 드렸으며, 개령현감과 금산의 훈도(訓導) 등도 아들을 점지해 주기를 빌었다. 이 같은 소식을 접하게 된 당시의 금산군수 이인향(李仁亨)이 향교의 유생과 아전·포졸들을 보내어 신앙행사를 주관하던 승려를 가두고 시주하는 사람들을 쫓아버렸다고 한다.

　미륵신앙의 양상을 살펴보면 성별과 관련된 특성이 눈에 띤다. 돌미륵과 남근석이 결합되었듯이 민간에서 섬기는 대부분의 미륵은 잠정적 남성으로 설정되어 있게 마련이다. 그런데 이와 반대로 여성의 정체성을 부각시키는 일련의 미륵이 등장하면서 성별이 분화되었다는 점이다. 예컨대 경북 의성군 옥연리에는 '할머니미륵'이 있었는데, 이 미륵에게 빌면 아들을 낳는다는 속신이 널리 퍼져 있어 먼 곳에서도 많은 사람들이 찾아와 정성을 들였다.[52] 함평 아차마을의 미륵 역시 언제부턴가 '미륵할머니'로 불렸는데, 제단 앞에는

51　許筠 編,「海東野言」,『大東野乘』2(민족문화추진회, 1984 재판), pp.356~357.
52　안동대학교 국학부 민속학과,『의성사람들의 삶과 문화』(민속학연구 제8집, 2003), pp.349~350: 이 할머니미륵은 1999년 정월 대보름에 도둑을 맞았다고 한다.

기자석 4개가 놓여 있어 자식 없는 이들이 찾아와 아들 낳기를 빈다[53]고 한다. 뿐만 아니라 「장자못」 설화에서도 '뒤돌아보지 말라'는 주의를 어긴 탓에 돌로 굳어버리고 만 여인이 미륵이 되어 자식을 점지해 주는 역할을 하는[54] 각 편들을 살펴볼 수 있다.

이처럼 미륵신앙과 기자신앙의 결합, 나아가 이를 통해 분화된 미륵의 성적 정체성은 민속과 미륵신앙의 다양한 결합양상을 드러내주고 있다(그림3 참조).

민중신앙 대상으로서 미륵의 보편성
구세주적 성격: 미래에 강림하여 현실의 고난과 모순을 해결 존재방식의 친연성: 민중의 곁에 민중과 유사한 모습으로 존재

기자신앙 대상으로서 미륵의 특수성
'탄생'을 공통분모로 함 미륵신앙: 공동체의 구세주 탄생을 전제 기자신앙: 개인의 후손 탄생을 전제

기자신앙 대상으로서 미륵의 성별분화	
남성으로 인식하는 경우	여성으로 인식하는 경우
−남근신앙과 결합하여 남성을 상징 −미륵의 코 갈아먹는 습속: 미륵의 남성성 +남성의 성적 상징인 코의 결합	−여성의 풍요·생산적 성격을 상징 −삼신할미와의 연계성

〈그림3〉 기자신앙 대상으로서 미륵의 수용 양상

---

53 김재일, 『우리민속 아흔아홉 마당 2』(한림미디어, 1997), p.25.
54 鄭尙丼·柳鍾穆, 『韓國口碑文學大系 8-11』 慶尙南道 宜寧郡篇 2(韓國精神文化硏究院, 1984), p.475.

　순차적으로 살펴보면, 먼저 미륵이 민간에 깊이 파고들어 민중신앙의 대상으로 보편성을 지니게 된 것은 미륵이 지닌 구세주적 성격과 존재 방식의 친연성에서 찾을 수 있다. 미륵은 현실의 고난과 모순을 해결하기 위해 미래에 강림한다는 구세주적 성격을 지녔을 뿐만 아니라, 수세기에 걸친 수용과정을 거치면서 권위를 벗어버린 채 민중과 유사한 모습으로 민간의 곁에 존재하는 친연성을 지니고 있다.

　이러한 민중성을 기반으로, 기자신앙 대상으로서 미륵이 지닌 특성은 미래의 부처로 아직 이 땅에 태어나지 않은 신격 또는 영웅이라는 데 있다. 즉 공동체의 '구세주 탄생'과 개인의 '후손 탄생'이라는 공통의 간절한 바람이 전제되어 있는 것이다. 미륵신앙은 언제나 현실을 개혁하고 이상세계를 건설할 실제의 영웅 탄생에 대한 갈망을 동반하고 있는데, 이러한 민심을 이용해 역사적으로 궁예(弓裔)를 비롯한 수많은 신종교 교주 등이 미륵을 자처하기도 하였다. 따라서 불교의 신격 가운데 미륵이 기자신앙의 주 대상으로 떠오르게 된 것은 매우 자연스러운 일인 셈이다.

　또한 본래 미륵은 성별이 부각되지 않았으나 후대로 올수록 남녀로 분화되는 양상이 드러나게 된다. 남녀의 분화로써 성적 정체성을 뚜렷이 지니게 된 미륵일수록 '자식 점지'의 영험성이 부각되는데, 이때 남성성은 장차 태어날 아이의 성별을 염두에 둔 것이라면 여성성은 아이를 생산할 생식력을 지닌 어머니를 뜻한다.

　미륵을 남성으로 인식하는 것은 남근신앙과 결합된 보편적 유형이다. 마을에서 자율적으로 조성해 섬겨온 돌미륵을 남근석이라 부르거나, 남근석을 미륵불이라 부르면서 미륵을 남성성의 상징으로 부각시키고 있는 것이다. 이들의 결합은 미륵의 의미 격하라기보다는 남근석의 의미 상승이라 볼 수 있는데, 미륵은 남근석에 대한 부정적 시각을 극복하는 장치로 활용되었을 가능

성이 크기 때문이다. 따라서 '돌부처(미륵)의 코를 갈아먹으면 아들을 낳는다'
는 담론이 생겨난 배경도 '미륵이 곧 남근'이라는 남성성의 상징을 공유하게
되면서, 코가 지닌 성적 상징의 효험을 얻고자 했기 때문이다. 이처럼 미륵이
지닌 자식 점지의 주술적 힘이 남근과 짝지어져 있었기에, 미륵이 아닌 석불
도 '돌로 만든 부처=미륵'으로 일반화되어 코를 잃었던 것이 근래까지 광범위
하게 나타난 현상이었다. 미륵의 '주술적 영험에 대한 믿음'이 '신성 훼손의 금
기'를 이긴 셈인데, 이는 미륵과 남근의 결합에서부터 시작된 지극히 민속적
인 역설이 아닐 수 없다.

미륵을 여성으로 인식하는 것은 풍요와 생산의 상징성을 취했기 때문이다.
자식 점지를 비는 일에서 출산능력을 지닌 모성의 위력을 기대하는 것은 지극
히 당연한 일이다. 따라서 미륵할머니 · 미륵할매 등이라 부르며 미륵을 여성
으로 섬기는 유형도 자연스럽게 등장하게 된 것이다. 이때 미륵의 여성성이
출생을 주관하는 삼신할미와 결합되었을 가능성 또한 매우 크다.

이처럼 민간에서는 미륵신앙을 불교의 교리적 의미와 무관하게 그들의 논
리에 따라 남근신앙과 결합시켜 기자의 대상으로 수용해 왔다. 이러한 상황
이고 보면, 거꾸로 사찰의 법당에 모신 미륵불이 민간에 어떠한 신앙적 의미
로 수용되었을지 짐작이 가능하다. 성전(聖殿)에서 마을로 내려간 미륵. 그러
나 공동체의 신앙기반이 와해되어 가는 현실과 맞물리면서 다시 성전에서 만
났을 때, 미륵은 마을로 내려갔던 외도 경험 이전보다 훨씬 많은 것을 담고
있을 것이기 때문이다.

2) 기자불공의 민속적 양상

자식을 잉태하기 위한 민속은 신적 존재를 향한 종교적 기원뿐만 아니라,

출산력을 얻기 위한 주술적 행위로도 다양하게 전승되고 있다. 이러한 민속은 불교에도 그대로 적용되게 마련인데, 앞서 살펴본 바와 같이 미륵을 대상으로 한 경우에는 이러한 종교적 기원과 주술적 행위가 함께하였다. 미륵을 향해 자식 점지를 기원하는 것이 일반적 기자불공이라면, 미륵의 코를 갈아먹는 행위는 '미륵=자식 점지'와 '코=아들'이라는 두 의미가 결합한 주술이었던 것이다.

기자 풍습 가운데는 여성의 출산력을 강화하는 다양한 양상들이 있다. 예컨대 깊은 호흡으로 달의 정기를 받아들이는 흡월정(吸月精), 달밤에 달기운을 흡수하기 위한 달모래찜질을 비롯하여 다리밟기와 탑돌이, 널뛰기와 그네뛰기 등과 같은 놀이문화 역시 출산력과 관련하여 즐겨 행하는 풍습이었다.

다리밟기는 건너다니는 다리(橋)가 사람의 다리(脚)와 발음이 같고, 다리를 많이 밟으면 다리에 힘이 생겨 하체를 보강시킴으로써 음력을 강화한다고 보았기 때문이다. 그네뛰기와 널뛰기 역시 다리에 힘을 올려 출산력이 강화된다는 믿음에서 널리 행하였으며, 이러한 의미부여는 탑돌이에까지 이어졌다. 본래 탑돌이는 탑을 돌며 신심을 돈독히 하는 불교의식이지만 민간에는 점차 민속놀이로 수용되었고, 여성에게는 다리밟기와 같은 맥락에서 탑을 많이 돎으로써 다리 힘을 길러 생식기능을 강화하는 의미를 지녔던 것이다. 특히 돌 때는 세 번 도는 것이 효험이 있다고 여겨, 아기를 원하는 부녀자들은 오른쪽으로 세 번, 왼쪽으로 세 번씩 밤새워 탑 등을 돌며 소원을 빌었다.[55]

아울러 마을에 모신 미륵불의 사례에서 볼 수 있듯이, 기자불공이라 하더라도 반드시 사찰에 가서 기원하는 것은 아니다. 이와 마찬가지로 사찰에서 올리는 기자불공이라 하더라도 그 대상은 불보살뿐만 아니라 다양한 신적 존

---

55 오출세, 『한국 서사문학과 통과의례』(집문당, 1995), pp.76~77.

재가 포함된다. 그중에서도 민간의 토속신인 칠성신과 산신을 불교적으로 수용한 칠성각(七星閣)·산신각(山神閣)은 기자불공은 물론 각종 소원을 비는 대표적인 기도처들이다.

산신(山神)은 본래 불교와 무관한 고유의 신이었으나, 불교에서 호법신중(護法神衆)으로 수용하면서 불법을 보호하는 역할을 부여하였다. 민간에서는 마을을 지켜주는 공동체의 신으로 산신을 숭배하면서 산신제를 지내왔으며, 각 가정에서도 산신을 섬기는 고사를 지내는 등 산신신앙은 가장 뿌리 깊고 광범위한 신앙기반을 지니고 있다. 따라서 사찰의 산신각은 불보살과 산신의 가피를 함께 받을 수 있는 곳으로 여겨 적극적인 섬김의 대상이 되어온 것이다. 산신은 특정한 직능이 부여되어 있기보다는 인간의 길흉화복을 모두 관장하는 신이기에 기자치성의 대상으로도 적극 수용되었다. 이에 사찰에 함께 모셔져 있는 칠성신과 더불어 자식을 얻기 위한 기자 및 기복의 대상으로 자리하면서 이들 신에게 불공을 올리기 위해 사찰을 찾는 이들이 큰 비중을 차지하고 있다.

칠성각에 모신 칠성신(七星神)은 인간의 수명을 관장하는 신으로 널리 알려져 있다. 하늘이 인간의 운명을 좌우한다고 믿었던 고대인들은 1년 어느 때라도 볼 수 있는 북두칠성이 곧 하늘을 상징하는 것으로 여겨 섬기면서 점차 칠성신앙(七星神仰)으로 발전하였다. 상고시대부터 섬겨온 이러한 칠성신앙이 도교의 칠성신과 결합하면서 자식 발원과 수명장수를 기원하는 중요한 대상으로 자리 잡게 된 것이다. 중국 신화에는, 단명(短命)한 운수를 타고난 아이가 남두칠성과 북두칠성이 바둑을 두고 있는 곳에 찾아가 북두칠성으로부터 수명을 연장받았다[56]는 내용도 등장한다. 칠성각은 우리나라 사찰에서만

56　崔吉城, "칠성(七星)", 『한국민족문화대백과사전』(한국정신문화연구원, 1991).

볼 수 있는 특유의 전각으로, 단순히 도교의 북두칠성을 모신 것이 아니라 불교적으로 윤색된 삼존불과 칠여래, 도교의 칠성신 등이 함께 봉안되어 있다. 즉, 민중의 염원을 담아 칠성신을 부처의 화현인 칠성여래(七星如來)로 변용시킨 것[57]이다. 조선 중기에 차츰 나타나기 시작해 현재는 전국 대부분의 사찰에 세워져 있는 칠성각은, 기자신앙과 밀접히 연관되어 자식 낳기를 바라고 수명장수를 비는 이들이 즐겨 찾아 불공을 올렸다.

사찰의 칠성각이 아니더라도 하늘의 일월성신(日月星辰)에게 기도드리는 초제(醮祭)를 승려가 주관한 사례도 드물지 않았던 듯하다. 조선시대 이문건(李文楗)의 『묵재일기(默齋日記)』를 보면, 1548년 1월에 초제를 치르기 위해 하인을 통해 쌀·옷·종이·초·솜·기름·향 등의 물품을 점쟁이 김자수(金自粹)에게 보냈는데, 이를 승려가 주관하였다는 기록이 있다.[58] 이문건은 초제의 목적이 '액을 피하기 위함'이라고 했으나, 그의 또 다른 저서 『양아록(養兒錄)』에 당일의 기도 내용인 초제문(醮祭文)[59]이 실려 있어 손자를 얻기 위한 것임을 알 수 있다. 유학자인 이문건이 직접 기도문을 작성하여 초제용 제수물품과 함께 점쟁이에게 보내 손자를 보기 위한 기도를 의뢰했고, 이 의식을 승려가 종일토록 주관한 것이다. 이러한 사례에서, 겉으로는 불교와 민간신앙을 배척하면서도 내면적으로 이를 수용했던 조선시대 지배층의 신앙 양상을 엿볼 수 있다.

특히 칠월 칠석(七夕)은 별자리를 각별하게 생각하는 날로, 사찰과 민간에서는 이 날이 되면 절을 찾아 칠성신에게 가족과 자손의 수복(壽福)을 기원하는 불공을 올리는 날로 여기고 있다. 칠성신의 북두칠성과 칠석의 유래가 되

---

57 김현준, 『사찰, 그 속에 깃든 의미』(교보문고, 1991), pp.311~312.
58 李文楗, 『默齋日記』1548年 1月 11日, 1548年 1月 12日.
59 이복규, 『묵재일기에 나타난 조선전기의 민속』(민속원, 1999), p.43.

는 견우성·직녀성은 서로 다른 별이지만, 숫자 7을 중심으로 칠석(7·7)과 칠성은 긴밀하게 결합되어 있는 것이다. 민간에서는 "국자 모습을 한 북두칠성이 은하수를 다 퍼낼 듯이 오똑하게 있어, 은하수를 사이에 둔 견우와 직녀가 인연을 맺는 배경이 되었다"[60]는 흥미로운 해석도 전승되고 있다. 또한 '칠성의 기자·수복'과 '칠석의 견우·직녀 만남'이 서로 결합하여 칠석날은 자식점지·수명장수와 남녀인연을 모두 비는 날이 되었고, 칠성신 또한 이러한 기도를 모두 해결해 주는 신적 존재로 좌정하게 된 것이 오늘날의 민속적 해석이다. 견우성·직녀성에 지내는 칠석제에 하늘의 우두머리인 북두칠성을 함께 모시는 것은 당연하고, 칠성신을 모시는 날이 7월 7일인 것 또한 적절하다. 칠석의 유래는 견우·직녀에서 비롯되었으나, 칠석제=칠성제라는 의례의 당위성에 공감할 수밖에 없는 것이다.

예컨대 춘천시의 해안사에 모셔 놓은 칠성탱화는 지역주민들에게 남녀의 인연을 맺어 주고, 자식 점지와 장수를 바라는 기원의 대상으로 알려져 있다. 이 탱화는 노인의 모습을 한 칠성신을 중심으로 일월보살·월광보살 등 여덟 신위가 그려져 있는데, 이들은 모두 견우와 직녀 이야기에 적당히 섞여 설명되고 있는 것이다. 따라서 일월과 월광을 각각 해님·달님으로 부르기도 하면서, 이들 보살을 꿈에서 보면 틀림없는 태몽이라고 해석하기도 한다.[61]

칠성이 민간의 신을 불교적으로 수용한 사례라면, 제석(帝釋)은 불교의 호법선신이 민간에 널리 확산된 대표적 사례이다. 제석은 고려시대부터 단군신화에 부계천신(父系天神)으로 등장하기 시작하더니, 무속에 수용되면서 부계천신의 성격을 유지하면서도 모계지모신(母系地母神)과 무조(巫祖)의 성격을 드러내기 시작하였다.

---

60 편무영, 『한국불교민속론』(민속원, 1998), p.370.
61 위의 책, p.370.

후대로 오면서 하나이던 제석신이 삼신으로 분화되기에 이르는데, 무속 신화인 「제석본풀이」에서 여주인공인 당금애기와 석가여래이자 천신의 화현 인 남주인공과의 사이에 세 아들이 태어나 이들이 곧 삼불제석(三佛帝釋)이 되 었다는 것이다. 따라서 서울 인왕산의 국사당(國師堂)과 같은 무속기도처에는 여러 무신(巫神)과 함께 삼불제석을 모신 경우가 많다. 국사당에 모신 삼불제 석을 비롯하여 이들 무속화에 등장하는 제석은 주로 장삼을 입고 고깔을 쓰 고 있어 불보살이라기보다는 승려에 가까운 모습으로 표현하였다.

조선시대를 거치면서 제석의 능력은 점차 광범위한 영역으로 확대되어 농 사와 곡식을 다루는 농신(農神)에서부터, 출산을 담당하는 산신(産神)[62]과 인간 의 수명을 관장하는 수신(壽神), 마을을 지키는 마을수호신에 이르기까지 다 양한 변용이 이루어졌다. 이렇듯 다양한 신격으로 수용되어온 제석은 불교민 속이 생성·변화되는 자율성과 유동성을 그대로 드러내고 있다. 불교 제석천 (帝釋天)이 호법선신의 고정된 의미를 지키고 있다면, 민속사회에 자리한 제 석은 민간신앙의 대상이 된 토속신의 모습으로 끊임없이 변화하고 있는 것이 다. 이처럼 제석이 출생을 담당하는 신으로 좌정하게 되면서 「별회심곡(別回心 曲)」에도 칠성과 제석이 출생을 관장하는 신적 존재로 나란히 등장하고 있다.

이세상에 나온사람 뉘덕으로 나왔는가
서가여래 공덕으로 아부님전 뼈를빌고
어머님전 살을빌며 칠성님전 명을빌고
제석님전 복을빌어 이내일신 탄생하니[63]

---

62 이에 대해서는 '4. 태교와 출산의 불교민속'의 '2) 출산 이후의 불교민속'에서 좀 더 상세히
　　살펴보기로 한다.
63 安震湖 篇, 『釋門儀範: 下』(寶蓮閣, 1968), p.240.

내용을 보면 사람들은 제석에게 자식 점지를 빌고, 칠성에게 수명을 빌고, 석가여래의 공덕으로 부모의 몸을 빌려 세상에 태어났다고 하였다. 석가모니·제석·칠성은 제각기 서로 다른 이유로 불공의 대상이 되었지만, 민간에 이들을 섬기는 신앙이 깊이 뿌리 내리면서 자연스럽게 인간의 출생에 대한 관여도 깊어져 기자불공에 지대한 역할을 해왔음을 알 수 있다.

왕실에서는 이러한 바람이 더욱 강하였다. 왕권을 강화하고 국정을 안정시키기 위해 왕위를 계승할 아들의 출산은 필수적인 일이었기 때문이다. 따라서 왕실의 기도처인 원당(願堂)을 두고 여러 가지 축원을 해왔는데, 그 주요 내용의 하나가 기자불공이었음은 당연한 일일 것이다.

태자의 출생을 기원하고, 그에 대한 보답으로 원당을 설립했던 사례로는 숙종과 정조의 경우를 들 수 있다.[64] 숙종은 득남을 위해 파계사 현응대사(玄應大師)에게 기도를 부탁하였고, 기도가 이루어져 영조가 태어나자 파계사를 선대왕의 위패를 봉안하는 원당으로 삼은 바 있다. 이어 영조의 아들 정조는 서른을 넘어 낳은 문효세자가 어린 나이로 죽자, 후사 보기를 학수고대하던 중 순조를 잉태하게 된다. 순조의 출생에는 양주 내원암의 승려 용파(龍坡)와 삼각산 금선암의 승려 농산(聾山)의 기도가 있었는데, 농산의 죽음과 순조의 탄생이 같은 해에 일어남으로써 농산이 순조로 잉태되어 태어났다는 전설이 전한다. 정조는 이에 대한 보답으로 금선암을 중건하고 자신의 영정을 봉안했으며, 내원암에는 정조와 순조의 친필편액을 하사하고 원당을 세웠다.

뿐만 아니라 마곡사에서도 정조가 기자불공을 열었던 기록이 전하여, 영험하기로 이름 높은 전국의 각 사찰에 태자의 출생을 위한 기도가 있었음을 짐작할 수 있다. 기도는 계속 이어져 순조가 태어난 지 4년 뒤 속리산에 그의 태

---

64 朴昞嬿, 「朝鮮後期 願堂 硏究」(嶺南大學校 國史學科 博士論文, 2001), pp.105~108.

실(胎室)을 봉안하고 법주사를 원당으로 지정하여 순조의 무병장수를 축원하도록 하였다. 왕위에 오른 뒤에는 왕비 순원왕후가 성수(聖壽)를 축원하는 원당까지 세움으로써 순조는 출생을 기원하는 원당에서부터 태를 봉안하는 원당, 장수를 축원하는 원당까지 갖춘 군왕이 되었다.

한편, 탈춤 · 인형극 · 판소리 등의 민속연희를 보면 삶의 고단함과 아픔을 극복하고, 복되고 정의로운 미래를 소망하는 서민의 존재 방식이 고스란히 담겨 있다. 인과응보와 벽사기복이 주제를 이루는 가운데 당대의 사상적 · 신앙적 기반을 이루어온 불교와 관련된 내용 또한 많이 등장한다. 특히 조선 후기를 거치면서 민중계급은 스스로의 생명력을 발산하고 사회적 모순을 비판하는 역량이 자연스레 생겨나게 되었고, 지배계급인 양반과 성직자인 승려는 풍자의 대상으로 즐겨 등장하였다. 뒤죽박죽이 된 관계의 뒤바뀜 속에 기존 질서를 파괴하고 금기를 깨뜨려 신분적 특권, 관념적 허위, 강자의 횡포 등을 마음껏 풍자하는 놀이판의 풍경은 놀라움을 자아내기에 충분하다.

그러나 이들 연희의 마지막은 늘 대동적 화합으로 결말을 맺게 된다. 예컨대 봉산탈춤에서 취발이는 노장승려의 소무(小巫)를 빼앗아 인연을 맺고 아기를 낳는데, 이는 생명의 탄생으로써 풍년을 기원하는 의미를 함께 지닌다. 파계한 목중(黑僧)을 벌하기 위해 부처님이 사자를 보내지만 사자는 잘못을 뉘우치는 목중을 용서하고 모두 함께 어울려 한바탕 춤을 춤으로써 건강한 삶의 질서를 되찾는 것이다. 민속인형극인 꼭두각시놀음에서는 승려를 비판하면서도 한편으로 절을 지음으로써 일종의 화해 또는 연극적 승화를 표현하고 있으며, 근래의 놀이에서는 "이 절에다 시주하면 아들 낳고 딸을 낳네" 하면서 관객들의 편안과 행복을 동시에 빌어 주기도[65] 한다. 시대의 모순과 현실의

---

65 오출세, 『한국민간신앙과 문학연구』(동국대학교출판부, 2002), p.224.

아픔을 표현하고 비판하면서 그것을 딛고 넘어서는 이상적 세계를 아울러 제시하고 있어 민중의 저력을 실감나게 하는 대목들이다.

이들은 아들딸 낳고 행복하게 살아가고자 하는 소박한 바람 속에 불교의 가르침과 이상세계를 커다란 힘과 위안으로 삼고 있는 것이다. '생명의 탄생'이란 나와 공동체의 지속과 발전을 위해 늘 화두일 수밖에 없다. 나와 내 식구, 마을공동체의 구성원들이 자식을 많이 낳고 살기를 바라는 마음뿐만 아니라 풍년과 생명력이라는 공동체의 영원한 바람을 상징하고 있기 때문이다.

3) 무속신화 속 기자불공과 불교적 출생

무속에서 섬기는 수많은 신들의 출생은 불교와 깊이 관련되어 있다. 여러 무조신(巫祖神)의 근본을 밝혀 놓은 구술을 본풀이라 하는데, 이것이 곧 무속신화에 해당한다. 굿을 할 때 무당이 무가(巫歌)로 읊는 본풀이 속에는 무속에서 섬기는 신들이 신으로 좌정하게 된 내력과 무용담이 펼쳐져 있어, 민중이 꿈꾸는 영웅과 이상세계를 엿볼 수 있다.

우리의 신화는 건국신화(국조신화) 중심으로 알려져 있으나 실제는 훨씬 다양한 유형이 전승되고 있다. 이들 신화는 크게 세 부류로 나뉘는데, 첫째는 일찍이 기록으로 정착된 문헌신화, 둘째는 제의(祭儀) 속에서 서사무가로 전승되는 무속신화, 셋째는 문헌에도 제의 현장에서도 제외된 단순한 구술 전승의 신화들이다. 세 번째에 속하는 경우는 천지창조와 관련된 일련의 거신신화(巨神神話)·홍수신화 등이 있으며 세계 공통의 요소를 많이 지니고 있다.[66]

---

66 장주근, 『풀어쓴 한국의 신화』(집문당, 1998), p.13.

이 가운데 주인공의 탄생에서부터 신성한 존재로 정착되기까지 서사적 스토리가 뚜렷한 신화는 문헌신화와 무속신화이다. 문헌신화는 단군·박혁거세·석탈해·김알지·김수로·고주몽 등과 같이 나라를 세운 인물이 주인공으로 등장하는 국조신화(國祖神話)가 주를 이루며, 무속신화는 무속의 시조에 해당하는 인물이 주인공으로 등장한다. 이들 두 유형의 신화는 여러 면에서 뚜렷이 대비되는데, 국조신화가 문자로 기록된 문헌신화이자 남성이 주인공이라면, 무속신화는 구술로 전승되어온 구비신화(口碑神話)이자 주인공이 여성인 경우가 대부분이다.

따라서 이들 신화에 등장하는 신적 존재는 출생에서부터 확연하게 다르다. 예컨대 단군에서부터 혁거세·탈해·알지·수로·주몽은 모태를 통해 출생하는 것이 아니라 알이나 궤·금합, 토템동물 등에서 비범하게 태어나는 존재들이다. 시조의 신성성을 강조하기 위해 출생에서부터 평범한 태생(胎生)이 아닌 신성출생으로 설정되어 있는 것이다.

이에 비해 무속신화의 주인공들은 보통 사람과 다를 바 없이 부부 화합에 의한 모태출생으로 세상에 등장하고 있다. 그런데 이처럼 평범한 인간에서 시작하지만 고난을 헤쳐 나가며 스스로 신성성을 획득하여 신적 존재로 좌정하는 것이 무속신화의 핵심을 이룬다. 신화에 등장하는 여성 주인공은 부계 중심의 남성사회에서 권력과 힘에 대항해 역경을 이겨내며 스스로 자아를 되찾고 독립적 존재로 성장해가는 것이다.

무속신화들에서 주인공의 출생에 불교가 개입하는 방식에는 몇 가지 패턴이 있다. 전형적인 유형의 하나를 보면, 자식이 없는 부부가 절에 불공을 올려 아기를 얻게 되지만 부정을 타서 딸을 낳게 되고, 성장한 딸이 임신을 하는 등의 일로 집안에서 쫓겨난 뒤 온갖 고난을 겪으며 아들을 낳아, 남편을 찾고 가족이 신으로 좌정하게 된다는 것이다.

대표적인 무조신화 가운데 「초공본풀이」[67]와 「세경본풀이」[68]의 내용을 출생
에 중점을 두고 살펴보면 아래와 같다.

〈초공본풀이〉

① 옛날에 대감 부부가 부유하게 살고 있었으나 50세가 넘도록 자식이 없어
   근심하고 있었다.

② 어느 날 황금산 절에 있는 승려가 이들을 찾아와, 금은 백 근을 시주하고
   아기를 갖기 위한 백일불공을 올리기 시작했다.

③ 백 일이 지난 뒤 승려가 시주를 점검해 보니 100근에서 한 근이 모자란 99
   근이라서 아쉽게도 아들이 아닌 딸을 점지하게 되었다고 말했다.

④ 그 뒤 부인에게 태기가 있어 딸이 태어나게 되자 이름을 노가단풍자지명왕
   아기씨로 이름을 지었다.

⑤ 딸이 열다섯 살 되던 어느 날 부모가 먼 길을 떠나고 혼자 있을 때 탁발승
   이 찾아와 도술로 문을 열어 숨어 있던 딸을 대면하게 되고, 머리를 세 번
   쓸어내리자 임신을 하게 된다.

⑥ 딸은 집에 돌아온 부모에게 쫓겨나 황금산 절을 찾아가고, 왼쪽 옆구리로
   초공 삼형제를 낳은 뒤 삼천천제석궁에 끌려가게 된다.

⑦ 삼형제는 아버지에게 무술을 배워 어머니를 구하고 양반들에게 복수한 뒤
   신으로 좌정한다.

---

67 현용준, 『제주도무속자료사전』(신구문화사, 1980) pp.142~177 ; 장주근, 앞의 책(1998),
   pp.87~96 등.
68 장주근, 앞의 책(1998), pp.128~142.

〈세경본풀이〉

① 옛날에 대감 부부가 부유하게 살고 있었으나 50세가 넘도록 자식이 없어 근심하고 있었다.

② 어느 날 동개남은중사의 승려가 이들을 찾아와, 쌀과 감·옷감 등 백 근을 시주하고 아기를 갖기 위한 백일불공을 올리기 시작했다.

③ 백 일이 지난 뒤 승려가 시주를 점검해 보니 100근에서 한 근이 모자란 99근이라서 아쉽게도 아들이 아닌 딸을 점지하게 되었다고 말했다.

④ 그 뒤 부인에게 태기가 있어 딸이 태어나게 되자 이름을 자청비로 지었다.

⑤ 딸이 열다섯 살 되었을 때 서울로 공부하러 가는 문도령을 만나 남장을 하고 동행, 동문수학하여 문도령은 과거에 낙방하지만 자청비는 합격하고 문도령과 혼인한다.

⑥ 문도령과 잠시 헤어져 있는 동안 어떤 일로 부모에게 쫓겨나고, 우여곡절 끝에 문도령을 만나 사랑을 나누다가 시부모에게 들켜 시험을 통과함으로써 며느리로 인정을 받게 된다.

⑦ 옥황에 난리가 나자 이를 수습한 뒤 후한 하사를 사양하고 오곡의 씨앗을 내려달라고 하여 인간세상으로 내려온 부부는 오곡 씨를 뿌리며 농사를 짓는 농신(農神)이 된다.

두 신화는 출생을 둘러싼 초반부의 내용이 거의 흡사하며, 집안에서 내쳐져 고생 끝에 신으로 좌정하게 되는 맥락은 동일하다. 특히 「초공본풀이」와 내용이 거의 동일한 무속신화로 「제석본풀이」가 있는데, 이때의 제석은 불교의 호법선신인 제석천(帝釋天)을 수용한 것으로 무속신화에 미친 불교적 영향력은 광범위하다. 아울러 같은 신화라 하더라도 구술로 전승되는 무속신화의 특성상 지역이나 시대에 따라 무수한 각편이 존재하고, 기본 줄거리는 같지

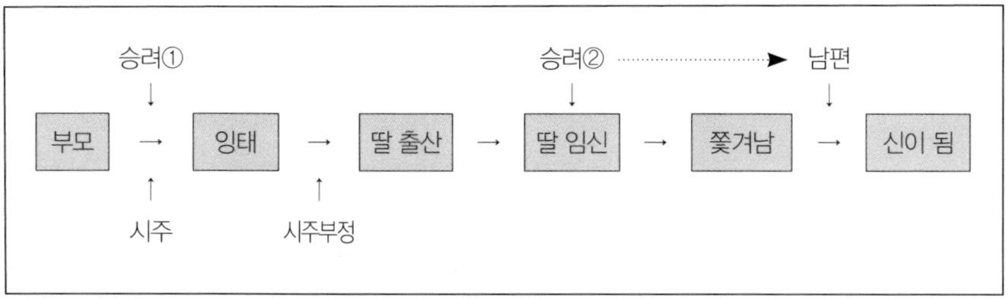

〈그림4〉 무속신화의 서사구조

만 지역성이나 시대성을 반영하는 가운데 변이양상도 다양하게 드러난다.

여기서는 「초공본풀이」 유형을 중심으로 무속신화의 서사구조를 살펴보면서 불교적 출생과 관련된 몇 가지 시사점을 찾아보기로 한다(그림4 참조).

첫째, 무속의 신 역시 한결같이 자식을 바라는 백일불공으로 불보살께 정성을 올림으로써 잉태되었다는 점이다. 일반 설화에 즐겨 등장하는 이러한 출생 모티브가 무조신에도 그대로 적용된 것은 역사적으로 기자신앙의 중심에 불교가 있었고 기자불공이 보편화되어 있음을 말해 준다. 따라서 이러한 내용은 광범위한 불교적 영향권 속에서 살아온 기층민의 삶을 반영하는 동시에, 무속이 민간의 삶 속에 깊이 뿌리내린 신앙임을 드러내는 것이라 하겠다. 따라서 주인공은 국조신화와 달리 비범한 출생이 아닌 모태출생으로 세상에 등장하는데, 이러한 평범함은 이후 비범한 행보를 통해 획득하는 신성성과 극적 반전을 이룬다.

그런데 모태출생은 모태 이외 출생과 비교했을 때의 상대적 평범함일 따름이며, 백일불공으로 태어난 아기는 모태출생 중에서도 귀하고 특별한 존재임은 물론이다. 특히 석가모니의 출생담을 그대로 본 딴 옆구리 출산으로써 주인공의 신성성과 위대함을 부각시키기 위한 장치로 삼고 있다.

둘째, 승려가 출생에 중요한 영향력을 미치는 존재로 등장한다는 점이다.

무속신화에서 출생과 관련된 승려는 탁발승의 모습으로 나타나되 두 가지 유형으로 영향력을 발휘한다. 곧 부모가 기자불공을 하도록 매개자의 구실을 하는 탁발승①과, 성인이 된 딸을 잉태시킴으로써 결국 남편이 되어 부인·자식과 함께 신으로 좌정하는 탁발승②를 말한다. 첫 번째 등장이 주인공의 출생에 영향을 미치는 것이라면, 두 번째 등장은 주인공의 자식 출산에 영향을 미치고 있다. 두 차례 등장하는 탁발승이 동일인인가의 여부는 그리 중요하지 않지만 등장하는 맥락은 다르다.

우선 두 유형은 모두 승려가 마을을 돌며 공양물을 시주받는 탁발문화(托鉢文化) 속에서 나온 것으로, 탁발이 보편화된 시대에 자연스럽게 그려지는 불교와 민간의 만남이었다. 민간에서 탁발승은 불교를 전하는 수행자이자, 마을공동체에 나타나는 바깥세계의 대표적 존재이기도 하다. 어느 날 불쑥 마을에 등장하곤 하는 나그네·탁발승·방물장수 등은 마을의 일상을 깨뜨리고 긴장을 불러일으키는 낯설고 흥미로운 외부자들이다. 그중에서도 염불을 하며 등장하는 탁발승은 종교적 신이함을 지닌 존재로, 여러 설화에서 탁발승이 시주를 받으며 그 집안에 대해 불쑥 던지고 가는 한 마디가 이야기의 중요한 모티브를 이루는 구도를 흔히 볼 수 있다.

그런데 기자불공을 권유하는 탁발승①은 설화에 일반적으로 등장하는 유형인 데 비해, 딸에게 잉태를 시키는 탁발승②의 존재는 좀 더 주목해볼 만하다. 그는 도술로 문을 열고, 딸의 머리를 쓰다듬거나 쌀을 주어 삼키게 하는 등의 접촉으로 잉태를 시키는 신이한 존재이기 때문이다. 이때의 탁발승은 여주인공과 짝을 이루는 남주인공으로, 천상에서 인간세계로 하강하거나 천상으로 승천하는 존재로 그려지면서 결국 천신(天神)을 상징하고 있다. 이들 신화 역시 남성인 천신과 여성인 지모신(地母神)이 결합하는 보편적·이상적 신화구도를 지향하고 있는 것이다. 그런데 신화에 등장하는 탁발승②는 본래부터 승려가 아니라 선비가 탁발승으로 변장하여 딸을 찾아가는 경우가 많아, '불교승려'의 고정된 의미보다는 승려의 탁발하는 양상과 불교적 신이함을 취한 것이라 하겠다.

셋째, 주인공의 출생을 위한 기자불공이 시주와 긴밀히 결합되어 있다는 점이다. 이는 신적 존재를 향한 기원에 공양물이 필요하고, 그 정성에 감응하여 가피를 내리는 종교의 기본구도를 드러내고 있다. 따라서 목욕재계나 정갈한 공양물 등으로 정성을 강조하게 되는데, 신화에서는 본래 100근을 바치기로 한 공양물에서 한 근이 모자란 99근이었기에 정성이 부족하거나 부정을 탄 것으로 묘사되고 있다. 이로 인해 아들을 잉태할 수 있었던 공덕이 딸로 바뀌게 되고, 그 딸은 여성으로서 겪게 되는 고난의 삶을 살아가게 된다.

넷째, 주체적인 여성을 중요하게 부각시키는 무속신화에 있어서도 남성 중심의 원리가 기본을 이루고 있다는 점이다. 무속신화에서는 자식이 없던 부부가 절에 시주를 하고 아기를 얻게 되나 부정을 타서 딸을 낳는 유형 외에, 딸이 많은 집의 막내딸 혹은 아들 많은 집 외동딸로 태어나거나, 평범하게 딸(혹은 아들)로 태어나는 것으로 되어 있다. 이처럼 대부분의 신화가 딸로 태어난 여주인공의 삶으로 이야기가 시작되는 데 비해, 그녀가 출산하는 자식은 모두 아들이라는 점이다.

여주인공은 남성에 의한 일방적 잉태, 부모로부터의 내침 등 독립된 자아를 억압하는 존재 또는 그 폭력성을 상징하는 이들로 인해 역경에 처하게 된다. 그러나 신화에 등장하는 여성들은 나약하지 않으며, 주체적·능동적으로 고난을 극복하고 운명을 개척하여 신격화되고 신격의 아들을 낳기에 이른다. 또한 이들 남성은 여주인공과 대립하는 존재로 그려지지 않고 서로 화해하게 되는데, 부모는 스스로의 잘못을 뉘우치며 남편은 아들을 매개로 하여 서로를 찾고 구하는 가족애가 바탕을 이루고 있다. 이처럼 해피엔딩이 되기 위해서는 반드시 남아를 출산해야 한다는 설정에서, 여성이 중심이 되고 여성논리가 강조되고 있지만 부모(아버지)—남편—아들로 이어지는 부계 중심의 가계계승 논리가 밑바탕을 이루고 있음을 알 수 있다. 여성이 평범한 존재에서 신격으로 나아가게 되는 계기도 신성한 존재로서 남편의 개입에 의해 이루어지고, 때로 여성의 신격이 남편으로부터 주어지기도 한다. 무속신화 또한 남성 중심의 당대 사회 관념을 반영하는 가운데, 주체적 삶을 영위하며 스스로의 운명을 개척해 나가는 여성상을 부각시키고 있는 것이다.

4) 이야기 속 기자불공과 불교적 출생

석가모니의 일생을 설화적으로 다룬 문헌을 보면, 마야부인 또한 지극한 발원으로 싯다르타를 잉태한 것으로 묘사되어 있다. 왕비는 정반왕과 혼인한 지 10여 년이 되었으나 슬하에 후사가 없어 근심하는 가운데 목욕재계하고 아침저녁으로 하늘에 기도드리며 훌륭한 왕자를 잉태하기를 발원하였다고 한다. 그렇게 지성으로 기도하기를 백일이 다 되어가는 날, 코끼리를 타고 내려오는 유명한 '도솔래의(兜率來儀)'의 태몽을 꾸게 된 것[69]이다.

이처럼 설화·민담·전설·신화·판소리사설 등에 나오는 주인공들이 불공을 올리고 태어나는 설정은 이야기의 자연스러운 시작으로 자리 잡고 있다. 부처의 힘을 빌려 자식 갖기를 기원하는 기자불공은 오랜 전통을 지니고 있을 뿐만 아니라 비범한 존재의 탄생임을 드러내고자 부처의 출생과 동일한 요소를 대입하는 출생 모티브도 다양하게 전승되고 있다.

대표적인 예를 조선 후기에 널리 전파되었던 판소리사설에서 찾아볼 수 있

---

[69] 오고산·이종익·심재열 편역, 앞의 책(2004), p.56.

다. 판소리의 내용은 대개 전승설화를 개작한 것인데 서민들의 삶과 희로애
락을 해학적으로 풀어내고 있어 민간에 널리 향유되었다. 지금까지 전승되는
판소리는 「심청가」, 「춘향가」, 「흥보가」, 「수궁가」, 「적벽가」 등 다섯 마당으로,
이들 판소리사설에서 출생과 관련된 내용을 보면 불교가 기반을 이루는 경우
가 많아, 「심청가」와 「춘향가」를 사례로 기자불공과 불교적 출생에 대해 살펴
본다.

먼저 「심청가」는 소설 『심청전』의 내용으로 짐작할 수 있듯이 불교가 중요
한 사상적 배경이 되고 있는 작품이다. 따라서 사설 중에서 아기 갖기를 기원
하는 기자불공, 자식 점지를 암시하는 태몽, 탄생 이후에 이르기까지 출생을
둘러싸고 전개되는 일련의 불교적 내용에 주목할 만하다.

심봉사와 곽씨 부인은 혼인한 지 오래되었으나 자식을 갖지 못하여 대찰(大
刹), 33천 도솔천왕(兜率天王), 제석(帝釋) 등에 정성을 다해 불공을 올리게 된
다. 그러던 어느 날 드디어 자식이 잉태되었음을 암시하는 태몽을 꾸게 되는
데, 꿈을 꾼 시기와 내용이 지극히 불교적이다. 심봉사 부부가 사월초파일 밤
에 똑같이 꾼 태몽의 내용을 보면, 서왕모의 양녀인 선녀가 하늘에서 내려와
몽은사 부처님의 지시로 찾아왔다고 밝히며 심봉사 부인의 품안에 들어오는
것이었다.[70] 이처럼 심청은 부모가 지극정성으로 올린 불공에 감응한 부처의
점지로 태어나게 되었을 뿐만 아니라 이들 부부가 꾼 꿈은 석가모니의 어머니
마야부인이 꾼 태몽과 거의 흡사하다.

불전에 따르면, 마야부인은 사월초파일에 목욕을 하고 향을 바르고 새 옷
으로 갈아입은 뒤 잠시 몸을 안정시키는 사이에 꿈을 꾸게 되었다. 꿈속에서
흰 코끼리가 공중을 날아왔는데 그 광명이 천하를 비추었으며, 금(琴)을 타고

70　이영태, 「판소리 사설에 나타난 불교적 내용에 관한 연구」(중앙대학교 한국음악학과 석사논문,
　　2003), p.55.

북을 치고 노래하는 소리가 들렸다. 꽃을 뿌리고 향을 사르며 부인에게 다가오더니 갑자기 사라졌는데, 이는 석가모니의 전신인 능인보살(能仁菩薩)[71]이 코끼리로 변하여 모태로 들어온 것[72]이었다.

따라서 심봉사 부부가 태몽을 꾼 날도 사월초파일이고, 마야부인의 꿈처럼 '천지가 명랑하고 서기가 반공하여 오색채운을 두르더니 선인 옥녀가 학을 타고 하늘에서 내려오고, 옥패소리 쟁쟁한' 천상의 축복 속에서 심청을 잉태하였다는 것이다. 뿐만 아니라 석가모니가 아득한 전생의 부처로부터 "도를 구하는 정성이 지극하여 수없는 세월이 지난 후 부처가 될 것"이라는 수기를 받았듯이 심청 역시 몽은사 부처의 지시로 세상에 태어나게 되었고, 심청을 서왕모의 딸로 묘사하여 신성한 존재의 현세 출현임을 나타내었다. 아울러 심청을 낳은 곽씨 부인은 출산한 지 7일 만에 병으로 세상을 떠나게 되는데, 이 또한 마야부인이 석가모니를 낳고 7일 뒤 운명한 것과 그대로 겹쳐지는 대목이다.

이러한 내용은 「춘향가」에도 동일한 맥락으로 담겨 있다. 이몽룡이 단옷날 광한루에 구경을 나갔다가 그네를 타는 춘향을 보고 반하여, 방자에게 춘향의 신상에 대해 묻자 방자가 춘향의 출생 내력을 언급하는 대목이 나온다.

사십이 넘은 후에 성 천총(千摠)을 작배하여, 자식을 보려 하고 지리산 각 사찰에 백일산제 시주불공, 삭망이면 목욕제례, 관양묘에 분향축원, 지성이 감천하여 공교히 포태하니….[73]

---

71 석가모니의 아득한 전생의 존재로 호명보살(護明菩薩)이라고도 한다.
72 『佛說普曜經』卷1・卷2(『한글대장경』155, 동국역경원, 1995), pp.336~375.
73 강한영 교주, 『신재효의 판소리 여섯 바탕집』(앞선책, 1994), p.16.

월매는 40세를 넘긴 늦은 나이에 자식을 얻기 위해 지리산 각 사찰을 찾아다니며 백일불공을 드리고 초하루·보름마다 목욕재계를 하는 등 갖은 정성을 다하였으며, 이로 인해 춘향을 갖게 되었다는 내용이다. 40세를 넘은 나이로 아기를 갖기 어려운 상황임을 암시한 뒤 그럼에도 불구하고 잉태하게 됨으로써, 춘향은 어머니의 지극정성과 이에 감응한 부처의 점지로 그만큼 어렵고 귀하게 태어난 자식임을 드러내고 있다. 이후 방자를 앞세운 이몽룡이 월매를 찾아가 춘향의 나이를 묻는 가운데, 춘향과 몽룡이 모두 사월초파일에 태어났음을 알게 되는 대목이 등장한다. 석가모니의 출생일과 동일하다는 사실로써 춘향과 몽룡이 범상치 않은 인물인 동시에 둘 사이의 깊은 인연을 암시하는 장치로 삼은 것이다.

이처럼 석가모니의 출생담은 불교적 출생의 근원인 동시에 이상적 모델이 되고 있음을 알 수 있다. 중요한 인물임을 드러내고자 할 때 그의 출생이 지극한 정성과 부처의 감응에 따른 것일 뿐만 아니라 비범한 전생, 신성한 존재로부터의 계시와 축복, 출생 날짜와 어머니의 죽음 등에 이르기까지 관념적·현실적 요소를 그대로 차용함으로써 석가모니의 신성성과 위대함을 함께 공유하고자 하였다. 이러한 내용이 민간에 깊이 파고들 수 있었던 데는 이야기 속 배경을 이루는 윤회사상과 인과응보 등의 불교적 관념과 가치에 대한 공감이 기본을 이루고 있었음은 물론이다.

역사적 인물 중에서도 불공과 출생이 짝을 이룬 사례들이 무수히 많다. 불공을 올려 낳은 인물이 유명인이 되었다면 그 출생담은 더욱 극적인 스토리를 갖추어 조명받게 되고, 관련장소는 중요한 기자불공지로 떠오르게 마련이다. 신라, 고려, 조선, 근대에 이르기까지 시대별로 대표적인 사례를 살펴보면 다음과 같다.

신라의 승려 자장(慈藏, 590~658)은 태어나기 전부터 아버지가 '불법을 지키는 율사(律師)로 만들겠다'는 원을 세운 내력을 지니고 있다.[74] 그의 아버지 김무림(金茂林)은 뒤를 이을 자식이 없자 불교에 마음을 돌리고, 천수천안관음보살에게 "만일 아들이 생기면 출가시켜 불법을 지키는 율사로 만들겠습니다" 라며 지극히 빌었다. 어느 날 홀연히 그의 어머니가 별이 떨어져 품안으로 들어오는 태몽을 꾸고 아들을 낳았는데, 석가모니와 같은 사월초파일에 태어나 이름을 선종랑(善宗郞)이라 했고 선종랑은 마침내 신라의 대율사가 되었다는 것이다. 자장율사의 이러한 탄생담은 설화 속의 불교적 출생요소와 그리 다르지 않다.

또한 『삼국유사』에는 "신라 말 최은함(崔殷諴)이 늦도록 자식이 없어 중생사 (衆生寺) 관음보살 전에 기도를 올렸더니 태기가 있어 아들을 낳았다"고 시작되는 출생담이 있다.[75] 이때 낳은 아들이 「시무28조」로 유명한 고려의 재상 최승로(崔承老)로, 관음보살의 가피로 태어나 관음보살의 은덕으로 위기를 넘긴 그의 출생일화는 유명하다. 무엇보다 탄생 이후에 벌어진 일들 때문인데, 아들을 낳은 지 석 달이 못 되어 백제의 견훤이 경주를 공격해 성안이 크게 어지러워지자 육두품 계열의 정보(正甫) 벼슬에 있던 최은함은 아기를 안고 중생사로 달려갔다. 관음보살 앞에서 "참으로 대성(大聖)께서 이 아기를 주셨다면 자비의 힘을 내려주시어 부디 우리 부자를 다시 만나게 해주십시오"라고 간절히 기도한 뒤 관음상의 대좌 밑에 아기를 감추고 피난을 떠났다. 보름이 지나 적병이 물러간 뒤 돌아와 보니 아기는 방금 목욕한 듯 깨끗하고 예쁜 모습이었고 입에서는 젖내가 났다는 것이다. 후대 사람들에게 경주 낭산(狼山)의 중생사는 '아들 없는 사람이 빌면 아들을 낳게 해주는 산부인과 병원 같은 곳'[76]이

---

74 『三國遺事』卷四 義解 第五 '慈藏定律'.
75 『三國遺事』卷三 塔像 第四 '三所觀音 衆生寺'.
76 이어령, 『신화속의 한국정신』(문학사상사, 2003), p.210.

었고, 관음보살상은 아기를 점지해 주고 지켜 주는 자비의 화신이었을 것임에 틀림없다.

고려시대의 사례로 혜일국사(慧日國師, 964~1053)의 출생담이 전하는데,[77] 그의 부모는 아기가 태어날 날짜가 다가오자 자신의 집에 승려들을 청하여 도량(道場)을 개설하고 불경을 강설하도록 하였다. 마침 한나라에서 고려를 방문해 건성사(乾聖寺)에 머물고 있던 한 승려도 이 강석에 참석하였다가, 잠깐 비몽사몽간에 누더기를 입고 육환장을 짚은 승려가 나타나서 "이 집에 장차 산기가 임박하였는데 어찌 대문을 열어 놓지 않았는가" 하고 현몽하는 것이었다. 이에 승려가 깜짝 놀라 절로 돌아가니 이날 혜일이 태어났다고 한다. 한나라 승려의 꿈에서 들었던 산기가 임박한 집이란 불가(佛家)를 말하고, 대문을 열어 놓으라는 것은 빨리 그가 머물던 절로 돌아가 장차 불교계의 인재를 맞을 준비를 하라는 뜻이 담긴 듯하다.

충렬왕 때 원나라의 공녀로 끌려가 황후에 오른 기황후(奇皇后)의 아들출산 이야기도 지극히 불교적이다.[78] 이들 황제 부부는 태자가 생기지 않아 고민하던 중 어느 날 "북두의 명맥(命脈)이 비치는 삼첩칠하봉(三疊七下峰)에 탑을 세워 불공을 드려야 아들을 얻을 수 있다"는 승려의 계시를 받게 되었다. 이에 그러한 터를 찾다가 본국의 제주에서 계시에 들어맞는 곳을 발견하게 되어, 이곳에 원당사(元堂寺)라는 절과 탑을 세우고 사자를 보내 불공을 올려 아들을 얻었다고 한다. 고려시대에 세운 이 오층석탑은 보물로 지정되어 원나라와 제주의 관계를 파악할 수 있는 귀중한 유물로 전승되고 있다. 원당사지와 오층석탑의 유래담으로 인해 이곳은 아들을 낳고자 하는 이들이 불공을 드리기

77　李智冠 校勘譯註,『歷代高僧碑文 : 高麗篇2』(社團法人 伽山佛敎文化院, 1995), pp.279~280.

78　이덕일,『이덕일의 여인열전』(김영사, 2003), pp.303~304 ; 디지털제주문화대전(http://jeju. grandculture.net).

위해 찾는 곳으로 유명해졌다.

경북 문경에 있는 김룡사(金龍寺)는 본래 운봉사(雲峰寺)였는데 현재의 이름을 지니게 된 내력이 기자불공과 깊이 관련되어 있다.[79] 조선 후기에 김씨 성을 가진 문경부사가 죄를 짓고 운봉산 아래 동구에 숨어 살았는데, 어느 날 우연히 용녀(龍女)를 만나 결혼하게 되었다. 그녀의 도움으로 매일 부처 앞에서 죄를 참회하고 지극한 기도를 올리면서 아들을 낳아 이름을 용(龍)이라 지었다. 이후 김씨 집안이 크게 번성하여 사람들은 그를 김장자(金長者)라 불렀으며, 이로 인해 마을 이름도 김룡리라 하고 절 이름도 김룡사로 고쳤다는 것이다. '金龍寺'을 '금룡사'라 하지 않고 '김룡사'로 부르는 것은 성씨를 의미하기 때문이다. 이처럼 사찰의 명칭에서부터 '불공과 아들 점지'라는 특성을 담고 있어 이 절의 아랫마을 김룡리에서는 물론, 외지에서도 기자불공을 올리려는 이들이 김룡사를 즐겨 찾았다. 이렇게 기자불공을 올릴 때는 "대웅전을 찾는 경우도 있지만 주로 절 뒤쪽 높은 곳에 자리한 미륵불 앞에서 치성을 드렸다. 이 미륵불은 평평한 얼굴에 뭉툭하고 납작한 코와 커다란 입을 지녔고, 어린아이처럼 천진난만하게 웃는 모습을 하고 있어 마을 사람들은 그 모습을 더욱 친근하게 여겼다"[80]고 한다.

현대의 고승 일타(日陀)는 친가·외가를 합해 모두 41명의 가족이 출가하여 승려가 된 집안으로도 유명하다. 아울러 기자불공은 대개 어머니나 할머니 등 여성이 하게 되지만 그가 태어난 데는 아버지의 지극한 기도가 있었다고 한다.[81] 그의 아버지 법진(法眞) 거사는 불심이 깊어 지게에 쌀 한 말을 지

---

79 金渭錫, "김룡사(金龍寺)", 『한국민족문화대백과사전』(한국정신문화연구원, 1991) ; 이진두, "운달산 김룡사(上)", 『불교신문』 2012년 4월 7일자.

80 제보자: 최병식(75세, 男. 경북 문경시 흥덕동 거주). 2001년 5월 27일(일) 면담.

81 일타스님 법문 녹음자료 ; 정찬주, 『인연 1·2』(작가정신, 2008) 등.

고 마곡사 암자까지 80리 길을 걸어 다니며 기자불공을 올렸는데, 기도를 할 때만 정성을 들이는 것이 아니라 부처님께 올릴 공양물을 농사짓고 수확하는 전 과정에서 지극한 정성을 다하였다. 공양미로 쓸 논밭에는 인분을 주지 않고 고운 풀만 베어 거름으로 사용했으며, 벼가 익으면 낫으로 베지 않고 손으로 훑어 방아를 찧은 뒤 직접 만든 무명베 자루에 담아 불공을 드리러 다녔던 것이다. 그런데 어느 날 지게에 쌀을 지고 암자로 가던 중에 배가 사르르 아프고 자꾸만 방귀가 나오려 하는 것이었다. 억지로 참고 또 참으며 가던 중 암자를 10여 리 남겨두고 개울을 만나 징검다리를 건너면서 그만 방귀를 뀌고 말았다. 이에 '방귀 기운이 섞인 쌀로는 부처님께 공양을 올릴 수 없다'고 생각한 그는 쌀을 도로 짊어지고 집으로 돌아와, 다른 벼를 훑어 방아를 찧고 새 자루에 넣은 다음 다시 80리 길을 걸어가서 불공을 올렸다. 그날 밤 그의 아내는 대성암 뒤에 웅크리고 있는 고양이를 안고 오는 태몽을 꾸었고, 그 뒤 일타를 낳았다고 한다. 그의 출생담은 지극하고 간절한 마음이라면 소원하는 바를 능히 이룰 수 있다는 사례로 즐겨 거론되고 있다.

　이처럼 선한 마음이 선한 결과를 낳는다는 불교적 선인선과(善因善果)에 대한 믿음 또한 민간에 널리 퍼져 있어 선행으로 아기 얻기를 소망하기도 하였다. 예컨대 장마에 떠내려간 징검다리를 남몰래 놓거나 마을에 우물을 파기도 하였고, 없던 길을 내거나 있는 길을 넓히며 잉태를 바랐는가 하면, 백일기도 동안 작은 벌레도 살생하지 않고 매일 남을 위해 한 가지씩 좋은 일을 하는 등 선행공덕으로 이어진 경우도 많았다.

4. 태교와 출산의 불교민속

1) 불교의 태교관과 태교 내용

근래로 올수록 아기를 갖게 해주기를 바라는 기자불공보다 잉태한 이후에 태속의 아기가 편히 안착하여 탈 없이 자라기를 바라는 태교(胎敎)와 안태불공 (安胎佛供)이 더 일반화되어 가고 있다. 아기를 잉태한 어머니는 그 어느 때보다 몸과 마음을 조심하면서 건강한 아기를 위해 노력하게 되는데, 이러한 마음은 임산부가 순산을 위해 먹는 약을 부처의 손길이라는 뜻으로 불수산(佛手散)라 부르는 데서도 잘 나타나 있다.

태교는 부모의 노력으로 아기에게 직접적인 영향을 미치는 것이기에 예나 지금이나 중요하게 여기는 것이지만, 전통태교는 태교의 출발점에 대한 인식이 현대와 달랐다. 현대인들은 임신을 알게 된 순간부터 태교가 시작된다고 보는 데 비해, 옛사람들은 잉태되기 이전부터 아기에게 영향을 미칠 수 있는 수많은 요인을 고려하여 새 생명을 맞이할 준비를 하였다. 부모의 신체적 건강뿐만 아니라 정신적 · 심리적 건강이 생명이 잉태되는 순간에 중요한 영향력을 미친다고 보았던 것이다. 일명 씨내리기날이라 부르는 귀숙일(貴宿日)을 받았던 것도 모든 환경적 요인까지 고려해 생명의 탄생을 경건하게 준비하기 위함이었다. 그들은 부모와 자식의 만남이 어쩌다 생긴 우연이라 보지 않았고, 잉태 이전부터 경건하게 심신을 가다듬으며 소중한 생명에 대한 인연을 가꾸었던 것이다.

아울러 오늘날의 태교가 산모에 초점이 맞춰져 있다면 이에 못지않게 아버지의 역할이 중요하다고 보아 어릴 적부터 아버지가 되는 지혜에 대해 체계적으로 가르쳤다. 따라서 서당에 다니는 아동은 보정(保精)이라는 생리철학 과

목으로 지혜로운 부부생활을 배웠고, 성장하면 집안어른들이 준 '상투탈막이'라는 글귀를 암기했는데 그 내용은 혼인할 남자가 알아야 할 성교육이자 부성태교(父性胎敎)였다. 부성태교를 강조한 것은 아버지의 역할과 부성애를 일깨우는 것인 동시에, 전통사회에서 여성의 역할이 수동적이었던 만큼 부부생활을 남성이 주도적으로 이끌어 가야 했던 이유도 있을 것이다.

이러한 전통태교는 불교의 태교관과 흡사하다. 불교에서 보는 잉태란 아기의 업력과 부모의 업력에 따라 맺어지는 연기(緣起)의 관계이므로 태교는 잉태 이후만이 아니라 부모가 살아온 삶의 전 과정과 관련된 것이다. 전생의 내력만이 아니라 현재의 내력도 중요한 변수가 되므로 삶의 전 과정이 넓은 의미의 태교에 해당할뿐더러 특히 자식과 만날 수 있는 가임기의 부부라면 더욱 선업을 쌓으며 새 생명을 잉태할 준비가 필요하다고 보았다. 중유의 존재는 태어날 부모를 찾기 위해 매우 섬세하고 중요한 시기를 보내고 있고, 부모 역시 과거와 현재 살아온 내력에 따라 인연을 만나게 되기 때문이다. 이처럼 중유의 존재가 모태에 들기 위해서는 아버지·어머니·중유의 세 존재가 서로 업연이 화합해야만 가능하므로 잉태 이전의 시기에 대한 중요성은 커질 수밖에 없는 것이다.

물론 불교에서도 잉태한 이후에 아기에게 미칠 직접적인 영향력이 가장 크다고 보아 이때부터 본격적이고 구체적인 태교를 강조하고 있다. 이미 태중에 들어선 생명은 스스로 지은 업에 따라 과보를 받게 되지만, 어머니의 선근 공덕이 태아에게 전달되어 태아의 업종자가 자력으로 선업을 발휘하게 된다는 것이다. 이러한 논리는 훈습(薰習)이라는 용어로 설명이 가능한데, 마치 옷에 향기가 지속적으로 스며들면 나중에는 이 옷이 향기를 만드는 원인이 되듯이 어머니의 지극한 태교가 태아에게 훈습되어 긍정적인 변화를 일으킨다는 말이다.[82] 따라서 생명을 잉태한 어머니가 지켜야 할 일반적인 규범과 주의사항을 공유하는 가운데 불자로서의 믿음과 계율을 강조하고 있다.

『잡아함경』에는 불심이 깊고 선행이 뛰어난 수달타 장자가 태교와 육아에 대해 석가모니와 나누는 대화가 나온다.

부처님께서 기원정사에 머물던 어느 날, 수달타 장자는 부처님께 문안을 올린 뒤 아뢰었다.

"세존이시여, 어떤 사람이라도 우리 집에 있다면 깨끗한 믿음을 얻을 것이고 우리 집에서 살다가 죽으면 천상에 태어나게 될 것입니다."

"어찌 그대는 그런 말을 자신 있게 할 수 있는가?"

"부처님이시여, 저는 어떤 사람이 임신을 하면 이렇게 가르칩니다. 앞으로 태어날 아기를 위해 삼보에 귀의하고, 또 그 아이가 태어났을 때 다시 삼귀의와 오계를 받도록 가르칩니다. 또 아이가 자라 지견(知見)이 생겼을 때 다시 계행을 가르칩니다."

"과연 그대의 말대로 모든 것이 뜻대로 이뤄질 것이니라."[83]

짤막한 이 대화 속에서 아기를 잉태한 사람의 태교는 바로 삼보에 귀의하는 일임을 말하고 있다. 마음을 닦고 불법을 행한다면 일일이 태교의 내용을 열거하지 않더라도 그 부모는 몸과 마음으로 가장 훌륭한 태교를 실천하고 있을 것이기 때문이다. 아울러 "임신을 하면 자식을 위해 부처님께 귀의하고, 아기가 태어나면 삼귀의를 가르치고, 아기가 자라 지견이 생기면 계행을 가르친다"고 함으로써 태교에서부터 시작되는 불교적 교육을 제시하고 있다.

---

82 황옥자, 앞의 책(2007), pp.112~113.
83 『雜阿含經』卷47(『한글대장경』7, 동국역경원, 1990), 第1241 給孤獨經, pp.366~367.

여러 경전에는 마야부인이 석가모니를 잉태했을 때 대지가 진동하고 세계는 광명으로 가득 찼으며, 맹인과 귀머거리가 눈과 귀를 뜨고, 개구리와 뱀이 뛰어놀았다는 등의 갖가지 상서로운 일들이 잇달아 일어났음을 적었다. 뿐만 아니라 마야부인은 남편인 정반왕에게 중생을 자신의 몸처럼 사랑하고, 몸과 말과 뜻으로 선을 닦고 익히며, 죄수들을 널리 용서하여 풀어주고, 보시를 행하여 가난한 이를 구제하도록 부탁하였다. 태중의 아기를 위해 아버지로서 함께 마음을 닦아 태교에 힘써 주고, 왕으로서 베풀 수 있는 선과 자비를 다할 것을 청한 것이다. 이러한 내용은 후대에 만들어진 것이지만, 장차 태어날 아이를 위해 부모가 정성을 다해야 함을 석가모니의 출생을 통해 보여주고 있다.

『불설포태경』에는 태아의 상태와 어머니의 영향력에 대한 내용이 상세하게 적혀 있다. 태아는 배가 고프고 목마름을 깨닫는 존재이며, 출산이 가까워지면 세 가지 올바른 생각을 하게 된다는 것이다. 곧 모태가 깨끗하지 않다는 생각, 더러운 냄새가 난다는 생각, 어둡다는 생각 등을 일으키게 된다고 한다. 아울러 "어머니가 너무 많이 먹거나 너무 적게 먹으면 태중의 아기가 불안하며, 기름기 많거나 없는 것을 먹어도 또한 그러하다 …(중략)… 음식이 고르지 못하거나, 색욕이 과하거나, 바람받이에 있거나, 나무에 올라도 아기가 불안해 하나니 …(중략)… 그 고뇌와 갖가지 근심과 어려움이 이와 같다"[84] 고 하여 아기를 가진 어머니의 잘못된 행동거지가 태중의 아이에게 불안과 근심이 됨을 강조하였다.

행위와 관련된 내용을 경전에서 좀 더 살펴보면 음식과 거처에 대해 많이 언급하고 있다. 예컨대 어머니가 평소에 소금과 같이 짠 음식을 많이 먹으면

---

84 『佛說胞胎經』, 앞의 책(1995), pp.261~276.

태내의 아이는 머리숱이 적어진다고 한다. 또한 너무 더운 데 있거나 더운 것을 좋아하면 태아의 피부색이 검어지고, 찬 곳에 주로 있으면 태아의 피부색은 반대로 백색이 된다는 것이다. 이 외에 뜨거운 음식을 많이 먹으면 적색을 나타내고, 부모의 음욕이 많으면 아기에게 옴·등창과 같은 피부병이 생기기 쉽다고 함으로써 태아가 출생하여 성장할 때 피부가 나쁘거나 이상한 형체가 있는 것은 전생의 업력 때문이기도 하지만 부모들의 부주의 탓도 있다고 보았다.[85] 이러한 방식의 태교내용은 아기를 잉태한 부모가 행동 하나하나를 삼가고 조심하도록 하는 의미와 함께 어느 정도 과학적인 측면도 있어, 전통태교의 전승 내용과 흡사함을 알 수 있다.

근대의 자료인 『조선불교월보(朝鮮佛敎月報)』에도 「불교와 인도(人道)」라는 제목의 논설에서 태교에 대해 다음과 같이 언급하고 있다.

… 태교는 불교가 적합하다 하노니, 대저 인류는 모범적 동물이자 태아는 어머니의 사진추형(寫眞雛形)이라. 따라서 태모(胎母)의 영사(映射)가 선량하면 현상되는 태아도 선량하고, 영사가 아름답지 못하면 태아도 또한 그러하니라. 선인들이 이르기를, 아이를 가진 부인이면 비스듬히 서지 않고, 앉아서도 몸을 흔들지 않고, 모양이 반듯하지 않은 것은 먹지 않고, 바르지 않은 자리에는 앉지 않고, 삿된 것은 보지 않고, 나쁜 소리는 듣지 않고, 밤에는 시를 읊고 책을 읽는다 하였다.

… 따라서 법화경 보문품에 이르기를, "만약 어떠한 여인이 아들을 얻고자 하는 뜻을 세우고 관세음보살께 예배하고 공양하면 복덕과 지혜를 갖춘 아들을 낳을 것이다. 만약 딸을 얻고자 하는 뜻을 세웠다면 단정하고 예쁜 딸을 낳을

---

85 오형근, 앞의 책(1995), pp.112~113.

것이다. 그는 전생에 덕을 심었기 때문에 많은 이들이 사랑하고 귀여워할 것이다”라고 하니, 가장 적합한 태교는 오직 불교일 것이다.[86]

이 글에서는 태아에게 미치는 어머니의 영향력을 강조하기 위해, 어머니의 마음가짐과 행동거지 하나하나가 마치 사진이 찍히듯 태아에게 그대로 현상되어 나타난다고 표현하였다. 아울러 모범적인 어머니가 되기 위해서는 오직 불교를 믿고 덕을 쌓는 것이 가장 적합하다고 보았다.

근래에 와서는 1980년대 무렵부터 불교의 가르침을 구체적인 태교와 연결하려는 노력이 활발하다. 예컨대 보시·지계·인욕·정진·선정·지혜의 육바라밀(六波羅蜜)을 태교의 실천사상으로 만들어 제시하는가하면, 팔정도(八正道)로 태교의 접근방법을 모색하거나, 염불·참선·사경·독경 등 일상의 수행법을 태교로 활용하는 등 불교적 태교를 대중에게 확산시켜 나가고 있다. 이러한 불교의 가르침은 태교에 국한되지 않을뿐더러 불교신자가 아니더라도 평소의 심신수양으로 바람직한 것이다. 따라서 불자를 중심으로 한 현대인들은 잉태 이전부터 잉태 이후의 본격적인 태교에 이르기까지, 어머니의 심신수행으로 건강하고 총명한 아기를 낳기 위해 불교적 태교에 대한 관심이 높다.

하나의 생명체가 탄생되려면 자식이 지은 업과 부모가 지은 업의 인연이 서로 맞아야 한다. 결국 부모와 자식이 만나는 일은 모두 스스로 지은 바에 따라 받는 준엄한 원리인 것이다. 따라서 현재의 내 삶을 어떻게 꾸려 나가는가에 따라 어떤 자식, 어떤 부모와 만나게 될지 결정되는 불교적 생명계승은 준엄하지만 주체적으로 열려 있다. 이렇듯 이전 존재의 업력이 새 생명의 싹

---

86 之一子, 「佛敎와 人道」, 『朝鮮佛敎月報』 第6號(朝鮮佛敎月報社, 1912. 7), pp.13~16의 論說 중 ‘1. 胎敎는 佛敎가 第一’의 일부를 현대식 문장으로 표기하였다.

이 되고, 태아는 잉태되는 순간부터 현세의 주체적 존재로 성장한다는 점에서 태교의 중요성은 더욱 강조된다. 태중에 생명을 품고 있을 때 심신으로 행하는 태교는 태아·임산부의 악업이나 부모·자녀 간의 나쁜 인연을 순화할 수 있는 소중한 기회이기 때문이다.

2) 출산 이후의 불교민속

(1) 삼신할미와 제석의 민속

민간에서는 출산을 관장하는 산신(産神)이 있다고 믿어 주로 삼신·삼신할미·삼신할머니라 불렀다. 생명의 잉태와 관련된 신이기에 여성이라 보았고, 집안의 여성을 대표하는 존재이자 여성조상을 통칭하는 할머니로 모심으로써 아기를 잘 돌보아주리라 여겼던 셈이다. 따라서 어릴 때 엉덩이에 생기는 몽고반점(蒙古斑點)에 대해, 삼신할머니가 어머니 뱃속에서 너무 늦게 나온다고 손바닥으로 볼기짝을 때린 멍자국이라는 속설도 전한다. 그런데 일찍이 이능화가 지적했듯이,[87] 이때의 삼신은 태(胎)의 우리말인 '삼'에서 나온 것이기 때문에 탯줄을 관장하는 신이라는 뜻을 담고 있다. 예전에는 탯줄을 삼줄이라 부르고 탯줄을 자른다는 말을 '삼 가른다'고 표현했던 것이다. 따라서 삼신을 삼신(三神)이라 보거나 '삼신=산신(産神)'으로 발음하는 이들도 많은데, 이는 모두 본래의 뜻과는 다르다.

삼신은 아기 점지의 역할도 맡았지만 특히 출산과 아기의 성장을 돌보는 신으로 모셨다. 따라서 출산 전에는 임산부의 방 윗목에 짚을 깔고 삼신에게 쌀·생미역·정화수를 올리며 순산을 기원하였으며, 출산 후에는 쌀로 밥을

---

87 李能和 全集, 金常憶 옮김, 『朝鮮女俗考』(東文選, 1990), p.281.

짓고 미역으로 국을 끓여 삼신에게 올리고 감사와 함께 지속적인 보살핌을 바랐다.

이 삼신을 일컫는 다양한 용어들이 있는데 놀랍게도 대부분 불교와 관련되어 있다. 곧 삼신할매를 비롯하여 지앙님(제왕님) · 지앙할매 · 삼신제왕 · 세존할머니(시준할머니) · 산신불도 · 삼승할망 · 불도할망 · 생불할망 등이 그것이다.[88] 여기서 지앙은 제왕(帝王)의 방언이고 민간에서 말하는 제왕은 곧 제석(帝釋)[89]을 뜻한다. 또한 세준 · 시준이라고도 널리 쓰이는 방언은 모두 세존(世尊)이다. 무속에서는 석가모니와 삼불제석이 부처로 통칭되고[90] 세존무가의 세존이 제석무가의 제석과 다르지 않듯이, 세존은 곧 불교적 의미가 가미된 제석임을 알 수 있다. 따라서 '지앙=제왕=제석'이고, '세존=제석'으로 통용했으니, 결국 제석을 출산을 관장하는 삼신으로 여겼던 셈이다. 불도(佛道) · 생불(生佛)이라는 이름도 모두 같은 맥락이다.

이처럼 제석이 출생과 밀접한 관련을 가지면서 삼신할미에 해당하는 역할까지 맡게 된 내력에 대해 편무영[91]은 다음과 같이 추론하였다. 민간에서는 삼불제석을 삼신제석(三神帝釋)이라고도 하는데, 삼불(三佛)이 삼신(三神)으로 바뀐 이유는 '3'이라는 공통의 수 때문이겠으나 삼신(三神)이 산신(産神)과 통하는 민속성이 삼불제석을 산신(産神)으로 바뀌게 한 원인을 제공했을 가능성이

---

88 김광언, 『한국의 집지킴이』(다락방, 2000), p.116.

89 편무영은 제석을 제왕이라 부르게 된 내력에 대해 두 가지로 추정하였다. 하나는 제석이 어디서나 가장 우두머리 신격으로 대우받고 있었기에 그에 상응하는 칭호가 주어졌을 것이라는 것이다. 또 하나는 제석이 주곡신(主穀神)으로 부엌에 모셔지는 예가 많아 부엌신인 조왕(竈王)과 혼동해 '조왕→제왕'으로 발음상의 혼선이 일어났을 가능성을 들었다: 편무영, 앞의 책(1998), pp.77~79.

90 金泰坤, 「巫俗과 佛敎의 習合」, 民俗學會, 『韓國民俗學叢書3: 巫俗硏究』(敎文社, 1989), p.143.

91 편무영, 앞의 책(1998), P.78.

크다는 것이다.

삼신은 대개 안방에 모시지만 신체(神體)의 모습이나 모시는 법은 곳에 따라 다르다. 중부지방에서는 가운데를 막은 좁고 기름한 주머니 양쪽에 쌀을 넣고, 한지로 접어 만든 고깔을 씌워서 안방 구석에 매달아 둔다. 이를 흔히 제석주머니라 부르면서 아이가 태어날 때 무사태평을 비는 것은 물론, 명절이나 가족생일, 제사 때 음식을 차리고 축원을 한다. 전남 강진군 일대의 세존은 독특하다. 베로 만든 세모꼴 주머니에 쌀을 넣어 안방 문 위에 걸고 세존으로 모시는데, 가을이 되면 주부가 자신의 성, 남편의 성, 시어머니의 성과 동일한 세 성(姓)의 남의 논에 각기 엽전 닷 푼을 실에 꿰어놓는다. 이는 세존을 모시고 가는 데 대한 사례라고 한다. 또 '세존 공들이기'라 하여 일곱 포기의 벼 알갱이를 훑어내어 세존주머니에 넣고 아들이 태어나면 세존에게서 생겼다고 여기며 아이를 잘 키워달라고 공을 들인다. 이때 그 전의 묵은 것은 탁발승에게 건네주게 된다.[92]

가정에서 무당을 청해 기자와 육아를 위한 굿을 할 때면 겜심바침·삼신받이·삼신맞이·삼신풀이·칠성제(七星祭)·지앙맞이·삼제왕풀이·불도(佛道)맞이 등을 하게 되는데,[93] 여기서 지앙맞이·삼제왕풀이·불도맞이는 모두 제석을 모시고 하는 굿이다.

출산과 육아를 관장하는 제석을 모시고 행하는 대표적인 굿의 하나로 진도 등 도서지역에서 전승되는 제왕맞이를 살펴보자. 이곳에서는 아기 점지를 원할 때, 갓 태어난 아기에게 부정한 일이 생기거나 산모의 젖이 조금밖에 나오지 않을 때 제왕맞이를 하고 있는데, 굿을 할 때면 부엌에 굿상을 차려놓고 무당이 사방신에 절을 한 뒤 다음과 같은 사설을 늘어 놓게 된다.

---

92 김광언, 앞의 책(2000), pp.116~118.
93 金泰坤, 앞의 책(1981), p.354.

태중된지 일월되면 일월정기 모아다가 일신형체 마련하고

태중된지 두달되면 음양정기 모아다가

태양대기는 남자되고 태음대기는 여자되고

태중된지 석달되면 삼태육성 정기받아 삼원칠백이 마련되고

태중된지 넉달이면 사방정기 모아다가 사지수족을 마련하고

어천현기 마련되고 천지음양 삼신제왕 천고제자 발원이오

태중된지 다섯달이면 오행정기 받아다가 오장육부 마련하고

육중육갑 정기받아 육십사연 마련되고

복중에서 젖줄 물어 실록을 금지 발원이오

칠성님께 명을 받어 이목구비 점지하고 삼이면

사주팔자 수복주고 석순같이 점지 발원이오

아홉달에 구구팔십일 온중으로 점지하고

소진장의에 구별주고 표는 구별점지하고 거적자리 짚새 톱에 탄생시켜

십간 정기로 점지하면 제석님이 복을 주고 칠성님이 명을 주고…[94]

사설을 보면, 태중에 머무는 열 달 동안 천지신명과 칠성·삼신제왕·제석
등이 월별 단계에 따라 아기의 성장을 돌보며 복을 주는 내용으로 재미있게
꾸며져 있다. 거듭 등장하는 삼신제왕과 제석은 제왕맞이굿에서 결국 하나의
존재이자 같은 역할을 하고 있지만, 민간에서는 서로 다른 이름으로 많은 신
격이 등장할수록 좋을 뿐 직능을 세밀하게 구별할 필요는 아예 없는 것이다.
아울러 「제석본풀이」에 나오는 '중타령'을 보면 다음과 같은 내용이 나온다.

---

94 文化公報部 文化財管理局, 『韓國民俗綜合調査報告書 第14: 巫儀式篇』(1983), p.31.

우리중상이 내리실 때 귀한 애기를 기르실 적에

짜른 명을 길게 잇고 기나긴 명을 허리삼아

무쇠 목숨에 돌끈 달고 동방삭에 명을 주며

석숭의 복을 주고 무쇠 목숨에 띠를 달아 점지하던 우리 중상…[95]

여기서 말하는 '중상'은 '중'을 높인 말로, 곧 출산의 신인 제석을 뜻한다. 제석신이 아기를 내릴 때 짧은 명을 길게 이어주었고, 무쇠와 같이 질긴 목숨에 돌로 만든 끈까지 달았으니 결코 가볍게 세상을 떠날 수 없는 질긴 수명을 누리게 될 터이다.

최영년(崔永年)이 1921년에 지은 『해동죽지(海東竹枝)』에는 2월의 풍습을 노래한 시구 중에 "부룻단지 가득채워 풍년을 빌고 제석주머니 매달아 잉태를 비네(扶婁缸滿祈登穀 帝釋囊懸祝有娠)"[96]라는 표현이 나온다. 이때의 부룻단지는 세존단지의 방언이고, 제석주머니·세존단지는 주머니나 단지에 곡식을 채워 만든 신체(身體)로, 풍년을 빌고 잉태를 기원하는 신이 모두 제석(세존)으로 설정되어 있다.

이처럼 부계천신(父系天神)의 제석은 농신과 마을수호신이 되기도 하고, 출산을 담당하는 산신이 되어 삼신할미의 여성성을 지니는가 하면, 승려이기도 하고 부처이기도 한 모습으로 등장하고 있는 것이다. 위상이 높고 위신력이 큰 존재로 여길수록 능력도 다양하여 많은 역할이 부여되게 마련이다. 제석이 불교의 여러 신적 존재와 혼용되고 있는 점 또한 많은 신이 거론될수록 좋다는 심리를 담고 있어, 제석의 민속은 역동적이고 명쾌한 민간사고의 특성을 잘 드러내고 있다.

---

95 金泰坤, 앞의 책(1981), p.220.

96 「경향신문」 1976년 2월 19일자 3면 '餘滴'.

(2) 삼칠일과 백일과 돌의 민속

영아사망률이 높았던 전통시대에는 아기가 태어난 뒤에도 삼칠일을 지나 백일과 돌을 맞을 때까지 긴장을 놓지 않았다. 특히 귀한 자식일수록 악귀가 해코지를 한다고 여겨 이름도 개똥이·천둥이 등으로 천하게 지어 부르다가, 중요한 시기를 한 단계씩 거치면서 무사히 고비를 넘긴 안도감과 함께 공동체의 잔치로 축원하였다.

이렇듯 삼칠일, 백일, 돌은 출생 이후에 오는 중요한 시기로 체계화되어 있어, 전통시대는 물론 오늘날에도 금기를 지키면서 크고 작은 의례를 치르게 된다. 이들 의례는 대개 가정에서 가족이나 공동체구성원들과 함께하는 것이기에 불교적 요소가 잘 드러나지 않지만, 독실한 불자나 종교의례를 중요하게 생각하는 이들은 사찰을 찾거나 승려를 청해 불공을 올리기도 한다. 또한 무당을 찾거나 청해서 작은 굿을 하는 사례도 많았는데, 이때 지앙맞이·제왕풀이·불도맞이 등으로 제석을 모시면서 아기의 무병장수를 기원했던 것이다.

출생의례로 묶여 있는 3·7일, 100일, 1년은 그 기간에 부여된 상징성이 각기 다르다. 곧 삼칠일은 7과 3 수의 특성과 출생 직후라는 상징성으로 인해 금기와 근신에 중점을 두는 시기라면, 백일은 심리적·상징적으로 한 고비를 넘어서는 시기에 해당하고, 돌은 1년이라는 주기가 돌아와 한 살을 먹음으로써 실제적으로 고비를 넘긴 시기라 할 수 있다.

삼칠일(3·7일)은 출생의례의 핵심을 이루는 중요한 금기의 기간이다. 갓 태어난 아기와 산모는 부정(不淨)에 노출되어 있다고 보아 삼칠일 동안은 대문에 금줄을 치고 외부세계로부터 아기와 산모를 격리시키는 것이 금기의 핵심을 이룬다. 또한 초이레, 두이레, 세이레마다 삼신상을 차려 놓고 삼신할머니에게 감사를 드리면서 지속적인 보살핌을 빌었다. 아기는 이레마다 깃이 없는 옷에서 깃이 있는 옷으로, 몸을 감싸는 강보에서 저고리로, 저고리에서 바지

저고리로 옷을 바꾸어 입히게 되는데, 이는 성장에 따른 실제적 대응이자 미완의 존재가 온전한 생명체로 진전되는 단계를 나타내는 상징적 표현이다.

아울러 산모의 기력을 북돋우고 수유능력을 키우는 시기이기도 하여 산모의 몸을 보신하기 위한 여러 가지 음식으로 정성을 기울이게 된다. 탕제로는 불수산(佛手散)이라는 약을 달여 해산 전후의 임산부에게 먹였는데, 임산부에게 필요한 약 이름을 '자비로운 부처님의 손'이라는 뜻으로 지음으로써 부처의 가피가 함께하기를 기원했던 것이다. 이처럼 삼칠일은 갓 태어나 외부세계에 노출된 아기와 오랜 산고를 거쳐 회복이 필요한 산모를 물리적 · 관념적으로 보호하기 위한 장치이자, 아기가 모태의 생물학적 존재에서 사회적 존재로 거듭나기 위해 머무는 중간단계라 하겠다.

삼칠일은 출생뿐만 아니라 중요한 일이 발생한 날로부터 7일을 세 번 지낼 때까지 금기를 지키거나 특별한 의미를 두어 대응하는 기간으로, 불교와도 관련이 깊다. 사람이 죽으면 다음 생을 받기 전까지 머무는 중유의 기간을 칠칠일(7 · 7일)로 보았는데, 본래부터 칠칠일이 아니라 7일을 단위로 한 여러 설이 공존하는 가운데 칠칠일로 정착되었고, 이때 삼칠일 또한 중요한 날짜로 인식되었다.

인간이 7년을 주기로 변화를 거듭한다고 보는 이론은 동서양을 막론하고 이른 시기부터 광범위하게 존재하였다. 예컨대 중국에서는 7이라는 주기성이 여성과 관련되어 14살(2 · 7)에 초경을 시작해 여성으로 거듭나며 49살(7 · 7)에 폐경이 된다고 보았다. 여성의 생리주기는 달이 차고 기우는 주기와도 일치하여 음의 원리를 지닌 달과 여성이 7의 4배수로 연관되어 있다는 점에서 시사점이 크다. 『증보문헌비고(增補文獻備考)』[97]에도 "여자가 칠칠(七七)에 천계

---

97 『增補文獻備考』 卷133 刑考7 上言 '朝鮮'.

(天癸:월경)가 다하고 지도(地道)가 통하지 아니하기 때문에 자식을 낳지 못한다고 하였는데, 칠칠은 49세이다"는 내용이 등장한다. 이처럼 숫자 7은 생명의 변화와 성장을 나타내는 시간리듬이었고, 거기에 신성한 3의 수가 배수로 결합됨으로써, 삼칠일은 중요한 변화를 맞아 금기가 따르는 신성한 시간으로 널리 인식되었던 듯하다.

또한 백일기도·백일불공이라는 말이 관용화되어 있듯이, 백일이란 시간은 '채워야 할 기간', '많은 날'을 뜻하는 대표적인 상징어이다. 백(百)의 고어는 '온'이고, 온은 '모든 것' 또는 '전부'를 뜻한다. 단군신화에서 곰과 범이 환웅(桓雄)을 찾아가 사람 되기를 간청하자, 환웅은 굴속에서 햇빛을 보지 않고 쑥과 마늘만 먹으며 백일간 인내하면(百日忌) 사람이 될 수 있다고 일러주었다. 이때의 백일은 신의(神意)를 얻을 만큼 충분히 오랫동안 근신 기도하라는 의미였던 것이다. 현재도 무속의 백일치성, 불교의 백일불공을 비롯한 백일기도는 지극한 정성으로 기도하면 신을 감동시킬 수 있다는 종교적 기간으로 정착되어 있다.

그런데 곰과 범은 굴속에 들어갔으나 범은 참지 못하고 중도에 뛰쳐나오지만 곰은 백일이 채 되기 전인 삼칠일 만에 여자의 몸을 받아 웅녀(熊女)가 되고, 잠시 사람으로 변한 환웅이 웅녀와 혼인하여 아들 단군을 낳게 된다. 이처럼 삼칠일과 백일은 단군신화에서부터 금기의 신성기간으로 주술·종교적 의미를 지니고 있었을 뿐만 아니라 단군의 출생과 깊이 관련되어 있어, 출생의례의 중요한 상징적 기간으로 지켜왔다.

돌은 가장 실제적이고 보편적인 출생의례 단계에 해당한다. 의술이 발달하지 못한 시절에는 어른의 평균수명도 짧았을뿐더러 영유아의 사망률이 매우 높았던 만큼, 생후 1년이라는 기간은 생사를 가름하는 중요한 고비였다. 따라서 돌을 무사히 맞아 잔치를 할 수 있다는 것은 큰 고비를 넘기고 비로소 세상에 나아갈 수 있음을 뜻하는 것이었다. 이때 사찰을 찾아 불공을 올리면서 감사와 함께 아기의 앞날을 축원하는 것은 매우 자연스러운 일이다. 따라서 김룡사 사하촌에서 살았던 한 주민의 말처럼,[98] 독실한 불교신자들은 백일·돌 등에 아기를 데리고 사찰을 찾아 앞으로의 무병장수를 기원하고 아기의 발복축원을 청하기도 한다. 아기의 이름으로 크고 작은 불사(佛事)를 함으로써 그 공덕으로 아기의 앞날에 좋은 일이 있을 것이라 여겼다.

출생 후 이러한 중요한 시기마다 불공으로써 아기의 안위를 기원한 풍습은 판소리 「적벽가(赤壁歌)」의 사설을 통해서도 살펴볼 수 있다. 「적벽가」는 『삼국지연의(三國志演義)』에서 적벽강 싸움의 전후 부분을 한국적으로 받아들여 재창조한 작품으로, 이 중 '군사설움타령'에 불교적 출생과 관련된 내용이 집중적으로 등장한다. 이 대목은 평화롭게 살아온 백성들이 제후와 장군들의 무모한 전쟁으로 인해 싸움터로 내몰려 목숨을 잃고, 몇몇 살아남은 지친 병사들이 서로 자신들의 신세를 한탄하는 부분[99]이다.

명산대찰 영신당과 고묘총사[100] 성황당, 석불미륵 서계신 데 지성으로 제사하고 가사시주 인등시주 창호시주 백일산제 무수히 하였더니 공든 탑이 무너지며 신든 나무 꺾어질까.

칠일까지 소를 하고 칠칠일에 큰굿하고 백일에 대연하고 첫돌에 큰 불공, 젖살이 점점 올라 …(중략)… 선영의 음덕인가, 석가님이 보내셨는가.[101]

---

98 제보자: 최병식(75세, 男. 경북 문경시 흥덕동 거주). 2001년 5월 27일(일) 면담.

99 이영태, 앞의 글(2003), p.55.

100 고묘총사(古廟叢祠)는 오래된 사당과 여러 신을 모신 사당을 말한다.

101 강한영 교주, 앞의 책(1994), p.209.

내용을 보면, 자신이 얼마나 어렵게 태어났고 귀하게 자라난 존재인지를 드러내기 위해 출생과 관련된 민간의 여러 신적 존재와 신앙대상을 동원하고 있다. 첫 번째 단락에서는 자신의 출생이 부모의 지극한 기자치성으로 이루어진 것임을 상세하게 나열하였다. 이 가운데 불교와 관련된 내용으로 명산대찰과 석불미륵을 찾아다니며 지성으로 제사를 올리고, 사찰에 가사와 인등과 창호를 시주하며 자식 점지를 기원하였다는 것이다. 마지막에는 '석가님이 보내셨는가'라고 짐짓 물음으로써 자신이 부처의 점지로 태어난 존재임을 드러내었다.

두 번째 단락은 출생 이후의 내용을 적었다. 지극한 정성을 들여 마침내 자신이 태어나게 되었고, 태어난 지 7일까지는 근신한 뒤, 49일이 되는 칠칠일에 큰 굿을 하고, 백일에는 큰잔치를 열었으며, 돌이 되었을 때 큰 불공을 올렸다는 점층적 방식으로 마무리하고 있다. 우선 주목되는 것은 초칠일 이후에 삼칠일 없이 칠칠일에 큰 굿을 했다는 것인데, 7 · 7일은 불교적 의미가 큰 기간으로 근래까지 삼칠일 풍습을 칠칠일로 치르는[102] 사례가 드물지 않았던 풍습을 반영하고 있다. 아울러 첫돌에 큰 불공을 올림으로써 중요한 고비를 무사히 넘기고 무병장수를 축원하는 가장 중요한 시기에 부처님을 찾았음을 강조하였다.

3) 불교권의 출생의례 양상

(1) 안진호의 불교식 출생의례지침

아기를 위한 불공이나 근래에 마련해 놓은 불교식 백일 · 돌의 의례 절차를

제외하면, 출생의례 자체에 대한 불교권의 기록은 거의 찾아보기 힘들다. 구체적인 의례는 민간의 영역이기에 그들의 논리에 맡겨 두었던 셈이다. 그런데 한 불교 잡지에서 출생의례 중 삼칠일을 불교적 관점에 따라 정립시키고자 한 노력이 근대 들어 있었음을 발견하였다. 이는 1925년에 발간된 월간지『불교(佛敎)』에 승려 안진호(安震湖: 小白頭陀)가 써놓은 불교식 출생의례지침에 해당하는 내용이다.

안진호는 근현대 불교의례 지침서라 할 수 있는『석문의범(釋門儀範)』(1935년)의 편찬자로, 시대적 상황을 반영하는 새로운 형식의 의식을 모색하여 이전에 볼 수 없었던 포교 방식, 화혼의식, 찬불가 등의 항목을『석문의범』에 삽입하는 등 포교의 현대화에 힘써 왔다.[103] 불교의례 정비에 전념했던 그가 불교식 출생의례지침을 월간지『불교』에 게재한 것이 당시의 불교계 및 신자들에게 어느 정도 영향력을 미쳤을 것이라 짐작할 수 있다.

그런데 이 글의 제목이 삼신할머니를 말하는「삼신파(三身婆)」[104]이다. 삼칠일 의례에 대한 내용이기에 삼신할머니를 전면에 내세운 셈인데, 그의 삼신할머니에 대한 논리가 독특하다. 우선 삼신의 '삼'을 '삼(三)'으로 해석했다는 점이다. 그가 삼신의 '삼'이 탯줄의 우리말임을 알고도 짐짓 모른 체한 것인지는 알 수 없으나, 삼신의 '신(神)'을 '신(身)'으로 본 사실에 이르면 무언가 중요한 모색이 있음을 짐작케 한다.

그는 스스로 '삼신(三身) 할머니가 누구인가?'라는 질문을 던진 뒤에, 법신(法身)·보신(報身)·화신(化身)의 삼신불임을 주장하고 있는 것이다. 아울러 질의응답의 형식을 빌려, "그렇다면 왜 하필 여성의 몸을 빌었나"라는 물음에

---

103 宋賢珠,「現代 韓國佛敎 禮佛의 性格에 관한 硏究」(서울大學校 宗敎學科 博士論文, 1999), pp.80~81.
104 小白頭陁,「一號一言(二): 三身婆」,『佛敎』第八號(1925. 2), pp.68~69.

"생육(生育)과 관련된 것이고 자애성이 더 많은 여성으로 불타의 자비를 암시하기 위함"이라 답하였다. 또한 "여성 중에도 삼신부인(三身婦人)·삼신부(三身婦)라 하면 좋을 것을 왜 눈과 귀가 어둡고 애락성(愛樂性)이 전무한 백발의 노파로 나타내었나"라는 물음에는 "인류의 자성(慈性)은 남자보다 여인이 많고, 풍상과 삶의 희로애락을 많이 겪은 노파가 더욱 그러하므로, 그 자애성을 연상케 하기 위함"이라고 답하였다.

이에 민간에서 산고(産故)가 있는 가정에서는 반드시 삼신할머니를 모신다는 점을 밝힌 다음, 삼신할머니를 모심에 있어 술과 고기, 오신채 등을 금한다든가 쇄소(灑掃)와 결계(結界: 금줄)를 엄정히 하는 것이 모두 불교의 의식이며, 특별한 신(神)이 아니라고 단언하였다. 아울러 병에 따라 약을 가감하듯이 기존 의식의 미진한 점을 보충하기 위해 다음과 같은 내용[105]을 제시하고 있다.

一. 처음 삼신할머니에게 기원할 때 국(羹)·밥(飯)·물(水) 세 가지 외에 향(香)·등(燭)을 추가할 것…

一. 금줄(禁索)을 달 때 현재의 솔가지(松枝)·숯(炭塊)·고추(苦草) 3종 외에 범자(梵字)를 쓴 백지 몇 장을 추가할 것. 이렇게 하면 푸른 소나무(靑), 검은 숯(黑), 붉은 고추(紅), 흰 백지(白), 노란 금줄(黃)의 5색 금기가 될 뿐 아니라 신주위령(神呪威靈)에 모든 장애가 진멸할 것이요… 남녀 구별은 아들일 경우 금줄을 일직선으로 가로매고, 딸일 경우 금줄 중앙을 묶어 처마에 매면 '인(人)' 자의 선이 되니, 이렇게 되면 자연히 '1=양(陽)=남', '2=음(陰)=여'를 형성하게 되어 완전무결한 의식을 기할 수 있게 된다. …

---

105 小白頭陀, 앞의 글(1925), pp.68~69에서 핵심내용을 현대식 문장으로 옮겨 표기하였다.

一. 산기(産期)에 산모의 원기를 보충하고자 닭과 개를 죽이거나 산후별증(産後別症)이라 하여 가물치 등을 쓰는 것은 절대 금한다. … 살생양생(殺生養生)은 천리를 거역하는 것이니 일시의 오해로 인해 유아의 단명과 다병을 초래함은 애석한 일이다. 생명 이외에 다른 약재가 없다면 어찌할 도리가 없지만 약재가 산적하니 금하는 것이 좋고, 부득이하게 어육(魚肉)을 사용할지라도 위생방해가 없음에 한하여 오정육(五淨肉)을 필히 택해야 한다. …

一. 아이가 출생한 일주일 이후에는 반드시 법사를 초빙하여 부처님의 대승경전이나 호제동자다라니(護提童子多羅尼)[106] 등을 많이 염불하여 자모(子母)의 안온과 가족들의 수복(壽福) 증진을 기원하는 것이 좋다.

그는 출산을 둘러싼 의례의 물리적 · 상징적 요소, 정신적 · 이념적 요소, 종교적 요소에 이르기까지 의례를 치르는 데 필요한 불교적 내용을 포괄적으로 담아내었다. 마지막에 제시한 법사 초빙의 적극적 종교행위를 제외하면, 앞의 세 가지는 불교를 포괄하는 의례의 일반적 상징성을 담고 있는 동시에 일반 가정에서 어렵지 않게 실천할 수 있는 내용에 해당한다.

첫 번째 항목에서 제시한 향(香)과 등(燈)은 불교 육공양물(香 · 燈 · 花 · 果 · 茶 · 米)의 주된 것이지만, 신성 존재와 교류하는 의례 상황을 조성함에 있어 보편적 상징성을 띤 요소이기도 하다. 그런데 세부적으로 살펴봤을 때 불을 밝히는 것(燈)은 기원을 할 때 필요하나, 향을 피우는 것(香)은 일반 가정에 다소 낯선 요소일 수 있다. 따라서 불교신자를 염두에 둔 것이라 하겠는데, 그렇다 하더라도 삼신할미를 위한 상은 대개 방안에 차리는 것이므로 향의 냄새

---

106 '護諸'가 '護提'로 표기되어 있다.

가 산모와 아기에게 자극이 될 수 있을 것이다. 삼신할미를 위해 밥과 미역국을 차린 상을 물려서 산모가 먹었던 것처럼, 민간신앙의 특성은 의례적 상황을 조성하는 데 초점을 두기보다는 생활 속에 자연스레 의례적 상황을 끌어들이는 것이었다. 이에 향을 피우는 행위가 출생을 둘러싼 신성성을 담보할 수 있었다 하더라도 생활 속에서 실천하기에는 부담이 따랐으리라 짐작된다.

두 번째 항목은 출산 후 대문에 거는 금줄의 내용물이 본래 산모와 아기를 보호하고 부정을 쫓기 위한 5방색(五方色)과 연결된 요소임을 일깨우고 있다. 따라서 일반적으로 금줄에 다는 솔가지·숯·고추뿐만 아니라 백지를 추가하고, 거기에 '범(梵)'자를 쓰도록 함으로써 불교적 의미를 함께 담았다. 출산 후의 금줄은 새끼줄인 황(黃)을 중심으로, 각기 청홍백흑(靑紅白黑)의 색깔을 띠면서 생명력·축귀·정화 등의 의미를 지닌 솔가지·고추·백지·숯이 선택된 것임을 강조한 것이다. 특히 민간에서 아들은 고추, 딸은 숯이나 솔가지 등으로 남녀를 구별하고 있으나 이는 잘못된 것임을 밝히면서, 같은 다섯 가지 내용물을 사용하되 금줄을 'ㅡ'과 '人'의 모양으로 만듦으로써 음양에 따른 남녀구분을 제시하였다. 곧 하나의 선으로 된 'ㅡ'은 홀수(기수)이니 양(陽)이자 아들이고, 두 개의 선으로 된 '人'은 짝수(우수)이니 음(陰)이자 딸이기 때문이다.

이와 관련하여 고추의 상징성을 살펴보면, 고추는 붉은색과 매운맛이 잡귀를 물리치는 의미를 지니고 있어 장독 등에 두르는 금줄에도 달았는데, 출산 후의 금줄에서는 남성의 성기를 의미하는 '고추=아들'이란 상징성이 강렬해진 것이다. 이렇듯 민간에서는 오방색의 의미보다는 붉은 고추와 아들이 더욱 긴밀하게 연결되었고, 색깔의 짝을 맞추기 위해 검은 숯보다는 푸른 솔가지로써 딸을 나타내는 사례가 더욱 많다. 본래 음양의 법칙에 따라 청색은 남성, 적색은 여성을 뜻하지만, 여기서는 '고추'가 지닌 아들·남성으로서의 강한 상징성이 색깔의 상징을 넘어선 것이라 하겠다.

　세 번째 항목은 태교와 산후의 마음가짐을 음식에 비추어 설명한 불교적 덕목이다. '가능하면 어육(魚肉)을 피하라'는 내용은 일반 가정에서 지키기 힘든 것이지만, 당시는 가정에서 닭과 개 등을 직접 잡아먹던 시대였고 '살생은 천리를 거역하는 것'이라는 문맥을 감안하면, 이 항목의 핵심은 뒤쪽의 '어육을 먹되 오정육(五淨肉)을 지켜야 한다'는 데 있다. 용어해석에 조금씩 차이는 있지만 오정육이란 대개 죽는 모습을 보지 않은 것(不見殺), 죽는 소리를 듣지 않은 것(不聞殺), 자신을 위해 죽이지 않은 것(不爲己殺), 수명이 다해 자연사한 것(自死), 새나 짐승이 먹다 남긴 것(鳥殘) 등 먹어도 되는 다섯 가지 깨끗한 육류를 말한다. 이는 인간중심의 이기적 삶이 우주자연의 생명을 황폐화하고 있다는 자각과 함께 오늘날의 현대인들에게도 호응을 얻고 있는 내용이다. 이러한 불교의 가르침은 생명의 탄생이라는 소중한 일을 맞아 몸과 마음을 가다듬고 부정을 피하려는 민간의 종교적 마음가짐에도 자연스럽게 연결되었을 것이다.

　'산후 일주일이 지난 다음에 법사를 초청하여 염불을 하는 것이 좋다'는 마지막 항목은 불교신자라면 당연히 추구함 직한 내용으로, 불교식의 출생의례를 상정할 때 빼놓을 수 없는 의례인 셈이다. 법사는 아기·산모의 건강과 장래의 삶에 대한 불보살의 가피를 빌어줄 것이므로, 출생을 맞아 선택할 수 있는 가장 적극적인 종교행위라 할 수 있다. 이는 신앙심에 따라 오늘날에도 개인에 따라 실행되고 있으나 일반적 출생의례로 정착되었다고 보기는 힘든 부분이다.

　이처럼 근대의 불교 선각자인 그는 민간에 널리 확산되어 있던 삼신할머니에 대한 섬김과 삼칠일의 풍습을 불교적으로 해석함으로써 새로운 불교 출생의례를 뜻있게 정립하고자 노력하였다. 일반인들이 보기에는 다소 무리인 부분도 있지만, '삼신→三身'의 의미는 출생의례를 불교적 관점에서 정립하려는 상징적 해석이라 볼 수 있다. 그러나 출생의례는 자생의 신앙방식에 따르는 측면이 보다 강하였기에 민간의 논리 속에 또 다른 외적 규범이 자연스럽게 수용되기는 힘들었던 것으로 보인다. 앞서 기자신앙 대상으로서 미륵의 존재가 민간이 주체적으로 창출한 것이었다면, 근대의 불교 선각자에 의해 마련된 출생의례지침은 불교에서 민간을 향해 제시한 것으로 역사적 뒷받침 없이는 쉽사리 뿌리내리기 힘들었음을 짐작해볼 수 있다.

(2) 불교의 출생의례 규범

불교에서는 생사문제와 존재의 근원을 설명하면서 생명의 잉태에 대한 사상적 기반을 제공하였다. 그러나 유교의 공식적 의례 범주에서 제외되었듯이 출생을 둘러싼 의례와 민속은 일생의례 중 가장 자율적인 생활문화이기에 민간의 관점에 따라 행해왔다. 따라서 출산 이후에 대한 불교권의 규범과 대응은 활발하지 않은 편이고, 불교신자라 하더라도 출생과 관련된 문제에 있어서는 불교적 규범보다 그들의 형편과 필요에 따르는 경향이 크다.

먼저 아기를 출산한 이후 사찰에서 행하는 의례에 대해 살펴보자. 대부분의 의례가 그러하듯이 출생을 둘러싼 불교의례는 자식의 잉태를 바라고 무사히 자라기를 비는 기원이 주를 이룬다. 따라서 아기가 태어나면 '부처님께 이름을 올리는 일'이 무엇보다 중요하다. 사찰에 비치된 가족카드에 아기의 이름을 올린 다음 축원기도에 넣도록 하는 것이다. 사찰에서는 매일 사시(巳時: 오전 9시~11시)에 불보살께 사시마지를 올리는데, 이때 염불하는 승려는 그날의 축원 대상자 이름을 모두 읊은 뒤 축원을 하게 된다. 축원 대상이 되는 이들이 불보살께 공양을 올리는 공덕으로 가피를 받는다는 구도를 지니는 것이다.

따라서 신도들은 가족 중에 생일을 맞았거나 특별히 축원불공을 올리고자 하는 이가 있으면 미리 사찰에 신청하여 축원자의 이름에 넣도록 한다. 백일이나 돌처럼 중요한 날에는 이러한 내용을 축원문에 넣어서 특별히 강조해줄 것을 부탁하게 마련이다. 사찰에 와서 직접 불공을 올리지 않더라도 불보살께 축원기도를 올릴 수 있으므로 대부분의 신도들은 이러한 방식으로 백일축원, 첫돌축원을 하고 있다.

독실한 신도들의 경우는 사시마지의 축원기도뿐만 아니라 백일이나 돌을 전후하여 사찰에 불공을 드리러 오기도 한다. 이때 승려는 불단(佛壇)과 신중단(神衆壇)에 불공을 올리도록 이끌어 주면서 아기와 가족을 위한 축원을 하게 된다. 특히 축원 내용은 알기 쉬운 용어, 현대인에게 적합한 용어로 바꾸어 신도들이 그 의미를 이해할 수 있도록 하는 데 비중을 두고 있다. 예컨대 '무남자 속득생남, 시험자 시험합격, 무직자 취직성취, 사업자 재수형통, 운전자 무사운행' 등과 같이 보다 알기 쉽고 현실적인 내용을 담고 있는 것이다.

따라서 승려는 상단축원과 중단축원을 하는 가운데 불보살 앞에서 아기의 앞날을 축복하고 가피가 가득하기를 기원하는 내용으로 의례를 진행한다. 먼저 불단 앞에서 의례를 열게 된 연유를 고하게 되는데, '금일지극정성 헌공발원재자'라 한 뒤 의례를 청한 재자(齋者)의 주소와 이름과 가족 전체의 명단을 읊어 지극한 정성으로 부처님께 발원하는 의례 주체를 밝힌다. 이후 이처럼 정성스레 공양을 올리는 공덕으로 아기가 건강하고 다복하게 성장하여 훌륭한 성인이 될 수 있도록 기원하며, 재를 올리는 가족들을 위한 축원 역시 빼놓지 않게 된다.

가정이나 식당 등에서 가족 · 친지들이 모여 불교의례로써 탄생을 축복하고자 할 때 참조할 수 있는 백일축원 · 첫돌축원의 의례 절차[107]를 살펴보면 다

---

107 대한불교조계종 포교원, 『통일법요집』(조계종출판사, 2004), p.781 ; 김근수 엮음, 『현대불자가례』(부다가야, 1998), pp.64~68 등.

음과 같다.

① 인사말: 아기의 부모 또는 사회자가 손님들에게 감사의 인사를 하고 주인
공인 아기를 소개한다.

② 삼귀의(三歸依): 부처(佛), 부처의 진리(法), 그 진리를 실천하는 승려(僧)들
께 귀의함으로써 삼보(三寶)를 영원한 의지처로 삼아 믿고 행한다는 의미를
지닌다.

③ 반야심경(般若心經): 지혜의 완성을 뜻하는 반야바라밀다 계통의 경전에서
불교의 요체를 뽑아놓은 짧은 경을 읊음으로써 불교의 진리를 따른다는 뜻
을 담고 있다.

④ 기도발원: 부처의 가호 아래 아기의 탄생과 앞날을 축복하는 기도를 올리
는 의식이다.

⑤ 떡(케이크) 자르기: 불교에서는 생일 등의 의식에서 떡을 사용하도록 권하
고 있어 떡을 잘라 참석자들과 나눔으로써 탄생 축하의 뜻을 함께 한다.

⑥ 감사회향: 감사회향의 의식문을 읊으며 자신이 닦고 지은 모든 공덕을 일
체중생과 함께 나누며 더불어 기뻐하는 의식이다.

⑦ 사홍서원(四弘誓願): '중생을 다 건지리라, 번뇌를 다 끊으리라, 법문을
다 배우리라, 불도를 다 이루리라'는 불자의 네 가지 원(願)을 맹세함으
로써 모든 중생과 더불어 불법을 이루자는 바람을 담고 있다.

⑧ 축하잔치: 함께 음식과 덕담을 나눈다.

아울러 '④ 기도발원'과 '⑥ 감사회향'을 할 때 활용할 수 있도록 마련해놓은
의식문 가운데 대표적인 것을 살펴본다.

〈기도발원문〉

거룩하신 부처님. 부처님께서는 '최상의 선인(선인)들이 함께한 자리가 극락'이라고 하셨습니다. 이 가정은 평소 부처님의 가르침을 실천하는 신심 깊은 불자로서 착한 일에 앞장서고 있습니다. 오늘은 숙세의 쌓인 인연공덕으로 새 가족을 만났고 ○○○의 백일(첫돌)을 맞아 온가족이 함께 모여 삼세제불께 감사법회를 드리고 있습니다.

공덕의 바다이시며 광명의 근원이신 부처님. 이제 이 가정과 인연이 된 ○○○에게 건강과 수명 그리고 지혜와 복덕을 갖추게 하여 가문을 빛내고 나라가 필요로 하는 인재로 성장해서 사람들의 사표가 되게 하소서. 어릴 때부터 불법을 알고 배워 지키고 항상 바르게 자라 부모에게 효도하고, 형제간에 우애 있으며 나아가 올바른 불자가 되게 보살펴 주시옵소서.

오늘 발원공덕으로 천하가 태평하고 부처님 법 바퀴가 끊임없이 굴러 일체중생이 다함께 불보살의 대자대비하신 은혜를 입어지이다.

나무 석가모니불 나무 석가모니불 나무 시아본사 석가모니불.[108]

〈감사회향문〉

지혜와 자비의 근원이신 부처님 감사합니다. 저희를 자비로 지켜 주시고, 진리로 빛내 주시는 부처님 감사합니다. 모든 중생과 더불어 공덕 나누며 지혜와 용기, 그리고 모든 성취를 함께 하겠나이다.

마하 반야바라밀 마하 반야바라밀 나무 마하반야바라밀.[109]

내용을 보면 아기를 소개하고, 앞날을 축복하고, 케이크를 자르고, 함께

---

108 김근수 엮음, 앞의 책(1998), p.65.
109 위의 책(1998), p.66.

음식을 먹으며 축하잔치를 하는 일반 백일잔치·돌잔치의 기본구도 속에 삼귀의·반야심경·감사회향·사홍서원 등의 불교 의식문을 읽는 순서를 첨가하는 방식을 취하고 있다. 절차만으로 보면 출생의례의 특성이 드러나지 않고 다소 형식적인 느낌이다. 실제 다종교 사회에서 가족 중에도 타종교 신자가 있는 경우가 많을뿐더러 외부 손님들을 초대한 백일잔치·돌잔치에서 불교식 의례를 행한다는 것이 쉬운 일은 아니다. 그러나 한편으로는 아기가 삼보의 가피 속에서 성장하게 될 것임을 분명하게 드러내는 일 또한 필요하다.

이러한 현실적 여건을 감안한다면 일반 불교의례에서 통상적으로 따르는 절차들을 전 과정에 걸쳐 의례적(儀禮的)으로 행하기보다는, 핵심적인 의례에 불교적 의미를 뚜렷이 담는 방안도 생각해볼 필요가 있을 것이다.

혼례, 성인이 되어 가정을 구성하다

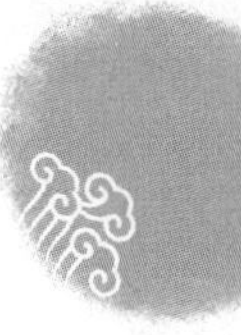
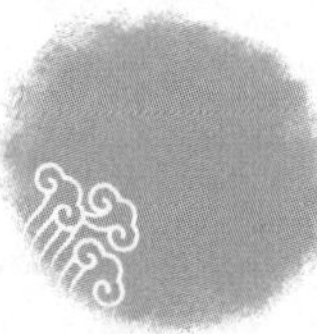
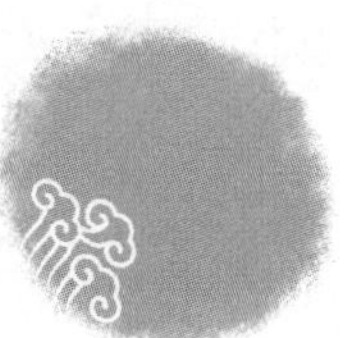

혼례(婚禮)는 남녀가 혼인(婚姻)으로써 가정을 꾸리게 되었음을 공동체에 알리는 의례이다. 태어나서 어른이 되고 노인으로 들어선 다음 죽음에 이르는 과정이 자신의 의지와 무관하게 누구나 겪는 자연적 일생이라면, 혼인은 그러한 일생 속에서 스스로의 선택으로 커다란 매듭을 짓는 일에 해당한다. 혼인을 하고 자식을 낳아 가정을 꾸리는 일은 이후 삶을 좌우하는 일대전환의 사건일 뿐만 아니라 공동체의 지속과 발전에도 필수적인 행위이기 때문이다. 어른이 되고 노인을 거쳐 죽음을 맞는 문제, 어떤 존재로 태어나는가의 문제 또한 자신이 살아온 바를 반영하지만, 혼인은 타인과 결합하여 또 다른 사회적 삶으로 전환되는 사건적 인과관계의 정점에 있는 것이다.

그런데 일생의례를 통해 볼 때 '혼인(남녀결합) → 출생(생명)'으로 연결됨에 따라 혼례가 출생의례와 짝을 이루는 것은 당연하려니와, '혼인'과 '출생'의 문제는 일생의례의 전 과정에 걸쳐 상징적으로 등장한다는 점에 주목할 수 있다. 예컨대 어른이 되는 관례(冠禮)는 사회적으로 혼인이 가능하고, 생물학적으로 잉태할 수 있는 나이가 되었음을 인정받는 의례인 것이다. 뿐만 아니라 죽음의 의례에서도 남녀결합과 생명탄생의 상징이 함께하여, 출상(出喪) 전날 상두꾼들이 상여놀이에서 출산 장면을 연극으로 표현하거나, 무덤의 부장품에 남녀결합이나 성기를 강조하는 내용이 등장한다. 이는 죽음이란 소멸이 아니라 새로운 생명으로 연결된다는 세계관의 표출, 혹은 죽음이라는 상실감을 극복하기 위한 문화적 장치이다. 이처럼 생명력을 추구하는 것은 인간의 본성이고, 혼인은 그것을 가능하게 하는 생물학적·사회적 행위이자 상징인 셈이다.

한편, 관혼상제(冠婚喪祭) 중심의 유교 일생의례에서는 어른으로 진입하는 관례를 중요하게 다루었다. 성인의례는 어느 문화권에나 있는 것이지만, '어른이 된다는 것'의 핵심은 혼인을 할 수 있는 나이가 되었음을 인정받는 것이었다. 현재 성년(成年)의 기준이 만 20세인 것도 이때부터 부모의 동의 없이 결혼할 수 있다는 뜻과 결합되어 있다. 특히 우리나라는 성인의례의 문화가 발달하지 않았을뿐더러 일반적으로 말하는 성인의례로서 관례(冠禮)란 양반들에게 국한된 것이었다. 서민들의 경우에는 들돌지기처럼 자신의 힘을 인정받아 어른 품삯을 받게 되는 남성들의 진새례가 있을 따름이어서 관례와 혼례는 구분되어 있었지만 민간에서는 이를 묶어서 생각하였다. 예컨대 관례의 중요한 의식 중 하나가 남녀 모두 길게 땋은 머리를 상투 틀거나 쪽을 찌는 것으로 어른임을 나타내는 것인데, 서민들은 혼례 전날 머리를 올림으로써 관례와 혼례를 함께 치렀던 것이다. 이러한 형편이다 보니 성인의례와 관련된 불교적 접근 또한 희박하여, 관례가 일생의례의 한 단계이지만 독립된 장으로 살피기보다는 혼례의 범주에 포함하여 다루고자 한다.

일반적으로 불교혼례라 하면 불보살을 모시고 승려의 주재 하에 불교의식에 따라 행하는 혼례를 말한다. 이는 삼보(三寶)의 범주와 가피 속에 혼례를 치름으로써 종교적 믿음으로 경건한 출발을 다짐하는 의미가 크다. 불자라면 불교식으로 혼례를 치르는 것이 당연할 수 있으나, 불교식 혼례가 고래로부터 있었을 것이라는 추측만 무성할 뿐 실제 조선시대 이전의 관련기록은 전무하다. 아울러 혼인이란 출생과 달리 민간에 불교와 관련된 풍습이 전승되는 영역이 아니기에 민속자료 또한 극히 제한적이다. 따라서 혼례의 장에서는 혼인을 둘러싼 불교적 배경과, 우리나라에 불교혼례가 도입된 이후의 역사적 전개 과정과 수용 양상을 중점적으로 다루었다.

첫째, 경전을 중심으로 한 초기불교의 혼인관과 가족관에 대해 살펴보았다. 불교가 성립되던 시대에 남녀가 부부로 만나 가정을 꾸려나가는 데 필요한 지침들이 다양하게 전승되고 있어, 세속의 삶을 원만하게 이끌기 위한 불교적 가르침의 근원에 해당하는 내용을 접할 수 있다.

둘째, 불교혼례의 기원을 살피고 석가모니의 혼인에 담긴 의미를 분석하였다. 석가모니 전생담(前生譚)은 불교혼례의 기원으로 널리 회자되고 있어 불교혼례에 담긴 전생 인연의 의미와 가르침을 새겨볼 수 있다. 아울러 불교적 일생을 다룸에 있어 중요한 의미를 지니는 석가모니의 삶을 통해 혼인과 자아 확립이라는 '어른 되기'의 두 과정을 고찰하였다. 관례와 혼례를 통합하여 다루는 가운데 혼인이 '물리적·사회적 어른 되기'에 해당하는 것이라면, 자신의 삶을 주체적으로 자각하는 것이 '실존적 어른 되기'임을 석가모니의 행적으로 추적해 보았다.

셋째, 근대기에 성립된 불교혼례의 전개 양상을 다루었다. 이능화가 최초의 불교혼례로 제시한 「의정불식화혼법」의 내용을 살펴보고, 전통혼례·기독교혼례와 나란히 불교혼례가 등장한 당시의 사회적 동향 속에서 민간에 보급된 불교혼례의 수용양상을 분석하였다. 아울러 이능화 이후 백용성과 안진호에 이르기까지 불교 선각자들에 의해 꾸준히 발표된 초기의 불교혼례지침을 분석하여, 현재의 불교혼례 규범을 완성하는 데 참조가 될 수 있도록 하였다.

넷째, 불교혼례의 현대적 전개 양상을 다루었다. 초기의 불교혼례지침이 발표된 이후 불교혼례가 전개된 과정과 새롭게 만들어진 현대의 풍습을 보면, 사찰에서 치르는 불교혼례만이 아니라 혼인을 둘러싼 문제에 불교적으로 의미를 찾을 수 있는 다양한 접근들이 폭넓게 모색되고 있음을 알 수 있다. 아울러 현재 불교권에서 마련해 놓은 혼례 지침에서 문제가 되는 부분을 다룸으로써 불교혼례의 재정비 또한 꾸준하고 심도 있게 이루어져야 할 필요성을 제기하였다.

1. 불교의 혼인관과 가족관

생전의 석가모니는 대상과 상황에 적합한 가르침을 펼친 것으로 널리 알려져 있다. 그가 스스로 깨달아 사람들에게 전하고자 했던 법(法)은 철학적·인식론적 각성을 필요로 하는 것이었으나, 중생은 수행에 전념하며 살아가는 이들이 아니라 세속의 환경 속에서 매순간 자극을 주고받으며 살아가는 존재들이기 때문이다. 이에 수행자에서부터 제왕과 귀족, 민간의 남녀노소에 이르기까지 각자 처한 자리에서 바른 길을 가는 것이 깨달음을 향한 길과 다르지 않음을 강조하였고, 제자들과 유행(遊行)하다가 여러 상황을 만날 때마다 질문과 답변의 형식으로 가르침을 펼쳤다. 그가 세상을 떠난 뒤 이러한 그의 가르침은 상세하고 폭넓게 해석·정리되어 널리 전하고 있다.

이러한 재가불자(在家佛子)들을 향한 가르침 속에는 윤리적·가정적·경제적인 면에 대한 교설이 많았고, 화목한 가정을 꾸리는 내용을 중요하게 다루었다. 석가모니는 혼인이란 부부 사이의 인연의 화합이며, 임신이란 자식과 부모 사이의 인연의 화합임을 강조하면서, "이해심 많고 현명한 남편과 아내를 맞이한 사람들은 모두 축복받은 것"이라고 설하였다. 다음의 짤막한 경전 구절 속에는 이러한 가족의 의미가 잘 함축되어 있다.

> 부모를 섬기고 아내와 자식을 사랑하고 보호하는 것
>
> 일에 질서가 있어 혼란스럽지 않은 것
>
> 이것이 더없는 행복이다. 「행복경」[1]

> 즐거울 때 같이 즐거워하고
>
> 괴로울 때 같이 괴로워하며
>
> 일을 할 때에는 모두 서로 순종하니
>
> 이것을 가족이라 한다. 「잡아함경」[2]

부모를 섬기고 아내와 자식을 사랑하며 보호하는 것이 더없는 행복이며, 가족이란 즐거움과 괴로움을 함께하고 뜻을 모아 일을 같이하는 존재라고 하였다. 이는 지극히 건전하고 보편적인 가족관을 담고 있어, 고려 말부터 조선시대에 이르기까지 유학자들이 불교를 배척하는 주요한 이유의 하나로 '가족을 돌보지 않고 가정윤리를 파괴한다'는 논지를 무색케 한다. 승려가 가정을 꾸리지 않는 데 대한 이러한 표현은 출가수행 자체를 인정하지 않는 유교적 관점에 따른 것으로, 자칫 불교의 가족관에 대한 오해의 여지를 지니고 있다.

---

1 「행복경」은 『숫타니파타(經集)』 속에 시로 수록되어 있다: 미산, 『미산스님 초기경전 강의』(명진출판, 2010), pp.387~397.

2 『雜阿含經』卷4(『한글대장경』5, 동국역경원, 1993), 第93 長身經, p.100.

승려의 출가수행으로 인해 불교에서는 혼인을 부정적으로 본다고 생각하기 쉬우나, 오히려 불법을 깊이 새기고 실천함으로써 현명하게 가정을 꾸려나갈 수 있도록 이끄는 것이 불교의 가족관이다.

이처럼 혼인생활을 포함하여 재가불자가 지켜야 할 실천규범은 초기불교의 대표경전인 「육방예경(六方禮經)」[3]에 집약되어 있다. 「선생경(善生經)」으로도 잘 알려진 이 경전은 초기불교 시대에 이미 논리적이고 세밀하게 재가신도들의 생활윤리를 설하고 있다는 데서 불교사적으로 큰 의의를 지닌다. 이 경전이 '육방예경'이라는 이름을 지니게 된 것은 다음과 같은 내력[4] 때문이다.

석가모니가 나열기성(羅閱祇城)의 기사굴산(耆闍崛山)에 머물고 있을 때였다. 이른 아침에 가사와 발우를 갖추고 비구 대중과 함께 탁발을 하러 성으로 들어가던 중 선생(善生)이라는 장자의 아들이 성을 나와서 목욕한 다음 합장하고 동·남·서·북과 상·하의 각 방위를 향해 절하는 것을 보았다. 이에 석가모니는 그에게로 가서 까닭을 물었다. 그가 답하기를, "부친께서 임종하시면서 '네가 예배하고자 하거든 마땅히 먼저 여섯 방향에 예배해야 한다'고 하셨기에, 그 유언을 존중하여 아침 일찍 목욕한 뒤 육방(六方)에 예배하는 것입니다"라고 하였다. 석가모니는 그러한 방식의 예배는 옳지 못하다고 말하며, 육방에 예배하는 올바른 법에 대해 다음과 같이 설하였다.

장자의 아들이여, 마땅히 여섯 방위에 대해 잘 알아야 하니 자세히 듣고 마음

---

3 한역의 원래 명칭은 「불설시가라월육방예경(佛說尸迦羅越六方禮經)」이며 2세기경 후한의 안세고(安世高)가 번역하였다. 원시 아함경에 속하는 경전으로, 기원전 3세기경에 성립된 것으로 보고 있다. 한역본으로 「선생자경(善生子經)」 등 여러 이본이 있으며, 이본에 따라 관계별로 지켜야 할 지침에 조금씩 차이가 있다.

4 『佛說長阿含經』 卷11(『한글대장경』 1, 동국역경원, 1995), 第2分 先生經, pp.261~270 ; 미산, 앞의 책(2010), pp.341~343 등.

에 새겨야 하느니라. 동방은 부모요, 남방은 스승이요, 서방은 아내요, 북방은 친척이요, 하방은 하인이요, 상방은 사문과 바라문이니라….

이처럼 석가모니는 여섯 방위를 다스리는 신을 섬기고 예배하던 당시의 육방풍습을 기본적인 인간관계에 적용하여 가르침을 펼쳤다. 부모는 동방(東方), 아내는 서방(西方), 스승은 남방(南方), 친족은 북방(北方), 사문과 바라문은 상방(上方), 하인은 하방(下方)으로 설정하고, 인간관계에 적합한 마음가짐과 도리를 잘 지키면 각 방위가 안온해지고 인생도 저절로 행복해짐을 비유한 것이다. 아울러 이어지는 설명 속에서 이들 각각의 존재에게 어떠한 마음가짐과 행동으로 대하며 살아야 하는지 다섯 가지 지침으로 요약하여 상세히 설명하였다.

그런데 부모, 아내, 스승, 친족, 사문과 바라문, 하인 등을 대하는 일방적 지침이 아니라 상호간의 관계를 함께 다루고 있다는 점이 주목된다. 이를테면 동쪽 방향의 예에서 자식이 부모를 섬기는 다섯 가지 실천사항에 이어 부모가 자식을 대하는 다섯 가지 사항을 함께 제시하고 있다. 이어서 남편과 아내, 스승과 제자, 친족과 선남자, 사문·바라문과 선남자, 하인과 주인 등으로 상호간의 관계에 따른 도리와 마음가짐을 밝히고 있는데, 남편과 아내가 서로에게 지켜야 할 지침을 다음과 같다.

남편은 다섯 가지 도리로써 아내를 섬긴다. 첫 번째는 서로 예의로써 대접하는 것이요, 두 번째는 위엄을 지키는 것이요, 세 번째는 제때에 옷과 양식을 대주는 것이요, 네 번째는 때에 따라 몸치장을 하게 하는 것이요, 다섯 번째는 집안일을 맡기는 것이다.
아내도 다섯 가지 도리로써 남편을 섬긴다. 첫 번째는 먼저 일어나는 것이요,

두 번째는 나중에 앉는 것이요, 세 번째는 부드러운 말을 쓰는 것이요, 네 번째는 공경하고 순종하는 것이요, 다섯 번째는 뜻을 먼저 알아 받드는 것이다. 이같이 공경히 섬기면 그 방위는 안온하여 걱정과 두려움이 없을 것이다.

내용을 보면 부부관계에서 서로 간에 공경하는 마음과 예의를 지켜야 한다는 공통사항과 함께, 아내는 남편에게 부드럽게 순종하면서 받들어 내조해야 하고, 남편은 위엄을 지키는 가운데 물질적 충족을 주고 집안일을 맡김으로써 남녀의 역할을 구분하였다. 오늘날의 관점에서 보면 남성 중심의 전통적 부부상을 떠올리게 하지만, 이러한 내용은 여성이 남성의 종속적 관계에 놓여 있던 2500년 전 고대 인도에서 이루어진 것임을 기억할 필요가 있다. 당시 인도의 사회상을 살펴보면 사성계급(四姓階級) 못지않게 여성에 대한 편견과 차별이 극심했고, 특히 고대 인도의 마누법전에 의하면 여성을 남성과 동물 사이의 존재로 규정[5]하고 있었던 것이다. 따라서 남편과 아내의 차이를 인정하는 가운데 부부 상호간에 존중과 예의를 중요하게 다루고 서로의 의무를 다하도록 강조함으로써 당대로서는 획기적인 가르침을 펼쳤던 것이다.

이 가운데 때에 따라 아내가 몸치장을 할 수 있도록 하는 것을 남편의 의무로 든 점이 눈에 띈다. 여성에게 아름다움을 추구하고 몸을 꾸미는 습성이 있다고 보아 이를 배려하도록 사전정보를 준 셈인데, 세속의 삶과 남녀의 본성에 대해 이해함으로써 혼인 후 다양한 문제에 직면했을 때 현명하게 대응하고 적응할 수 있도록 이끌고 있는 것이다. 이러한 관점은 먼 후대에 한국의 승단에서도 신도들에 대한 가르침으로 전승되고 있다. 예컨대 근현대의 고승인 경봉선사(鏡峰禪師)는 신도들에게 어려운 교리보다 부부생활, 자식교육, 장

---

5 郭徒領, 「初期佛敎 在家佛子의 傳法과 役割에 關한 硏究」(東國大學校 佛敎學科 博士論文, 2011), p.59.

사하는 법 등 세상살이 속에서 가르침을 일깨운 일상삼매(日常三昧)의 법문으로 널리 알려져 있다.[6] 부부가 찾아오면 "아이를 셋 낳았으면 세 번 죽다 살아난 것이니 남편은 부인에게 반지를 해주면서 살아야 한다. 여자에게는 옷과 패물로 알록달록한 채색을 좋아하는 천성이 있으니, 가장은 아내에게 마땅히 패물을 해주어야 한다"고 일러주곤 했던 것이다. 아울러 부인에게는 부드럽고 평화롭고 착하고 순해야(柔和善順) 함을 강조하면서 남편의 좋은 점만을 생각하고 하찮은 면을 마음속에 담아두어서는 안 된다고 하였다.

특히 불교에서는 출가자뿐만 아니라 재가불자들에게도 살생·도둑질·거짓말·음행·음주를 금하는 오계(五戒)를 철저히 지킬 것을 강조하고 있다. 여기서 배우자 이외의 사람과 음행을 삼가는 불사음(不邪淫)은 부부간의 가장 기본적이고 중요한 도리에 해당한다. 따라서 「육방예경」의 한역이본(漢譯異本)인 「선생경」에서는 남편이 아내에게 해야 할 다섯 가지 규범 중 '위엄을 지킨다'는 항목에 '위엄을 지키며, 딴 여자를 사랑하거나 바깥에 첩을 두고 딴 살림을 차리지 않는다'고 내용을 추가하기도 하였다.

이러한 남녀 상호정절의 의무는 남편이 부인을 여럿 둘 수 있었던 전통유교의 관습과 큰 차이를 지닌 것이자, 동서양을 막론하고 시대에 따라서는 수용하기 힘든 규범이었다. 따라서 불교의 부부관이 남성 중심의 가부장적 규범에서 크게 벗어나지 않는다 하더라도, 초기불교부터 지금에 이르기까지 지속되는 불사음의 부부윤리는 평등과 신뢰라는 인간의 가장 기본적인 면을 지키고 있는 것이라 하겠다.

불교의 혼인관 내지 가족관은 가정에서 사회에 이르기까지 공동체 구성원들이 상호의무와 도리를 지키며 살아가는 보다 큰 인간관계의 범주 속에서 다

---

6 김현준, 「바보가 되거라: 경봉대선사일대기」(효림, 1993), pp.206~207.

루어지고 있다. 따라서 세부적인 지침 내용은 당대의 사회적 삶을 반영하고 있다 하더라도, 현 세계를 구성하고 있는 여섯 방위에 부모·부부·사제(師弟) 등을 적용했듯이 인간관계의 바른 도리를 무엇보다 중요하게 다루었다. 이러한 도리를 실천하기 위해 다양하고 세부적인 불교의 가르침이 따르면서, 맹목의 종교행위가 아닌 현실적·합리적인 종교행위의 실천 속에서 삶의 조화를 극대화시키고 있는 것이다. 특히 초기불교 당시부터 남녀노소와 상하관계 등에 있어 일방적인 것이 아니라 각자 처한 자리에서 상호간의 도리와 의무를 중요하게 다룸으로써 평등과 신뢰를 기반으로 하는 점 또한 주목할 만하다.

부부에 초점을 맞추었을 때, 남성과 여성의 속성을 파악하여 세밀한 부분까지 배려하도록 함으로써 부부가 중심이 되는 가정생활이 얼마나 바람직하게 운용되는가에 따라 세속적 삶의 행복이 좌우된다는 것을 강조하였다. 타인으로 살다가 만난 남녀가 세속의 삶을 원만하게 이끌기 위해 필요한 지침들을 당대 삶의 상황에 맞추어 상세하게 설법함으로써 불자로서 올바른 혼인관을 세우는 데 이정표가 되어 왔음을 알 수 있다.

2. 불교혼례의 기원과 석가의 혼인

1) 불교혼례의 기원과 전생 인연

석가모니의 전생에 대해서는 수많은 본생담(本生譚: Jataka)이 전하고 있다. 부처가 되려면 다생(多生)에 걸친 많은 노력과 수행을 해야 하고 그 결과로 해탈을 얻는다는 생각[7]에 따라 전생에 쌓은 공덕을 기술한 본생담은 거대한 불교문학으로 전승되면서 포교에 중요한 역할을 담당해 왔다.

이러한 본생담 가운데 부부인연을 담은 극적인 이야기가 있어 불교의 혼인·혼례를 다룰 때마다 서두를 장식하게 된다. '연등불의 수기(授記)'라는 제목으로 소승·대승 경전에 두루 보이는 이 이야기는 석가모니의 전생 존재였던 한 수행자가 과거세의 부처로 출현한 연등불(燃燈佛)에게 바칠 꽃을 간절히 구하던 중 부부의 인연을 만나게 되고, 연등불로부터 장차 부처가 될 것이라는 예언을 듣는 내용으로 되어 있다.

따라서 이 본생담은 불교적 혼인의 기원이 되는 동시에, 내용 속에 불교혼례의 특징으로 삼은 모티브가 들어 있다. 이야기의 전체 줄거리는 같지만 세부내용이 조금씩 다른 각 편들이 있어『아함경』「수행본기경(修行本起經)」[8]의 내용을 살펴보되, 편의상 필자의 임의에 따라 세 부분으로 나누었다.

〈선혜선인의 발원〉

연등불이 출현한 아득한 과거의 세계에 석가모니는 선혜(善慧)라는 이름의 선인(仙人)으로 태어났다. 어느 날 선혜선인은 연등불이 출현하여 그 나라 수도에 오신다는 소문을 듣고 부처님을 친견하고자 산을 내려갔다. 어느 마을에서 5백 명의 제자를 거느린 바라문을 만나 설법을 해주고 답례로 5백 냥의 은전을 받게 되자, 그 돈으로 연꽃을 사서 연등불께 공양하리라 마음먹었다. 그러나 연꽃은 이미 국왕·대신·귀족들이 모두 사들인 뒤라서 한 송이도 구할 수가 없었다.

---

7 서영애, 『불교문학의 이해』(불교시대사, 2002), p.125.

8 高翊晉 編譯, 『한글 아함경』(東國大學校 出版部, 1991), pp.9~19.

〈선혜선인과 구리선녀의 만남〉

선인이 애타는 마음으로 연꽃을 구하기 위해 헤매던 중, 한 여인이 일곱 송이의 연꽃을 품에 안고 가는 것을 보았다. 그녀는 구리선녀(俱夷仙女)라는 수행자였는데, 꽃병 속에 연꽃을 감추었지만 선인의 법력과 인연으로 연꽃을 볼 수 있었던 것이다. 선인은 반가운 마음으로 여인에게 다가가 연꽃 다섯 송이를 팔라고 했으나, 선녀는 파는 꽃이 아니었기에 살 엄두를 내지 못하도록 한 송이에 은전 백 냥이라고 터무니없는 값을 불렀다. 그런데 선인이 은전 오백 냥을 선뜻 꺼내주자, 선녀는 놀라 그 까닭을 물었다.

연등불께 꽃을 공양하고 설법을 듣기 위함이라는 선인의 말을 듣고 선녀는 감복하였고, '다음 세상에 태어나 당신이 성불할 때까지 아내가 되고 싶다'는 자신의 소원을 말하며 이를 들어준다면 다섯 송이를 주겠다고 하였다. 선인은 바른 도(道)의 뜻을 무너뜨릴까 염려하여 거절했으나 선녀의 굳은 뜻을 듣고, 잠시 상념에 들어 전생을 살펴보니 그녀는 오백생을 지나오면서 일찍이 자신의 아내였음을 알게 되었다. 이에 선녀의 청을 허락하였고, 선녀는 기뻐하며 자신의 몫인 두 송이까지 모두 일곱 송이를 주면서 부처님께 함께 올려주기를 부탁하였다.

〈연등불의 수기〉

이윽고 선인이 연등불이 계신 곳에 도달하니, 국왕과 대신·부호들이 연꽃을 한 수레씩 싣고 와서 연등불을 향해 던지며 공양하였다. 그런데 꽃은 모두 연등불 근처에 가지 못하고 땅에 떨어졌으며, 정성이 지극하고 불심이 깊은 이들의 꽃은 무릎에 떨어지거나 몸에 한 번 부딪치는 것이 고작이어서 몸 가까이에만 떨어져도 큰 복이고 공덕이었다. 그런데 맨 뒤에 있던 선혜선인이 자신의 몫인 다섯 송이 가운데 첫째 꽃을 던지자 놀랍게도 그 꽃은 연등불의 정수리에 사뿐히 얹히는 것이었다. 두 번째 꽃은 처음의 꽃 위에 올라가고 세 번째 꽃은 다시 그 위에 올라가 다섯 송이가 5층탑의 신이한 모양을 이루었다.

선인은 환희로운 마음으로 구리선녀의 몫을 던지자, 이번에는 첫 번째 꽃이 연등불의 왼쪽 귀에 올라앉고 두 번째 꽃은 오른쪽 귀에 올라앉는 것이었다. 사람들은 모두 탄성을 올렸고, 연등불은 기뻐하면서 말하였다. "장하고 갸륵하다. 네가 도를 구하는 정성이 지극하므로 이렇게 상서로운 경사를 나타내는 것이다. 그대는 이후 수없는 세월이 지나고 나서 부처를 이룰 것이니 그 이름을 석가모니불이라 하리라."

이처럼 연등불은 수없이 많은 세월이 흐른 후 선혜선인이 성불하여 석가모니 부처가 될 것임을 예언하였고, 석가모니의 전생 인물인 선혜선인과 구리선녀가 연등불께 바칠 꽃을 나누며 내생의 부부가 될 것을 언약함으로써 이 설화는 불교혼례의 기원으로 널리 회자된 것이다.

불교에서는 생사를 되풀이하는 윤회 속에서 부부가 된 것은 한량없는 세월에 걸친 전생의 소중한 인연에 따른 것임을 강조하고 있다. 따라서 많은 생이 지난 뒤 선혜선인은 싯다르타로, 구리선녀는 야소다라로 다시 만나게 됨으로써 '내세에 부부가 되자'던 두 사람의 언약이 이루어졌고, 출가한 싯다르타가 부처를 이룸으로써 '깨달음을 얻어 부처가 되리라'는 연등불의 예언 또한 실현되었다. 이처럼 싯다르타와 야소다라의 혼인은 부부의 전생 인연을 상징하는 원형을 이룬다.

특히 이 본생담에서 선인과 선녀를 맺어준 매개물로 꽃이 등장함에 따라 불보살께 꽃을 바치는 헌화의식은 오늘에 이르기까지 불교식 혼례를 특징짓는 핵심요소가 되고 있다. 따라서 불교에서는 혼례·결혼식이라는 말 대신 화혼식(花婚式)이라는 용어를 주로 사용하고 있으며, 불보살께 고하는 고불문

(告佛文)에서도 "두 사람은 부처님의 옛 고사를 본받아 위없는 도를 성취하기를 다짐하였고, 일곱 송이 꽃을 바쳐 영원한 인연을 약속하였습니다"라는 내용을 담게 된다.

이처럼 신랑·신부가 불보살께 꽃을 바치고 삼귀의·반야심경·사홍서원 등을 염송하는 가운데 불교혼례를 치르는 것은 두 가지 중요한 불교적 의미를 지닌다. 첫째, 혼례에서 만난 부부는 단순한 남녀의 결합이 아니라 전생의 깊은 인연으로 맺어지게 된 것임을 마음에 새기도록 하기 위함이다. 둘째, 석가모니의 행적을 본받는 가운데 부처를 지향하는 중생의 뜻을 다짐하고, 불교의 가르침을 실천하는 새로운 삶을 시작하도록 하기 위함이다. 따라서 '연등불 수기' 설화의 선혜선인처럼 전생의 인연을 현세에서 꽃피우며 지극한 불심으로 부처를 이룰 것을 이끄는 의례라 하겠다.

2) 석가모니의 혼인과 어른으로의 거듭남

석가모니는 카필라국의 태자 싯다르타로 태어나 유복한 유년기를 보내고 청년이 되자 나라와 부모의 바람에 따라 야소다라와 혼인하여 라훌라라는 아들을 두었다. 싯다르타는 혼인하여 아들까지 낳았으나 번뇌에서 벗어날 수 없는 인간 삶의 실존적 고뇌에 직면하여 출가를 결심해 수행자의 길로 들어서게 되었고, 마침내 부처를 이룬 것이다. 이후 깨달음을 얻어 부처를 이루고 불교를 성립시킨 교조가 되자, 그의 일대기에 대한 신화적 윤색은 물론 전생에 대한 방대한 설화가 형성되기에 이른다.

이러한 석가모니의 일대기에서 드러나는 그의 존재 양상은 세 가지로 살펴볼 수 있다. 첫째는 인간으로서 석가모니(凡人), 둘째는 성인으로서 석가모니(聖人), 셋째는 신격화된 석가모니(神)이다. 첫째와 둘째는 범인이 깨달아 성

인으로 거듭나는 과정이라면, 셋째는 신격화된 존재의 신성성을 드러내고자
일생의 전 과정에 걸쳐 부여된 장치라 할 수 있다.

그런데 석가모니가 범인(凡人)에서 성인(聖人)의 길로 들어설 수 있었던 것
은 자신의 삶을 주체적으로 살아갈 수 있는 성찰과 고뇌의 단계를 거쳤기 때
문이다. 당시 풍습에 따라 이른 시기에 혼인을 하고 나서야 이러한 본격적 고
뇌의 시기를 겪음으로써 이전의 삶이 부모의 뜻에 따른 종속적인 것이었다
면, 이때부터의 삶은 스스로의 주체적인 것에 해당하여 진정한 어른이 되었
음을 뜻한다. 이는 어른이 되어야 결혼을 하고, 결혼함으로써 어른이 된다고
보는 일반적 '어른 되기'의 담론을 다시 생각해 보게 한다. 일반적으로 말하는
어른이 물리적 기준을 적용하는 것이라면, 자신의 삶을 주체적으로 생각하고
이끌어나가는 시점이야말로 진정한 실존적 어른일 것이기 때문이다.

따라서 여기서는 어른에 대한 보편적 관점에서 벗어나, 석가모니가 혼인
으로써 물리적 어른이 되는 단계와 자아를 확립해 실존적 어른이 되는 단계
를 함께 다루어 보고자 한다. 석가모니의 삶을 통해 '어른 되기'의 두 가지 의
미를 새겨 보는 것은 불교적 일생을 다룸에 있어 중요한 의미를 지니기 때문
이다. 따라서 이 시기의 내용에 대해서는, 신격화된 부분을 배제하고 '역사적
사실'과 '설화'를 구분하는 가운데 석가모니의 생애를 사실적·인간적 측면에
서 조명한 선행연구들에 주로 의존하여 살펴본다.

싯다르타가 태어나자 그의 상(相)을 본 예언자들은 '세간에 있으면 이상적
인 왕이 되고, 출가하여 수행자의 길을 걸으면 부처가 될 것'이라 하였다. 따
라서 정반왕은 그의 출가를 막기 위해 외부세계와 접근을 차단한 채 호화스럽
고 환락에 가득 찬 삶을 제공하게 된다.

석가모니는 후일 제자들에게 자신의 태자시절을 회상하며 "부왕은 내가 편
히 살도록 하기 위해 봄궁전·여름궁전·겨울궁전을 지어 주었고, 궁전 근처

의 연못에 청련·홍련·백련 등을 심고 수비병을 두어 사람들이 마음대로 통행하지 못하게 했으며, 네 사람이 나를 목욕시켜 몸에 향을 바르고 늘 새 비단옷을 입혀 밤낮으로 일산(日傘)을 받치게 해 밤에는 이슬을 맞지 않고 낮에는 햇볕에 그을리지 않게 하였다. 다른 집에선 밀기울이나 보리밥을 먹었지만 우리 집에서는 가장 낮은 하인들도 쌀밥과 기름진 반찬을 먹었고, 들에는 짐승을 길렀는데 그것을 잡아서 나를 위해 요리를 만들기 위함이었다. 여름넉 달은 정전(正殿)에 올랐는데 그곳에는 오직 기생들만 있어서 항상 춤추고 놀았으며 동산으로 나갈 때는 30명의 기병을 선발해 앞뒤로 호위하여 인도케 하였다"[9]고 들려주었다. 태자가 궁을 버리고 떠날 것을 두려워한 정반왕의 염려가 잘 드러나는 대목들이다.

그의 혼인은 19세[10]에 이르러 본격적으로 거론되었다. 오백 명의 대신들이 자신의 딸을 추천하였고 정반왕은 그 결정을 태자에게 맡겼다. 싯다르타는 7일이 지난 다음 자신의 비(妃)가 될 여인의 조건에 대해 말하기를 "젊고 건강하고 아름다우면서도 교만하지 않고, 삿된 생각을 하지 않고, 시부모를 자기 부모처럼 섬기고, 주위 사람 돌보기를 자기 몸처럼 하고, 부지런해야 합니다"라고 하였다. 그러한 조건에 맞는 여인들을 궁으로 불러들인 다음 직접 만나보게 하였는데, 그때 싯다르타가 자신의 반지를 넘겨준 여인이 바로 야소다라였다. 이에 야소다라의 집안에서는 문무(文武)가 뛰어난 자를 사위로 삼기를 원하여 싯다르타 또한 오백 명의 석가족 청년들과 함께 시합에 나서게 되었고, 모든 경쟁에서 최후의 승자가 되어 야소다라와 혼인하였다.[11] 싯다르

---

9 성열, 『고따마 붓다』(문화문고, 2008), pp.111~112.

10 싯다르타가 혼인한 나이에 대해 16세·17세·19세·20세 등 여러 설이 있는데, 그의 교육
   과정을 참조할 때 19세라고 보는 것이 타당하다: 위의 책(2008), pp.109~110.

11 위의 책(2008), pp.106~108.

타에게는 자식을 낳은 야소다라를 포함해 세 명 정도의 아내가 있었을 것으로 추정되며, 당시의 혼례는 오늘날 우리가 생각하는 혼인의 형태는 아니었을 것이라 보고 있다.[12]

혼인을 한 뒤 어느 봄날, 싯다르타는 부왕과 함께 파종에 앞서 치르는 농경제(農耕祭)에 참석하면서 큰 충격을 받게 된다. 그는 뜨거운 햇볕아래 벌거벗고 초췌한 모습의 농부가 진흙투성이 얼굴로 힘들게 일하는 것을 보고 가슴 아파하며 사회구조의 모순을 절감하였다. 또한 더위와 일에 지쳐 헐떡거리는 소는 고삐와 채찍을 얻어맞아 살이 터지고 멍에를 맨 목에서 피가 흘렀으며, 쟁기를 끌고 지나갈 때마다 흙이 뒤집히는 곳에 벌레들이 나오자 새들이 달려들어 사정없이 쪼아 먹는 것이었다. 이 모습을 본 싯다르타는 '중생이란 참으로 불쌍하구나! 서로가 서로에게 잡아먹고 먹히는구나!'라고 탄식하였다.[13]

그는 행사장을 빠져나와 나무 아래 앉아 깊이 사색에 빠졌는데, 이때 욕망의 굴레를 넘어 깊은 선정(禪定)에 들게 된다. 태자를 찾던 정반왕은 나무 아래 가부좌하고 있는 태자의 모습이 너무나 경건하고 위엄이 있어 자신도 모르게 엎드려 큰절을 올렸다.[14] 쟁기질축제라고도 불리는 이 농경제는 그의 인생에 전환점이 된 일화로, 종교적 체험과 관련된 역사적 사실로 보인다. 석가모니는 나중에 이 시기를 회고하면서 "은둔의 기쁨과 환희로 실재적이며 지속적인 생각이 일어났다.……그 후에 그 기억을 따라 깨달음을 이루었다"고 하였다.[15]

<hr>

12 유성욱, 『붇다의 신격화에 관한 연구』(종교와 이성, 2007), p.124 ; 성열, 앞의 책(2008), p.109 등.
13 성열, 앞의 책(2008), pp.112~114.
14 유성욱, 앞의 책(2007), pp.248~250 ; 성열, 앞의 책(2008), pp.114~115.
15 유성욱, 앞의 책(2007), pp.248~250.

이후 싯다르타는 자신이 누리는 안락하고 풍요로운 태자의 삶에 회의를 느끼기 시작하였고 깊이 사색하는 시간이 많아졌다. 그러던 중 출가를 결심하는 결정적 계기로 사문유관(四門遊觀)[16]의 사건을 겪게 된다. 어느 날 그는 부왕에게 청하여 성 밖으로 나가게 되었는데, 동문 밖에서 구부러진 허리에 지팡이를 짚고 제대로 걷지 못하는 노인을 만난 뒤 늙음의 괴로움을 피할 수 없다는 사실을 깨닫게 된다. 그 뒤 남문 밖으로 나갔다가 쇠약한 몸에 배가 붓고 얼굴에 검버섯이 핀 채 오물더미에 누워 고통스러워하는 병자를 보고, 언젠가는 몸이 쇠하여 병으로 고통당할 수밖에 없음을 절감한다. 다시 서문 밖에서 시체를 상여에 싣고 가며 권속이 가슴을 치고 슬피 울부짖는 처참한 장례행렬을 만나, 그 누구도 죽음에서 벗어날 수 없음에 더욱 번민하게 된다. 이후 북문 밖에서 한 사문(沙門)을 만나 번뇌를 끊을 수 있는 길임을 깨달아 마침내 출가를 결심하게 되는 것이다.

이 네 가지 광경은 싯다르타가 누구나 늙고 병들어 죽을 수밖에 없음을 직면하고 실존적 고뇌에 빠지게 됨을 나타내는 상징적 표현이다. 그는 동문·남문·서문에서 노인, 병자, 죽은 자를 만날 때마다 "이 사람만이 그런 것인가, 나머지 사람도 다 그런 것인가?"라며 시종에게 묻곤 한다. 인생에 대한 네 명의 암시자를 통해 생로병사의 엄연한 사실이 곧 자신의 문제임을 깨닫게 되는 것이다.

싯다르타는 궁으로 돌아와 부왕에게 출가의 결심을 간곡히 청했으나 허락하지 않았다. 이에 싯다르타가 '늙지 않고, 병들지 않고, 죽지 않는 길만 알려 주신다면 출가를 포기하겠다'고 하자, 부왕은 그런 소원은 불가능하니 왕통을 이을 아들을 낳아 주면 더 이상 출가를 막지 않겠다고 조건을 내걸기에 이

---

16 『大藏一覽集』第1卷(『한글대장경』 316, 동국역경원, 2000), 第1門 出家品, pp.66~73.

른다. 이윽고 해가 흘러 야소다라에게 태기가 있고 아들을 낳게 된다. 이 소식을 들은 싯다르타는 "라훌라, 속박을 낳았구나!"라고 말하였다. 라훌라(Rhula)는 '속박·장애'라는 뜻으로, 구도의 길에 나서려는 싯다르타에게 깊은 인연을 맺으며 태어난 아들이기에 그대로 이름이 되고 말았다. 정반왕은 태자에게 자식이 생기면 출가의 마음이 돌아서리라 여겼으나 그의 뜻은 여전히 확고했다. 싯다르타는 마침내 출가하여 "삶과 죽음의 문제를 해결하기 전에는 다시 고향에 돌아오지 않으리라"는 말을 남기며 멀고 험한 구도자의 길을 떠났으니 그의 나이 29세가 되었을 때였다.[17]

지금까지 불교적 일생을 다룸에 있어 중요한 의미를 지니는 석가모니의 삶을 통해 혼인과 자아확립이라는 '어른 되기'의 두 과정을 살펴보았다. 그는 당시의 혼인 적령기였던 19세 무렵이 되자 대부분의 사람이 거치는 일생의 단계에 따라 혼인을 하고 가정을 꾸리게 된다. 이 연령은 오늘날에도 어른을 가늠하는 기준이 되듯이, 젊은 시절의 싯다르타는 성년이 되어 혼인을 함으로써 물리적·사회적 어른이 되었던 것이다. 따라서 동서양을 막론하고 마음에 드는 신부를 얻거나 어른으로 인정받기 위해서는 흔히 능력을 시험받는 과정을 거치는 것처럼 그 역시 무술대결에서 이겨 야소다라를 신부로 맞이하게 된다.

혼인을 할 무렵까지만 해도 그는 자신이 태자로 태어났기에 막연히 왕위를 계승하리라고 여겼을 뿐 스스로의 삶에 대한 성찰이 따르지 않았던 듯하다. 그러던 중 인간의 근원적 괴로움을 절실히 자각하게 되었고, 이러한 굴레에서 벗어날 수 있는 깨달음을 찾겠다는 원을 세우기에 이른다. 석가모니의 일생 속에서 어른으로 진입하는 시점을 찾는다면 바로 이 순간일 것이다. 어른이란 주체적 삶을 이끄는 존재라 할 때, 자신의 삶에 대한 성찰, 어떻게 살아

---

17 성열, 앞의 책(2008), pp.117~121.

갈 것인지에 대해 일대발심을 일으키는 것이야말로 어른임을 가늠하는 기준이 되기 때문이다. 이러한 삶에 대한 자각이 있었기에 마침내 부처를 이루어 성인(聖人)으로 거듭날 수 있었다.

이때 그가 자각한 근원적 괴로움이란 누구든 태어난 이상 늙고 병들어 죽을 수밖에 없는 인간의 일생(一生)에 대한 것이었다. 대부분의 사람들은 성인으로 인정받거나 혼인으로써 가정을 형성하는 등의 사회적 과정에 몰두하며 살아가고 있지만, 무상한 변화로 진행되는 존재론적 과정을 직시할 때 '어떻게 살아야 할 것인가'에 대한 답을 얻을 수 있었던 것이다.

이 지점에서 불교 일생의례의 근원을 이루는 것은 공동체의 인정에 앞서, 일생에 대한 스스로의 성찰과 사유라는 점을 알 수 있다. 곧 태어나고, 어른이 되고, 혼인을 하고, 노인으로 진입하고, 죽음을 맞는 각 단계마다 사회적 의미를 부여해 공동체로부터 인정을 받으며 다음 단계로 넘어가지만, 이 모든 단계는 존재론적 과정이 기반을 이루는 것이기에 자신의 삶에 대한 성찰이 우선되어야 한다는 사실이다. 따라서 진정한 '어른 되기'란 일생을 자각하는 그 시점에 이루어지는 것이고, 이로써 이후의 삶을 주체적으로 살아갈 수 있는 근원이 된다는 것이다.

3. 불교혼례의 성립과 전개

1) 불교혼례의 등장 : 이능화의 「의정불식화혼법」

불교가 민간의 삶에 깊은 영향을 주었던 고려시대에는 사찰에서 승려가 집전하는 방식의 혼례도 있었음 직하나 전하는 자료가 없다. 아울러 조선시대에는 상제례를 제외한 일생의례에서 불교의 영향력이 거의 미치지 못했기 때문에, 불교식 혼례와 관련된 조선시대 이전의 자료는 전무하다. 따라서 전통혼례라 하면 유교식 혼례를 일컫는 것이고, 현재 전승되는 불교식 혼례는 근대 초기에 성립된 것이다.

당시 혼례를 둘러싼 상황은 개항 이후 기독교문물의 본격적인 유입과 함께 이른바 예배당결혼식이 전통혼례의 간소화를 위한 방편으로 자리를 잡아가고 있었다. 비용이 많이 들고 절차가 까다로운 전통혼례는 계몽운동가들로부터 타파해야 할 구습으로 여겨졌으며, 1888년 정동교회에서 아펜젤러(H. G. Appenzeller)의 주례로 처음 치러진 기독교식 혼례는 이른바 신식결혼의 시발점이 되었다. 또한 혼례개혁의 일환으로 이전부터 가난한 이들이 행했던 방식을 이어받아 복수결혼(福手結婚)[18] · 작수성례(酌水成禮)로 치르는 이들도 많았다. 복수(福手)란 '복을 부르는 손'이라는 뜻으로 신부의 머리를 얹어 주거나 상투를 틀어 주는 이를 일컫는다. 따라서 복수결혼이란 가까운 친척들이 지켜보는 가운데 당사자들이 서로 복수가 되어 신랑은 신부의 댕기머리를 쪽을 찌어 얹어 주고, 신부는 신랑의 상투를 틀어 줌으로써 혼례하는 것을 말한다. 또한 정화수를 떠놓고 서로 머리를 올려줌으로써 혼례를 치른다고 하여 작수성례라고도 하였다.

이러한 사회 분위기에서 평소 불교의례의 생활화에 큰 관심을 가지고 있던 사학자 이능화(李能和)는 불교인들이 적합하게 치를 수 있는 혼례의 필요성을 절감하게 되었다. 따라서 1917년에 「의정불식화혼법(擬定佛式花婚法)」이라는 불교혼례를 만들어 발표하였고, 이후 불교계에는 그가 만든 혼례법이 널리

---

18 "기독교가 씨뿌린 복수(福手)결혼", 「조선일보」 1968년 5월 26일자.

보급되었다. 이 글의 서두에는 당시의 전통혼례와 기독교혼례를 비교하는 가운데 불교혼례가 지향해야 할 바를 잘 드러내고 있다.

혼례·상례 관습은 종교의 형식에 불과하나, 어떤 종교이든 형식과 정신이 병행된 이후에라야 생명이 영원할 수 있다.…오늘날 조선에 유교·기독교·불교의 3교가 함께 존재하고 있는데, 유교에는 붉은 실과 술잔을 나누는 혼례식이 있고, 기독교에는 황금반지를 끼는 혼례식이 있다. 기독교식은 간단·편리하고 유교식은 지루·복잡하며, 기독교식은 절약·검소하고 유교식은 비용이 많이 들고 화려하다. 유교식은 조선인의 생산정도에 부적합한 점이 많으므로, 식견 있는 인사들이 유교식 혼례의 번쇄함을 고쳐 기독교식을 따르면 편리하겠다고 생각하는 경향이 없지 않다….[19]

이능화는 근대불교의 상황에서 의례가 신속히 정비되어야 불교가 타종교와의 경쟁에서 살아남을 수 있음을 간파한 동시에, 스스로 새로운 형식의 불교의례를 제정하여 대중과 함께 실천하고자[20] 한 것이다. 그가 제시한 화혼법은 1920년대와 1930년대에 활발하게 실천되었으며, 이후 백용성이 편찬한 『대각교의식』(1927년)과 안진호가 편찬한 『불자필람』(1931)·『석문의범』(1935) 등에 실린 불교혼례의 기본 틀이 되었다. 현재 행하는 불교혼례 역시 이러한 큰 틀에서 벗어나지 않고 있어, 이능화의 불식화혼법이 불교의례사에서 차지하는 위상을 짐작케 한다.

---

19 尙玄居士, 「擬定佛式花婚法」, 『朝鮮佛敎總報』 第4號(京城 三十本山聯合事務所, 1917. 6), p.1. 내용을 읽기 쉽게 현대식 문장으로 표기하였다.

20 송현주, 「근대한국불교 개혁운동에서 의례의 문제: 한용운, 이능화, 백용성, 권상로를 중심으로」, 『종교와 문화』 6(서울대학교 종교문제연구소, 2000), p.11.

발표 이후 십년이 지난 1927년에 발간한 이능화의 저서 『조선여속고(朝鮮女俗考)』에서, 그는 자신이 만든 의식에 따라 불교혼례를 행하는 이가 많아졌음을 밝히며 불식화혼법을 『조선여속고』에 다시 수록하였다. 부처님 앞에서 승려인 주례법사의 인도로 치르는 그의 불교혼례 절차[21]를 요약하여 살펴보면 다음과 같다.

- 주례법사가 신랑·신부를 인도하여 부처님을 향해 꿇어앉게 한다. 이때 신랑·신부의 양 옆에는 각기 들러리에 해당하는 배도(陪導)가 따른다.
- 신랑·신부는 각각 오분향(五分香)을 사른다.
- 주례가 삼귀의(三歸依)를 부르고, 신랑·신부는 따라 부른 뒤 부처님께 삼배한다.
- 주례법사는 두 사람의 혼인을 고하며 부처님께 증명을 청하는 설송(說頌)을 범음(梵音)으로 외운다.
- 신랑이 다섯 송이의 꽃을 부처님께 바치고, 신부는 두 송이의 꽃을 신랑의 손을 거쳐 부처님께 바치면 주례법사는 모두 불단의 꽃병에 꽂는다. 신랑·신부는 부처님께 삼배한다.
- 주례는 신부와 신랑에게 각기 혼인에 임하는 마음가짐을 묻고, 신부와 신랑은 이에 답함으로써 혼인서약을 한다.
- 신랑이 신부에게 화관(花冠)을 씌우고 홍상(紅裳)을 입혀준 다음 신랑·신부가 부처님께 삼배한다.
- 대중이 다함께 여래십대발원문·사홍서원·찬불게를 읊는다.

---

21 이능화 지음, 이병두 역주, 『조선불교통사: 근대편』(혜안, 2003), pp.169~175 ; 李能和 지음, 金尙憶 옮김, 『朝鮮女俗考』(東文選, 1990), pp.166~169. 내용을 요약하고 읽기 쉽게 현대식 문장으로 표기하였다.

이능화는 이러한 혼례의 절차와 내용은 『오주여속통고(五洲女俗通考)』에 인용된 섬라국(暹羅國: 태국)의 불교혼례를 참조하고, 석가모니의 본생담을 다룬 『석보상절』의 선혜선인 수기설화와, 『대방광불화엄경』에서 위덕태자(威德太子)와 묘덕동녀(妙德童女)가 혼인하여 부처님께 예배드린 설화의 내용들을 발췌하여 구성한 것이라 밝혔다.[22]

그가 제시한 불교혼례의 특성은 두 가지로 살펴볼 수 있다.

첫째, 불교에 귀의하는 가운데 불보살께 혼례를 고하고 증명을 청하는 의례구도를 지니고 있다는 점이다. 이는 남녀가 불보살의 가피 속에 혼인을 서약하고 부부인연을 맺으면서 불교의 가르침을 실천하는 삶을 살겠다고 맹세하는 의미를 지닌다. 따라서 오분향·삼귀의·사홍서원·발원문·찬불게 등 불교의례의 근간이 되는 의식문을 염송하는 가운데, 주례법사가 불보살께 두 사람의 혼인을 고하는 설송(說頌)이 의례의 핵심을 이루게 된다. 이능화는 설송으로 "이제 이 수월도량에서 우바새(청신사) ○○○와 우바이(청신녀) ○○○가 이미 짝이 되기로 약속하여 혼인의 예를 이루려고 합니다. 여래께서 인행(因行)하던 때의 고사를 삼가 따르고 틀림없이 무위도의 대서원을 구하며 일곱 송이 꽃 헌공을 공손히 봉행하기로 함께 서약하였사오니 시방의 제불께서 증명하여 주시기를 엎드려 청하옵니다"[23]라는 내용을 함께 소개하였다.

둘째, 꽃이라는 상징물로써 부부의 전생 인연과 구도의 맹세를 나타내고 있다는 점이다. 석가모니의 본생담에 근거하여 부부가 일곱 송이의 꽃을 불보살께 바치는 것은 전생의 인연으로 부부가 맺어졌음을 드러내는 것인 동시에, 부처를 지향하는 중생의 불심을 담은 것이라 할 수 있다.

---

22 尚玄居士, 앞의 글(1917), pp.2~6.

23 이능화 지음, 이병두 역주, 앞의 책(2003), p.174. 이 설송은 근래에 고불문(告佛文)·고유문(告由文)·경백문(敬白文) 등이라 부른다.

한편, 내용 가운데 오늘날 혼인서약에 해당하는 부분이 있어 눈길을 끈다. 주례법사는 신부에게 먼저 혼인서약을 받은 다음 신랑에게 서약을 받게 되는데, 이때의 서약 내용이 그 시대의 일면을 드러내고 있다.

주례법사: (신부에게) 석가여래 인행고사(因行故事)의 절의에 따라 이제 신부에게 묻노니, 신부는 하나하나 진실 되게 대답할지로다. 신부는 오늘부터 신랑 ○○○에게 몸을 맡겨 그의 배필이 되니, 그의 원을 따르며, 선행을 함께 닦으며, 무위도를 구하며, 부모를 존중하며, 스승을 공경하며, 친족과 화목하며, 가난한 이를 대휼(大恤)하며, 외로운 이를 불쌍히 여겨 크게 자비로우며, 보시에 힘쓰며, 삼세공불(三世供佛)의 일을 이어받아 물러섬 없이 게으르거나 싫증 내지 않을 수 있겠느뇨?

신부: (합장하고) 모두 진심에서 나온 소원입니다.

주례법사: (신랑에게) 보살의 성품은 본래 사음하지 않으니, 그대는 신부를 아내로서 자족하게 여기며, 달리 아내를 구하지 않으며, 다른 이의 아내 · 첩이나 수호하는 여인, 친족이 보호하거나 약혼했거나 법으로 보호하는 여인에게 탐하는 마음을 먹지 않겠느뇨?

신랑: (합장하고) 신부를 아내로서 자족하게 알며, 달리 아내를 구하지 않으며, 그 밖의 가르침을 다 받들겠나이다.[24]

부부가 서로 지켜야 할 덕목을 보면, 근대기에 접어들었지만 아직은 봉건 사회의 의식에 깊이 젖어 있는 시대상을 짐작케 한다. 신부에게는 남편과 부모 · 스승 · 친족에 대한 의무, 가난한 이에 대한 자비, 삼세공불에 이르기까

---

24 이능화 지음, 앞의 책(2003), pp.174~175 ; 李能和 지음, 앞의 책(1990), pp.168~169. 내용을 읽기 쉽게 현대식 문장으로 표기하였다.

지 총체적인 인간의 덕목을 요구하였지만, 신랑에게는 다른 여자를 탐하지 않을 것을 다짐하는 내용으로 일관되기 때문이다. 특히 신랑이 탐하는 마음을 먹지 않아야 할 대상으로 '다른 이의 아내·첩이나 수호하는 여인, 친족이 보호하거나 약혼했거나 법으로 보호하는 여인' 등 남편이 있거나 법적으로 문제가 발생할 수 있는 대상을 구체적으로 제시한 점이 독특한데, 이능화는 신랑에게 질문하는 이 내용은 『화엄경』 제2 「이호지품(離號地品)」에 나오는 것이라고 밝힌 바 있다.

2) 불교혼례의 수용 양상

1917년 6월 이능화에 의해 불교혼례가 최초로 선을 보인 뒤 불교신자들에게 확산되기까지는 비교적 많은 시간이 필요했을 것이다. 이능화가 불교 관련 잡지에 혼례 내용을 발표했을 뿐 불교계에서 대대적인 운동 차원으로 진행한 것은 아니었기 때문이다. 그러나 기독교권에서 혼례간소화를 외치며 예배당결혼식을 적극 전파하였기에 이러한 분위기 속에서 불교권의 혼례 또한 큰 관심을 받게 되었음 직하다. 기독교혼례가 이미 서구에서 체계적으로 정립된 예식을 신자들에게 그대로 적용하는 것이라면, 불교혼례는 새로 만든 내용인데다 이를 전파할 적극적인 주체가 부족했기에 기독교혼례처럼 단시일에 확산되지는 못했지만 꾸준히 성장했던 것으로 보인다.

초기의 불교혼례는 경성의 경우 각황사(覺皇寺)에서 주로 맡았는데, 각황사는 조계사의 전신으로 수송동에 자리한 사찰이다. 이 시기 불교혼례에 대한 내용을 수차례 다룬 조선총독부의 기관지 「매일신보」에 따르면 최초의 불교혼례는 이능화가 서면으로 선을 보인 지 6개월만인 1918년 2월에 행해졌음을 알 수 있다. 혼인당사자는 당시 「매일신보」 편집장인 선우일(鮮于日)의 딸 불함

(不咸) 양과 송세호(宋世鎬) 군으로, 최초의 불교식 혼례인 데다 자사(自社) 편집장의 혼사였기에 혼례일 전과 후에 각 2회씩 총 네 차례에 걸쳐 기사로 다루었다.

혼례가 있기 하루 전인 2월 1일자에는 「불식화혼(佛式花婚)에 취(就)하여」[25]라는 제목으로 『조선불교총보』의 기자 양건식(梁建植)의 긴 글을 실었다. 내용을 요약하면, 근래 조선에서는 간편한 혼례법을 요구하고 있는데, 예식이 어렵고 번잡한 유교식은 시대에 맞지 않아 개량이 필요하고, 기독교식은 조선의 미풍양속과 달라 교인이 아니면 따르기 힘들다고 보았다. 이에 뜻있는 자들이 간편한 혼례식을 원하고 있던 차에, 간편하고 불필요한 비용도 들지 않으며 조선의 풍속에도 가장 적합한 불교식 혼례가 만들어져 일반 가정에 모범을 보이게 되었으니 축하할 일이라고 하였다.

혼례 당일자에는 그날 치르는 불교식 혼례에 대해 단신으로 간략히 소개하였다.[26] 2월 2일(토요일) 오후 1시에 각황사에서 치른다는 날짜와 장소를 알리면서 '조선에 처음 되는 불식화혼'이라는 소제목을 뽑아 관심을 집중시켰으며, 예식도 매우 정중하게 진행된다는 말을 덧붙였다.

혼례를 치른 이후 직접적인 후일담을 적은 기사는 2월 5일자에 올랐는데, "성대한 화혼(花婚)"[27]이라는 제목으로 커다란 혼례사진을 함께 게재하였다. 소제목에는 '관람자 천여 명'이라고 하여 처음으로 행하는 불교식 혼례라서 장안의 화제가 되었던 듯, 이를 보기 위해 많은 사람들이 몰렸음을 알 수 있다. 아울러 "숭엄한 부처의 앞 연화대 아래에서 정숙하고 화려한 예식이 거행되

---

25 梁建植, "佛式花婚에 就하여", 「每日申報」 1918年 2月 1日字를 참조해 현대식 문장으로 표기하였다(이하 매일신보 내용도 같음).

26 "鮮于日氏令孃花婚", 「每日申報」 1918年 2月 2日字.

27 "盛大한 花婚", 「每日申報」 1918年 2月 5日字.

어 삼세의 인연을 믿는 그 예식은 다만 신기할 뿐 아니라 근래에 드문 성전이라 하겠더라"고 표현하였다. 사진은 신랑·신부의 정면 상반신을 찍은 것으로 신랑은 사모관대를 갖추고 신부는 족두리에 장삼을 입어 전통혼례의 복장을 갖추었으며, 두 사람 사이에는 화려한 장엄등(莊嚴燈)이 드리운 모습이다.

또 하나의 기사는 혼례 다음 날인 2월 3일자에 "무족언(無足言)"[28]이라는 제목으로 올라온 바 있다. 이 기사를 쓴 사람은 무족자(無足子)라는 필명을 지녔고 혼례에 직접 참석했으나 실제 혼례 모습보다는 주로 불교식 혼례에 대한 자신의 생각을 피력하였다. 그는 근래에 신식을 받드는 사람들이 목사의 주례로 기독교식 혼례를 행하고 있으나, 이능화가 불교식 혼례를 발표하여 보기를 원하다가 이번에 참석하게 되었다고 적었다. 일본에서 최근 많이 행하고 있는 신전결혼(神前結婚), 불전결혼(佛前結婚), 기독교식 결혼은 모두 예식이 간단하고 비용이 절약될 뿐만 아니라 여러 사람들이 참석해 신랑·신부의 서약을 감시하기 때문에, 전통혼례처럼 비밀스러운 것보다는 수백 배가 낫다고 표현하였다. 따라서 불교식 혼례가 현재 조선의 풍속과 인정에 적합하다고 보면서, 이번 혼례에서는 많은 대중이 참석해 시끄럽고 무질서하여 장엄한 기분을 잃고 마치 관람대상과 같이 되었던 것이 결점이라고 적었다.

불교혼례가 문을 연 지 십 년 정도가 지나면 어느 정도 자리를 잡았는지 알 수 있는데, 1927년 이능화는『조선여속고』에서 자신이 만든 의식에 따라 불교혼례를 행하는 이가 많아졌음을 밝힌 바 있다. 불교혼례의 추이를 알 수 있는 객관적 자료로, 당시 월간지『불교』에는 1928년부터 불교계의 소식을 전하는 난에 전국 각지에서 거행한 불전(佛前) 화혼식을 소개하고 있다.

이에 따르면 당시에도 경성의 불교혼례는 각황사에서 전담하였다. 각황사

---

28 無足子, "無足言", 「每日申報」 1918年 2月 3日字.

내의 교당인 각황교당(覺皇敎堂)에서 치르면서 당시 중앙포교사로 있던 승려 김대은(金大隱)이 모든 혼례의 주례법사를 맡았다. 아울러 "각지의 화혼식"이라는 제목으로 전국의 유명사찰에서 치르는 불교혼례를 소개하였는데, 예컨대 1930년 1월에 발간된 제67호에서는 경성을 비롯해 함북·경남·충남 등에서 5건의 화혼식이 있었다고 하였다. 이 날 각황교당에서 있었던 내용을 보면, "각황교당에서: 지난 12월 15일 오후 3시 시내 각황교당에서는 주례법사 김대은사(金大隱師)의 집례 하에 손일해(孫逸海) 군 차복동(車福童) 양 양인(兩人)의 불전화혼식을 거행하였으며…"[29] 등과 같이 실었다. 불교혼례에 대한 공지는 1928년 12월의 54호부터 불교휘보 난에 게재되다가 1929년 7월(61호)부터 종보(宗報)로 난 명칭이 바뀌어 1930년 3월(69호)까지 꾸준히 계속되었으나, 70호부터는 불교 소식을 전하는 난이 없어지면서 추이를 알 수 없게 되었다.

또한 1927년에는 『불교』에 〈화혼식〉이라는 찬불가가 발표되었다.[30] 가사를 보면 1절은 "여러 사람 한가지로 기뻐하는 오늘날 / 불타전에 맹서하고 기약 맺는 형제야 / 산과 같고 바다같이 높고 깊은 연분을 / 무량겁에 쉬임없이 굳게 서로 맺어서 / 이 세상에 반갑게 다시 서로 만났네", 2절은 "우리 다시 한가지로 심향일주 받들어 / 불타전에 예배하고 참맘으로 비나니 / 부처님은 무량하신 대자대비심으로 / 영원하게 안락한 가정 이뤄 주시고 / 무궁하게 행복을 받게 하여 주소서"로 되어 있다. 조학유(曹學乳)가 지은 이 노래는 최초의 불교화혼가인 셈인데 곡의 출처는 1916년에 발표된 일본의 찬불가 〈花祭の歌〉[31]라고 한다.

---

29 「宗報」, 『佛敎』第六十七號(1930. 1), p.75의 내용을 읽기 쉽게 현대식 문장으로 표기하였다.

30 「讚佛歌: 第十曲 花婚式」, 『佛敎』第三十二號(1927. 2), pp.45~46. 가사는 읽기 쉽게 현대식 문장으로 표기하였다.

31 李美香, 「『釋門儀範』歌曲篇의 음악유형 연구」, 『韓國佛敎學』47(韓國佛敎學會, 2007),

1936년 9월에는 「매일신보」에 다시 불교혼례에 대한 글이 실렸는데, 동국대학교의 전신인 중앙불교전문학교 강사 박윤진(朴允進)이 "나의 결혼과 결혼관"[32]이라는 제목으로 쓴 것이다. 그는 불교에서도 불교도다운 결혼이 있으며 특별한 의식보다는 부처 앞에서 결혼을 맹세하는 데 중점이 있다고 하였다. 자신도 불교식으로 결혼하여 손님에게는 기념의 뜻으로 과자를 나누었다고 회고하면서, 경제적 이유 때문인지 알 수 없으나 근래 불교식으로 하는 결혼식이 많다고 보았다. 절에서 결혼식을 하면 편리한 이유의 하나로 식을 올린 뒤 그 자리에서 절 음식으로 간단하고 손쉽게 피로연을 할 수 있다는 점을 들었다. 결혼식을 하고 나서 요릿집에서 피로연을 치르는 이들이 많지만 자신은 여러 손님을 청해 놓고 시간을 허비하며 식은 음식을 대접하는 것은 오히려 손님에게 대한 푸대접이라고 반대하였다. 또한 결혼식에 초청받지 않은 사람이 너무 많이 오는 문화를 비판하면서, 예정하지 못했던 손님들 때문에 낭비가 심해지는 경향을 지적하였다.

지금까지 살펴본 바와 같이 1917년 이능화가 「의정불식화혼법」을 제안한 이후 1930년대 무렵까지 불교혼례에 대한 초기의 반응은 대체로 긍정적이었다. 이능화 스스로 1927년에 자신이 만든 의식대로 불교혼례를 치르는 이가 많아졌음을 밝힌 바 있듯이 불교혼례는 1920~1930년대에 널리 보급·실천되었고 그 뒤로도 불교신자들을 중심으로 꾸준한 수요가 있었을 것으로 짐작된다. 각황사에서 치른 첫 불교혼례에 1천 명의 관람객이 구경거리를 보듯이 몰렸던 점은 이러한 상황을 잘 말해 주고 있다. 아울러 불교월간지『불교』에서는 1920년대 후반부터 전국의 불교혼례를 지속적으로 소개하고 있어 불교계에서도 이를 중요한 사안으로 인식하여 적극 권장하였음을 알게 한다.

------

    p.415.

32 朴允進, "나의 結婚과 結婚觀",「每日申報」1936年 9月 22日字.

물론 당시는 사회 전반에 걸쳐 계몽주의운동이 활발하고 도시를 중심으로 서구문화를 수용하는 분위기가 고조된 시기였기에, 교회·학교·병원 등과 더불어 기독교혼례가 급속히 확산된 데 비하면 불교혼례의 성장은 그리 괄목할 만한 것은 아니었다. 그러나 초기의 수용 양상을 살펴봤을 때, 생활의례로서 불교혼례가 지닌 몇 가지 장점이 많은 사람들에게 불교혼례를 선택하는 요인이 되었음을 알 수 있다. 불교혼례는 불교적 의미가 가장 중요한 선택요인이겠지만 많은 하객을 청하는 혼례이자 관습적 측면이 중요한 의례인 만큼 실제 선택에는 이러한 점들이 중요하게 작용하였던 듯하다.

먼저 불교혼례는 전통을 계승하는 의례로 수용되었다는 점이다. 기독교혼례의 경우 사제(司祭)에서부터 의례공간에 이르기까지 낯선 문화 속에서 진행되는 데 비해, 불교혼례는 대부분의 사람들이 불교문화에 익숙할 뿐만 아니라 전통혼례복을 입는 등 전통의 범주 내에서 치르고 있기 때문이다. 하루아침에 관습적인 문화를 바꾸기 힘든 당시의 한국인들에게 불교혼례는 전통과 개혁의 중간쯤에 있었던 셈이다. 「매일신보」에 '조선의 풍속과 인정에 맞다'는 말은 이러한 특성을 표현한 것이라 하겠다. 또한 「의정불식화혼법」에서는 혼인서약을 마친 뒤 신랑이 신부에게 화관을 씌우고 홍상(紅裳)을 입혀 주도록 했으나, 실제 이러한 측면은 잘 지켜지지 않았던 듯하다. 새로 만든 의식이라 조정의 여지가 있고, 민간의 자율에 맡겨도 무방한 부분에 대해서는 절충이 가능했기 때문일 것이다.

또 하나의 중요한 점으로 사찰에서 혼례를 할 경우 식사를 하기 위해 자리를 옮기지 않아도 된다는 편리함을 들 수 있다. 전통혼례에서는 신부 집에서 잔치를 벌이고 음식도 대접했지만, 식사까지 도맡는 전문예식장이 등장하지 않았던 당시에는 식장 근처의 음식점에서 피로연을 별도로 열어야 하는 번거로움이 있었다. 그러나 사찰은 대규모 행사를 수시로 하는 곳이기 때문에

언제든 대중공양이 가능하여 앉은 자리에서 손님접대까지 마칠 수 있다는
점이다.

위의 두 가지가 주로 기독교혼례와 비교한 불교혼례의 장점이라면, 전통혼
례와 비교한 장점은 더욱 중요한 것이었다. 이는 기독교혼례에도 해당하여,
사찰이나 교회에서 혼례를 올릴 경우 무엇보다 비용과 노력과 시간을 아낄 수
있었다. 오늘날의 전통혼례는 전문단체에서 준비를 맡아 주지만 당시는 하나
부터 열까지 모두 직접 신경을 써야 하는 것이기에, 혼례에 많은 인적·물적
준비가 따랐기 때문이다.

특이한 것으로는 전통혼례가 집에서 치러짐에 따라 비밀스러운 가족 중심
의 혼례로 여기는 시각이 존재했다는 사실이다. 「매일신보」 1918년 2월 3일자
[33]에는 혼례에 참석한 하객들이 신랑·신부의 서약을 감시한다고 보며 이들을
생불생신(生佛生神), 곧 살아있는 부처와 신에 비유하였다. 따라서 "내외가 불
화할 경우 부처님이나 하나님은 혹시 기만할 수 있더라도 일반 사회의 생불생
신은 결코 용납하지 않는다"고 하여 주변 사람들의 참석에 중요한 의미를 부
여하였다.

한편, 1930년대는 부민관(府民館)·계명구락부(啓明俱樂部) 등 경성 곳곳에
결혼 전문 예식장이 생기던 시기였고 신식예복을 빌려주는 가게도 등장하였
다. 따라서 전통혼례는 싫지만 기독교혼례는 부담스럽던 청춘남녀들에게 공
공장소의 결혼식은 새로운 대안이 되었다. 주례를 모시고 면사포에 서양식
예복을 입고 치르는 결혼식을 '사회식 결혼'이라 부르면서 이른바 예식장결혼
의 역사가 시작된 것[34]이다.

---

33 無足子, "無足言", 「每日申報」 1918年 2月 3日字.
34 「朝鮮日報」 1940年 1月 5日字.

3) 백용성과 안진호의 불교혼례

이능화가 「의정불식화혼법」을 처음 제안한 뒤 이를 기반으로 한 불교혼례의 지침이 꾸준히 발표되었다. 1927년에는 민족대표 33인의 한 명이자 근대불교의 선각자인 승려 백용성(白龍城)이 『대각교의식(大覺教儀式)』을 발간하면서 불교혼례에 대한 유래와 절차를 밝혔으며, 1935년에는 불교의례를 근대적으로 집대성한 승려 안진호(安震湖)가 『석문의범(釋門儀範)』에 혼례부분을 제시하였다. 1917년-1927년-1935년에 이르기까지 10년 정도의 간격을 두고 불교 선각자들에 의해 첨삭이 이루어진 셈이다.

먼저 백용성의 『대각교의식』에 실린 「혼례」[35] 편은 혼례절차에 따라 여덟 가지의 항목으로 나누어 세부적인 지침을 밝힌 것이다. 주목할 만한 내용을 중심으로 요약해 보면 다음과 같다.

1. 혼인의 유래: 혼인은 인간의 큰일이자 만복의 근원이 되는 것이며, 석가모니가 선혜선인이던 과거 무량겁의 시절에 구리선녀와 함께 부처님께 꽃을 올리고 혼인의 서원을 발하였음을 밝혔다.

2. 설비하는 절차: 도량과 법당을 엄정히 한 뒤 향다(香茶)와 과자(菓子)를 불전에 옮기고, 법당 중앙에 일자형으로 상을 배설하며, 신랑·신부의 응접실을 각기 정해 신랑이 온 뒤 신부가 오게 한다. 청련 다섯 송이를 화병에 꽂아 신랑 선 쪽에 놓고, 홍련 네 송이를 화병에 꽂아 신부 선 쪽에 놓는다. 주례하는 교수사(教授師)는 불단 앞에 서고, 인도하는 집사는 남녀 두

---

35 白龍城 編, 「大覺教儀式」, 朴世敏 編, 『韓國佛教儀禮資料叢書』 第4輯(三聖庵, 1993), pp.54~56. 내용을 읽기 쉽게 현대식 문장으로 표기하였다.

사람을 정해 신랑 편에 남자, 신부 편에 여자가 서서 교수사의 지휘대로 신랑 · 신부를 인도하되 신랑은 왼쪽에 세우고 신부는 오른쪽에 세운다.

3. 삼보(三寶)님께 귀의시킴: 집사가 불전에 향을 드린 뒤에 교수사가 고성으로 '나무시방(상주불)'을 세 차례 창하면 집사가 신랑 · 신부를 인도하여 창불소리를 따라 세 번 예배하고 제자리에 선다. 그 다음 교수사가 고성으로 '귀의불 귀의법 귀의승'을 창하면 신랑 · 신부도 따라서 창한다.

4. 계(戒)를 주는 법: 교수사가 신랑 · 신부에게 몸과 입과 뜻으로 구분해 다음의 열 가지 경계를 준다. 몸으로 첫째는 상서로운 자행을 닦아 상해하지 말며, 둘째는 청백한 의리를 지켜 도적하지 말며, 셋째는 정신한 예절을 가져 사음하지 않는다. 입으로 첫째는 정직함을 지켜 거짓말(妄語)하지 말며, 둘째는 진실함을 가져 꾸미는 말(綺語)하지 말며, 셋째는 화합함을 지켜 이간질(兩舌)하지 말며, 넷째는 유선(柔善)함을 가져 모진 말(惡語)하지 않는다. 뜻으로 첫째는 무상함을 깨우쳐 재보(財寶)를 탐하지 말며, 둘째는 인욕행을 닦아 성(瞋)내지 말며, 셋째는 지혜로 비추어 일체에 어리석지(痴) 않는다.

5. 계(戒)를 가지는 서원: 교수사가 합장하고 신랑 · 신부를 향해 대신 발원하되 "제자 이 몸으로 좇아 성불하기까지 계를 가져 훼범치 아니하오리니 오직 원컨대 모든 불타님은 증명하옵소서. 차라리 신명(身命)을 버릴지언정 마침내 퇴전하지 아니하겠나이다" 할 때 신랑 · 신부도 합장하고 소리를 같이하여 서원을 발한다.

6. 꽃으로 서약을 맺는 법: 신랑은 집사가 주는 청련 화병을 두 손으로 받아서 신부에게 주면 신부는 신랑에게 반배하고 두 손으로 꽃을 받고, 꽃을 건네준 신랑도 신부에게 반배로 답례한다. 반대로 신부는 집사가 주는 홍색 화병을 두 손으로 받아서 신랑에게 줄 때도 위와 같이 한다.

7. 서약을 변치 아니하는 맹세: 신랑이 신부에게 받은 화병을 교수사에게 드리며 반배하고 제자리로 가면 교수사가 이를 불전에 바치고, 신부가 신랑에게 받은 화병도 위와 같이한다. 화병을 불전에 바친 뒤 교수사가 인도하여 불전에 고하되 "결혼한 금일로부터 부부간에 맹세가 변치 아니하기를 서로 굳게 발원하오니 불보살께서 증명 하옵소서" 하면 신랑·신부도 교수사의 소리를 따라 고한다. 그 다음 교수사가 불전에 세 번 예배하면 신랑·신부도 세 번 예배하고 다 물러가게 한다.

8. 연회하는 규모: 예식을 마친 뒤에 다과로 내빈을 접대하되, 법당에서 하지 말고 접빈소를 별도로 마련해야 한다. 세속의 관습을 따라 호화롭지 않게 하고 청결·검소하며 육식과 음주를 금하여 난잡해지지 않도록 한다.

백용성이 제시한 불교혼례의 내용은 이능화의 「의정불식화혼법」을 근간으로 하는 가운데 이전에 언급되지 않았던 부분에 대해 좀 더 세부적으로 다루었고, 의미 있는 차이점도 발견할 수 있다. 이에 백용성이 제시한 불교혼례의 특성을 몇 가지로 요약해 보면 다음과 같다.

첫째, 부처님께 혼인을 고하고 증명을 청하는 절차 대신에 계(戒)를 받도록 함으로써 혼례를 계기로 불자로서의 삶을 다짐하는 시간을 중요하게 다루었다는 점이다. 특히 '계를 주는 법'과 '계를 가지는 서원'의 두 절차로 구분하여, 교수사가 몸과 입과 뜻(身口意)을 잘 다스려 열 가지 선업을 완성하는 십선(十善)의 계를 주면, 신랑 · 신부는 성불할 때까지 이를 굳게 지킬 것을 서원하고 다짐하며 계를 받도록 하였다.

둘째, 신랑 · 신부가 꽃을 주고받은 뒤 그 꽃을 불보살께 바치는 절차를 혼인서약으로 삼은 점이다. 여기에서도 '꽃으로 서약을 맺는 법'과 '서약을 변치 아니하는 맹세'의 두 절차로 구분하여 신랑 · 신부가 서로 꽃을 주고받아 서약을 맺은 다음, 부처님께 꽃을 바치고 발원하며 증명을 청함으로써 서약을 맹세하는 구도를 취하고 있다. 따라서 이전의 설송(說頌) · 헌화(獻花) · 서약의 세 절차가 꽃을 바치는 절차 속으로 통합된 셈이다. 특히 신랑 · 신부가 직접 자신의 꽃을 집사를 통해 부처님께 바치는 것이 아니라, 상대에게 자신의 꽃을 넘겨주어 대신 바치도록 함으로써 혼인서약을 하는 점이 주목된다. 이는 둘이 하나가 되는 상징적 의미를 지니기 때문인데, 마치 전통혼례에서 신랑 · 신부가 술잔을 상대에게 주어 조금 마시면 다시 자신이 받아 마시는 합근례(合졸禮)를 연상케 한다. 자신의 꽃을 직접 바치지 않고 상대를 통해 불보살께 바치는 것, 하나의 술잔을 함께하는 것은 모두 너와 나의 구분 없이 '둘이 곧 하나'임을 뜻하기 때문이다.

셋째, 의례 속에 남녀평등을 실현하고 있다는 점이다. 이전의 혼인서약이 봉건사회의 가부장적 남녀차별을 그대로 드러내고 있다면, 계를 받는 서원이나 서약을 하는 맹세에서 남녀의 구별 없이 부부간의 도리와 맹세를 지키는 내용으로 구성하였다. 본생담에 근거하여 신부의 꽃은 신랑의 손을 거쳐 부처님께 바치도록 하던 것 또한 신부가 직접 바치도록 함으로써, 본생담 내용에 충실하기보다는 여성을 독립적인 존재로 인정하는 데 초점을 맞추었다. 그 가운데서도 신랑 · 신부의 연꽃 색깔을 청색 · 홍색으로 구분하여 남녀의 차이는 오히려 부각시킴으로써 '차이'와 '차별'을 분명하게 구분한 셈이다.

넷째, 명확한 이유를 밝히지 않은 채 일반사례나 이전사례와 다른 내용을 도입한 요소들이 있다. 예컨대 꽃을 바칠 때 석가모니의 전생담에 따라 신랑은 다섯 송이, 신부는 두 송이를 바치도록 되어 있으나, 신부의 꽃을 네 송이로 바꾼 점이다. 짐작해 보자면 다섯과 둘의 차이가 크다고 보았을 수 있고, 신랑 꽃은 원래대로 두면서 신부 꽃의 숫자를 보태고자 할 때 신랑은 양(陽)이니까 양수인 홀수를, 신부는 음(陰)이니까 음수인 짝수를 적용해서 나오는 숫자가 4였기 때문이 아닐까 한다. 만약 그렇다면 신랑은 청련, 신부는 홍련을 적용한 것처럼 여기서도 음양의 차이를 둔 셈이다. 남녀차별을 타파하면서 음양 차이를 적절히 드러내고자 고심했던 그의 노고를 짐작케 하는 대목이다.

또한 신랑·신부의 방향을 정함에 있어 신랑은 왼쪽에, 신부는 오른쪽에 세운다고 한 점은 보편적 음양원리와 다르다. 불단을 마주하여 오른쪽을 동쪽으로 여겨 '동(東)=양(陽)=남(男)', '서(西)=음(陰)=여(女)'라는 음양원리에 따라 신랑이 오른쪽에 오고 신부가 왼쪽에 오는 것이 일반적이기 때문이다. 이에 대해서는 추가설명이 없어 그의 의도를 알기 힘들다.

다섯째, 이 외에 혼례를 집행하는 이들에게 상세한 지침이 될 수 있도록 의례공간을 구성하는 절차에서부터 연회의 내용에 이르기까지 실제적인 지침 내용을 추가한 반면, 발원문·사홍서원·찬불게 등의 세부의식을 생략하거나 자율적으로 선택하도록 하였다.

다음으로 안진호가 『석문의범』(1935년)에 실은 「화혼의식(花婚儀式)」[36]을 요약하여 살펴보면 다음과 같다.

---

36 安震湖 篇, 『釋門儀範: 下』(寶蓮閣, 1968), pp.222~229.

〈의식〉

1. 개식: 종을 다섯 번 치거나 폭죽으로 한다.

2. 내빈 착석: 음악과 함께 의식을 진행하는 인례(引禮)가 인도한다.

3. 주례법사 등단: 화동(花童)·화녀(花女)의 인도로 등단한다.

4. 신랑·신부 입장: 화동·화녀의 인도로 신랑·신부와 양쪽 중매인이 입장한다.

5. 신랑·신부 소개: 주례법사가 신랑·신부의 이름과 약력을 소개한다.

6. 삼귀의(三歸依): 주례법사가 향을 꽂고 삼귀의를 창하면 대중은 일어서서 경례를 한다.

7. 신랑·신부 경례: 신랑·신부가 불전에 경례한다.

8. 고유문(告由文) 낭독: 주례법사가 고유문을 낭독한다.

9. 상견례: 신랑·신부가 정면으로 서서 교배례를 반절로 행한다.

10. 헌화(獻花): 다섯 송이 꽃과 두 송이 꽃을 꽂은 꽃병 2개를 별단에 두었다가 신랑이 먼저 다섯 송이 꽃병을 인례에게 받아 법사에게 주면, 법사는 이를 불단의 동쪽에 놓는다. 다음은 신부가 두 송이의 꽃을 꽂은 꽃병을 인례에게 받아 신랑을 통해 법사에게 주면, 법주는 불단의 서쪽에 놓는다.

11. 신물(信物) 교환: 불자는 반지 대신 염주를 교환한다.

12. 유고(諭告) 및 선서

  ※ 선서 •신랑에게: 법사가 신부를 대신해 신랑에게 물음(12개 항목 중 중요 표시된 5개)

    - 자기 부인에 만족하여 다른 길을 걷지 않겠는가

    - 부모님 뜻에 순응하여 어긋남이 없도록 하겠는가

    - 근검저축하여 의식에 궁핍함이 없도록 하겠는가

- 나랏일에 임했을 때 자신을 돌아보지 않겠는가

- 오직 불도를 지켜 항상 그 마음을 닦겠는가

• 신부에게: 법사가 신랑을 대신해 신부에게 물음(12개 항목 중 중요 표시된 5개)

- 능히 부인의 도리를 지켜 한결같이 하겠는가

- 부모에게 효순하여 신명을 다하겠는가

- 검약수신하고 허영과 사치에 빠지지 않겠는가

- 남편의 뜻을 따르고 멋대로 하지 않겠는가

- 불도를 구하고 닦을 것을 맹세하겠는가

(신부는 법사의 물음에 반절로 답함)

13. 찬불게(讚佛偈)

14. 내빈축사

15. 축전낭독

16. 사홍서원(四弘誓願)

17. 폐식

〈불전화혼 원인 참고〉

※ 선혜선인과 구리선녀의 이야기 (생략함)

〈화혼식을 거행할 시 범례〉

1. 복장: 불교식 특제예복이 나올 때까지 깨끗한 보통 한복을 입는다(신랑은 양복도 무방).

2. 화종: 조화 · 생화 모두 무방하다.

3. 화동·화녀: 8, 9세 전후의 소년·소녀로, 체의를 입혀 꽃바구니를 들고 꽃을 흩뿌리면서 식장에 들어온다.

4. 시간이 촉박할 때는 대불선서문(代佛宣誓文: 諭告)을 생략하고, 부부선서에도 각 12개 중 표시된 다섯 항목만으로 거행할 수 있다.

5. 불전배례(佛前拜禮)는 간략하게 반배례로 하되 정중엄숙하게 하여 배례 때마다 오르간이나 피아노로 조절을 맞추며, 악기가 없으면 법사가 경쇠와 목탁을 사용해도 무방하다.

불 단
촛대
다기
향로
촛대
꽃병
과물
과물
꽃병
인례
화녀
인례
법주
인례
인례
화동
신부측
신랑측
친척내빈
친척내빈
매파
신부
신랑
매개

〈도면〉 식장도

안진호가『석문의범』에서 제시한「화혼의식」은 이능화의「의정불식화혼법」을 근간으로 하는 가운데, 오늘날의 일반 혼례와 근접하게 재편되어 있다. 이 내용은 근래의 불교혼례에 대부분 그대로 이어지고 있어 그 특징을 살펴본다.

첫째, 서구식 혼례가 확산되면서 불교혼례에도 이러한 요소를 적극 수용하였다는 점이다. 화동·화녀의 등장, 신랑·신부에 대한 소개, 예물교환에 해당하는 신물교환, 주례사에 해당하는 유고(諭告), 내빈축사, 축전낭독 등이 처음 등장함으로써 전반적인 절차나 의례요소가 현대화되고 다양해졌다. 내빈축사나 축전낭독은 지금의 시각에서 보면 매우 의례적(依禮的)이지만 당시 신식의례에서 일반화된 요소였던 듯하다. 이처럼 전반적으로 의례 절차와 요소를 추가하여 새롭게 재편하였지만, 부처님께 꽃을 바치는 헌화를 제외하면 불교혼례로서의 특성이 크게 드러나지 않는다.

둘째, 남녀평등의 문제에 있어 이능화와 백용성의 중간지점을 택했다는 점이다. 혼인서약·혼인선서에서 이능화는 남녀차별을 뚜렷이 드러내었고, 백용성은 남녀 모두에게 같은 내용을 적용하여 완벽한 남녀평등을 실현했다면, 안진호는 남녀의 차이를 부각시키는 가운데 남녀평등에 가까운 내용으로 바꾼 것이다. 특히 신랑에게는 나랏일에, 신부에게는 남편의 뜻에 따르도록 다짐케 함으로써 사회생활을 하는 남편에게 여필종부의 미덕을 강조하는 당시의 시대상을 반영하고 있다. 또한 백용성은 신부가 자신의 꽃을 직접 불보살께 바치도록 했지만, 안진호는 신랑의 손을 거치도록 함으로써 본생담 내용을 충실히 따르는 데 초점을 두었다.

셋째, 전반적으로 합리성을 추구하고 상세한 세부설명을 첨가하여 실용적인 지침이 되도록 노력했다는 점이다. 예물교환에서 반지보다 염주를 권장하고, 혼례복은 불교 예복이 나올 때까지는 일반 한복으로 하되 신랑은 양복도 무방하도록 열어 놓았으며, 헌화에 쓰는 꽃은 조화도 무방하다고 본 점, 불전에 배례할 때는 간략하게 모두 반배례(半拜禮)하도록 한 점, 주례사에 해당하는 유고를 생략해도 무방하다고 본 점 등이 그것이다. 특히 식장 도면을 그려 불단 공양물에서부터 혼례 구성원의 자리 배치에 이르기까지 상세히 안내하였으며, 백용성과 달리 신랑의 위치를 동쪽인 오른쪽, 신부를 서쪽인 왼쪽에 두어 음양에 따른 방위를 나타내었다. 아울러 부부선서에서 신랑·신부에게 각 12개 항목을 배당해 놓고 시간이 부족하면 표시된 5개 항목만 질문하도록 했는데, 많은 감이 있지만 새로운 예식을 만들면서 의미를 찾는 데 주력했던 초기 혼례의 경향을 짐작케 한다.

넷째, 음악과 이벤트 요소를 중요하게 다루었다는 점이다. 내빈착석에서부터 신랑·신부 입장 때까지 음악이 시작되고 멈출 부분을 제시한다든지, 화동·화녀가 꽃을 흩뿌리며 식장에 들어오고, 불전에 배례할 때마나 오르간이나 피아노로 배례의 조절을 맡게 하며, 처음 개식할 때 종을 다섯 번 치거나 폭죽을 울리도록 함으로써 혼례의 축제적 분위기와 장엄함을 돋보이도록 하였다. 화동·화녀는 들러리를 두는 서구식 문화이기도 하지만, 연등행사에서 아이들이 호기(呼旗) 놀이를 하고 팔관회에서 어린 화랑이 춤추는 것처럼 동서양을 막론하고 의례에 등장하는 아동은 제장(祭場)을 정화하는 상징적 존재이다. 특히 화동·화녀가 꽃을 흩뿌리면서 들어오게 한 것은 불법을 찬탄하는 산화(散花)의 의미를 지니고 있어 번거로움을 감수한다면 적합한 의례요소에 해당한다.

다섯째, 그밖에 우리 문화와 그리 적합하지 않은 요소로 신랑·신부가 입장할 때 양쪽 중매인이 함께 입장한다는 점을 들 수 있다. 식장 도면에도 신랑의 옆에 매개(媒介), 신부의 옆에 매파(媒婆)의 자리를 배치하였는데, 이러한 문화는 전통혼례에서도 서구식에서도 살펴볼 수 없는 것이어서 일본의 혼

176

례문화와 연관된 것이 아닌가 여겨진다.

지금까지 이능화에서부터 백용성·안진호에 이르는 초기의 불교혼례에 대해 살펴보았다. 현재의 불교혼례 규범이 아직 완성되어 가는 과정에 있다면, 선각자들이 불교의 가르침에 따라 고심하여 마련한 불교혼례를 참구함으로써 시사점을 얻을 수 있으리라 여겨진다.

4. 불교혼례의 현대적 전개 양상

근대식 불교혼례는 1930년대 무렵까지 신도들을 중심으로 보급·실천되었으나, 서구식 혼례가 확산되고 전문예식장이 등장하면서 점차 주목을 끌지 못하게 되었다. 특히 산업화·서구화가 급격히 진행되던 1960년대 이후부터는 혼례 풍속도 크게 바뀌어 도시만이 아니라 사회 전반적으로 전통혼례보다 서구식 혼례에 무게중심이 실리게 되었고, 순백의 드레스와 턱시도는 결혼을 꿈꾸는 청춘남녀에게 동경의 대상이 되었다. 따라서 한때 불교혼례는 '비밀혼인'이나 '사연 있는 혼인'일 경우에 주로 한다는 담론이 성행하기도 하였다.

특히 예식장이 일반화된 도시에서는 불교혼례를 잘 치르지 않았던 듯, 1970년의 한 신문에 '첫 불교식 결혼식'[37]이라는 제목의 기사가 등장한 바 있다. 혼례사진과 함께 "불교 고유의 불식(佛式) 결혼식이 우리나라에서 처음으로 거행되어 불교계의 화제가 되고 있다"고 글의 서두를 열었다. 아울러 당시 혼례는 1970년 11월 11일 서울 삼보회관(三寶會館)에서 봉선사(奉先寺) 주지

---

37 "첫 佛敎式 결혼식", 「경향신문」 1970년 11월 19일자.

이운허(李雲虛)의 주례로 이루어졌는데, 우리나라 전래의 결혼식이나 기독교의 결혼식과 판이하게 다르다고 표현하였다.

이 불교혼례에서는 가야금·피리 등 국악기를 사용하고 찬불가를 연주하였다고 하니 당시로서는 큰 규모로 치른 듯하다. 혼례복으로 신랑은 사모관대에 검은 당혜(唐鞋)를 신었고 연지곤지를 찍은 신부는 족두리 낭자에 녹의홍상(綠衣紅裳)을 입었다고 소개하였다. 기사는 "이번 불식결혼식은 앞으로 불교신도들 사이에 크게 이용될 것으로 전망되고 있다"고 마무리하며 혼례 절차를 소개하였다. 이에 따르면 '개회식—내빈착석(찬불가 연주)—주례법사 등장(화동녀와 같이)—신랑신부 입장(화동녀가 뿌리는 꽃잎을 밟으며)—신랑신부 소개—삼귀의(주례법사 선창)—신랑신부 경례(부처님에게 세 번 합장배례)—고유문 봉독—상견례—헌화(신랑은 다섯 송이, 신부는 두 송이의 꽃을 병에 꽂아 부처님께 공양)—신물(信物)교환—유고(諭告: 주례법사의 당부)—내빈축사(양가 가족 대표인사로 대치)—사홍서원—폐식'으로 되어 있어 『석문의범』의 내용과 거의 유사함을 알 수 있다.

이 사례는 사찰이 아니라 삼보회관이라는 일반 장소에서 치렀기에 눈에 띄었고, 따라서 기자는 이를 최초의 불교혼례로 잘못 알았던 듯하다. 실제 높은 비율은 아니더라도 사찰에서 치르는 불교혼례는 꾸준히 지속되었고, 특히 마을마다 예식장이 들어서지 않았던 농촌의 경우는 서구식 혼례로 바뀌는 시기가 늦었기에 1980년대까지도 전통혼례와 함께 불교식으로 혼례를 치르는 이들이 드물지 않았다.

어느 정도 불교혼례가 남아 있던 1970년대 무렵에 치른 혼례 양상을 보면, 불교혼례에서 중요하게 여기는 의례요소라 하더라도 이러한 세부적 지침을 따르기보다는 부처님 앞에서 승려의 주례로 의식을 진행하는 데 초점을 맞추었던 듯하다. 대표적인 예로 불교혼례의 가장 큰 특징이 불보살께 꽃을 바치는 것이지만 의식용 꽃을 구하는 것이 쉽지 않았던 시대였기에 이를 생략하는 경우가 많았다. 혼례복도 1960~1970년대까지는 일반 한복을 입다가 이후부터는 사찰 법당에서 혼례를 하면서 신랑은 양복, 신부는 드레스를 입는 진풍경을 연출하게 되었다.

서울의 조계사 · 봉은사 · 능인선원 · 구룡사 · 불광사, 부산의 삼광사 · 대각사, 광주 향림사 · 무각사, 일산 여래사 등에서는 불교혼례를 비교적 꾸준히 치러온 사찰로 알려져 있다. 1990년대 무렵 예식장에서 기계처럼 부부를 찍어내는 결혼문화에 염증을 느낀 현대인들이 전통혼례를 찾는 비중이 늘어나면서, 전통혼례를 치르고자 하는 일반인에게 사찰 경내를 혼례 장소로 개방하는 추세가 확산되었다. 이에 사찰에서는 전통혼례복 · 가마 · 대례상 · 천막 등의 소품을 무료로 제공하고[38] 원하면 승려가 주례법사를 맡아 주는 풍속도 생겨났다. 또한 각 종단과 개별사찰은 물론 불교관련 단체에서 다문화가정과 이주노동자가정을 위해 무료 합동 전통혼례를 치러주는가 하면, 불교적 가르침으로 가정을 원만하게 꾸려나갈 수 있도록 혼인 준비를 위한 강좌를 무료로 개최하고 있다.

한편, 근래 들어 음력 7월 7일의 칠석(七夕)이면 사찰에서 견우 · 직녀설화의 의미를 되살려 미혼남녀의 소중한 인연을 맺어 주는 칠석법회(七夕法會)를 확산해 나가고 있다. 칠석은 옥황상제의 노여움으로 헤어지게 된 견우와 직녀가 일 년에 단 한 번 만나는 날이라는 설화를 지니고 있기 때문이다. 본래 칠석의 풍속으로는 여성들이 바느질감과 과일을 차려 놓고 길쌈 · 바느질 솜씨가 좋아지기를 비는 걸교(乞巧)나 칠석제(七夕祭) 등이 있었으나, 현대 산업사회로 접어들면서 점차 사라지고 사찰을 찾아 칠석불공을 올리는 풍습만 남게 되었다. 이처럼 불교에서 유일하게 칠석명절을 전승시켜 오는 가운데, 남

---

38 「東亞日報」 1992년 7월 3일자 ; 「한겨레신문」 1992년 7월 12일자, 1994년 2월 13일자 등.

녀 간의 사랑을 기원하기에 적합한 칠석의 세시가 있음에도 불구하고 국적불명의 밸런타인데이가 성행하고 있는 데 대응하여, 이 날을 미혼남녀가 인연을 찾는 날로 본래의 의미를 회복하게 된 것이다.

이러한 불교세시의 새로운 풍습은 전국적으로 광범위하게 드러나고 있다. 사찰은 물론 각지의 불교청년회·불교여성개발원과 같은 불교단체들이 주관해 '칠월칠석 선남선녀 인연 맺기', '사랑의 연꽃 미팅페스티발' 등을 열어 불교신자뿐 아니라 불교에 관심 있는 미혼남녀들을 대상으로 건전한 만남을 선도하고 있는 것이다. 또한 혼인준비교실을 여는 등 불교의 가르침을 통해 남녀의 만남에서부터 혼인 준비와 바람직한 결혼생활에 이르기까지 칠석날의 의미를 되살려 다양한 행사를 진행하고 있다. 이처럼 불교혼례만이 아니라 사찰을 새로운 혼례의 장으로 개방하거나, 혼인을 둘러싼 문제에 불교적으로 의미를 찾을 수 있는 접근들이 폭넓게 모색되고 있다.

현재 불교혼례는 대개 안진호의 『석문의범』을 참조하되 사찰마다 다양하게 치르고 있다. 아래의 내용은 대한불교조계종의 『통일법요집』에 소개되어 있는 「결혼의식」[39]으로, 불교권에서 마련해 놓은 가장 최근의 혼례지침의 하나이다. 이 혼례 절차는 신물교환과 내빈축사·축사낭독을 없애고 혼인서약을 남녀구분 없이 간결한 문장으로 대체한 점을 제외하면, 『석문의범』의 내용과 거의 동일하다.

〈의식절차〉

개식 – 주례법사 등단 – 신랑·신부 입장 – 삼귀의 – 고불(고유문 낭독) – 상견례(신랑·신부 맞절) – 헌화 – 결혼서원(혼인서약) – 성혼선언 – 주례사 – 축

---

39 대한불교조계종 포교원, 『통일법요집』(조계종출판사, 2004), pp.782~784. 여기서는 '결혼의식'이라 표현하였다.

가 - 신랑·신부 내빈께 인사 - 사홍서원 - 신랑·신부 행진 - 폐식

〈고유문〉

주례법사 ○○은 삼가 부처님께 아뢰나이다. 하늘에 달이 밝고 땅 위에 물이 맑으면 물 있는 곳마다 달이 비추듯이 우리들의 마음이 맑으면 부처님은 언제나 우리와 함께 하신다고 말씀하셨습니다. 오늘 청정한 몸과 마음으로 이 자리에 선 청신사 ○○○과 청신녀 ○○○은 깊은 사랑과 보살심으로 부부되기를 부처님께 서원하오니 위없는 자비광명을 드리워주옵소서. 일곱 송이 꽃을 연등 부처님께 바쳤던 선혜보살과 구리선녀의 슬기로움이 이 부부에게도 항상하게 하소서. 나무석가모니불 나무석가모니불 나무시아본사 석가모니불

〈혼인서약〉

청신사 ○○○와 청신녀 ○○○는 어떠한 경우에라도 서로 사랑하고 참고 이해하면서 부처님의 가르침에 따라 살아갈 것을 맹세합니까?

성혼선언: 오늘 본 주례는 모든 불보살님의 증명과 양가 부모와 여러 어른들의 축복 속에서 청신사 ○○○와 청신녀 ○○○의 화혼이 원만히 이루어졌음을 엄숙히 선언합니다. 불기 ○○○○년 ○○월 ○○일 주례법사 ○○

그런데 불교혼례에서 문제로 제기되고 있는 대표적인 것으로 주례법사(主禮法師)를 들 수 있다. 주례법사는 이능화의 「의정불식화혼법」에서부터 백용성의 『대각교의식』을 거쳐 안진호의 『석문의범』에 이르기까지 의식을 주관하는 법사로 꾸준히 등장하였고, 『통일법요집』에도 주례법사를 두고 있다. 이에 대해 이의가 제기되는 이유는, 전통혼례나 불교의례에는 본래 주례라는 개념

이 없어 기독교문화에서 신을 대신해 목사나 신부가 의식을 주관하는 주례를 차용한 것이라 보기 때문이다. 실제 기독교에서는 신의 대리인으로서 사제가 의식을 주관한다면 양가 부모나 친지의 참석이 없더라도 증명할 수 있는 한 사람으로도 결혼식이 성립될 수 있다. 따라서 이와 다른 불교혼례에서는 주례법사가 필요없고, 증명법사나 집례자만 있으면 충분하다고 보는 것이다.

불교혼례를 구상한 선각자들의 입장에서 보자면, 주례법사가 의식을 집전하고 법문을 하는 것은 기독교와 무관하게 종교적 방식으로 치르는 혼례에서 자연스러운 설정이라 여겼을 것이다. 전통혼례는 양가의 부모와 친지를 모시고 공동체 구성원들에게 부부됨을 알리는 사회적 기능에 초점을 맞춘 의례이지만, 불교·기독교 혼례 등의 경우에는 이러한 사회적 통과의례를 종교적 방식으로 행하는 것이기에 성직자의 개입이 따를 수 있기 때문이다. 또한 일반 불교의례에서도 주례(主禮)라는 용어는 없지만 의식을 주관하는 승려로 법주(法主)를 두고 있기도 하다.

다만 현재의 주례법사는 일반 혼례의 주례처럼 신랑·신부와 대중의 앞에 서서 전체 의식을 주관하고 있어, 대중과 함께 불단을 향한 채 의식문의 염송하면서 불보살과 대중을 매개하는 법주와 역할이 다른 것은 분명하다. 대중을 향함은 의식을 지휘한다는 의미가 크고, 불단을 향함은 대중과 함께 불보살께 기도한다는 의미가 크다. 따라서 현재의 방식보다는 법주와 증명법사의 역할을 통합하여, 불보살을 향해 신랑·신부를 위한 불공을 올리면서 대중을 향해 법문도 들려주는 역할을 고려해볼 필요가 있다.

특히 법문은 불교혼례·사십구재와 같이 중생을 대상으로 한 의례에서 꼭 필요한 요소이다. 사십구재(四十九齋)를 사례로 보면, 대개 법주와 법문을 하는 승려가 따로 있어 법주는 전체 의례를 주관하고 법문을 하는 승려는 정해진 시간에만 참관하여 법문을 하게 된다. 따라서 이러한 역할 구분으로 인해 법문이 따르지 않는 경우가 많은데, 이는 법문을 연륜 있는 승려들만이 할 수 있는 무거운 성격으로 규정하기 때문이기도 하다. 법문을 할 주지나 큰스님이 없더라도 법주가 법문을 할 수 있어야 하며, 의례의 참뜻을 일깨우고 교리에 적합한 법문이 따를 때 종교적 방식으로 치르는 의례의 의미가 배가될 것이다.

이러한 의례 내용과 더불어, 불교혼례가 활성화되지 못하는 중요한 요인의 하나로 의례 공간의 문제를 들 수 있다. 교회나 성당은 특정 종교의 성전(聖殿)이라 하더라도 입식의 대형건물이어서 혼례와 같은 공적 의례를 치르기에 적합하다. 이에 비해 사찰 법당은 좌식건물인 데다 공간이 좁아서 강당 형태의 별도 건물이 있어야 무리 없이 혼례를 치를 수 있고, 이런 곳에는 법회나 행사가 많아 또한 여의치 않기가 일쑤이다. 나아가 이러한 성전의 공간 문제가 특정 종교의 종교성을 희석시키거나 부각시키는 역할을 하기도 한다. 교회·성당은 예식장과 기본구조가 동일한 서구식 건물이라 타 종교인이라 하더라도 거부감이 적은 반면, 사찰은 종교적 성격이 강하게 부각되는 공간이어서 손님을 초청하는 데 상대적으로 부담이 크기 때문이다.

따라서 법당을 고집할 것이 아니라 전통혼례처럼 사찰 마당인 중정(中庭)이나 제3의 공간에서 불교혼례를 치르는 방법도 적극 검토해볼 만하다. 획일화된 문화 속에서 이를 지양하는 경향 또한 현대사회의 큰 흐름을 이루고 있다. 이에 일반 혼례의 기본수요를 대체하려는 노력보다 불교혼례의 특성을 과감하게 드러내고 장소를 비롯한 여러 면에서 열린 혼례를 지향함으로써 불교혼례의 특성을 부각시키는 방안이 필요한 셈이다.

근래에 획일적인 결혼식 문화의 대안으로 야외에서 행하는 불교혼례가 새롭게 조명을 받은 바 있다. 폐쇄된 공간이 아니라 마당에 차일과 병풍을 치고 행하는 전통혼례의 열린 구조를 도입하여, 한국문화 특유의 잔치 분위기 속에서 불교혼례가 지닌 의미를 드러내는 시도들이 있어 귀추가 주목된다.

예컨대 2005년에는 사단법인 '우리는 선우'에서 부처님오신날을 맞아, 서울 인사동의 쌈지길 안마당에서 '성스러운 인연, 연꽃 같은 삶'이라는 제목으로 전통혼례를 시연하였다. 이 시연회는 양가 부모의 헌향과 헌화로 시작하여 신랑·신부가 동시에 입장하였으며, 헌화 후에는 전통혼례에서 술잔을 서로 나누는 합근례(合卺禮) 대신 차를 나눠 마심으로써 둘이 하나가 되는 절차를 시도하였다. 아울러 주례를 두지 않고 증명법사의 법문을 들었으며, 선서를 하지 않고 부부로서의 삶을 다짐하는 발원문을 각각 불전에 바치는 것으로 대신하였다. 식장은 전통혼례의 초례청을 응용해 꾸민 다음 오방색의 깃발과 십바라밀도로 장식하였고, 초례상은 사성제·팔정도·일원상의 상징성을 담아 꾸미고 연꽃과 촛불을 올려 놓아 불교혼례의 의미를 더했다. 고유한 정신적 유산을 담아내면서도 현대적 감수성에 맞는 일종의 대안혼례문화로 불교혼례를 모색한 셈이다.

또한 2006년에는 불교방송에서 주최한 한국불교박람회에서도 한국불교태고종에서 화혼법회를 시연하여 각광을 받은 바 있다. 이 화혼법회는 개식, 화촉점화, 신랑·신부 입장, 삼귀의례, 찬불가, 경전독송, 헌화, 고불, 신랑신부 맞절, 축원·축가, 어른께 인사, 사홍서원, 행진 등의 순서로 진행되었다. 이 날 행사에서도 "화혼법회에서는 주례가 없으며 지도법사는 신랑·신부가 혼인하게 되었음을 부처님께 고하고 잘 살기를 당부하는 축원을 하는 것"이라는 관점으로 혼례를 진행하였다.

지금까지 다룬 불교혼례의 절차와 내용을 보면, 의례를 정립함에 있어 당대 통용되는 일반 혼례에 많이 의존한 경향을 지적할 수 있다. 예컨대 꽃을 바치는 절차를 제외하면, 일반 혼례에 몇 가지 불교의식문을 첨가한 것처럼 불교혼례로서 특성이 드러나지 않기 때문이다. 이는 관혼상제가 생활의례이기 때문에 일반적인 통념에 따르기 위함이었겠지만, 불교혼례로서 특성과 장점이 드러나지 않아 불교적 가치를 포기한 셈이 되었다. 이능화에서 안진호에 이르기까지 초기의 불교 선각자들은 20세기 초반의 당시로서는 획기적인 혼례를 제시하면서 최선을 다한 셈이다. 따라서 80여 년의 시간이 지난 지금은 그들의 업적을 새롭게 검토하면서 현대에 맞는 불교혼례를 정비하는 시간이 필요한 시점이라 하겠다.

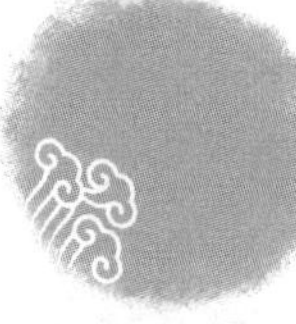

제 IV장

축수의례, 노인으로 진입하다

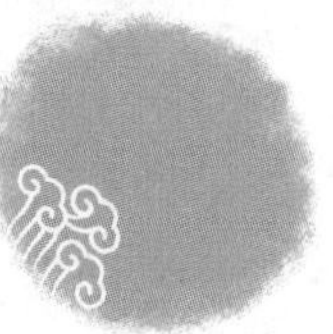

일생의례에서 축수의례(祝壽儀禮)가 차지하는 의미는 여타 의례와 비교할 때 큰 차이를 지닌다. 예컨대 출생, 성인으로의 진입, 혼인, 사망 등은 일회적인 사건에 해당하는 것이자, 의례 주인공을 둘러싼 가족과 공동체의 대응 또한 비교적 단기간에 마무리된다. 이에 비해 축수의례는 노인으로 진입하는 일정한 단계를 기점으로 이후 사망 때까지 수차례 반복되는 특성이 있다. 이는 장수를 기원하고 축하하는 풍습은 인간의 기본욕구를 반영하는 것이어서 노인 진입 후 삶의 과정 자체가 축수의 대상이 된다는 것을 의미한다.

이러한 관습은 매우 자연스러운 것이어서, 효심이 지극했던 정조 또한 어머니 혜경궁 홍씨의 회갑을 성대하게 치른 후 다음 해가 되자 신하들에게 이렇게 말한다. "금년은 어머니 회갑의 익년이다. 돌아보건대, 나의 경축하는 마음은 어찌 다함이 있겠는가마는 자궁의 겸손하신 덕을 깨달아 궁내에 작은 연회만을 간략하게 베풀었으나⋯ 지금 이후로 매년 이날에는 경들이 반드시 모두 담당하여 오래도록 함께 경하하는 자리가 되게 하라"[1] 하였다.

뿐만 아니라 축수의례에는 '늙어감(老)'에 대한 인식과 이에 대응하는 자식된 도리로서 '효(孝)'에 대한 사회의 보편적 합의가 담겨 있다. 따라서 의례 주인공인 노인에 대한 가족과 공동체의 지속적인 대응 방식이 곧 축수의 의미를 규정하는 것이 된다. 이처럼 한 문화권의 축수의례는 그 사회의 노인관과 효사상이 반영되어 있다는 점에서 의례 자체만이 아니라 축수를 둘러싼 문화를 함께 다루어야 할 필요성이 크다.

장수를 희구하는 심성은 불교에서도 예외가 아니며 축수를 둘러싼 불교사회의 기본적인 인식 또한 동양 3국의 보편성에 기반을 두고 있다. 장수·노인·효 등에 대한 관념과 이를 표출하는 문화는 인간 본연의 심성을 담고 있어, 축수와 관련된 생활불교 역시 이러한 범주 속에서 작동하고 있는 것이다. 이처럼 생활 속에서 불교적 축수 방식이 민간의 방식과 궤를 같이하는 가운데, 늙어감(老)과 효(孝) 등에 대한 교리·사상적 출발점에 있어 불교의 특성을 아울러 살펴볼 수 있다. 따라서 의례에 초점을 맞추었을 경우에는 불교의 독자성을 찾기 힘들지만, 의례의 기반을 이루는 관점 속에서 축수와 관련된 불교적 특성을 발견할 수 있다.

이에 불교 축수의례를 살펴보는 Ⅳ장에서는 생활불교에 근거한 축수 관념을 총체적으로 이해하기 위해 먼저 불교의 노인관과 효에 대한 인식을 경전과 교리에 근거하여 분석하고, 장수와 효에 대한 역사 속에서 민간과 불교의 다양한 축수문화를 살펴보았다.

첫째, 불교에서 보는 노인관과 효에 대한 인식을 다루었다. 불교에서 보는 노인(老)이란 대상화된 객체가 아니라 나의 실존이며, 모든 존재는 서로 인과

---

1 『弘齋全書』 卷177 日得錄 17 訓語 4.

의 원리로 얽혀 있어 일체중생이 나의 생명을 있게 한 존재로 보는 연기법(緣起法)이 효(孝)의 근간을 이루고 있다. 아울러 연기의 법칙 속에서도 현세에서 만난 부모·자식의 인연은 가장 깊고 소중한 것이기에 양친(兩親)에 대한 효야말로 가장 수승한 것이라 보고 있어, 경전을 통해 이러한 불교 효행과 보은의 다양한 가르침을 살펴보았다.

둘째, 불교의 축수의례를 살펴보기 전에 양로와 수연의 역사를 다루었다. 먼저 조선시대 효와 축수 문화의 근간을 이루며 자주 인용되는 『예기』의 내용 중 연령별 노인에 대한 대우를 중심으로 살펴보았다. 역사적 전개 과정에서는 고려시대의 경우 60갑자를 넘어선 데 대한 근신·금기와 축수가 공존하는 가운데, 환갑잔치인 수연(壽宴)의 다양한 면모를 볼 수 있다. 특히 선행연구에서 고려시대는 물론 조선 전기까지 수연례에 대한 기록이 나타나지 않는다고 본 반면, 실제 여말선초에 수연을 행한 기록들을 발굴하여 다루었다. 조선시대에 와서 민간에 수연이 확산되었고, 나라에서도 연로한 관리를 위한 기로소(耆老所)를 설치하는가 하면 고위관리와 일반 백성을 위한 기로연·양로연(養老宴) 등의 풍습이 있었음을 살펴보았다.

셋째, 불교 축수의례의 역사를 다루었다. 고려시대에는 왕실에서 임금의 탄신일을 맞아 생일을 축하하고 장수를 기원하기 위해 사찰에서 개설한 의례가 축수도량(祝壽道場)·축수재(祝壽齋) 등의 이름으로 현종대(1012년 경)부터 활발하게 행해졌으며, 특히 이날에 승려에게 공양을 대접하는 반승(飯僧)이 성행하였다. 고려 후기에 이르면 왕실뿐만 아니라 지배층에서도 사찰에서 부모·스승 등의 축수재를 열어 주는 풍습이 있었다. 조선시대에 들어와서는 폐지와 설행을 번복하는 가운데 중종 대까지 축수재가 지속되었다. 당시의 축수재는 제도화된 것이 아니라 공신과 관련부서에서 발의하여 자금을 충당했음을 파악하였고 유신들의 폐지건의에 곤혹스러워하는 왕의 심정 등을 함께 살펴보았다.

넷째, 불교 축수의례의 현황과 과제를 다루었다. 현재 불교신자들이 부모의 회갑·칠순·팔순 등에 불교적으로 축수하는 양상은 크게 네 가지로 구분할 수 있다. 이는 사찰의 사시마지 때 특별축원을 올리기, 인등시주나 불상·불화 조성 등 사찰에서 진행하는 합동시주에 동참하기, 회갑연을 하는 장소에 승려들을 초청해서 공양을 올리기, 사중의 보다 많은 승려들에게 대중공양을 올리기 등이다. 이처럼 근래 불교 축수의례의 양상 가운데 승려에 대한 공양은 고려시대의 반승(飯僧)과 일맥상통하는 것으로 앞으로의 방향성을 짚어 보았다.

1. 불교의 노인관과 효에 대한 인식

1) 연기법으로 확장된 효 관념

불교에서 보는 노인의 의미는 단순한 공경과 효의 대상만이 아니다. 석가모니가 태자 시절 자신이 누리는 안락하고 풍요로운 삶을 떨치고 출가를 결심하게 된 결정적 계기로 곧잘 사문유관(四門遊觀)이 거론된다. 이 사문유관에 등장하는 늙은이, 병든 이, 죽은 이는 특별한 사건을 당한 존재가 아니라 누구나 거치게 되는 삶의 과정 속 존재이다. 아울러 사문유관의 가르침을 담아 불교의 이야기 중에 '세 사람의 천사'라는 내용이 널리 전한다.

생전에 나쁜 일을 많이 하다가 죽어서 지옥에 떨어진 죄인에게 염라대왕이 물었다.

"너는 어찌 그리 탐욕스럽고 이기적인 일생을 살아왔느냐! 세상에 있을 때 세 사람의 천사를 만나지 못하였더냐?"

"대왕님, 제가 그런 훌륭한 분들을 만났다면 왜 생전에 뉘우치고 참회하지 못하였겠나이까."

"그렇다면 주름이 많고 허리가 구부러지고 기운이 없어 걸음과 말씨도 느린 사람을 보지 못했느냐?"

"그런 노인이라면 얼마든지 보았습니다."

"너는 그 천사를 만나고서도 '나도 언젠가는 저렇게 늙어갈 테니 서둘러 선행을 쌓아야겠구나' 하는 생각을 하지 않아 오늘의 이 업을 받게 된 것이다. 너는 또한 혼자서 일어서지도 걷지도 못한 채 누워서 앓고 있는 측은한 이를 보지 못하였더냐?"

"그런 병자라면 수도 없이 보았습니다."

"너는 그 천사를 만나고서도 언젠가는 너 자신도 병들게 된다는 것을 생각하지 못한 채 눈앞의 탐욕에만 집착한 어리석음으로 지옥에 오게 된 것이다. 마지막으로 너는 네 주위에서 호흡이 끊어진 채 무덤 속으로 들어가는 사람들을 보지 못하였더냐?"

"죽은 사람이라면 무수히 보았습니다."

"너는 죽음을 경고하는 천사를 만났으면서도 스스로 돌아보고 반성하는 일을 게을리했기에 이 업을 받게 된 것이다. 자기가 지은 업의 인과응보를 대신해 주는 이는 없느니라."

이는 태어난 이상 누구나 늙고 병들어 죽을 수밖에 없음을 철저히 직면해야 함을 일깨우고 있다. 인간은 일상 속에서 죽음을 경고하는 무수한 천사들을 만나고 있지만 마치 영원히 살 것처럼 스스로를 돌아보고 반성하는 일을 게을리하고 있기 때문이다. 과일 속에 씨가 들어 있듯이 죽음이 육체 속에 깃들어 있다는 것을 알고 있으면서도, 사람들은 살아 있는 동안에만 집착하며 삶의 끝에 있는 죽음에 대해서는 가능하면 외면하고 잊어버린다. 그러나 죽음에 대한 불성실성은 삶에 대한 불성실성을 가져오고, 삶을 올바로 직시하는 힘은 자신의 죽음을 진지하게 생각하며 살아가는 이에게만 가능하다는 것을 석가모니는 강조하였다.

따라서 늙어감에 대한 불교적 관점의 핵심은, 노인(老人)이란 대상화되는 개념이 아니라 나의 실존임을 자각하는 것이라 하겠다. 늙어감(老)이란 생(生)과 멸(滅), 성(盛)과 쇠(衰)를 보여주는 자연의 이치이다. 생겨난 모든 것은 한 순간도 제자리에 머물지 않고 소멸을 향해 한 걸음씩 변해 가고 있다는 무상(無常)을 철저히 인식한다면 결코 삶을 허투루 살아갈 수 없기 때문이다. 이러한 실존적 자각을 기반으로 할 때 실생활에서 만나는 부모와 모든 노인은 나의 또 다른 모습이 되어, 보다 넓고 깊은 이해와 공경이 우러나오게 된다.

이와 같이 무상에 몰두함에 따라 불교를 염세적 · 비관적 종교로 보는 오해가 있다면, 또 하나의 오해는 불교가 출가수행으로 깨달음을 추구하는 종교이기에 효를 중요하게 여기지 않는다고 보는 경우이다. 그러나 불교의 가르침은 인간의 바른 도리를 실천하는 데 중점을 두고 있어 어느 종교보다 효행을 강조하였다. 특히 불교의 핵심을 이루는 연기법(緣起法)은 현재의 자신이 독자적으로 생겨난 것이 아니며, 수많은 생을 거치는 동안 모든 존재는 서로 인과의 원리로 얽혀 있다고 봄으로써 효(孝)의 문제를 보다 큰 차원으로 승화시키고 있다.

석가모니는 어느 날 대중들을 이끌고 길을 가다가 마른 뼈 한 무더기를 보자 다섯 활개를 땅에 던져 그 뼈에다 절을 하였다. 제자 아난(阿難)이 그 이유를 여쭈었더니 "이 한 무더기의 뼈는 혹시 나의 전생의 할아버지이거나 부모일 것이기에 절을 하였느니라"[2]라고 답하였다. 그는 또한 "나고 죽는 동안 일체의 중생이 일찍이 여래의 부모였고 여래 역시 일찍이 중생들의 부모였느니라"[3], "끝없는 예로부터 나의 부모가 아닌 자가 없다. 일체의 남자는 모두 나의 자부(慈婦)이고 일체의 여자는 모두 나의 비모(悲母)이다"[4]라고 설하였다. 불교에서 보는 효란 '나와 나의 부모를 넘어선 모든 부모와 일체 중생이 깃들어 있는 만가(萬家: 우주)에 대한 공경에 있는 것'[5]임을 말하고 있는 것이다.

이는 불교 노인관의 핵심을 이루는 관점이다. 석가모니가 한 무더기의 뼈를 보고 절을 하였듯이 어느 누구도 나와 무관할 수 없으며 현세에서 만나는 무수한 노인들을 바로 은혜를 갚아야 할 일체 부모로 보았다. 이처럼 연기의 도리를 깨달아 일체 중생이 나의 생명을 있게 한 존재임을 아는 것은 곧 자비심과 보살행의 근간이 된다. 『범망경(梵網經)』 보살계(菩薩戒)에 따르면, "효순(孝順)하는 것을 계라 한다"고 하였다. 이처럼 계(戒)의 정의를 효순에 둔 것은 특히 주목할 만한 것으로, 당나라 화엄종의 법장(法藏)은 효순을 다음과 같이 정의하였다.

효(孝)는 웃어른에 대한 지극한 마음을 두텁게 일으켜 그 은혜를 생각하고 숭상하고 공경하고 기꺼이 사모하여 공양하는 것이다. 순(順)은 자기의 소견을 버리고 가르치는 명을 존경하고 따르는 것이다.

---

2 월운 옮김, 『부모은중경』(지영사, 2005), p.26.
3 『大方便佛報恩經』 卷2(『한글대장경』156, 동국역경원, 1995), 第2 孝養品, p.396.
4 『大乘本生心地觀經』 卷3(『한글대장경』154, 동국역경원, 1995), 第2 報恩品②, p.396.
5 高榮燮, 「불교 효학의 이론과 실제」, 『韓國佛敎學』44輯(韓國佛敎學會, 2006), p.100.

그의 정의처럼 불교에서 효는 가장 은혜로운 분, 가장 공경해야 할 분, 최대의 진리 그 자체에 대해서 마땅히 지녀야 할 마음가짐이라 본다. 이와 같은 관점에서 보면 부처님께 귀의하여 불법을 다루는 이가 본래의 목표에 도달하기 위해 지켜나가는 계율의 참정신과 효의 의미는 너무나 자연스럽게 일치되는 것이다.[6] 이렇듯 효는 단순히 부모의 은혜를 보답하는 일만이 아니라, 효에서 사랑과 자비가 시작된다는 사실을 일깨우고 있다. 사랑과 자비의 모체인 동시에 생명의 근원 속에 담긴 정신이 곧 효[7]라 할 수 있다. 효의 일차적 대상은 자신을 낳고 기른 부모이지만, 연기의 가르침에 따른 효 관념은 무한히 확장되어 있어 효심(孝心)이 곧 불심(佛心)이며, 효행(孝行)이 곧 보살행(菩薩行)인 셈이다. 이에 따르면 도를 얻어 부처를 이루고자 한다면 양친에게 효순해야 하고, 나아가 노인에게 효순하며 일체 중생에게 효순해야 하는 것이다.

『삼국유사』에는 불교에서 보는 효 관념이 어떤 의미를 지니는 것인지에 대해 몇 가지 이야기로써 명쾌하고 알기 쉽게 설명되어 있다. 아홉 가지의 항목으로 분류한 『삼국유사』의 한 항목을 효선(孝善)으로 할애하였는데, 이들 내용 가운데 승려인 진정법사(眞定法師)와 일반 불자인 손순(孫順)의 사례[8]를 살펴보자.

진정은 속인으로 있을 때 군(軍)에 예속되어 있으면서 집이 가난하여 장가를 들지 못한 채 여가에는 품을 팔아 홀어머니를 봉양하며 살았다. 어느 날 사람들이 의상법사(義湘法師)가 태백산에서 설법하여 사람들을 이롭게 한다는 말을 듣고 사모하는 마음이 생겨, 어머니께 말씀을 드리고 장차 출가할 뜻이 있음을 비치게 된다.

---

6 日陀, 『범망경보살계1』(다라니, 1992), pp.277~278.
7 정휴, 「불교의 효로 본 인생관」, 『불교의 효사상』(寺利文化硏究院, 1994), p.15.
8 『三國遺事』卷五 孝善 '眞定師 孝善雙美'와 '孫順埋兒'.

"효도를 마친 뒤에는 의상법사에게 가서 머리를 깎고 도를 배우겠습니다."

"불법은 만나기 어렵고, 인생은 너무나 빠른 것이다. 효도를 마친 뒤라면 또한 늦지 않겠느냐. 어찌 내 죽기 전에 네가 불도를 아는 것만 하겠느냐. 주저하지 말고 빨리 함이 좋을 것이다."

"어머님 만년에 오직 제가 옆에 있을 뿐인데 버리고 어찌 출가할 수 있겠습니까."

"아! 나를 위해서 출가를 못한다면 나를 지옥에 떨어지게 하는 것이다. 비록 생전에 삼뇌칠정(三牢七鼎: 풍성한 음식)으로 나를 봉양하더라도 어찌 가히 효가 되겠느냐. 나는 의식을 남의 문간에서 얻더라도 또한 가히 천수를 누릴 것이니 꼭 내게 효도를 하고자 하면 네 말을 말라."

진정의 어머니가 아들에게 말한 내용은 불교의 효를 대변하면서 효행과 출가라는 모순을 변증법적으로 초월하는 과정을 감동적으로 보여주고 있다.[9] 이는 효(孝)와 선(善)이 아름답게 쌍을 이룬다는 뜻의 '진정사(眞定師) 효선쌍미(孝善雙美)'라는 제목에서도 잘 드러난다. 어머니는 아들의 불심(佛心)이 한 가정, 한 부모만을 위한 것이 아니라 보다 큰 세계로 나아가는 것이 되도록 수행을 독려함으로써 아들과 자신 모두를 위한 궁극의 효와 선을 실천한 것이기 때문이다.

손순의 경우를 보면, 그는 아내와 함께 남의 집에 품을 팔아 홀어머니를 봉양하며 살았다. 그에게는 아이가 있었는데, 언제나 노모의 음식을 빼앗아 먹기에 아내에게 말했다. "아이는 또 얻을 수 있지만 어머님은 다시 모시기 어렵소. 그런데 아이가 음식을 빼앗아 먹어 어머님은 굶주림이 심하시니 아이

---

9 오출세, 『불교민속문학연구』(집문당, 2008), pp.279~280.

를 땅에 묻어 어머님 배를 부르게 해드립시다." 이에 부부는 아이를 업고 취산
(醉山)에 가서 땅을 파던 중 석종(石鐘)이 나와 두드려 보니 그 소리가 은은하여
들을 만했다. 부부는 종을 얻은 것이 아이의 복인 듯하여 석종을 지고 아이와
함께 집으로 돌아왔다. 그 종을 치자 대궐에까지 소리가 들렸고 흥덕왕이 이
를 알아보게 하여 부부의 자세한 내력을 듣게 되었다. 그의 효심에 감동한 왕
은 집 한 채와 해마다 벼 50석을 주어 효도를 포상했다. 손순은 자신이 살던
옛집을 희사하여 절로 삼아 홍효사(弘孝寺)라 하고 석종을 모셔 두었다.

　　손순의 기록에서 그의 어머니를 향한 효(孝)가 모두를 위한 선(善)으로 이어
져 완성되고 있는 점을 엿볼 수 있다. 부모를 봉양하는 데 그치는 것이 아니
라 자신의 집을 절로 바꾸어 중생의 해탈을 염원한 것이다. 불교의 효는 나의
부모라는 주관적 지평에서 시작되지만, 결국 객관적 지평의 표면적을 넓혀
가는 선으로 이어짐으로써 완성되며 그 선은 종교적 덕행(德行)으로 승화되고
있다.[10]

　　이처럼 불교의 효 개념은 공간적으로는 재가의 일효(一孝)와 달리 출가의
대효(大孝)를 지향한다. 시간적으로는 현재 일세(一世)의 효만이 아니라 과
거·현재·미래 삼세(三世)의 효를 지향한다.[11] 연기법으로 확장된 효심은 만
인을 위한 보살심과 다르지 않다는 것이 불교의 가르침 속에 이미 포함되어
있는 것이다.

2) 가장 수승한 인간의 도리

　　석가모니는 연기의 법칙 속에서도 현세에서 만난 부모·자식의 인연은

10　高榮燮, 앞의 논문(2006), p.98.
11　위의 논문, p.78.

가장 깊고 소중한 것이기에 양친(兩親)에 대한 효야말로 가장 수승한 것이라 보았다. 따라서 부모·자식, 부부 등 가장 기본적인 인간관계에서부터 불교의 가르침을 깊이 새기며 실천하도록 이끄는 것이 불교의 가족관이라 할 수 있다.

초기의 여러 경전에서 설명하는 효를 보면, 『별역잡아함경(別譯雜阿含經)』에서는 스승에서 신적 대상에 이르기까지 그를 섬기기 전에 먼저 부모를 섬기는 것이 도리이며, 부모를 섬기는 것이 곧 스승과 신적 대상을 공경하는 것과 마찬가지임을 설파하였다.

만약 스승에게 공양하려고 하면 부모에게 공양할 것이니, 부모가 곧 아사리이다. 만약 예배하려고 하면 마땅히 먼저 부모에게 예배해야 하며, 만약 불(火)을 섬기려고 하면 마땅히 먼저 부모에게 공양해야 하며, 만약 하늘을 섬기려고 하면 마땅히 먼저 부모에게 공양해야 하니, 그것이 바로 모든 하늘에게 공양하는 것이다.[12]

『대반열반경(大般涅槃經)』[13]에서는 재가자가 닦아야 할 네 가지 법이 있는데 "첫째는 부모님을 공경하고 진심으로 효도봉양하며, 둘째는 항상 선법으로 부인과 자식을 가르쳐 이끌며, 셋째는 하인들을 불쌍히 여겨 그들의 바람이 있고 없음을 살피며, 넷째는 항상 착한 벗을 가까이하고 악한 사람을 멀리하는 것"이라고 설하였다. 재가자가 닦아야 할 가장 큰 수행의 근간을 효로 설명하고 있는 것이다. 아울러 "극락세계에 왕생하고자 하는 이는 부모께 효도하고, 스승과 어른을 받들어 섬기며, 자비로운 마음으로 살생하지 않고 선

---

12 『別譯雜阿含經』卷5(『한글대장경』8, 동국역경원, 1993), 初誦⑤, p.160.
13 『大般涅槃經』卷上(『大正藏』1), p.196b.

업(善業)을 닦아야 한다"[14]고 하였다. 이렇듯 효를 가장 수승한 인간의 도리로 보는 가르침은 초기불교·대승불교의 구분 없이 일관된 가르침으로 전승되고 있다.

특히 재가자가 지켜야 할 실천규범이 집약된 「선생자경(先生子經)」[15]에는 보다 구체적이고 일상적인 내용이 담겨 있다. 석가모니는 선생(善生) 장자가 동남서북과 상하의 육방(六方)에 예를 올리는 것을 보고, 육방에 예배하는 올바른 법에 대해 "동방은 부모요, 남방은 스승이요, 서방은 아내요, 북방은 친척이요, 하방은 하인이요, 상방은 사문과 바라문"이라고 하였다. 여섯 방위를 다스리는 신을 섬기고 예배하던 당시의 육방풍습을 기본적인 인간관계에 적용하여 가르침을 펼친 것이다. 아울러 동방(東方)에 해당하는 부모의 예에 대해 말하면서, 자식이 부모를 섬기는 다섯 가지 실천사항에 이어 부모가 자식을 대하는 다섯 가지 사항을 함께 제시하였다.

자식 된 자는 마땅히 다섯 가지 도리로써 부모를 공경하고 따라야 한다. 첫째는 이바지하여 받들어 모시기에 부족함이 없어야 하는 것이요, 둘째는 할 일이 있으면 먼저 부모에게 알리는 것이요, 셋째는 부모가 하는 일에 순종하여 거스르지 않는 것이요, 넷째는 부모의 바른 말씀을 감히 어기지 않는 것이요, 다섯째는 부모가 하는 바른 직업을 계승하는 것이다.
부모도 다섯 가지 도리로써 자식을 사랑해야 한다. 첫째는 자식을 잘 살펴서 악을 행하지 않게 하는 것이요, 둘째는 잘 지도하고 가르쳐 착한 행을 하게 하는 것이요, 셋째는 사랑이 뼛속까지 스며들도록 하는 것이요, 넷째는 자식에게 좋은 배필을 구해 주는 것이요, 다섯째는 때에 따라 필요한 것을 공급해 주는 것이다.

---

14 경전연구모임, 『아미타경·무량수경·관무량수경』(도서출판 불교시대사, 1991), p.176.
15 『佛說長阿含經』卷11(『한글대장경』1, 동국역경원, 1995), 第2分 先生經, pp.261~270.

2500년 전에 성립된 이 내용은 불교의 가족윤리로 시대에 따라 조금씩 바뀌면서 전승되었다. 인간관계에 적합한 마음가짐과 도리를 잘 지키면 각 방위가 안온해지고 인생도 저절로 행복해짐을 비유한 것이다. 이에 대해 신륵사 주지 세영은 "선생 장자로 하여금 아버지의 유훈도 지키고 불법의 오묘한 진리도 실천할 수 있도록 하셨다. 이처럼 부처님은 어떤 습관이나 민속신앙을 전적으로 부정하지 않고 그러한 행동양식을 포용하여 오히려 진리를 실천토록 하셨다"고 말했다.[16] 특히 부모와 자식이 동등한 인간의 입장에서 서로 섬기고 따라야 하는 수평적·쌍무적 윤리를 제시함으로써 유교의 상하(上下), 존비(尊卑)에 입각한 수직적 윤리와 차별[17]되는 가치를 지닌다.

특히 부모의 은혜와 보은에 대해 구체적이고 서사적으로 묘사하고 있는 대승불교의 경전으로 『불설효자경(佛說孝子經)』·『부모은중경(父母恩重經)』·『불설우란분경(佛說盂蘭盆經)』이 민간에 널리 회자되고 있다.

『불설효자경』[18]에서는 "어버이가 자식을 낳으매 열 달을 잉태하여 몸은 중병에 걸린 것과 같고, 해산할 때면 어머님은 위태롭고 아버지는 두려워하시니 그 모습은 이루 말할 수 없다.…아들의 얼굴이 화창하고 즐거우면 어버이도 기뻐하였고, 아들이 슬퍼하면 어버이의 마음도 초조해진다. 문밖에 나가면 늘 걱정하고, 들어오면 어루만지며, 애지중지한 마음으로 언제나 걱정스러워서 그가 착하지 못할까 두려워하며 기른다"라고 하였다. 이렇듯 유교적 동양윤리의 부모 은혜를 거론하는 가운데, 특히 다음과 같은 내용이 주목된다.

만일 어버이가 완고하여 삼존(三尊)을 받들지 않거나, 흉악하고 잔인하여 외

---

16 박부영, "한국불교신앙의 뿌리를 찾아서 11: 칠성신앙", 「불교신문」 2004년 3월 9일자.

17 高榮燮, 앞의 논문(2006), p.91.

18 『佛說孝子經』(동국역경원, 1966), pp.341~342.

람되게 횡포한 짓으로 남의 물건을 훔치거나, 음탕하여 외색을 탐하거나, 거짓으로 도에 어긋한 것을 말하거나, 거칠고 어지럽게 술을 즐기거나, 바른 소견을 거스르거나, 흉측한 허물이 있거든 마땅히 극구 간언하여 깨닫게 하고, 만일 그래도 몽매하여 깨닫지 못하거든 곧 의리를 위하며 마땅히 교화하되, 왕이 가두는 옥과 모든 죄수들이 형벌로 고통 받는 비유를 들고,…설혹 그래도 옮기지 않거든 울고불고 절대로 음식을 먹지 말지니, 어버이가 비록 밝지 못하나 반드시 애정의 지극함으로써 자식이 죽는 것을 두려워하리라.

이 내용은 산해진미와 좋은 옷과 편안한 잠자리를 제공하고 그 뜻에 순종하는 것만으로는 부모를 올바로 봉양하는 것이 되지 못함을 강조한 것이다. 완전한 효를 실행하기 위해서는 부모의 바르지 못함이 있을 때 자식으로서 할 수 있는 최선을 다해 교화해야 하고 궁극적으로 불법에 귀의하게 간언해야 한다고 보았다. 아울러 "세상이 보기에는 효도 아닌 것이 효도가 되나니, 능히 어버이로 하여금 악을 버리고 선을 행하게 하며, 오계를 받들어 지니고, 삼보에 귀의하게 하여… 만일 삼존의 지극함으로써 그 어버이를 교화할 수 없는 이는 비록 효양할지라도 효도가 되지 못한다"는 내용을 덧붙임으로써 세속적 효만이 아니라 종교적으로 승화된 효에까지 나아가야 함을 다루었다.

이에 비해『부모은중경』은 부모의 은혜가 한량없이 크고 깊음을 설하여 그 은혜에 보답할 것을 가르친 경전이다. 특히 "어머니가 아이를 낳을 때는 3말 8되의 응혈(凝血)을 흘리고 8섬 4말의 혈유(血乳)를 먹인다" 등과 같은 표현으로 임신과 출산에 따른 부모의 육체적 고통을 강조함으로써 불교의 효를 좀 더 직접적인 표현으로 기술[19]하고 있다. 이 경전의 핵심은 부모의 은혜를 열

---

19 洪性奎(慧月), 「佛敎 孝思想의 時代的 考察:『父母恩重經』을 중심으로」(東國大學校 佛敎文化大學院 碩士論文, 2007), p.31.

가지로 나누어 제시하고, 이에 대해 게송으로 설명하고 있는 부분이다.

첫째는 뱃속에 품고 지켜 주신 은혜요, 둘째는 낳으실 때 고생하신 은혜요, 셋째는 낳으신 뒤에 근심을 잊으신 은혜요, 넷째는 쓴 것을 삼키시고 단 것을 뱉어 먹여 주신 은혜요, 다섯째는 젖은 데로 누우시고 마른 데로 뉘어 주신 은혜요, 여섯째는 젖을 먹여 길러 주신 은혜요, 일곱째는 더러운 것을 씻어 주신 은혜요, 여덟째는 멀리 떨어져 있으면 걱정하신 은혜요, 아홉째는 자식을 위해 궂은일을 하신 은혜요, 열째는 끝까지 사랑해 주신 은혜이다.

이와 같은 부모의 은혜에 대해 보은하는 길은 멀고도 멀다. 자식은 아버지와 어머니를 양 어깨에 업고 수미산(須彌山)을 백천 번 돌더라도 그 은혜를 다 갚을 수 없으며, 보은을 하지 않음으로써 불효하는 자식은 지옥에 떨어져 무서운 형벌을 받게 됨을 강조하였다. 따라서 부모의 은혜에 보답하는 길을 구체적으로 제시하기를, 첫째는 부모를 위해 『부모은중경』을 쓰고 읽을 것이요, 둘째는 부모를 위해 허물을 참회할 것이요, 셋째는 부모를 위해 삼보께 공양할 것이요, 넷째는 부모를 위해 재계(齋戒)를 지킬 것이요, 다섯째는 부모를 위해 보시하고 복을 닦을 것을 말하였다.

보은의 길로 제시한 다섯 가지 내용을 통해 외형적인 효도보다 더 차원 높은 효도를 위해 참회하기를 가르친 불교적 효의 특징을 살펴볼 수 있다. 자식들이 이러한 가르침을 그대로 믿고 실천한다면 결코 악행을 할 수 없을 것이요, 부모가 마음 아파할 일이 없을 것이기 때문이다.[20] 또한 직접적인 봉양만이 아니라, 스스로 참회하고 마음을 닦아 보시와 복을 쌓는 모든 일을 '부모를

---

20 월운 옮김, 앞의 책(2005), pp.96~97.

위한' 것으로 돌림으로써 보다 큰 공덕이 부모에게 미치는 구도를 지닌다. 곧 참회·재계·보시·삼보공양 등은 모든 중생에게 선과 자비를 미치는 것으로, 그러한 큰 공덕을 부모에게 돌림으로써 부모는 단지 현세뿐만 아니라 깊은 보은의 과보로써 내세를 열어갈 것이기 때문이다.

특히『불설우란분경』은 이러한 불교의 효를 우란분재(盂蘭盆齋)라는 적극적 의례로써 실천하도록 이끄는 경전이다. 우란분재의 유래를 담고 있는 이 경전의 〈목련구모고사(目連救母故事)〉는 극적인 내용으로 인해 후대에 이르기까지 다양한 첨삭 과정을 거치며 서사성과 문학성이 강화된 소설적 면모를 갖추게 되었다.

이날이 고통 받는 망자들을 구하는 날로 정해진 것은 부처님 당시에 있었던 극적인 사연에서 유래[21]한다. 석가모니의 제자인 목련존자(目連尊者)가 신통력으로 살펴보니, 망모가 생전에 지은 죄로 인해 지옥에 떨어져 고통을 받고 있는 것이었다. 이에 어머니를 구할 방법을 부처님께 간절히 청하자, 승려들의 안거가 끝나는 7월 15일에 대덕(大德) 승려들을 청해 공양하고 그 도력(道力)을 빌면 7대 부모까지 천도하여 삼계고해(三界苦海)에서 벗어나게 될 것이라 하였다. 이에 목련이 정성을 다해 대중에게 공양을 올렸더니 어머니는 천상에 태어나 무량한 복락을 받게 되었다는 것이다.

우란분재의 유래를 담은 고사는 후대로 오면서 소설적 면모가 강화된다.『월인석보(月印釋譜)』의 한글본「목련경」[22]을 보면, 목련이 어머니를 찾아 검수지옥·아귀지옥·확탕지옥 등 8대 지옥을 편력하다가 마지막으로 가장 참혹한 대아비지옥에서 극적으로 상봉하게 된다. 이에 목련은 세상으로 돌아와

---

21 나용화,「盂蘭盆節의 由來와 意義」, 史在東 編,『盂蘭盆齋와 目連傳承의 文化史』(中央人文社, 2000), pp.57~61.

22 閔泳珪,「月印釋譜 第二十三殘卷」,『東方學志』제6집(延世大學校 東方學硏究所, 1963).

어머니를 위해 갖가지 공덕을 베풂으로써 어머니는 고통이 덜한 지옥으로 한 단계씩 올라오게 되고, 마침내 천상에 태어나 살아가게 된다는 것이다. 이러한 목련구모의 고사는 서사적이고 충격적인 흡인력과 효를 중시하는 전통사회의 가치관이 어우러지면서 대중에게 커다란 사랑을 받았고, 우란분재 또한 깊은 효심을 자극하면서 전승기반을 다질 수 있었다.

2. 양로와 수연의 역사

대부분의 문화권에서 그러하듯이 유교에서도 연령에 큰 가치를 부여하고 있다. 노인을 공경하는 경로(敬老)의 관습은 유교이념에서 가장 중요한 인간의 도리로 여기는 효(孝)에 기반을 둔 것이다.

가정의 예의범절을 다룬 『예기(禮記)』에는 노인에 대한 관념을 반영하는 내용들이 본격적으로 등장한다. 예컨대 "유우씨(有虞氏)는 덕(德)과 연령을 존중했고, 하후씨(夏后氏)는 작위(爵位)와 연령을 존중했으며, 은나라 사람은 재부(財富)와 연령을 존중했고, 주나라 사람은 어버이와 연령을 존중했다"고 하면서 연령을 존중하지 않은 왕은 없었으며 연령을 존중하는 것은 오래된 관습이자 부모에게 효를 다하는 것 다음으로 오래된 것이라 보았다. 이에 따르면 50세부터 신체적 노화가 시작된다고 보아 노인으로 진입하는 기점을 삼았으며, 이후 60세 · 70세 · 80세 · 90세에 이르기까지 연령별 대우 방식을 다양하게 서술하고 있다. 이러한 『예기』의 내용은 조선시대 효와 축수 문화의 근간을 이루면서 자주 인용되는 것이기도 하다.

〈표〉『예기』에 나오는 연령별 대우 방식[23]

구분	50세	60세	70세	80세	90세
양로의 禮	鄕學에서 행함	나라 안 小學에서 행함	大學에서 행함	임금 명을 받을 때 꿇어앉아 머리를 2번 땅에 닿게 절함	임금의 명이 있으면 사람을 시켜서 받음
몸상태	몸이 노쇠하기 시작	고기반찬 없이는 먹지 않음	명주옷 아니면 따뜻하지 않음	타인의 체온을 빌리지 않으면 따뜻하지 않음	타인의 체온을 얻어도 따뜻해지지 않음
음식	양식에 좋은 곡식을 사용	고기를 빼놓지 않음	가외반찬이 있어야 함	항상 진미음식이 있어야 함	침실에서 식사하며 외출 시 음식을 가지고 따라다님
노인 행세	집안에서 지팡이를 짚음	마을에서 지팡이를 짚음	나라 안에서 지팡이를 짚음	조정에서 지팡이를 짚음	임금이 문의할 일이 있으면 진미음식을 가지고 방문함
관직			자유롭게 퇴청 가능. 관직에서 사퇴함	임금이 매월 사자에게 음식을 보내 안부를 물음	임금이 매일 사람을 시켜 常膳을 내림
부역	노력을 제공하는 부역에 나가지 않음	병역에 복무하지 않음	빈객접대에 참여하지 않음	齊喪의 일에 관여하지 않음. 아들 한 명에게 국가부역을 면제함	집안의 모든 부역을 면제함
기타	爵을 받아 大夫가 될 수 있음	스승의 역할을 하지 않음	불행에 처해 상복 입을 뿐 禮道에 따르지 않아도 됨		

이를 보면 50세부터 신체 노화가 시작된다(五十始衰)고 하여 좋은 곡식으로 음식을 만들도록 하였고, 60세에 이르면 고기반찬이 반드시 있어야 하며, 70세에는 가외반찬이 필요할 뿐만 아니라 의복도 명주옷이 아니면 따뜻함을 느

---

23 『禮記』中, 李相玉 編著(明文堂, 2003), pp.743~804의 내용을 참조하여 표로 만듦.

끼지 않는다고 하였다. 80세는 항상 진미음식을 갖추어야 하고 타인의 체온을 빌리지 않으면 따뜻하지 않으며, 90세에는 식사를 침실에서 하도록 하고 외출 시에도 음식을 갖추어 따라다닐 것과 타인의 체온을 얻어도 따뜻하지 않을 정도라고 하였다. 이처럼 연령이 많아짐에 따라 몸이 허약하고 영양이 부족해지므로 음식과 보온 등에 각별히 신경을 쓰도록 지침을 만든 것이다.

또한 연령이 많을수록 사회적 대우가 높아짐을 지팡이라는 도구를 통해 드러내고 있는데, 오십장어가(五十杖於家)라 하여 50세에는 집안에서 지팡이를 짚다가, 60세가 되면 마을에서 지팡이를 짚고, 70세에 이르면 나라에서, 80세에는 조정에서 지팡이를 짚는다고 하였다. 이때의 지팡이란 노인으로서 누리는 특권을 의미하여, 집안 중심의 노인에서 점차 마을과 나라는 물론 임금이 있는 조정에 이르기까지 대우가 확장된다는 뜻을 담고 있다.

이는 노인으로 접대하는 구체적인 사례에서도 동일하게 반영되어 50세에는 향학(鄕學)에서 양로의 예를 행하도록 하다가 60세에는 나라 안 소학(小學)에서, 70세는 대학(大學)에서 양로의 예를 행하였다. 80세가 되면 임금이 매월 음식을 보내어 안부를 묻고, 90세의 노인이 되면 매일 선물을 내릴 뿐만 아니라 임금의 명이 있을 때도 사람을 시켜서 받을 수 있다. 또한 임금이 문의할 일 있으면 음식을 가지고 직접 방문함으로써 높은 연령에 이르면 지위를 초월하게 되어 임금으로부터도 예를 받을 수 있음을 나타내었다. 따라서 50~60대의 노인에게는 당사자에게 부역과 병역을 면제해 주지만, 80세의 노인이 있는 집에서는 아들 한 명에게 국가부역을 면제하고 90세의 노인이 있을 경우에는 집안의 모든 부역을 면제시켜 주어 노인 봉양에 최선을 다하도록 했던 것이다.

관혼상제와 생활규범의 모본이 되었던 『예기』의 이러한 언급들은 실제 그 내용대로 행하지는 않더라도 조선사회의 유교이념에 밑바탕이 되었을 것이다. 실제 양로·기로 풍속 또한 이러한 관점이 중요한 기반을 이루고 있음을 알 수 있다.

간지(干支)를 사용하는 동양3국에서는 60갑자(甲子)를 한 바퀴 돌고난 뒤, 태어난 간지의 해를 다시 맞는 날을 기점으로 축수하는 것이 관례이다. 이 날을 회갑(回甲)·주갑(周甲)·환갑(換甲)·화갑(花甲)·환갑(還甲)·화갑(華甲)·갑일(甲日) 등이라 부른다. 이후 회갑 다음 해를 갑자(甲子)가 새롭게 펼쳐진다 하여 진갑(進甲)이라 하고, 70세를 고희(古稀) 또는 희수(稀壽)라 하며, 이후에도 희수(喜壽: 77세)·팔순(八旬: 80세)·미수(米壽: 88세)·구순(九旬: 90세)·백수(白壽: 99세)·백순(百旬: 100세) 등 60세 이후부터는 나이에 큰 의미를 부여하여 단계별로 축수하는 풍습을 지니고 있다. 특히 의학이 발달하지 못했던 시대에는 70세까지 사는 것이 희귀한 일이어서 '드물 희(稀)'자를 사용했듯이, 장수에 대한 희구와 축복은 평균수명이 80세를 넘어선 현대보다 더욱 절실하고 큰 것이었다. 벽사기복을 위한 각종 문양과 글귀에 수복(壽福)에 대한 갈망이 최우선으로 반영된 데서도 이를 잘 파악할 수 있다. 아울러 장수를 축하하는 잔치 수연(壽宴)은 곧 회갑을 의미하고, 넓은 뜻으로는 이후의 잔치에도 광범위하게 쓰인다.

축수의례와 관련된 가장 이른 기록으로 고려 후기인 충렬왕 22년(1296)에 '환갑(換甲)'이라는 용어가 『고려사』에 처음 등장한다. 이 해 정월 갑신일에 충렬왕은 죄수들을 석방하고 여러 방식으로 벼슬길을 열어 주는 한편, 조세를 바치기 위해 자식을 판 빈민들은 관청에서 속금을 내어 그 자식들을 부모에게 돌려보내도록 하는 등 널리 은혜를 베풀었다. 이는 당시 왕의 나이가 61세 되는 해이므로 역술가가 '환갑은 재앙이 많은 해이니 미리 신수를 바꾸어야 한다'고 했기 때문이었다.[24] 아울러 국사승과 왕 스스로도 다음과 같이 말한다.

---

24 『高麗史』卷31 忠烈王 丙申 22年(1296).

병인일에 왕이 서쪽 교외에 나가서 사냥하였다. 국사승(國師僧)이 왕에게 글을 올려 이르기를 "전하께서 환갑이 되는 해이니 마땅히 몸을 조심하여 덕을 닦아야 할 것이요, 놀러 다니거나 사냥하러 다니는 데 열중하여서는 안 됩니다"라고 하였다.[25]

왕이 한강을 불러 말하기를 "내가 왕위에 있은 지도 이미 오래되어 금년에는 환갑 나이가 되었으니 더욱더 근신하고 소심하게 일을 보아야 하겠다. 그대는 실행해야 할 만한 일들을 일일이 말해 주도록 하라"고 하였다.[26]

이들 기록에 따르면 오히려 환갑을 운수가 좋지 않은 해로 여겨 기피하고 근신하였음을 알 수 있다. 조선 중기에 성혼(成渾)의 문집에도 "나는 올해가 61세이니 세속에서 꺼리는 이른바 환갑(今年六十一細 俗忌所謂還甲)[27]"이라고 적은 것을 보면 이러한 관념은 조선시대까지 이어졌음을 알 수 있다. 근래에도 '환갑을 하면 좋지 않다'는 속설이 남아 있어 60세가 되는 해에 앞당겨서 잔치를 하거나, 환갑 때는 오히려 근신하는 풍속[28]을 살펴볼 수 있다. 이처럼 환갑에 대한 부정적 인식은 평균수명이 짧았던 시대에 60갑자를 한 바퀴 돌았다는 것을 곧 '수(壽)를 다했다'는 뜻으로 해석했기 때문인 듯하다. 주역에서도 환갑이 지나면 사주팔자(四柱八字)의 괘가 나오지 않는다는 것처럼 한 생의 일단락이라는 의미가 컸던 것이다.

---

25 『高麗史』卷31 忠烈王 丙申 22年(1296).

26 『高麗史』卷107 列傳 第20 '韓康'(1296).

27 成渾, 『牛溪集』卷6 '雜著'.

28 김만태, 「한국인의 삶에서 수연례(壽宴禮)가 갖는 의미 분석」, 『실천민속학연구』 12(실천민속학회, 2008), p.49.

　이와 관련하여 경북 문경에서는 "환갑을 끝이자 시작으로 보아 환갑잔치를 지낼 때 '산 조상에게 제사 지낸다'는 말을 하면서 절을 두 번 올렸다"[29]고 하며, 경기도 평택에서도 환갑을 '산 제사'라 부르면서 조상숭배의 일부로 여겼다. 이 지역을 조사한 한 연구[30]에서는 환갑잔치와 조상제사의 의식형태가 상당한 유사성을 지니고 있음을 환기시키면서, 주민들의 인식 또한 이와 다르지 않음을 알 수 있었다고 한다. 이를테면 주민이 "자식들에게 어떻게 제사를 지내는가를 보이는 것은 그들이 내가 늙으면 어떻게 부양해야 하는가를 알리기 위해서이다"라고 하였듯이, 노인으로 진입하는 환갑이 조상숭배의 의미 속에서 수용되고 있는 것이다.

　그런데 문경주민의 생각은 '살아 있지만 죽은 조상이기에 남자는 재배, 여자는 4배로 예를 표한다'고 보았지만, 재배를 하는 것은 수연례만이 아니라 관혼상제 등 집안의 큰 의식에서는 평소 절의 배수를 하는 것이기에 남자는 재배, 여자는 4배를 하게 된다. 따라서 일단락의 의미에 재배하는 풍습이 제사와 연결되면서 '산 조상', '산 제사'라는 인식이 생겨나게 된 듯하다.

　이처럼 60갑자를 넘어선 데 대한 조심스러움이 공존하는 가운데, 근원적으로 환갑을 맞았다는 것은 장수를 뜻하기에 경사스런 날이라는 인식은 분명하였다. 예컨대『고려사』에도 "왕이 여러 신하들을 인솔하고 묘련사에 갔는데 이는 중국 황제의 갑일(甲日)이므로 장수를 축하하기 위해서였다"[31]고 하여 '갑일축수(甲日祝壽)'라는 용어가 등장하고 있다. 이에 대해 선행연구에서 보기를, 고려시대는 개인적 축수의례로서 환갑을 기피하는 인식이 강했다거나,[32]

29　제보자: 최병식(85세). 2011년 4월 16일 경북 문경시 흥덕동.

30　로저 자넬리·임돈희 공저, 김성철 역, 『조상의례와 한국사회』(一潮閣, 2000), pp.86~89.

31　『高麗史』卷32 忠烈王 辛丑 27年(1301).

32　김인옥, 「수연례의 변천에 관한 일 고찰」, 『한국전통생활문화학지』 6권 2호(한국전통생활문

충렬왕 때 '갑일축수' 이후 조선 전기까지 오랫동안 갑년(甲年) 숭상 등 축수에 관한 기록이 나타나지 않는다[33]고 함으로써 고려시대는 물론, 조선시대에도 16세기에 들어서야 본격적인 환갑잔치(壽宴)가 행해진 것으로 보았다.

그러나 실제 여말선초에 수연을 행한 기록은 많이 등장한다. 고려 말의 문인 안축(安軸, 1282~1348)은 당시 재상(宰相=相國)이던 이제현(李齊賢)의 수연을 축하하는 '상국 익재에게 드리는 하례(賀益齋相國)'[34]라는 시를 지은 바 있다. 이 시의 내용은 이제현이 환갑을 맞았을 뿐만 아니라 둘째아들이 과거에 1차 합격하여 겹친 경사를 하례하는 내용으로 되어 있다. 아울러 "백설 맑은 노래는 비파를 화답하고 자하주 신선 술은 금잔에 가득하네"라고 하여 노래와 술을 곁들인 잔치 분위기를 엿보게 한다.

조선 전기의 설순(偰循, ?~1435) 또한 1430년에 '이중추 정간(貞幹)이 71세에 맞은 자친의 구순잔치를 하례하여(賀李中樞貞幹年七十壽九十慈親)[35]라는 시를 지었다. 71세 이정간의 부친이 90세를 맞았으니 당시로서는 매우 드문 장수집안이었던 셈이다. 이에 설순은 "높은 댁의 오랜 적경(積慶)을 모두 부러워하노니 색동옷 흰머리로 자당을 받드누나"라고 읊었다. 조선 후기 수연례의 모습을 묘사할 때 "자녀들이 비단옷을 입고 흥겹게 춤을 춘다"고 하였는데, 이러한 풍습이 조선 초기부터 있었던 것이다.

이 외에도 변계량(卞季良, 1369~1430)은 1420년 52세 되던 해 10월에 "풍양에서 수연을 올리는 데 입시하였다(入侍上壽宴于豊壤)"[36]고 하였고, 권람(權擥,

화학회, 2003), p.163.

33 김만태, 앞의 논문(2008), p.49 ; 최순권, 「조선후기 장수(長壽)에 대한 인식과 수연(壽宴)」, 『수복(壽福)』(국립민속박물관, 2007), p.198 등.

34 『東文選』卷15 七言律詩 '賀益齋相國'.

35 『東文選』卷17 七言律詩 '賀李中樞貞幹年七十壽九十慈親'.

36 『春亭集』春亭續集 卷2 附錄 '年譜'.

1416~1465)은 '어버이를 뵙기 위해 진산으로 가는 영상 강맹경을 전송하는 글(送領相姜孟卿歸覲晋山序)'[37]에서 다음과 같이 적었다. "경진년 겨울에 영의정부사 강공(姜公) 맹경(孟卿)이 진양으로 어머님을 뵙기 위해 갈 적에 임금께서 특명으로 그 어머님의 수연을 내리시고 위로의 잔치까지 내려주셨으며, 또 맏아들 지사간원사 윤범(允範)에게 명령하여 모시고 가도록 했으니, 은혜와 영광이 지극하였다." 세조가 공신의 어머니 수연에 특명으로 잔치를 치러주게 하여 고향으로 자랑스럽게 내려가는 영상의 행차를 묘사한 것이다.

이처럼 조선시대에 와서는 환갑을 중심으로 한 수연(壽宴)이 확산되었으며, 여러 시문집에 회갑잔치를 연 기록들이 본격적으로 등장하기 시작한다. 나라에서는 70세가 넘는 정2품 이상의 문관을 우대하기 위한 기로소(耆老所)를 설치[38]하고, 기로소에 든 벼슬아치에게는 임금이 지팡이(几杖)와 의자 등을 하사하면서 매년 봄·가을에 기로연(耆老宴)을 열어 장수를 축하하였다. 이때 임금이 술을 내리고 참석자들이 축하의 시를 지어 시축을 만들었으며 잔치 장면을 그림으로 그려 보관토록 하였다.

기로연이 고위직 관리를 위한 자리라면 양로연(養老宴)은 일반 백성을 위한 잔치였다. 따라서 매년 9월이면 서울에 거주하는 80세 이상의 남녀 노인들을 궁중으로 청해 경로잔치를 베풀었으며 지방에서도 지방관이 주관하여 해마다 노인들을 모시고 양로연을 열었다. 이러한 자리에 참석한 노인들은 푸짐한 선물을 받았다. 노인직(老人職)·수직(壽職)도 노인을 우대하는 조치 중 하

---

37 『東文選』卷94 序 '送領相姜 孟卿 歸覲晋山序' 참조.

38 기로소(耆老所)는 고려 희종 때 설치된 기영회(耆英會)에서 시작되었으며 2품 이상의 관직에서 물러난 이들을 중심으로 정치에 영향력을 행사하는 모임이었다. 조선 태종 때부터 연회적 성격의 사교모임으로 바뀌었고, 세종 10년(1428)부터 기로소라는 명칭이 사용되었다. 朴尙煥, 『朝鮮時代 耆老政策硏究』(혜안, 2000), pp.111~115.

나였다. 천인일지라도 80세를 넘은 노인이라면 품계를 하나씩 주었고, 사대부 집안의 부녀로 90세를 넘은 이에게는 작위를 주었다. 또한 100세가 넘으면 비록 평민이라도 종1품 숭정대부(崇政大夫)의 품계를 주어 그의 장수를 축하했다. 이처럼 관리 출신은 70세, 평민은 80세가 되면 노인으로 대접받고 나이가 많아질수록 신분의 차별을 두지 않는 것이 당시의 경로풍습이었다.[39]

아울러 새로운 갑자를 맞는 회갑(回甲) 외에, 혼례를 치른 해로부터 60주년이 되는 해는 회혼(回婚), 과거급제를 한 해로부터 60주년이 되는 해는 회방(回榜)이라 한다. 이러한 수연을 치르려면 적게는 70대부터 많게는 80～90세까지 살아야 해서, 회갑·회혼·회방은 조선시대 3대 수연이라 할 정도로 중요한 일생의례의 하나로 행하였다.[40] 따라서 회갑·회혼·회방에 두른 띠를 삼회대(三回帶)라 하는데, 당시 사람들은 이를 복대(福帶)라 부르면서 혼례를 앞둔 이들이 앞 다투어 빌려 썼다[41]고 한다. 새로운 가정을 꾸리면서 장차 회갑을 맞을 때까지 건강하게 살뿐더러 60주년까지 해로하고, 나아가 과거급제의 회방까지 맞기를 바라는 마음이 담긴 선비들의 풍습이라 하겠다.

특히 회혼례에서는 자손과 친지들이 모인 중에 노부부가 혼례식을 재현하고 자손들의 헌수(獻壽)와 친지들의 축하를 받았다. 헌수절차는 대개 큰상을 차려 놓고 장남부터 차례로 술잔을 올리고 절을 하며, 다음은 출가한 딸의 내외가 하고, 이어서 친척과 하객이 축배를 올리며 축하의 시문을 지어서 바치기도 했다. 각지에서 모여든 친지들이 열두 폭 병풍에 자신의 이름을 서명하

---

39 김문식, 「70세 은퇴와 양로연」, 『전통과 현대』 16호(전통과현대사, 2001), p.240 ; 이이화, 『놀이와 풍속의 사회사』(한길사, 2001), pp.247～249 등.

40 최순권, 앞의 논문(2007), p.100.

41 『林下筆記』 卷26 春明逸史 '三回帶'.

기도 했는데, 이를 축수서명(祝壽書名)이라고 하고 이렇게 만들어진 병풍을 만인병(萬人屛)이라 하였다. 회혼잔치의 만인병에 축수서명을 하면 장수한다고 하여 회혼잔치 소문만 들으면 먼 곳이라도 찾아와서 서명을 하는 풍습이 있었다.[42] 권상하(權尙夏, 1641~1721)는 이공거(李公擧)의 양친이 회혼잔치를 할 때 "오랫동안 하고자 해도 할 수 없는 것은 어버이 섬기는 것을 말하는데… 올 경인년은 그 양친 육례(六禮)의 회갑이 되는 해"[43]라고 시를 읊어 하례한 내용이 나온다.

숙종 8년(1682)에는 "민간의 미천한 백성도 부모의 회갑이 되면 술을 거르고 음식을 장만하여 친족을 모아 축하하니"[44]라는 기록이 나오는 것을 보아 조선 중기 무렵에는 서민들도 환갑잔치를 널리 행하였음을 알 수 있다. 18세기 이후 일반 백성들에게까지 『주자가례』가 보급되면서, 효를 백행의 근본으로 여겼던 유교윤리와 맞물려 부모의 장수를 축하하는 풍습이 널리 확산되었던 것이다.

3. 불교 축수의례의 역사

생일을 맞는 날 행하는 축수(祝壽) 관련 불교의식이 기록에 등장한 것은 고려시대부터이다. 이는 임금의 탄신일을 맞아 생일을 축하하고 장수를 기원하기 위해 사찰에서 개설한 축수도량(祝壽道場)으로, 1012년(현종 3)에 처음 개설

---

42 고려대학교 민족문화연구원, 『한국민속의 세계 2: 의례생활·일상생활』(1980), pp.102~
   104.

43 『寒水齋集』卷1 詩 '李公擧設其親重牢宴一律替賀'.

44 『肅宗實錄』肅宗 8年 10月 9日(壬午).

되었다. 예관이 왕의 생일을 전국적으로 경축케 할 것을 청하자, 현종은 다음과 같은 교서를 내렸다.

나는 어려서 부모를 여의고 앞으로는 봉양할 길이 없다. 매양 부모의 양육하신 은공을 생각할 때 추모하는 마음을 금치 못하거니 어찌 슬픈 생각을 억누르고 도리어 축하를 받겠는가! 금후부터 양경(개경·서경)과 각 도에서 진상하는 축하물자는 모두 금지하고, 다만 축수(祝壽)하는 도량(道場)만 남겨 두어 이것을 항구한 의식으로 하라.[45]

현종이 어린 시절 돌아가신 부모를 추모하여 일체의 하례를 금하고 축수도량만 설행하도록 하며 이를 항구한 의식으로 삼게 함으로써 이후 정기적 행사로 정착되기에 이른다. 아울러 생일의 축수도량이 상시적으로 열렸다면 회갑 등 특수한 날의 축수도량은 더욱 성대하게 열어 그 의미를 중요하게 다루었을 것임을 짐작할 수 있다. 이후의 축수도량은 축수재(祝壽齋)라는 이름으로 등장한다.

이러한 성격의 축수도량·축수재는 동아시아 삼국에서 모두 개최된 것으로 알려져 있다. 중국에서는 당나라 이래 자주 열었는데 당시의 개최목적 역시 황제의 장수를 기원하기 위한 것이었다. 1279년 일본에서도 개최된 기록이 전하고 그 목적은 중국이나 한국과 동일하다.[46]

이후 문종 대에 와서 1078년(문종 32) 송나라 황제의 생일을 맞아 동림사(東林寺)와 대운사(大雲寺)의 두 사찰에서 축수재를 올렸다.[47] 그런데 『동문선(東

---

45 『高麗史』 卷4 玄宗 壬子 3年(1012).

46 김종명, 『한국 중세의 불교의례: 사상적 배경과 역사적 의미』(문학과지성사, 2001), p.77.

47 『高麗史』 卷9 文宗 戊午 32年(1078).

文選)』을 보면 문종의 넷째아들인 대각국사 의천(義天, 1055~1101)이 '천성절에 축수하는 재의 소(天成節祝壽齋疏)'[48]를 지은 바 있어 이 축수재 때 지은 것으로 보인다. "갈무리했던 것을 드러내어 절기를 기념하니 온 국가가 장수하시기를 기원합니다.… 경건하게 부처님의 공덕에 의지하여, 위로는 군왕의 지위를 부지하고 사방의 축하를 받으시어 만년장수(萬年長壽)의 풍부한 기대를 보전하게 하소서"라는 내용으로 되어 있다. 천성절이란 황제의 탄신일을 뜻하는 말로 고려왕조에서는 쓰지 않았던 용어이고, 당시 의천은 송나라 유학을 위해 교류하고 있던 시절이기 때문에 송나라 황제의 축수를 위한 글이라 볼 수 있다.

칠성신은 수명장수를 관장하는 존재였기에 칠성신을 대상으로 장수를 기원하는 풍습은 고려시대의 왕실에서도 예외가 아니었던 듯하다. 불교에서는 중국 도교신앙의 대상이었던 칠성을 부처의 화현인 칠성여래(七星如來)로 변용하여 받아들임으로써 고려왕실에서는 사찰에서 칠성신에게 장수를 비는 도량을 베풀기도 하였다. 이는 이규보(李奎報)가 남긴 '나라에서 수명연장과 제액을 위해 북두칠성의 도량을 베푸는 글(國卜北斗延命度厄道場文)'[49]에서도 잘 드러난다. 이규보는 이 도량문에서 "부처님의 음덕에 정성들여 법회를 베풀고, 누더기옷의 청정한 스님들을 청해 옥 두루마리의 신령스런 경전을 펼쳐 내나이다. 이 훌륭한 인연을 의지하여 독실하게 지혜의 도움을 받아 재앙과 액이 나타나기 전에 풀어버리기를 얼음 풀리듯 하고, 수명과 복을 한없이 누리기를 죽순 자라듯 하여지이다"라고 읊었다.

고려 말기의 학자 이색(李穡)은 박밀직으로부터 정선생(鄭先生)이 문생(門生)들의 축수재를 받게 되어 장차 그 모임에 가리라는 소식을 듣고, 선배의 유

---

48 『東文選』卷110 疏 '天成節祝壽齋疏'.
49 『東文選』卷114 道場文 '國卜北斗延命度厄道場文'.

풍(遺風)이 있음을 기쁘게 여겨 시를 지어 보낸 바 있다.[50] 이로 보아 후기에 이르면 왕실뿐만 아니라 지배층에서도 사찰에서 부모·스승 등의 축수재를 열어 주는 풍습이 있었음을 알 수 있다.

특히 고려시대에는 승려에게 공양을 대접하는 반승(飯僧)이 성행하여 수백·수천 명은 물론 만 명 이상의 승려에게 공양으로 올리는 대규모 반승기록들이 자주 등장한다. 반승은 임금의 탄일이나 기일 등 임금의 개인적인 축수도량이나 기신도량이 대부분을 차지[51]하였다. 예컨대 충선왕은 복위 원년(1308)인 9월 23일(무인) 무렵 생일을 맞아 수령궁(壽寧宮)에서 반승(飯僧)하고 축수잔치를 베풀었다.[52] 아버지 충렬왕이 같은 해 7월 13일 신효사(神孝寺)에서 임종하자 원나라에 있다가 급히 귀국해 충선왕으로 복위한 것인데, 생전에 충렬왕과 충선왕은 원의 개입으로 갈등관계에 있어 부왕이 임종한 지 백일도 되지 않아 자신의 생일잔치를 연 것이다.

또한 공민왕은 자신의 생일에 재상들이 수연을 열겠다고 하자, 잔치를 하면 반드시 살생을 하게 되니 잔치비용으로 승려 1천 명을 지장사(地藏寺)에서 반승토록 하였다. 이에 『고려사』에서는 ˝왕의 탄일이므로 내전에 도량(道場)을 베풀었다. 왕이 불교를 믿기 시작하니 백관들이 모두 왕을 위해 축수재를 열었다˝[53]고 적었다.

사찰에서 축수재를 열 때는 신하들이 참석하여 임금의 장수를 비는 것이 통례인데, 임금이 직접 재에 참석했던 사례도 있다. 신효사는 고려 말에 충렬왕이 중창하고 원당(願堂)으로 삼은 사찰로, 1342년(충혜왕 복위 3)에 이 절의 등

---

50 『牧隱集』牧隱詩藁 卷14 '詩'.

51 안지원, 『고려의 국가 불교의례와 문화』(서울대학교출판부, 2005), p.300.

52 『東史綱目』第13上 忠烈王 34年(1308).

53 『高麗史節要』卷26 恭愍王 元年(1352).

촉향도(燈燭香徒)들이 왕의 축수재를 열었을 때 충혜왕이 직접 재연(齋筵)에 참여해 앞자리에 앉아 있었다[54]는 것이다.

이렇듯 축수재가 성행하면서 생일에 축하의 소(疏)를 올리는 내용들이 많이 등장한다. 예컨대 당대의 문장가로 각종 의식에 많은 문장을 지었던 이첨(李詹, 1345~1405)은 공민왕의 생일을 맞아 '탄일재의 소(誕日齋疏)'를 지어 "부처님의 자비는 베풀어 주심이 넓고 크기에, 우리 임금님 수명을 더욱 연장하도록 축수하려고 정성을 다 들여서 부처님께 귀의합니다. 엎드려 생각하니, 신은 잔약한 자질로 성조(盛朝)를 만나서, 친히 시험하시는 7명 가운데 끼어 특별히 백일(白日)같은 은혜를 받았으며, 일천 년에도 만나기 어려운 때를 만나서 모두 청운(靑雲)의 길에 올랐습니다.… 마침 탄일을 맞이하여 삼가 축수하는 불공을 드리오니, 겨자씨보다도 작은 인연이나 부처님의 감응을 두루하여 주소서"[55]라고 읊었다. 공민왕은 예문관에 삼관원(三館員)의 수가 부족하다고 하자 친시(親試)를 행하여 이첨 등 7인에게 급제를 내린 바 있는데,[56] 이러한 내용도 담은 것이다.

조선왕조에 들어서자, 절에서 치르는 축수재 또한 불교 상제례와 유사한 길을 걷게 되면서 폐지와 설행을 번복하는 가운데 중종 대까지 지속되었다. 예컨대 태종 11년(1411)에는 병조에서 옛 관습에 따라 서보통도감(西普通都監)의 이식(利息) 금액을 사용하여 매년 축수재를 설치해 왔는데 태종이 이르기를 "장수와 단명은 운수에 달려 있거늘 기도가 무슨 소용이 있겠는가"[57] 하고 모

<hr />

54 『高麗史』卷36 忠惠王 復位3年(1342) ; 李芝洙, "신효사(神孝寺)", 『한국민족문화대백과사전』(한국정신문화연구원, 1991).

55 『東文選』卷111 疏 '誕日齋疏'.

56 『東史綱目』第15上 恭愍王 17年(1368).

57 『國朝寶鑑』卷4 太宗 11年(1411) ;『太宗實錄』太宗 14年 1月 3日(戊寅) 등.

두 혁파하였다. 이어 1414년에 무과에 합격한 이들이 올리는 축수재를 파할 것을 명하고, 1417년에는 탄일에 축수재를 베풀지 말도록 관련된 각 부처에 전하여 의지를 분명하게 드러내게 된다.[58]

그러나 축수재는 없어지지 않고 세종 3년(1421)에 영의정 유정현이 임금의 탄일을 위하여 흥천사(興天寺)에서 축수재를 올렸다.[59] 2년 후 1413년에 다시 세종의 생일이 다가와 신하들이 태조의 원종공신(原從功臣)[60] 등은 청량사(淸涼寺)에서, 태종의 원종공신 등은 승가사(僧伽寺)에서 나누어 탄신 축수재를 베풀 것을 말하자, 세종은 "이후로 축수재를 배설하지 말라"고 명하게 된다.[61]

이러한 사정을 간파한 조선 초기의 학자 어변갑(魚變甲, 1381~1435)은 불교 의식을 금하게 하면서도 한편으로 행하는 사례가 왕실에서부터 시작되니, 사대부는 물론 백성들도 각자 입장에 따라 행하면서 편리하게 해석한다는 취지로 임금에게 다음과 같이 고한다.

지금 수륙(水陸)의 차림이 비록 간소하다 하오나 나라에서는 갑자기 없애지 못하였고, 기신(忌晨)에 추복(追福)하는 구습이 아직 남아 있으며, 탄일(誕日)에 축복하는 풍습이 없어지지 아니하였는데, 하물며 사대부에 있어서이겠습니까. 사대부도 이것을 면할 수 없사온데, 하물며 서민에 있어서이오리까. 그것이 이렇게 되는 것을 열어 놓고, 그것이 저렇게 되는 것을 금하오니 백성들은 믿지 않사옵니다. 이런 까닭에 귀천과 빈부를 가리지 않고 모두들 말하기

---

58 『太宗實錄』太宗 14年 5月 16日(戊子), 5월 9일(甲午).

59 『世宗實錄』世宗 3年 4月 9日(辛丑).

60 원종공신은 국가나 왕실의 안정에 공훈이 있는 정공신(正功臣) 외에 왕을 수종(隨從)해 공을 세운 공신을 말한다: 朴天植, "원종공신(原從功臣)", 『한국민족문화대백과사전』(한국정신문화연구원, 1991).

61 『世宗實錄』世宗 5年 4月 10日(庚申).

를, "가례의 법은 좋다"고 하오나, 가례를 행하면 사람들은 그 사람을 비평하여 "상정(常情)과 다르다. 수륙의 법이 간소하다"고 말하고, 수륙을 행하면 사람들은 또 그 사람을 헐뜯어 "재물을 아낀다"고 말합니다.[62]

그 뒤로도 축수재는 여전히 계속되었는데, 당시의 축수재는 제도화된 것이 아니라 공신들 또는 관련부서에서 발의하여 해당 집단에서 자금을 충당하면서 다소의 보조를 받았던 듯하다. 아울러 두 집단으로 나누어 두 곳의 사찰에서 축수재를 올리는 사례도 많았다. 1455년(세조 1)에도 세조의 탄일이 되자 공신에 관한 사무를 관장하는 충훈부(忠勳府)와 원종공신이 나누어 삼각산 승가사(僧伽寺)와 개암사(開庵寺)에서 각각 탄신축수재[63]를 열었다.

축수재가 설행되는 한 혁파를 주장하는 신하들의 건의는 계속되었을 것이고, 어느 시기엔가 세조 또한 금지를 명한 것으로 보인다. 세조 3년(1457)에 세조의 탄일이 다가오자 충훈부의 관리들이 "이제 축수재를 정지하도록 명하셨는데, 모든 공돈(供頓)할 제구를 이미 산사(山寺)로 수송하였으니 청컨대 그대로 행하게 하소서" 하니, 그대로 따랐다[64]고 하였기 때문이다. 세조의 금지명령이 단호하였다면 이를 어기고 산사로 재물(齋物)을 옮길 수 없었을 것이나, 불교에 우호적이었던 세조의 심중과 여러 신하들의 건의에 마지못한 것이었음을 알고 있었기에 가능한 일이었다. 특히 이때의 기록에는 '여러 공신이 사재(私財)로 판비(辦備)하였다'는 내용을 밝히고 있어 당시 축수재의 관습을 짐작케 한다.

축수재를 반대하는 유학자들과 선대로부터 내려오는 관습을 당대에 혁파

---

62 『東文選』卷55 奏議 '闢佛疏'.
63 『世祖實錄』世祖 1年 9月 23日(乙未).
64 『世祖實錄』世祖 3年 9月 14日(乙亥), 9月 23日(甲申).

하기를 곤혹스러워하는 임금의 심정은 성종 대에 와서 가장 잘 드러나 있다. 성종 6년(1475)에도 충훈부와 더불어 원종공신에 관한 사무를 관장하는 충익부(忠翊府)에서 각기 장의사(藏義寺)와 개암사(開庵寺)에서 축수재를 열었으나[65] 1477년 주계부정(朱溪副正) 이심원(李深源)이 두 차례에 걸쳐 금지할 것을 간곡히 상소하기에 이른다. "선을 행하면 온갖 상서를 내려주고 불선을 행하면 온갖 재앙을 내려준다 하였습니다. 더구나 임금의 탄생은 실로 하늘의 명을 받은 것이니, 덕을 닦아 정사를 행한다면 재해가 절로 사라질 것입니다. 만약 이와 반대라면 사람이 노하고 귀신이 원망할 것이니, 비록 날마다 천금을 들여 귀신에게 음식을 차려 올리더라도 무슨 보탬이 되겠습니까"[66]라며 태종의 축수재 혁파와 세종의 불교 관련 의식 혁파의 예를 들고 기도에 관계되는 모든 일을 일체 금단하기를 청하였다.

이를 계기로 성종은 결국 축수재를 혁파하는 결단을 내리게 되나, 처음 이심원의 상소를 접했을 때 "축수재는 선왕께서 개설하신 것이기 때문에 감히 혁파할 수 없다. 세조께서는 선왕이 아니신가? 네가 나로 하여금 세종을 본받게 하려고 하느냐? 너의 말은 들어줄 수 없으니, 금후로는 들어줄 수 있는 말이 아니면 아뢰지 말라"고 말하는 한편, 그에게 표피(豹皮)를 하사하였다.[67] 충정은 가상하지만 불가능한 일을 더 이상 상소하지 말기를 바라는 마음에서였을 것이다. 그러나 이후 이심원이 다시 상소를 올리자 "축수재는 선왕조 때의 일인데, 당시에 말하지 아니하고 나에 이르러 조종조(祖宗朝)의 법을 분란하게 하려고 하니, 이는 이름을 얻으려고 하는 것이 아니면 무엇인가?"라며 화를 내기에 이른다. 임금이 거절했음에도 지속적으로 축수재 혁파의 상소를

---

65 『成宗實錄』成宗 6年 7月 28日(乙亥).
66 『國朝寶鑑』成宗 8年(1477).
67 『成宗實錄』成宗 8年 12月 2日(乙未).

올리는 것은 자신의 이름을 얻기 위한 것이 아니냐는 말을 한 것이다. 이에 대해 다른 신하들이 성종의 부당함에 대해 지적하자 할 수 없이 받아들이며 다음과 같이 말한다.

> … 불교는 진실로 믿을 것이 못 되나, 원나라와 위나라가 사문(沙門)을 모두 없앴어도 마침내 그 뿌리를 근절할 수는 없었다. 내가 숭상하지 않으면 자연히 쇠퇴하여 그칠 것인데, 어찌 반드시 하루아침에 갑자기 혁파할 것인가? 지난번의 주계부정(朱溪副正)의 말은 진실로 정대(正大)하였다. 내가 만약 주계를 '이름을 얻기 위해서라'고 했다면 어찌 상을 줌이 있었겠는가? 주계의 두 번째 소(疏)에 미쳐서는 성의가 지극했기 때문에 그 말을 따라서 축수재를 파한 것이다. 내가 진실로 주계를 '이름을 구한다'고 하지는 않았다.[68]

유교이념 위에 세워진 왕조이지만 종교적 심성은 왕과 서민을 막론한 인간 본연의 것이다. 자신의 무병장수를 위해 불보살께 기원하는 일은 임금의 지위에서 마땅히 누릴 만하건만 이를 맹렬하게 반대하는 신하들이 야속했을 법하다.

성종 때 폐지되었던 축수재는 연산군 즉위년에 유신들의 반대를 무릅쓰고 행해지다가[69] 중종 대에 와서 성종의 뜻을 이음으로써 자연스럽게 더 이상 공식적인 축수재는 보이지 않는다. 조선 말기에 조재삼(趙在三, 1808~1866)은, 임금의 탄신일에 훈구대신들이 절에 가서 재(齋)를 마련하고 축수하던 관습을 성종 때 이심원(李深源)이 상주(上奏)하여 혁파했으나, 지금 불좌(佛座) 앞에 여전히 '주상전하만만세(主上殿下萬萬歲)' 일곱 자를 쓴다[70]고 하였다.

---

68 『成宗實錄』成宗 8年 12月 9日(壬寅).
69 『燕山君日記』燕山君 卽位年 12月 28日(癸未).
70 『松南雜識』仙佛類 '佛座祝壽'.

이러한 분위기에서 짐작할 수 있듯이 조선 후기에 설립된 수많은 원당(願堂)의 기능 또한 각종 축원을 위한 것이었고, 산 자들의 장수복락은 가장 소중한 것이기에 조선 후대로 갈수록 비공식의 불교 축수의례는 다양한 방식으로 더 많이 행해졌다. 예컨대 정조는 첫 아들을 잃고 지성으로 기자불공을 올렸다. 이에 순조가 태어나자 속리산에 태실(胎室)을 봉안하고 법주사를 원당으로 지정해 순조의 무병장수를 축원하였는가 하면, 순조가 왕위에 오른 뒤에는 왕비 순원왕후가 성수(聖壽)를 축원하는 원당을 세웠다.[71] 아울러 일반 수연례(壽宴禮)가 확산되었듯이, 지배층이나 민간의 불자들이 회갑·칠순 등 특별한 날에 절을 찾아 무병장수를 기원하는 크고 작은 의식 또한 있었으리라 짐작된다.

근대기에 들어서면 단편적이나마 사찰에서 행한 불교 축수풍습과 관련된 내용들을 접할 수 있다. 예컨대 1915년 4월에 경성 창의문 밖에 있는 소림사(小林寺)에서는 아미타재일에 대보부모은중회(大報父母恩重會)를 열어 수많은 남녀가 지성으로 불전에 축원하면서 효를 다짐했다고 한다. 「매일신보」[72]에 실린 이 기사 내용은 "도장까지 찍고 부모의 은혜를 갚기를 맹세한 후 장래에 어디까지 돈독히 실행하여갈 방침이라는데 그날 그 보은회는 실로 처음 보는 장관을 이루었다더라"고 마무리하였다. 신문은 4일 후 다시 이에 관한 내용[73]을 실었다. 회를 조직한 후 임원을 선출했는데 총재는 흥친왕의 아들인 이준공(李埈公)이고 부총재는 이완용(李完用), 회장은 조중응(趙重應), 부회장은 이근호(李根澔) 등이며, 전날 오전부터 절에서 관세음보살재일 겸 통상회(通常會)를 열고 한편으로 설법 공양하여 염불의 정성을 다

---

71 朴昞嬿, 「朝鮮後期 願堂 硏究」(嶺南大學校 國史學科 博士論文, 2001), pp.105~108.
72 「每日新報」1915年 4月 5日字.
73 「每日新報」1915年 4月 9日字.

하였다고 한다. 이 소문을 들은 각처 선남선녀가 뒤를 이어 입회하는 자가 부지기수라 하였다.

이들은 불교의 대표적인 효행경전『부모은중경』의 이름을 따서 회를 만들고 주기적으로 법회를 열어 보은의 뜻을 다짐코자 한 듯하다. 그런데 이완용·조중응·이근호 등 당시 대표적인 친일파로 구성된 임원진과 "귀족의 집 가정 기타 유명한 부인 등이 많이 모였다"는 표현 등으로 보아 권력과 재력을 가진 이들이 교류를 위해 결성한 모임의 성격이 짙다.

한편, 지금도 돌아가신 부모가 회갑을 맞는 날 등에 천도재를 지내는 이들이 드물지 않은데, 당시에도 그러한 사례를 살펴볼 수 있다. 1912년 5월 '죽은 부친을 위한 불공이 효도라 할까(爲親祈佛이 孝乎)'[74]라는 제목의 이 기사에는 경기도 개성에 사는 김원배(金元培)라는 이가 작고한 생부의 회갑을 맞아 도선암(道銑庵)에서 백미 다섯 가마와 금화 오백 원을 들여 불공을 올렸다고 한다. "각종의 휘황찬란한 정형은 말할 바가 없거니와 그날 남녀의 구경꾼이 대략 만여 명에 달하여 사람으로 성을 쌓아 해군경찰관이 출장해서 극진히 보호하였다더라"고 하였다.

4. 불교 축수의례의 현황과 과제

지금까지 살펴본 것처럼 불교 축수의례에 대한 역사자료는 왕실과 지배층을 중심으로 남아 있고, 사찰을 찾아 불보살 앞에서 치르는 서민들의 축수의

---

74 「每日新報」1912年 5月 12日字.

레에 대한 기록은 찾아보기 힘들다. 출생이나 혼례는 하나의 사건으로 치르는 것이기에 삶의 특정한 시기에 집중되지만, 축수의례의 목적인 무병장수에 대한 기원은 노인으로 진입한 이후뿐만 아니라 삶의 전체 과정에서 이루어진다. 따라서 서민들이 회갑 등에 사찰을 찾아 본격적인 의식을 치르기는 힘들었을 것이고, 생활불교의 차원에서 끊임없는 불교적 기원이 있었을 것을 짐작해볼 따름이다.

죽음의례를 제외한 생전의례의 경우 불교에 의존하지 않고 생활공동체 속에서 치르는 경향은 다종교사회인 현대로 올수록 더욱 짙다. 따라서 현대의 불자들이 회갑을 기점으로 치르는 축수의례에서 불교와 관련되는 내용을 보면 승려들에 대한 공양의 비중이 커지고 있다. 예컨대 회갑연을 하는 곳에 승려들을 별도의 자리에 모시거나, 큰절일 경우에는 대중 승려들이 모두 공양할 수 있도록 일정한 보시를 하는 것이다. 이러한 일은 자식이 부모를 위해 주관하는 것이기에, 평소 모시던 승려에게 부모의 회갑연을 맞아 인사드리는 의미뿐만 아니라 승보(僧寶)에 공양한 공덕이 부모에게 미치기를 기원하는 의미를 함께 지닌다.

현재 불교신자의 사례로써 회갑·칠순·팔순 등에 불교적으로 축수하는 양상[75]을 살펴보면 크게 네 가지로 구분할 수 있다. 이 가운데 하나만 행하거나 여건에 따라서 둘 혹은 셋, 모두를 하는 경우도 있다.

첫째는 부모의 회갑이 다가오면 미리 사찰에 의뢰하여 사시마지 때 특별축원을 올린다. 특별한 날을 맞아 올리는 축원이므로 일주일 전이나 보름, 한 달 전쯤부터 미리 시작하여 회갑이 되는 날 마치도록 청하는 경우도 많다. 사찰에서는 매일 사시(巳時: 9시~11시)에 불보살께 사시마지를 올리고 있는데,

---

75 제보자: 정관(40~50대, 비구. 김용사). 2011년 7월 20일(수) 면담 ; 안춘석(57세, 男. 법주사 종무소 실장). 2011년 8월 27일(토) 면담 등.

이때 승려가 신도들의 각종 축원을 하고 있다. 불보살께 공양을 올리면서 그 공덕을 함께하기를 기원하는 것으로 살아 있는 사람의 축원은 생축(生祝), 망자의 경우는 망축(亡祝)이라 한다. 일반적으로 축원할 때는 살아 있는 사람을 먼저 하고 특별히 제사가 있다거나 중요한 날일 경우에는 망축이 앞선다. 이처럼 부모의 회갑 등 특별한 날을 맞았을 때 각자의 형편에 따라 보시금을 내면서 의뢰하는 사시축원은 대부분의 불교신자들이 행하는 일이다.

둘째는 사찰에서 진행하고 있는 방식에 따라 시주에 동참한다. 이는 첫 번째의 사시축원과 의미는 동일하지만 인등·연등·소상(小像) 등에서부터 불상·불화 조성 동참에 이르기까지 구체적인 성물(聖物)이나 성보(聖寶)를 조성하는 시주와 연결되는 것이다. 축수의 의미가 아니더라도 삼보의 지속과 발전에 동참하는 공덕이 큰 것이기에 신도들이 특별한 일이 있을 때 주로 행하는 신앙행위의 하나이기도 하다. 신도들이 이러한 방식을 선호하는 것은 오랜 세월이 지나도 자신의 기원이 담긴 대상물이 사찰에 지속적으로 남아 있기 때문이다.

셋째는 회갑연을 하는 장소에 승려들을 초청해서 공양을 올린다. 근래에는 호텔 등 전문식당에서 회갑연을 하게 되는데 별도의 좌석을 마련하여 승려들이 불편하지 않도록 공양을 대접하는 것이다. 이 경우에는 여러 종교의 사람들이 함께하는 자리이기 때문에 불교의식은 하지 않고, 대신 큰스님이 축사를 겸하여 법문을 하는 정도로 마치는 것이 대부분이다. 이렇게 삼보의 존재에게 공양을 올림으로써 그 공덕이 회갑을 맞는 당사자와 가족들에게 널리 미칠 수 있다고 보는 것이다.

독실한 불자일 경우에는 불교식으로 의식을 진행하는 가운데 회갑연을 하기도 한다. 따라서 가정이나 식당 등에서 가족·친지들이 모여 불교의례로써 회갑·칠순·팔순 등 축수의례를 치르고자 할 때 참조할 수 있는 의식이 마련되어 있다. 불교권에서 체계화해 놓은 의례 절차[76]를 살펴보면 다음과 같다.

① 개식
② 삼귀의(三歸依)
③ 반야심경(般若心經)
④ 정근(석가모니불 21편)
⑤ 주인공 소개
⑥ 발원문 낭독
⑦ 가족대표 인사말
⑧ 헌다(가족들이 차례로 차나 술을 올리고 삼배함)
⑨ 회갑축원
⑩ 떡(케이크) 절단
⑪ 사홍서원(四弘誓願)
⑫ 축가 및 잔치

넷째는 부모의 회갑을 맞아 사중의 보다 많은 승려들을 위해 대중공양을 올린다. 따라서 사중에서 특별식을 만들어 대접하도록 하거나, 바깥에서 음식을 시켜 별식을 대접하기도 한다. 하나의 사례로써 속리산 법주사에서는 대중이 백여 명 정도 되기에 회갑이나 혼례가 있을 때 50만 원 정도를 들여 '짜장공양'을 내는 신도들이 간혹 있다고 한다. 이때 짜장면에는 고기가 들어가지 않고 대신 콩으로 만들어 비슷한 맛을 내도록 부탁을 하게 된다.

이처럼 근래 불교 축수의례의 양상 가운데 승려들에 대한 공양의 비중이

---

76 대한불교조계종 포교원, 『통일법요집』(조계종출판사, 2004), p.785 ; 김근수 엮음, 『현대 불자가례』(부다가야, 1998), pp.84~86.

커지고 있다. 이는 고려시대부터 임금의 생일에 반승(飯僧)하는 역사적 맥락을 함께하는 것으로, 출가수행자에 대한 공양은 큰 공덕이 된다는 개념은 불교가 성립되기 전부터 있어온 것이다. 축수의례의 반승은 주로 음식물의 공양에 국한되지만, 일반적인 반승 개념은 공양을 넘어서 보시로 확산되게 마련이다. 신도는 삼보에 신심과 재물을 바침으로써 재보시(財布施)를 하고, 삼보의 존재는 신도에게 진리와 가피를 베풂으로써 법보시(法布施)를 하는 것이 종교의 성립 기반이기 때문이다.

결국 이러한 네 가지 양상은 모두 재보시로 귀결되는데, 그 방법론에서 승려와 신도가 마주하는 기회를 넓혀갈 필요가 있다. 출가수행자는 삼보의 한 존재이자 재가수행자와 함께 불교 전승의 양축을 이루는 주체이다. 그러나 현재 대부분의 의식 및 승속 간의 만남은 불보살을 중심축으로 하면서 승려는 그 사이를 매개하는 역할을 주로 맡고 있다. 이는 대부분의 의식이 기도와 축원으로 진행됨을 의미하며, 승려와 신도들이 종교공동체로서 함께 대면하는 자리가 절대적으로 부족하다. 일생의례 가운데 승려와 신도가 함께하면서 의례 주인공 또는 가족들의 불교적 삶을 반추할 수 있는 자리는 축수의례가 유일하다. 따라서 불교의 두 주체가 대면하는 가운데 축수의례 주인공의 이후 삶을 불교적으로 이끌어 주는 계기를 만들어나갈 수 있을 것이다.

한편으로, 사찰에서도 전통시대의 회혼례(回婚禮)처럼 회혼식·금혼식·은혼식 등을 주관하기도 한다. 예컨대 1990년대에 봉은사에서는 식장을 무료로 개방하여 전통혼례의 사모관대와 족두리·장삼을 갖춘 신랑·신부의 차림으로 초례상을 마주한 노부부들이 성황을 이룬 바 있다. 1993년 기사에 따르면 개장 이후 200여 쌍이 결혼식을 올렸고 만족도도 매우 높았다고 한다.[77]

---

77 「東亞日報」1993년 6월 25일자.

근래에는 칠월칠석에 사찰에서 남녀의 만남을 주선하면서 행사에 앞서 대중들이 인연의 귀중함을 되새길 수 있도록 결혼 50주년 이상 된 불자들을 초청, 합동금혼식을 열기도 하는 등[78] 칠월칠석의 새로운 풍속도를 보여주고 있다.

고령화 사회로 접어든 현대사회에서 노인문제의 대안은 빈약하기 그지없다. 불교의 가치는 노인들의 심리적 · 정신적 평화와 가장 잘 접목시킬 수 있는 것이기에, 참된 불교적 축수 프로그램을 개발해 나갈 필요가 있다.

---

78 「불교신문」 2004년 8월 19일자.

상례, 죽음에 대처하다

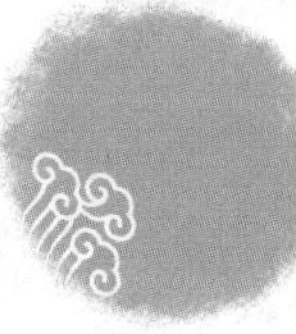
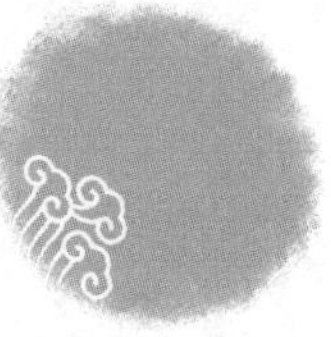

많은 문화권에서는 사람이 죽으면 체계적인 의례로써 죽음에 대처해 왔다. 죽음을 둘러싸고 진행되는 의례는 존재의 소멸이라는 불가항력의 운명을 합리적으로 받아들이고 해석하기 위한 문화적 장치라 할 수 있다. 죽음이 발생한 이후 남은 자들은 공적인 성격을 띤 의례 과정을 통해 체계적으로 죽음을 인식하고 경험하면서, 망자 역시 의례를 거침으로써 무사히 저승에 갈 수 있다고 믿었다. 의례를 치르지 않는다면 물리적으로 숨을 거두었더라도 사회적·관념적으로는 제대로 죽지 못한 존재가 되어, 죽은 자와 남은 자는 혼란에 빠질 수 있다고 여겼던 것이다.

한국사회에서 한 존재의 사망을 기점으로 전개되는 죽음의례는 상례(喪禮)의 큰 테두리 속에서, 주검을 떠나보내는 장례(葬禮)와 영혼을 떠나보내는 탈상의례(脫喪儀禮)로 죽음이라는 사건을 마무리해 왔다. 매장이나 화장으로 망자의 몸을 떠나보낸 뒤에도 죽음을 애도하고 근신하는 일정 기간을 둠으로써 남은 자의 도리를 지켰던 것이다. 아울러 몸은 떠났지만 영혼은 이 기간 동안 남은 자들과 함께 머문다는 영육(靈肉)이 분리된 세계관을 지니고 있어, 영적 존재를 대상으로 주기적인 의식을 치르는 가운데 상(喪)에서 벗어났다. 따라서 상례란 일생의 마지막 의례이자, 남은 자들에 의해 망자의 주검과 영혼을 떠나보내는 전 기간의 의례를 말한다.

이처럼 상례는 삶을 마감하는 순간부터 이루어지는 의례이므로, 당사자가 의례를 주체적으로 수행할 수 없고 남은 자들에 의해 치러지게 된다.[1] 아울러 망자가 사망하는 순간부터 유족은 일상에서 벗어나 상(喪)에 들게 되며, 장례를 치른 뒤 망자의 영혼을 떠나보낼 때까지 근신·금기의 거상(居喪)에 있다가, 탈상을 함으로써 망자는 저승으로 통합되고 유족은 일상으로 돌아오게 된다. 따라서 상례는 망자와 유족이 통과의례의 과정을 나란히 함께 겪게 되는 특성을 지닌다.

특히 죽음과 관련된 의례는 종교적 관념 하에 치러지므로, 문화권마다 그 형태는 다르더라도 온전한 저승으로의 편입이나 또 다른 탄생을 위한 보조역할을 한다는 점에서는 유사한 의미를 지닌다. 이때 거상이라는 기간은 종교적으로 매우 중요한 시기에 해당한다. 거상이란 망자의 영혼이 저승에 통합되기까지의 시간으로, 남은 자들이 이 시기에 망자를 위해 치르는 종교의례는 해당 종교의 내세관을 반영하는 동시에 영혼을 구제하는 의미를 지니게 되기 때문이다.

오랜 세월 동안 우리 문화의 기층을 이루어온 불교는 한국인의 내세관에 커다란 영향을 미치면서 죽음과 관련된 의례의 한 축을 담당해 왔다. 불교에서 죽음에 대한 인식의 핵심을 이루는 윤회전생(輪廻轉生) 사상은 불교신자뿐만 아니라 민간에 널리 파급된 것으로, 죽음은 곧 새로운 탄생과 연결된다는

---

1 임재해, 『전통상례』(대원사, 1990), p.12.

불교적 내세관이 광범위하게 형성되어 있다. 따라서 이러한 내세관이 반영된 불교의례는 민간의 죽음을 위무하는 동시에, 남은 자들이 삶의 문제까지 성찰하게 하는 종교적 견인차의 구실을 해왔다.

따라서 불교가 널리 수용되었던 고려시대에는 임종에서부터 탈상에 이르기까지 불교식 예제(禮制)가 왕실에서부터 민간에 이르기까지 깊은 영향을 미쳐 왔다. 조선시대에 이르러 일생의례를 비롯한 전반적 생활규범이 점차 유교질서 속으로 재편되어 갔으나, 화장을 비롯하여 사십구재(四十九齋)와 백일재(百日齋) 등 망자의 주검과 영혼을 떠나보냄에 있어서는 여전히 불교의 영향권을 벗어나기 힘들었다. 한편으로『주자가례』가 널리 확산된 17세기에 이르렀을 때도 이러한 천도재(薦度齋)는 지속되었지만 어디까지나 영혼천도라는 종교적 기능을 담당하였을 뿐 상례의 의미와는 완전히 분리되었다.

이처럼 조선시대를 거치면서 불교는 민간의 일생의례에 대한 체계적 접근이 차단되어 있었고 근대 이후는 다종교사회로 접어들었기에, 근래에 이르기까지 상례는 간소화된 유교식으로 치르는 것이 일반화되어 있다. 유교상례 또한 수십 년 전까지만 해도 백일상으로 치르다가 삼우제(三虞祭)를 지냄으로써 탈상을 겸하는 경우, 삼일장으로 마감하는 경우 등으로 다양하게 진행되고 있다. 이처럼 각자의 편리에 따라 상례기간이 정해지고 상중(喪中)과 일상의 차이가 모호해짐에 따라 탈상이라는 개념 자체가 유명무실해져 '장례=상례'로 여기는 이들이 많아진 것이 현실이다.

이에 비해 불교적 의미의 상례는 교리를 반영하는 종교의례이기에 시대나 여건에 따라 변하지 않고 그 기간이 49일로 고정되어 있으며, 탈상의례는 사십구재로 지속되고 있다. 그런데 조선시대부터 지금에 이르기까지 상례란 곧 유교의례를 뜻하는 것이었기에 불교상례라는 말도, 사십구재가 불교식 탈상의례라는 사실도 낯선 것이 사실이다. 이에 대해서는 사십구재를 다룰 때 상세히 살펴보기로 한다.

Ⅴ장에서는 임종 무렵에서부터 사십구재로 탈상을 할 때까지의 과정을 다루되, 의례의 맥락이 바뀌는 네 단계로 나누어 살펴보았다. 이는 죽음에 임박한 시점에서부터 임종 직후까지 유족과 망자가 함께 정신적·물리적으로 죽음에 임하는 임종의례(臨終儀禮), 망자의 주검을 빈소에 모시고 의식을 행하며 문상을 받는 빈소의례(殯所儀禮), 매장·화장으로 망자의 주검을 떠나보내는 장지의례(葬地儀禮), 망자를 좋은 곳으로 보내기 위해 사찰에서 매 7일마다 치르는 탈상의례(脫喪儀禮)로서 사십구재를 말한다.

제1절 불교 임종의례(臨終儀禮)에서는 첫째, 임종에 대한 불교의 관점을 다루었다. 불교 임종의례의 특성은 임종 무렵을 일생에서 가장 중요하게 여기며 임종 전후 병자의 영혼에 대해 섬세한 배려를 강조하고 있다는 점이다. 아울러 임종 무렵의 주변 환경에서부터 병자를 간호하는 이가 지녀야 할 자세에 이르기까지 이른 시기에 정립되어 있는 임종지침의 여러 양상을 살펴볼 수 있다. 특히 석가모니 당시 병자를 돌보던 모습과, 임종 무렵에 주변 사람들이 병자에게 불법을 전하는 구체적인 지침은 오늘날 임종의례의 근원이 되는 내용들이다.

둘째, 역사적 존재로서 석가모니의 임종에 대해 다루었다. 석가모니는 역사적 인간으로서 생로병사의 흔적을 뚜렷이 남기고 있으며, 그의 죽음은 불교사에서 가장 충격적 사건의 하나였다. 신적인 죽음이 아닌 한 인간의 죽음이었지만 그가 보여준 궁극의 임종은 인간 붓다의 면모를 여실히 보여주고 있다. 아울러 석가모니의 죽음을 둘러싼 상징적 요소 또한 임종의례에서 중요한 의미를 부여해 수용하고 있음을 물론이다.

셋째, 불교적 임종의 역사와 전개 양상을 다루었다. 임종에 대한 역사가 매우 빈약한 가운데 불교가 융성했던 고려시대를 중심으로 당시 묘지명(墓誌

銘)을 집중 분석하였다. 무덤 속에 함께 묻은 묘지명에는 불교적 죽음을 맞은 이들에 대한 기록이 많이 담겨 있는데, 이들의 다양한 행적을 보면 놀라울 정도로 불교적 죽음을 지향했음을 알 수 있다. 이에 사찰에서 임종하거나 임종 때 다양한 신행행위로 불교적 죽음을 맞은 이들의 양상을 추출하여 표로 제시하였다. 고려시대에 사찰에서 임종하고 장례까지 치르는 경우가 많았던 사실은 알려져 있으나, 구체적인 임종양상까지 분석함으로써 불교적 임종 역사에서 나름대로의 연구 성과를 거두었다.

넷째, 임종의례의 핵심인 임종염불과, 현재 불교권에서 마련해 놓은 임종의례의 지침을 다루었다. 특히 염불이라는 신행행위가 지닌 언어주술적 특성에 주목하여 죽음을 앞둔 절실한 순간에 핵심적 신앙행위를 함으로써 일심으로 몰입할 수 있는 힘이 극대화됨을 살펴보았다.

제2절 불교 빈소의례(殯所儀禮)에서는 첫째, 임종 이후부터 장례를 마칠 때까지 고인의 육신을 모시고 불법을 들려주는 시다림(尸陀林 · 尸茶林)에 대해 다루었다. 인도불교 당시 빈소에서의 지침을 적은 『무상경(無常經)』의 내용을 오늘날의 빈소의례와 비교해 보고, 특히 내세의 준비와 직결되는 것으로 보아 중요하게 다루는 염습 · 입관 시의 시다림을 살펴보았다.

둘째, 사찰에 빈소를 차리고 삼보의 가피 속에서 불교적 죽음을 맞이한 역사적 사례들을 다루었다. 고려시대 묘지명에 등장하는 이들을 중심으로 구체적인 양상과 빈소에 머문 기간을 분석하였으며, 화장한 이후에 다시 일정기간 동안 유골을 사찰에 모시는 권안(權安)까지 빈소의례에 포함하여 다루었다. 당시의 사찰은 '임종－빈소－화장 후의 유골안치－유골매장'의 모든 역할을 맡아 오늘날의 집 · 병원 · 장례식장의 구실을 통합적으로 수행하였음을 구체적인 자료로써 검증하였다. 왕의 빈소인 빈전(殯殿)에도 으레 승려를 청해 법석(法席)을 개설하였듯이, 오늘날 빈소에서 행하는 시다림 염불이 오랜 역사를 지녔을 뿐만 아니라 고려시대에 매우 활성화되어 있었음을 알 수 있다.

셋째, 빈소의례의 현황과 내용에 대해 다루었다. 현재 불자들의 빈소의례는 불교적 요소를 일부 도입하는 소극적 방식에서부터, 염불봉사회를 활용하거나 승려를 초청하여 염불을 해주는 방식, 불교장례 상조회사가 개입하여 본격적 불교의례로 치르는 방식에 이르기까지 다양하게 진행되고 있다. 아울러 불교권에서 마련해 놓은 불교 빈소의례의 주요내용을 함께 살펴보았다.

제3절 불교 장지의례(葬地儀禮)에서는 첫째, 화장을 통한 불교의 가르침에 대해 다루었다. 석가모니가 고대 인도의 여러 장례 방식 가운데 화장을 불교 장법으로 택한 이유와, 그의 가르침이 담긴 화장의 불교적 의미는 불교의 생사관을 담고 있는 중요한 내용이다. 아울러 석가모니의 장례 또한 화장으로 치렀기에 이를 둘러싼 여러 의식과 당시의 풍습을 살펴볼 수 있다.

둘째, 화장의 역사를 다루었다. 불교의 전래와 함께 들어온 화장이 수용되는 양상은 매우 독특하다. '자율적 수용(삼국~고려) — 타율적 배척(조선) — 타율적 수용(일제) — 자율적 배척(광복 후) — 자율적 수용(근래)'이라는 큰 부침을 거듭하면서 세 차례에 걸친 수용과 두 차례의 배척이 있었던 흐름을 역사적 전개 과정에 따라 분석하였다. 특히 고려시대의 경우는 묘지명에서 임종 날짜와 장례 날짜가 밝혀진 인물 175명을 대상으로 장례 기간을 파악하고, 화장한 44인을 대상으로 임종에서 화장 후 최종매장에 이르기까지 자료를 분석함으로써 새로운 연구 성과를 거두었다.

셋째, 장지의례의 내용을 다루었다. 우리나라에서 주검을 처리하는 장례 방식은 매장과 화장의 두 가지로 나뉘고, 화장을 했을 경우에도 유골을 안치할 것인가 무화할 것인가의 모색에 따라 유골봉안·산골(散骨)·수목장 등으로 구분된다. 이에 대한 의미와 의례 내용에 대해 살펴보았다.

제4절 불교 탈상의례(脫喪儀禮)에서는 첫째, 탈상과 사십구재의 관계에 대해 다루었다. 사십구재가 불교의 탈상의례일 수밖에 없는 원론적 이유를 불교교리 및 다양한 문화권의 탈상 의미와 비교하여 검증하고, 그간 탈상의례로 조명 받지 못했던 역사적·불교내적 요인을 살펴보았다. 아울러 불교 탈상의례로 여기기도 하는 백일재의 의미에 대해서도 몇 가지 차원에서 분석하였다.

둘째, 사십구재의 기원과 역사를 다루었다. 천도재의 기원은 고대 인도의 조령제(祖靈祭)를 불교에서 수용해 시아귀회(施餓鬼會)로 실시한 데서 비롯되었다. 인도불교에서 중유의 존재와 그 기간의 단초가 성립된 이후, 중국불교에서는 인도의 중유사상을 수용하여 고유의 조상숭배사상과 결합한 칠칠재로 정착되었다. 한국불교에 와서는 신라시대부터 칠칠재의 흔적을 발견할 수 있고, 고려시대에 승려·민간·왕실 등 다양한 계층에서 사십구재를 행했음을 고려사·문집·금석문자료 등을 통해 다각적으로 살펴볼 수 있다. 이후 조선시대와 근현대에 이르기까지 사십구재를 비롯한 천도재의 배척과 수용의 역사를 구체적인 자료로써 분석하였다. 사십구재의 역사를 살핌에 있어서는 전반적인 상례의 범주 속에서 다룰 때 보다 명확한 의미를 찾을 수 있으므로 백재와 소상재·대상재까지 함께 다루었다.

셋째, 의례 절차에 따른 사십구재의 내용을 다루었다. 먼저 사십구재의 의미와 종류를 살펴보고, 의례구조를 '맞이하기-씻기-기원하기-제사지내기-보내기'의 다섯 단계로 분류하여 단계별 의례 내용을 고찰하였다. 이는 사십구재를 치르기 전의 준비단계를 거쳐 주인공인 영가를 맞이하는 대령(對靈), 영가가 생전에 지은 업을 씻어내는 관욕(灌浴), 불보살을 향해 공양을 올리며 영가의 극락왕생을 발원하는 상단권공(上壇勸供)과 중단권공(中壇勸供), 하단의 영가에게 제사를 지내고 불법을 들려주는 관음시식(觀音施食), 영가를 떠나보내는 봉송(奉送)의 단계이다.

넷째, 사십구재의 기능과 특성을 다루었다. 전반적인 상례지형의 변화 속에서 사십구재가 본래의 종교적 기능인 천도(薦度) 이외에 유교상례에서 담당해 왔던 탈상(脫喪)이라는 사회적 기능과, 무속의 넋굿에서 주로 담당해 왔던 해원(解寃)이라는 심리적 기능을 충족하는 탈종교적 전통의례로 수용되고 있음을 분석하였다. 아울러 사십구재가 국가적·사회적 죽음의 탈상의례로 일정한 역할을 담당하고 있는 점을 살펴보았다.

1. 불교 임종의례

1) 임종에 대한 불교의 관점

임종에 임박한 이나 간병을 하는 이들을 위한 불교적 가르침을 임종행의(臨終行儀) 또는 임종의례(臨終儀禮)라 한다. 불교에서는 병자 스스로 삶의 마지막 순간에 지녀야 할 마음가짐과, 주변 사람들이 임종 전후의 병자를 편안하게 정토에 이르도록 보살피는 체계적인 지침을 마련해 놓고 있다. 불교적 임종에 대해서는 여러 경전에서 다양한 가르침을 전하고 있는데 그 가운데 두가지 큰 특성을 살펴볼 수 있다.

첫째, 임종 무렵을 일생에서 가장 중요한 순간으로 본다는 점이다. 불교에서는 임종 때 어떤 마음가짐을 지니느냐에 따라 내생이 달라진다고 보기 때문이다. 임종 무렵의 병자는 업에 따라 자신을 영접할 천인(天人)의 모습에서부터 무기를 지닌 채 자신을 둘러싼 지옥병사에 이르기까지 갖가지 중음(中陰)의 모양을 보게 되는데,[2] 이때 정견(正見)을 일으켜 지극한 마음으로 염불하면 좋은 곳에 태어나고 사견(邪見)을 일으키면 나쁜 곳에 떨어지게 된다[3]는 것이다. 『대지도론(大智度論)』에서는 "경에 이르기를, 악행을 했더라도 죽으려할 때 선념(善念)이 생긴 인연으로 좋은 곳에 나기도 하고, 선행을 했더라도 죽으려할 때 악념(惡念)이 생긴 인연으로 나쁜 곳에 나기도 한다"[4]고 하여 임종정념을 강조하였다.

그런데 이러한 내용은 '생전에 지은 업에 따라 다음 생을 받는다'는 인과의 가르침과 모순되는 것으로 보기 쉽다. 일생 동안 선행 또는 악행을 했더라도 임종 시의 마음가짐으로 삼악도와 천상이 좌우된다는 것은 선뜻 이해하기 어렵기 때문이다. 초기불교 당시부터 이러한 의문이 있었던 듯, 이에 대해 질문하고 답한 다음과 같은 유명한 일화[5]가 전한다.

어느 날 미란왕(彌蘭王)이 나선(那先) 나한에게 "어떤 사람이 살면서 백 년 동안 악을 지었는데도 죽음에 임박해 부처님을 염하면 죽은 뒤 천상에 태어난다는 것을 진실로 믿을 수 없습니다"라고 말하자, 나한은 왕에게 "그것은 하나의 작은 돌이라도 물위에 놓으면 가라앉지만, 백 개의 큰 돌이라도 배 위에 놓는다면 가라앉지 않는 것과 같습니다. 사람이 비록 악을 행했더라도 부처님을 염하여 반야의 배를 탄다면 지옥에 들어가지 않고 좋은 곳에 태어나게 되는 이치입니다"라고 답하였다. 이처럼 임종 순간에 대한 강조는 일생을 선행으로 보낸 자라면 임종 때 악념을 품지 않음을 전제한 것일뿐더러, 만약 일

---

2 『法苑珠林』卷97(『한글대장경』88, 동국역경원, 1993), 送終篇, p.503.
3 『法苑珠林』卷73(『한글대장경』87, 동국역경원, 1992), 十惡篇①, p.404.
4 『大智度論』卷24(『한글대장경』102, 동국역경원, 1994), 第39 '初品 중 十力의 뜻을 풀이함', p.104.
5 『대장일람집(大藏一覽集)』(동국역경원, 장순용 옮김, 2006), pp.456~457.

생을 악행으로 보낸 자라 하더라도 최후의 순간에 진심으로 참회하고 발심하면 용서받을 수 있다는 구제의 가능성을 열어 놓기 위한 것이다.

임종 순간에 정견을 일으켜 부처님을 염함으로써 좋은 곳에 태어나기란 쉬운 일인 듯하나, 죽음의 순간에 지극하고 선한 마음으로 불법에 귀의하는 일은 평소의 꾸준한 마음공부가 없으면 불가능하다고 한다. 뿐만 아니라 죽음의 순간은 평소에 지은 업력에 따라 그 형태가 각기 다르게 나타나는데, 특히 선악의 인력(因力)이 평소 익혔던 업력 쪽으로 힘을 가하여 과보를 받는 데 영향을 미친다는 것이다. 따라서 극악한 악업을 범한 사람은 죽을 때 무섭고 기괴한 변색을 보게 되어 땀을 흘리거나 수족을 떨거나 눈이 뒤집히고 입에서 거품이 나오는 등 괴로운 죽음을 면치 못하게 되며, 선업을 많이 닦은 사람은 평소의 수행력으로 고통 없이 평화롭고 조용하게 죽음을 맞을 수 있다고 한다.[6] 이렇듯 죽음의 순간을 준비하면서 꾸준히 수행할 것을 강조하기 위해 다양한 비유로써 가르침을 전하고 있는 것이다.

둘째, 임종 전후 병자의 영혼을 매우 중요하게 여긴다는 점이다. 일반적으로 영혼이라 통칭할 수 있지만 유식불교에서는 이를 윤회의 주체가 되는 정신적 존재이자 업력이 축적된 아뢰야식(阿賴耶識)이라 하며, 몸이 없어져도 이 식(識)이 남아서 새로운 생명을 형성하는 주체가 된다고 보았다. 그런데 물리적으로 숨이 끊어졌다 하더라도 완전히 죽은 것이 아니라, 육식(六識: 眼耳鼻舌身意)이 단절되고 깊숙한 곳에 자리한 근본의 생명체(識: 영혼)가 몸에서 떠날 때까지 얼마 동안의 시간이 걸린다는 것이다.

뿐만 아니라 영혼은 이 세상의 모든 것에 애착이 많고, 특히 탐애(貪愛)의 번뇌는 임종 무렵에 많이 동하게 된다고 한다. 따라서 평소의 수행이 깊지 못

---

6 오형근, 『불교의 영혼과 윤회관』(새터, 1995 증보판), pp.79~80.

하면 이 순간에 정신이 혼돈되고 어두운 생각과 오랫동안 지은 업력이 발동하여 자신에 대한 애착심이 생기고 부모·처자·재산 등에 집착이 일어나게 된다. 무명(無明)의 업이 발동하면 원하던 세계에 가지 못하고 혹독한 고통의 세계로 끌려가고 마는 것이다.[7]

따라서 임종 무렵 주변 사람들의 자세가 매우 중요하게 부각될 수밖에 없다. 병자는 의식이 없거나 자신의 심신을 뜻대로 할 수 없는 상태이기에, 어떠한 환경을 조성해 주느냐에 따라 무의식 속에서 병자의 영혼을 움직일 수 있기 때문이다. 이때 병자의 주변에서 일심으로 경전독송과 염불을 끊이지 않는 것이 중요하며, 대중이 움직이면 그의 마음도 따라 움직여 임종 무렵에 친지들이 슬피 우는 것은 마음을 산란하게 만들게 되므로 큰 장애가 된다[8]고 여긴다. 수행이 깊은 이라면 마음이 안정되어 있어 주변에서 울고 슬퍼하는 소리가 들리지 않지만 만약 악의 업력이 동하면 마음도 움직여 애착이 생길 수 있으므로, 사망 시에 우는 것은 병자에게 장애를 주는 결과를 가져오게[9] 된다는 것이다. 또한 임종한 뒤에도 식(識)이 육신을 떠날 때까지 얼마 동안은 고인의 몸으로 다루지 않고 살아계신 듯 지성껏 염불하도록 강조한다.

석가모니가 머물던 당시 인도의 사위국(舍衛國) 기원정사(祇園精舍)에는 병든 이를 간호하는 방을 마련하여 병자를 돌보았던 기록이 전한다. 석가모니는 대소변을 가리지 못한 채 오물로 더럽혀진 방에 누워 있는 병든 비구를 보고, 직접 그의 몸을 닦아 주고 옷을 빨고 방을 청소한 다음 새 풀을 깔아 그 위에 병자를 편안히 눕혔다고 한다. 이후 비구 대중을 모아 놓고 "병자를 간호하지 않는 것은 옳지 않느니라. 나에게 공양하고자 하거든 마땅히 병자를 공

---

7 오형근, 앞의 책(1995), p.69·74.

8 『法苑珠林』卷69(『한글대장경』87, 동국역경원, 1992), 受報篇①, pp.292~293.

9 오형근, 앞의 책(1995), p.84.

양하라"고 일렀다. 그 뒤로는 어느 사찰이나 병든 비구가 머무는 병당에는 석가모니가 친히 병자를 간호하는 그림을 그려 붙였다고 한다.[10]

당나라의 승려 도선(道宣)은 『사분율행사초(四分律行事鈔)』에서 "임종할 때는 승려나 신도를 막론하고 가족과 친지 모두 베갯머리에 모인다. 병든 이를 지켜보며 정신이 확실한 동안에 그가 평생에 행한 선행을 소리 높이 불러서 듣도록 한다. 그 의미는 병자로 하여금 속마음으로 환희해서 죽고 나서의 갈 곳을 걱정하지 않게 하며 정념을 지켜 흐트러짐 없이 좋아하는 곳에 태어나게 하기 위해서이다. 평소에 사용하던 물건들은 멀리하여 애착을 끊게 해야 한다"[11]고 하였다. 아울러 그는 사원에 무상당(無常堂)을 짓고 아미타불상을 모시어 첨병자(瞻病者)를 돌봐야 한다고 했는데, 이는 석가모니가 병자를 돌보았던 위의 기록에서 유래한 것으로 보인다. 이처럼 기원정사에서 병자를 돌보던 방을 무상당이라 부르며 석가모니 당시의 병자 간호 등 임종의례에 해당하는 내용을 기록한 경전들이 전하는데, 후대에 첨삭된 부분이 있으나 이들 내용은 현재 불교 임종의례의 전범이 되고 있다. 그러한 경전의 하나로 『법원주림(法苑珠林)』[12]의 내용을 보면 다음과 같다.

절의 서북쪽 모퉁이의 햇빛이 지는 곳에 무상당(無常堂)이 있다. 만일 병든 이가 있으면 그 안에 안치하는데, 가는 이는 극히 많되 돌아온 이는 한둘뿐이기 때문에 대개가 싫어하고 등지게 되는 곳이다. 그 당의 안에는 금빛을 칠한 한 구의 입상(立像)을 동쪽을 향하도록 모신다. 병든 사람은 불상 앞에 앉아 있게 하지만 만일 기력이 없는 병자라면 눕게 하되 얼굴을 서쪽으로 하여 부처님의

---

10 日陀, 『범망경보살계 3』(다라니, 1992), pp.179∼180.

11 道端良秀, 『佛敎と儒敎』(東京; 第三文明社, 1976), pp.35∼36.

12 『法苑珠林』卷95(『한글대장경』88, 동국역경원, 1993), 第95 病苦篇, pp.446∼447.

상호를 관찰하게 한다.

그 불상의 손 가운데는 5색 비단의 깃발을 매어 두며 병자로 하여금 손으로 번기(幡旗)의 끝을 잡고 정토(淨土)에 가서 나려는 뜻을 지니게 한다. 앉은자리에서 비록 똥·오줌을 눈다 하더라도 세존께서는 나쁘게 생각하지 않으셨다. 이로 인하여 이 땅에서 본시는 더러운 곳이었지만 오히려 신령함이 내려와 굽어보면서 하류(下類)의 중생들을 접인(接引)하는 곳으로 여기거늘, 하물며 이제 신명을 부처님께 던지고 있거늘 어찌 그를 버리겠는가.

병든 사람이 좋아하는 바가 어느 경계인가에 따라서 아미타불·미륵불·아촉불·관음보살 등의 형상을 지어 그 앞에 모시게 한 뒤 향을 사르며 꽃을 뿌리는 공양을 계속함으로써 병든 이가 착한 마음을 내게 한다.

이 내용이 석가모니 당시 병자를 돌보던 모습을 통해 전반적인 임종지침을 일러주는 것이라면, 임종 무렵에 주변 사람들이 병자에게 불법을 전하는 구체적인 지침을 정리하여 당나라 승려 선도(善導, 613~681)는 『임종방결(臨終方訣)』을 펴냈다. 이에 따르면 위와 유사한 환경을 조성토록 하는 내용이 나온 후, 병자를 앉히거나 서쪽을 향해 눕게 하여 네모난 단(壇)에 탱화를 걸어놓고 불교의 가르침을 일러주도록 하였다.

… 단 안에는 탱화(幀畵) 한 폭을 걸어서 병든 이로 하여금 마음이 이어지면서 그 상호를 관찰하게 하여 보리(菩提)의 마음을 일으키게 한다. 그리고는 다시 그를 위해 삼계(三界)는 지내기 어렵고 삼도(三塗)는 고통스러워 태어날 곳이 아님을 설명해 주고, 오직 부처님의 깨달음만이 참다운 귀의이며, 부처님께 귀의하면 반드시 모든 부처님의 찰토(刹土)에 태어나서 미묘한 즐거움을 받음을 설명해 준다.

… (법을 설하는 이가 설법을 마친 뒤) 다시 병자에게 부처님의 명호를 부르게 해서
십념(十念)을 성취하고 삼귀(三歸)를 받고 참회를 마친 뒤 보살계를 받도록 한
다. 만약 병자가 말을 할 수 없다면 다른 사람이 대신해서 참회 등을 받도록
한다.

… 만약 임종할 때라면 병을 간호하는 이는 단지 부처님 명호만을 불러서 그
소리가 끊이지 않도록 하되, 병자의 마음을 따라서 그 명호를 불러야 한다.
병자는 부처님과 보살들이 나투어 향기로운 꽃으로 맞이하는 걸 보면 문득 환
희심이 생기면서, 몸도 고통스럽지 않고 마음도 산란하지 않아서 정견심(正見
心)이 일어남이 마치 선정에 들어간 것과 같다.[13]

송나라에 와서는 염불선을 강조한 종색선사(宗賾禪師)가 『선원청규(禪苑淸
規)』에서 총림에 연수당(延壽堂)을 건립해 간병실을 마련토록 하였다. 이러한
전통은 우리나라에도 이어져 고려시대에는 무상당이나 연수당을 건립하여
승려들뿐만 아니라 일반 신도들 역시 사찰에서 임종을 맞은 사례들이 적지
않았다.

여러 경전에 기록한 임종 무렵의 지침을 요약하면, 편안하고 조용하고 깨
끗한 환경을 조성하여 병자가 의지를 삼을 수 있도록 작은 불상이나 불화를
모신 뒤, 염불하고 불법을 들려주어 좋은 곳에 태어날 수 있도록 인도하는 것
이다. 아울러 병자가 눕는 방향을 공통적으로 서쪽이라 한 것은 서방정토(西
方淨土)를 향하도록 하기 위함이며, 석가모니의 열반 때도 같은 자세를 취함
으로써 임종 시의 바람직한 자세로 여겨지고 있다. "병들어 누운 자도 부처님
의 상호를 관찰할 수 있으니 임종 때 염하는 곳을 따라서 그곳에 태어난다"[14]

13　道端良秀, 앞의 책(1976), pp.34~35.
14　『대장일람집(大藏一覽集)』, 앞의 책(2006), p.449.

고 했듯이, 병자의 마음을 오로지 한곳으로 모을 수 있도록 최선을 다해야 함을 강조하고 있다.

2) 역사적 존재로서 석가모니의 임종

석가모니는 제자들과 함께 가르침을 전하며 유행(遊行)하던 중 어느 작은 마을에서 80세에 삶을 마감했다. 석가모니의 죽음은 불교사에서 가장 중요한 사건의 하나이자, 일체 번뇌와 윤회에서 벗어나 열반(涅槃)에 드는 것이기에 후대의 불자들에게 그의 탄생 · 출가 · 성도와 함께 4대명절로 기념되고 있다. 불교상례에서 그의 죽음과 관련된 상징적 요소를 대입해 왔듯이, 석가모니가 한 인간으로서 임종을 맞아 장례를 치른 전 과정은 불교 죽음의례를 다룸에 있어 매우 중요한 의미를 지닌다.

석가모니의 말년과 임종 전후 사정을 기록한 대표적인 원전은 『대반열반경(大般涅槃經)』[15]이다. 이 경전은 팔리어본 · 산스크리트본 · 한역본 · 티베트어본 등 주요 불교경전 언어로 모두 남아 있어 제본(諸本)마다 차이가 있고 학자마다 해석이 조금씩 다르나, 임종을 둘러싼 대략적인 내용은 다음과 같다.

석가모니는 제자들과 함께 우기를 보내기 위해 오랫동안 베살리에 사는 암바빨리의 농원에 머물렀는데 여기서 처음 병이 들게 된다. 그는 건강이 나빴는데도 꾸시나라로 가기 위해 베살리를 떠나 많은 촌락을 지난 후, 빠바에 도착해서 춘다[16]라는 대장장이의 망고농원에 머물렀다. 춘다는 석가모니와 제

---

15 『열반경』에는 초기불교의 것과 대승불교의 것이 있는데, 여기서 다루는 내용은 역사적 · 사실적 관점에서 석가모니의 입멸 전후를 다룬 초기불교의 『열반경』에 담긴 기록들이다. 『열반경』의 내용은 선행연구에 주로 의존하여 살펴본다.

16 그의 이름은 Cunda(또는 Kunda)로 쭌다 · 춘다 · 쿤다 등으로 표기되나, 여기서는 일반적으

자들에게 공양을 올렸는데, 석가모니는 어떤 음식을 먹고 설사와 출혈을 할 정도로 병세가 심각해졌다. 석가모니는 춘다에게 그 음식은 자신에게만 주고 제자들에게는 주지 말 것이며, 나머지는 모두 구덩이에 묻도록 하였다. 석가모니는 나중에 춘다가 그 음식 때문에 자신이 죽음에 이른 것이 아닐까 하고 죄책감을 느낄 것을 염려하여 아난에게 '그가 제공한 음식공양은 그 어떤 결실이나 공덕보다 큰 것'이라는 요지의 긴 말을 들려주며 그 죄책감을 떨치게 해줄 것을 당부하였다.[17]

그런데 석가모니가 이때 취한 음식물과 그의 죽음은 불교도들에게 오래전부터 커다란 논란거리가 되어왔다. 많은 학자들은 '수카라맛바다'라는 이 음식물을 부드러운 돼지고기 또는 말린 수퇘지고기로 해석하면서 죽음에 이른 직접적인 원인으로 보고 있으나, 한편에서는 여러 가지 사례를 들어 이를 반박[18]하고 있기 때문이다. 예컨대 우유에 쌀을 섞어 만든 요리라거나, 버섯·죽순 또는 일종의 불사약이라는 설도 있다. 이들은 이 음식이 죽음에 이르도록 만든 치명적 요인이 아니라 공양 이전부터 있었던 병이 완화되지 않았다고 보는 것이다. 이러한 주장들은 치밀한 자료를 기반으로 하고 있어 주목할 만하지만, 석가모니가 다른 비구들에게 그 음식을 공양하지 말고 묻으라고 했던 이유에 대해서는 명쾌한 해석이 따르지 않았다.

석가모니의 임종 직전의 사건들을 보면 춘다가 준비한 음식을 먹은 후 질병에 걸린 것은 역사적 사실이지만, 엄밀히 말해서 춘다의 음식이 질병의 원인이라고 속단할 수는 없다. 다만 석가모니가 식중독으로 죽었을 개연성이

로 알려진 '춘다'를 사용하였다.

17 유성욱, 『붇다의 신격화에 관한 연구』(종교와 이성, 2007), pp.185~188.

18 이는 남방 상좌부 불교를 대표하는 붓다고사(Buddhaghosa)를 중심으로 한 견해로, 상세한 내용은 안양규, 『붓다의 입멸에 관한 연구』(민족사, 2009) pp.133~160.

있는 역사적 사실은 성스러운 불타관의 전개와 발전에 맞추어 수정될 필요가 있었던 듯하다.[19] 사실 여부와 무관하게, 석가모니의 죽음이 자신의 의지와 무관하게 갑작스레 맞은 평범한 죽음이 아니라는 사실을 강조하고자 했던 의도를 읽을 수 있기 때문이다.

이후 석가모니는 3마일이 떨어진 꾸시나라의 우빠밧따나에 있는 말라족의 사라(沙羅) 숲에 도착하여 말라족과 오랜 이야기를 나누었다. 그리고 아난에게 사라쌍수(沙羅雙樹) 아래 침상을 펴도록 한 뒤 머리를 북쪽으로 향한 채 오른쪽 옆구리를 바닥에 대고 누워 한 다리를 다른 다리 위에 올려 놓았다. 그는 주의깊고 평온한 가운데 삶의 마지막 정리를 했으며, 슬픔에 싸인 아난과 이교도인 수받다를 위로하고, 비구들에게 마지막 설법을 했다. 세 번째 밤을 보내는 동안, 모든 명상단계를 통해서 그 순서를 순역으로 되짚어본 후 '기름이 다한 불이 꺼지듯이' 열반에 들었다.[20]

그런데 석가모니가 머리를 북쪽으로 향한 데 대해 여러 설이 전한다. 이 가운데, 그는 세상 사람들의 허망한 믿음에서 벗어나 있다는 것을 보여주기 위함이라는 설명이 설득력을 얻고 있다. 꾸시나라 사람들은 망자의 머리를 북쪽으로 두어야 길상하다고 믿었는데, 석가모니는 아직 살아 있는 상태이지만 북쪽으로 머리를 둠으로써 민간의 속신에서 자유롭다는 것을 보이고자 했다는 설명이다. 이러한 경향은 석가모니의 입멸 장소와 누운 방향에서도 일관되게 나타난다. 전통적으로 힌두교도들은 집에서 임종하는 것을 바람직한 것으로 여기며 임종이 임박하면 집 입구나 그가 평소 사용하던 방에 머리를 동쪽으로 향하도록 눕히고, 사후에는 머리를 남쪽으로 향하게 한다. 그런데 석가모니는 숲을 택했고 머리를 북쪽으로 두고 옆으로 누움으로써 모두 전통적

---

19 위의 책, pp.158~159.
20 유성욱, 앞의 책(2007), pp.188~189.

인 힌두교의 관습과 반대되기 때문이다. 그는 임종을 맞아 관습에 얽매여 있는 이들에게 마지막 가르침을 펴고 있는 것이라 해석할 수 있다.[21]

석가모니가 오른쪽 옆구리를 바닥에 대고(右挾) 누운 데는 또 다른 이유가 있다고 한다. 이는 사자왕(獅子王)처럼 누운 것을 나타내려 함인데, 중생의 눕는 자세에는 사자왕처럼 우협으로 눕는 자세, 신처럼 얼굴을 위로 향해 눕는 자세, 귀신처럼 엎드려 눕는 자세, 탐욕적인 사람처럼 좌협으로 눕는 자세의 네 종류가 있다는 것이다. 사자는 동물 중 가장 용맹하여 왕이 되었을 뿐만 아니라 자긍심이 높아 자신의 흐트러진 모습을 보이지 않는데, 자고 있을 때도 방만한 자세를 취하지 않고 위엄을 지켜 앞발 두 개와 뒷발 두 개를 각각 포갠 채 잠을 잔다고 한다. 석가모니는 종종 사자왕으로 비유되어, 임종을 맞아서도 마치 사자왕처럼 방심하지 않고 조금도 흐트러짐 없는 자세를 유지하고 있었던 것이다.[22]

이윽고 죽음의 순간이 가까워지게 되는데『열반경』에는 임종 직전 석가모니의 정신상태를 상세하게 기술하고 있다. 그는 초선정(初禪定)에 들었다가 제2선에 들기 위해 초선정에서 깨어났으며, 이렇게 제2선·제3선·제4선을 거쳐 제8선인 비상비비상처정(非想非非想處定)에 들었다. 이윽고 비상비비상처의 선정에서 깨어나 멸수상정(滅受想定)에 들었는데, 멸수상의 선정은 보리수 아래에서 깨달음을 얻을 때(正覺) 들었던 삼매의 선정이다. 이때 일부제자들은 그가 열반한 것으로 여겼으나, 아나율(阿那律)은 그의 상태를 알고 아직 아니라고 말한다. 석가모니는 다시 멸수상정에서 깨어나 비상비비상처정을 거쳐 차례대로 제1선정에서 깨어났고, 제2선·제3선을 거쳐 제4선에 들었다가 제4선에서 깨어난 즉시 완전히 눈을 감았다. 이때 대지가 크게 진동하고

---

21 안양규, 앞의 책(2009), pp.253~264.
22 위의 책, pp.253~264.

신과 사람들이 모두 크게 놀랐다고 한다.[23]

이처럼 임종 직전의 정신 상태를 전문적이고 학술적으로 기술하고 있으나 누구도 그의 내면에서 일어난 것들을 정확하게 알 수는 없을 터였다. 그럼에도 불구하고 이러한 과정을 묘사할 수 있었던 것은 석가모니가 정각(正覺)을 이룬 순간을 열반의 순간에 적용했기 때문이다. 번뇌는 소멸되었으나 육신이 남아 있는 유여열반(有餘涅槃)은 번뇌와 육신이 모두 소멸된 무여열반(無餘涅槃)과 교리상 본질적으로 동일하기 때문에, 석가모니가 정각을 이루어 열반을 얻는 과정이 생애 마지막 순간에 열반을 얻는 과정과 같다고 예상하는 것은 논리적으로 타당한 것이다.[24]

석가모니가 임종 무렵에 마지막으로 남긴 유훈은 "비구들이여! 이제 나는 너희에게 말한다. 제행(諸行)은 소멸되기 마련이다. 방일하지 말고 정진하라"는 가르침이었다. 그의 최후 가르침은 무상에 대한 철저한 자각과, 거기에서 벗어난 세계에 대한 추구라는 두 축으로 이루어져 있다.[25] 석가모니가 숨을 거두자 세상은 충격에 빠지게 되는데, 이때 두 천신이 게송을 읊고 이어 두 비구 제자가 게송을 읊었다. 제자 아나율의 게송은 다음과 같다.

호흡의 움직임은 없다.
마음은 굳게 확립된 채
욕망에서 자유롭고 평정한
성자가 시간을 다하였네.

---

23 성열, 『고따마 붓다』(문화문고, 2008), pp.424~425.
24 안양규, 앞의 책(2009), pp.162~168.
25 위의 책, pp.287~293.

유한자의 고통에 흔들리지 않고

그의 마음은 꺼진 불꽃처럼

해탈을 이루었네.

아나율은 육신의 죽음을 담담하게 전하며 죽음 너머에 있는 해탈을 노래하였고, 곧이어 아난(阿難)은 "두렵구나. 머리카락이 쭈뼛 섰다. 모든 것을 성취하신 붓다가 입멸하시니"라고 하여 어버이를 잃어버린 어린 아이의 심성이 게송에 녹아들어 있다. 아난은 아직 아라한(阿羅漢)에 이르지 못한 평범한 비구의 입장을 대변하고 있는 반면, 아나율은 아라한으로서 붓다의 가르침에 따라 평정을 유지할 수 있었던 것이다. 이들 아난과 아나율의 대조되는 두 가지 태도는 산문 형태로 다음과 같이 서술되고 있다.[26]

어떤 비구들은 아직 애착에서 벗어나지 못해 팔을 들어 올리고 울었다. 또 다른 비구들은 땅에 몸을 내던진 채 좌우로 구르면서 울며 탄식하였다. "너무 빠르구나, 세존의 입멸이. 너무 빠르구나, 여래의 입멸이. 너무 빠르구나, 세간의 눈이 사라지는 게." 그러나 번뇌에서 벗어난 비구들은 정념하고 정지하며 다음과 같이 사유하였다. '제행은 무상하거늘 이를 어떻게 할 것인가?'

이처럼 석가모니의 임종은 신이 아닌 역사적 인물이자 위대한 인물의 죽음을 보여주고 있다. 그의 임종은 불교 임종의례와 밀접한 관련을 지니는데 핵심내용을 크게 세 가지로 살펴볼 수 있다.

첫째, 석가모니가 열반에 들 때 사라쌍수 아래 누워 머리를 북쪽으로 두고

---

26 위의 책(2009), pp.192~196.

오른쪽 옆구리를 바닥에 댄 방향과 자세는 후대에 불교적 임종의 바람직한 지표가 되었다는 점이다. 앞서 다룬 바와 같이 『법원주림』에서 불상을 동향으로 모시고 병자의 얼굴을 서쪽으로 향하여 불상을 마주보게 했는데, 이때 불상의 손에 오색비단의 기를 매고 병자가 그 끝을 잡게 하여 정토(淨土)에 가서 나려는 뜻을 지니게 하도록 하였다. 여기서 정토는 아미타불이 머무는 서방 극락정토로 임종 무렵의 서향은 서방 극락세계를 뜻한다. 이러한 내용은 임종 무렵을 다룬 다른 경전에서도 일관되게 등장할 뿐만 아니라, 현대 불교상례의 지침[27]에서도 임종 무렵에 여건이 허락하면 석가모니가 열반에 들 때의 자세처럼 머리를 북쪽으로 두고 극락정토를 상징하는 서쪽을 바라보도록 하고 있다.

실제 석가모니가 누운 방향과 자세는 기존의 관습과 속신에 묶이지 않는 자유로움을 뜻하지만, 대승불교와 함께 발달한 정토사상에 따라 서방 정토를 향하는 의미가 부여된 것이다. 안락하고 편안한 침실을 마다하고 숲속 나무 아래 누워 생을 마감한 것 또한 길 위에서 가르침을 펼쳤던 그의 일생을 상징하고 있어, 임종장소와 방향·자세에 이르기까지 무언의 가르침을 남기고 있다.

둘째, 제자들에게 숨을 거둔 것처럼 느껴졌던 선정에 든 그의 정신상태에 대한 묘사는, 물리적으로 사망했더라도 깊숙한 곳에 자리한 아뢰야식은 좀 더 오래 남아 있다는 영혼에 대한 불교적 설명과 유사한 맥락을 지녔다는 점이다. 물론 석가모니의 경우는 마치 죽은 듯 깊은 선정에 들었음을 뜻하는 것이어서 둘은 완전히 다른 차원의 상태이다. 그러나 죽음과 같은 그의 선정상태는, 임종 직후에 '죽었지만 아직 죽지 않은' 시간이 있다는 불교의 영혼관을

---

27 대한불교조계종 포교연구실, 『불교 상제례 안내』(조계종출판사, 2011), p.31.

강화하는 데 긍정적 영향을 미쳤을 것이다.

셋째, 석가모니가 숨을 거두자 주변에 있던 제자들이 그의 죽음을 애도하는 두 가지 방식은, 가까운 이의 죽음을 맞았을 때 일반적 태도와 이상적 태도를 함께 보여주고 있다는 점이다. 머리카락이 쭈뼛 설 정도로 두려운 아난과 땅에 몸을 내던진 채 좌우로 구르면서 울며 탄식하는 비구들이 있는가 하면, 아나율과 아라한들은 육신의 죽음이란 무상한 하나의 현상일 뿐 그 너머의 해탈을 보았다. 십대제자 중 한 사람인 아난마저도 당시 아라한에 이르지 못하였기에 두려움에 떨었듯이, 가족의 죽음에 이성을 잃고 울부짖는 것은 너무나 자연스러운 일인 것이다. 따라서 임종 전후 망견에 사로잡히기 쉬운 병자에게 가족이 마음을 가라앉히고 염불하며 불법을 들려줌으로써 선견을 일으키게 하는 일이 얼마나 어려운 것인지 알 수 있다. 병자도 가족도 평소의 수행은 죽음을 맞는 순간에 가장 명확하게 드러난다는 사실이다.

이처럼 석가모니는 그의 죽음을 통해 인간 붓다의 면모를 여실히 드러내주었다. 결코 신적인 죽음이 아닌 인간의 죽음이었지만, 마지막 순간까지 자신의 삶을 통찰하고 놓치지 않는 궁극의 죽음을 보여준 것이다.

3) 불교적 임종의 역사와 전개 양상

시대를 막론하고 노환이나 병이 깊어짐에 따라 어느 정도 죽음에 대한 인지가 가능하기 때문에, 병자의 병세가 위독하면 가족들은 정신적 · 물리적으로 죽음을 맞이할 준비를 하게 마련이다. 따라서 안방에 병자를 모시고 가족이 지켜보는 가운데 편안히 떠나보낼 준비를 하였다.

그런데 불교가 융성했던 고려시대에는 사찰에서 임종을 하고 장례까지 치르는 경우가 많았다. 왕족과 귀족층에서 출가하여 승려가 되는 이들이 많았듯이 불심이 깊었던 고려 사람들은 불보살이 상주하는 공간에서 불공을 올리고 기도하는 가운데 삶의 마지막 순간을 맞고자 했던 것이다. 특히 사찰은 병자나 연로한 이들의 심신 수양과 요양에 적합한 환경을 지녔을 뿐만 아니라 임종 후 사찰에 빈소(殯所)를 차려 망자를 위한 종교적 처치를 할 수 있었다. 따라서 집에서 임종한 이의 주검을 사찰로 옮겨 빈소를 차리기도 하였다.

또한 죽음을 앞두고 사찰을 찾은 이들에 대해 간과해서 안 될 부분은, 죽음과 임종 시기는 그 누구도 알 수 없다는 사실이다. 결과적으로 임종에 주목하면 사찰에서 숨을 거두기 위해 온 것이 되지만, 병자의 입장에서 보면 죽음준비에 앞서 치료에 대한 기대가 더 중요한 목적일 수 있는 것이다. 이는 사찰에서 의학적 · 종교적 치료를 함께 기대할 수 있었기 때문이다. 중국에서 불교가 들어올 당시부터 불경 속에 의료지식이 포함되어 있었고,[28] 승려들이 책에서 습득한 의료지식과 함께 불교적 관점에서 마음의 병을 다스린 것은 이미 삼국시대부터의 일이었다. 따라서 설법 · 진언 · 참회를 하고 불공 · 염불 · 독경 등으로 이끌어 병자의 마음을 편안하게 하고 산에서 구할 수 있는 약초와 차 · 침술로 병을 다스려, 신앙과 의술로써 질병을 치료한 셈이다. 병자들은 신앙으로 치병(治病)의 가피를 구하거나, 불보살과 승려의 영험으로 병이 낫기를 기대하는 사례도 많았다.

예컨대 『삼국사기(三國史記)』[29]에는 왕이 병들자 황룡사에 백고좌회(百高座會)를 열어 승려들을 모아 불경을 강의하고, 많은 백성들이 승려가 되는 것을 허락하는 사례들이 등장한다. 『삼국유사(三國遺事)』[30]에도 신라의 왕이 병이

---

28 金斗鍾, 『韓國醫學史』(探求堂, 1981), p.38.
29 『三國史記』卷五 新羅本紀 '善德王五年'; 卷十 新羅本紀 '興德王五年'; 卷十一 新羅本紀 '憲康王十二年' 등.
30 『三國遺事』卷四 義解 第五 '圓光西學'.

나서 의원을 불러도 차도가 없자 원광법사(圓光法師)를 궁으로 청해 매일 밤 깊은 법을 듣고 참회의 계를 받았으며, 어느 날 왕이 원광의 머리에서 금빛 찬란한 일륜의 상을 보고 거듭 승심(勝心)을 내어 병실에 머물게 하자 오래지 않아 병이 나았다고 한다. 고려시대에도 진관선사(眞觀禪師)는 약석(藥石)을 베풀어 고질병을 낫게 하고, 대각국사(大覺國師)는 『금강반야바라밀경』을 독송하여 예종의 병을 낫게 했으며, 진각국사(眞覺國師)는 사람들의 병을 구제하는 효험이 있었고, 진명국사(眞明國師)는 역질을 사라지게 하는 등 승려들이 감응 혹은 신통력을 발휘한 사례들이 많이 전한다.[31] 승려들의 치병능력이나 망자를 소생시키는 영험담은 어느 시기에 편중되지 않고 고루 분포하고 있다. 이처럼 사찰은 사후 영혼의 구제만이 아니라, 병을 치료하고 편안한 죽음을 준비하는 곳이기도 하였다.

고려시대에는 사찰에 병든 승려나 신도를 간병하기 위한 법당을 세우고 연수당(延壽堂)·무상당(無常堂) 등이라 불렀다. 이는 송나라의 종색선사가 『선원청규』에서 총림에 간병실을 마련하도록 한 데서 유래한 것이다. 무상당이나 연수당에는 아미타불내영도(阿彌陀佛來迎圖)를 모셔두고 아미타불의 결인(結印)과 병자의 손을 오색실로 연결한 채 염불을 함으로써 병자가 편안히 임종을 맞도록 하였다.[32] 당시 의술과 도참(圖讖)·점복(占卜)에 능통한 승려들에게 의료처방과 간병의 직책을 주었듯이, 근래에도 큰 사찰이나 선방에는 간병부(看病部)가 있어 의술에 조예가 깊은 승려가 병자를 돌보는 소임을 맡아왔다.[33]

---

31 김유진, 「고려시기 高僧 靈驗譚의 생성과 유포」(한국교원대학교 역사교육학과 석사논문, 2007), pp.26~27.

32 보광, 「상장례를 통한 포교의 활성화」(대한불교조계종 교육원 본말사주지 세미나 교육내용, 2004. 7).

33 박경용, 「사찰(사찰) 민간의료 전승양상: 산 스님의 사례를 중심으로」, 『한국학논집』 41(계

특히 왕은 정침(正寢)에서 임종하는 것이 관례이지만 고려시대에는 집권 중이던 왕들조차 사찰을 찾아 숨을 거둔 경우가 많았다.[34] 3대 정종과 6대 성종은 병환이 위독해지자 후대 왕에게 왕위를 물려주고 각기 제석원(帝釋院)과 내천왕사(內天王寺)로 옮겨 불교적 죽음을 맞이한 왕들이다. 또한 1046년(정종 12)에 임종한 10대 정종 또한 몸이 편치 못하자 대궐 안에 있는 법운사(法雲寺)로 옮겼고, 10일 후에 임종한 뒤 선덕전(宣德殿)으로 옮겼다고 하였다. 따라서 법운사에서 임종했다는 직접적인 말은 없으나 문맥상 그곳에서 숨을 거둔 것으로 볼 수 있다.

고려 후기 충렬왕은 태자 시절 원나라의 공주와 결혼하면서 왕위에 올라, 재위기간 내내 원의 입김에 휘둘리다가 1308년(충렬왕 34) 신효사(神孝寺)에서 쓸쓸하게 최후를 맞은 왕이었다. 충렬왕은 살아 있을 때 왕위를 물려주고 임종했다는 해석[35]이 있으나, 실제 1298년 충선왕에게 선위(禪位)했다가 7개월 뒤 원의 명으로 다시 복위하여 1308년까지 왕위에 있다가 임종한 경우이다. 그 이전인 충렬왕 23년에는 그의 왕비이자 원나라 세조(世祖)의 딸인 안평공주(安平公主) 역시 현성사(賢星寺)에서 임종함으로써 재위시절의 왕과 왕비 모두가 사찰에서 임종한 특수한 사례를 남겼다.

고려시대의 묘지명(墓誌銘)에는 불교적 죽음을 맞은 이들에 대한 기록이 많이 담겨 있다. 묘지명은 돌·금속·자기 등에 고인의 삶에 대해 적은 기념물로, 무덤 안에 매장한다는 점에서 바깥에 세우는 묘갈(墓碣)·묘비(墓碑)와 구

명대학교 한국학연구원, 2010), p.339.

34 이하 고려 왕들의 임종 관련 자료는『高麗史』卷2 定宗 己酉 4年(949), 卷3 成宗 丁酉 16年(997), 卷6 靖宗 丙戌 34年(1046), 卷32 忠烈王 戊申 34年(1308), 卷64 禮6 凶禮 ‘國恤’ 등.

35 李應周, 「麗末鮮初 佛教儀禮의 축소와 薦度齋의 역할」(서울대학교 국사학과 석사논문, 1999), p.20.

분된다. 후일 무덤의 형태가 바뀌어 누구의 묘인지 알지 못할 것을 염려하여 광중(壙中)에 넣어둔 것이다. 묘지명에는 가계와 혼인관계, 벼슬, 행적 등이 기록되어 있어 일생의 중요한 내력을 살피는 데 도움이 된다.

이에 고려시대 묘지명을 판독한『고려묘지명집성(高麗墓誌銘集成)』[36]을 참조하여 다음 세 가지에 해당하는 사례들을 뽑아 〈표1〉로 정리하였다. 곧 불교적 임종에 대한 기록이 있는 사람, 사찰에서 임종한 사람, 사찰에 빈소를 차려 모신 사람들이다. 아울러 이들 세 경우에 해당하는 사례들의 이후 장례내용까지 함께 살펴봄으로써 고려시대에 불교적 죽음을 맞은 이들의 전반적 경향을 살피는 데 참조하고자 하였다. 이 책에는 325인의 묘지명이 연대순으로 수록되어 있지만, 당시에 묘지명을 쓴 사람이 중요하지 않다고 판단하여 임종이나 빈소에 대한 내용을 기록하지 않은 경우가 많다. 또한 글자가 깨어져 관련내용을 판독할 수 없는 이들도 다수이다. 따라서 〈표1〉에 포함된 사람은 47인이지만, 위의 자료에서 파악할 수 있는 내용만을 반영한 것이므로 실제로는 이보다 훨씬 더 많다고 봐야 할 것이다.

여기서는 사찰에서 죽거나 임종 때 염불을 하는 등으로 불교적 임종을 맞은 이들에 대해 살펴보며, 빈소 관련 내용은 빈소의례에서 살펴보기로 한다.

이에 따르면 사찰에서 임종한 이들은 21인의 사례가 기록되어 있고, 특별히 임종 무렵에 염불·불공·수계 등으로 불교적 죽음을 맞은 행적을 적어 놓은 경우는 15건이다. 임종 무렵의 내용은 가족만 알 수 있는 개인사이기에 기록으로 남지 않는 경향이 있지만, 뚜렷한 행적으로 드러나거나 평소에도 신앙심 깊은 이들이었을 경우에는 특별히 주목하였음을 알 수 있다.

문종(文宗)의 장인이었던 이자연(李子淵)[37]의 집안은 독실한 불교신자였던

---

36 김용선,『역주 고려 묘지명집성: 상·하』(한림대학교 출판부, 2012).
37 이자연(李子淵, 1002~1061) 묘지명: 김용선, 앞의 책(상권, 2012), p.22.

<표1> 고려시대 묘지명에 나타난 불자들의 죽음: 임종 · 빈소 중심

| 인물 | 성별 | 생존연대 | 임종 무렵 | 임종 | | 빈소 | 1차장 | | 참조(최종장) |
				장소	날짜		장소	날짜	
이농서	남	978 ～1059		孝家院 (개경)	2.6	(사찰)			5.9 선산에 매장
이자연	남	1002～1061	화장유언	妙覺寺	8.30	(사찰)	화장		10.6 任津縣 경내 매장
이정	남	1025～1077	아미타염불, 보살8계	佛恩寺 (개경)	5.13	(사찰)	화장		10.20 사찰안치 후 선산 매장
							西畿山	5.23	
정목	남	1040～1105		龍興寺 德海院	5월	(사찰)	화장		10.9 安佛寺 안치 후 弘護寺 매장
							龍興寺	6일후	
김씨 부인	여	1036～1107			11.22	地藏寺			1110. 2 東蓮寺 기슭 매장
최사추	남	1034 1115		慈雲寺 善積院	2월	佛恩寺	종류미상		1116. 10 西北山 매장
							西面	병인일	
최계방	남	1045～1116			6월	普通寺	종류미상		1117. 2 西面 기슭 매장
							長峰山	임신일	
박경인	남	1057～1121		燒身寺	6.29		종류미상		1122. 2 屯伊山 기슭 매장
							大德山	미상	
이공수	남	? ～1137		西方 精舍	7.16				1139. 5.6 押實村 南 매장
한유충	남	1080～1146		절	가을				
배경성	남	1083～1146		新和寺	9.12	(사찰)			11.24 京畿 南山 매장
염경애	여	1100～1146		집	1.28	順天院	화장		1148. 8.17 淸凉寺 안치 후 因孝院 매장
							山	2.2	
권적	남	1094～1147		집	12.20	定光寺			1148. 2.13 龍虎山 매장
김씨 부인	여	1068～1148		佛境院	10.13				1149. 10.6 義龍山 매장
김의원	남	1071～1148		臨川寺 (개경)	12.4	(사찰)	화장		1153.12.7 臨江縣 매장
							進奉山	12.19	
원항	남	1080～1149		龍興寺 德賢院	8.21	(사찰)			9월 갑신일 健德山 매장

인물	성별	생존연대	임종 무렵	임종		빈소	1차장		참조(최종장)
				장소	날짜		장소	날짜	
정지원	남	1090~1149		中房寺	3.13	(사찰)	화장 西山	 4.3	8.23 타지 안치 후 開京 北村 매장
윤언이	남	1091~1150				廣濟寺			4.14 龍鳳山 崇福寺 매장
이탄지	남	1086~1152	齋와 승려공양, 진언염불, 가부좌임종	銀海寺 (영천)	4월	(사찰)			
양씨 부인	여	1094~1156		金塔寺 (개경)		(사찰)			12.29 奉靈寺 山 매장
박소	남	1097~1156		崇敎寺 經院	6.9	(사찰)	(화장)		9.3 大雲寺 매장
이씨 부인	여	1099~1157	염불	집	8.1				1158. 2.23 開京 山 매장
양원준	남	1089~1158			11.7	十善寺			11.28 大雲寺 西 매장
임경화	남	1103~1159		사찰		(사찰)			11.2 江陰山 東 매장
석수민	남	1077~1160			8.8	迎聖寺	화장		8.19 大雲寺 기슭 매장
고씨 부인	여	1099~1160		영양 (부임지)	3.11		화장 法藏寺		1162. 5.13 開京 弘護寺 매장
왕효	남	1093~1161			4.10	廣濟寺	화장 東山		11.30 因孝佛院 안치 후 義龍山 매장
황보씨 부인	여	? ~1161		집	3.20	法興寺	화장 歸法寺	 4.19	10.22 弘華寺 기슭 매장
최윤의	남	1102~1162		집	8.28	佛恩寺 菩提院	화장 天和寺	 9.13	10.22 凝石寺 매장
이문저	남	1113~1180		집	11월	神巖寺			12.12 進奉山 매장
왕재 딸	여	1141~1183		집	4.1	拯苦寺	화장 朝陽山	 4.21	12.24 매장
왕영 딸	여	1150~1185		彰信寺 (개경)	1.13	(사찰)	화장 聖住寺	 1.30	1186. 2.25 雲開寺 안치 후 절 근처 매장
왕영	남	1126~1186		집	10.10	金善寺	화장		1187.8.11 유골 山 매장

인물	성별	생존연대	임종 무렵	임종		빈소	1차장		참조(최종장)
				장소	날짜		장소	날짜	
최씨부인	여	?~1186	염불, 독경	(사찰)	1월	(사찰)			
문장필	남	?~1190			6.13	化佛寺			
이일랑	여	?~1192	목욕재계, 아미타염불		9.15				10.15 유골 小梓旀山 매장
최루백	남	?~1205		집	12.1	廣濟寺			12.18 유골 大德山 매장
조씨부인	여	1128~1218		집	6.29	定光寺			7.27 유골 西北山 매장
윤응첨	남	?~1228	율사 청해 계 받고 법회 개최	昌福寺	7월	(사찰)			8월 유골 매장
김중문	남	?~1237	목욕재계, 계 받음		5.28				유골 江華 北山 매장
김중구	남	1175~1242	100인 승려 청해 공양. 가부좌임종	鳳顧寺	1.3	(사찰)			3.10 유골 江華 靑桐寺 기슭 매장
양택춘	남	1172~1254	승려 청해 염불. 아미타염불. 우협임종	집	4.7		화장		6.14 유골 水陽山 매장
조인규	남	1237~1308	목욕재계, 찬불, 게송, 가부좌임종	집	4.25				6.28 유골 開京 熊谷 北 매장
최씨부인	여	1227~1309	삭발, 승려수계 (법명:向眞)	집	7.4				7.22 유골 椒山 매장
박씨부인	여	1249~1318	삭발, 승려수계 (법명: 省空), 임종염불	집	7.11				8.18 유골 大德山 장례
유씨부인	여	1247~1326	삭발, 승려수계 (법명: 目眞)	집	10.7				
왕씨부인	여	?~1356	염불	집	3.18				4.9 유골 德水懸 海雲 山 매장

※ 사망연대순

듯하다. 그는 임종 직전에 정신이 맑아져 자신의 장례를 모두 불교의 다비법에 따르도록 유언했는데, 아들인 이정(李頲)[38] 또한 아버지를 본받아 임종하는 날 손발을 씻고 의관을 단정히 갖추고 앉아 아미타불을 염한 다음 스스로 보살8계를 받고 숨을 거두었다. 평소 불교를 잘 받들어 불경을 즐겨 암송하였던 이씨부인(李氏夫人)[39]은 병이 무거워지자 세수를 한 뒤 불보살의 명호를 부르며 임종하였고, 1186년에 사망한 최씨부인(崔氏夫人)[40] 또한 임종 무렵에 부처를 받들면서 단정히 앉아 염불하고 경을 외웠다. 이일랑(李一娘)[41]은 목욕재개하고 옷을 갈아입고 아미타불을 외우며 세상을 떠났는가 하면, 조인규(趙仁規)[42]도 임종하던 날 저녁이 되자 목욕재계한 뒤 서쪽을 향해 무릎을 꿇은 채 찬불하고 게송을 외우다가 단정히 앉아 임종하였다. 왕씨부인(王氏夫人)[43] 또한 평소 불교신앙이 깊어 항상 염불하다가 임종 시에도 염불하며 눈을 감았다.

이들은 한결같이 죽음이 가까웠음을 알고 목욕재계한 뒤 염불하거나 독경 등으로 임종을 맞았다고 기록하였다. 실제 중환자가 임종하는 날 스스로 심신의 준비를 했다는 기록에는 다소 미화의 여지가 있겠으나, 죽음을 앞두고 병석에서 불교에 깊이 의지했음은 분명할 것이다. 특히 스스로 보살8계를 받거나, 아미타불이 상주한다는 서방정토의 방향을 향해 불공을 올린 사례들은 구체적인 신행행위로써 임종을 준비하였음을 보여준다.

임종이 가까웠을 때 승려들을 청하여 계를 받거나 공양한 사례들도 있다.

---

38 이정(李頲, 1025~1077) 묘지명: 김용선, 앞의 책(상권, 2012), p.34.
39 이보여(李輔予) 처 이씨(李氏, 1099~1157) 묘지명: 김용선, 앞의 책(상권, 2012), p.247.
40 최씨(崔氏, ?~1186) 묘지명, 김용선, 앞의 책(상권, 2012), p.402.
41 김유신(金有信) 처 이씨(李氏, ?~1192) 묘지명: 김용선, 앞의 책(상권, 2012), p.424.
42 조인규(趙仁規, 1237~1308) 묘지명: 김용선, 앞의 책(하권, 2012), pp.1121~1122.
43 김태현(金台鉉) 처 왕씨(王氏, ?~1356) 묘지명: 김용선, 앞의 책(하권, 2012), p.974.

예컨대 이탄지(李坦之)[44]는 임종 무렵에 재(齋)를 설치하여 부처님께 예배하고 승려들에게 공양을 올린 후 밤새 천수진언(千手眞言)을 외우다가 단정히 앉아 임종한 경우이다. 윤응첨(尹應瞻)[45]은 떠날 시기가 가까워지자 율사(律師)를 청해 계를 받고 법회를 열어 율법의 조목대로 모두 답을 하였다. 김중문(金仲文)[46]은 목욕재계하고 계를 받은 뒤 숨을 거두었고, 양택춘(梁宅椿)[47]은 병이 심해지자 승려를 청해 염불하게 하면서 임종 때도 염불과 게송을 읊었다. 김중구(金仲龜)[48]는 자신이 중건한 집 서쪽의 절에 가서 선승(禪僧) 100인을 모셔다가 함께 목욕하며 정성스럽게 공양을 올리다가, 절에 머문 지 나흘 뒤에 가부좌한 채 임종하였다.

이들은 매우 적극적인 사례들로, 죽음을 맞아 승려를 청해 재와 법회를 열고 계를 받는가 하면, 율법의 조목에 스스로 답함으로써 마치 출가자와 같은 모습을 연상케 한다. 특히 김중구의 경우는 자신이 중건한 사찰에 100인의 선승을 모시고 함께 목욕하였다는 기록에서 선가(禪家)의 활달한 기개를 보여주었다. 이들이 보여준 불교적 죽음은 깊은 신앙심과 더불어, 당시 왕실과 지배층에서 불사(佛事)나 반승(飯僧)을 주도하는 공덕으로 사후극락을 기원했던 종교적 심성을 읽어볼 수 있다. 또한 이탄지·김중구·조인구는 앉은 채 임종하였다고 하는데, 이러한 경향은 〈표1〉에 없는 다른 이들에게서도 많이 발견되는 현상이다. 앉아서 죽음에 이르는 좌탈입망(座脫入亡)은 고승들의 임종 자세로 널리 알려져 있어, 세상을 떠나는 순간까지 흐트러짐 없는 위엄을 지녀

---

44 이탄지(李坦之, 1086~1152) 묘지명: 김용선, 앞의 책(상권, 2012), pp.194~195.

45 윤응첨(尹應瞻, ?~1228) 묘지명: 김용선, 앞의 책(상권, 2012), pp.555~556.

46 김중문(金仲文, ?~1237) 묘지명: 김용선, 앞의 책(상권, 2012), p.593.

47 양택춘(梁宅椿, 1172~1254) 묘지명: 김용선, 앞의 책(상권, 2012), p.622.

48 김중구(金仲龜, 1175~1242) 묘지명: 김용선, 앞의 책(상권, 2012), p.612.

일상적 죽음과 차별된다. 따라서 선비사회에서도 이러한 죽음이 추앙받았음을 알 수 있다.

임종이 가까워질 무렵 머리를 깎고 불문(佛門)에 든 이들도 많다. 1309년에 사망한 최씨부인(崔氏夫人)[49]은 83세에 노환으로 임종하기 전날 머리를 깎고 비구니가 되어 법명을 향진(向眞)이라 하였고, 유씨부인(庾氏夫人)[50] 또한 80세 되던 해에 임종이 가까워지자 목욕재계하고 옷을 갈아입은 뒤에 승려를 청해 머리를 깎고 목진(目眞)이라는 법명을 받았다. 박씨부인(朴氏夫人)[51]은 죽음을 면하기 어렵다는 것을 알고 묘련사(妙蓮寺) 주지를 청해 머리를 깎고 법복을 갖추어 계를 받음으로써 승려가 되었으며, 법명을 성공(省空)이라 하였다. 그녀는 임종하는 날 오시(午時)가 되자 목욕을 하고 옷을 갈아입고 자녀 등을 불러 뒷일을 부탁한 뒤 합장한 채 오로지 아미타불을 염했는데, 저녁나절이 되어 숨이 거의 끊어질 때까지 염불하는 입술이 멈추지 않았고 기운이 다한 뒤에야 합장한 손이 흐트러졌다. 신라의 진흥왕이 임종할 때 머리를 깎고 법의를 입은 뒤 세상을 떠났듯이[52] 임종 무렵에 불교에 귀의한 사례는 왕실에서도 드물지 않았던 듯하다.

이들은 죽음이 가까웠음을 알고 삭발하여 승려가 됨으로써 일상의 세속적 삶에서 벗어나 오로지 염불수행으로 임종을 맞으려 하였다. 자신의 삶을 돌아보는 가운데 생사의 무상함을 깊이 느끼며 불교적 가르침으로 수행하여 이러한 심사와 번뇌에서 벗어나길 원했고, 또한 삭발 입문함으로써 부처님의 제자로 죽음을 맞는다면 그 공덕이 더욱 클 것임을 기대할 수 있었을 것이다.

---

49 김구(金坵) 처 최씨(崔氏, 1227~1309) 묘지명: 김용선, 앞의 책(하권, 2012), p.699.

50 이덕손(李德孫) 처 유씨(庾氏, 1247~1326) 묘지명: 김용선, 앞의 책(하권, 2012), p.764.

51 최서(崔瑞) 처 박씨(朴氏, 1249~1318) 묘지명: 김용선, 앞의 책(하권, 2012), p.721.

52 『三國遺事』卷一 義解 第一 '眞興王'.

앞서 살펴본 이탄지(李坦之)는 평소 고향에 있는 은해사(銀海寺)로 돌아가서 세상의 영화를 잊은 채 늙어가고 싶다고 하였다. 이에 1149년(의종 3) 질병으로 벼슬에서 물러나게 되면서 은해사로 가게 되었는데 다음은 그가 사찰에서 임종할 무렵의 기록이다.

맑은 마음으로 힘써 받들어 ○○재(齋)를 설치하고 향을 피워 부처님 안전(玉毫)에 예를 바친 다음, 승려들에게도 음식을 공양하였다. 끝난 다음 손님방으로 물러나 편안히 앉아서 천수진언(千手眞言)을 밤새 외우다가 단정하게 앉은 채로 돌아가셨다.[53]

이탄지는 자신의 고향에 있는 사찰로 돌아가서 객실에 머물다 임종한 경우이지만, 특히 개경(開京)과 큰 도시의 사찰에서는 병자를 치료하고 임종을 준비하는 전문시설을 두고 종교적 처치를 해왔다.

지금까지 살펴본 것처럼 묘지명을 남긴 이들의 행적을 보면 놀라울 정도로 불교적 죽음을 지향했음을 알 수 있다. 그런데 이렇듯 사찰에서 임종을 맞는 것은 어디까지나 상류층에 해당하는 일이었다. 특히 말년을 절에서 보내다가 임종을 맞는 경우는 노후와 질병 관리에 이르기까지 사찰 측의 특별한 대우를 받았음을 의미한다. 사례로 등장하는 이들은 평소 법당이나 절을 짓는데 주체가 되거나 많은 시주를 하고 집으로 승려를 청하는 등 주로 상류층에서 가능한 불사(佛事)를 해왔는데, 이는 무덤 속에 묘지명을 남기는 것 자체가 권세 있는 집안에서나 가능한 일이었기 때문이다.

따라서 고려시대에도 대부분의 백성들은 집에서 임종을 맞았다. 집에서 숨

---

53 이탄지(李坦之, 1086~1152) 묘지명: 김용선, 앞의 책(상권, 2012), pp.194~195.

을 거둔 수많은 백성들 또한 염불과 독경 등으로 불교적 죽음을 준비했음을 짐작할 수 있다. 위의 사례에서도 이씨부인, 양택춘, 박씨부인 등은 집에서 임종하면서 숨을 거두기 직전까지 염불을 멈추지 않았다. 묘지명에 기록된 내용은 작성자의 인상에 깊이 남은 사건이나 가족에게서 들은 이야기가 중심이 되었다는 점을 감안하면, 불교적 죽음을 맞은 이들 대부분은 임종 무렵에 스스로 불교에 깊이 귀의했음을 짐작케 한다.

많은 이들이 불교적 임종으로 삶을 마감했던 고려시대를 지나 조선시대에 들어서면 이러한 종교적 행위는 더욱 사적인 영역으로 스며들고 만다. 조선시대의 불교 신앙 양상을 보면 모든 관혼상제는 유교의례로 대체되었지만, 백성들은 물론 왕실과 유교지배층에서도 여전히 불교를 의지하고 믿었기에 사람이 죽으면 유교식 상례를 치르는 한편으로 천도재로써 망자의 영혼을 극락으로 보내고자 했다. 따라서 임종과 같이 극히 사적으로 이루어지는 영역은 개인의 신앙에 따라 다양한 불교적 신행행위가 따랐음을 짐작할 수 있다.

사찰임종처럼 종교적 배경에서 이루어진 것을 제외하면, 우리 민족에게는 집에서 맞는 임종이 가장 자연스럽고 이상적인 것이었다. 특히 조선시대에는 집이 아닌 곳에서 죽으면 객사(客死)라 하여 부정(不淨)한 것으로 여겼다. 집 안방에서 후손들이 지켜보는 가운데 맞이하는 죽음은 이 땅의 노인들이 자연스럽게 그려온 자신의 죽음이었다. 따라서 자식이 부모의 임종을 지키지 못하는 것을 가장 큰 불효로 여겨 '종신(終身)도 못할 녀석'이라는 욕은 심한 경멸을 나타내는 것[54]이기도 했다.

그러나 오늘날에는 집이 아닌 병원에서 임종을 맞는 것이 일반화되었다. 현대인에게 죽음이란 의학적 처치에 대한 기대를 포함하여 정서적·제도적으

---

54 임재해, 앞의 책(1990), p.19.

로 병원과 뗄 수 없는 관계이기에 모든 죽음은 병원을 거치도록 되어 있기 때문이다. 이전에는 임종이 임박하면 외부에서 치료받던 병자도 집으로 옮겨 죽음을 맞았으나, 점차 집에 있던 병자도 병원으로 옮길 수밖에 없는 상황이 된 것이다. 사망진단서가 발급되기 전에는 입관할 수 없어 사망을 확인받고 장례를 치르기 위해 병원을 찾을 수밖에 없는 데다, 모든 주검이 통과해야 하는 장례식장이 병원에 속속 들어서면서 병원은 현대인의 죽음을 처리하는 통합적 공간으로 자리 잡은 지 오래이다. 병을 고치고 죽어가는 사람을 살리기 위한 병원에서 죽음의 처리까지 겸하게 됨에 따라 숨을 거둔 뒤라도 심정적으로는 소생시키기 위해, 이성적으로는 죽음을 확인받고 처리하기 위해 병원을 찾을 수밖에 없다. 만 이틀도 채 못 되는 장례기간을 생각한다면 병원에서 임종할수록 다행인 현실이 된 셈이다.

따라서 불교신자들을 대상으로 한 오늘날 임종의례의 지침도 병원을 염두에 두고 있다. 그런데 불교에서 강조하는 임종의례의 중요성과는 달리, 임종 무렵에 불교식 처치나 의식이 개입되는 경우는 드문 편이다. 신도들에게 상(喪)이 발생했을 때 재적사찰에서 종교적 처치를 충분히 해주지 못하고 있는 것처럼, 그 이전 단계인 임종 무렵에 대해서도 체계적인 준비가 부족했던 것이다.

임종 시의 종교적 귀의가 매우 중요한 것임을 알면서도 임종을 전후한 경황없는 상태에서 병자와 가족이 마음을 모아 염불하거나 승려를 초빙하는 등의 일들이 불교에서는 낯설게 수용되고 있는 실정이다. 이는 식사에서 모임에 이르기까지 기도가 일상화된 기독교의 신앙 방식과는 달리, 생활불교가 정착되지 못한 불교의 현주소를 말해 주고 있다. 조선시대 이후 신도들의 일생의례에 대한 불교의 체계적 접근이 차단되어, 승려가 신도의 집을 방문하거나 사찰을 벗어난 여타 공간에서 의식을 행하는 일이 매우 제한적이었던 상황과도 무관하지 않을 것이다.

그러나 근래에 불교권에서도 임종의례의 이론적인 기반 마련과 실천적 확산을 위한 적극적인 움직임이 드러나고 있다. 이는 임종 전후의 보살핌의 주체가 가족에서 의료집단으로 옮겨가고, 병자를 위한 다양한 복지 프로그램이 활성화되는 시대적 추이와 함께하는 경향이 크다. 아울러 체계적인 임종의례가 정립되어 있는 타종교에 비해 죽음의 첫 단계에서부터 불교적 보살핌이 소홀하다는 불교권 내부의 자성의 목소리가 그 어느 때보다 높은 것이 현실이다. 따라서 불교 임종의례의 경우, 신도의 개별적 선택에 따라 재적사찰의 승려나 신도염불회를 청하여 염불·기도·수계 등의 임종의례가 미미하게 행해지는 한편으로, 연구자료와 임상사례의 축적을 통해 체계적인 의례 지침을 만들어 나가기 위한 다방면의 모색이 진행되고 있는 단계라 할 수 있다.

4) 임종염불과 임종의례

염불(念佛)은 불자들이 일상적으로 행하는 수행법이자 불교적 행위를 나타내는 데 가장 익숙하고 보편적인 상징어에 해당한다. 민간에 회자되는 "노는 입에 염불한다", "염불에는 마음이 없고 잿밥에만 관심이 있다"는 말들은 염불행위의 일상성과 친연성을 잘 드러내 주고 있다. 사찰에서 행하는 대부분의 불교의식이 염불 없이는 성립되지 않고 불자들이 행하는 신앙 형태의 70% 이상이 염불신앙을 기초로 하듯이[55] 한국불교에서 염불의 비중은 막중하다. 특히 서방정토에 머무는 아미타불을 집중적으로 염하여 극락왕생을 발원하는

---

55 李太元, 앞의 책(1998), p.17.

정토종(淨土宗)에서는 아미타불의 명호를 칭념하는 자체를 교지로 삼고 있어 일명 염불종(念佛宗)이라 부르고 있다.

염불은 마치 노래하듯 운율을 지니지만 타종교의 노래 유형과 구분되는 것은 본격적인 수행의 한 방법으로 다루어진다는 점이다. 따라서 불보살의 명호나 경문(經文)을 끊임없이 읊조림으로써 삼매에 이르는 염불삼매(念佛三昧)는 염불을 매개로 한 최고 경지의 수행법이라 할 수 있다. 마음을 하나로 모으는 삼매의 원동력이 지극한 신심이라면, 염불은 그러한 삼매에 들 수 있는 언어주술적 방법론의 역할을 하고 있는 것이다. 자신의 음성으로 끊임없이 반복하는 행위가 몰입에 이르는 중요한 기폭제가 되고, 지극한 신앙심이 밑바탕을 이룰 때 염불의 효과는 극대화되기 때문이다.

이처럼 염불이라는 신행행위가 지닌 언어주술적 특성은 임종 무렵처럼 죽음의 문제에 직면했을 때 더욱 부각된다. 죽음이란 인간에게 가장 절실한 주제이고, 불보살의 명호를 끊임없이 읊조리는 단순하고 절제된 행위는 간절한 무언가를 기원하기에 매우 적합한 신행행위이기 때문이다. 따라서 죽음을 앞둔 긴박한 시기에 행하는 염불을 중요하게 여겨 불보살의 명호를 읊는 행위만이 아니라 일정한 의식으로 된 임종염불이 별도로 마련되어 있기도 하다.

조선시대 임종염불의 지침이 된 「임종정념결(臨終正念訣)」를 보면 임종염불에 대한 아래의 내용을 살펴볼 수 있다. 「임종정념결」은 1700년대 전국의 사찰에서 한글 염불서로 널리 판각되었던 『보권염불문(普勸念佛文)』에 실려 있다.

… 다시 이르되, 명이 그치게 된 때에 눈물 흘려 슬피 우는 소리를 하여 나의 정념을 잃게 말고, 오직 나를 아미타불 생각게 하고 일시에 고성으로 나를 위하여 염불하며 지켜 명을 끝나게 하고, 명이 마쳐 오래 지나 곡을 하라. 만일

이리하면 사람마다 반드시 왕생함이 의심 없음이라. 이는 적실하며 중요하며 급한 말이니 반드시 믿어 행하라.[56]

이처럼 정토종에서는 전통적으로 임종 시에 지켜야 할 염불인의 자세를 중요한 교설로 다루면서, 임종 시에 '오직 나로 하여금 아미타불을 생각게 하고 나를 위해 큰소리로 염불하되 눈물을 흘리거나 우는 소리를 내어 나의 정념을 잃게 하지 말 것'을 당부하고 있다. 이러한 모습의 임종은 신심 깊은 불자들에게 널리 확산되어 있었던 듯하다. 조선시대의 마지막 왕비인 순종의 비 윤황후(尹皇后)는 1966년 세상을 떠나기 전 해에 유서를 써놓았는데, 그 내용을 보면 "형편에 따라 장례 일을 하되 불식(佛式)으로 간단히 하며, 염불소리 이외에는 조용히 하며, 소리 내어 우는 자는 내 뜻을 어기는 자이며…"[57]라고 하였던 것이다.

임종염불은 죽음을 앞둔 이의 극락왕생을 위한 것이기에 병자 자신이 마지막 순간에 행하는 염불과, 죽음이 임박한 병자를 위해 주변사람이 행하는 염불이 있다. 특히 십념왕생(十念往生)이라 하여 죽음을 앞둔 긴급한 시기에 병자 스스로 '나무아미타불'을 열 번 외우면 많은 죄를 지은 이라도 극락에 갈 수 있다는 믿음이 불자들에게 널리 확산되어 있다.

이처럼 임종 직전에 병자 자신이 행하는 염불은 중요한 상징성을 지닌다. 죽음의 순간에 행하는 '십념'은 꾸준한 마음공부와 염불수행의 결과이고, '십념왕생'이란 이처럼 지극한 마음에 대해 내리는 불보살의 가피이기 때문이다.

---

56 김종진, 『불교가사의 계보학, 그 문화사적 탐색』(소명출판, 2009), p.205의 내용을 현대식 문장으로 옮겨 표기하였다. 「임종정념결(臨終正念訣)」은 당나라 승려 선도(善導)의 「임종정념문(臨終正念門)」을 옮긴 것이다.
57 "李朝 마지막 王妃 尹皇后 他界에", 「경향신문」 1966년 2월 4일자.

일생에서 가장 절박한 순간에 지극한 마음을 내어 불보살을 부를 수 있다는 것은 그만큼 살아생전의 염불수행 공덕이 크다는 것이며 바로 그러한 마음에 종교적 가피가 작용한다는 것을 의미한다. 이때 중요한 것은 열 번의 숫자가 아니라, 지극한 신심과 일념에 있음은 말할 나위가 없을 것이다.

임종 무렵에 연락이 오면 백 일을 제쳐두고 99%는 무조건 갑니다. 왜냐하면 사람이 죽기 직전의 마음 상태가 제일 중요하거든요. 그래서 반드시 임종 무렵에는 가서 여러 가지 법문도 일러주고 염불도 해주고 가족들에게도 이런저런 말들을 일러주지요.
… 죽을 때 열 번만 나무아미타불을 염하면 많은 죄를 지은 이라도 극락에 갈 수 있다고들 하지요. 그러나 그게 말이 쉽지 제대로 되지 않아요. 가족들도 임종 직전에 염불을 해주면 병자가 좋은 곳에 갈 수 있지만, 절대 그렇게 잘 안되지요. 왜냐하면 갑자기 사람이 죽는데 그런 게 생각나나요? '아이고 아버지, 어머니' 하면서 정신없이 울고불고 하지. 평소에 부처님과 담 쌓고 살다가, 임종 직전에 염불하면 좋다더라 해서 그것만 실천하려고 생각하던 사람은 절대 그렇게 안 되지요. 그렇다면 아무라도 다 극락 가지? 다 평소에 지극 정성으로 불법을 따르고 마음을 모으고 수행하는 자세가 돼 있어야 그런 순간에도 그런 말들이 저절로 나오는 법이니까 ….[58]

인용한 승려의 말처럼, 임종염불의 가장 큰 효력은 병자 스스로 평소의 신심에 따라 지극한 마음으로 염불을 하는 것이다. 그러나 병자가 직접 염불을 할 수 없는 상태라면 주변에서 병자를 위해 염불하고 법문을 들려줌으로써 의

---

58 제보자: 원명(60세, 비구. 서울시 동작구 대방동 홍원사 주지). 2003년 6월 8일(일) 면담.

식·무의식의 상태와 무관하게 병자에게 영향을 미쳐 불법에 가까이 갈 수 있도록 도와주는 데 초점이 있다. 따라서 임종 무렵에 가족·친지 등이 행하는 임종염불 의식은 병자에게 이러한 환경과 마음가짐을 조성해 주기 위한 의미가 크며, 병자와 주변 사람들이 함께 염불을 한다면 가장 바람직한 것으로 보고 있다.

죽음의 문턱에서 불보살의 명호를 읊조리는 염불을 이토록 중요하게 여기는 것은 무엇일까. 그것은 염불이라는 신행행위의 특성을 떠올릴 때 자연스럽게 수긍할 수 있다. 염불은 모든 것이 집약된 가장 단순하고 절제된 언어로 신앙행위의 결정체에 해당하고, 그것을 끊임없이 읊조리는 것은 삼매를 촉진하는 매개 구실을 하여 죽음이라는 극한상황에 가장 적합하기 때문이다. 둔탁한 무엇을 두드려 내는 타악기의 음이 모든 연주의 핵심을 이루듯, 염불은 종교적 귀의를 나타내는 단순하고 핵심적 언어에 해당한다. 가장 절실한 순간에 가장 핵심적 신앙행위를 행함으로써 일심으로 몰입할 수 있는 힘이 극대화되는 것이라 하겠다.

그간 불교권에서는 임종의례에 대한 다양한 지침들이 있어왔으나, 최근 조계종에서 마련한 『불교 상제례 안내』[59]에 따라 임종의례의 핵심내용을 살펴본다. 임종의례는 일생에서 가장 중요한 순간에 행하는 의례이므로 승려가 집전하는 것이 바람직하지만, 죽음을 목전에 둔 긴박한 시기에 행하는 것인 만큼 상황에 따라 다양한 방식을 활용할 수 있도록 하였다. 아래의 모든 상황이 불가능하거나, 가족들의 충격과 슬픔이 너무 커서 의례를 진행할 수 없는 상황이라면 임종염불만으로도 족하다.

---

59 대한불교조계종 포교연구실, 앞의 책(2011), pp.28~38.

● 급박한 상황일 경우

지극한 마음으로 병자의 극락왕생을 기원하면서 '나무아미타불'을 외우는 임종염불만으로도 족하다. 자신의 기도와 염불로 병자를 편안하게 좋은 곳으로 떠나보낼 수 있다는 확신으로 병자 가까이에 앉거나 서서 조용히 염불하되, 너무 빠르거나 느리지 않게 한다. 시간이 허락하는 범위 안에서 염불하되 병자에게 부담을 주어서는 안 되며, 숨을 거둔 이후까지 한동안 계속한다.

● 승려가 집전할 경우

'삼귀의－반야심경－수계(受戒)－법문 또는 독경－염불－극락세계발원문－사홍서원' 등으로 진행한다. 수계(受戒)는 계를 받음으로써 불법을 받드는 사람이 될 것을 서약하는 핵심의식으로 삼귀의계와 오계를 주고, 연비를 한 뒤, 법명이 없는 이에게는 법명을 준다. 상황에 따라 오계는 생략해도 좋고 보호자가 대신 답할 수 있다. 숨을 거둔 뒤에 수계를 할 경우는 삼귀의계와 오계 대신 무상계를 준다.

● 재가불자가 집전할 경우

'삼귀의－반야심경－수계－독경－아미타염불－극락세계발원문－사홍서원' 의 순서에 따른다. 수계는 재적사찰에 연락하여 우편·메일·팩스 등으로 수계증을 받고, 시급한 상황에서는 전화로 법명을 받아도 무방하다. 삼귀의·수계·아미타염불·사홍서원만 하거나 아미타염불만 하는 것으로 간소화할 수 있다.

● 임종을 준비하는 지침

임종이 임박하면 조용하고 쾌적한 곳에 거처를 마련하여 병자를 모시고, 병원 중환자실에 있을 때는 입원실로 옮겨 모신다. 거처는 밝고 청결하게 정리하며, 병자의 몸을 깨끗이 닦은 뒤 면 종류의 편하고 깨끗한 옷으로 갈아입힌다. 병자에게 가장 편안한 방향과 자세로 눕게 한 다음 가볍고 따뜻한 이불로 가슴 아래까지 덮는다. 석가모니의 열반자세처럼 머리를 북쪽으로 두고 극락정토를 상징하는 서쪽을 바라보도록 해도 좋으나 고집할 필요는 없다. 거처가 너무 넓다면 병풍 등으로 칸막이하여 아늑하고 평온한 분위기를 조성한다. 평소 병자가 좋아하던 경전을 곁에 놓고 손이나 목에 염주를 걸어준다. 병자 곁에 작은 불상을 모시거나 불화 · 탑다라니 등을 걸어도 좋다. 불상은 아미타불이나 평소 모시던 불상이 좋다. 불상을 모셨을 경우 오색실로 불상의 집게손가락과 병자의 집게손가락을 연결하여 부처님의 가피가 직접 미침을 나타내어 병자의 마음을 평안하게 한다.

임종 무렵에 유의할 점은 다음과 같다.

첫째, 병자의 의식이 없어도 감각은 계속 유지되고 있으므로 가족의 사랑과 보살핌을 깊이 느낄 수 있도록 가까이에서 병자에 집중한다. 차분한 목소리로 임종 중임을 알려주며 부처님의 가피로 극락세계에 갈 수 있음을 확신시키고 격려해 준다. 둘째, 병자 곁에서 지나친 슬픔을 드러내거나 고통이 될 수 있는 말과 행동을 삼간다. 병자를 흔들거나 큰소리로 울부짖음으로써 병자가 산란함에 빠지지 않도록 한다. 셋째, 임종한 뒤에도 식(識)이 육신을 떠날 때까지 최소한 한두 시간 동안 살아계신 듯 지성껏 돌본다. 넷째, 팔다리 등이 비틀린 채 굳어지면 염불이나 광명진언(光明眞言)을 외우며 따뜻한 물수건으로 전신을 부드럽게 마사지하면 곧게 펴진다. 억지로 펴면 식이 아직 몸을 떠나지 않았을 경우 고통을 느낄 수 있으므로 주의해야 한다.

2. 불교 빈소의례

1) 망자에게 들려주는 시다림

불교에서는 신도들에게 상(喪)이 발생하면 승려가 빈소(殯所)에 참석하여 망자에게 불법을 들려주면서 극락왕생을 기원하는 것이 관례이다. 이러한 의식을 시다림(尸茶林 · 尸陀林)이라 한다. 시다림이란 본래 인도 마가다국 왕사성 북쪽에 있는 시타림(Sitavana: 寒林)이라는 숲에서 연유한 말로, 이 숲은 성에 사는 사람들이 주검을 버리는 일종의 공동묘지였다.[60] 시다림에 대해 여러 경전에서는 "그 숲의 서늘한 기운이 있는 지역을 시체 버리는 곳으로 사용하기에 한림(寒林)이라 하고, 또한 시체들로 인해 그곳에 가는 자는 두려움으로 머리털에 차가운 기운이 느껴지므로 한림이라 칭한다"[61]고 하였다. 이 숲에 버린 주검은 독수리들이 날아와 먹게 되기에 일종의 조장(鳥葬)으로 장례를 치렀던 것이다. 이들에게 사후의 육신이란 무상한 것이고, 인간이 생전에 다른 생물을 취하며 생명을 유지해 왔기에 죽어서는 이를 뭇 생명에 보시한다는 생각을 지니고 있었다. 또한 날아다니는 새가 주검을 먹음으로써 망자의 영혼이 하늘로 갈 수 있다는 믿음을 지니고 있어 조장을 천장(天葬)이라고도 한다.

시다림은 인도의 수행자들이 썩고 악취 나는 주검 속에서 생로병사의 고뇌로부터 벗어나 깨달음을 구하기 위한 고행의 장소로 선택되기도 하였다. 따라서 그곳은 원귀와 질병이 들끓는 공포의 장소이다 보니, 무언가로 인해 괴로움을 받는 '시달림'이라는 뜻이 '시다림'에서부터 생겨나게 되었다고 한다. 고려 성종 때 마련된 오복제도(五服制度)에 따라 삼일장을 하는 경우에는 첫날

---

60 耘虛龍夏, 『佛敎辭典』(동국역경원, 1961).
61 정각(문상련), 『불교 諸 의례의 설행 절차와 방법』(운주사, 2002), p.122.

부터 시다림을 행하느라 염습 이전까지 시다림 밤샘독경이 힘겨워 '시달림 당한다'는 표현을 사용했다[62]는 설도 있다.

우리나라에서는 신라 때부터 망자를 위한 설법이나 염불을 '시다림 법문'이라 부르게 되었고, 지금까지 망자가 불법을 깨달아 집착을 버리고 극락왕생할 수 있도록 인도하는 불교상례의 첫 단계로 중요한 의미를 지니고 있다. 기록에 남아 있는 초기의 시다림은 『삼국유사』[63]에서 찾아볼 수 있다. 원효대사(元曉大師)는 사복(蛇福)의 어머니가 세상을 떠나자 그의 집으로 가서 고인에게 계를 주고, 그 앞에서 "나지를 말라, 죽는 것이 괴롭다. 죽지를 말라, 나는 것이 괴롭다"고 축원하였다. 이에 사복이 너무 번잡하다고 하자 원효대사는 다시 "죽는 것도 사는 것도 모두 괴롭다"라고 고쳐 말했다는 것이다.

시다림이라는 말이 주검과 관련하여 생겨난 이유에서인지, 장례를 마칠 때까지 행하는 설법이나 염불에 한하여 시다림이라고 부른다. 따라서 동일한 게송이라도 임종 이후 장례까지 망자를 대상으로 행할 때 시다림이라 부르는 것이다. 시다림은 주로 고인의 주검을 안치해 놓은 빈소에서 하게 되는데, 임종 직후는 경황없이 지나가고 장지에서는 상황이 적합하지 않기 때문이다. 예전에는 주검을 모셔 놓은 곳에 가리개를 치고 그 앞에 영혼이 머무는 신위(神位)를 마련했으나, 장례식장에서 상을 치르면서부터 주검은 별도의 장소에 안치되고 신위가 있는 곳을 주로 빈소라 부르고 있다. 이에 불자들은 주검이 빈소에 있을 때 염불과 독경 등으로 망자가 보다 좋은 곳으로 갈 수 있도록 깨달음의 길을 열어 주고 있는 것이다.

빈소에서의 지침을 적은 경전은 드문 편이나 『무상경(無常經)』[64]에 이와 관

---

62 정각, "시다림(屍多林)", 「불교신문」 2012년 6월 16일자.
63 『三國遺事』 卷四 義解 第五 '蛇福不言'.
64 『대장일람집(大藏一覽集)』, 앞의 책(2006), pp.451~452.

련된 내용이 등장한다. 이 내용은 인도불교 당시의 상황을 반영한 것으로, 중요한 내용을 중심으로 알기 쉽게 요약하여 오늘날의 빈소의례를 참조하는 가운데 시사점을 찾아보고자 한다.

1. 망자가 가졌던 물건을 세 몫으로 나누어 삼보에 보시하면 그 업이 소멸되고 복이 생긴다.
2. 주검은 아래쪽에 두되 옆으로 뉘어 오른쪽 옆구리를 땅에 대고 얼굴은 햇볕을 향하게 한다.
3. 그 위에 높은 자리를 만들어 갖가지로 장엄한다.
4. 승려를 청해 『무상경』을 읽게 하되, 슬픔을 멈추고 지극한 마음으로 추모한다.
5. 각기 자신의 몸도 무상하여 소멸된다고 관함으로써 세간을 여의고 삼매에 들도록 한다.
6. 승려의 진언을 따라 외우며, 깨끗한 물에 주문을 외어 주검 위에 뿌리고, 다시 황토에 주문을 외워 주검 위에 뿌린다.
7. 탑 속에 안치하거나 화장하거나 시다림에 두거나 매장한다.
8. 이 공덕으로 망자의 죄업이 사라져 부처님을 뵙고 깨달음을 얻는다.

먼저 망자가 가졌던 물건을 삼보에 보시하게 한 것은, 삼보를 받드는 의미뿐만 아니라 승단의 존속을 가능케 하여 불법을 지키는 의미도 있어 가장 큰 공덕이 되기 때문이다.

주검을 옆으로 뉘어 오른쪽 옆구리를 땅에 대도록 한 것은 석가모니의 열반자세를 취한 것으로 초기불교에서는 임종 후에도 이러한 자세를 중시하는 관습이 있었던 듯하다. 아울러 생략된 내용 중에 주검은 바람이 부는 아래쪽

(下風)에, 높은 자리는 바람이 부는 위쪽(上風)에 두도록 함으로써 어둡고 막힌 곳이 아니라 바람이 통하고 햇볕이 드는 곳에 모시도록 하였다. 이는 오늘날 부패 등을 막기 위해 폐쇄된 안치실에 두는 것과 대조적이다. 인도불교 당시는 물론, 장례식장이 등장하기 전까지 대부분의 사회에서는 주검을 모시고 의식을 치렀기에 부패를 막기 위한 각종 처치법이 발달되어 있었다.

높은 자리를 만든다는 것은 빈소에 영가(靈駕)를 모시는 영단(靈壇)을 마련한다는 것으로, 이 영단에 갖가지 요소를 장엄하도록 하였다. 오늘날에도 상례는 종교적 보살핌이 가장 절실한 단계에 행하는 의례이기에, 영단을 불교적 요소로 장엄하여 삼보의 가피 속에서 고인을 떠나보내는 의미를 적극 반영하고 있다. 따라서 영단에 향과 등과 꽃을 올리고, 연꽃형의 위패와 번·탑다라니 등으로 장엄하거나 염주·경전 등을 놓기도 한다.

승려를 청해 『무상경』을 읽게 하는 것은 영가를 위한 시다림으로 불교 빈소의례의 핵심에 해당하는 부분이다. 아울러 슬픔을 멈추고 지극한 마음으로 추모하게 한 점은, 유족과 친지들이 지나친 슬픔을 드러내기보다 염불과 기도로써 정성을 다하도록 강조하는 불교상례의 일관된 지침이라 하겠다.

각자 자신의 몸도 무상하여 소멸된다고 관함으로써 세간을 여의고 삼매에 들도록 한 것은, 가까운 이의 죽음을 계기로 산 자들의 삶을 성찰로 이끄는 의미를 담고 있다. 석가모니가 늙고 병들어 죽는 중생의 삶에서 실존적 성찰과 일대발심을 일으켰듯이, 죽음에 직면하여 어떻게 살아야 할 것인가의 문제를 돌아보도록 이끄는 것이다.

승려와 함께 진언을 외우고, 물과 황토에 주문을 외어 주검 위에 뿌리는 것은 일종의 정화의식이라 할 수 있다.

의식을 모두 마친 뒤에 주검을 탑 속에 안치하거나, 화장·매장하거나, 시다림(寒林)에 두도록 한 것은 당시 인도사회에서 통용되었던 장례의 네 가지

방법을 제시한 셈이다. 탑 속에 안치하는 것은 화장을 전제한 것으로 승려 등
에 해당하는 것이고, 여기서 말하는 시다림은 앞서 살펴봤듯이 성 밖에 주검
을 두어 독수리에게 허용하는 것으로 하층계급에 주로 해당하는 장례법이었
을 것이다.

마지막으로는 지금까지 말한 대로 행한다면 그 공덕으로 망자의 죄업이 사
라져 깨달음을 얻게 되리라고 하였다. 죽은 자를 위해 산 자들이 마음을 모아
최선을 다하면 그 공덕이 망자에게 미치리라는 믿음은 매우 중요한 것이다.

이 경전의 제목이 『무상경』인 것처럼, 시다림은 주로 현실에 대한 집착이
헛된 것임을 알려 영가로 하여금 무상한 인생을 초탈할 것을 일깨우는 내용이
주를 이룬다. 오늘날 시다림의 대표적인 게송으로 널리 알려진 「무상계(無常
戒)」의 일부를 살펴보면 다음과 같다.

… ○○ 영가시여, 지수화풍(地水火風)의 사대(四大)로 이루어진 몸은 허망한
것이며 임시로 있는 것이어서 사랑하고 아낄 만한 것이 못 됩니다.

… 모든 법은 본래부터 적멸하니 불자가 이 도리를 실천하면 내세에 부처를
이루게 되리. 모든 행은 무상한 것. 이것이 생멸법이니 생멸의 법이 다하고
나면 적멸로써 낙을 삼으리.

… ○○ 영가시여, 오음(五陰)의 허망한 육신의 껍질을 벗어버리고 영식(靈識)
만이 홀로 또렷하게 드러나 무상계를 받았으니 이 어찌 상쾌한 일이 아니겠
습니까. 천당극락에 생각대로 가서 태어나는 법이니 쾌활하고 쾌활한 일입니
다….[65]

이 내용 외에 십이연기(十二緣起)에 따라 태어남의 원인과 결과를 밝혀 무

---

65 백파긍선(白坡亘璇) 저, 김두재 옮김, 『작법귀감(作法龜鑑)』(동국대학교출판부, 2010),
   pp.286~287.

명(無明)의 어리석음에서 벗어나면 생로병사의 고뇌가 사라짐을 깨우치고 있다. "무상계는 열반으로 들어가는 중요한 문이고 고해(苦海)를 건너는 자비의 배"라고 시작되는 이 게송은 빈소의례만이 아니라 이후 사십구재를 치를 때도 자주 등장하게 된다.

또한 빈소에 머무는 동안 마지막으로 고인을 추모하고 장례를 준비하는 다양한 단계와 세부절차들이 따르는데, 시다림 또한 이에 적합한 염송 내용을 마련해 놓고 있다. 예컨대 주검을 씻기고 순서대로 옷을 입히고 관에 모시는 염습·입관의 단계에서 세부절차마다 별도의 게송이 있어, 승려를 초빙하여 시다림을 할 때는 대개 염습·입관에 맞추게 된다. 1827년에 승려 백파(白坡)가 편찬한 불교의식집 『작법귀감(作法龜鑑)』[66]을 참조하여 염습·입관의 단계를 살펴보면, '삭발－목욕－세수－세족(洗足)－착군(着裙)－착의(着衣)－착관(着冠)－정좌(正坐)－시식(施食)－표백(表白)－입감(入龕)'의 11개 절차로 되어 있다. 앞쪽의 몇 가지 절차만 살펴본다.

● 삭발(시신의 머리를 깎으면서 말함)

새로 원적(圓寂)에 드신 ○○영가시여, …(게송)…

○○영가시여, 맑고 자연스러운 이 한 물건을 아십니까, 모르십니까? …(게송)…

이제 머리를 깎는 것은 무명의 십사번뇌(十使煩惱)를 다 끊어 없애는 것이니, 무엇을 말미암아 다시 일으킬 것이 있겠습니까. 한 조각 흰 구름이 계곡 어귀를 막으니, 둥지를 잃고 헤매는 새 얼마나 많은가.

● 목욕(시신을 목욕시키면서 말함)

---

66 백파긍선(白坡亘璇) 저, 앞의 책(2010), pp.264~271.

…(게송)… ○○영가시여, 지금 그 마음을 허공처럼 깨끗이 하셨습니까. 만일 그렇게 하시지 못하였다면 다시 내 말을 들으십시오. 이 정각(正覺)의 성품은 위로 모든 부처님으로부터 아래로 육범(六凡)에 이르기까지, 낱낱이 당당하고 낱낱이 갖추어져 있어서 티끌마다 위로 통하고 물건마다 위에 나타나서 닦아 이루기를 기다리지 않고도 분명하고 밝게 드러납니다.

보았습니까. 들었습니까. 이미 또렷또렷하게 보았고 이미 역력하게 들었다면 이 보고 듣는 자가 도대체 누구입니까.   …(게송)…

이제 여기에서 목욕을 하여 환(幻) 같고 허망한 티끌과 같은 때를 씻어내어 금강처럼 견고하여 무너지지 않는 몸을 얻습니다. 청정한 법신(法身)은 안과 밖이 없고, 생사에 오고감이 없는 한결같이 참되고 항상 그대로의 모습입니다.

● 세수(시신의 손과 얼굴을 씻기면서 말함)

와도 온 것이 없는 것은 마치 밝은 달그림자가 1천 강물에 나타난 것과 같고, 가도 간 곳이 없음은 마치 맑은 허공이 형상을 나누어 여러 세계에 나타나는 것과 같습니다. …(게송)…

이제 세수를 하였으니 이치를 밝게 가려 취해서 시방의 부처님 법이 손바닥 안에서 밝게 그려질 것입니다. …(게송)…

● 세족(시신의 발을 씻기면서 말함)

…(게송)… 이제 발을 씻어 온갖 행(行)을 원만히 이루었으니, 발을 한 번 들어 한걸음에 법운(法雲)에 오르소서.

삭발에서 세족까지는 '씻기기'에 해당하는 절차로 이발과 목욕을 하고 얼굴과 발을 씻는 과정으로 이루어져 있다. 이발은 머리를 깎아 무명(無明)을 끊고 번뇌를 단절한다는 의미이고, 목욕은 번뇌의 때를 깨끗이 씻어 금강석처럼 밝고 강건한 몸을 얻게 되었음을 뜻한다. 이후 세수를 하고 발을 닦음으로써 부처님 말씀을 환히 알고 튼튼한 발로 열반의 언덕에 오르도록 하는 것이다.

염습·입관에 행하는 시다림은 영가에게 단계마다 불보살의 가르침을 들려주어 생전의 인연에 얽매이지 않고 피안의 세계로 나아갈 수 있도록 인도해 주는 중요한 의식이다. 이 시기의 염불을 중요하게 여기는 것은 사후에 삭발 혹은 이발을 하고 목욕을 한 후 새 옷을 갈아입는다는 의미가 내세의 준비와 직결되기 때문이다.

2) 사찰과 빈소의 통합

장례식장이 등장하기 전까지 불교신자라 하더라도 빈소는 집이었던 것이 오랜 전통이다. 가족이 지켜보는 안방에서 숨을 거두는 것을 최상의 죽음이라 여겼고, 일생의례의 모든 공간이 집에서 이루어졌던 만큼 고인의 주검 또한 임종 장소와 같은 곳에 모셔온 것이다.

그런데 고려시대에는 사찰에서 임종하고 빈소까지 겸한 이들이 많았으며 집에서 임종한 이를 사찰로 옮겨 빈소를 차리기도 하였다. 또한 화장을 하고 나면 유골을 수습하여 일정 기간 동안 다시 법당에 모셨다가 날을 받아 무덤에 묻는 이중장(二重葬)·복장(複葬)으로 장례를 치렀다. 이들은 임종에서부터 상례의 전 과정을 불보살의 보살핌 속에서 종교적 방식으로 치르고자 했던 것이다. 이는 어디까지나 상류층에 해당하는 것이었지만 사회적으로 이러한 죽음을 지향했다는 데서 고려시대 상례의 특성을 살펴볼 수 있다.

통일신라시대에도 사찰에서 장례를 치르거나 무덤이 사찰 인근에 조성되는 등의 예로 볼 때, 불교식 장례 절차가 적지 않게 거행되었음을 추정할 수 있다.[67] 불교가 본격적으로 발전하면서 승려·왕실·귀족층을 중심으로 화장을 수용하기 시작하였고, 고려시대에 이르면 화장뿐만 아니라 전반적인 장례 절차를 불교적으로 치르고자 했던 것이다.

우선 왕실의 경우를 보면, 왕의 빈소는 빈전(殯殿)이라 부르면서 주로 대궐 내에 마련하였다. 빈전을 마련한 곳에는 으레 승려를 청해 법석(法席)을 개설하였고, 장례를 치른 뒤에는 사찰에 왕의 초상화인 진영(眞影)을 봉안하였다. 장례를 치른 곳에서 만든 신주를 반혼하여 모시는 곳을 혼전(魂殿)·혼당(魂堂), 진영을 모시는 곳을 진전(眞殿)이라 불렀는데 사찰은 진전을 봉안하는 원찰(願刹)의 구실을 했던 것이다. 이처럼 고려 왕실에서는 망자를 모신 곳을 이원화하여 신주에 대해서는 유교식 제사를, 진영에 대해서는 불사를 행한 것이 일반적이었다.[68]

고려시대 사찰과 빈소의 관계를 살펴봄에 있어, 묘지명에는 사찰에서 임종한 이들의 경우 빈소를 기록하지 않았지만 임종한 사찰이 곧 빈소일 가능성이 크다. 기록자로서는 임종 장소를 사찰로 밝혔기에, 임종 직후에 차려야 하는 빈소를 구태여 중복해서 쓸 필요가 없었던 것이다. 이에 비해 집에서 임종한 뒤 사찰로 온 경우는 모두 사찰에 빈소를 두었음을 기록하였는데, 이는 '집에서 사찰로' 장소가 바뀌었기 때문이다. 사찰에서 임종을 준비한 이들은 이후의 빈소까지 사찰을 염두에 둔 것이고, 갑작스럽게 집에서 죽음을 맞은 이들도 사찰로 옮겨 빈소를 차렸음을 확인할 수 있다. 이에 앞의 〈표1〉에서는 사찰에서 임종한 이들로 빈소를 밝히지 않은 경우, 빈소 란에 '(사찰)'로 표기하였다. 사찰에 빈소를 마련했음을 별도로 밝힌 경우는 17건이고, 빈소를 밝히지 않았지만 사찰에서 임종하여 빈소까지 사찰에 두었으리라 추정되는 경우까지

---

67 박태호, 『장례의 역사』(서해문집, 2006), p.72.
68 李應周, 앞의 논문(1999), pp.20~21.

합하면 총 33건 정도이다.

이처럼 사찰에 빈소를 둔다는 것은 이곳에서 주검의 염습(殮襲)까지 도맡았음을 뜻한다. 승려들은 사망 후 염습에서부터 화장에 이르기까지 자신들의 죽음을 자체적으로 해결해 왔기에, 민간의 죽음도 일정한 법식을 마련해 두고 거두어온 셈이다. 특히 임종을 위해 찾았던 사찰에 빈소까지 두는 것은 자연스러운 일이지만, 집에서 임종한 망자를 구태여 사찰로 옮겨 빈소를 차린 경우는 종교의례를 중요하게 여겨 이후 과정 전체를 불교적으로 하려는 데 뜻이 있음을 알 수 있다. 예컨대 이문저(李文著)[69]는 집에서 임종하자 그날 바로 신암사(神巖寺)에 모셔 빈소를 차렸고, 조씨부인(趙氏夫人)[70]은 집에서 임종한 다음날 정광사(定光寺)로 옮겨져 빈소를 정하였다. 임종한 시간이나 준비에 따라 당일 또는 다음날 사찰로 옮겨 빈소를 차린 것이다. 임종 사찰과 빈소 사찰을 다른 곳으로 정한 최사추(崔思諏)[71]는 특이한 사례로, 대궐 동쪽 자운사(慈雲寺) 선적원(善積院)에서 임종하고 빈소를 대궐 남쪽 불은사(佛恩寺)에 마련한 경우이다.

장례 기능을 무리 없이 수행할 만한 사찰이라면 수도에 집중되어 있었을 것이고 묘지명의 주인공은 대개 관직에 있던 이들이었기에, 이들의 빈소도 당시 수도였던 개경의 사찰에 많이 두었다. 거주지와도 가까울뿐더러 빈소는 조문을 받는 곳이라 많은 이들이 찾아오기에 편리하기 때문이다. 빈소 사찰 가운데 지역을 함께 밝힌 곳을 보면 '개경'으로만 적은 사찰이 십선사(十善寺)와 광제사(廣濟寺)이고, 나머지는 개경 북산의 지장사(地藏寺), 대궐 남쪽의 불은사, 대궐 동쪽의 보통사(普通寺), 대궐 남쪽의 불은사 보리원(菩提院) 등이

---

69 이문저(李文著, 1113~1180) 묘지명: 김용선, 앞의 책(상권, 2012), p.367.

70 유영재(柳英材) 처 조씨(趙氏, 1128~1218) 묘지명: 김용선, 앞의 책(상권, 2012), p.499.

71 최사추(崔思諏, 1034~1115) 묘지명: 김용선, 앞의 책(상권, 2012), p.50.

라 하였다. 지역이 명시되지 않은 사찰 가운데도 개경에 위치한 곳이 많았을 것이다. 또한 임종·빈소 및 장례를 치른 사찰로 여러 차례 등장하는 곳이 있다. 불은사·용흥사(龍興寺)·광제사는 각 3회, 정광사·인효원(因孝院)은 각 2회씩 이름이 보이고 있어, 장례체계가 잘 갖추어져 신도들이 즐겨 찾는 사찰이 있었음을 알 수 있다.

고려시대에는 사찰을 사(寺)와 원(院)으로 구분하여 운영했기 때문에 원(院)이라는 이름이 많이 등장한다. 원은 일반 사찰과 비슷하지만 주로 지형이 험하거나 인가와 멀리 떨어진 교통로에 두면서 여행자·상인 등에게 숙식과 편의를 제공하고, 환자를 치료하거나 굶주린 이들을 구휼하는 일 등을 겸하였다.[72] 〈표1〉에 나오는 용흥사 덕해원(德海院)과 덕현원(德賢院), 자운사 선적원, 숭교사 경원(經院), 불은사 보리원 등은 큰 사찰에서 부속기관으로 운영하는 것이고, 효가원(孝家院)·순천원(順天院)·인효원·불경원(佛境院) 등은 독립된 원으로 세운 것이다. 따라서 일반 사찰은 물론, 이들 원에서도 죽음을 준비하고 마무리하는 기능을 담당했음을 알 수 있다.

빈소에 모시는 기간은 사례에 따라 다양하며, 주검을 보존하는 데 한계가 있음에도 불구하고 예상과 달리 매우 길었다. 〈표1〉에서 임종 날짜와 화장 날짜를 알 수 있는 9인을 보더라도 4일·6일·10일·15일(2인)·17일·20일(2인)·29일간으로 평균 15.1일 정도를 빈소에 머문 것이다. 당시에 빈소 기간이 길었던 요인은 고인을 빨리 떠나보내고 싶지 않은 마음이 작용하였을 뿐만 아니라, 교통수단이 발달하지 않았기에 자식들에게 죽음을 알리고 그들이 본가를 찾아오는 데 기본적인 시간이 많이 필요했기 때문이다.

---

72 李炳熙, 「高麗時期 院의 造成과 機能」, 『靑藍史學』 第二輯(靑藍史學會, 1998), pp.58~60.

빈소 기간이 29일로 가장 길었던 황보씨부인(皇甫氏夫人)[73]의 경우를 보면, 1161년 3월 20일에 집에서 임종하여 법흥사(法興寺)에 빈소를 차렸다가 4월 19일 귀법사(歸法寺) 서산 기슭에 화장하였다. 당시는 음력을 사용했으므로 늦봄과 초여름에 해당하는 시절에 한 달 가까이 주검을 모셔두었던 것이다. 그녀는 5남5녀를 두어 생전에 1남2녀를 잃었으나, 세 아들이 모두 과거에 급제해 관직에 있고 한 명은 사찰의 주지이며 딸은 벼슬하는 집안과 혼인했다는 것으로 보아 이들이 모두 모이고 조문객을 청하는 데도 많은 시간이 걸렸으리라 본다.

〈표1〉에 있는 인물들은 임종에서 빈소까지 불교적 특성이 두드러졌던 이들만 뽑은 경우지만, 장지의례에서 살펴볼 〈표4〉에서는 고려시대 묘지명에서 화장한 인물 44인을 대상으로 '임종-빈소-1차화장-권안-2차매장'에 이르기까지 날짜와 기간을 파악하였다. 이에 따르면 빈소에 모신 기간이 임종 후 5일 이내가 2인, 6일~10일이 4인, 11일~15일이 7인, 16일~20일이 7인, 21일~25일이 2인, 26일~30일이 2인이며 나머지 20명은 알 수 없다. 이들의 평균기간 또한 14.7일로 위에서 본 15.1일과 거의 비슷하다.

빈소에 모신 이후에는 사찰에서 화장으로 장례를 치렀다. 당시 사찰에서는 주변에 화장을 할 수 있는 간이시설을 마련해 놓고 있었던 것이다. 화장한 뒤에는 유골을 수습하여 얼마간 사찰에 안치했다가 날을 잡아 다시 매장하였다. 유골을 임시로 안치해 두고 재(齋)를 지내는 것을 권안(權安)·권빈(權殯)이라 하고, 권조(權厝)·가안(假安)·차치(借置) 등[74]으로도 쓴다. 이러한 권안의 장소 또한 사찰을 택함으로써 승려의 극락왕생 염불 속에서 불보살의 가

---

73 조(趙) 아무개 처 황보씨(皇甫氏, ?~1161) 묘지명: 김용선, 앞의 책(하권, 2012), pp.1171~
    1173.

74 鄭吉子, 「高麗時代 火葬에 대한 考察」, 『釜山史學』 第7輯(釜山史學會, 1983), p.49.

피를 받도록 했던 것이다. 대표적인 사례로 염경애(廉瓊愛)[75]의 죽음을 보면, 1146년 1월 28일 그녀가 집에서 임종하자 유족은 순천원에 빈소를 마련했다가 2월 2일에 화장하여 유골을 청량사(淸凉寺)에 모셔둔 뒤, 2년 7개월이 지난 1148년 8월 17일에서야 인효원 동북쪽에 매장하였다.

이처럼 화장한 유골을 바로 매장하지 않고 일정 기간을 거쳤던 이유를 몇 가지로 짐작해볼 수 있다. 우선 불교가 전래되기 이전부터 있었던 전통 이중장은 화장이 아닌 자연 육탈(肉脫)을 거쳐 유골을 수습했기에 1차장의 기간이 매우 길었다는 점이다. 이러한 관습은 망자의 마지막 유체(遺體)를 쉽게 떠나보내지 못하는 유족의 마음을 반영하는 것이기에 사찰에 일정 기간 봉안하여 극락왕생을 기원함으로써 남은 자의 도리를 실천할 수 있었을 것이다. 또한 고려시대에는 왕실과 지배층에 음택풍수(陰宅風水)가 성행하여 유골이 최후로 묻힐 날짜와 장소를 택하는 데 심혈을 기울였다는 점이다. 묘지명에 '좋은 날을 받아 장례한다'는 표현이 1차장인 화장에서도, 2차장인 매장에서도 자주 등장하는 것은 이러한 관습을 반영하는 것이라 하겠다. 이외에 묘지와 주변 요소들을 준비하는 데 필요한 시간도 고려되었을 법하다.

권안의 의미는 상례의 다른 여러 요소와 비교했을 때 복합적인 의미를 지닌다. 망자의 영혼이 깃든 신위를 모시는 것이 아니라 유체를 모시는 것이기에 '빈(殯)'의 의미에 가깝지만, 빈소는 장례를 치르기 전까지 주검을 모시는 곳이라는 점에서 차이가 있다. 아울러 전통 이중장의 1차 빈장(殯葬)은 유골이 남을 때까지 주검을 자연 그대로 두는 데 비해 이미 화장으로 탈육된 유골이라는 점, 유교상례의 거상 기간과 비교할 때 망자에 대한 추모 기간이라는 점에서는 같지만 매장되기 이전의 유골을 대상으로 한 기간이라는 점 등에서 조

---

75 최루백(崔婁伯) 처 염경애(廉瓊愛, 1100~1146) 묘지명: 김용선, 앞의 책(상권, 2012), p.134.

금씩 다르다. 주검을 떠나보내고 영혼을 대상으로 제를 올리는 것이 아니라, 망자의 유체를 영혼처럼 일정 기간 동안 모신 후 다시 장례를 치르는 데서 고려시대 화장의 특성을 찾을 수 있다.

이러한 사례는 근래에도 어렵지 않게 찾아볼 수 있다. 화장을 하고 나서 유골을 산골(散骨)하지 않고 봉안당·봉안탑·봉안묘 등에 모시는 것은 일종의 이중장에 해당하고, 화장한 유골을 곧바로 모시거나 산골하지 않고 사십구재의 마지막 날 혹은 특정한 날까지 사찰 등에 모시는 것이 바로 권안에 해당한다. 사십구재를 치를 경우 권안 기간이 49일이라는 불교 상례기간과 동일하여 '권안 기간=상례 기간'인 셈이다.

대표적인 사례로 2009년 노무현 전 대통령의 장례도 화장을 한 다음 일정 기간 동안 유골을 사찰에 모셨다가 매장하는 방식을 택했다. 국민장(國民葬)은 7일장으로 치러져 숨을 거둔 지 7일째 되는 날 경복궁 앞에서 영결식을 하고, 수원연화장에서 화장을 마친 뒤, 유골함은 바로 안장되지 않고 사십구재를 치르게 될 봉화산 정토원(淨土院)에 임시로 안치된 것이다. 이후 사십구재를 마친 다음, 그동안 법당에 안치해 놓았던 유골을 봉화산 아래 마련된 터에 봉안하는 안장식이 거행되었다. 본래 7일장으로 진행되는 국민장은 마지막 날 고인의 무덤을 조성하거나 유골을 봉안하는 안장식을 치르게 되지만, 당시 유골을 봉안하지 않았기 때문에 49일이 지난 후 국민장의 연장선상에서 정부 주도의 안장식을 치르게 된 것이다. 다만 이 국민장에서 안장을 미루고 유골을 법당에 모신 것은 갑작스런 죽음을 맞아 안장할 장소와 준비를 하는 데 시간이 필요했던 이유가 컸던 것으로 보인다.

당시 사십구재의 마지막 날에는 영단에 영정(影幀)·위패(位牌)·신주(神主)·혼백(魂帛)이 나란히 놓여 있었다. 주로 불교의 신위(神位)로 쓰는 위패는 연꽃받침대 위에 놓였고, 유교사당에 모시는 신주는 천원지방(天圓地方)을 상징하여 위는 둥글고 아래는 모나게 만들었으며, 나무상자에 담긴 혼백은 삼베로 보이는 천을 길게 접은 후 색실로 묶은 모습이었다. 이처럼 사십구재를 지내는 법당의 영단에 영정과 위패뿐만 아니라 신주와 혼백이 함께 올라간 것은 매우 낯선 풍경이다. 게다가 사십구재를 지낼 때까지 혼백이 남아 있는 것은 더욱 드문 사례에 속한다. 유교상례에서 혼백(魂帛)은 주검을 떠난 영혼이 머무는 곳을 상징한 물체로,[76] 염습 후 혼백을 만들어 모시다가 장례를 치르고 반곡한 날 땅에 묻는 것이 관례이다.[77] 혼백은 육신을 매장하기 전까지 망자를 상징하는 것이고, 매장 이후부터는 신주가 망자를 상징하게 되기 때문이다.[78] 따라서 탈상에 해당하는 사십구재까지 영단에 혼백을 올려놓은 것은 아직 유골이 안장되지 않았기 때문에 혼백 역시 처리하지 않은 것이다. 아울러 위패가 망자의 신위임에도 불구하고 유교상례에서 사용하는 신주와 혼백을 거듭 놓은 점은, 사십구재로써 고인의 상례를 치르고 있지만 불교신자만이 아니라 국민과 함께하는 의례임을 우선적으로 고려한 것이라 볼 수 있다.

이와 관련하여 근대 초기인 1915년에 사찰 법당에서 고인의 주검을 모시고 천도재를 치른 사례가 있어 주목된다. "각황사 내 천도의식(覺皇寺內 薦度儀式)"이라는 제목의 신문기사[79]를 보면, 30본산의 연합포교를 하는 각황사 신도 장헌식(張憲植)이 부친상을 당하여 20일 오전 9시에 각황사 법당 내에 영구(靈柩)를 봉래(奉來)하여 불전(佛前)에서 천도의식을 행한다고 하였다. 아울러 불교신도들이 다수 참여하여 초유의 성대한 의식을 장엄케 한다는 것이다. '봉래'라는 표현에서 법당을 빈소로 삼았던 것은 아니고 외부에서 영구를 모셔왔음을 알 수

---

76 임재해, 앞의 책(1990), p.36.

77 『주자가례』, 임민혁 옮김(예문서원, 1999), p.388.

78 장철수, 『韓國의 冠婚喪祭』(집문당, 1995), p.165.

79 "覺皇寺內 薦度儀式", 『每日申報』 1915年 4月 20日字.

있고, 유골이 아닌 영구에 실은 주검이었다는 점에서 장례를 치르기 전이었음을 알 수 있다. 따라서 빈소에서 발인한 뒤 장례를 치르기 전에 치른 천도재였음이 짐작된다. 전통상례에서 발인 후 영구를 장지로 이동하는 도중에 고인이 평소 인연 깊었던 장소에 잠시 머물며 노제(路祭)를 지내기도 했듯이, 장례 이전의 어느 시점엔가 주검을 직접 법당에 모시고 의례를 치렀던 것이다.

지금까지 살펴본 것처럼 사찰에서 치르는 죽음의례란 영가를 대상으로 하는 것이라는 통념과 달리, 주검에서부터 유골에 이르기까지 망자의 유체를 법당에 모시고 의례를 치름으로써 빈소와 권안의 기능까지 담당해온 것이다. 이러한 양상은 불보살을 모신 공간에서 승려의 염불로 극락왕생을 기원하며 삼보의 가피를 받는 가운데 죽음을 맞고자 했던 종교적 심성을 반영하고 있다.

이처럼 고려시대에는 사찰에서 '임종-빈소-화장 후의 유골안치-유골매장'의 모든 역할을 맡아 마치 오늘날의 병원처럼 사찰이 집·병원·장례식장의 구실을 통합적으로 수행하고 있었다. 현대인들이 집이 아닌 병원에서 임종을 맞고, 집에서 임종했더라도 장례식장으로 옮겨 빈소를 차리는 것과 거의 흡사하다. 뿐만 아니라 사찰에서는 화장을 하고 유골을 안치하는 기능까지 맡고 있어 병원에서도 하지 못하는 죽음과 관련된 총체적 서비스를 담당했던 것이다. 병원과 장례식장이 의료적·물리적 처치에 중점을 두고 있다면, 사찰은 이에 종교적 처치까지 더함으로써 죽음을 둘러싼 현실적이고 관념적 문제들을 함께 충족시킬 수 있었을 것이다. 사찰에서 병자를 치료하고 임종을 준비하며 주검을 처리하는 종합시스템을 갖추고 죽음과 관련된 단계마다 종교적 처치를 해온 데서 당시 불교의 위상을 짐작할 수 있다.

그런데 〈표1〉을 보면 전체 47인 가운데 1100년 이전에 임종한 이들은 3인이다가 고려 중기인 1100년대에 이르면 33인으로 불교적 죽음을 맞은 이가 급격히 늘어나게 되나, 1200년대 6인, 1300년대 5인 등 후기로 접어들면서 다시 급격히 줄어들게 된다. 특히 1250년대를 지나면 사찰에서 임종하거나 빈소를 차린 경우는 전혀 살펴볼 수 없게 되었다. 고려 말에 이르면 "남자는 부인의 품 안에서 숨을 거두지 않는 것이 예이니, 여러 여종들과 더불어 물러가 있으시오"[80]라는 엄격한 가부장적 태도가 보이고, "내가 죽거든 거리낌에 얽매어(拘禁) 불교방식(浮屠法)을 쓰지 말 것이고 사치하게도 하지 마라"[81]며 불교의 화장을 하지 않도록 유언을 남기는 이들이 등장한다.

고려 후기에 성리학을 수용한 신진사대부들이 유교사상과 『주자가례(朱子家禮)』에 입각한 관혼상제를 적극 보급하면서, 개인의 신앙과 무관하게 불교의 사회적 역할은 점차 축소되어 갔던 것이다.

3) 빈소의례의 현황과 내용

불교는 물론 대부분의 종교에서는 신도들에게 상(喪)이 발생하면 성직자가 빈소를 방문하여 망자를 위한 기도를 행하는 것이 관례이다. 임종 무렵의 경황없는 상황과는 달리, 집이라 하더라도 빈소가 설치되고부터는 외부인의 활발한 방문을 전제로 하는데다 고인을 모신 가운데 종교적 처치가 부각되는 시점이기 때문이다.

1912년에 제정된 「본말사법(本末寺法)」의 잡칙[82]에는 신도의 장례나 제사에 도사(導師)가 되는 것은 주지 또는 그 위임을 받은 대리승려에게만 제한하는 것으로 하고, 예식작법은 불가에서 해오던 방법을 따르도록 하였다. 아울러 장의(葬儀)는 존엄 · 장중하게 하며 상가(喪家)에서 비용을 낭비하지 않도록 주

---

80 김광재(金光載, 1294~1363) 묘지명: 김용선, 앞의 책(하권, 2012), p.986.

81 이강(李岡, 1333~1368) 묘지명: 김용선, 앞의 책(하권, 2012), p.1018.

82 이능화 지음, 이병두 역주, 『조선불교통사: 근대편』(혜안, 2003) p.299.

의해야 함을 적었다. 「본말사법」은 일제에 의해 제정된 것이지만 이 내용은 당시 불자들에게 상(喪)이 발생했을 때의 실제적인 양상을 반영하고 있다.

이에 따르면 신도의 장례에 참석하는 승려의 자격을 주지나 대리승려에게 한함으로써 시다림을 행하는 데 법력을 중시했음을 알 수 있다. 아울러 시다림의 내용은 신도와 승려의 구분 없이 동일하였고, 불교식으로 장례를 치르면서 상가에 불필요한 비용이 지출되는 데 대한 경계도 필요했었던 듯하다. 이능화가 "불가의 신도들이 장례와 제례와 추복(追福)을 사찰에 위탁하니 실로 다행이다"[83]고 하였듯이, 당시에도 신도들은 상이 발생했을 때 빈소 등에 승려를 모시고 시다림 염불을 청한 사례가 적지 않았음을 알 수 있다.

특히 근래 승려의 장례식장 방문은 주로 사십구재와 함께 이루어지는 경우가 많다. 사십구재를 하기로 결정한 사찰에서는 장례식장에 승려가 참석하게 마련이지만, 그렇지 않을 때는 유족이 시다림만을 청하는 데 대해 부담감을 느끼게 되기 때문이다. "그 집의 형편에 따라서 한다. 승려가 자청해서 가는 법은 없고 장지를 가든지 어디를 가든지 유족이 청할 때에만 한다"[84]는 한 승려의 말에서도 알 수 있듯이, 대부분 사찰에서는 유족의 요청에 따라 빈소를 방문하고 있다.

따라서 전반적으로 불교신도들의 장례에 승려가 참석하는 비율이 타종교에 비해 그리 높지 않다 하더라도, 승려를 초빙하여 망자를 위한 시다림 의식을 행하는 것은 가장 적극적인 경우에 해당한다. 아울러 망자의 주검이 산 자들과 완전히 분리되는 입관 이전에 행하는 시다림을 가장 중요하게 여겨 승려를 청할 때는 대개 염습·입관 무렵에 맞추게 된다. 이처럼 삼일장을 기준으로 볼 때 임종 다음 날 입관에 참석하여 의식을 행하는 경우가 일반적인 가운

---

83 이능화 지음, 앞의 책(2003), pp.205~206.

84 제보자: 해남(30~40대, 비구니. 서울시 은평구 진관외동 삼천사). 2003년 11월 1일 면담.

데, 이틀 또는 사흘간 방문하거나, 드물지만 장지까지 동행하기도 한다.

유족·친지들이 모여 경전을 읽거나 음향자료를 활용하여 영가에게 끊임없이 불법을 들려주는 불자들도 드물지 않다. 근래에는 각 사찰에서 신도들을 중심으로 상조회를 구성하여 상이 발생했을 때 빈소를 방문해 염불봉사를 하는 사례가 점차 늘어나고 있다. 또한 불교장례를 전문으로 대행해 주는 상조회사가 있어 임종부터 빈소·장지 의례까지 불교식으로 진행해 주기도 한다. 독실한 불교신자 집안에서 상조회사에 의뢰하여 치른 사례[85]를 보면, 각종 번과 탑다라니 등으로 장식한 빈소에서부터, 염습과 입관 시에 사용하는 세부요소 하나하나에 이르기까지 불교적 요소를 적극 도입하고 있었다.

이처럼 현재 불자들의 빈소의례는 불교적 요소를 일부 도입하는 소극적 방식에서부터, 염불봉사회를 활용하거나 승려를 초청하여 염불을 해주는 방식, 불교장례 상조회사가 개입하여 본격적 불교의례로 치르는 방식에 이르기까지 다양하게 진행되고 있다.

빈소의례의 구체적인 내용에 주목하면, 고금의 각종 불교의식집에서 장례에 대한 세밀한 절차를 소개하고 있다. 그런데 이러한 의식은 승속(僧俗)의 구분을 두지 않고 주로 승단 내의 자료로 활용하기 위해 만든 것이기에 민간에서 불교식 장례를 치를 때 참고로 삼기에는 적합하지 않다. 1935년에 편찬된 『석문의범』을 참조하여 종단마다 좀 더 알기 쉽게 간소화한 장례 절차를 마련해 놓았고,[86] 1980년대 초에는 『석문의범』 자체를 신편증주(新編增註)[87]한 바

---

85 2009년 4월 8일~11일까지 삼성서울병원 장례식장에서 치른 장례로, 8일 밤에 망자(김○○, 80대)가 사망하여 4일장으로 치러졌다.

86 근래의 대표적인 의식집으로는 대한불교조계종 포교원, 『한글통일법요집: ①천도·다비 의식집』(조계종출판사, 2006)을 들 수 있다.

87 安震湖 編, 韓定燮 註, 『新編增註 釋門儀範』(법륜사, 2001).

있으나 이들 의식집은 여전히 의식을 집전하는 이들을 위한 의식문 중심으로
되어 있어 상세한 지침을 알기 힘들다.

따라서 근래의 자료[88]를 중심으로, 의식뿐만 아니라 불자들이 빈소의례에
서 직접 참조할 수 있는 불교 빈소의례의 주요 내용을 요약해서 살펴보면 다
음과 같다.

● 영단 구성과 의례

영단(靈壇)에는 위패 · 영정 · 번과 더불어 육법공양물(六法供養物)을 갖추고,
오방례를 한 뒤 아미타염불을 올린다. 유교에서는 입관 이후부터 죽음을 인
정하여 망혼에 대한 의례를 행할 수 있으나, 불교에서는 이러한 의미에 걸림
이 없으므로 입관 여부에 상관없이 고인의 위패와 영정을 모시고 의례를 할
수 있다.

위패(位牌)의 표기는 '불자－(법명)－이름－영가'의 순으로 쓰고, 영정(影幀)
은 밝은 표정의 사진을 택하되 검은 리본은 전통풍습이 아니므로 하지 않는
다. 번(幡)은 영단의 서쪽에 서방정토를 관장하는 아미타불, 동쪽에 극락세계
로 인도하는 인로왕보살의 번을 모시고, 중앙에 금강탑다라니 혹은 십바라밀
도 · 법성도를 건다.

육법공양(六法供養)은 향 · 등 · 꽃 · 차 · 과일 · 쌀을 올리는 것이다. 육법공양
물은 부처님뿐만 아니라 불성(佛性)을 지닌 중생 모두에게 올릴 수 있으며, 이
때 영단에 올리는 육법공양은 불보살과 영가 모두에게 올리는 공양물이기도
하다.

오방례(五方禮)는 수계의례로, 빈소에 영단을 차리고 맨 처음 올리는 예불의

---

88 대한불교조계종 포교연구실, 앞의 책(2011), pp.39~61.

식이다. 유족이 모두 참석한 가운데 오방의 불보살께 영가의 극락왕생을 기원하는 염불기도를 올린다. 이때 3배를 하고 천수경이나 천수다라니 1~3편을 외워 빈소를 청정하게 한 후, 승려를 모셨을 경우 오방례를 하고 그렇지 않을 경우 무상계를 독송한다. 이후『아미타경』이나『금강경』등을 독송하고, '나무아미타불' 염불을 하고, 왕생발원문을 읽어 끝을 맺는다. 상황에 따라 간략하게 할 경우 오방불께 3배를 올린 다음, 고인의 극락왕생을 기원하며 아미타 염불을 한다.

● 염습과 입관

염습과 입관을 할 때 승려를 청해 시다림 염불을 하는 것이 바람직하다. 불교에서는 산 자와 죽은 자를 동일하게 대하기 때문에 염을 할 때 시신을 속박하지 않도록 하며 입관 때 경전·나무염주·다라니 등을 관 속에 넣어도 좋다. 수의(壽衣)는 화장이나 매장의 장례 방식에 상관없이 검소하고 정갈한 것으로 한다. 면이나 천연소재로 된 수의를 장만하되 새로 만들거나 한복을 고집할 필요는 없으며, 법복(法服)이나 고인이 평소 좋아했던 옷을 깨끗하게 손질하여 사용할 수 있다. 관도 쉽게 잘 타는 종이관이나 간소한 것으로 준비하는 것이 좋다.

염습·입관 염불은 고인과 마지막 대면을 하면서 기도하는 시간이므로, 유족은 정성껏 의식에 동참하는 것이 중요하다. 승려를 청하지 못했을 경우 유족이 함께 지극한 마음으로 '나무아미타불'을 염불하거나,『금강경』·『아미타경』등을 독송하며 고인의 극락왕생을 기원하도록 한다.

● 성복

입관을 마치면 유족이 상복을 갖추어 입고(成服), 가족끼리 조의를 표한 뒤 고인에게 처음으로 상식(上食)을 올린다. 유족은 성복을 한 뒤부터 정식으로 조문을 받고 상주로서의 역할을 하게 된다.

불자의 상복(喪服)은 남녀 구분 없이 법복을 갖추어 입는 것이 좋다. 양복일 경우 검은색도 무방하지만, 한복이면 흰색을 입는다. 양복을 입었을 때는 머리에 두건(頭巾)을 쓰지 않고 가슴에 상장(喪章)을 달며, 불자는 연꽃 모양의 상장이 좋다. 여성은 머리에 흰 리본을 꽂는 것으로 대신한다.

고인에게 상식을 올릴 때는 상주부터 차례로 차를 올리고 3배를 한다. 불교식으로 진행할 때는 상식을 올리고 십념(十念)을 한 다음 장염염불이나 아미타염불을 하고 극락왕생을 발원하는 순서에 따른다. 간단하게는 '나무아미타불' 염불기도를 하는 가운데 상식을 올린다. 영단에 올리는 상차림은 밥과 국, 삼색 나물, 삼색 과실로 간소하게 차린다. 삼색 과일과 나물은 세 가지 색깔이 아니더라도 제철에 나는 과일과 나물 세 종류를 갖춘다는 의미이다. 육류와 생선을 금하고, 술 대신 차나 맑은 물을 올린다. 이후부터 아침·저녁으로 상식을 올리며 한 끼 식사를 할 정도의 시간이 지나면 다시 물린다.

● 조문

조문(弔問)은 성복 이후에 본격적으로 이루어진다. 조문객 중 불자는 함께 염불에 참여할 수 있도록 빈소에 『아미타경』·『금강경』·『천수경』 등을 비치해두는 것이 좋다.

조문객의 예법은, 빈소에 들어서서 유족에게 합장 반배한 뒤 영단에 이르러, 영정을 향해 합장 반배한 뒤 분향하거나 꽃을 올리고 절을 한다. 향에 불을 붙이고 끌 때는 입으로 불지 않고 손가락으로 가만히 잡거나 손을 가볍게 흔들어서 끄며, 두 손으로 향을 향로에 꽂는다. 분향을 하거나 꽃을 올리고 3배를 한다. 배례를 마치면 한 걸음 물러서서 상주와 평절로 맞절을 하고 나서 간단

하게 인사를 나눈 다음 한쪽에 물러나 앉아서 고인의 극락왕생을 기원하는 염
불을 한다.

3. 불교 장지의례

1) 화장을 통한 불교의 가르침

불교에서는 화장을 이상적인 죽음의 마무리로 여긴다. 화장은 불교 고유
의 것이 아니라 석가모니가 살았던 고대 인도사회에 이미 화장풍습이 일반화
되어 있었고 이러한 장례법을 불교에서 수용한 것이었다. 석가모니는 병들어
죽은 비구를 길가에 방치한다는 소식을 접했을 때 제자들에게 '비구가 죽으면
반드시 화장할 것'을 권하면서 화장이 어려우면 수장(水葬), 매장(埋葬), 임장
(林葬)의 순으로 주검을 처리할 것[89]을 가르쳤다.

화장과 관련하여 불교는 힌두교 및 고대 인도의 관습과 몇 가지 다른 면을
보여주고 있다. 힌두교에서는 주검을 태운 뒤 남은 뼈를 강에 던져 넣지만,
불교도들은 유골을 부도 등에 안치하였다. 또한 고대 인도의 관습에 따르면
깨달음을 얻은 사문, 브라만, 힌두 고행자 등의 시신은 화장하지 않고 매장하
는 데 비해 불교에서는 이러한 구분 없이 비구들이 죽으면 화장하였고 석가모
니 또한 화장법을 따랐던 것[90]이다.

석가모니가 화장·수장·매장·임장 등의 다양한 장법 가운데 화장을 택

---

89 『根本說一切有部毘奈耶雜事』(大正藏 24), p.286下.
90 안양규, 앞의 책(2009), pp.334~335.

한 것은, 화장이 당시의 주된 장례법으로 정착되어 있었기 때문이 아니라 그의 사상을 구현하기에 가장 적합했기 때문일 것이다. 석가모니가 비구의 장례는 반드시 화장으로 치르기를 권한 반면, 깨달은 자들은 매장했던 관습을 따르지 않았던 것은 화장의 특성이 그의 가르침과 직접 연관되기 때문이다. 석가모니는 자신의 아버지 정반왕이 세상을 떠나 화장을 할 때 불타는 모습을 보며 제자들이 슬퍼하자, "세상의 모든 것은 무상하며, 고(苦)이고 공(空)이고 무아(無我)이다. 견고함이 없어 허깨비와 같고, 타오르는 불꽃과 같고, 물속의 달과 같다. 생명은 오래 머물지 않는다. 이 불이 뜨겁다고 보지 말라. 모든 욕망의 불은 이보다 더 뜨거우니, 너희들은 의당 생사에서 영원히 벗어나는 일에 힘써서 마음의 평화를 얻어야 할 것이다"[91] 라고 가르쳤다.

어떤 장례 방식이든 지수화풍(地水火風)의 사대로 이루어진 육신이 흩어지는 것은 동일하지만, 화장은 그러한 전개 과정을 한순간에 보여줌으로써 생로병사의 무상함, 존재하는 모든 것은 소멸한다는 우주의 법칙을 가장 적나라하게 드러내고 있다. 석가모니는 이러한 화장이 중생들에게 커다란 무언의 가르침을 줄 수 있다고 보았던 것이다. 아울러 그는 주검을 태우며 타오르는 불꽃보다 집착과 욕망의 불꽃이 더 무서운 것임을 일깨우면서, 철저한 무상을 절감하는 가운데 어떻게 살아야 할 것인가의 문제를 직시해야 함을 거듭 가르치고 있는 것이다.

따라서 불교에서는 사후의 육신이란 잠시 현세에 나서 빌려 입었던 헌 옷과 같다고 본다. 특히 불교의 윤회사상이 체계화되면서 화장을 하는 이유는 헌 옷과 같은 몸을 불태움으로써 이승에 대한 애착과 미련을 끊고 새 옷의 주인이 되기 위함이라는 의미로 정착되기에 이른다. 옷이 낡으면 헌 옷을 벗고

---

91 『佛說淨飯王涅槃經』(大正藏 14), p.783.

새 옷으로 갈아입듯이 한 생이 다하면 새로운 내세를 맞이하기 위해 전생의
몸에서 벗어나야 하는 것이다.

석가모니는 열반에 들 무렵 제자들에게 자신의 장례 또한 화장으로 치르
도록 유언을 남겼다. 석가모니의 장례에 대해 기록한 초기경전들에서 공통된
내용은, 제자 아난이 장례 절차에 대해 묻자 재가신도들이 알아서 할 일이니
비구들은 수행에만 전념하라고 함으로써 승가(僧伽)에서 장례를 주관하는 것
을 허락하지 않았다는 것이다. 이에 아난이 세 번이나 같은 질문을 하자 '전륜
성왕(轉輪聖王)의 장례 방식과 같이 다루어야 한다'고 답하였다.

전륜성왕이란 법의 수레바퀴를 굴리는 왕이라는 뜻으로, 부처가 출세간의
가장 위대한 존재라면 전륜성왕은 세간의 가장 위대한 존재라 할 수 있다. 팔
리어『열반경』에 따르면 전륜성왕의 장례법에 대한 아난의 질문에 석가모니는
다음과 같이 말한 것으로 되어 있다.

전륜성왕의 몸을 새로운 천으로 싼다. 그렇게 새로운 천으로 싼 다음 다듬질
한 면으로 감싼다. 면으로 감싼 다음 다시 새로운 천으로 감싸는 방식으로 오
백 겹씩 감싼다. 그리고 나서 기름 철관에 유체를 넣고, 또 하나의 철로 만든
기름 관에 다시 넣는다. 온갖 종류의 향나무 장작을 쌓고 유체를 태운다. 그
러고 나서 사거리에 전륜성왕의 탑을 세운다. 아난이여, 이것이 바로 전륜성
왕의 주검을 처리하는 방법이다.[92]

뿐만 아니라『반니원경(般泥洹經)』에는 철관 대신 금관이 등장하고,『불반니
원경(佛般泥洹經)』에서는 이가(理家)가 아난에게 석가모니의 장례법에 대해 질

---

92 안양규, 앞의 책(2009), pp.306~307.

문하자 아난은 더 자세하고 호사롭게 묘사하고 있다. 장례에 대한 지시가 가장 자세하게 적힌 『대반열반경』에 따르면, 금관·은관·동관·철관의 네 개 관이 등장하고, 관을 운반하는 수레에 대한 장엄 등이 매우 화려하여 그의 장례를 성대하게 꾸미려는 의도를 드러내고 있다. 실제 전륜성왕이란 신화적이고 비역사적인 개념으로 이러한 전륜성왕의 장법이 역사적으로 실재했다거나, 석가모니가 직접 자신의 장례법을 전륜성왕처럼 지내도록 지시했다고 믿는 것은 무리이다. 비교적 사실을 충실하게 기록해 나갔던 초기 경전편찬자들도 석가모니의 장례가 보다 성대했음을 드러내고 싶었기에, 그의 장례법에 관한 묘사는 매우 번잡하게 발전해 갔음을 짐작할 수 있다.[93]

다만 이러한 장례의 일부 요소들은 당시 왕이나 지배층의 장례를 어느 정도 반영한 것이라 여겨진다. 예컨대 보다 많은 천으로 몸을 감싼다는 것은 위대한 인물에 대한 존경을 나타내는 것이자, 며칠에 걸친 장례기간 동안 부패를 막을 수 있었을 것이다. 아울러 목관보다 철관·은관·금관이 귀한 품목이었고, 특히 불에 타지 않는 철관은 유골을 제대로 수습하기 위해 유용했을 것이다.

석가모니의 유골 수습과 관련하여 사리(舍利)라는 용어가 등장하는데, 이는 사리라(sarīra)를 음역해 줄인 말로 원래 신체(身體)를 의미하지만 이 말의 복수형은 유골을 뜻한다. 특히 부처의 사리는 보통 사람과 다르다는 뜻에서 불사리(佛舍利)라고 불렀다.[94] 따라서 당시 석가모니의 사리는 유골 전체를 일컫는 것이었음을 알 수 있다.

그의 장례는 열반에 든 장소에서 칠일장으로 치러졌다. 7일이란 현실적으로 장비를 준비하는 데 필요한 기간이기도 했고, 스승을 떠나보내는 제자와

---

93 위의 책, pp.306~319.
94 성열, 앞의 책(2008), p.428.

신도들이 가능한 한 장기(葬期)를 연장하여 아쉬운 마음을 표현할 수 있는 기간이기도 했다. 석가모니의 열반 소식을 듣고 말라족 백성들은 격심한 슬픔으로 통탄하였고, 이어 향료·꽃·악기와 그의 주검을 감쌀 오백 벌의 옷감을 모아 사라쌍수 아래로 모여들었다. 그들은 일주일 내내 춤과 음악, 꽃과 향료 등으로 그의 주검에 예를 표하며 낮 시간을 보냈다. 그들의 공양은 더 이상 죽음을 애도하는 장례식이 아니라 석가모니의 사리를 받드는 전주곡처럼 여겨지면서 일종의 축제를 연상시킨다.[95]

죽음에 대한 말라족의 축제적 대응은 많은 문화권에서 드러나는 현상이다. 우리나라 또한 죽음의 문제를 축제로 풀어나간 오랜 역사를 지니고 있다. 중국인들은 『삼국지』 위지동이전에서 "고구려 사람들은 사람이 죽으면 초종(初終)엔 슬피 울지만, 장례를 치를 때는 북 치고 춤추며 노래를 부르는 가운데 떠나보낸다"고 기록하였고, 출상 전날 밤 상두꾼들이 상여를 메고 한바탕 벌이는 '빈 상여놀이'는 침울한 상가(喪家)를 일시에 흥겨운 놀이판으로 바꾸어버린 근래까지의 풍습이었다. 영육(靈肉)이 분리된 세계관에서 이승의 죽음은 슬프지만 저승의 환생은 기뻐해야 할 일이기에, 경건하고 비통한 분위기로 치르는 장례의 한편에서 신명을 지피며 또 다른 삶과 생명을 암시한 것이다. 죽음에 대처하는 이러한 지혜는 엄숙한 유교상례의 이면에 죽음을 극복하고 일상으로 되돌아설 수 있는 근원적 힘으로 작용해 왔다.

이처럼 모든 죽음에는 절망을 극복하기 위해 죽음 이후에 대한 희망의 장치를 지니고 있게 마련이다. 석가모니의 죽음은 그 자체로 열반적정의 상징이자 영원히 후대에 기릴 수 있는 그의 사리를 받드는 일이기에 축제로써 극복할 수 있었던 셈이다.

---

95 안양규, 앞의 책(2009), pp.319~325.

이후 뒤늦게 석가모니의 열반 소식을 접한 인도의 일곱 나라에서는 각각 '사리를 받아 큰 탑을 세우겠다'고 하면서 말라족에게 사리를 줄 것을 요구했다. 말라족이 거부하면서 이들 간에 전쟁이 일어날 위기에 처했고, 이때 한 바라문이 중재에 나서 사리를 똑같이 8등분하도록 하여 원만하게 분배되기에 이른다. 이들은 각기 자기 나라로 돌아가 탑을 세움으로써 이를 근본팔탑(根本八塔)이라 한다. 또한 배분을 중재했던 바라문은 사리가 들어 있던 용기를 받아 병탑(瓶塔)을 세웠고, 뒤늦게 당도한 모리야족은 남은 재를 가지고 가서 회탑(灰塔)을 세움으로써 모두를 합해 근본십탑이라 부른다. 마침내 불교 최초의 탑이 세워지게 된 것이다.[96]

그런데 석가모니는 유골을 거두어 탑을 세워야 할 대상에 대해 아난에게 다음과 같이 말한 바 있다. "탑을 세워야 할 사람으로 넷이 있다. 첫째는 여래(如來)로 마땅히 그를 위해 탑을 세울 것이며, 둘째는 벽지불(辟支佛)이요, 셋째는 성문(聲聞)이요, 넷째는 전륜성왕(轉輪聖王)이니라. 이 네 종류 사람에게는 마땅히 탑을 세워 경배해야 한다."[97] 석가모니가 이들의 탑을 세우라고 한 것은 많은 이들이 탑을 보면서 그들의 가르침과 행적을 깊이 새기고 본받도록 하기 위함이었다. 그러나 후대의 승려들은 세상을 떠난 스승의 조형적 장골처로 부도(浮屠)를 남기게 되었고, 일반인들도 화장 후의 유골을 봉안당에 모시는 일들이 만연해 있다.

석가모니가 화장을 수용한 뜻은 육신을 불태우는 데 있었다. 존재하는 모든 것은 반드시 소멸한다는 생자필멸(生者必滅)의 가르침을 담고 있기 때문이다. 그러나 후세 사람들은 화장보다 이후의 안치 방식에 더 많은 관심을 두게 되었고, 그 이유로 석가모니의 유골을 탑에 모신 초기 장례를 듦으로써 석가

---

96 金鉉埈, 『사찰, 그 속에 깃든 의미』(教保文庫, 1991), pp.111~112.
97 중산 해남 역해, 『유행경』(부다가야, 2009), pp.238~239.

모니의 뜻을 제대로 실현하지 못하고 있다.

2) 화장의 역사

(1) 불교 유입에 따른 주체적 수용

불교에서 다비(茶毗)라 부르는 화장은 우리나라에서도 자연장법의 하나로
선사시대부터 있어 왔다. 그러나 불교가 들어오고 그 영향권 속에서 본격적
인 장법으로 조명되기 시작한 것은 7세기 중엽부터이며 신라 말인 9세기경에
이르러서야 승려들을 중심으로 점차 확산되었다. 기록으로 전하는 최초의 화
장을 한 인물은 신라의 승려 자장(慈藏, 590~658)으로, '화장하여 유골을 석혈
속에 모셨다(茶毗安骨於石穴中)'[98]는 내용이『삼국유사』에 나온다.

그런데 화장 기록이 많이 등장하는 통일신라의 자료를 살펴보면 이 무렵
승려의 장례는 대개 화장으로 치러졌으리라는 생각이 잘못된 것임을 알 수 있
다. 통일신라는 불교국가였으나 원효(元曉) · 의상(義湘) · 진표(眞表) 등 당대
의 고승을 비롯한 대부분의 승려들은 화장을 하지 않고 매장 또는 감실 등에
시신을 안치하는 방식으로 1차장을 치른[99] 기록을 남기고 있다. 이는 승려 사
회에서도 장례와 같은 관습적 문제에 있어서는 불교교리에 따르기보다는 전
통관행에서 쉽게 벗어나기 힘들었던 탓으로 보인다. 특히 장례는 죽은 후 후
손이나 제자들에 의해 치러지는 것이기 때문에, 당사자의 강력한 유언이 없
는 상태에서 시신을 태운다는 것은 불경스러운 행위로 인식될 수 있다.

한편, 삼국을 통일한 문무왕은 자신의 장례를 화려하게 하지 말 것이며,

---

98 『三國遺事』卷四 義解 第五 '慈藏定律'.

99 鄭吉子,「韓國佛僧의 傳統葬法硏究」,『崇實史學』第4輯(崇實大學校史學會, 1986),
　　pp.160~163.

죽으면 10일 뒤 화장을 하고 동해에 뿌림으로써 왜구로부터 나라를 지키겠다는 유언을 남긴 바 있다.[100] 당시 왕실·귀족층의 장례가 지나치게 사치스러운 데 대한 경계와 귀감을 보이고, 죽어서도 동해 용이 되어 나라와 불법을 지키는 호국군주로 남고자 하는 그의 바람을 읽을 수 있다.

이처럼 수용이 쉽지 않았던 화장은 신라 말 당나라에서 선종(禪宗)이 들어오면서부터 어느 정도 활기를 띠게 된다. 이전까지 승려의 장례는 일반인과 마찬가지로 전통 매장 방식 위주로 행해졌으며, 묘탑인 부도를 세우기 시작한 것은 선종의 전래에 의한 고승신앙과 깊은 관계[101]가 있다. 우리나라에 선 불교가 크게 일어나면서 아홉 산에 선(禪)의 문을 엶으로써 선문구산(禪門九山)이 확립되었는데, 각 선문의 문도들은 그들의 조사(祖師)를 받들어 죽은 뒤 후세에 길이 보존될 조형적인 장골처를 남기고자 하였다.[102] 이와 함께 부처의 사리를 불사리(佛舍利), 고승의 사리를 승사리(僧舍利)라 칭하면서 수행이 높은 고승은 죽은 뒤 화장을 하면 사리가 나온다고 믿었던 것이다. 이 무렵부터 승려의 화장이 확산되었고, 『삼국유사』와 『삼국사기』에 따르면 신라의 왕으로 화장을 한 경우는 문무왕을 포함해 모두 8인이었다. 이처럼 신라 말의 왕실귀족과 승려의 화장은 민간으로 확산되어 토기로 된 장골용기들이 경주 일대에서 많이 출토[103]되었다.

죽은 자의 몸을 인위적으로 불태우는 화장은 전통 관념에 커다란 변화를 가져왔다. 이에 대해 변태섭(邊太燮)[104]은 통일신라시대에 이르러 큰 무덤에

---

100 『三國史記』卷7 文武王 21年條.

101 洪潤植, "사리회", 『한국민족문화대백과사전』(한국정신문화연구원, 1991).

102 鄭永鎬, "부도", 『한국민족문화대백과사전』(한국정신문화연구원, 1991).

103 鄭吉子, 앞의 논문(1983), pp.33~34.

104 邊太燮, 「韓國古代의 繼世思想과 祖上崇拜信仰(下)」, 『歷史敎育』 4(歷史敎育硏究會, 1959), pp.90~91.

화려하고 많은 부장품으로 치장하던 이전의 풍습이 사라지고 강력한 왕권을 지녔던 신라왕들의 분묘가 통일 이전보다 규모나 부장품이 현저하게 축소되고 빈약해졌음에 주목하면서, 이를 '고대사상에서 불교사상으로의 전환'이라 보았다. 불교의 전래는 사회발달에 따라 자연스러운 내적 요인에 의한 변화과정을 밟고 있던 고대 신앙에 절대적인 영향을 미치게 되었다는 것이다. 여기에 통일을 이룩한 문무왕의 유지(遺志)도 실질적 영향을 주었을 것이라 짐작할 수 있다. 이처럼 신라의 화장은 불교를 공인한 527년으로부터 300년이 지난 뒤에서야 확산되었으며, 그 주요한 변화요인도 본래적 의미의 불교사상에 따른 것이라기보다는 선사(先師)를 기리기 위한 풍토에서 비롯되었음을 알 수 있다.

첫 화장 인물로 알려진 승려 자장에서부터 그러하듯이 우리나라에 들어온 화장은 유골을 가루 내어 자연에 뿌리는 산골보다 안치하는 장법이 주를 이루었다. 따라서 화장한 유골을 수습하여 승려는 묘탑에, 일반인은 무덤에 모시는 이중장으로 정착되어 고려시대에 이어졌다.

고려시대에 이르러 승려 사회에는 화장이 어느 정도 정착되고 민간에도 점차 확산되어 갔다. 이전까지 매장을 주로 했던 데다가 신라 말부터 성행한 풍수지리설의 영향으로 사회 전반적으로 매장이 주를 이루었지만,[105] 화장은 매장과 더불어 주요한 장법(葬法)으로 수용되었다. 연구자에 따라서는 화장으로 인해 상례절차는 물론 상복제도와 상기(喪期)의 운용이 유교식으로 진행되기 어려울 정도로 화장이 일반화되었다[106]는 판단도 있다. 서민들의 장법은 고고학적인 발굴로 밝혀진 바에 따르면 관 없이 구덩이에 시신을 매장하는 널무덤이었을 것이라 추측하며, 시신 위에 풀을 덮어 인적 없는 곳에 방치해 두는

---

105 장철수, 앞의 책(1995), pp.57~58.
106 최재석, 『한국고대사회사연구』(일지사, 1987), pp.599~605.

풍장도 일부 이용된 것으로 보인다.[107] 장례 방식은 유적과 기록으로만 전하는 것이기에 일반 서민의 경우는 확인할 수 있는 자료가 거의 남아 있지 않기 때문이다.

『고려묘지명집성』에서 임종 날짜와 최종 장례 날짜가 밝혀진 인물을 추출하여 그 기간을 계산해 〈표2〉로 정리하고, 그들 가운데 화장이 밝혀진 인물일 경우에는 의미 있는 차이가 있는지 알아보기 위해 기간을 구분하여 다루었다. 책에 수록된 325인 중 승려 20인을 제외한 305인의 일반인을 대상으로 살폈을 때 임종 및 매장 날짜를 알 수 있는 인물은 총 175인이고, 그 가운데 1차장이 화장인 인물은 40인이다. 고려시대의 장례 특성 중의 하나로 이중장을 들고 있지만 화장을 포함해 1차장의 양상을 파악할 만한 연구가 부족한 가운데 이를 위한 참조자료가 될 수 있을 것이다.

<표2> 고려시대 묘지명 인물의 장례 기간

장례 기간 (임종~매장)	1차장 화장인 경우		1차장 미상인 경우		총 인원	
1개월 미만	2인	(5%)	37인	(27%)	39인	(22%)
1개월~3개월 미만	6인	(15%)	58인	(43%)	64인	(37%)
3개월~6개월 미만	12인	(30%)	17인	(13%)	29인	(17%)
6개월~1년 미만	10인	(25%)	4인	(3%)	14인	(8%)
1년~2년 미만	7인	(18%)	12인	(9%)	19인	(11%)
2년~3년 미만	2인	(5%)	5인	(4%)	7인	(4%)
3년~4년 미만	–		1인	(1%)	1인	(1%)
5년 이상	1인	(3%)	1인	(1%)	2인	(1%)
계	40인		135인		175인	

---

107 박태호, 앞의 책(2006), pp.117~118.

묘지명을 보면 임종한 날짜와 최종 장례날짜만 적어 단장(單葬)·복장(複葬)의 여부를 알 수 없는 경우가 많다. 또한 이중장(복장)이었다 하더라도 1차장을 화장으로 치렀음을 분명하게 밝힌 경우도 있지만 '장례를 치렀다'고만 하거나, '(1차장에서 유골 등을) 옮겨왔다' 등으로 표현하여 1차장의 성격을 알 수 없는 경우도 많다. 따라서 1차장이 미상인 135인에는 이중장 여부가 미상인 경우도 포함되어 있다. 아울러 묘지명이 무덤 속에서 나온 기록물이기 때문에 화장한 이들 가운데 산골을 한 경우는 없다.

우선 고려시대 묘지명에 나타난 전체 175인의 장례 기간을 보면 1개월에서 3개월 미만인 경우가 37%에 해당하는 64인으로 가장 많고, 그 다음으로 1개월 미만이 22%(39인), 3개월에서 6개월 이내가 17%(29인), 1년에서 2년 미만이 11%(19인) 등의 순이다. 그런데 화장인 경우와 그렇지 않은 경우를 비교하면 장례 기간이 확연하게 달라진다. 화장을 한 이들은 장례 기간이 훨씬 더 길어져 1개월 이내는 5%에 불과하고 3개월~2년 미만이 전체의 73%를 차지한다. 화장을 선택한 이들은 화장 기간을 앞당기고 유골의 상태로 오래 모심으로써 기간을 길게 잡을 수 있었기 때문일 것이다. 반면, 1차장이 미상인 이들은 1개월 이내가 27%로 많아지고 가장 많은 이들이 1~3개월 미만을 택했으며(43%), 3개월~2년 미만은 25%로 같은 기간의 화장한 이들에 비하면 1/3 정도에 불과하다.

이러한 장례 기간을 통해 고려시대에는 화장과 무관하게 주검을 오래 모신 후 매장하는 비율이 전반적으로 높았다는 점을 알 수 있다. 고려시대에는 3일이 지나야 장례를 치를 수 있다는 규정만 두었을 뿐 이후의 장례 기간에는 제한 규정을 두지 않았다. 지금의 관점에서 1차장이 미상인 경우의 장례 기간을 보면 단장으로 치르기에는 지나치게 긴 듯하고, 복장으로 치르기에는 턱없이 짧은 기간에 해당하여 애매모호해 보인다. 자연 육탈(肉脫)로 이중장을 치를 경우 주검이 완전히 썩은 뒤에 유골을 수습하게 되므로 최소한 2년 이상에서 3년 정도의 기간이 필요하기 때문이다. 따라서 짧게는 1달 이상에서 길게는 2년 가까운 기간 동안 주검을 매장하지 않고 둔 과반수(약 52%)에 해당하는 사례의 양상이 궁금해지기도 한다.

우선 주검의 상태로 오랫동안 모시는 풍습은 고려시대만이 아니라 고대사회에서부터 조선시대에 이르기까지 만연하였다. 예컨대 부여에서는 사람이 죽으면 오래 둘수록 좋다고 여겨 5개월에 걸쳐 집에 모셨고 여름에 사망하면 얼음을 채워 보관하였다.[108] 고구려에서도 가능하면 장례를 늦추고자 하여 백일에 걸쳐 치렀는가 하면(百日停喪), 『수서(隋書)』에는 고구려인들이 집안에 망자를 안치했다가 3년이 지나면 길일을 택해 장례를 치른다(死者殯于屋內 經三年 擇日而葬)[109]고 적었다. 이는 집안 어느 곳에 가매장했다가 3년이 지난 뒤 매장하는 일종의 이중장을 언급한 것으로 보인다.

시대를 뛰어넘어 조선시대의 상장(喪葬) 규정에도 4품 이상은 3월장(三月葬), 5품 이하는 달을 넘겨서 장례를 치르도록(踰月葬)[110] 함으로써 관직이 높을수록 오랜 기간을 적용하였다. 조선 말기에는 매장하기 전 몇 달 동안 사랑채의 한 방을 여막방(盧幕房)으로 삼아 이곳에 관을 안치해 놓고 상주가 집안에서 여막살이를 하는 풍습도 발견된다. 그만한 방을 갖지 못한 평민은 집 밖에다 두고 비를 가리기 위해 짚으로 엮은 거적으로 덮었고, 상류층에서는 대청이나 외진 방에 차리다가 점차 헛간·앞마당 등에 두게 되었다는 것이다. 이러한 여막방이 바깥으로 나오면 초분(草墳)과 유사하고 실제 서민들이 집밖에 두었던 가무덤은 곧 초분을 뜻하여, 경계가 불분명한 채로 다양한 양상이

---

108 『三國志』魏志東夷傳 第30 '夫餘'.
109 『隋書』卷81 列傳 第46 '高麗'.
110 『大典會通』卷之三 禮典 '喪葬'.

308

존재했던 듯하다. 따라서 이중장으로 치르면서 유골을 수습하지 않고 관에 넣어 가매장했다가 그대로 이장한 이들도 있었을 것이다.

이러한 풍습은 망자를 빨리 떠나보내지 않는 것이 자식의 도리를 실천하는 것이라 여긴 효와 조상숭배의 사상에서 비롯된 것으로 오랜 역사를 지니고 있다. 뿐만 아니라 이중장의 경우는 뼈에 영혼이 깃들어 있다고 보면서 피륙이 다해 형체가 없어질 때까지는 완전한 죽음으로 보지 않았던 것이다. 특히 고려시대 이후는 음택풍수를 중시했던 영향도 장례 기간을 늘리는 주요한 요인으로 작용하였다. 근래까지도 좋은 묏자리를 구하기 위한 구산(求山)으로 인해 7일장·9일장은 물론 때로 백일장(百日葬)이 있는가 하면, 아예 구산 때까지 가매장을 해두었다가 몇 년이 지난 뒤에 매장하는[111] 음택풍수가 성행하였기 때문이다.

아울러 1차장이 미상인 사례 중에 화장이 어느 정도의 비중을 차지하였으리라 본다. 불교가 왕성했던 고려시대에 화장 또한 교리적 해석과 더불어 확산되었을 것이고, 특히 유골을 중요하게 여기는 것은 전통적 관념뿐만 아니라 음택풍수에서 더욱 강조하고 있다는 점을 간과할 수 없다. 따라서 육탈되지 않은 주검을 그대로 묻기보다는 몇 년이 필요한 자연육탈을 한순간에 가능하게 하는 화장이 선호되었을 것이다. 이중장을 하는 제일 중요한 목적이 유골을 얻기 위함일뿐더러 육탈도 채 되지 않은 주검을 훼손하는 것은 불경스러운 일이기 때문이다. 따라서 대부분의 연구에서는 확실하게 화장을 밝힌 사례만 대상으로 삼았기에 고려시대의 화장 비율은 의외로 매우 낮게 다루어졌을 수 있다. 화장을 했더라도 임종 날짜와 최종 매장 날짜만 기록한 경우가 많고 내용이 소실되어 판독할 수 없는 비율도 상당수인 점을 감안하면, 고려

---

111 고려대학교 민족문화연구원,『한국민속의세계 ⑨: 민간신앙·기타신앙』(2001), p.508.

시대에는 우리가 일반적으로 알고 있는 것보다 훨씬 더 많은 화장이 이루어졌을 가능성이 높다.

이러한 점에서 임종부터 최종장례까지 장례 기간이 지니고 있는 함의는 매우 크다. 기간을 참조할 때 단장의 비중을 파악할 수 있고, 장례의 특성과 목적을 고려하면 1차장으로서 화장과 가매장의 경향 또한 어느 정도 짐작해볼 수 있기 때문이다.

고려시대 화장의 양상을 좀 더 상세하게 살펴보기 위해 화장한 44인을 대상으로 이들의 장례 내력을 〈표3〉과 〈표4〉로 정리하였다. 〈표2〉와 달리 화장한 인물이 44인인 것은 임종날짜나 매장날짜를 알 수 없는 경우까지 포함했기 때문이다. 〈표3〉은 장례 과정에 따른 날짜와 기간을 개인별로 사망연도순에 따라 적은 것이고, 〈표4〉는 이 내용을 통계숫자로 나타내어 빈소 기간과 권안 기간을 추가로 알 수 있도록 한 정보이다.

화장한 44인 가운데는 '화장을 했다'는 확실한 표현이 없지만 화장으로 추정되는 6인의 인물이 있다. 〈표3〉에서 이공저·박소·장충의·왕영·전신의 경우는 '유골' 또는 '유해'를 거두어 (2차)장례를 치렀다고 표현하였을 뿐만 아니라, 장례 기간이 순서대로 51일·53일·3개월·4개월·11개월이기에 자연장으로는 유골을 수습할 수 없기 때문이다. 아울러 최시윤의 경우는 그의 아내가 먼저 죽었을 때 화장으로 치렀는데, 최시윤이 죽자 "(그의 아들이) 어머니를 모실 때와 동일하게 장례를 받들었다"고 적혀 있다.

화장한 유골을 사찰에 다시 모실 때도 상황에 따라 하루에서 9일까지 걸리는 이들도 있다. 그러나 화장 후 사찰에 권안하기까지 1~9일이 걸리는 기간은 몇몇 사례에서만 밝혀져 있어 권안 기간에는 반영되지 못하였다. 따라서 15일~73개월이라는 권안 기간은 화장 날짜를 시점으로 하여 최종 장례 날짜에서 화장 날짜를 뺀 기간에 해당한다.

<표3> 화장한 인물과 의례 단계별 내력 (44인)

이름	임종일	빈소	화장일	권안	매장일	임종~매장	비고
이자연	1061.08.30	–	–	–	10.06	1개월 6일	
이정	1077.05.13	10일	05.23	4개월 27일	10.20	5개월 7일	
정목	1105.5.을묘	6일	6일 후	약4개월24일	10.09	약 5개월	
정항	1134.11.27	16일	12.13	10개월 29일	1135.윤10.12	11개월 15일	
안직승	1135.04.23	6일	04.29	3개월 20일	08.19	3개월 26일	
진중명	1137.08.29	–	1150.○.27	–	–	(약 13년)	아들 큰 뒤 화장
이공저	1137.11.24	–	–	–	1138.02.17	53일	화장 추정: '유골' 표현
최사전	1139.03.06	–	–	–	1140.02.27	11개월 21일	
허재	1144.02.14	26일	03.10	5개월 8일	08.18	6개월 4일	
최시윤	1145.11.07	–	–	–	1146.10.18	24개월내	화장 추정: 부인(화장)과 同
염경애	1146.01.28	4일	02.02	30개월 15일	1148.08.17	30개월 19일	
김함	1147.11.08	22일	11.30	7개월 26일	1148.07.26	8개월 18일	
김의원	1148.12.04	15일	12.19	59개월 18일	1153.12.07	60개월 3일	
정지원	1149.03.13	20일	04.03	4개월 20일	08.23	5개월 10일	권안: 백일 기재
김씨부인	1149.06.20	3일	06.23	3개월 20일	10.13	3개월 23일	
유방의	1149. 6월	–	–	–	09.18	3개월	
박소	1156.06.09	–	–	–	09.03	3개월	화장 추정: '유골' 표현
문공원	1156.12월	–	–	–	1158.05.13	17개월	
최정	1157. 6월	–	6월	약 73개월	1163.08.14	약 74개월	
고씨부인	1160.03.11	–	–	–	1162.05.13	26개월	
석수민	1160.08.08	–	–	–	08.19	11일	
황보씨부인	1161.03.20	29일	04.19	6개월 3일	10.22	7개월 2일	
왕효	1161.04.10	–	–	–	11.30	7개월	

이름	임종일	빈소	화장일	권안	매장일	임종~매장	비고
김신련	1161.04.20	16일	05.06	4개월 27일	10.03	5개월 13일	
임경식	1161.07.21	11일	08.02	–	–	미상	
이인영	1162.02.27	6일	윤02.03	약14개월 7일	1163.04.10	14개월 13일	
최윤의	1162.08.28	15일	09.13	1개월 9일	10.22	1개월 24일	
김영석	1166.04.08	–	–	–	1167.02.27	10개월 20일	
김영부	1172.02.08	13일	02.21	2개월 25일	05.16	3개월 8일	
이응장	1177.04.24	13일	05.07	2개월 17일	07.24	3개월	
장충의	1180.01.29	–	–	–	06.03	4개월 4일	화장 추정: '유골' 표현
오원경	1180.10.27	16일	11.13	5개월 3일	1181.04.16	5개월 19일	
왕재 딸	1183.04.01	20일	04.21	8개월 3일	12.24	8개월 23일	
왕영 딸	1185.01.13	17일	01.30	12개월 25일	1186.02.25	13개월 12일	
왕영	1186.10.10	–	–	–	1187.08.11	11월	화장 추정: '유골' 표현
채상정	1191.03.16	22일	04.08	7개월 8일	1192.11.16	20월	
이승장	1191.09.01	14일	09.15	19개월 9일	1193.04.24	19개월 23일	
순성	1196.12.18	약15일	1197.1월초	약 2개월	03.06	2개월 18일	
고영중	1208.09.상순	약18일	09.23	23개월 22일	1209.09.15	12개월	
양택춘	1254.04.07	–	–	–	06.14	2개월 7일	
전신	1339.07.07	–	–	–	08.28	1개월 21일	화장 추정: '유해' 표현
한씨부인	○○.05.10	–	–	–	08.15	3개월 5일	
부애	미상	–	04.21	15일	05.06	18일~40일	
아무개	미상	–	–	–	–	–	

※ 사망연대순

<표4> 화장한 인물의 단계별 의례 기간 (총 44인)

기간	빈소 기간 (임종~화장)		권안 기간 (화장~매장)	임종~매장
1개월 미만	1~ 5일	2인	1인(15일)	2인 (11일, 20일 전후)
	6~10일	4인		
	11~15일	7인		
	16~20일	7인		
	21~25일	2인		
	26~30일	2인		
1개월~3개월 미만	–		4인	6인
3개월~6개월 미만	–		8인	12인
6개월~1년 미만	–		5인	10인
1년~2년 미만	–		4인	7인
2년~3년 미만	–		1인	2인
3년~4년 미만	–		–	–
5년	–		1인	1인
6년	–		1인	–
미 상	20인		19인	4인
계	44인			

화장한 44인의 장례 내력을 정리한 <표3>·<표4>를 참조하여 장례 절차에 대입해 보면, 고려시대의 화장은 대략 다음과 같은 양상으로 진행되었다.

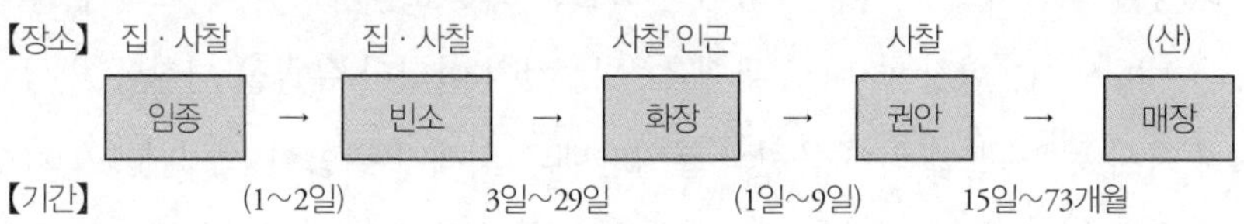

<그림1> 고려시대 화장을 포함한 장례 단계와 기간

1. 병자가 집이나 사찰에서 임종하면, 당일 또는 다음 날 집·사찰에 빈소를
   마련한다.

   (빈소에는 3일에서 29일에 걸쳐 모셨으나, 10일~20일 정도가 일반적이다)

2. 좋은 날을 골라 사찰 인근시설에서 화장을 하고 유골을 수습한다.

3. 수습한 유골을 사찰에 모시고(權安) 주기적으로 재(齋)를 받든다.

   (권안은 15일에서 73개월까지 다양하게 모셨으나, 1달~2년 이내가 일반적이다)

4. 좋은 날을 골라 매장한다.

고려시대의 화장에는 조상숭배와 풍수지리 사상이 깊이 결합되어 있다. 그
들은 불교교리와 죽음관에 깊이 동조하여 화장을 하면서도 유골을 용기에 담
아 다시 화장묘(火葬墓)를 만듦으로써 불교식 화장법과 전통 매장법을 결합하
는 방식을 택하였다. 이러한 이중장은 통일신라 때 승려사회에서부터 형성되
어 고려시대에 민간에까지 확산된 것으로, 어디까지나 무덤을 전제한 화장이
었던 셈이다. 아울러 풍수설에 따라 무덤을 쓸 때 터를 잡고 날짜를 고른 것
은 물론, 화장을 할 때도 좋은 날을 받았다. 무덤을 잘 써야 후손들이 복을 받
는다고 믿었기에 묏자리가 나쁘다고 볼 경우 어렵지 않게 이장을 택하는 이들
도 적지 않았다. 따라서 주산(主山)과 좌청룡 우백호를 점검하고, 무덤을 화려
하게 꾸미기 위해 각종 석물을 배치하는 이들이 늘어나 조선시대에 이르면 절
정을 이루게 된다.

화장을 하면서도 효사상이 깊었던 그들은 화장묘만이 아니라 또한 권안(權
按)을 택하였다. 화장 후 바로 무덤을 쓰는 것이 아니라 유골을 사찰에 모심으
로써 다시 한 번 불교의 죽음관과 조상숭배의 의례가 결합한 것이다. 이 기간
동안 유족은 주기적으로 사찰을 찾아 재(齋)를 올림으로써 극락왕생을 기원하
고 고인을 추모하였다. 화장을 하면서도 무덤에 모시는가 하면, 일정 기간 동

안 유골을 모시고 의식을 치름으로써 종교적으로 망자의 내세를 빌고 후손의 도리도 실천하였던 셈이다.

그런데 장례를 치르고 일정 기간을 지낸 뒤 탈상하는 지금의 관점에서 보자면, 전반적으로 장례 기간이 너무 길어 보인다. 특히 고려시대에는 초기인 성종 때 상복을 착용하는 기간을 망자와의 관계에 따라 다섯 등급으로 나눈 오복제도(五服制度)를 두고 부모상에는 3년의 참최(斬衰)를 적용토록 했으나[112] 제대로 시행되지 않았다. 오히려 오복에 따른 휴가 규정인 오복급가식(五服給暇式)[113]을 제정하여 부모상을 당한 관리들에게 백일의 휴가를 줌으로써 삼년상은 명목으로만 존재하고 관직에 복귀하기 위해서는 대부분 백일에 상복을 벗게 마련이었다.

뿐만 아니라 왕실에서는 이일역월제(以日易月制)를 써서 한 달을 하루로 계산해 상례 기간을 최대한 단축하는 단상(短喪)을 행하였다. 단상은 고려 광종 때부터 시작하여 경종·순종·숙종·예종·인종·명종 등 고려의 전 기간에 걸쳐 행해졌고, 왕들은 스스로 자신의 장례를 단상제로 치를 것을 유언으로 남겼다.[114] 따라서 삼년상은 임종 후 27개월이 되었을 때 담제(禫祭)를 치르면서 마치지만, 실제로는 27일로 줄어들게 되는 것이다. 이는 장례의 검소함을 추구한 것이라기보다는 권력의 공백을 최소화하기 위한 것으로 여겨진다.

따라서 고려시대의 상례 기간은 제도와 실제 간에 괴리가 컸던 듯하다. 선행연구들에 따르면 국가제도는 '부모상 3년'으로 규정되어 있지만 실제 풍습은 백일상이었다는 견해와, 백일은 상가(喪暇)일 뿐이고 불교식 화장법이 일반화된 상태에서 유교식 복상(服喪)이 어려웠고 상례 기간도 일정하지 않았다

---

112 『高麗史』 卷64 禮6 凶禮 '五服制度'.

113 『高麗史』 卷64 禮6 凶禮 '五服制度'; 卷84 刑法1 公式 '官吏給暇' 등.

114 『高麗史』 卷64 禮6 凶禮 '國恤'.

는 견해로 나뉜다.[115] 실제 백일상을 기준으로 보면, 백일이 지난 뒤에도 장례가 끝나지 않았던 사례는 1/3이 넘는다. 또한 왕실의 탈상이 27일이었다면 이를 따른 관리들도 많았을 것이다. 이런저런 상황을 참조하면 장례와 탈상을 별개로 진행했거나, 집안 상황에 따라 장례를 마치면서 함께 탈상하는 다양한 양상이 있었던 듯하다.

아울러 유골을 매장하기 전이라면, 거상(居喪) 중에 올리는 제사는 권안 장소인 사찰에서 유골을 모셔 놓고 치렀을 것이다. 이정(李頲)[116]·정지원(鄭知源)[117]의 사례를 보자.

… 불교법에 따라 서기산(西畿山) 기슭에서 화장(茶毘)하였다. 뭇 자녀들이 슬피 울면서(號哭) 유해를 받들어 사찰에 임시로 안치하고, 아침저녁으로 제사를 받드는 것이 살아 있을 때와 같이하였다.

… 그의 관을 옮겨 서울 서산(西山) 기슭에 장례를 치렀다. 좋은 날을 가려서 영골(靈骨)을 거두어 다른 장소에 편안히 모셨다가, 백 일이 되어 영혼을 다른 곳으로 보내니, 예에 따른 것이다.

이정은 권안 기간이 4개월 27일 정도였다. 아침저녁으로 제사를 받들었다는 것으로 보아 당시에도 상중에는 조석상식(朝夕上食)을 올렸음을 알 수 있다. 사찰에서는 법당에 유골을 모셔놓고 매일 영반(靈飯)을 올리면서 극락왕

---

115 유권종, 「한국에서의 상례문화의 전개」, 『유교사상연구』 15집(한국유교학회, 2001), p.52.

116 이정(李頲, 1025~1077) 묘지명: 김용선, 앞의 책(상권, 2012), p.34.

117 정지원(鄭知源, 1090~1149) 묘지명: 김용선, 앞의 책(상권, 2012), p.153.

생을 위한 불공을 드리면, 자녀들은 상황에 따라 참석했을 것이다. 이와 관련하여 최시윤(崔時允)[118]의 경우를 보면, 그의 부인이 먼저 세상을 떠났을 때 아들 종부가 어머니의 장례를 치렀는데 성 밖의 천태사(天台寺)에 유골을 모셔두고 초하루와 보름마다 빠뜨리지 않고 제사를 받들었다고 하였다. 따라서 권안 동안의 조석상식이란 사찰에서 일상적으로 올리는 간단한 영반이나 차 등이었을 것이고, 초하루·보름과 같이 특정일에 유족이 사찰을 찾아 본격적인 제사를 올렸을 것임을 짐작해볼 수 있다.

그런데 정지원의 경우는 화장에서 매장까지 걸린 기간이 4개월 20일이었지만 권안 기간은 백일이었다고 하였다. 따라서 화장 후에 유골을 모실 사찰을 정하기까지 40일 정도 소요되었고, 사찰에 백일간 모심으로써 백일불공처럼 정성을 들이는 기간의 의미를 중요하게 여겼던 듯하다.

또한 사정에 따라 유골을 몇 차례 옮기게 될 때마다 사가나 관청에 두지 않고 사찰에 모신 기록도 나온다. 오원경(吳元卿)[119]은 승평군수(昇平郡守)로 부임했다가 1180년 10월 27일 그곳에서 임종하였는데, 묘지명에는 11월 13일 화장한 뒤 개경으로 오기까지의 과정을 다음과 같이 담았다.

18일에 벽천사(碧泉寺)로 유골을 옮겼다가 이달 21일에 유골을 받들고 군을 떠나, 25일에 의안군(議安郡)에 도착하여 유골을 냉천사(冷泉寺)에 모셔두었다. 12월 18일에 큰아들 윤장(允藏)이 유골을 모시고 군을 출발하여, 금년 정월 초 3일에 서울로 들어와 임시로 성의 동문 안에 있는 신암사(神嵒寺)에 모셔두었다가, 4월 16일에 귀법사(歸法寺)의 산기슭에 유골을 묻었다.

---

118 최시윤(崔時允, 1084~1145) 묘지명: 김용선, 앞의 책(상권, 2012), p.122.
119 오원경(吳元卿, 1128~1180) 묘지명: 김용선, 앞의 책(상권, 2012), pp.369~370.

타지에서 임종함에 따라 오늘날 전남 순천 지역에 해당하는 승평군에서 개경까지 오는 동안 세 차례 권안 장소를 바꾸어 그의 유골을 모셨다. 임종 지역인 승평군의 벽천사(碧泉寺)에 처음 모셨다가, 연고지이거나 큰아들이 모셔가기 좋은 현재 경남 창원 지역인 의안군의 냉천사(冷泉寺)로 옮겨놓은 것을, 아들이 내려가 서울의 신암사(神嵒寺)로 모셔온 것이다. 유골의 권안 장소는 반드시 사찰이어야 한다는 그들의 생각을 읽어볼 수 있다.

또한 사정에 따라 권안 후 장례를 미루는 이들도 있었던 듯하다. 『고려사』에는 부모의 유골을 절에 임시로 두고 여러 해가 지나도록 매장하지 않는 자에게 죄를 묻고, 만일 집이 가난하여 장례를 치르지 못할 경우 관가에서 장례비용을 주도록[120] 한 내용이 기록되어 있다.

고려시대에 화장 후 유골을 매장하지 않고 산골한 이들 또한 많았을 것이나, 기록으로 남아 있는 경우는 주로 왕실과 관련되어 있다. 왕족 가운데 산골을 한 경우는 후손을 두지 못했던 이들로, 이는 신라시대부터의 계속된 현상이었다. 고려시대 문종의 아들인 장순후(章順侯)와 김관후(金官侯)의 경우 모두 아들이 없어 화장한 후 산골을 했다고 분명히 밝힌 바 있다.[121] 무덤을 쓴다는 것은 묘사(墓祀)를 전제로 하는 것이기에 대를 이을 자식이 없을 때는 무덤을 남기지 않는 경향이 있었다. 아울러 왕실과 지배층 이외에 서민들은 후손과 무관하게 화장 후 산골도 많았을 것이라 보인다.

(2) 유교이념에 따른 타율적 배척

불교의 유입과 함께 들어온 불교식 화장은 오랜 기간에 걸쳐 전통사상과 적절히 결합하면서 장례 문화의 하나로 서서히 자리를 잡아갔다. 당시 화장

---

120 『高麗史』 卷16 仁宗 癸丑 11年(1133).
121 鄭吉子, 앞의 논문(1983), pp.65~66.

이 민간에 널리 수용될 수 있었던 것은 유골을 매장한다는 전제하에 이루어진 것으로, 거기에는 '묘사(墓祀)를 통한 조상과 후손의 연계'라는 의식이 깊이 뿌리내려 있었다.

그러나 고려 후기에 주자학이 도입되면서 지배층에서 화장을 하는 이들이 점차 사라지기 시작하였다. 〈표3〉에서 44인의 화장을 한 이들 가운데 사망연도가 1200년대는 2인, 1300년대는 1인에 불과하였던 데서도 그대로 드러난다. 이 시기에 조선 창업의 주 세력이 된 신진 유학자들은『주자가례』의 시행을 반포하고 효를 근간으로 한 엄격한 상장례를 실시함에 따라 묘사의 중요성은 더욱 강조되었다. 조선시대에 들어서는 억불숭유의 배경 아래 모든 생활규범이 유교적 질서로 재편되었고, 특히 부모의 주검을 불태우는 화장법은 유교의 효도 관념으로는 용납할 수 없는 제1의 척결 대상이 되었다.

이에 고려 말부터 조선 초에 이르기까지 화장의 금지를 청하는 상소가 잇따랐는데, 화장이 용납될 수 없는 이유와 화장에 대한 비판 내용을 몇 가지 살펴보면 다음과 같다.

- 부모의 영혼이 의탁할 곳이 없다. 이단(異端)의 말이다.[122]
- 조·부모가 지하에서 편안해야 자손도 편안하고 그렇지 않으면 자손도 마찬가지이다. 장골(藏骨)보다 산골(散骨)이 더 불인(不仁)하다. 아버지도 모르는 오랑캐의 법이다.[123]
- 인륜을 배반하며 천리를 반대하는 행위이다.[124]
- 지친(至親)을 새와 짐승보다 못하게 보는 것으로 이치에 거스르고 법도에

---

122 『高麗史』卷118 列傳 第31 '趙浚'.
123 『高麗史』卷85 志 卷39 '刑法2'.
124 『宣祖實錄』宣祖 7年 2月 己酉日.

어긋남이 심하다.[125]

- 초상을 마치기도 전에 평일처럼 소란하고, 죽은 이를 위해 슬퍼할 겨를도 없다.[126]

화장은 선조의 영혼을 편히 모시지 못하는 것으로 인륜에 어긋나고, 자손에게도 화를 초래하며, 망자를 추모할 수 있는 환경을 조성하지 못한다고 봄으로써 결국 유불(儒佛) 간의 사상적 대립으로 귀결됨을 알 수 있다.

여말선초에 걸쳐 나라에서는 『주자가례』와 『경국대전』 및 각종 교서를 통해 불교식 화장을 금하고 유교식 상장례에 따를 것을 전국에 강력히 하달하였다. 그러나 관혼상제와 같은 관습은 쉽게 정착되기도 어렵지만 일단 뿌리를 내리고 나면 일시에 바꾸기 힘든 것으로, 『조선왕조실록』에는 금령이 내려진 이후에도 백성들 간에 화장하는 풍습이 계속되어 이를 문제 삼은 기록들이 지속적으로 등장하고 있다.

세종 대에는 "근래에 불교의 화장법이 성행하여 사람이 죽으면 뜨거운 불속에 넣어 모발이 타고 살이 타 녹아 없어지게 하고 해골만 남게 한다. 심한 자는 유골도 태워 그 재를 뿌려 물고기와 날짐승에게 주면서 이렇게 한 뒤에야 극락에 가서 다시 태어날 수 있다고 한다. 사대부도 이에 혹하여 매장하지 않는 자가 많다. 일체 화장을 금하고 범한 자는 죄를 주게 해야 한다",[127] "이제 사대부 가운데 상제(喪祭)에 부도(浮屠)를 쓰지 않는 자가 열에 서너 명이다"[128]고 하였다. 성종 대에는 "서민은 그 어머니의 시체를 불길 속에 던지고

---

125 權近, 『陽村集』, 韓國의 思想大全集 5(同和出版公社, 1972), p.273.

126 鄭道傳, 앞의 글, p.146.

127 『世宗實錄』世宗 2年 11月 辛未日.

128 『世宗實錄』世宗 14年 3月 甲子日. 부도(浮屠)를 쓴다는 것은 곧 화장을 말한다.

서도 언짢게 생각하지 않는다"[129]고 하였으며, 규제를 피하기 위해 처음에는 화장을 하지 않고 가매장을 했다가 나중에 시신을 꺼내어 화장하는 경우도 있었다고 한다.

그러나 이러한 경향은 도첩체(度牒制)를 폐지하여 승려가 되는 길을 막는 등 강력한 억불책을 펼친 성종 대에 이르러 현격히 감소하게 된다. 성종은 일찍이 화장을 금하는 영을 내렸으나 백성들이 잘 따르지 않는 것을 본격적으로 문제 삼으며 안에서는 사헌부, 밖에서는 감사·수령이 엄하게 단속하도록 하였다. 그래도 화장하는 자가 적발되면 중죄를 주고, 친척이나 이웃 가운데 이를 알고 막지 않는 경우에도 벌을 내리도록 지시[130]한 것이다. 이는 성종 23년(1492)에 "지금은 사대부의 상장(喪葬)에 부도(浮屠)의 교(敎)를 쓰지 않는다"[131]는 기록을 통해서도 알 수 있다.

고려시대에 승려사회에 정착된 화장을 빨리 받아들여 확산시킨 이들이 지배층이었듯이, 배척 또한 지배층에서부터 이루어진 것이다. 결국 조선시대의 화장은 정치·이념적 차원에서 이루어진 철저한 타율적 배척이었다고 할 수 있다.

이에 비해 승려사회에서는 12세기 이후 지속적으로 화장을 하는 전통을 굳혀갈 수 있었다. 『삼국유사』와 승려의 탑비문·묘지(墓誌)에서 장례법을 확인할 수 있는 승려 92명(삼국 5명, 통일신라 22명, 고려 37명, 조선 28명)을 조사한 바에 따르면, 12세기 이전에 화장을 한 경우는 5명에 불과하였고, 12세기 이후 고려~조선에 걸친 승려는 모두 화장이었다[132]고 한다. 화장은 어디까지나 승려

---

129 梁誠之, 『訥齋集』卷4, 韓國思想大全集 6(同和出版公社, 1972) p.405.

130 『成宗實錄』成宗 1年 2月 丙辰日.

131 『成宗實錄』成宗 23年 11月.

132 鄭吉子, 앞의 논문(1986), p.171.

들의 장법으로 규정하고 민간에 확산되는 것을 엄격히 금함으로써 민간에서
는 점차 극빈자나 특수한 죽음에만 주로 행해지게 되었다.

(3) 일제 식민정책에 따른 타율적 수용

조선시대의 화장이 타율적으로 배척되는 수난기였다면, 일제강점기는 적
극적인 권장정책으로 화장이 새롭게 수용되던 시기였다. 그러나 이때의 수용
은 고려시대 이전처럼 주체적인 것이 아니라 타율적 수용이었다.

19세기 후반 일본인 거류민단이 한성부에 설치된 후 약 20년 간은 화장하
는 설비가 없어 이들이 장례를 치르려면 양화진이나 한강 제방에 모여 화장을
했다고 한다. 그 뒤 1902년 5월 10일 당시 고양군 한지면 신당리 수구면 밖
에 벽돌 건물로 된 화장장이 최초로 세워지게 되고, 이와 함께 노천 화장터에
서 장작으로 불을 때던 화장장은 역사의 뒤안길로 사라졌다.[133] 1910년 9월에
는 다시 마포에 대규모 화장장을 설치하기로 설계를 마쳤다는 기사[134]가 등장
하고, 광희문 밖의 일본인 화장장이 협소하여 동문 밖으로 확장 이설하기 위
한 논의[135]도 발표되었다. 일제는 강제합병 이후 우리 민족의 전통과 정신을
말살하기 위해 관혼상제에 대한 전반적인 개혁을 단행, 상장례 부문에서는
1912년 6월 20에 총독부령으로 「묘지화장장매장및화장취체규칙」[136] 을 반포
하여 화장이 본격적으로 부활하게 되었다.

이 규칙에서 공동묘지와 화장장의 신설에 대한 내용을 제시하고 화장은 특

---

133 박태호, 앞의 책(2006), pp.177~178.

134 「皇城新聞」1910年 9月 6日字.

135 「皇城新聞」1910年 9月 16日字.

136 朝鮮總督府中樞院,「朝鮮祭祀相續法論 序說」(國學資料院, 1980), p.328: 鄭吉子, 앞의
　　논문(1983), p.40에서 재인용.

수한 경우 외에는 반드시 화장장에서만 할 수 있도록 하였다. 아울러 공동묘지 외의 개별 묘역에 대해서는 면적을 제한하고 새로 묘지를 신설하려면 도지사에 허가를 받아야 했다. 결과적으로 매장보다는 화장을 권장하면서, 매장을 할 경우 개인묘지를 억제하고 공동묘지를 활성화하였던 것이다. 이 규칙이 발표되기 5일 전인 15일에는 총독부 기관지 「매일신보」에 '화장 증가의 조사'라는 제목으로 다음과 같은 기사가 실렸다.

> 요사이 조선인 중 상·중·하층을 불문하고 편리함을 취하여 화장하는 영향이 점차 많아졌다. 동대문경찰분서에서 관내 각 절에 대해 실지조사해 보니 작년보다 특별히 많아졌기에 그 원인 조사의 결과를 들면, 구한국시대에는 화장을 즐겨 아니하고, 다만 땅속에 장사를 지내고 당치않은 산음(山蔭)을 바랐다. 처음에는 산소 앞에 돌을 세우고 소나무를 심어 형식상 장엄한 묘지를 만들기에 열중하여, 빚을 얻어가면서라도 기어이 남부끄럽지 않게 외식(外飾)을 숭상하는 중 가세가 곤란한 자는 그렇게 못하는 것을 심히 원통히 여길뿐더러, 또한 불효로 인정하여 늘 한으로 여기는 습관이 전래하였다. 시대의 변천으로 인해 점차 사상이 열린 결과로, 옛 습관을 버리고 화장하는 자가 많아서 작년과 올해 조선인의 화장하는 영향이 특별하다고 한다.[137]

묘지를 조성하는 데 많은 비용과 정성을 쏟는 우리의 문화를 비판하면서, 시대가 바뀌고 사상이 열려 상하층을 막론하고 화장을 하는 이들이 점차 많아졌다는 것이다. 이후 대도시를 중심으로 공동묘지가 조성되고, 화장로를 갖춘 화장장이 세워졌다. 1920~1930년대에는 전국의 여러 지역에서 화장장

---

137 「每日申報」1912年 6月 15日字. 내용을 읽기 쉽게 현대식 문장으로 표기하였다.

건립을 반대하는 민원이 발생했다는 신문기사가 말해 주듯이 화장장은 전국으로 확대되었음을 알 수 있다.

한편, 고려시대 이후 일관되게 화장을 해온 승려들은 매우 곤란한 사정에 처할 수밖에 없었다. 1912년에 발표된 규칙은 화장장이 없는 지역에서는 경찰서의 허가를 받아 화장할 수 있지만 기본적으로 '화장은 화장장 이외의 장소에서 할 수 없다'고 못 박은 것이기 때문이다. 따라서 「매일신보」[138]에 따르면 서대문 밖 봉원사에서는 이듬해 10월 당국에 승려화장지(僧侶火葬地)를 신청하고, 1914년 1월에 화장장을 세우게 된다. 일반인들도 사용할 수 있어 당시 화장 요금은 15세 이상은 4원, 15세 이하는 2원이었고 극빈자에게는 무료로 해주었다. 화장장을 설립한 이후 봉원사에서는 매년 한식과 추석 등에 화장한 영혼을 천도하는 법회를 열었다고 한다.

또한 이 시기는 장례식장이 없고 빈소를 집에다 차렸기에, 신도들에게 상이 발생하면 승려들은 신도의 집을 방문하여 시다림 염불을 하였다. 1930년의 잡지『불교(佛敎)』에서 장지의례 관행을 짐작할 수 있는 내용을 볼 수 있다.

한 승려가 "화장도 아닌데다 공동묘지 같은 데까지 가자고 하니 그처럼 성가신 일이 없다. 만일 비가 올 때면 법의(法衣)를 흠뻑 적실 수도 있으니 큰 걱정이다. 따라서 법사는 중로에서 돌아오도록 하는 것이 좋을 것이라 생각된다"고 하여 포교사가 참작해서 집행하는 것이 좋겠다고 가결되었다. 나는 이 점에 대해 참으로 언어도단이라 생각한다. 참작집행이라는 것은 포교사가 상가(喪家)에 출석했다가 장지 수행에는 가도 좋고 말아도 좋다는 것이 아닌가.

---

138 「每日申報」1913年 10月 12日字, 1914年 1月 19日字, 1916年 4月 5日字 등.

… 나는 3가지 필요성에서 장지수행을 꼭 해야 한다고 본다. 첫째, 발인 때 거관편을 일러줬으니 엄토(掩土) 시에 하관편을 일러주어야 영혼을 이끄는 도사의 책임을 다함이요, 둘째, 출석한 이상 장지까지 호상(護喪)을 해야 조위인사(弔慰人事)에 체면이 설 것이요, 셋째, 포교사로서 포교 못할 곳과 때를 구분하는 것은 옳지 못하고, 장지에 모인 대중에게 법문을 설하여 포교하면 더없이 좋은 것이다. 또한 화장에는 꼭 가야 하고 토장에는 꼭 못갈 일이 어디 있는가. 화장에도 그 법문이고 토장에도 그 법문인데 어찌 화장에는 후하고 토장에는 박하게 굴 수 있는가.[139]

글의 내용을 보면 승려들로 구성된 포교사 모임에서, 상가에 나갔을 때 장지 동행을 바라는 유족의 요청을 어떻게 할 것인가에 대한 논의가 있었고, 이는 부담스러운 일이므로 의무사항이 아니라 선택사항임을 가결하였던 듯하다. 신도의 장례가 화장일 때는 불교식이라 참석하지만, 매장을 하는데 구태여 장지까지 번거로운 동행을 할 필요가 있겠느냐는 이유에서이다. 이에 대해 글쓴이는 사제자의 책임과 포교의 중요성을 들며 적극 반대하는 내용의 글을 기고한 것이다. 근래로 올수록 장지까지 동행하는 경우는 잘 없지만, 당시만 해도 상가는 물론 장지까지 참석하는 사례가 드물지 않았던 듯하다. 또한 화장장에 제장(祭場)이라는 별도의 공간을 마련하여 화장하기 전 고별의식을 하는 장소로 삼아왔기에,[140] 승려가 화장장까지 동행할 경우 이곳에서 불교의식이 이루어졌음을 짐작할 수 있다.

아울러 일제강점기에 새롭게 등장한 화장은 유골을 가루로 만들어 산이나

---

139 晚悟生,「布教師會의 片感」,『佛敎』第78號(1930. 12), pp.11~12. 핵심부분을 발췌하여 현대식 문장으로 요약하였다.

140 박태호, 앞의 책(2006), p.197.

강 등에 산골하는 방식이 주를 이루었다.[141] 제도적으로 강력하게 규제한 탓에 경성부 위생과에서 세운 신당리·아현리의 두 화장장을 합하여 1917년 한국인의 화장통계는 82구에 불과하였는데 1927년에는 1,530구[142]로 10여년 만에 19배에 가까운 증가를 보였다. 초기에는 화장을 꺼려하여 이들 화장장은 대개 일본인이 전용하였으나 점차 화장하는 이들이 늘어나 10년 후에는 일본인과 비슷한 숫자가 되었다고 한다. 한국에 와 있는 일본인과 비교한 것이므로 이러한 숫자는 미미한 것이지만, 초기와 비교하면 급상승된 셈이다. 화장에 드는 요금은 15세 이상은 5원, 15세 이하는 3원이었다. 또한 매장했던 묘를 해체하여 유골을 화장하는 이들도 많아져서 1926년에는 114명이나 되었다고 한다.[143]

이러한 경향에 대해 「동아일보」에서는 707명이던 1923년과 두 배 이상인 1927년의 1,530명을 비교하면서 "화장하는 조선인 연내로 점차증가: 명당 얻고자 가산 탕패도 불구하더니 요사이는 화장하는 사람이 늘었다"라는 제목 아래 다음과 같이 썼다.

… 명당을 잡아 장래의 행복을 누리고자 있는 재산을 탕진하던 조선인이 이와 같이 망인의 뼈를 ○○르는 것은 재래의 습관을 개혁한다는 면도 있기는 있으나 대개는 경제적 관계로 매장하는 데에는 시체를 염하는 비용은 그만두고라도 공동묘지 사용료만 하야도 삼사 원 이상이 드는데 화장에는 전부를 합하

---

141 張哲秀, "장례", 『한국민족문화대백과사전』(한국정신문화연구원, 1991).

142 「東亞日報」 1928年 10月 21日字.

143 「每日申報」 1927年 20月 30日字. 이에 따르면 1917년 82인, 1918년 185인, 1919년 291인, 1920년 435인, 1921년 283인, 1922년 555인, 1923년 676인, 1924년 871인, 1925년 1,151인, 1926년 1,256인이다. 1927년 통계는 「每日申報」.

여 삼원 십전 가량이 드는 관계라더라.[144]

당시에 화장을 하는 주된 요인의 하나가 공동묘지에 비해 저렴한 비용 때문이라는 설명이다. 그런데 1928년에 염습 비용까지 합하여 3원 10전이라고 했으나, 한 해 전인 1927년 「매일신보」에는 5원이라 하여 화장 비용에 큰 차이를 보인다. 1914년 봉원사의 화장 비용이 4원이었던 것을 보면 당시의 화장 비용은 5원 정도라는 설명이 더 타당하다. 아울러 「동아일보」에서 1923년의 한국인 화장자가 707명이라 했으나 「매일신보」에서는 676명이라 한 것도 차이가 있다.

당시에 화장 인구가 절대적으로 많지는 않았지만 급격히 증가되어간 것은 분명하다. 신문기사의 설명처럼 부유층보다는 전통장례를 치르기에 경제적 부담이 컸던 서민층에서 주로 화장을 했던 것으로 보인다. 일제강점기의 화장 수용은 외세에 의해 주도되었다는 점에서는 타율적이라고 할 수 있으나, 500여 년간 금지되어온 화장에 대한 기본적인 수요욕구와 이를 필요로 하는 수요층 또한 존재하고 있었던 것이다.

(4) 식민문화 잔재로서 자율적 배척

일제강점기 화장 기록에 대해 상세히 알 수는 없지만, 위에서 살펴본 신문기사의 내용과 당시의 경제적 궁핍 등을 고려하면 광복 이전까지 화장 인구는 꾸준히 증가하였을 것으로 짐작된다. 그러나 1971년의 화장률은 7%[145]에 불과하여, 광복 이후 1970년대 초반까지는 미미한 수준의 증가에 그친 것으로 여겨진다.

---

144 「東亞日報」1928年 10月 21日字. 내용을 읽기 쉽게 현대식 문장으로 표기하였다.
145 생활개혁실천범국민협의회, 『화장시설의 실태 및 개선방안』(1998), p.7.

1960~1970년대의 상장례 풍습에 대해, 광복과 6 · 25전쟁을 겪고 난 뒤 경제가 어느 정도 안정되자 자기를 과시하려는 허례허식이 심하여 사회적 병폐로 대두[146]되었다는 지적들이 있었다. 이렇듯 간소하게 치르던 의례들에 대해 다시 격식을 따지고 많은 비용을 들이기 시작했다는 것은, 다른 한편으로 전통적 요소의 부활을 뜻하는 것이기도 하다. 일제강점기를 겪으면서 '미신철폐, 생활의례 간소화'라는 미명 아래 타율적 · 강압적으로 말살되다시피 한 옛 풍습을 되찾고자 하는 욕구는 한편에서 자연스러운 현상일 수 있으며, 관습적 측면이 강한 상장례에 있어서는 더욱 그러할 것이다.

당시 사람들에게 있어 화장은 1천 년 이상의 역사를 지닌 전통장례의 하나라기보다는 일제의 잔재로 인식되기가 쉬웠을 것이다. 특히 일제강점기 이후부터는 불자들이라 하더라도 화장을 불교적 장례방식으로서 수용하는 경우는 극히 드물었던 듯하다. 조선시대의 장례가 줄곧 매장이었고, 화장은 특수한 죽음에 해당하는 것으로 전승되었기에, 망자의 극락왕생을 위한 천도재는 치르더라도 장례 방식은 매장을 지향해온 것이다.

특히 한국인에게 '조상의 무덤'이란 중요한 의미를 지니는 문화 키워드 중의 하나였다. 노인들은 죽기 전에 자신이 묻힐 자리를 자손들에게 지정해 주는 것만큼 든든한 일이 없었다. 묏자리는 단순히 자신이 죽어서 묻힐 곳만이 아니라 후손들의 번성함을 돌보게 될 음택(陰宅)으로서 막중한 의미가 있기 때문이다. 후손들 또한 조상의 묏자리를 잘 쓰면 그 기운이 살아 있는 자들의 발복(發福)에 중요한 음덕이 될 수 있다는 관념이 강하였다.

이와 유사한 경우를 중국에서도 찾아볼 수 있다. 중국은 1920년대 초 공산혁명 이후에 최고급 당 간부를 제외한 모든 인민에게 화장을 의무화하였으며,

---

146 金容德, 「喪葬禮 風俗의 史的 考察」, 『比較民俗學』 第11輯(比較民俗學會, 1994), p.205.

1956년에는 모택동(毛澤東)이 화장 원칙을 지시하여 직위고하를 막론하고 모두 화장을 하게 되었다. 따라서 중국에서 화장은 생활혁명의 일환으로 도입, 보급되어 왔는데 개혁·개방이 이루어진 1970년대 후반 이후 대도시를 제외한 농촌에서는 매장이 되살아났다는 것이다. 화장을 의무화한 지 70년이 지난 1995년 당시에도 매년 700만 명의 사망자 중 화장률은 30%에 불과하고 70%는 매장을 하고 있다고 한다.[147] 자료에 따라서는 중국의 화장률을 100%라고 보기도 하나, 이는 중국 정부에서 발표한 보도자료를 그대로 옮긴 수치일 것이다. 백릿길마다 풍습이 다르다는 거대한 대륙이다 보니 정확한 통계는 알기 힘들겠지만, 생사관과 관련된 관습은 쉽사리 바꿀 수 없는 측면이 있기 때문이다.

광복 이후 우리의 화장 수용 양상은 이러한 맥락에서 파악할 수 있을 것으로 보인다. 전통문화의 강압적 단절과 이에 대한 회복욕구, 강압적 외부세력이 권장한 문화로서 화장에 대한 부정적 인식이 바로 그것이다. 물론 여기에는 경제적 안정, 매장문화에 대한 환경적 문제의식의 부족 등도 함께 작용하였으리라 여겨진다.

(5) 현대의 자율적 재수용

1970년대까지만 해도 화장률은 10%를 넘나드는 미미한 실정이었고, 1990년대 중반까지 매년 1% 미만의 완만한 증가를 보였다. 그러다가 1990년대 후반부터 급속한 증가를 보여 2005년에 전국의 화장률은 과반수를 넘어서 53%[148]에 달하였고, 2010년에는 67.5%[149]라고 한다. 조선시대에 불교의 장

147　趙宗植,「世界 各國의 火葬制度」,『토지법학』 12(1997. 1), pp.95~96.
148　「한겨레신문」 2006년 9월 3일자.
149　보건복지부 홈페이지 '보도자료'.

례방식으로서 배척되던 화장은 근대 이후 더 이상 특정 종교의 장례법이 아니라 장묘문화를 둘러싼 현실적 문제를 해결하기 위한 방편으로 자리 잡아가고 있는 것이다. 현대인의 화장은 종교와 무관하게 각자의 상황과 여건에 따라 선택되는 경향이 뚜렷하다.

불과 얼마 전까지도 대부분의 한국인들은 사람이 죽으면 당연히 땅에 묻혀야 하고 무덤이 있어야 한다고 생각해 왔다. 제사를 지내는 이유를 묻는 설문조사에서 가장 큰 비중을 차지한 이유가 "고인을 추모하기 위함"(51.6%)[150]이라는 데서도 드러나듯이, 죽음과 관련된 의례는 그 자체의 규범적 목적보다 고인에 대한 추모와 그리움이라는 공통정서가 보다 중요하게 작용한다. 음택풍수의 차원을 떠나 매장은 자연의 순환원리에 순응하는 지극히 자연친화적이고 인간정서에 적합한 장례 방식이다. '흙에서 나서 흙으로 돌아간다'는 말처럼, 고향과 모성을 연상시키는 무덤의 이미지는 인간이 되돌아가야 할 본원적 자리의 상징성을 강하게 지니고 있다.

그러나 대부분의 사람들이 보다 큰 현실문제로서 전통장례를 바라보게 되었다. 무덤으로 인해 잠식되어 가는 국토면적과 산림폐해, 돌보지 않는 주인 없는 무덤 등은 심각한 수준에 이르러 무덤에 대한 친환경적 대안으로 화장을 주목하게 된 것이다. 사람들은 화장을 수용하면서, 산골을 하면 아무런 흔적도 남지 않기 때문에 망자를 기릴 수 있는 기념물로 유골을 보존하고자 했다. 이는 화장을 하더라도 유골을 함에 담아서 다시 매장했던 천 년 전 고려 사람들의 생각과 다를 바 없다. 따라서 무덤의 의미를 대신하면서도 현실적 문제를 해결할 수 있는 새로운 형태의 '망자의 집'이 생겨나게 되었다. 고려시대 화장무덤을 연상시키는 오늘날의 유골 안장처는 봉안당(奉安堂)이라

---

150 「한겨레신문」 2001년 1월 10일자 16면. 서울시가 2000년 12월 시민 1,036명을 대상으로 실시하였다.

통칭되면서, 유골함을 대량으로 보관하는 시설에서부터 무덤이나 탑의 형태로 만들어 계속 합장할 수 있는 것까지 다양한 유형이 있다. 또한 이러한 봉안당은 현대인의 삶의 양식에 따라 대부분 도시 근교에 마련되어 있어, 무덤보다 더 자주 고인을 기리는 시간을 가질 수 있게 되었다.

시간이 지나면서 이러한 유골 봉안 역시 대형 석물로 된 시설과 호화로운 장비로 인해 또 다른 문제로 등장하게 된다. 화장은 그 자체보다 늘 '화장 후의 유골을 어떻게 할 것인가'의 문제가 초점이 되어온 것이다. 이에 근래 들어 화장에 대한 생각은 다시 전환점을 맞고 있다. 지수화풍(地水火風)으로 이루어진 육신을 유골까지도 남김없이 본래의 자연으로 온전히 돌려보내는 산골과 수목장(樹木葬) 등이 새로운 조명을 받고 있기 때문이다.

지금까지 불교의 전래와 함께 들어온 화장이 수용되는 양상을 살펴보았다. 그 흐름은 '자율적 수용(삼국~고려) — 타율적 배척(조선) — 타율적 수용(일제) — 자율적 배척(광복 후) — 자율적 수용(근래)'이라는 큰 부침을 거듭하면서, 세 차례에 걸친 수용과 두 차례의 배척이 있었다. 물론 이때의 자율·타율의 의미는 민간의 수용논리로서 주체적인가 타율적인 것인가를 말하는 것이다.

세 차례 거듭 수용된 화장은 매번 그 성격을 달리할 수밖에 없었다. 고려 이전의 것이 불교와 전통문화의 결합이라는 기반 위에 오랜 적응기간을 거쳐 뿌리내리게 된 가장 자연스러운 문화 수용이었다면, 일제강점기의 화장 수용은 이전 시대의 금지를 전제한 상태에서 외세의 정치적 논리에 따라 이루어진 타율적인 것이었다. 타율적 수용은 비록 어느 정도 화장의 증가를 가져오기는 했으나 전통문화의 억압 위에 이루어진 것이었기에 그 이후 '자율적 배척'이라는 특수한 현상을 낳았다. 최근의 세 번째 수용은 종교성이 탈색되고 많은 사람들을 포용할 수 있는 인류보편적인 문화로 탈바꿈해 있다. 마치 화장이 흘러온 긴 부침의 역사나 종교성과는 무관한 외래문화의 모습으로 또다시 전개되고 있지만, 화장 문화의 역사와 경험이 바탕을 이루고 있었기에 단시일에 폭넓은 수용이 가능하였을 것이다.

두 차례의 배척 시기는 화장을 외래문화로 인식 또는 설정하고, 주류 전통문화와 대치되는 것으로 인식하고 있는 점에 있어서는 맥락을 같이한다. 그러나 조선시대의 인식과 배척이 위로부터의 타율적인 것이었다면, 광복 이후의 배척 상황은 민간의 자율적인 것이었다는 점에서 근원을 달리한다.

하나의 문화는 시대와 환경에 따라 중층적 변화 요인 속에서 그 수용 양상이 달라질 수밖에 없다. 특히 화장의 경우는 그러한 양상을 더욱 뚜렷이 살펴볼 수 있는 특성을 지녔음을 알 수 있다. 역사성과 무관하게 주류문화와의 대치 혹은 결합 속에서 끊임없이 외래문화로 재평가되어온 화장의 수용 역사는 문화가 형성되는 변화요인과 수용 원리들을 살펴보게 한다.

3) 장지의례의 내용

우리나라에서 주검을 처리하는 장례 방식은 매장과 화장의 두 가지로 나뉜다. 아울러 화장을 했을 경우에도 유골을 안치할 것인가 무화할 것인가 등에 대한 모색이 따르게 된다. 주검에 대한 훼손 없이 땅으로 돌려보내는 매장(埋葬)과 인위적으로 불태우는 화장(火葬), 망자를 기리기 위한 상징물을 남기는 무덤(墓)·유골 봉안(遺骨奉安)과 그러한 흔적마저 자연으로 돌려보내는 산골(散骨)은 상호배타적인 관념이다. 그러나 장례문화의 변화를 보면 이들은 절대적 가치나 견고한 관념 속에서 작동하기보다 전통적 요소와 현대적 요소가 공존하고 관습적 의례와 종교적 관점 등이 교차하는 좌표의 여러 지점에, 각자의 상황과 여건에 맞추어 선택되어 왔음을 알 수 있다.

화장은 불교적 의미와 무관하게 현실문제에 대한 대안 속에서 주목되고 있지만, 불교의 장법이 화장임에는 변함이 없다. 화장을 다비(茶毘)·다비식(茶毘式)이라고도 하는데 이는 주로 승려가 입적했을 때 사찰에서 일정한 법식을 갖추어 행하는 화장을 일컫는다. 장작더미 속에 주검을 안치한 후 직접 불을 붙여 태우고 유골을 거두는 의식으로, 세부적인 의식 절차에 따라 염불이 따르는 가운데 행해지게 된다. 이에 비해 공공시설에서 행하는 일반인의 화장은 그 근원과 의미를 불교에서 찾을 수 있을 뿐 의례 양상을 통해 불교적 풍습을 유추하기는 어렵다. 따라서 근래에도 화장이든 매장이든 장지에서 이루어지는 불교적 개입은 매우 미미한 상황이며 개별 사례에 따라 승려를 동반하여 마지막까지 극락왕생을 위한 염불을 행하기도 한다.

화장 후 유골함을 봉안당에 안치하는 과정에서는 다양한 종교색을 드러내게 된다. 봉안당마다 종교별 공간을 구획하여 분양하기도 하고, 분양받은 개인이 불교신도인 경우 부스에 염주·경전 등을 넣고 만(卍)·불(佛) 자를 새긴 유골함을 사용하는 등 다양한 방식으로 추모하고 있다. 그런데 2001년 종교단체의 봉안당 설립이 허가제에서 신고제로 개정됨에 따라 사찰에서 봉안당을 별도시설로 설립·운영하거나 사찰 내에 봉안탑을 설치하는 사례가 확산된 바 있다. 이처럼 사찰과 유골 봉안의 관계가 밀접해질 수밖에 없는 까닭은 유럽이나 일본 등에서 종교 공간에 묘지가 자연스럽게 들어와 있는 것과 같은 맥락을 지닌다. 사찰에서 영혼을 대상으로 한 의례와 주검을 안치하는 장소까지 겸함으로써 망자의 몸과 영혼을 함께 구원하는 통합공간으로서 적합성을 지니고 있기 때문일 것이다. 이 또한 고려시대에 화장한 유골을 사찰에 모시는 권안(權安)의 풍습과 흡사하다.

이와 별개로, 한편에서는 봉안당이 지닌 여러 문제와 더불어 불교적 죽음의 본래 의미를 되살리고자 산골(散骨)과 수목장(樹木葬) 등의 자연장에 대한 관심이 커지고 있다. 한정된 국토를 잠식하는 묘지 문제를 해결하기 위해 매장에서 화장으로 전환해 가고, 근래에는 석조물로 인한 환경피해와 경제적 부담이 따르는 유골 봉안에서 친환경적 대안으로 자연장이 주목받고 있는 것이다.

불교에서 죽은 육신을 불태우는 것은 이승에 대한 집착과 미련을 끊기 위한 의미를 지니고 있어, 별도의 공간이나 시설물 없이 자연으로 돌려보내는 산골은 화장의 원형적 모습이라 할 수 있다. 화장 이후의 매장·납골·산골 등은 모두 그 나라의 문화에 적합하게 수용된 것일 따름이다. 따라서 고려시대의 화장묘가 전통무덤에 불교식 화장이 결합하여 탄생한 것이라면, 종교성을 탈피한 가운데 '화장 후 납골'에서 '화장 후 산골'로 진행되는 현재의 장례 방식은 오히려 불교식 화장의 원형에 다가서고 있다는 점에서 시사점이 크다.

근래에 새롭게 대두된 수목장 또한 불교권에서 먼저 시행하여 점차 사설 수목장이 증가하고 있는 추세이다. 고인이 묻힌 나무가 추모의 상징물이 되므로 무덤이나 봉안당을 방문하듯이 나무를 찾아가 추모하고 애정으로 가꿀 수 있어, 정서적으로 위안이 되고 나무의 성장에도 도움이 되는 셈이다. 그러나 일부 사설 수목장에서 숲을 자연의 일부로 가꾸기보다는 장묘 시설로 부각시켜 화려한 시설과 비석 설치 등으로 산림을 훼손하여 본래의 의미를 왜곡시키기도 한다.

장지의례에서도 불자들이 직접 참조할 수 있는 근래의 자료[151]를 중심으로 주요 내용을 요약해서 살펴보면 다음과 같다.

● 화장

승화원(화장장)에 도착하여 사망진단서를 제출하면, 안치 장소에 관을 인도하

---

151 대한불교조계종 포교연구실, 앞의 책(2011), pp.39~61.

고 순서대로 화장한다. 화장을 하는 동안 의식을 행하고자 할 경우, 화장로를 지켜볼 수 있는 관망실이나 분향실에 영정 또는 위패를 모시고 고인을 위해 간단한 기도를 올린다. 승화원에서는 음식 공양보다 '나무아미타불' 염불기도나 평소에 고인이 즐겨 읽던 경전 등을 독송해 준다.

승려를 청했으면 승려의 인도 하에 의식을 진행한다. 불교에서 마련해 놓은 화장절차는 기계화된 화장시설이 아니라 장작더미에 불을 지피는 전통화장을 염두에 두고 마련한 것이므로 그 상징적 의미를 새기며 기도하는 것이 좋다.

화장이 완료되면 관망실에 들어가 화장로에서 나온 고인의 유골을 맞는다. 유골을 수습하여 그대로 혹은 분골실에서 가루로 만들어 유골함에 담는다.

● 산골

화장한 유골을 가루 내어 승화원의 지정된 장소나 산과 강 등에 뿌리는 방식이다. 한때 지정된 장소에만 뿌려야 한다는 규제가 있었으나, 현재는 산이나 강·바다에 뿌리는 것을 금하지 않으므로 사찰 주변, 선산, 고인의 연고지 등을 찾아 산골을 한다.

산골을 하는 데는 두 가지 방법이 있다. 하나는 분골가루를 그대로 뿌리는 것이고, 다른 하나는 환을 만들어 뿌리는 것이다. 환은 반죽한 곡식가루를 분골과 섞어 작은 콩처럼 만든 뒤 연못이나 강의 물고기에게 먹이로 주거나 산속에 놓아 새나 들짐승이 먹도록 한다. 이는 생전에 뭇 생명을 섭취하며 삶을 유지했던 고인의 몸을 자연의 생명에게 보시한다는 의미를 지닌다.

산이나 강에 산골을 할 때는 사람이 자주 다니는 길목을 피해 한적한 곳을 택한다. 사람이 다니는 곳은 미관상 좋지 않고, 길을 지나는 이들이 뜻하지 않게 먹이에 달려든 개미나 곤충들을 살생할 수 있기 때문이다.

산골을 할 때는 자연의 근원으로 돌려보낸다는 뜻에서 분골을 동·서·남·

북·중앙의 다섯 방위로 뿌리되, 지극한 마음으로 '나무아미타불' 염불기도를 올리면서 행한다.

● 유골 봉안

화장한 유골을 일정한 곳에 모시는 방식이다. 봉안 절차는 화장 후 화장증명서를 발급받아 해당시설에 제출하고 간략한 의식을 치른 뒤 유골을 모신다. 유골 봉안 시 영정이나 위패를 준비한다.

사찰일 경우, 법당의 영단에 영정이나 위패와 함께 유골을 모신 다음 공양물을 차려놓고 승려의 인도에 따라 의식을 치른 뒤 봉안하게 된다. 승려가 염불하는 동안 유족은 고인에게 차와 절을 올리며 기도한다.

일반 봉안당일 경우, 대개 종교별 의식 공간을 마련해 놓고 있으므로 간단한 공양물을 올리고 3배 하며 '나무아미타불' 염불기도를 한 다음 마지막에 반야심경을 독송한다.

● 자연장

화장한 유골을 가루 내어 나무·잔디·화초 등의 식물 주위에 묻는 방식이다. 근래에 다양한 자연장의 방식이 개발 중이며 대표적인 것으로 나무 주위에 묻는 수목장, 잔디 아래 묻는 잔디장, 화초 주위에 묻는 화초장 등이 있다. 수목장은 나무 밑에 땅을 파고 분골을 묻는 방식이다. 나무 밑을 함부로 파면 산림이 훼손되므로 공공지역에서는 지정된 장소 외의 수목장을 금하고 있다. 수목장이 친환경적 장례로 자리 잡으려면 부가시설을 최소화하고, 나뭇가지에 고인의 이름을 적은 나무패를 걸어 놓는 정도가 좋다.

하나의 나무에 한 명의 분골만 묻는 방식, 몇 그루의 나무에 가족의 분골을 묻는 방식, 집단으로 묻는 방식 등이 있다. 분골은 직접 묻거나 용기에 담아 묻기도 하는데, 이때 사용하는 용기는 생분해 성분으로 일정한 기간이 지나면 흙으로 분해되어 자연의 일부로 돌아가게 된다.

분골을 묻기 전에 별도의 장소에서 유골 봉안과 동일한 의식을 행하고, 고인의 나무 아래에 와서 분골을 묻은 뒤 간단한 염불기도를 함으로써 모든 의식을 마친다.

잔디장이나 화초장 역시 기본적으로 수목장과 동일한 의미를 지니며, 다양한 방법을 선택할 수 있다. 예를 들면, 아주 작은 규모의 가족묘지를 조성하고 묘지 앞에 명단석(名單石)을 만든다. 가족이 죽으면 화장한 뒤 분골과 흙을 섞어 잔디나 화초 아래에 묻고 묘지 앞 명단석에 글자를 새겨서 고인을 표시한다. 이렇게 무덤을 만들면 한두 명밖에 묻힐 수 없는 공간에 대를 이어 함께 묻히게 되고, 묘제를 지낼 때도 선대조상에게 합동으로 지낼 수 있다.

● 매장

매장은 선산이나 공원묘지 등에 산소를 만들어 고인을 모시는 장례 방식이다. 매장은 대개 장지가 멀리 떨어진 곳에 있어 승려를 청하기 어려우므로, 고인의 극락왕생을 기원하며 '나무아미타불' 염불기도를 하는 가운데 매장을 한다.

장지에 도착하면 산역꾼들이 파놓은 광중 옆에 관을 놓고, 광중에 관을 내린다(下棺). 하관이 끝나고 상주가 먼저 관의 위·중간·아래 부분에 해당하는 세 곳에 흙을 뿌리고 나면 나머지 유족도 차례로 흙을 뿌린다. 이후 산역꾼들이 본격적으로 흙을 퍼부어 관을 묻는다. 흙으로 광중을 메워 봉분이 완성되면 떼를 입힌다.

승려를 청했을 때 행하는 의식은 봉분을 완성하기 전과 후로 나누어 두 차례 진행한다. 먼저 장지에 도착하면 주변을 정리한 다음, 산역꾼이 일하는 가운데 봉분이 완성되기 전까지 매장의식(埋葬儀式)을 진행한다. 매장의식에는 하관의 절차가 있으나 실제 하관의 시간과 맞지 않아도 무방하다. 광중에 흙을 다 메우고 봉분이 완성되면 성분의식(成墳儀式)을 하는데 이는 화장 후 유골을 봉안할 때의 내용과 같다. '유골 봉안'과 '성분'은 고인의 육신을 안치하고서 마지막으로 올리는 의식이라는 점에서 그 의미가 같기 때문이다.

4. 불교 탈상의례

1) 탈상과 사십구재

탈상(脫喪)이라는 용어는 유교에서 왔지만 그 개념은 이전부터 존재해 왔다. 가족의 죽음으로 인해 발생하는 문제들은 시대나 문화와 무관하게 본연적 성격을 지니고 있기 때문이다. 방식은 다르더라도 부모형제나 배우자가 세상을 떠났을 때 남은 자들의 마음과 도리를 표현하는 관습은 어느 사회마다 존재했던 것이다.

예컨대 일부다처제인 동아프리카의 상례풍속[152]에는 사람이 죽은 지 1주년이 되는 날, 망자의 무덤가에 모여 허수아비를 주검의 머리 위쪽에 올려놓음으로써 망자가 이승을 떠나 조상들과 합류했음을 나타내는 이른바 탈상의례를 행한다. 이때 1년 내내 허리에 애도의 띠를 매고 있던 여러 명의 과부들에게 새 남편들이 다가가서 각기 허리띠를 잘라줌으로써 새로운 출발을 하게

---

152 릴리 핑커스 著, 李仁福 譯, 『죽는 이와 남는 이를 위하여』(弘益齋, 1983), p.257.

된다.

동아프리카 상례에 담긴 원초적 이미지처럼, 탈상이란 망자를 떠나보낸 이들의 마음과 지켜야 할 도리를 담고 있다. 남은 자들은 근신하는 가운데 망자를 추모하는 일정 기간을 거친 뒤 상(喪)에서 벗어남(脫)으로써 일상으로 돌아오게 되는 것이다. 유교 용어로 표현하면 임종 후 탈상하기까지의 기간은 상기(喪期)에 해당하고, 이 기간 동안 상중(喪中)에 있는 것을 거상(居喪)이라 한다.

상례는 주인공이 없는 상태에서 남은 자들이 치르는 의례로, 망자와 유족이 의례 절차를 나란히 함께 겪는다는 특성을 지닌다. 주인공이 임종하는 순간 유족도 일상에서 벗어나 상(喪)에 들게 된다. 이때부터 상을 마칠 때까지 여러 가지 금기를 지키며 거상에 있다가 탈상을 함으로써 망자는 저승으로 통합되고 유족은 일상으로 돌아오게 되는 것이다.

그런데 탈상을 하는 기간은 언제나 망자의 상태와 함께 묶여 있게 마련이다. 인간의 보편적 생사관은 삶의 세계(이승)와 죽음의 세계(저승)로 구분되어 있기에, 탈상과 함께 망자는 저승에 무사히 안착하게 된다고 여겼다. 산 자들의 도리와 섬김을 받은 망자를 무사히 저승세계로 귀속시킴으로써 남은 자들은 안심하고 다시 삶으로 돌아설 수 있기 때문이다. 특히 조상숭배사상을 지닌 대부분의 문화권에서는 탈상을 하는 시점이 곧 망자가 조상으로 좌정하는 시점이라 보고 있다.

고대 인도에서는 사람이 죽으면 조령계로 나아가 조령(祖靈: pitṛ)이 되는데, 삐뜨리(pitṛ)가 되기 위해서는 쁘레따(preta)라는 중간단계를 거쳐야 하고 이 시기에 조령제(祖靈祭)를 지내야만 조령이 될 수 있다[153]고 보았다. 따라서 당시

---

153 정각(문상련), 앞의 책(2002), p.159.

유족의 거상 기간은 망혼이 쁘레따에 머무는 기간인 셈이고, 조령제를 올리면서 망혼은 조령이 되고 유족은 무사히 일상에 복귀했으니 곧 탈상인 것이다.

유교에서도 상례의 끝은 후손들에 의해 망자가 조상으로 거듭나는 지점이다. 탈상과 함께 망자의 신주(神主)는 상청(喪廳)에서 조상을 모신 사당으로 옮기게 되고 후손으로부터 제사를 받는 조상으로 자리 잡게 되는 것이다. 유교의 거상 기간은 시대에 따라 달라져 삼국시대에 이미 유교식 상례가 들어와 백제와 고구려에서는 부모상에 자식들이 삼년간 상복을 입고 삼년상을 치렀다.[154] 신라 때는 유교상례를 도입하면서도 신라의 실제 생활을 반영해 지증왕 때 상복법(喪服法)을 제정하면서 부모 처자의 상을 모두 1년으로 하였다.[155] 고려시대에는 제도적으로는 삼년상을 규정해 놓았으나 실제는 백일 · 27일로 탈상하거나 화장법의 영향으로 다양한 탈상 기간을 적용했음을 살펴본 바 있다. 이렇게 탈상을 한 시점은 기간의 길고 짧아짐과 무관하게 망자가 장차 제사를 받는 조상으로 편입하는 시점이었다.

이와 관련하여, 고대사회에서는 장례를 지내는 것으로 탈상을 겸하였던 듯하다. 가능하면 주검을 오래 보관하면서 늦게 장례지내고자 한 것을 부여에서는 '정상5월', 고구려에서는 '정상백일' 등과 같이 정장(停葬)이 아닌 정상(停喪)으로 표현하고 있기 때문이다. 고구려와 백제에서는 백일상뿐만 아니라 삼년상을 치르면서 상복을 벗기도 했는데, 『수서(隋書)』에 고구려인들이 집안에 주검을 안치했다가 삼년 후 장례를 치렀다는 기록을 보면 삼년상 또한 주검과 함께 한 것이었음을 알 수 있다. 이를 보면 고래로 갈수록 상징적인 신위(神位)보다는 존재의 실체인 주검으로써 망자의 몸과 영혼 모두를 떠올렸던 듯하다. 후대로 오면서 다루기 힘든 주검은 일찍 장례를 치러 떠나보내고 신위로

---

154 유권종, 앞의 논문(2001), p.48.
155 최재석, 「신라시대의 葬法과 喪制」, 『人文論集』 30(高麗大學校 文科大學, 1985).

써 망자를 상징하면서 상례를 마무리했을 것이다.

앞서 살펴본 동아프리카 의례에서도 사후 1년이 되어 탈상함과 동시에 망자는 이승을 떠나 조상들과 합류한다고 보았다. 유족이 1년간 허리에 매었던 애도의 띠는 오늘날 상중에 있는 이들이 머리나 가슴에 다는 상장(喪章)과 같은 의미였던 셈이다.

그렇다면 불교의 탈상의례, 곧 불교상례의 마지막 지점은 어디일까. 지금까지 살펴본 탈상의 의미에 따르면 사십구재(四十九齋)는 명백한 불교식 탈상의례이다. 이에 의문을 품는 이들도 있으나, 사십구재가 탈상인 이유는 사십구재를 행하는 불교적 믿음 속에 이미 내재되어 있다. 사십구재는 사람이 죽으면 49일 동안 중유(中有)의 존재로 머물다가 다음 생을 받게 된다고 보아 이 기간 동안 사찰에서 치르는 천도재(薦度齋)이다. 49일이 지나면 망자는 생전에 지은 업에 따라 육도(六道)의 한 곳에서 다시 태어나게 되므로, 이 기간에 유족은 망자가 보다 좋은 곳에 나도록 극락왕생을 빌며 천도재를 올리는 것이다.

따라서 사후 49일은 망혼이 이승도 저승도 아닌 곳에 머무는 카오스적 시간이자 내세가 결정되는 중요한 시간이기에 유족 역시 근신할 수밖에 없다. 이는 사십구재의 의미가 본연적으로 남아 있는 자들로 하여금 상중(喪中)에 머물도록 하는 의례 구속성을 지니고 있음을 드러내 주는 것이다. 상례·탈상·거상 등은 유교 용어이지만 망자를 떠나보낸 유족이 지녀야 할 마음과 도리의 표출이라는 점에서 종교와 무관하게 지켜지는 것이며, 그 기간은 해당 종교의 교리와 사상에 따라 구속될 수밖에 없기 때문이다. 이렇듯 49일째 되는 날 망혼은 중유에서 벗어나 저승으로 통합되고, 유족 역시 상(喪)에서 벗어나 일상으로 통합되는 사십구재의 탈상구도는 명쾌하기까지 하다.

그런데 이처럼 원론적 상례의 의미를 지님에도 불구하고 사십구재는 망혼을 위한 불교의례로 여겨졌을 뿐, 민간의 상례로 조명받아본 적이 없었다. 그

것은 전통적으로 불교신자라 하더라도 유교상례를 행하는 가운데 별도로 사십구재를 치러왔기 때문이다. 불교적 관점에서는 망혼의 중음기가 끝나는 사십구재가 곧 탈상이지만, 이와 무관하게 규범적 생활의례로 정착되었던 유교상례는 계속되었던 것이다. 뿐만 아니라 사십구재 이후에도 거듭되는 천도재의 특성은 이러한 혼란을 가중시키는 요인으로 작용해 왔다. 불교 천도재가 유교상례와 결합하여 중유의 의미와 무관하게 백일재(百日齋)·소상재(小祥齋)·대상재(大祥齋)까지 확대되어 있기 때문이다.

특히 고려시대의 삼년상은 명목상의 기간이었고 실제 백일상 위주였던 데는 불교의 영향이 컸다고 보는 것이 학계의 일반적 시각이다. 중국에서 518년 무렵의 비교적 이른 시기에 호국진(胡國珍)이 죽은 뒤 만 명의 승려를 청해 백일재를 마련한 내용[156]이 나온다. 또한 백일상제는 유교 경전에 규정된 정례(正禮)가 아니기 때문에 조선 초기에는 전조풍속(前朝風俗)·구속(舊俗)이라는 표현과 더불어, 불교의 법(浮屠之法)이라 하여 비난의 대상이 되었다.[157] 따라서 관점에 따라서는 백일을 불교의 탈상기간이라 보고, 백일재를 불교의 탈상재라 보기도 한다. 그러나 불교에서 백일재를 중요하게 다루었지만 이는 교리적 배경을 지닌 것이 아니라 특정한 시기에 행해진 관습이었다. 불교와 백일재의 관계에 대해서는 다음의 몇 가지 측면에서 살펴볼 수 있다.

첫째, 백일이라는 기간이 지닌 상징성과 보편성을 들 수 있다. 백일기도·백일기(百日忌) 등과 같이 어떤 소원을 이루기 위해 드리는 치성 기간을 정할 때 백이라는 숫자는 크고 많은 수이자 완전한 수라는 뜻으로 해석[158]된다. 단

---

156 『魏書』卷83 列傳호71 '胡國珍傳': 李右石, 「麗末鮮初의 廬墓制」(建國大學校 史學科 碩士論文, 1996), pp.5~6에서 재인용.

157 李右石, 앞의 논문(1996), p.5.

158 任東權, 『韓國民俗學論考』(宣明文化社, 1971), p.35.

군신화에서도 곰과 범에게 사람이 될 수 있는 금기와 치성의 기간은 백일이었듯이, 백(百)의 옛말은 '온'이고 '온'은 '전부'·'모두'의 뜻을 지니고 있다. 고구려에서 가능하면 장례를 늦게 지내려 하다가 백일이 되면 주변의 권유로 마지못해 치른 정상백일(停喪百日)도 불교의 영향이라기보다는 백이라는 숫자를 취한 것으로 봐야 할 것이다. 이처럼 고려시대에 백일재가 활성화된 것도 완결된 수 개념의 맥락에서 수용된 경향이 크다.

둘째, 백일상에 대해 유교에서는 졸곡제(卒哭祭)로 해석하기도 한다. 백일이라는 기간은 관료가 상을 당하면 주는 휴가기간으로, 삼월장(三月葬)을 하고 오우제(五虞祭)를 지낸 뒤 졸곡을 하면 100일이 소요되기 때문에 산정된 기간[159]으로 보는 것이다. 그러나 유교 예서에는 백일에 대한 규정이 예제(禮制)로 확립되어 있지 않다. 따라서 불교든 유교든 관련된 백일의례가 교리적으로 확립된 것이 아닌 이상 숫자의 보편적 상징성이 우선된다고 하겠다.

셋째, 백일재는 중국에서 형성된 시왕신앙(十王信仰)과 밀접하게 관련되어 있다는 점이다. 당나라 말에 시왕신앙이 발달하면서 일곱 번의 칠칠재(사십구재)에 백일·1주기(소상)·2주기(대상) 되는 날을 더하여 열 명의 왕에게 열 번의 재를 지내는 관습이 성행하였고, 고려에서도 초기부터 이러한 시왕사상이 어느 정도 정착[160]되었다. 따라서 백일재를 치르던 고려시대에는 백일재만이 아니라 소상재와 대상재의 의미도 중요하게 다루어졌다. 소상재와 대상재는 기간이 길어지기 때문에 상대적으로 백일재가 조명된 것이다.

물론 천도재가 성행했던 고려시대와 조선 초기에도 사십구재를 불교식 상례로 여겼지만 탈상의례로 수용되지는 않았다. 탈상 기간은 시기마다 신분마다 달랐고 유교·불교의 상례가 혼재했을 뿐만 아니라, 장례를 늦게 치르거

159　李應周, 앞의 논문(1999), p.24.
160　김정희, 『조선시대 지장시왕도 연구』(一志社, 1996), p.141.

나 이중장을 행하면서 망자의 주검을 가능하면 늦게 떠나보내는 관습까지 있었다. 고래로 갈수록 장례를 치르는 날이 곧 탈상이었던 것이다. 사십구재는 원론적으로 탈상의 의미를 지닌 채 확고한 날짜로 고정되어 있었지만, 죽음을 다루는 시대의 흐름에 따라 여러 모습으로 수용되었다.

지금까지 살펴본 것처럼 불자들도 유교상례를 따르는 가운데 사십구재는 별도의 종교의례로 치러왔기 때문에, 탈상의 의미가 가장 명확한 불교의례이면서도 인식하지 못한 채 전승되어 왔다. 그러다가 근래에 와서 백일탈상은 힘들고 삼우제로는 아쉬운 이들이 사십구재로 탈상을 함으로써 자연스럽게 그 의미를 되찾게 된 셈이다.

2) 사십구재의 기원과 역사

(1) 인도불교, 중유의 성립

불교가 일어나기 전부터 고대 인도를 지배하고 있던 바라문교에서는, 죽은 뒤 모든 것이 끝나는 것이 아니라 새로운 세계에 태어난다는 생각과 함께 생전의 선악행위가 다음 생을 결정하게 된다는 인과응보의 내세관을 지니고 있었다. 이러한 윤회 · 업 · 인과 등 고대 인도인들이 지니고 있었던 생각은 이후 불교 내세관의 기초가 되어 체계적인 윤회사상으로 발전하기에 이른다.

바라문교의 실천에서 가장 두드러진 것 중의 하나는 제사였다. 일정한 절차에 따라 의례를 행하면 반드시 어떤 결과를 가져온다고 가르쳤고, 이러한 관념은 인과율(因果律)에 대한 믿음을 확고히 정착시켜 "스스로 짓고 스스로 받는다"는 업 개념의 탄생에 큰 역할을 하게 된 것이다. 그러나 제식주의(祭式主義)는 점차 신성해야 할 종교 의식마저 세속적 이익추구의 수단으로 삼으면서, 결국 난해한 절차로 위장된 교활한 바라문 사제들의 생활수단으로 전락하고 만다. 이 무렵에 등장한 석가모니는 바른 제사란 바른 마음가짐이 전제되어야 함을 가르쳤다. 또한 가장 높고 수승한 제사법이란 승가를 위한 거처를 보시하고, 삼보에 귀의하며, 계·정·혜를 닦아 일체의 번뇌를 소멸하여, 깨달음을 실현하는 것이라 못 박음으로써 제사의 의미와 방법에 대한 혁신적 해석을 통해 올바른 종교생활의 방향을 제시하였다.[161]

이처럼 불교에서는 석가모니의 뜻을 따라 제식주의에 대해 부정적 관점을 취했으나 조상의 영혼을 모시고 조령제(祖靈祭)를 지내온 고대 인도문화는 인간 본연의 심성을 담고 있는 것이어서 초기불교 당시부터 사후 존재를 위한 제사를 수용하게 되었다.

고대 인도에서는 사후의 존재(鬼)를 뜻하는 말로 삐뜨리(pitṛ)·쁘레따(preta) 등의 용어를 사용하였다. 본래 아버지를 지칭하는 말인 삐뜨리는 비제리(卑帝梨·卑帝利)로 한역되었는데, 조령(祖靈)을 의미할 뿐만 아니라 굶주린 악마 류로 설명되기도 한다. 마뜨리(matṛ)는 어머니를 지칭하여 삐뜨리 마뜨리(pitṛ matṛ)라 하면 부모를 말하지만, 동시에 각기 무명(無明)과 탐애(貪愛)를 뜻하거나 모든 미혹과 업의 부모를 나타내기도 한다.[162] 쁘레따는 불교의 사유설(四有說)이 성립되면서 죽은 뒤 다음 생을 받지 못한 중유(中有)·중음(中陰)의 존재를 의미하게 되었고, 한역되는 과정에서 사후 영혼을 지칭하는 귀(鬼)에 굶주림을 뜻하는 아(餓)를 붙여 아귀(餓鬼)로 불리었다.

따라서 고대 인도인들이 제사의 대상으로 인식한 귀(鬼)의 개념에서 몇 가지 특성을 찾아볼 수 있다. 첫째, 굶주린 존재라는 점이고 둘째, 미혹함과 업

---

161 임승택, "초기불교순례: 12. 제식주의와 불교", 「법보신문」 2011년 4월 6일자.

162 William E. Soothill, Lewis Hodous, *A DICTIONARY of CHINESE BUDDHIST TERMS*, Taipei: Ch'eng Wen, 1975, p.162·251·341·454: 金承熙, 「餓鬼考: 初期 韓譯經典에 나타난 餓鬼」, 『韓國의 佛畵 9』(성보문화재연구원, 1999), p.49에서 재참조.

의 굴레에서 벗어나지 못한 상태이며 셋째, 주로 부계조상(父祖) 중심으로 수용하면서 보편적 조상신의 관념을 공유하고 있다는 점이다. 조상신에 대한 인식이나 섬기는 방식은 유교와 다르지만 이 또한 조상숭배의 한 양상으로 볼 수 있다. 따라서 쁘레따(餓鬼)가 삐뜨리(祖靈)가 되기 위해서 제사가 필요할 뿐만 아니라, 죽은 조상의 영혼이 굶주려 있다는 인식은 자손의 지속적인 제사를 촉발시키는 것이 되었다. 이에 인도에서는 조령에게 제사를 지내지 못하면 그 영혼은 심한 고통을 받게 된다고 여겼다. 이 시기에 올린 조령제의 양상은 '팥을 뿌리거나 흐르는 물에 음식을 던지거나 음식을 담은 그릇을 들고 염불을 외우는 등의 방식'[163]이었다.

불교에서도 중유의 중생은 음식 냄새를 맡음으로써 생을 이어가는 존재라 보면서 조령제를 수용하여 이를 시아귀회(施餓鬼會)라 불렀다. 곧 중생의 근기(根機)는 불보살처럼 상근기가 아니기 때문에 하근기인 영가들은 배고픔을 참지 못하는 존재[164]여서 중유 기간 동안 끊임없이 향을 섭취함으로써(食香) 생을 이어간다는 것이다.[165] 이처럼 조령제는 윤회사상에 입각한 불교 중유설의 성립에 중요한 기반이 되었고, 조상 영혼을 위한 의례에 종교적 근거를 제공하면서 시아귀회를 거쳐 오늘날의 천도재(薦度齋)로 발전하게 된 셈이다.

2세기 중엽에 편찬된『아비달마대비바사론(阿毗達磨大毘婆沙論)』[166]을 보면, 죽은 뒤 다음 생을 받기까지의 상태를 중유 또는 중음이라 하여 이 기간에 대한 여러 설 가운데 중음칠칠일설(中陰七七日說)이 처음 등장한다. 이후에 저술

---

163 『瑜伽集要救阿難陀羅尼焰口儀軌經』(大正藏 21), pp.464~465.

164 법현,『영산재연구』(운주사, 1997), p.39.

165 『阿毗達磨大毘婆沙論』 卷70(『한글대장경』120, 동국역경원, 1995), 有情納息⑧, pp.460~
462.

166 위의 책, p.452.

된 『아비달마구사론(阿毘達磨俱舍論)』[167]·『유가사지론(瑜伽師地論)』[168]에는 중음의 기간에 출생의 조건을 만나지 못하면 수차례 죽고 태어나는 식으로 여러 7일을 경과하게 되는데, 그 최대 기간이 7·7일이라고 하여 사람이 죽은 후 중유에 머무는 기간은 최소한 7일, 최대한 49일이라고 규정하였다.

또한 본래 중유의 존재를 의미했던 아귀는 불교의 윤회사상이 성립되는 과정에 육도의 한 존재로 수용되기에 이른다. 귀신에 배고픔이라는 고통의 상태를 더하여 아귀라 이름 지은 뒤 인간·축생보다 더 낮은 단계에 위치시킨 것[169]으로, 아귀는 육도의 한 존재이자 육도의 윤회가 결정되기 전의 중간단계 또한 아귀인 것[170]이다. 초기불교에서는 지옥·아귀·축생·인간·천상의 오도 윤회로 전개되다가, 아수라가 추가되어 육도가 되었다. 불교의 윤회이론은 고대 인도의 사상을 받아들인 것이나 윤회의 주체를 인정하지 않은 무아윤회이고, 업의 작용에 따른 현상으로 본다는 점에서 다른 종교의 윤회와 큰 차이가 있다. 이처럼 아귀가 삼악도의 한 존재로 변해 가는 양상(餓鬼→三惡道)은 명부가 지옥으로 관념화되는 양상(冥府→地獄)과 동일한 맥락을 지닌다. 사후세계를 뜻하는 명부가 땅속의 죽음세계로 상징됨에 따라 지옥 개념으로 확장되었듯이, 중유의 존재였던 아귀를 굶주림과 미혹함의 존재로 보았기에 구체적인 삼악도의 하나로 연결된 것이기 때문이다.

그런데 윤회를 하는 중유의 존재라면 단지 배고픔에서 벗어나는 것만이 아니라 어떤 생을 받게 될 것인가의 문제가 가장 중요하게 대두된다. 윤회의 동력은 생전에 지은 업이기에 중생은 이에 대한 판결이 가장 두려운 것일 수밖

---

167 『阿毘達磨俱舍論』卷9(『한글대장경』66, 동국역경원, 1989), 分別世品②, pp.222~223.
168 『瑜伽師地論』卷1(『한글대장경』110, 동국역경원, 1995), 本地分, p.34.
169 김승희, 「어디서 무엇이 되어 다시 만나랴」, 『甘露: 下』(통도사성보박물관, 2005), p.49.
170 中村 元編, 『佛敎語源散策』(東京: 東京書籍, 1977), pp.129~131.

에 없다. 따라서 중유의 존재가 다음 생을 받기 위해 태어날 인연을 찾는 이 기간에 유족이 올리는 시아귀회(施餓鬼會)는 망자의 보다 나은 내세를 기원하는 성격이 되었을 것이다.

특히 조령을 굶주린 상태만이 아니라 무명과 탐애에서 벗어나지 못하는 존재, 미혹함과 업의 굴레에 갇힌 존재로 여겼던 출발점은 불교적으로 중요한 대목에 해당한다. 이는 생전의 선악과 무관하게 죽으면 조상으로 좌정하는 유교적 조상신과 달리, 조령을 위한 구원이 필요하고 이 구원의 성격이 어떠한 것이어야 하는지를 드러내 주고 있기 때문이다. 죽어서도 여전히 무명과 탐애에 갇힌 존재라면, 미혹함에서 벗어날 수 있도록 불법(佛法)으로써 이끌어 줘야 구원을 받을 수 있을 것이다. 따라서 사십구재를 비롯한 모든 천도재에서는 영반(靈飯)의 음식공양만이 아니라 감로의 법공양(法供養)으로써 미혹한 마음을 깨우칠 수 있도록 도와주는 데 초점이 맞춰지게 된다.

(2) 중국불교, 칠칠재의 정착

인도의 중유사상을 수용한 중국에서는 고유의 조상숭배사상과 결합된 불교 사후의례가 크게 발달하였다. 중유의 기간에 경전·계율의 독송이나 강설 등을 행하면 망자가 복을 받아 좋은 곳에 왕생할 수 있음을 기록한 경전들이 등장하기 시작하였다.

4~5세기경에 성립된 『관정경(灌頂經)』·『범망경(梵網經)』[171] 등에는 사후 3·7일 또는 7·7일에 망자를 위해 행하는 독경 등의 중요성을 언급하고 있

---

171 『범망경(梵網經)』은 인도에서 성립되어 구마라집(鳩摩羅什)이 번역한 것으로 알려졌지만, 근년의 연구에 의하면 5세기경에 중국에서 성립한 위경(僞經)인 듯하다. 『범망경』이라는 같은 이름의 경이 초기경전에도 있다: 이자랑, "이자랑박사의 계율교실 39: 빨리 『범망경』", 「법보신문」 2007년 11월 7일자.

어, 사십구재의 단초를 살펴볼 수 있다. 아울러 7·7일이 정착되기 전에 3·7일 또한 중요한 날짜로 인식되고 있었음을 알 수 있다. 칠칠재는 중국불교의 여러 경전에서 재칠(齋七)·칠칠기(七七忌)·칠칠일(七七日)·누칠재(累七齋) 등의 다양한 이름으로 등장한다.[172] 동진(東晉, 317~418) 시대에는 중음법회(中陰法會)가 널리 행해졌고, 『석씨요람(釋氏要覽)』에 당나라에서는 사람이 죽으면 칠칠재를 베풀어 망자의 명복을 빌고 악도(惡道)에 전생(轉生)하지 않도록 기원하는 일이 성행했음을 적고 있다. 불교뿐만 아니라 도교에서도 칠칠일기공양(七七日忌供養)이라는 의례를 행했다는 6세기의 기록을 볼 때 당시 중국에 칠칠재가 중요한 민간의 불교의례로 대두되고 있었음을 알 수 있다.[173]

『위서(魏書)』호국진(胡國珍, 439~518)의 열전을 보면, 영태후(靈太后)의 아버지이자 숙종의 외조부인 호국진이 죽었을 때 조(詔)를 내려 사십구재를 치르게 하면서 "칠칠일마다 모두 천 명의 승려로 재를 마련하고 7인을 출가토록 하였으며, 백일에는 만 명으로 재를 마련하고 27명을 출가토록 하였다"[174]는 기록이 나온다. 천도재 규모의 방대함은 물론, 사십구재에 이어 백일재가 등장하는 초기 기록으로 주목된다.

특히 6세기 이후, 유교의 조상숭배와 효사상이 재 공양과 결합하여 음력 7월 보름의 행사로 정착된 우란분재(盂蘭盆齋)는 칠칠재를 비롯한 천도재의 확산에 중요한 계기가 되었던 듯하다. 이 날이 죽은 조상에게 재를 올리는 날이 된 것은 석가모니의 제자인 목련존자(目連尊者)가 지옥에 떨어진 어머니를 구한 목련구모(目連救母)의 극적인 고사에서 유래한다. 중국에서 성립한 것으로 보는『불설우란분경(佛說盂蘭盆經)』에 따르면, 신통력을 지닌 목련존자가 지옥

---

172 정각(문상련), 앞의 책(2002), p.166·176.
173 김정희, 앞의 책(1996), pp.17~19.
174 李右石, 앞의 논문(1996), pp.5~6에서 재인용.

에서 고통 받는 어머니의 모습을 보고 석가모니께 어머니를 구할 방법을 간절히 청하여, 3개월간의 하안거를 끝낸 승려들에게 공양하고 그 도력으로써 어머니를 천상에 태어나도록 했다는 것이다.

따라서 사찰에서는 이날 음식과 공양물을 마련하여 신도들의 돌아가신 부모와 고혼을 위해 천도재를 열어 극락왕생을 기원하게 되었다. 우란분재의 유래를 담은 고사와 하안거 해제라는 역사를 볼 때 불교에서 이날을 우란분절이라 하여 재를 지내는 데는 부모·조상의 영가를 천도하는 의미와, 하안거를 마친 승려들을 맞아 법회를 열고 공양·보시하는 의미가 어우러져 있음을 알 수 있다. 불보살·승려에게 공양하는 공덕으로 인해 부모·조상의 영가를 보다 좋은 곳으로 천도할 수 있다는 의미의 결합은, 천도재의 필요성을 공고히 하는 데 크게 기여했을 것이다.

승려 도세(道世)에 의해 편찬된 최초의 불교 백과전서『법원주림(法苑珠林)』(7세기) 제사부(祭祠部)를 보면, "왕생경에 다음과 같이 말하였다. …임종한 날에는 향을 피우고 등불을 늘 켜두며 절 안의 찰간(刹竿)에 명과번(命過幡)을 달고 경전을 읽으면서 삼칠일을 마친다. 왜냐하면 죽은 사람은 중음(中陰)으로 있으면서 몸은 어린애 같고 죄와 복이 정해지지 않았으므로 그를 위해 복을 닦아야 하기 때문이다. 그리고 죽은 이의 영혼이 시방의 무량한 부처세계에 나기를 원하면 이 공덕으로 반드시 왕생할 것이다"[175]라는 내용이 등장한다. 따라서 칠칠일과 더불어 삼칠일 또한 지속적으로 중유를 인식하는 중요한 기간이었음을 알 수 있다.

특히 명부신앙의 핵심경전이라 할 수 있는『지장보살본원경(地藏菩薩本願經)』(이하 '지장경'이라 함)에서는 사후 49일 내에 가족이 재 공양 등으로 복을 지

---

175 『法苑珠林』卷62 (『한글대장경』87, 동국역경원, 1992), 第69 祭祀篇, pp.84~85.

어 망자를 구원해줄 것을 본격적으로 강조하게 된다. 뿐만 아니라 살아 있을 때 사후와 동일하게 칠칠재의 형식으로 자신의 재를 미리 올리고 마음을 닦으면 정토에 왕생할 수 있다는 생전예수재(生前豫修齋)에 대한 내용도 등장하였다. 『지장경』은 7세기 이후 당나라 때 실차난타(實叉難陀)가 번역한 것으로 전하지만 중국에서 편찬된 불경이라는 것이 학계의 정설이다. 인도에서는 극락 정토 왕생을 염원하는 정토신앙이 종파로 발전되지는 않았으나 중국에 와서 정토종으로 성립[176]된 데서도 드러나듯이, 사십구재는 중국에 와서 불교상례의 근간으로 뚜렷이 자리 잡게 되었음을 알 수 있다.

당나라 말기에는 『시왕경』의 편찬과 함께, 종래 일곱 번의 칠칠재에 백일재·1주기(周忌)·3회기(回忌)를 더하여 모두 열 번의 재를 지내는 시왕신앙이 성행하였다. 시왕은 인도의 염라왕(閻羅王)이 중국에 들어와 도교의 태산부군(泰山府君)과 결합한 후 지상의 관료계급 조직에 따라 분화되어 10인의 시왕체제로 정립된 것이다.[177] 사람이 죽으면 명부세계를 다스리는 시왕으로부터 생전의 행위에 대한 판결을 받게 되는데, 열 명의 시왕에게 초재·2재·3재·4재·5재·6재·7재·백일재·소상재·대상재까지 차례대로 거치게 된다는 것이다.

시왕신앙의 성립과 함께 칠칠재가 시왕재로 확대되어 가는 모습은 중국불교에서 고유의 조상숭배사상을 적극 수용한 대표적인 사례라 할 수 있다. 당시는 유교식 삼년상이 성행하던 시기였기에 불교의 천도재가 유교상례인 삼년상의 의례 체계와 합치된 것이다. 불교와 유교의 내세관은 서로 달랐지만 천도재는 효와 조상숭배를 실천하는 의례였을 뿐만 아니라 의례 기간까지 일치됨으로써 더욱 긴밀하게 공존할 수 있었던 셈이다.

---

176 金鎭烈, 「輪廻說再考(Ⅱ): 輪廻의 方式과 薦度齋」, 『韓國佛敎學』第15輯(韓國佛敎學會, 1990), p.291.

177 김정희, 앞의 책(1996), pp.19~20, p.74.

(3) 한국불교, 사십구재의 발전

중국에서 6~7세기부터 성행하기 시작한 칠칠재가 우리나라에도 이른 시기에 도입되었던 듯하다. 이에 대한 초기 기록은 드문 편이나 망자를 천도하는 불교의례는 신라시대에 이미 있었던 것[178]으로 보고 있다. 특히 7~8세기 무렵은 지장신앙이 성행하여 칠칠재의 공덕을 구체적으로 적은『지장경』이 널리 독송[179]되었기에 이 시기의 천도의례 역시 점차 칠칠재로 정착되어 갔음을 짐작해볼 수 있다.

8세기 신라의 〈제망매가(祭亡妹歌)〉는 월명대사(月明大師)가 일찍 죽은 누이를 위해 재(齋)를 올리며 지은 향가였다.『삼국유사』[180]에는 그가 제사를 지낼 때 갑자기 회오리바람이 일어나 지전(紙錢)이 서쪽으로 날아가 없어졌다고 기록하였다. 지전은 명부에서 쓸 노자라 여기며 오늘날에도 천도재에 쓰는 것으로, 각종 의례요소까지 갖추어 망자를 위한 천도재가 행해지고 있었음을 알 수 있다. 또한 지전이 날아간 방향이 서쪽이었다는 표현으로 서방정토를 상징한 듯하다. 재를 올린 것을 '영제(營齊)'로 적고 있으나 이때의 '제(齊)'는 '재(齋)'를 말한다. 882년(헌강왕 8)에 입적한 지증대사(智證大師)의 적조탑비문(寂照塔碑文)[181]에도 같은 표현이 나온다. 탑비에는 "태보왕(太傳王: 헌강왕)이 의원을 보내 문병하고 사자를 보내 재를 지내도록 하였다(太傳王馳醫問疾降駛營齊)"고 기록되어 있다. 이들 두 자료에서는 시기를 기록하지 않았으나 망자를 떠나보내며 불교의 재를 치른다고 할 때 7·7일 또는 3·7일을 채택했음

---

178 이러한 기록은『三國遺事』月明師條,『朝鮮金石總攬』,『자각대사입당구법순례행기』등에서 살펴볼 수 있다: 홍윤식,『영산재』(대원사, 1991), p.10.

179 鄭柄朝, "地藏信仰",『한국민족문화대백과사전』(한국정신문화연구원, 1991).

180 『三國遺事』卷五 感通 第七 '月明師 兜率歌'.

181 李智冠 校勘譯註,『歷代高僧碑文: 新羅篇』(도서출판 伽山文庫, 1993), p.291·333.

을 짐작해볼 수 있다.

구체적인 날짜를 알 수 있는 기록으로 봉림사 진경대사(眞鏡大師)의 보월능공지탑비문(寶月凌空之塔碑文)[182]에 새겨진 '至于三七'이라는 내용을 들 수 있다. 이 비문에는 진경대사가 입적한 923년(경명왕 7)에 왕이 그의 죽음을 애통해 하며 영회법사를 보내 조문하고 삼칠일에 이르러서는 사신을 파견해 부의와 물품을 실어 보낸 내용(寡人忽聆遷化 深惻慟情 仍遣昭玄僧 榮會法師 先令弔祭 至于三七 特差中使 齎送賻資)이 적혀 있다. 이때의 '三七'은 삼칠재로 천도재를 지냈거나 칠칠재의 세 번째에 해당하는 재를 뜻한다. 칠칠재의 과정이었다 하더라도 삼칠일의 의미를 특히 중요하게 생각한 것임이 분명하다. 인도불교 당시의 중유기간이 3·7일 또는 7·7일이 병행되었듯이, 우리나라에서도 초기에는 삼칠재와 칠칠재가 모두 의미 있는 시기로 여겨졌음을 알 수 있다.

고려시대에 와서는 승려·민간·왕실 등 다양한 계층에서 사십구재를 널리 행하였다. 특히 고려시대는 상례기간 동안 칠칠재와 백일재뿐만 아니라 소상재·대상재 등 불교식 재를 활발하게 치렀던 주목할 만한 시대였다. 재로써 상(喪)을 치렀다는 것은 곧 사찰에서 탈상했음을 뜻한다. 삼국시대부터 유교상례를 받아들여 제도로 규정했으나 의례의 이념과 내용은 불교로 채워졌던 것이다.

이이화는 이 시기 지배층의 상례를 "장례를 치른 뒤 위패나 영가를 원당(願堂)에 모시고, 죽은 지 49일이 되면 원당에서 사십구재를 지내고 이어 백일재를 지낸다. 장례나 제례의식은 대개 절에서 맡아서 치러주었다"[183]고 정리하였다. 여기서 사십구재는 천도의 의미에 초점이 있고, 백일재는 곧 탈상의 의미일 것이다. 이는 지금으로부터 불과 수십 년 전까지 불교신자들이 치러온

---

182 위의 책, p.341·361.
183 이이화, 『이이화의 한국사이야기5: 최초의 민족통일국가 고려』(한길사, 1999). p.293.

상례와 흡사하다. 근래의 불자들은 백일탈상을 주로 집에서 유교식으로 했지만, 고려시대처럼 사십구재가 망자의 극락왕생을 비는 날이라면 백일은 탈상을 하는 날로 수용해 왔기 때문이다.

고려의 성종은 왕위에 오르자 유교의 삼년상과 오복제도(五服制度)[184]를 받아들여 부모상을 당한 이는 3년간 복을 갖추도록 했으나(985년) 제도와 현실 간에 괴리가 컸다. 실제 문무 관리들이 삼년상을 치르면서 관에 나가지 않는다면 나랏일에도 개인의 생활에도 지장이 크기 때문이다. 따라서 1018년(현종 9)에 오복제도와 서로 상충되는 관리급가제(官吏給暇制)[185]를 만들어 부모상을 당한 관리의 휴가를 백일로 정함으로써 백일 만에 탈상하고 관직에 복귀할 수 있게 하였다.

『고려묘지명집성』의 자료를 볼 때 화장으로 치르는 이중장이 일반화되면서 백일상을 기준으로 하여 집안에 따라 다양한 상례기간이 적용되었던 듯하다. 뿐만 아니라『고려사』에 등장하는 왕실의 소상(小祥)·대상(大祥) 등도 내용을 읽어 보면, 주로 이일역월제(以日易月制)를 써서 한 달을 하루로 계산한 기간이기에 27개월을 27일로 줄인 단상(短喪)이었다. 이는 정치공백을 메우기 위해서였지만 백일상을 치른 관리들과 비교할 경우 왕실의 상례 기간이 더 짧았던 셈이다. 이처럼 삼년상을 표방했지만 실제 왕실에서부터 일반 백성에 이르기까지 형편에 따라 다양하게 치렀던 것이 고려 상례의 특성이었다.

그런데 거상(居喪)의 기간과는 별개로 문무 관리들에게 삼년상의 중요한 기점마다 특별한 휴가를 줌으로써 명목상 삼년상의 틀을 유지하였다.[186] 예컨대 상을 당하면 13개월 뒤 첫 기일(忌日)의 소상재(小祥齋)와 그달 그믐의 소상제

---

184 『高麗史』 卷64 禮6 凶禮 '五服制度'.
185 『高麗史』 卷84 刑法1 公式 '官吏給暇'.
186 『高麗史』 卷64 禮6 凶禮 '五服制度'; 卷84 刑法1 公式 '官吏給暇' 등.

(小祥祭)에 각각 3일의 휴가를 주고, 25개월 뒤 둘째 기일의 대상재(大祥齋)와 그달 그믐의 대상제(大祥祭)에는 각각 7일을 주며, 다음날에서 60일이 되어 27개월에 이르는 그믐의 담제(禪祭)에 5일을 주었던 것이다.

여기서 소상재와 소상제, 대상재와 대상제를 별개의 의례로 나란히 제시해 놓고 있는 점이 독특하다. 중국불교에서 성행한 시왕사상이 계기가 되어 불교 천도재가 유교 삼년상과 결합해 칠칠재와 백일재·소상재·대상재로 확대되었다고 할 때, '제'와 '재' 가운데 하나를 선택했을 것으로 보기 쉽다. 예컨대 불자라면 소상과 대상에 '제'가 아닌 '재'로 지낼 것이고, 그렇지 않다면 '제'로 지내리라는 짐작이다. 그런데 하나의 의례시점에 불교의례와 유교의례를 별개로 치른다는 전제 하에 관리의 정규 휴가를 편성해 놓은 것이다. 따라서 이 관리급가에 반영된 당시 상례의 양상을 몇 가지 유추해볼 수 있다.

첫째, 관리급가의 내용처럼 불교의 '재'는 종교의례로, 유교의 '제'는 제사의 의미로 여겨 실제 사찰과 집에서 별개의 의례를 치른 이들이 많았으리라는 점이다. 당시 유교문화권에서는 소상·대상의 의미와 무관하게 기일에 제사를 지내는 것은 당연한 일이었고, 효와 조상숭배를 중시했던 고려인들에게 소상제나 대상제는 필수의례에 해당한다. 따라서 불교신자라면, 그리고 경제적 여유가 뒷받침된다면 중요한 의미를 지닌 기일에 '제'와 별개로 사찰에 가서 부모의 극락왕생을 빌고자 했을 것이다. 두 기일은 불교에서도 중요한 의미를 부여하여 의례 체계를 갖추고 있었을 뿐만 아니라, 상주의 입장에서는 실제 삼년상이 아니라 해당 날짜에만 의례를 치르는 것이기에 소상·대상이 되는 날에 더욱 공을 들였을 수 있다. 일반 서민들은 이러한 이중의례를 하기 힘들었겠지만, 관리급가는 지배층을 대상으로 한 규정이라는 점에서 지배층에서는 이중의례가 높은 비중을 차지했을 것이라 여겨진다.

둘째, 불교·유교의 이중의례를 모두 지내는 이들을 위해 휴가날짜는 이원

화해 놓았다 하더라도, 실제로는 한 가지 의례만 선택하는 경우도 많았을 것
이다. 특히 화장을 하고 유골을 사찰에 모신 이들은 독실한 불교신자로, 특별
한 날이 될 때마다 사찰을 찾아 의례를 치르기 때문에 유교의 '제'를 생략했을
가능성이 크다. 이 외에 사찰을 찾지 못하는 대부분의 서민들은 가정에서 간
단하게 제사를 치렀을 것이다.

셋째, 임종한 기일에는 재를 지내고, 그달의 마지막 날에 제를 지내도록
함으로써 불교적 의미를 더 중요하게 여겼다는 사실을 알 수 있다. 관혼상제
와 관련된 제도는 현실생활을 반영하게 마련이어서 실제 이중의례를 치를 경
우 기일에 사찰을 찾는 이들이 많았을 것이다. 이는 망자의 극락왕생을 비는
자리이기에 종교의례가 지닌 영험성을 중요하게 여겼기 때문이라 짐작된다.

이처럼 고려시대는 유교와 불교의 상례가 나란히 공존하면서, 개인의 믿음
에 따라 자유롭게 선택하는 양상이 중기까지 이어졌다. 아울러 이때부터 지
금에 이르기까지 백일재 혹은 소상·대상의 유교 상례기간에 행하는 불교 천
도재 또한 탈상의 의미로 수용되었다. 따라서 임종 직후부터 행하는 사십구
재는 보다 긴박한 시기에 행하는 천도재에 해당하여 종교적 의미가 더욱 컸음
을 짐작할 수 있다.

고려시대에 사십구재를 행한 기록은 주로 문집에 많이 등장한다. 이색(李穡)[187]
은 원재(圓齋) 정추(鄭樞, 1333~1382)가 52세의 나이로 세상을 떠나 오랜 벗을
잃었다. 그는 보법사(報法寺)에서 치른 원재의 사십구재에 참석한 뒤 '보법사
로 가서 원재의 칠재에 참석하다(赴圓齋七齋于報法寺)'라는 시를 지어 벗을 잃
은 슬픔을 담았다.

1478년(성종 9)에 삼국시대에서부터 조선 초기까지 시문을 모은 『동문선(東

---

187 李穡, 『牧隱詩藁』 卷33 詩 '赴圓齋七齋于報法寺'.

356

文選)』에는 고려 말의 사십구재에 대한 내용이 많이 등장한다. 김제학(金提學)은 그의 아내 방씨(方氏)가 세상을 떠나자 사십구재를 하며 아내를 천도하는 소(疏)[188]를 올렸다. 소의 내용은 이달충(李達衷, 1309~1384)이 지은 것으로, 부처님께 미혹한 중생들을 깨우쳐 주실 것을 청하며, 망자에 대한 칭송과 더불어 외로운 혼령을 고취(苦趣)에 들지 않도록 보호해 주셔서 극락세계에 왕생하여 부처가 되게 해달라고 기원하였다.

특히 고려 말의 문신 이첨(李詹: 1345~1405)은 문장과 글씨에 뛰어나 다른 이의 천도재에서 올리는 소를 많이 지은 것으로 유명하다. 그는 '이혜를 대신하여 죽은 아버지를 천도하는 소(代李惠薦父疏)'[189]에서, 부처님은 나루터를 지키는 관리와 같아 모든 이를 건네주려고 하지만 중생은 등불에 달려드는 나비와 같아 스스로 화를 부른다고 서두를 시작하여, "사십구재의 날을 맞아 마음껏 향화(香火)를 피우니, 장만한 것은 약소하오나 부처님께서 곧 감응하여 주소서"라고 읊었다. 또한 사십구재는 일곱 번에 걸쳐 치르지만 마지막 칠재를 가장 중요하게 여기는데, 칠재뿐만 아니라 이전의 재에도 소를 지었다. 예컨대 이첨은 신총랑의 오재(五齋)를 맞아 부인 안씨를 대신하여 '신총랑의 오재를 차리는 소(辛惣郎五齋疏)'[190]를 지었는가 하면, 이령이 부친상을 당하여 육재(六齋)를 치를 때 '이령을 대신해 아버지를 천도하는 소(代李令薦考疏)'[191]를 지었다. 이 외에도 그가 천도재의 소를 지은 사례는 무수하다.

고려시대는 왕과 왕비의 상례에 대한 기록이 매우 드물다.『고려사』기록자는 이에 대해, 상례를 마치면 그 내용에 대해 말하는 것을 꺼리는(忌諱) 풍습

---

188 『東文選』卷111 疏 '金提學薦妻七七疏'.
189 『東文選』卷111 疏 '代李惠薦父疏'.
190 『東文選』卷111 疏 '辛惣郎五齋疏'.
191 『東文選』卷111 疏 '代李令薦考疏'.

이 있었기 때문이라고 하였다.[192] 왕실에서는 궁궐 내에 빈소를 마련한 빈전 (殯殿)을 두어 승려를 청해 법석을 열었고, 장례를 치른 뒤에는 사찰에 진영을 봉안하면서 이곳을 진전(眞殿)이라 하였다. 신주를 모신 혼전(魂殿) · 혼당(魂 堂)에서는 유교식 제사를 지내고, 진영을 모신 진전에서는 불사를 행하여 상 례를 이원화한 것이 고려왕실의 일반적인 양상이었다.[193]

그런 중에 공민왕의 왕비 노국대장공주(魯國大長公主)가 죽었을 때 사십구 재를 지낸 다음과 같은 기록이 전한다.

… 왕은 본래 불교를 믿었으므로 이때 불사를 크게 일으켜 매 7일마다 승려들 로 하여금 범패(梵唄)를 하며 혼여(魂與)를 따라 빈전(殯殿)으로부터 절에 이르 게 하였다. 수많은 당번(幡幢)이 길을 덮었으며 징소리 · 북소리가 하늘을 진 동하였다. 혹은 수놓은 비단으로 절 전체를 휩싸기도 하였고 금 · 은 · 채단을 그 좌우에 나열하여 보는 이의 눈을 부시게 하였다. 멀고 가까운 곳에서 여러 승려들이 이 소문을 듣고 모두 다투어 모여들었다. … 왕은 불교에 혹하여 화 장하려고 했으나 시중 유탁(柳濯)이 옳지 않다고 반대하여 그만두었다.[194]

노국공주의 사십구재를 묘사한 것처럼 고려시대에는 의식불교가 성행하였 고 대형 천도재인 영산재(靈山齋)의 의식 요소들이 『고려불적질(高麗佛籍秩)』에 등장[195]하고 있다. 이로 보아 당시 왕실이나 지배층의 사십구재 역시 영산재 로써 치렀음 직하다.

---

192 유권종, 앞의 논문(2001), p.51.
193 李應周, 앞의 논문(1999), pp.20~21.
194 『高麗史』 卷89 列傳2 '魯國大長公主條.
195 홍윤식, 『영산재』(대원사, 1991), p.10.

왕실과 지배층에서 성행했던 사십구재였기에 불가(佛家)에서는 더욱 활발하게 치러졌을 것이다. 대표적인 사례로 1271년에 입적한 충경왕사(冲鏡王師, 1191∼1271)의 사십구재를 들 수 있다. 그의 사십구재는 선원사(禪源寺)에서 열었는데, 이때 충지대사(冲止大師)가 '충경왕사를 천도하는 소(薦冲鏡王師疏)[196]를 지은 기록이 전한다. 내용 중에 "생각하니 평생에 하신 일로 보아 응당 본지(本地)에서 노니시겠으나 여기 재를 올림은 세속의 정에 순할 뿐입니다. 칠칠재를 맞아 삼삼보(三三寶)에 공양을 올립니다"라고 하여, 법력이 높아 천도를 할 의미가 없으나 세속의 정에 따른 것임을 밝히고 있다.

고려시대에는 사십구재뿐만 아니라 백일재·소상재·대상재를 치른 단편적인 기록들이 많을뿐더러, 칠칠에서 대상에 이르기까지 총 10회에 걸쳐 치르는 천도재도 성행하였다. 혜덕왕사(慧德王師, 1038∼1097)의 비문[197]을 보면, 초재에서 이상(二祥: 소상·대상)에 이르는 무릇 십재(十齋)에 이르기까지 소요되는 경비를 조정에서 공급했다(初七泊二祥凡十齋)는 의미의 내용이 나온다.

고려 후기에 접어들면 성리학을 수용한 신진사대부들의 세력이 커지면서, 칠칠재를 비롯해 천도재에 대한 비판적 시각이 점차 등장하기 시작한다. 여말선초에 유학자들이 이에 대해 비판한 내용을 보면 고려시대에 불교식 상례가 얼마나 성행했는지 짐작할 수 있다.

고려 후기 유학자 정규(鄭規)는 '병중에 자손들에게 남기는 훈계의 글(病中戒子孫書)'[198] 가운데, "일찍이 세속의 어버이를 잃은 자를 보건대 성인이 예법을 제정한 근본 뜻을 구하지 않고 오직 석씨(釋氏: 석가모니)의 천복(薦福)한다는 근거 없는 말을 좇아 부질없이 7일의 재에 힘쓰고 과도하게 석 달을 섬기

---

196 『東文選』卷112 疏 '薦冲鏡王師疏'.
197 李智冠 校勘譯註, 『歷代高僧碑文: 高麗篇3』(社團法人 伽山文化硏究院, 1996), p.30·56.
198 『東文選』卷62 書 '病中戒子孫書'.

다 장사를 지낸다"고 하며, 사람들이 시대의 조류를 깨닫지 못하고 무식해 이를 다투어 따름으로써 천하의 도가 무너졌음을 개탄하였다.

불교를 비판한 『불씨잡변(佛氏雜辨)』의 저자 정도전(鄭道傳, 1342~1398)은 불교식 상제(喪制)와 관련한 습속을 다음과 같이 비판하였다.

근세 이래로 상제(喪制)가 크게 무너져서 으레 불교의식으로 행하고 있다. 초상(初喪)을 당하여 아직 매장도 하기 전에 진수성찬을 낭자하게 차리고, 종과 북소리를 떠들썩하게 울려대며, 남녀가 뒤섞여 웅성대는가 하면 상주 되는 이는 오직 손님 접대가 불충분한 것만을 염려하고 있으니 어느 겨를에 죽음을 슬퍼하겠는가. 이런 까닭에 백일의 복제를 입었다 할지라도 얼굴이 수척하거나 슬퍼하는 기색이 없으며 말하는 것이 평일이나 다름이 없다. …이른바 추천(追薦)이란 것은 다만 남의 눈을 아름답게 할 뿐 마침내는 집안을 망치고 탕진하는 자까지 또한 있게 된다. 이것은 죽은 사람에게도 무익한 낭비일 뿐 아니라 살아 있는 사람에게도 무궁한 근심을 끼치는 일이니 헛된 것임을 충분히 알 수 있는 것이다.[199]

이처럼 불교상제는 고려 후기부터 유교세력의 비판을 받아 어느 정도 위축되었지만, 종교적 이유와 전통 관습을 지키려는 이들에 의해 꾸준히 지속되었다. 따라서 조선시대에 들어서면 불교의례는 점차 폐지되고 의례를 비롯한 모든 생활규범이 유교적 질서로 대체되는 가운데, 사십구재를 비롯한 천도재는 유교의 상제례와 더불어 나란히 존속해 왔다. 이는 내세를 인정하지 않는 유교사상이 종교적 욕구를 충족시키지 못함에 따라 사후구제를 제시하는 불

---

199 『三峯集』 卷13 禮典 '喪制'.

교의례가 신분의 구분 없이 절실했기 때문일 것이다. 망자를 법당에 모시고 제사를 지내는 천도재가 유교의 조상숭배 및 효 사상을 실천하는 것이라는 점 또한 천도재의 존속에 크게 작용하였다. 뿐만 아니라 당시까지 유교식 상제가 정립되지 않았고 17세기에 들어서야 『주자가례』가 정착했기에 불교식 상제는 꾸준히 전승될 수 있었다.

따라서 『주자가례』의 시행을 강제하여 표면적으로는 불교를 배척하면서도 사대부가에서는 물론 왕실에서조차 상(喪)이 발생했을 때 사십구재를 행한 기록이 조선 중기에 이르기까지 끊임없이 등장하고 있다. 이는 천도재 등 죽음을 다루는 불교의례가 국가의 공적 행사에서는 배제되었지만 왕실의 사적 영역에서는 지속되었던 조선 왕실의 이중적 종교정책으로 곧잘 거론되고 있다.

개국한 지 40년이 지난 1432년(세종 14)에는 사찰을 찾아 재(齋)를 올림으로써 불교식으로 상을 치루는 자가 사대부 열 명 중 예닐곱 명이었고, 유교식 상을 치루는 자는 서너 명에 불과[200]하였다. 당시 사십구재의 명칭은 칠칠재·추천재(追薦齋)·사십구일재 등으로 불렸다. 조선시대의 왕으로 사십구재를 치른 경우는 태조, 정종, 태종, 세종, 문종, 예종, 성종 등이고, 세조 또한 사후 법석(法席)을 차리고 원각사(圓覺寺)에서 백일재를 치른 기록 등으로 보아 사십구재를 한 것으로 짐작된다. 이 외에 왕비나 왕대비 등 왕실 인물의 사십구재 또한 활발하게 치러졌다.

왕실의 사십구재와 백일재는 진관사(津寬寺)·장의사(藏義寺)·홍덕사(興德寺)·개경사(開慶寺)·대자암(大慈庵)·회암사(檜巖寺) 등에서 주로 치렀으며, 일곱 번의 재는 한 곳이 아닌 서너 개의 사찰을 돌아가면서 하였다. 정종(定

---

200 최재석, 『한국가족제도사연구』(일지사, 1983), p.565.

宗)의 사십구재는 그의 조카인 세종이 치러 주었는데, 일곱 번 모두 장소를 달리하여 초재는 인덕궁의 빈전(殯殿)에서 치른 뒤 2재는 흥덕사, 3재는 흥복사(興福寺), 4재는 흥천사(興天寺), 5재는 장의사, 6재는 진관사(津寬寺), 7재는 개경사에서 설행케 한 경우[201]였다. 이처럼 재마다 사찰을 달리하는 것은 그 공덕이 보다 커질 것이라는 생각에서 비롯되었으리라 여겨진다.

성종의 경우는 즉위하던 해(1469년)에 예종의 사십구재와 백일재를 치르는 한편,[202] 1474년(성종 5)에는 왕비이자 한명회의 딸인 공혜왕후(恭惠王后)가 세상을 떠나자 사십구재와 백일재를 지냈고, 1483년(성종 14)에 그의 어머니이자 세조의 왕비였던 정희왕후(貞熹王后)의 칠칠재와 백일재도 열었다.

성종이 죽고 연산군이 즉위하던 해(1494년)에 예조판서 성현(成俔)이 "선대 조정의 구례(舊例)로는 국상의 칠칠일 및 소상·대상에는 모두 절에서 재를 지냈다"[203]고 했듯이, 기록과 무관하게 당시 왕실의 상에 사찰에서 불교식 천도재를 올리도록 한 것은 일반화되어 있었던 듯하다.

그런데 재를 치른 날짜를 보면, 태조부터 한결같이 임종한 지 매 7일째 되기 하루 전날 치렀다. 예컨대 태조의 경우는 임종한 날로부터 48일째 되는 날 칠재를 치르고 99일째 되는 날 백일재를 치렀으며, 성종의 초재는 임종한 날로부터 6일째 되는 날 치른 것이다. 하루 전날부터 다음날까지 재가 이어졌기 때문일 수도 있으나 정확한 이유를 알 수 없다.

초기의 왕실 사십구재는 당일만이 아니라 빈전과 사찰에서 49일간 연일 법

---

201 『世宗實錄』世宗 1年 10月 2일(癸酉)·9일(庚辰)·16일(丁亥)·23일(甲午), 11月 1日(辛丑)·8日(戊申)·15일(乙卯).

202 『成宗實錄』成宗 即位年 12月 5日(甲寅), 12月 12日(辛酉)·19일(戊辰)·26일(乙亥)·28일(丁丑)·30일(己卯), 성종 1年 1月 3日(壬午), 2月 4日(癸丑).

203 『燕山君日記』燕山君 即位年 12月 25日(庚辰).

석(法席)을 펼쳤다. 태종 때의 기록을 보면,[204] 장의사에 참경법석(懺經法席)을
베풀면서 칠칠재 동안 5일법석을 한 차례씩 열었는데 왕이 항상 빈전에 나아
가 별전(別奠)을 베풀고, 명복을 빌기 위해 금으로 『법화경(法華經)』을 사경케
하였다. 그러나 연이은 상소로 태종은 5년 뒤, "법석이라 일컬어 재물을 소비
하는 일을 금하는 한편, 부모의 추천(追薦)은 산수 맑은 곳에서 행하되 주상자
(主喪者)는 빈소를 떠나지 말고 최복지친(衰服至親)으로 부모·조부모·증조부
모·고조부모의 상을 당한 자만 불사에 참석할 수 있도록"[205] 하였다.

특히 왕실과 지배층에서 행한 사십구재는 수륙재(水陸齋)와 밀접한 관련 하
에 치러졌다. 수륙재는 고려시대부터 실시되었으나 구체적인 내용을 알 수
없는 반면, 조선시대에는 건국 초기부터 나라에서 주관하는 국행수륙재를 치
러왔다. 주로 건국 과정에서 희생당한 고려 왕족들을 위해 봄·가을에 정기
적으로 열었던 천도재였다. 수륙재는 개인에 초점을 맞춘 재가 아니라 천도
되지 못한 유주무주(有主無主) 고혼(孤魂)을 위해 개설하는 천도재로, 권근은
'가장 공덕이 높은 법회'[206]라 보았다.

1420년(세종 2)에 세종은, 어머니 원경왕후(元敬王后)의 사십구재를 보니 군
중이 소란스럽고, 수륙재가 여귀(厲鬼)를 쫓는 제사와 비슷하니 추천재와 수
륙재를 합설토록[207] 하였다. 이는 기존의 사십구재를 수륙재로 대체하는 의미
였다. 곧이어 법석에서 『법화(法華)』·『화엄(華嚴)』·『삼매참(三昧懺)』·『능엄(楞
嚴)』·『미타(彌陀)』·『원각(圓覺)』·『참경(懺經)』등의 불경을 외우던 것을 금지[208]

---

204 『太宗實錄』太宗 8年 6月 9日(丙戌).
205 『太宗實錄』太宗 13年 1月 21日(辛丑).
206 權近,『陽村集』卷12 記類「律寬寺水陸寺造成記」: 李應周, 앞의 논문(1999), p.48에서
    재인용.
207 『世宗實錄』世宗 2年 8月 22日(戊午).
208 『世宗實錄』世宗 2年 9月 24日(己丑).

시킴으로써 수륙재만을 행하게 하고 경전을 읽는 법석은 펴지 못하도록 하였다. 한 해 전까지만 해도 정종의 상을 치를 때 빈전에서 초재를 치렀으나,[209] 원경왕후의 상에서는 『주자가례』에 대한 기본골격이 이해되면서 상제에서 불교의식을 분리시켰다.[210] 이후 칠칠재·소상재·대상재와 기일에 올리는 기신재(忌晨齋)는 상례와 분리하여 추복(追福)을 위한 불사로 치르도록 하고, 왕실은 물론 사대부와 민간의 추천재와 기신재는 수륙재로 통폐합하고 인원 수와 물품도 축소하였다.[211]

사십구재를 둘러싼 논의는 여말선초 내내 계속되었지만, 세종 연간은 그 규모가 축소되고 의례 내용이 제한되는 한편, 수륙재로 정식 법제상의 의례가 되는 변화의 시기였다. 따라서 일련의 천도재에 대한 세종의 대응을 보면 조선시대 불교상례의 특성을 짐작할 수 있다. 세종은 어머니와 정종의 상을 치르고 난 뒤 "내가 불교를 믿는다면 모후가 승하하셨는데 불공을 크게 베풀어 명복을 빌었겠지만, 칠칠재와 선왕의 기일재는 간략하게 수륙재를 베풀어 전해오는 전례를 따를 따름이었으니 백성들에게 이런 뜻인 줄 전하여 알게 하라"[212]고 명을 내렸다.

세종이 원경왕후의 사십구재에 대해서는 "거의 천 명의 군중이 모여 떠들었다"고 언급한 데 비해, 수륙재는 "간략화한 것이고 여제(厲祭)와 비슷하다"고 본 것으로 보아 당시 왕실의 수륙재는 사십구재보다 소략한 규모였음을 알 수 있다. 또한 어머니 원경왕후의 칠칠재와 선왕의 기일재를 수륙재로 간략

---

209 『世宗實錄』世宗 1年 10月 2日(癸酉).

210 池斗煥, 『朝鮮前期 儀禮硏究』(서울大學校出版部, 1994), p.220.

211 『世宗實錄』世宗 4年 5月 10日(丙寅) ; 金熙俊, 「朝鮮前期 水陸齋의 設行」(韓國敎員大學校 敎育大學院 歷史敎育專攻 碩士論文, 2001), p.69.

212 『世宗實錄』世宗 3年 1月 3日(丙寅).

하게 치름이 불효에서 비롯된 것이 아니라, 불교를 믿지 않기에 다만 전례를 따르는 것일 뿐임을 백성들이 알아주기를 강조하고 있다.

1422년(세종 4)에 태종이 임종하자 세종은 아버지의 사십구재와 백일재는 물론 소상재·대상재를 수륙재로 치러주었다. 이로부터 24년이 지난 1446년(세종 28) 왕비 소현왕후(昭顯王后)의 천도재도 태종과 마찬가지로 열 번의 수륙재로써 유교 삼년상과 나란히 불교상례를 치렀다. 이때의 기록을 보면 재마다 반승(飯僧)이 적어도 8, 9천 명 이상에서 많을 때는 만 명에 이르렀고, 잡객이 수천 명, 걸인 또한 만 명이나 되었다[213]고 하니 그가 사십구재를 수륙재로 대체하게 한 원인을 무색케 한다. 뿐만 아니라 세종은 태조의 후궁이었던 성비(誠妃) 원씨(元氏)를 생전에 극진히 섬겼는데, 1449년(세종 31)에 그녀가 세상을 떠났을 때도 초재에서 대상재까지 열 번의 천도재로 떠나보냈다. 이는 사십구재를 수륙재로 대체하도록 한 자신의 명대로 실천한 것이었지만, 소상제·대상제와 나란히 사찰에서 소상재·대상재까지 치름으로써 고려시대의 불교상례와 다를 바 없는 모습이다.

세종의 명과 일련의 행위에서 조선 초기 불교상례가 배척과 단절 속에서 수용되고 지속되었던 갈등의 역사를 읽을 수 있다. 유교이념 위에 세운 나라의 왕으로서 불교를 믿지 않는다는 의지의 표명, 그러나 부모와 선대 왕실을 섬기는 종교예법을 버리기 힘든 왕실 후손이자 자식 된 자의 도리와 마음, 자구책으로 간략화하여 지속하면서도 백성들이 행여나 효심의 부족으로 여기거나 불교를 받아들이는 것으로 여길까 우려하는 갈등이 복합적으로 담겨 있는 것이다. 뿐만 아니라 대다수 백성들이 불교에 의지하고 있었던 터라 민심과 위배되는 적극적인 배불정책을 펼치기도 어려웠으리라 짐작된다.

---

213 『世宗實錄』世宗 28年 3月 29日(丙申).

물론 수륙재를 법제화한 것은 번잡한 의례를 통일시키기 위한 것이기에 내용이나 규모에서 기존의 사십구재와 차이를 지녔다. 수륙재는 세종 대에 육전(六典)에 등록되어 법제화된 유일한 불교의례[214]였는데, 이는 유교적 예제를 확립하려는 이상에도 불구하고 뿌리 깊은 불교적 풍습을 반영한 조선 초 특유의 제도적 수용이라 할 수 있다.

이처럼 세종 이후 지배층의 사십구재와 기일에 올리는 기신재(忌晨齋)는 수륙재로 대체되어 갔다. 세종이 추천재(追薦齋)와 기재(忌齋)를 모두 수륙재로 바꿈으로써 사십구재를 대체하여 상례 과정에 치르는 추천수륙재와, 기일에 치르는 재를 대체한 기신수륙재 등으로 목적에 따라 분류되었던 것이다. 그런데 이후에도 간간이 "추천재는 수륙재로 배설하게 하라"는 기록이 등장하는 것으로 보아 완전히 대체하기에는 어려움이 있었던 듯하다.

사십구재를 비롯한 천도재를 치름에 있어 왕실과 신하 간에 갈등 또한 끊이지 않았다. 세종의 경우를 보았듯이, 불교의례를 혁파하려는 의지가 강한 왕이더라도 자신의 부모나 선대왕실을 모시던 의례를 철폐하는 데 대한 부담이 있는 반면, 신하들은 유교이념을 관철시키는 데 주력하였기 때문이다. 심지어 유신(儒臣)의 감시를 피해 왕실에서 사적으로 추천수륙재를 행한 경우가 중종·명종·현종 대에도 있었다[215]고 한다.

특히 연산군은 즉위년부터 아버지인 성종의 수륙재 설행 문제로 삼사(三司)와 심각한 마찰을 빚게 된다. 그는 1494년에 성종이 임종하자 수륙재를 실시하려 했으나 유신들의 강력한 반대에 부딪힌다.[216] 그러나 결국 "선왕께서 다 행하셨고, 대행왕께서 비록 불교를 좋아하지 않으셨으나 또한 선왕을 위

---

214 李英華, 「朝鮮初期 佛敎儀禮의 性格」(韓國學大學院 歷史專攻 碩士論文, 1992), p.35.
215 金熙俊, 앞의 논문(2001), p.74.
216 『燕山君日記』 燕山君 卽位年 12月 26日(辛巳).

해 행하셨으니, 나도 마땅히 대행왕을 위하여 행하겠다”고 하면서 강행하였
다. 뿐만 아니라 1498년(연산군 4)에는 소혜왕후(昭惠王后)가 세상을 떠났을 때
성복(成服)조차 거부하려 했던 연산군이 사십구재만큼은 전례대로 설행하였
고,[217] 이를 끝으로 국행의 수륙재는 더 이상 치러지지 않았다.

수륙재는 국행뿐만 아니라 사대부·서인의 상제로도 법제화되었기 때문에
중종 조에 폐지될 때까지 가묘제와 함께 공식적인 상제로 작용했으며, 그 역
할이 보다 확대되어 천재소재(天災消災), 구병(救病), 역질 퇴치와 상원연등회
의 기능으로까지 대체되었다.[218]

16세기 중엽 국상에서는 공식적으로 칠칠재가 사라졌지만 민간의 사정은
달랐다. 유교식 상례를 행하는 것과는 별도로, 양반들조차 망자의 명복을 빌
기 위한 천도재를 행하는 경우가 많았다. 이 시기 조광조의 제자였던 유학자
이문건(李文楗)은『묵재일기(默齋日記)』에서 “죽은 아들의 칠칠일에 아랫집 남
쪽 뜰에서 야제(野祭)를 지냈다. 화원(花園)에서 온 무녀가 굿을 하는데, 위아
래 대청에서 모두들 곡을 하였다. 나는 대청에 있었는데 귀가 조용하지 못하
였다”[219]고 기록하였다. 양반인 입장으로 굿에 직접 참석은 못하지만 아들의
칠칠일에 무속으로 굿을 치렀던 것이다.

이처럼 수륙재와 결합한 사십구재가 다양한 양상으로 전승되는 가운데, 민
간에서는 망자의 유족이 참여하여 사찰에서 행하는 현재의 사십구재와 유사
한 모습으로 활발히 행해졌으리라 짐작된다. 지배층으로부터 배척당한 불교
가 기층문화 속으로 깊이 스며들면서 보다 절실한 대중의 문제를 해결하는 데
중점을 두게 되었고, 따라서 사후세계를 다루는 명부신앙(冥府信仰)은 조선시

---

217 『燕山君日記』燕山君 10年 閏4月 1日(辛酉); 閏4月 3日(癸亥).
218 李英華, 앞의 논문(1992), pp.33~34.
219 李文楗, 『默齋日記』1557年 8月 14日.

대에 와서 더욱 발달을 보게 되었던 것이다. 이와 같은 현상은 1672년의「연등사사적(燃燈寺事蹟)」에, "산이 있는 곳에는 절과 승려가 있고 시왕과 명부전이 없는 곳이 없다"[220]는 기록을 통해서도 잘 알 수 있다.

또한 18세기 이후 기존의 여러 의식집을 정비·집대성하여『범음집(梵音集)』·『작법귀감(作法龜鑑)』등으로 간행한 것은, 서민불교를 지향한 불교권에서 의식·의례를 통해 신앙심을 고취시키려 한 교화활동과 직결되어 있다.[221] 특히 이들 의례집의 내용이 영혼천도의례를 중심으로 편성된 점은 당시에 천도재가 얼마나 성행되었는지를 짐작케 한다.[222]

특히 학계에서는 야외에서 괘불(掛佛)을 모시고 대규모의 영산재(靈山齋)로 사십구재를 치른 것은 고려시대부터의 오랜 역사를 지녔다고 보고 있다. 영산재는 독경·염송과 함께 불교음악인 범패(梵唄)와 불교무용인 범무(梵舞)가 어우러지는 바깥채비 중심의 대규모 재로 종합불교예술의 면모를 지니고 있다. 일제강점기에 범패와 작법을 금하였으나 경만 읽고 범패를 부르지 않는 절에는 재가 들어오지 않아 재가 있는 한 범패는 존속했던[223] 역사적 사실 등으로 미루어볼 때, 사십구재를 의뢰하는 이들은 가능하면 범패와 범무 등 다채로운 요소가 어우러진 사십구재를 추구한다는 점을 알 수 있다. 이처럼 사십구재가 기본적으로 영산재 방식을 지향하는 가운데, 안채비 중심의 소규모 재를 중심으로 계승해 왔음을 짐작할 수 있다.

근대기에 접어들면서 사십구재를 포함한 불교의례의 전통예술적 요소는 쇠퇴의 길로 접어들게 된다. 이는 일제에 의해 범패와 작법이 금지되는 외적

220　朝鮮總督府 內務部地方局,『朝鮮寺刹史料』上(1911), p.315.

221　洪潤植,『韓國佛敎史의 硏究』(敎文社, 1988), pp.312~313.

222　洪潤植,『朝鮮佛敎儀禮の硏究』(隆文館, 1976), pp.180~182.

223　韓萬榮, "범패(梵唄)",『한국민족문화대백과사전』(한국정신문화연구원, 1992).

요인뿐만 아니라, 불교개혁이라는 내적 동인과도 밀접한 관련 하에 진행되었다. 조선 말기의 불교 상황은 안으로는 조선조의 배불정책으로 불맥(佛脈)이 쇠퇴해져 말세의식의 만연과 함께 발심수행의 의욕이 상실되었고, 밖으로는 일본불교의 유입으로 한국불교의 전통이 변질되기 시작하여 혼돈을 겪고 있던[224] 시기였다. 이러한 상황에서 국권이 상실되기에 이르자, 이전부터 개혁을 통해 불교의 근본을 되찾고자 하는 일련의 움직임은 항일의 모습을 띠기도 하면서 다양한 방향으로 진행되었다.

불교의례의 측면에서 살펴보면, 조선시대의 불교는 억불정책의 반작용으로 의식불교가 발달하여 '의식의 예능화 · 무속화'[225]가 전개되었다. 따라서 근대 초에 불교개혁을 부르짖는 움직임 가운데 불교의례에 관한 부분은 이러한 측면에 대해 집중적인 비판이 가해지게 된다. 특히 민간의 욕구와 가장 밀착된 의례로서 천도재, 그중에서도 사십구재는 이러한 비난의 중심에 놓일 수밖에 없었던 셈이다. 1910년에 한용운(韓龍雲)은 『조선불교유신론(朝鮮佛敎維新論)』을 발표하여, "범패 · 사물 · 작법 · 예참(禮懺) 등 재공양(齋供養)의 의식이 매우 번잡 · 혼란하여 질서가 없고 비열 · 잡박함이 끝이 없어 도깨비의 연극과 같은 상태"[226]임을 비판하면서, 이러한 의식을 모두 폐지해야 할 것을 주장하였다.

1927년 박승주(朴勝周) 역시 잡지 『불교』에 「재공의식(齋供儀式)에 대하야」라는 기고를 통해 "예식의 절차가 하나도 법다운 것이 없으며, 예식을 집행하는 행동이 심히 난잡비루하여 조금이라도 양심을 가진 사람으로서는 차마 눈으

---

224 金敬執, 『한국근대불교사』(경서원, 1998), pp.22~23.

225 洪潤植, 「近代韓國佛敎의 信仰儀禮와 民衆佛敎」, 『崇山 朴吉眞博士 古稀紀念 韓國近代宗敎思想史』(圓光大出版局, 1984), p.483, pp.494~495.

226 한용운 지음, 이원섭 옮김, 『조선불교유신론』(운주사, 1992), pp.102~107.

로 볼 수 없는 예식"[227]임을 격앙된 어조로 비판하였다.

이처럼 근대 한국의 불교의례는 정리되지 않고 난삽하며 무속화되어 경건함과 엄숙함을 잃었다는 세간의 비난을 받게 되었다. 뿐만 아니라 이는 조선 후기부터 근대에 이르기까지 불교교단 내에서도 하나의 문제로 인식되고 있었다. 조선시대의 억불정책 하에서는 이러한 의례가 불교교단의 생존전략으로 오히려 조장될 수 있었으나, 종교자유의 시대를 맞아 자유롭게 포교 경쟁을 하게 된 근대 불교 시기에는 의례 형태에 대한 자기비판이 따랐던 것이다.[228] 뿐만 아니라 1911년 일제에 의해 「사찰령(寺刹令)」이 반포되고 이듬해에 「각본말사법」이 제정되어 '화청(和請)·고무(鼓舞)·나무(羅舞)·작법무(作法舞) 등은 일체 폐지'[229]토록 함으로써, 전통 불교의례는 제대로 정비될 기회를 갖지 못한 채 대내외적인 물결에 휩쓸려 쇠퇴의 길로 접어들게 되었다.

실제 근대의 불교 개혁가들 중에는 이러한 점을 아쉬워한 이들도 많았는데, 위의 박승주는 재 의례에 대해 맹렬히 비판하면서도 종교와 음악의 밀접한 관계를 들면서 '신성한 음악'인 범음(梵音)은 존속되어야 한다는 의견을 밝혀, 범패·사물·작법 등 모든 요소의 폐지를 주장한 한용운과는 다른 입장을 취하였다. 이능화 역시 "화청·고무는 전혀 우아하게 보이지 않으므로 꼭 금지하는 것이 마땅하지만 어산조(魚山調)도 그것을 따라서 광릉산(廣陵散)으로 하는 것은 애석하다 할 만하다"[230]고 하여 「각본말사법」 반포로 범패까지 폐지된 데 따른 아쉬움을 밝힌 바 있다. 여기서 범음·어산은 모두 범패를 일컫

---

227 朴勝周, 「齋供儀式에 對하야」, 『佛教』 第35號(1927. 7), pp.31~35.

228 송현주, 「근대한국불교 개혁운동에서 의례의 문제: 한용운, 이능화, 백용성, 권상노를 중심으로」, 『종교와 문화』 6(서울대학교 종교문제연구소, 2000).

229 이능화 지음, 이병두 역주, 앞의 책(2003), p.282. 화청(和請)은 민요조의 불교음악, 고무(鼓舞)는 북춤, 나무(羅舞)는 바라춤, 작법무(作法舞)는 나비춤을 말한다.

230 이능화 지음, 이병두 역주, 앞의 책(2003), pp.240~241.

는 말이다. 광릉산은 중국의 유명한 민요가락으로, "어산조도 그것을 따라서 광릉산으로 한다"는 말은 곧 범패 특유의 홋소리 · 짓소리가 아닌, 화청 등의 민요조 위주로 바뀌었다는 의미로 생각된다.

그러나 불교가 조선조에 걸쳐 배척당하면서도 민간과 함께하면서 법등(法燈)이 끊이지 않았던 것처럼 독경과 염송만 하는 절에는 재가 잘 들어오지 않아, 재가 있는 한 범패나 범무는 민간의 수요에 따라 비공식적으로 꾸준히 맥을 이어왔던 것이다.

이후 1950년대 중반에 시작된 이른바 불교정화[231]는 현대 불교사의 기폭제 구실을 한 역사적 사건인 동시에, 또 한 번 전통 불교의례의 위축을 불러온 계기가 되고 말았다. 이 문제가 촉발된 1954년부터 비구(比丘)와 대처승(帶妻僧) 간의 오랜 갈등과 분규는 1970년 대처 측에서 한국불교태고종이라는 독자 노선을 선언함으로써 일단락되었다.[232] 불교정화 이후 대한불교조계종은 전통적인 불교의례에 대해 부정적인 입장을 취했는데, 이는 선종(禪宗)으로서의 종지(宗旨)를 취하게 된 조계종에서 그러한 불교의식을 행하는 것은 모순되기 때문[233]이었다. 즉 선종이라는 이념적인 면에 치우쳐 참선과 수행을 중시하고 의례행위를 소홀히 해온 것이라 할 수 있다.

이에 비해 태고종은 중요무형문화재 제50호 영산재의 맥을 이으면서 불교 전통의식의 보존 · 계승에 주도적인 역할을 해왔다. 근래에는 조계종 역

---

231 불교정화는 조계종단 내외에서 대처승을 불교 계율과 한국불교의 전통에서 어긋난 것으로 인식하고 그 대처승을 사찰에서 축출, 혹은 승려의 자격 불인정을 기했던 일련의 사실 · 사건 · 산물 등을 총칭한다. 김광식, 『근현대 불교의 재조명』(민족사, 2000), p.381.
232 김광식, 『우리가 살아온 한국불교 백년』(민족사, 2000), pp.142~143.
233 홍윤식, 「전통불교의식의 현황과 금후의 과제」, 『불교전통의식의 보존과 계승의 문제』, 범패시연 및 학술회의 자료(조계종 전통불교의식 보존연구회, 2004), p.59.

시 선종을 표방하면서도 신도들을 교화하는 신앙 형태는 정토신앙·밀교신앙 등 종래의 불교의식을 그대로 적용하지 않을 수 없고, 아울러 문화적 전통성에 사회적·역사적 평가를 무시할 수 없음[234]을 새삼 인식하게 되었다. 따라서 전통 의례 요소들에 대한 재평가가 이루어지면서 조계종 승려들 역시 영산재 이수에 적극적인 관심을 가지게 되었다. 이렇듯 하나의 뿌리이던 두 종파가 20세기 중반에 둘로 나누어지면서 의례에 있어서도 뚜렷한 차이를 가져오게 된 것은, 역사적으로 불교개혁과 밀접하게 전개되어온 배경을 지닌다.

'근대 불교개혁'에서 '현대 불교정화'에 이르는 일련의 운동이 지닌 공통점은 한국불교의 후진성을 기복불교·의식불교에서 찾아 이를 타파하고자 했으며, 범패와 범무로 대표되는 전통 불교의례를 불교의 본질과 대치되는 것으로 여겼다는 점을 알 수 있다. 민간과 교류하는 불교의례의 한가운데 사십구재를 정점으로 한 천도재가 놓여 있어, 이와 같은 시대적 흐름 속에서 사십구재의 변천을 살펴볼 수 있다.

3) 사십구재의 절차와 내용

(1) 사십구재의 의미와 종류

불교에서는 사람이 죽으면 깨달음을 얻어 윤회에서 벗어나지 않는 한 생전에 지은 업에 따라 육도(六道)의 한 곳에 태어나게 된다고 본다. 그런데 생전에 매우 선하거나 악한 업을 지은 이는 죽은 즉시 다음 생을 받지만, 대부분의 사람들은 얼마 동안 중유(中有)의 존재로 머문 뒤에 새로운 생을 받게 된다. 이때 중유의 존재로 머무는 기간을 49일로 여겨 이 시기에 유족 등 재자

234　위의 논문, p.59.

(齋者)가 망자의 극락왕생을 위해 올리는 천도재를 사십구재라 한다. 이처럼 사십구재는 불교의 윤회사상에 따라 망자를 보다 좋은 내세로 보내기 위해 행하는 의례임을 알 수 있다.

'자업자득'이라는 말이 있듯이 본래 내세의 모습은 생전에 스스로 지은 업에 따라 결정되는 것이 마땅하다. 그러나 다음 생의 과보가 결정되는 중유의 기간에 유족이 망자를 위해 대신 선행을 행하고 정성을 다한다면 그 공덕으로 망자의 악업이 가벼워질 수 있을 것이다. 따라서 법당에 망자의 영가(靈駕)를 모시고 불·법·승 삼보의 보살핌 속에서 사십구재를 열어 보다 좋은 곳으로 왕생하기를 기원하는 것이다. 천도(薦度)라는 말에는 이러한 의미들이 담겨 있다. 곧 영가를 극락과 같은 좋은 곳으로 보내줄 것을 불보살에게 천거(薦)하는 법도(度)이기 때문이다.

이때 중요한 것은 영가의 극락왕생을 위하여 불보살을 향해 지극한 마음으로 기원하는 일뿐만 아니라, 영가에게 법문을 들려줌으로써 미혹한 마음을 깨우칠 수 있도록 도와준다는 점이다. 비록 세상을 떠난 뒤라 하더라도 스스로 깨달음을 얻어 윤회에서 벗어날 것을 끊임없이 권유함으로써 '누구나 깨달으면 부처가 될 수 있다'는 가능성을 사후에도 열어두고 있는 것이다. 따라서 사십구재는 죽은 이후에 타력으로 망자를 도와주는 의례이지만, 궁극적으로는 망자가 자력으로 일어설 수 있도록 도와준다는 점에서 기복적 행위와 구분되는 것이라 하겠다.

아울러 망자가 이승을 떠나지 않고 중유의 존재로 머무는 이 기간에 영정과 위패를 모시고 치르는 사십구재는 곧 불교상례에 해당하여, 유족 역시 상중에 머물면서 근신하는 시간을 보내게 된다. 사십구재는 사후 7일마다 일곱 번의 천도재를 올리는데, 49일째 되는 날 막재를 치름으로써 망자는 내세에 태어나고, 유족은 일상의 삶으로 복귀하면서 비로소 탈상을 하는 것이다.

또한 유족은 사찰에서 재만 올리는 것이 아니라 49일간 집에서도 기도 · 독경 · 염불 등으로 고인의 극락왕생을 위한 정성을 쏟게 된다. 사정에 따라 사찰에서 사십구재를 지내지 않는다 하더라도, 이 기간은 망자가 이승도 저승도 아닌 곳에 머무는 불안하고 민감한 시기이므로, 불자라면 가정에서 아침저녁으로 상식을 올리며 천도를 기원하는 가운데 49일간의 거상 기간을 보낸 후 탈상하는 것이 관례이다.

이처럼 사십구재는 망자가 보다 나은 내세에 태어날 수 있도록 임종 이후 49일간에 걸쳐 살아 있는 사람들이 죽은 이를 위해 대신 공덕을 짓는 일이라 할 수 있다. 따라서 유족이 아니라도 할 수 있으며, 천도를 해주는 행위는 망자보다 재를 지내는 이에게 훨씬 더 큰 공덕이 돌아가게 된다고 한다. 그것은 죽은 뒤 타력에 의해 얻는 공덕보다 살아 있는 동안 남을 위해 짓는 자력의 공덕이 더욱 크다는 의미가 담겨 있다.

사십구재는 상주권공재 · 영산재 · 시왕각배재 등으로 나눌 수 있으나 기본적인 의미와 구조는 동일하다. 상주권공재(常住勸供齋)는 일반적으로 많이 지내는 소규모 재이며 법당 안에서 염송 위주로 진행되므로 안채비 중심의 재라고도 한다. '상주권공'이라는 말은 시방(十方)에 항상 거주하는(常住) 삼보를 향해 공양을 올린다(勸供)는 말로, 불보살을 모신 상단을 중심으로 진행된다는 의미를 담고 있다.

시왕각배재(十王各拜齋)는 시왕사상이 반영된 것으로, 상주권공재에 더하여 명부시왕의 제단을 차려 놓고 각각 공양을 올리는 의식이 추가된 재이다. 대례왕공재(大禮王供齋)라고도 하며 조선 후기에 널리 행하였으나 근래에는 잘 지내지 않고 있다. 따라서 사십구재는 크게 의례 규모에 따라 법당 안에서 행하는 안채비 중심의 상주권공재와 야외에서 주로 행하는 바깥채비 중심의 영산재로 대별된다.

영산재는 상단권공의 기본구조를 확대하여 석가모니가 영취산에서 『법화
경(法華經)』을 설한 영산회상(靈山會上)의 법회를 상징하고자 영산작법에 따라
행하는 대규모의 재이다. 따라서 당시 석가모니의 법문을 듣기 위해 모여든
영산회상의 모든 대중에게 공양을 올리며 함께 그 법회에 동참하고자 하는 바
람을 담고 있다. 이는 영산재의 소의경전이 『법화경』임을 뜻하는 것[235]이며,
상주권공재 역시 마찬가지지만 작법이 제외되므로 축소된 영산재에 해당한
다. 영산재는 야외에 대형 불화인 괘불을 내걸고 범패와 나비춤·바라춤·법
고춤 등으로 불법을 찬탄하며 대규모로 진행되는 종합예술적 성격을 지니고
있어 중요무형문화재 제50호로 지정·전승되어 오고 있다.

그런데 주로 천도재에서 영산작법을 행하였기 때문에 영산재가 곧 천도
재·사십구재인 것으로 여기는 경우가 많다. 그러나 석가모니 당시의 영산회
상 설법모임을 나타낸 본래 의미처럼 천도재뿐만 아니라 다른 의례에서도 영
산작법을 행할 수 있다. 17·18세기 의식집에는 영산회(靈山會)·영산대회(靈
山大會)·영산작법(靈山作法) 등의 명칭으로 등장[236]하면서, 본재(本齋)를 치르
기에 앞서 행하는 작법이자 불보살을 향한 상단권공의 하나였던 것으로 여겨
진다.[237] 즉, 하나의 총체적인 영산재로 체계화되기 이전에는, 의례의 종류와
무관하게 영산작법을 행함으로써 의례 공간을 석가모니의 설법모임 당시로
상징하면서 시작코자 했던 것이다.

이후 1721년 경기도 양주 중흥사(重興寺)에서 개간된 『천지명양수륙재의범
음책보집(天地冥陽水陸齋儀梵音刪補集)』에 '영산재'라는 용어가 등장하고 있어

---

235 심상현, 『영산재』(국립문화재연구소, 2003), p.242.

236 李英淑, 「朝鮮後期 掛佛幀 硏究」(東國大學校 美術史學科 博士論文, 2003), p.77.

237 鄭明熙, 「儀式集을 통해 본 掛佛의 圖像的 변용」, 『불교미술사학』 제2집(통도사성보박물
　　관 불교미술사학회, 2004), p.11.

18세기 전반에는 이미 영산재의 명칭이 사용되었음을 확인할 수 있다.[238] 따라서 영산재는 어느 시기엔가 기승전결을 갖춘 하나의 완결된 천도재로 확고히 자리 잡게 되어 현재의『석문의범』에 제시된 바와 같이 사십구재의 한 유형으로 널리 행해지게 되었을 것이다.

(2) 사십구재의 구조

사십구재는 망자를 보다 좋은 곳으로 보내기 위한 목적에 따라 체계적인 의례 구조와 의례 요소를 갖추고 있다. 아울러 '보다 좋은 곳'이라는 바람은 사십구재의 현장에서 극락이라는 최상의 목표로 추구되게 마련이다. 사십구재가 본래의 의미에 충실하기 위해서는 임종 후 첫 7일에 치르는 초재에서 시작하여 2재 · 3재 · 4재 · 5재 · 6재의 점진적 단계를 거쳐 7재에 종합적인 의례로써 클라이맥스를 이루며 종결되어야 한다.

그러나 49일째 되는 날 치르는 7재는 그 자체로 의례적 완결성을 지니고 있을 뿐만 아니라 유족의 상황에 따라 7재만을 치르기도 하여, 7재를 곧 사십구재라 일컫기도 한다. 따라서 초재(初齋)에서 6재까지는 물론, 초재 이전의 반혼재(返魂齋)부터 이미 망혼을 영단에 모신 상태에서 재를 치렀음에도 불구하고, 7재에서는 망혼이 처음 법당에 진입하는 것처럼 설정하여 일련의 의례 과정을 진행하게 된다. 7재는 망혼이 천도되는 중요한 의미를 지닌 날이므로, 망혼을 맞아들여 저승으로 편입시키기까지 기승전결을 갖춘 총체적 의례를 행함으로써 재의 완결성을 높이기 위함이다. 따라서 사십구재에 대한 의례적 접근은 7재를 대상으로 하는 것이 관례이다.

아울러 사십구재는 장지(葬地)에서 주검을 떠나보낸 유족이 사찰로 향하여

---

238 沈曉燮,「朝鮮前期 靈山齋 研究」(東國大學校 史學科 博士論文, 2004), p.13.

<표5> 사십구재의 의례 단계와 내용

의례 목표	망자의 극락천도				
의례 단계	1단계	2단계	3단계	4단계	5단계
	맞이하기	씻기	기원하기	제사지내기	보내기
의례 내용	영가를 맞이함	영가가 생전에 지은 업을 씻어냄	영가를 위해 불공을 올림	영가에게 제사를 지내며 불법을 들려줌	영가를 떠나보냄

영가를 법당에 모시는 반혼재를 올리면서부터 시작된다. 법당의 영단(靈壇)에 영정과 위패를 모시면서 영가를 위한 천도재(사십구재)에 들어가게 되기 때문에 이를 입재(入齋)라고도 한다.

망자의 극락천도라는 목표를 달성하기 위한 사십구재의 구조는 크게 다섯 단계로 구분해볼 수 있다. 즉, 망자를 맞이하는 단계, 망자가 생전에 지은 업을 씻어 주는 단계, 불보살에게 망자의 극락왕생을 기원하는 단계, 망자에게 제사를 지내며 불법을 들려주는 단계, 망자를 떠나보내는 단계로 진행된다. 따라서 사십구재의 의례구조를 간략하게 나타내면 '맞이하기-씻기-기원하기-제사지내기-보내기'의 다섯 단계로 분류할 수 있다(표5 참조).

이러한 다섯 단계는 필자가 편의상 구분한 것이며, 실제 사십구재는 '대령-관욕-상단권공-중단권공-관음시식-봉송-소대의례'와 같은 세부적인 절차로 진행된다. 이는 사십구재의 일반적 유형인 상주권공재 방식에 따른 것이며, 임의로 나눈 다섯 단계에 따라 각각의 절차와 의미를 살펴보면 <표6>과 같다. 아울러 공식적인 절차는 아니지만 의례의 전후에 행하는 준비단계와 후속단계도 함께 살펴볼 수 있다.

4단계에서 영가에게 올리는 시식을 '관음시식'이라 부르는 것은 관세음보살을 의례 대상으로 모신다는 의미이다. 관음신앙은 한국불교에서 가장 뿌리 깊게 내린 신앙이기에 사후에도 관세음보살에 의지하는 경향이 크다. 아울러

<표6> 사십구재(상주권공재)의 절차

의례 단계	의례 절차	의 미
준비단계	육법공양(六法供養)	유족이 재를 연 주체로서 법당의 각 단에 삼배와 육법공양을 올림
1단계	대령(對靈)	영가를 맞아들여 간단한 음식을 대접함
2단계	관욕(灌浴)	지의(紙衣)를 태우는 상징적 행위로써 영가가 생전에 지은 업을 씻음
3단계	상단권공(上壇勸供)	상단(불단)의 불보살에게 공양을 올리며 영가의 극락왕생을 발원함
	중단권공(中壇勸供)	중단(신중단)의 신중에게 공양을 올리고 기원함
4단계	관음시식(觀音施食)	하단(영단)의 영가에게 음식을 대접하며 제사를 지내고 불법을 들려줌
5단계	봉송(奉送)	영가를 떠나보냄
	소대의례(燒臺儀禮)	소대에서 망자의 옷과 의례에 사용된 물건을 태움
후속단계	법식(法食)	재에 참석한 대중이 함께 공양물을 나누어 먹음

영산재 등이 소의경전으로 삼고 있는 『법화경』 가운데 「관세음보살보문품」이 가장 신앙적 성격이 강하고, 『법화경』의 주인공 가운데 하단시식의 의례 대상으로 관세음보살이 등장하고 있기에 사십구재에서도 일반적으로 관음시식이라 일컫는 것이다. [239]

4) 사십구재의 단계별 의례 내용

(1) 준비단계

사십구재를 시작하기 전에 재자(齋者)인 유족은 의례 준비가 갖추어진 법당

---

239 沈祥鉉, 『佛教儀式各論 Ⅵ: 常住勸供 下』(한국불교출판부, 2001). pp.111~112.

에 들어와 맨 먼저 상·중·하단에 배례를 하게 된다. 한국 법당의 구조는 삼단으로 이루어져 있어 세 단계의 신격을 모시고 의례를 치르는 특성을 지닌다. 곧 중앙의 상단은 불단(佛壇)이라 하여 불보살을 모시고, 동쪽 또는 서쪽 벽에 중단인 신중단(神衆壇)을 설치하여 불법을 수호하는 여러 신들을 모시게 되며, 반대편 벽에는 하단인 영단(靈壇)을 마련하여 영가를 모시는 것이다. 하나의 법당에 여러 차원의 세계를 수용하여 삼단체계를 갖추고 있는 것이 우리나라 사찰의 독특한 법당 구조라 할 수 있다. 이에 평소에도 신앙심 깊은 신도들은 법당에 들어오면 상단·중단에 이어 하단에도 절을 올리며 중생의 천도를 빌어주게 된다.

따라서 사십구재를 치르는 유족은 평소 법당에 들어섰을 때와 마찬가지로 불단과 신중단에 각 3배를 올린 후 영단에도 3배함으로써 의례 주체의 입장에서 경배를 올린다. 이후 각 단에 향(香)을 피우고, 새 초를 가져와 불(燈)을 밝히고, 다기의 물(茶)을 깨끗한 청정수로 갈아 채움으로써 가장 기본적인 공양 행위를 몸소 행하게 된다. 이러한 행위를 하는 유족의 몸짓은 매우 조심스럽고 신중하게 마련이어서, 그들이 법당에 들어서는 순간 이미 재는 시작되고 있는 것이나 다름없다.

유족이 올리는 향과 등과 차는 꽃·과일·쌀과 함께 불보살에게 올리는 육법공양물(香·燈·花·果·茶·米)에 해당한다. 육법공양물은 각각 해탈향(解脫香)·반야등(般若燈)·만행화(萬行花)·보리과(菩提果)·감로다(甘露茶)·선열미(禪悅米)의 의미를 지니고 있다.[240] 평소에도 새벽마다 승려들은 불전에 향·등·차를 새롭게 올린 후 하루 일과를 시작하며, 사시에는 밥을 지어 마지로써 쌀 공양을 올리고, 수시로 과일과 꽃을 갈아줌으로써 불단에는 항시

---

240 정각(문상련), 『한국의 불교의례』(운주사, 2001), pp.269~271.

육공양물을 갖추어 놓게 된다.

이처럼 불단에서부터 시작하여 신중단·영단에 이르기까지 향과 등과 차를 새롭게 올리는 행위는 의례의 독자성을 드러내는 것이고, 재가 시작되기 전에 유족의 손으로 직접 행하도록 하는 것은 의례의 주체를 분명히 밝히는 것이라 할 수 있다. 망자의 극락천도를 발원한 주체로서, 사십구재를 맞아 새로운 정성을 들인 공양물로써 초월적 존재들을 모시겠다는 뜻을 읽을 수 있는 것이다.

유족이 절을 올리는 예는 재가 시작된 이후에도 몇 차례 거듭되지만, 공양물을 새롭게 올리면서 행하는 첫 의식이라는 점에서 중요한 의미를 지닌다. 본격적인 재가 시작되기 전에 각 초월적 존재들과 '망자의 극락천도'라는 의례 목적을 공유하기 위한 몸짓이라 하겠다.

(2) 1단계: 맞이하기(대령)

대령(對靈)은 사십구재의 주인공인 영가를 맞이하는 단계이다. 영단에 위패와 영정을 모시고 영가를 청하여 국수나 간단한 요기로 대접하는 가운데 법문을 하여 영가가 나아갈 길을 일러주게 된다. 이때 유족은 차례대로 차를 올리고 절을 하면서 영가와 대면하는 인사를 드리는데, 대령에서의 이러한 행위는 일반 제사에서 조상의 혼백을 모시는 강신(降神)의 의미와 유사하다.

상주권공으로 치르는 사십구재의 막재는 대개 법주(法主)를 포함해 2인 이상의 승려가 진행하며, 유족을 안내하는 불자를 따로 두는 것이 관례이다. 각 단계마다 세부절차는 승려가 염송하는 의식문의 내용에 담겨 있다.

대령 의식은 '거불(擧佛) - 대령소(對靈疏) - 수설대회소(修設大會疏) - 지옥게(地獄偈) - 창혼(唱魂) - 착어(着語) - 진령게(振鈴偈) - 고혼청(孤魂請) - 가영(歌

詠)' 등의 절차[241]로 진행된다. 내용은 불보살과 영가를 각각 청해 모시고 재를 열게 된 취지를 고하며, 지옥에서 고통받는 중생까지 함께 천도의 대상으로 청한 뒤, 모든 영가에게 공양을 대접하면서 간단한 법문을 들려준다.

그런데 본래 대령의 장소는 법당이 아닌 별도의 공간에 단을 마련하였고 주로 해탈문(불이문) 밖에서 의식을 치렀다. 이는 대령 다음에 오는 관욕이 망자가 생전에 지은 업을 씻는 단계이기에, 오염된 속(俗)의 세계에 속한 영가는 성(聖)의 세계에 함부로 들어올 수 없다고 보았기 때문이다. 따라서 해탈문 밖의 어느 공간에서 영혼을 청해 모신 뒤(대령), 그곳에서 생전의 죄업을 씻는(관욕) 구도를 갖추게 된다. 이러한 용도로 사용했던 전각을 순천 송광사에서 볼 수 있다. 일주문 근처에 두 채의 전각이 나란히 서 있는데, 각기 남자 영가를 위한 척주당(滌珠堂)과 여자 영가를 위한 세월각(洗月閣)이라는 이름을 지니고 있다. 이곳에서 먼저 영가를 모시고 속세의 업을 씻은 다음에 비로소 법당을 향했던 것이다.

그러나 실제로는 대령과 관욕을 영단에서 행하고 있다. 승려와 유족이 장소를 옮겨 다녀야 하는 것이 번거로울뿐더러, 관욕장소로 사용할 만한 공간이 없는 사찰도 많기 때문이다. 따라서 대부분의 사찰은 대령과 관욕을 법당 안에서 행하는 반면, 법당 바깥의 별도공간에서 행하는 사찰의 경우는 이러한 전통적 의미를 중요하게 생각하기 때문이다.

대령과 관욕을 행하는 시기 역시 마지막 재에서 행하는 것이 현재의 관례이다. 그런데 사십구재는 초재에서 막재까지 일곱 번에 걸쳐 치르는 의례이기 때문에 대령과 관욕의 의미를 생각한다면 처음 법당에 들어서는 초재 때 행하는 것이 맞다. 초재뿐만 아니라 영가는 장례를 마친 날 반혼재를 올리면서 영단에 미리 모시기 때문에 이 날이 법당에 들어오는 첫걸음에 해당한다. 결국

---

241 法眼 · 牛迪 編譯, 『상용불교의식』(정우서적, 2012, 7판), pp.238~247.

초재 이전부터 영가는 법당의 영단에 정식으로 자리하게 되므로, 영가를 처음 모시는 반혼재 때 대령과 관욕을 해야 한다는 결론이 나온다. 따라서 7재 자체를 사십구재라 여기기도 하듯이 사십구재의 모든 의례적 의미는 7재에서 구현되므로, 이날 새롭게 대령을 하여 관욕하는 의례 구도를 지니게 되는 것이다.

아울러 영산재로 사십구재를 할 때는 대령을 하기 전에 시련(侍輦)으로 사찰 입구에서 영가를 모셔오는 절차가 앞선다. 본래 상단시련 · 중단시련 · 하단시련의 절차에 따라 불보살과 신중 등을 모시는 의례가 앞서게 되나, 후대로 올수록 하단시련만 행해지고 있다. 가마인 연(輦)에 모셔야 할 대상도 불보살이지만 근래에는 영가를 맞이하는 의례로만 여기는 경우가 많다. 따라서 영가를 극락으로 인도할 인로왕보살(引路王菩薩)이 청정도량에 영가를 맞아들이는 방식으로 구성된다.

그런데 의궤나 실행을 살펴볼 때 연(輦)으로 모시는(侍) 시련이란, 조선시대 "왕실의 기신재 때 선왕과 비의 선령을 극락교주의 증명 아래 인도왕보살의 인도로 해탈문 밖에서 안으로 모셔오는 의식"[242]에서 비롯된 듯하다. 따라서 의례 현장에서는 승려들이 연을 쓰면서도 마치 예법을 어긴 것처럼 "연은 본래 부처님이나 왕이 타는 것이라서 영가에는 쓰면 안 된다"고 하지만, 상단시련이 없어졌다면 왕조시대가 아닌 오늘날에는 모든 영가가 타도 무방할 것이다.

(3) 2단계: 씻기(관욕)

관욕(灌浴)은 영가가 생전에 지은 업을 씻어내는 단계이다. 대개 영단 옆에 병풍을 쳐서 관욕단을 만든 뒤 재를 주관하는 승려의 염송에 따라 의례를 진행하게 된다. 불교에서는 인간이 살아가면서 지은 업은 몸(身)과 입(口)과 마음

---

242 위의 책, p.235.

(意)으로 지은 것이라 하여 이를 삼업(三業)이라 한다. 관욕에서는 영가의 삼업을 청정하게 씻어줌으로써 불보살 앞으로 나아갈 수 있도록 하는 것이다. 염송 내용에도 '번뇌의 때'라는 말이 자주 나오는데, 삼업은 곧 중생의 번뇌에서 비롯되기 때문에 번뇌에서 벗어남으로써 해탈에 이를 수 있음을 의미한다.

관욕의식을 간략하게 살펴보면 영가를 관욕실로 청하는 인예향욕(引詣香浴), 향탕수를 갖추어 영가의 업을 씻는 가지조욕(加持澡浴), 영가가 입었던 명부의 옷을 해탈복으로 바꿔 입히는 가지화의(加持化衣), 해탈복을 갈아입은 영가가 불보살을 친견하게 됨을 알리는 출욕참성(出浴參聖), 영가가 삼보를 친견하여 배례하는 가지예성(加持禮聖), 영가를 영단에 모시는 수위안좌(受位安座) 등의 절차[243]로 진행된다.

관욕단에는 씻음의 의식을 드러내는 각종 의례용품들을 갖추어 놓는다. 영가를 나타내고자 종이로 작은 바지저고리를 만든 지의(紙衣)를 두고, 물을 담은 대야에 향을 띄워 향탕수를 만든 뒤 씻을 물로 삼게 된다. 세면도구로 비누 · 칫솔 · 치약 등을 진열하고 수건을 병풍에 걸어 놓게 되며, 목욕 후에 갈아입을 한복 한 벌과 신발 등도 마련한다. 이 외에 지의를 태울 때 쓰는 기왓장과 긴 부젓가락을 갖추기도 한다. 산 사람이 씻을 때와 마찬가지로 세면용구와 갈아입을 옷을 배치함으로써 씻음의 과정을 시각적으로 드러내는 것이다.

관욕이 시작되면 영단에 있던 영정과 위패, 향로와 촛대 등을 관욕단인 병풍 뒤로 옮겨 놓고 의식을 행한다. 이때 법주는 영가의 업과 번뇌를 씻어 주기 위한 염송과 함께 관욕 절차에 따라 여러 진언(眞言)을 외우고, 병풍 안에서는 진언에 맞추어 지의를 향탕수에 적셨다가 태움으로써 생전의 업을 씻고 새 법의(法衣)를 갈아입는다는 의미를 상징적으로 나타내게 된다. 아울러 증

____

243 위의 책, pp.247~260.

명법사(證明法師)의 역할을 맡은 또 다른 승려가 병풍 앞에 앉아 진언에 따라 독특한 손모양의 결인(結印) 또는 결수(結手)를 취하게 되는데, 영산재가 아닐 때는 생략하는 경우가 많다. 이러한 의식을 통해 청정한 상태가 된 영가는 불보살 앞에 나아갈 수 있는 존재로 새롭게 태어나는 것이다.

불교상례에서는 몸을 대상으로 한 습(襲)과 영혼을 대상으로 한 관욕(灌浴)으로 두 차례에 걸친 씻음의 의례를 행한다. 습과 관욕은 이전 세계(이승)에서 다른 세계(저승)로 진입할 때 필수적으로 따르는 정화의 단계로, 일반 상례와 달리 체계적인 내세관을 지닌 불교에서는 망자의 주검을 보낸 뒤에 다시 영혼을 대상으로 한 씻음의 의례를 행하는 것이다.

정화단계를 거친 뒤에는 새 옷을 갈아입게 되는데, 망자의 몸을 씻은 후에 수의가 등장했듯이 영혼을 씻은 후에도 갈아입을 관념적인 새 옷이 설정되어 있다. 영혼의 씻음은 생전의 업을 씻고 깨달음의 세계로 나아간다는 종교적 의미를 지녀 관욕을 마친 후에 입는 옷은 해탈복(解脫服)이라 부른다. 관욕 이전의 영가가 명부의 옷(冥衣)을 입은 존재였다면 관욕 이후는 해탈복을 입은 존재로 표현함으로써 존재의 경지가 변화되었음을 드러내게 되는 것이다.

그런데 눈에 보이지 않는 영혼을 대상으로 한 의례라 하더라도 망자의 존재를 드러내기 위해 지의를 사용한 것처럼, 관욕 후 갈아입는 새 옷으로 한복을 마련해 놓는다. 이들 구상화된 옷은 지의의 경우 관욕 시에, 한복은 봉송의 단계에서 각각 불태움으로써 망자의 주요한 변환시점을 나타낸다. 곧 관욕 때 지의를 태우는 것은 명의(冥衣)가 해탈복으로 변환되는 것을 나타내고, 봉송(奉送) 때 한복을 태우는 것은 망자의 영혼이 저승으로 통합되었음을 상징하고 있기 때문이다.

이처럼 관욕에는 각기 종이로 만든 옷, 관념적인 옷, 실제의 옷인 '지의·해탈복·한복'이라는 세 유형의 옷이 등장하며, 이들은 망자의 존재 및 존재

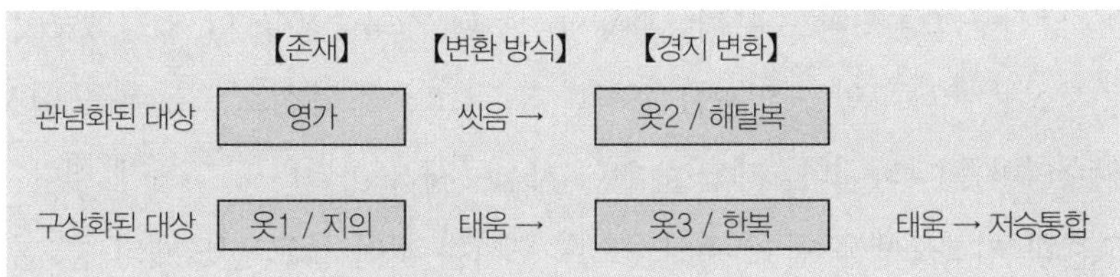

〈그림2〉 관욕 시 세 가지 옷의 유형과 그 의미

의 경지 변화를 드러내는 구실을 하고 있음을 알 수 있다. 이러한 일련의 관계를 도식화하면 〈그림2〉와 같다.

관욕 시에 등장하는 세 가지 옷의 의례적 의미는 비교적 명확하지만, 의례 주체인 유족에게는 달리 수용되기도 한다. 지의를 접한 이들은 망자를 상징한다는 것을 쉽게 알아차리고, 해탈복의 의미 또한 유추하기에 어려움이 없는 데 비해, '옷3' 한복의 의미는 복합적이기 때문이다.

한복은 관욕을 마친 후 갈아입는 새 옷이므로 의례적 의미로 볼 때 해탈복을 구상화한 것에 해당한다. 하지만 실제의 옷이므로 현장에서는 '경지의 변화'에 초점이 맞춰지기보다 '저승에서 입을 옷'이라는 수의(壽衣), 곧 명의(冥衣)의 의미로 수용되고 있다. 이는 관욕에 대해 "세면도구를 갖고 가서 목욕하신 것으로 알고 있다"는 유족들의 말처럼, 업을 씻어 존재의 변화가 일어난다고 생각하기보다는 '망자의 목욕'이라는 일반적 의미가 우선한다는 점과 밀접히 연관된다. 따라서 마치 습(襲)을 하고 수의를 입듯이, 관욕을 하고 새 옷을 갈아입는다는 통념이 보다 폭넓게 수용되고 있는 것이다. 관욕에서 한복을 준비하는 설정 자체가 민간의 관념에 부응하기 위한 것이라는 점에서, '관욕 후 해탈복'이라는 의례적 의미와는 별개로 '목욕 후 명의'라는 인식은 사십구재에서 흔히 접할 수 있는 이원적 의례 관념이기도 하다.

관욕을 할 때 영가를 나타내는 지의(紙衣)는 남녀 한 쌍을 두어 여신구(女

神軀)·남신구(男神軀)라 부른다. 대령에서부터 지옥중생을 함께 청했듯이, 이는 사십구재의 주인공 영가를 포함한 모든 고혼을 대상으로 관욕을 실시한다는 의미를 나타낸다. 개인을 위한 사십구재라 하더라도 외롭게 떠다니는 고혼과 지옥중생을 함께 주인공으로 모시는 것이 불교 천도재의 중요한 특성이다.

1800년대의 불교의식집인 『작법귀감』 「하단관욕규」[244]에는 초청 대상을 구체적으로 세분해 놓았다. 중앙에는 천류(天類)와 제왕, 동쪽에 장상(將相)과 남신, 서쪽에 후비(后妃)와 여신을 모시도록 3칸 6소의 단을 꾸미도록 하였다. 천계의 존재와 왕을 별도로 모시고 남녀를 분리하여 3개의 방에 2개씩의 관욕단을 갖추게 한 것이다. 불교적으로 설명한다면 영가는 생전의 업이 남아 있는 상태이므로 그 근기에 따르기 때문이라 하겠다. 따라서 대규모 천도재를 지낼 때는 3칸 6소의 관욕단을 차리게 되며, 영단에 넋전을 걸어 놓을 때도 하나만 걸지 않고 3위 또는 6위를 모신다.

또한 관욕을 할 때면 병풍에 길고 흰 무명천을 걸어 놓는 경우가 많은데 사찰에서는 이를 '소창'이라 부른다. 주로 병풍에서 바닥까지 'ㄴ'자 모양으로 꺾어 불단을 향하도록 깔아 놓거나 병풍 위에 겹쳐 늘어뜨리게 된다. 소창은 관욕에서 영가가 가는 길을 나타내는 종교적 상징물의 구실을 한다. 희고 깨끗한 이미지는 업의 정화를, 불단을 향해 길게 깔린 모습은 관욕을 마친 뒤 불단으로 나아가는 영가의 길을 상징하기 때문이다.

그런데 무속에서도 이 천을 질베(길베)라 부르면서 넋굿을 할 때 망자의 저승길을 가르거나 닦는 데 사용하고 있다. 긴 천의 네 모퉁이를 잡아당기는 가운데 중앙을 가르며 끝까지 통과함으로써 망자의 저승길을 시원하게 갈라 주

---

244 『作法龜鑑』卷下 '下壇灌浴規'.

⟨표7⟩ 관욕의 진언과 의미[245]

목 적	진 언	의 미	관욕행위
신업(身業) 씻기	목욕진언	목욕을 하여 몸으로 지은 신업을 씻음	지의를 물에 담금 (가지조욕편)
구업(口業) 씻기	작양지진언	버들가지를 씹어 입으로 지은 구업을 씻음	
	수구진언	물로 입안을 헹구어 입으로 지은 구업을 씻음	
의업(意業) 씻기	세수면진언	얼굴과 손을 씻어 마음으로 지은 의업을 씻음	
해탈복으로 변함	화의재진언	명의(冥衣)를 해탈복(解脫服)으로 변화시킴	지의를 불에 태움 (가지화의편)
해탈복을 전함	수의진언		
해탈복을 입음	착의진언	해탈복을 받아 입고 매무새를 정돈함	
매무새를 정돈함	정의진언		
상단으로 인도함	지단진언	불보살 앞으로 나아감	나갈 준비를 함 (출욕참성편)

거나, 무당이 넋을 담은 넋당석 또는 용선(龍船)을 천 위에서 좌우로 밀며 저 승길을 닦아 주는 것이다. 따라서 민속요소를 수용하는 종단의 사찰에서는 소창을 병풍에 걸어 놓기만 하는 것이 아니라, 유족이 원할 때 길 가르기나 길 닦기를 해주기도 한다.

병풍 뒤에서 관욕을 하는 동안 병풍 앞에서는 법주가 진언을 외우게 된다. 삼업을 깨끗이 하는 과정을 씻음에 비유하여 목욕진언·작양지진언(嚼楊枝眞言)·수구진언(漱口眞言)·세수면진언(洗手面眞言)을 읊고, 이어 해탈복으로 갈아입은 뒤 불보살 앞으로 나아가는 과정을 화의재진언(化衣財眞言)·수의진언(授衣眞言)·착의진언(着衣眞言)·정의진언(整衣眞言)·지단진언(指壇眞言) 등으로 나타내게 된다. 관욕의 절차에 따른 진언과 행위의 의미는 ⟨표7⟩로 요약할 수 있다.

---

245 목적과 의미는 주로 심상현, 앞의 책(2000), pp.138~164.

진언이 의미하는 바에 따르면 목욕은 신업(身業)을 깨끗이 하는 것이며, 이를 닦고 헹구는 것은 구업(口業)을, 손과 얼굴을 씻는 것은 마음으로 지은 의업(意業)을 깨끗이 하는 것임을 알 수 있다. '낯을 들 수 없다', '손을 씻었다' 등의 관용어처럼, 얼굴이 곧 사람의 마음이고 손은 그에 따른 행동의 표현이라는 의미를 드러내는 것이라 하겠다. 버들가지를 씹는 작양지진언은 버들가지가 이를 닦기 위해 지참하는 비구18물의 하나라는 데서 비롯된 것이다.[246]

아울러 증명법사가 참여할 경우, 병풍 앞에 앉아 진언에 따라 결수(結手) 취하게 된다. 진언과 결수는 밀교의례로, 밀교에서는 신(身)·구(口)·의(意)의 작용이 선과 악이라는 인과의 산물이 된다면 삼업(三業)이지만, 그것을 초월한 진실한 행위가 될 때는 세 가지 비밀스러운 행위(三密)가 된다고 본다. 이처럼 몸과 입과 마음으로 세 가지 참되고 진실한 밀을 갖추는 것을 삼밀가지(三密加持)라 하며, 몸으로는 결수를 맺고 입으로는 진언을 염송하고 마음으로는 불보살을 관하는 것을 삼밀수행(三密修行)이라 한다.[247] 영가의 중요한 변화가 이루어지는 관욕에서는 이러한 삼밀의 일치가 특히 중요하다. 결수를 하는 행위는 신밀(身密)이 되고, 진언을 염송하는 것은 구밀(口密)이 되므로, 의밀(意密)은 의례에 참석한 이들이 지극한 마음으로 영가의 극락왕생을 기원함으로써 완성되는 것이다.

(4) 3단계: 기원하기(상단권공)

상단권공(上壇勸供)은 불보살을 향해 공양을 올리며 영가의 극락왕생을 발원하는 단계이다. 사십구재의 핵심이 되는 단계이며, 관욕으로 청정하게 된

---

246 위의 책(2000), pp.138~164.

247 http://buruna.buddhism.org/chunsu/chunsu3.htm ; 洪潤植, "삼밀가지(三密加持)", 『한국민족문화대백과사전』(한국정신문화연구원, 1991).

영가를 모시고 승려와 모든 참석자들이 불보살 앞에 나아가 지극한 마음으로 불공을 올리게 된다. 이 의식은 평소 불보살에게 올리는 법식을 기본으로 하는 가운데, 보다 풍성하게 공양물을 차려놓고 여러 불보살을 비롯한 삼보에 불공을 올리며 망자의 극락왕생을 축원하는 내용을 담는 것이 특징이다.

상단권공은 삼보통청(三寶通淸)이나 지장불공 등으로 행하게 되나, 삼보통청에 따라 의미 중심으로 살펴보면[248] 공양을 받을 분을 모시는 봉청(奉請), 자리를 바치는 헌좌(獻座), 공양을 변화시키는 변공(變供), 공양물을 올리는 헌공(獻供), 경전을 염송하는 풍경(諷經), 소원을 아뢰는 축원(祝願), 일체를 회향하는 회향(回向)의 절차로 진행된다.

사찰에서는 특정 재와 무관하게 매일 정성껏 밥을 지어 사시(巳時: 오전 9시~11시)가 되면 불전(佛前)에 마지를 올리게 된다. 불보살에게 올리는 밥을 마지(摩旨)라 하고 사시에 올린다 하여 사시마지라 한다. 마지를 나를 때는 두 손으로 그릇을 높이 치켜든 채 조심스레 옮기는데, 이는 불전에 올릴 공양물을 귀하게 받든다는 의미와 함께 침이 튀지 않도록 입 높이 위로 오게 하기 위함이다. 굽다리그릇에 소복이 담아 뚜껑을 덮은 마지를 상단에 올려놓고 승려가 불공을 시작할 때 뚜껑을 열어 놓게 된다. 이처럼 일상의 마지를 사시에 올리고 있어 오전에 시작하는 재는 대개 이 시간에 맞추어 상단권공을 진행하며, 만약 사시 이후로 재가 잡혀 있으면 그 날은 두 차례 마지를 올리는 셈이다.

마지와 함께 평소 상단에는 육공양물을 모두 바치는 것이 일반적이다. 따라서 불전에 올리는 이러한 일상의 공양물이, 유족이 주체가 된 사십구재의

---

248 李誠雲, 「韓國佛教 儀禮體系 研究: 施食·供養 儀禮를 中心으로」(東國大學校 佛教學科 博士論文, 2012), pp.113~166.

의례 상황에서는 풍요롭고 다양한 재물(齋物)로 변환된다. 유족은 불보살의 위력을 빌어 영가를 보다 좋은 곳으로 보내고자 하는 목적을 지니고 있기 때문에 그러한 기원의 마음을 정성껏 차린 재물로써 표현하게 되는 것이다.

그런데 이처럼 의례음식으로 풍성해진 경우에도 불전에 올리는 재물은 어디까지나 육공양물이라는 기본성격에서 벗어나지 않는다는 점이 중요하다. 향·등·차·꽃 외에 쌀과 과일을 중심으로 확대되어, 곡식을 상징하는 쌀이 각종 떡과 과자류로 다양화되고 여러 종류의 과일을 갖추는 데서 벗어나지 않기 때문이다. 따라서 상단(불단)과 중단(신중단)에는 밥·떡·과일·밤·대추·과자류 등과 같이 곡식·과실 중심의 마른 재물만 올리고, 국·탕과 같이 물기가 있거나 간을 해서 냄새가 나는 반찬 종류는 올리지 않는다.

특히 불보살에게 영가의 극락왕생을 비는 한편으로 상단권공의 마지막에는 재를 주관한 유족의 안위와 소망을 기원하는 축원이 따르게 된다. 축원은 대개 3·4조의 운율로 읊게 되는데, 일반적인 제액발복(除厄發福)에서부터 "병고자 즉득쾌차 미혼자 속득성혼 무자자 속득생남 시험자 시험합격 학업자 지혜명석 운전자 무사운행 무직자 취직성취 직장자 진급성취" 등에 이르기까지 구체적인 소망들을 담고 있다.

상단권공을 마친 다음에는 신중(神衆)을 모신 중단을 향해 공양과 불공을 올리는 중단권공(中壇勸供)을 올린다. 평소에도 상단에 사시마지를 올리고 예불을 마친 뒤 마지를 중단으로 옮겨 예불을 행하는데, 공양을 물려준다 하여 이를 중단퇴공(中壇退供)이라고도 한다. 일상의례와 마찬가지로 사십구재에서도 상단예불이 끝나면 상단의 재물을 중단으로 옮기고 신중을 대상으로 공양과 예불을 올리게 된다. 신중은 불법을 수호하고자 서원한 신들로 불공을 올려야 할 대상에 속하며, 민간에서 독자적인 신앙의 대상으로 삼고 있는 신들도 많다.

중단권공의 절차는 공양을 올리는 공양게(供養偈)와 예참(禮懺), 지혜의 법문을 읊는 반야심경(般若心經), 재자의 발복을 기원하는 신중축원(神衆祝願)으로 요약할 수 있다.[249]

그런데 실제 사십구재에서는 이와 같은 신중단의례가 잘 지켜지지 않고 있다. 개별 의식이 지닌 성격은 그 대상이 경배와 찬탄의 대상인가, 깨달음을 도와줘야 하는 교화의 대상인가에 따라 예경의식(禮敬儀式)과 교화의식(敎化儀式)으로 구분할 수 있다. 사십구재에서 불보살과 신중은 예경의 대상이고, 교화의 대상은 하단에 모신 영가가 이에 해당한다. 그러나 많은 사찰에서 신중단에 예경의식을 올리지 않고 교화의식만으로 진행하고 있어 이에 대한 문제가 지적되고 있는 것이다.

이는 의례에서 사용하는 의식문의 성격과 신중단에 삼배를 올리는가의 여부로 살펴볼 수 있다. 신중단 의식문은 크게 예경문, 반야심경, 중단축원으로 이루어진다. 예경문과 축원은 경배의 대상에게 올리는 것으로 합당한 의식문이지만, 반야심경은 스스로의 수행을 위해 염송할 수는 있으나 신중단을 향할 경우 신중이 교화의 대상이 된다는 의미를 지닌다. 그런데 사십구재에서 반야심경만으로 중단의례를 대신하는 경우가 많아 이에 대한 문제가 지적되고 있는 것[250]이다. 예경문과 함께 반야심경을 염송할 경우에는 별 문제가 없으나, 반야심경만 들려준다면 신중의 성격이 대중의 교화를 받을 대상으로 하락하고 말기 때문이다.

아울러 신중 역시 예경의 대상이기에 절을 받아야 마땅하나, 절을 하지 않고 합장한 채 반야심경만으로 중단의례를 마치는 경우가 많다. 이후에 오는

---

249 대한불교조계종 포교원, 앞의 책(2006), pp.76~82.
250 이에 대한 문제제기는 徐宗梵, 「현행 불교의식의 문제점」, 동국대학교 불교문화연구원 편, 『새로운 정신문화의 창조와 불교』(우리출판사, 1994).

관음시식에서는 하단에 모신 영가를 위해 유족이 절을 하게 되므로, 결국 사십구재에서는 삼단(三壇) 가운데 신중만이 신격의 존재로 법당에 자리하고 있음에도 불구하고 절을 받지 못하는 셈이다. 사십구재 이외의 일상의례에서는 신도들이 법당에 들어오면 불단 다음으로 신중단에 절을 하지만, 사십구재의 의례적 국면에서는 불법 수호는 물론 영가를 지켜줄 신중에게 한 번도 절을 하지 않는 모순이 발생하고 있는 것이다.

중단의례가 반야심경 염송으로 대체된 계기는 1947~1948년경의 봉암사 결사에서 비롯되었다. 당시 승려 자운·청담·향곡·성철 등이 불교정화운동의 일환으로 봉암사에 모여 결사를 맺고 부처의 법에 어긋난 것들을 바로잡겠다는 의지를 실천하고자 하였다. 이때 『범망경보살계』에 "출가한 사람은 국왕과 부모에게 절하지 아니하며, 귀신을 공경하지 않는다. 출가한 사람은 일체 사람의 공경을 받아야 할 존재이다"라는 내용을 깊이 새겨, 승려는 대중에게 불법을 전하는 불제자이자 삼보의 하나로 추앙받아야 하는 존재이며 신중단이나 재가불자에게 절을 해서는 안 된다고 보았다.[251] 따라서 경배의 대상은 불보살에 국한되며 신중은 불법을 들려주면서 깨달음을 도와주어야 하는 대상으로 설정될 수밖에 없었던 것이다. 이 내용을 보면 당시에는 승려와 신도가 맞절을 하기도 했었음을 알 수 있다.

봉암사 결사 이후 중단예불이 없어지고 반야심경 염송으로 대신하는 풍조가 확산되어 나갔다. 그러나 그 뒤에 발간된 여러 의식집에는 여전히 중단의례에 예경의식문을 싣고 있어 근래까지도 이 문제는 정리되지 않은 채 사찰에 따라 여러 양상으로 행해지고 있다. 작은 재에서는 반야심경만 독송하고 재가 커지면 예경문도 함께 독송하면서 규모에 따라 가감되기도 한다.

---

251 日陀, 『범망경 보살계 5』(다라니, 1992), pp.32~33 ; 圓澤, 「성철스님의 행장」, 『白蓮佛教論集』 4(白蓮佛教文化財團, 1994), p.19.

중단의례가 반야심경만으로 2~3분 만에 짧게 끝나는 데다 다음 단계의 관음시식을 위해 재물을 영단으로 옮기느라, 어수선한 분위기 속에 형식적으로 치름으로써 의례적 효과를 거두지 못하는 경우가 많다. 따라서 현재의 중단권공의 양상은 신중에게 절을 올리며 기원하는 신도들의 마음을 수용하지 못하고 있다. 특히 극락왕생을 기원하는 시간은 불보살에게도 신중에게도 절을 올리며 모든 신적 존재의 위력을 얻고 싶은 마음이 간절한 자리이다. 이러한 의례에서 승려와 유족이 합장한 채 서서 신중에게 반야심경만을 들려주는 구도는 의례의 성격과 맞지 않는 것이다.

(5) 4단계: 제사지내기(관음시식)

관음시식(觀音施食)은 하단의 영가에게 제사를 지내고 불법을 들려주는 단계이다. 천도를 위해 긴 노정을 거친 영가가 자신의 자리로 돌아와 후손의 공양을 받는 단계로, 줄여서 시식(施食)이라고도 한다. 이 단계를 제사라 부르는 것은 유족의 입장에 따른 것으로, 관음시식은 곧 '재(齋) 속에서 진행되는 제사'인 셈이다. 따라서 영단에 술·고기·생선을 제외한 갖가지 제사음식을 차려 놓고 유족과 친지들이 차례로 절을 올리며, 승려는 영가가 깨달음을 얻어 피안의 세계로 나아갈 수 있도록 불법을 들려주고 각종 진언으로써 앞길을 열어주는 가운데 극락왕생을 기원하게 된다.

아울러 유족과 함께 망혼에게 경전을 읽어 주고 아미타불이 상주하는 서방극락세계로 나아갈 것을 축원하는 아미타불을 염송한다. 궁극적으로 영단에 차린 재물은 단순한 음식에 그치지 않고 망자가 깨달음을 얻을 수 있도록 이끌어주는 감로(甘露)의 불법을 상징하는 것이라 하겠다.

관음시식의 절차는 '거불 – 창혼 – 착어 – 진령게 – 풍송가지(諷誦加持) – 표백(表白) – 증명청(證明請) – 가영 – 다게(茶偈) – 고혼청 – 가영 – 칭양성호(稱揚

聖號)-장엄염불' 등으로 진행[252]된다. 불보살을 모시고 영가를 영단에 청하여 불법을 들려주고, 영가를 이끌어줄 여러 불보살을 청한 뒤 영가에게 공양을 올린 다음, 법공양으로 얻은 지혜로 깨달음의 세계를 향해 나아가도록 기원하는 의미를 지닌다.

영가가 처음 법당으로 들어와 영단에 자리했던 대령에서는 생전의 업을 짊어진 채 중유를 떠돌던 속(俗)의 존재였다. 그러나 관욕으로써 업을 정화하여 성(聖)의 영역에 들어선 후, 상단으로 나아가 불보살의 가피를 입고, 중단으로 나아가 신중의 외호를 받으며 돌아온 영가는 이전과 본질적 차이를 지닌다. 대령과 시식의 단계는 영단에 좌정하여 유족의 예를 받는다는 점에서는 동일하지만, 영가의 경지에 커다란 상승의 변화가 이루어졌기 때문이다. 이러한 망자의 경지를 축원하는 가운데 자신의 자리에 좌정한 영가에게 본격적으로 불법을 들려줌으로써 스스로 깨달아 극락왕생하기를 기원하는 것이다.

또한 영가는 신적 존재의 위계에 따라 '상단→중단→하단'으로 이동하면서 의례에 직접 동참하였듯이, 재물(齋物) 역시 '상단→중단→하단'으로 물림을 하게 된다. 곧 상단권공을 마치고 나면 불단에 차린 재물을 신중단으로 옮겨 중단의례를 치르고, 중단권공을 마치고 나면 상단·중단에서 내려온 재물을 영단에 차린 후 각종 제사음식을 더하여 제상(祭床)의 위용을 갖추는 것이다.

시식의 단계는 유족이 망자를 떠나보내는 탈상을 앞두고 올리는 마지막 제사이기 때문에, 각별한 마음으로 정성을 들이면서 슬픔을 풀어내는 시간이기도 하다. 따라서 유족은 젓가락을 옮겨 놓기도 하고 숭늉에 밥을 말기도 하면서, 마치 가정에서 망자와 정서적 교감을 나누며 제사를 지내듯 익숙하게 의

---

252 法眼·牛述 編譯, 앞의 책(2012), pp.324~343.

례를 치르게 된다. 승려는 묵묵히 염송하며 지켜보기만 할 뿐 대체로 유족이 자율적으로 제사를 지내도록 일임하는 편이다.

영가에게 올리는 절의 횟수는 2회 또는 3회가 혼용되고 있다. 재배(再拜)가 망자에 대한 유교식 참배 방식이라면 삼배(三拜)는 불교에서 불보살 및 승려에게 행하는 것이다. 따라서 영가에게 삼배를 올리는 것은 모든 중생에게 부처가 될 성품(佛性)이 있기 때문이라고 보는 이유가 가장 크다. 승려들 중에도 영가에게는 민간의 방식대로 재배를 하면 된다는 의견도 있으나 대부분 "두 번이든 세 번이든 절의 횟수에는 큰 의미가 없다"고 본다. 망자를 향한 제사는 관습적 생활의례이므로 가능하면 민간의 전통의례를 그대로 인정해 주고 있을 뿐만 아니라 어느 정도 유족의 자율에 맡기고 있는 셈이다.

(6) 5단계: 보내기(봉송)

봉송(奉送)은 법당으로 청한 영가를 떠나보내는 순서이다. 법당에서 봉송 의식을 한 다음, 바깥의 소대에서 마지막으로 영가를 떠나보내게 된다.

먼저 봉송게(奉送偈)를 한 다음 위패와 영정을 모시고 불보살에게 떠나게 되었음을 고하는 보례삼보(普禮三寶), 법당을 도는 행보게(行步偈)와 의상조사 법성게(義相祖師法性偈)를 염송하며 법당에서 나온다.[253] 본래 영가뿐만 아니라 불보살과 신중의 봉송도 별도로 행해졌으나 상단·중단 봉송은 생략하는 것이 관례이다. 아울러 법당을 떠나기 전에 영단의 재물을 조금씩 떼어 큰 그릇에 담아 절문 밖이나 마당 한쪽에 내어놓음으로써 재단에 올라오지 못한 유주무주 고혼들에게 나누어 먹이는 헌식(獻食)을 행한다.

소대의식(燒臺儀式)은 망자와 이별하는 봉송의 일부이자 사십구재의 마무

---

253 위의 책, pp.344~346.

리 단계이다. 소대 앞에 향로 · 촛대 · 위패 · 영정을 진열하고 '봉송소(奉送疏) —풍송가지—회향게(回向偈)—무상계(無常戒)'[254]의 절차로 진행된다. 영가에게 마지막 불법을 들려주면서 의례에 사용된 넋전 · 지전 · 번 등의 장엄물, 위패 · 영정 · 발원문, 망자의 옷, 유족의 상복 등을 태우게 된다. 의례 현장에서 이 단계를 '탈상하러 가는 길'이라고 부르기도 하듯이, 재를 위해 구상화되었던 모든 것을 불사름으로써 망자와 유족이 각기 제자리로 돌아가는 의미가 부각되는 시간이다.

이때 죽은 자와 산 자는 일련의 가시적 행위를 통해 각기 저승세계와 현실세계로 돌아오게 되며, 이들이 각자의 세계로 돌아가는 데 핵심적 구실을 하는 상징물로 '옷'이 부각된다. 곧 망자는 한 벌의 한복을 불태움으로써 저승으로 통합되고, 유족은 소대 앞에서 상복을 벗음으로써(脫喪) 일상으로 통합되기 때문이다. 태우는 내용물은 사례마다 조금씩 다르지만, 사십구재를 위해 일회적으로 조성한 의례용품과 함께 망혼이 가져갈 옷 한 벌은 반드시 태우게 된다. 상복 역시 소각하였으나 근래에 와서 재활용이 가능한 상복과 소창 등은 태우지 않고 있으며, 도심사찰에서는 이에 대한 규제가 더욱 엄격하다. 따라서 소대에서 태우지 못하는 상복 · 소창 · 고무신 등은 불 앞에서 세 번 휘돌리는 것으로 태우는 행위를 대신하며 영정 역시 태우지 않고 있다.

불교에서 이승에 대한 집착과 미련을 모두 끊고 새 몸으로 태어나라는 의미를 담아 화장을 하듯이, 사십구재의 봉송에서 행하는 태움의 의식 역시 망자의 옷과 의례용품을 모두 불사름으로써 공(空)의 상태로 돌아갔음을 나타내는 종교적 행위이다. 따라서 이때 염송하는 내용에서도 영가에게 재(齋)의 공덕을 통해 이승에서의 애착을 끊었는지 묻고, 만약 아직까지 끊지 못했으면

---

254 대한불교조계종 포교원, 앞의 책(2006), pp.114~123.

다시 들으라고 하며 '육신을 떠나 보면 꿈속과 같고 세속의 욕심과 번뇌망상이 모두 공'임을 깨우쳐 주고 있는 것이다.

이처럼 불교적 관점에서는 망자가 생전의 삶에 대한 애착을 끊게 하기 위해 태우는 것이지만, 유족에게는 오히려 저승에서 필요한 것들을 챙겨 보내는 의미가 더욱 크다. 따라서 평소 망자가 아끼던 물건을 가져와 태우기도 하고, 옷 한 벌은 물론 손수건에서 넥타이까지 챙겨 보내기도 한다. 이는 무덤 속에 부장품을 함께 넣는 행위와 동일한 것으로, 사후의 삶 역시 현세와 동일할 것이라 보아 옷은 물론 노잣돈과 이런저런 일용품도 필요하다고 여기는 것은 인간의 보편적 심성이라 할 수 있을 것이다. 태움의 의례는 이처럼 불교적 의미와 전통상례의 관습 및 유족의 심성이 맞물린 가운데 사십구재에서 빠질 수 없는 중요한 과정으로 자리 잡고 있다.

이후 재를 마치고 둘러앉아 음복하는 법식(法食)의 자리는, 의례에 사용된 재물을 참석자와 여러 신도들이 고루 나누어 먹음으로써 불보살과 인연을 맺는다는 의미를 지닌다.

4) 사십구재의 기능과 특성

상례는 20세기 말에 들어서면서부터 전면적인 지형변화를 겪어 왔다. 현대 한국인에게 있어 죽음은 '전통 유교상례'라는 이름 아래, 주검을 떠나보내기 위해 필요한 최소한의 시간과 의례로 마무리되고 있을 따름이다. 전통적 대상(大祥)·소상(小祥)의 의미는 퇴색된 지 오래라 하더라도 수십 년 전만 해도 백일탈상으로 부모상을 치렀으나, 지금은 삼우제(三虞祭)를 마치면서, 혹은 매장·화장으로 장례를 치름과 동시에 탈상하는 경우가 일반화되었다.

통과의례로서 상례뿐만 아니라, 영혼을 달래고 부정(不淨)을 씻어 주며 망자를 무사히 저승으로 안착시키기 위한 무속의 넋굿 역시 유사한 상황에 처해 있다. 곧 현대화와 기성 종교의 확산에 따라 무속 환경이 위축되고 수요가 줄어들면서[255] 넋굿의 사회적 기반이 점차 약화되어 가고 있기 때문이다. 이처럼 상제례를 포함한 사후의례가 전반적으로 약화·축소된 것은 현대인의 생활패턴과 의식의 변화에 따른 자연스러운 귀결로 여겨진다.

그런데 죽음을 둘러싼 환경의 변화와 무관하게, 가족의 죽음으로 인해 발생하는 관념적 문제들은 시대가 바뀌어도 쉽게 변하지 않는 본연적 성격을 지니고 있다. 이전에는 장례를 치른 뒤 거상의례(居喪儀禮)라는 완충지대가 있었고, 넋굿과 같이 죽음으로 인해 발생한 문제를 풀어내는 기제들이 존재하였다. 그러나 거상 기간이 축소되고 망자의 죽음을 위무해온 넋굿 역시 점차 현실적 기반을 잃어가는 가운데, 현대인은 이러한 완충장치를 거치지 않은 채 불안하고 아쉬운 마음으로 일상과 맞닥뜨리게 되었다. 죽음은 남은 자들에게 이를 수용하고 정리하기 위한 시간과 의례적 장치가 필요한 궁극적 사건이지만, 탈상 기간의 축소에서 알 수 있듯이 현대인의 삶은 이러한 마음을 자율적으로 실천하기 힘든 모순상황에 놓여 있는 것이다.

이와 같은 죽음의례의 변화 속에서, 사십구재가 불교적 믿음과 무관하게 사후의례의 대안이 되고 있어 주목된다. 사십구재는 망자를 보다 좋은 곳으로 보내주기 위한 종교의례인 동시에, 죽음에서 비롯된 산 자들의 문제를 충족시키는 탈종교적 전통의례로 수용되고 있다. 본래의 종교적 기능인 '천도' 이외에, 유교상례에서 담당해 왔던 '탈상'이라는 사회적 기능과, 무속의 넋굿에서 주로 담당해 왔던 '해원(解寃)'이라는 심리적 기능을 동시에 충족시키고 있기 때문이다. 상을 당한 유족에게 사십구재는 종교의례이기 이전에 탈상의

---

255 이경엽, 「씻김굿의 제의적 기능과 현세주의적 태도」, 『韓國民俗學』第31輯(民俗學會, 1999), p.24.

례로 수용되고 있으며, 억울하게 죽은 망혼을 위로하고 산 자들의 슬픔을 해소하는 데 보다 적합한 방편으로 작용하고 있는 것이다.

(1) 유교 탈상의례의 수행

1970년대까지만 해도 민간에서는 3년상(大祥)으로 탈상하는 경우가 드물지 않았다. 많은 가정에서 졸곡제를 대신한 백일제와 1주년 때 소상제를 지내고, 2주년이 되는 날 대상제를 지낸 뒤에야 그때까지 착용했던 건·상복·행전 등을 모두 불태워 탈상하며 영좌도 철폐[256]하였던 것이다. 그러나 1969년에 제정된 「가정의례준칙」에서도 알 수 있듯이, 이러한 전통상례는 근현대기를 지나면서 백일상으로 절충되어 전통과 현대를 잇는 과도기적 탈상 기간으로 자리매김해 왔다. 이후 개정을 거친 1999년의 「건전가정의례준칙」에도 상례 기간은 동일하게 100일로 규정된 채 현재까지 이어지고 있다.

그런데 실제 20~30년 전부터 현대인들에게 백일탈상은 거의 지켜지지 못하고 있으며 삼우제로써 탈상하거나 장례를 마침과 동시에 탈상하는 경우가 높은 비율을 차지하고 있다. 이렇듯 백일탈상은 부담스럽고 3일·삼우제 탈상은 아쉬운 이들에게, 사십구재는 사찰에 의뢰하여 치를 수 있는 간편한 탈상의례로 수용되고 있다. 망자를 보다 좋은 내세로 보내기 위한 의례적 근거를 갖추고 있을 뿐만 아니라, 장례 이후에 다시 망자의 죽음을 공론화하는 의례를 치름으로써 상주(喪主)의 명분을 드러낼 수 있다는 점 역시 사십구재의 수용을 높이는 요인으로 꼽을 수 있을 것이다.

서울·경기 지역 사찰을 대상으로 행한 필자의 사십구재 연구[257]에 따르

---

256 文化公報部 文化財管理局, 『韓國民俗綜合調査報告書: 서울편』(1979), p.69.
257 구미래, 『한국인의 죽음과 사십구재』(민속원, 2009).

면, 무작위로 선정·조사한 12건의 사례 가운데 윗대에는 사십구재를 지낸 적이 없었던 경우가 7건을 차지하고 있어 사십구재의 탈상기능을 뚜렷이 부각시켜주었다. 12개 사례 중 사십구재가 곧 탈상이 아닌 경우는 없었는데, 이는 수십 년 전까지만 하더라도 불교신자들에게 사십구재와 탈상이 별개의 개념으로 받아들여졌던 점을 생각하면 커다란 변화라 하겠다. 불교신자라 하더라도, 백일이나 소상·대상 등의 유교상례를 기본적으로 따르는 가운데 망자의 극락왕생을 위한 사십구재를 추가로 치러 왔기 때문이다. 불교적 관점에서는 망혼의 중음기가 끝나는 사십구재가 곧 탈상이지만, 이와 무관하게 규범적 생활의례로 정착되었던 유교식 상례는 계속되었던 셈이다.

현재 사십구재를 치르는 가정의 상례사(喪禮史)를 살펴보면, 윗대부터 사십구재를 하면서도 거상을 별도로 지켜온 불교집안에서는 탈상 기간이 대상 혹은 소상에서 백일로 단축되다가 사십구재에 통합되었고, 사십구재를 지내지 않던 집안에서는 점차 축소되는 탈상 기간을 대체할 새로운 방편으로 사십구재를 선택하게 된 것이라 하겠다. 이러한 49재와 탈상의 변화 양상을 도식화하면 〈그림3〉과 같다.

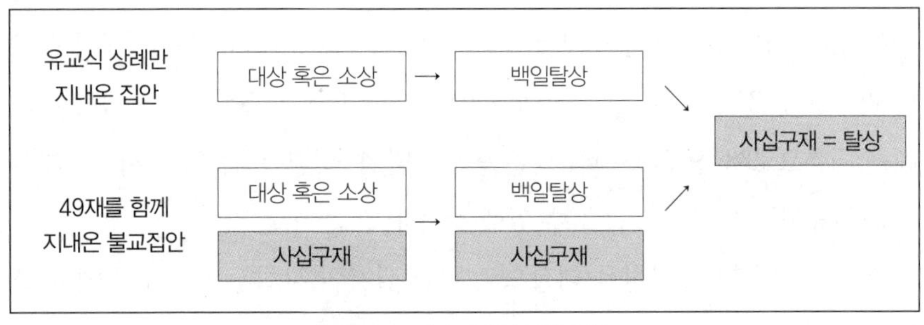

〈그림3〉 49재와 탈상의 변화 양상

특히 대부분의 의례는 1회의 실행으로 목적을 달성하게 되지만, 사십구재
는 마지막 날에만 치르는 것이 아니라 일곱 번에 걸친 7·7재로 완결된다. 따
라서 49일이라는 의례기간이, 일상과 구별되는 전통적 의미의 거상(居喪)에
보다 가까운 성격을 지닌다. 고인을 추모하고 남은 자들의 마음을 달래기에 7
일마다 거듭되는 일곱 번의 의례는 적절한 의례주기라 할 수 있다. 또한 의례
목표로 설정된 '망자의 극락천도'를 위해 7회에 걸쳐 점진적으로 나아가는 구
도를 지님으로써 의례 주체의 성취감이 고조되는 가운데 목표를 수행하는 단
계적 상승효과를 지닌다. 따라서 한 회 한 회 거듭되는 의례 구조는 '과정'의
중요성을 부각시키고, 남은 자들의 마음을 안정적으로 승화시키는 데 중요한
작용을 하는 것으로 여겨진다.

불교신자가 아닌 이들이 사십구재로써 탈상의례를 별다른 갈등 없이 치를
수 있는 배경에는, 유교 상제례의 핵심을 이루는 효와 조상숭배의 정신이 사
십구재에도 동일하게 구현되고 있기 때문이다. 법당에는 불보살을 모신 상단
과 신중을 모신 중단뿐만 아니라 망자를 위한 하단이 마련되어 있어, 이곳에
망자의 영정과 위패를 모시고 치르는 시식은 민간의 제사를 그대로 옮겨 놓은
모습이다. 시식의 단계는 유족이 주체가 되는 가운데 비신자라 하더라도 익
숙하게 치르는 '재(齋) 속의 제(祭)'로서, 민간의 제사와 동일한 관념 하에 확고
한 의례 기반을 다져온 것이다. 이처럼 신성 존재를 모신 성전에 세속의 존재
를 위한 단을 마련하고 봉양토록 함으로써 부모와 조상을 섬기는 유교정신을
실천할 수 있는 천도재의 특성은 사십구재가 유교식 탈상의 대체의례로 자리
하는 데 중요한 기반이 되어 왔다.

(2) 무속 해원의례의 수행

무속에서 망혼을 보는 주된 관점은 죽은 자가 산 자에게 영향력을 미칠 수

있다는 것이다. 죽음은 불행한 사건이기 때문에 심한 부정(不淨)이 발생하며 부정은 죽은 이가 산 사람에게 탈을 낼 수 있는 힘을 지니고 있다고 믿기 때문[258]이다. 곧 한을 품고 죽은 이들은 저승으로 쉽게 편입되지 못한 채 '이승도 저승도 아닌 곳'에 머물면서 현실에 영향력을 미치는 존재라 보는 것이다. 이처럼 억울한 죽음일수록 망혼이 지닌 힘은 강력한 것이라 여겨, 적절한 해원의례(解冤儀禮)로써 풀어 주어야 한다는 인식이 광범위하게 자리하고 있다. 따라서 넋굿을 하는 목적은 망자가 지닌 원한과 미련을 씻어 주고 죽음의 부정을 제거함으로써 이승의 존재였던 망자를 저승으로 무사히 돌려보냄과 동시에 남은 자들의 재액초복을 기하려는 것이라 할 수 있다.

그런데 불교에서도 천도되지 못한 채 중유의 세계를 맴도는 무수한 고혼의 존재를 인정하고 있다. 이러한 천도재의 특성으로 인해 집안에 우환이 잦고 일이 잘 풀리지 않을 때 이를 원혼에 의한 탈이라 여겨, 넋굿을 하는 것과 동일한 이유로 사찰을 찾아와 천도재를 하는 이들이 많은 비중을 차지하고 있다.

하던 사업도 잘 안 되고, 이유 없이 몸이 아프기도 하고, 신병이 잘 들고, 그래서 병원에 가보면 신경성 뭐라고 해서 그냥 잠자는 약만 자꾸 줘 쌌고…. 근데 병도 잘 안 낫고 그러다가 결국 마지막에 절에 찾아와서 천도재를 하는 경우가 허다하게 있거든. 그래 사십구재 안 하고 지나갔다가 도저히 찜찜해서 못 견디겠다면서 날짜를 택해 천도재를 하기도 하죠.[259]

이처럼 민간에서는 납득할 수 없는 고난이 닥쳤을 때 집안의 사망자 가운데 문제 있는 죽음을 돌아보면서 오랜 선조의 원한까지 찾아내어 해원의례를

---

258 崔吉城, 『韓國의 祖上崇拜』(예전, 1991 증보판), p.236 · 239.
259 제보자: 도경(40대, 비구. 경기도 안양시 염불사). 2003년 5월 28일 면담.

하는, 무속적 접근 방식과 동일한 필요성에서 사찰을 찾고 있다. 아울러 문제
적 죽음의 해원을 위해 몇 번에 걸쳐 동일한 망혼을 대상으로 천도재를 지내
기도 하고, 천도되지 못한 채 떠돌고 있는 먼 조상의 영혼을 불러오기도 하는
것이다.

필자의 사십구재 선행연구[260]에서 12개 사례 중 40~50대에 사고사·돌연
사하여 악상(惡喪)에 속하는 경우가 4건이나 차지하고 있어, 이와 관련된 시사
점을 얻을 수 있었다. 이들 사례는 모두 윗대에 사십구재를 지낸 경험이 없을
뿐만 아니라, 종교적 성향 역시 망자의 경우 종교가 없거나 타종교 신자였고,
사십구재의 결정권이 상대적으로 미약한 유족·친지 중에 불교신자가 있을
따름이어서 사십구재 선택의 특수성을 드러내고 있었다. 곧 젊은 나이에 갑
작스레 세상을 떠난 억울한 죽음에 대해 '악상에는 이를 풀어주는 의례가 필
요하다'는 민간의 관념 속에서 사십구재를 치른 경우였다.

주위에서도 젊은 사람이니까 사십구재 해줘야 한다고 말을 하더라구요. 절에
가서 하든지, 무술인한테 가서, 또 뭐 산에 가서 한대요. 호상 같으면 안 해줘
도 되는데, 젊은 사람이니까 좋은 데로 가라고 해줘야 된다고 했어요.[261]

저희는 절에서 사십구재 할 생각이 없었는데 엄마 친구분들이, 너무 일찍 돌
아가셨으니까 엄마를 위해서 스님이 정성스럽게 해주시면 엄마가 가는 데 좀
좋은 데로 가실 수 있다고…. 그렇게 돌아가신 거기 때문에 좋은 데로 보내
고, 억울하지 않게 좀, 편하게 가시도록 해주자고 그래서 하게 됐어요.[262]

260 구미래, 앞의 책(2009).

261 이재남(42세, 여. 인천시 부평구 거주). 2003년 6월 9일 면담.

262 이혜원(28세, 여. 서울시 강서구 거주). 2004년 3월 28일 면담.

한 승려는 "옛날에는 어린 사람이나 결혼 안 한 젊은 사람일 경우에는 사십구재를 잘 안 해주는 경향이 있었지만, 요즘은 그런 영가들일수록 더 한이 많기 때문에 호상보다는 악상일 때 사십구재를 잘해주는 것 같다"[263]면서, 사십구재를 하는 이들 가운데 악상에 속하는 비중이 점차 증가하는 추세라고 보았다. 어리거나 미혼자의 죽음일 경우 예전에는 사십구재를 잘 해주지 않았으나 근래로 올수록 증가하는 경향은, 무속의 넋굿 약화와도 밀접하게 관련되는 것으로 추정된다.

아울러 선행연구 사례에서 상을 당했을 때 넋굿을 치러 왔던 집안이 4건이었고 이 중 2건은 사십구재도 넋굿도 함께 해온 집안이었지만, 현재는 1개 사례를 제외하면 모두 굿을 하지 않은 지 오래되었다고 한다.

수십 년 전만 하더라도 관례적으로 진행되는 유교상례를 제외할 때, 무속의 넋굿은 민간의 죽음을 다루는 가장 보편적 의례였다. 굿판은 유족과 망자의 슬픔과 억울함을 푸는 자리였고, 특히 나쁜 죽음일수록 이승에 대한 미련과 한이 깊을 수밖에 없어 '악상에는 굿을 해야 한다'는 관념은 광범위한 것이었다. 이러한 생각은 사십구재를 치르는 이들에게도 동일하게 이어지고 있어, 무속에서 집중적으로 담당해온 해원의 기능이 '넋굿에서 천도재로' 점차 이전되는 경향을 드러내고 있다. 전통 시대에 비해 무속의 기능은 약화되었지만 무속적 심성은 여전히 자리하고 있기 때문이다. 특히 이전에는 별도의 탈상 기간을 지키는 가운데 넋굿이나 사십구재를 위령제의 의미로 행했으나, 백일탈상 등이 사라지면서 망자를 위한 통합적인 사후의례로 심적 부담이 따르는 굿보다 체계화된 기성종교가 보다 적합하다는 인식 역시 살펴볼 수 있다.

이러한 무속적 죽음 인식은 영혼관을 중심으로 사십구재의 의미 속에 깊숙

---

263 지암(55세, 비구. 서울시 서대문구 봉원사). 2004년 2월 20일 면담.

이 내면화되어 있음을 알 수 있다. 사십구재에서 부각되는 방편적 영혼은 인격적 주체를 지닌 채 산 자들과 교류하는 존재, 전생의 문제로 인해 현세를 떠돌며 산 자들에게 영향력을 미치는 존재로 인식되고 있는 것이다. 특히 두 의례에 공통으로 존재하는 '씻음의 의식'은 청결·재생 등의 보편적 상징성을 넘어, 해당 죽음이 지닌 근원적 문제점을 해결한다는 의미와 밀접히 관련되어 있다.

사십구재의 기능과 의례에 투영된 민간의 심성을 보노라면 망자를 위한 의례만이 아니라 산 자를 위한 의례이기도 하다는 사실을 절감하게 된다. 그런데 사십구재 이후 유족과의 연계는 제사·합동천도재·영구위패 봉안 등과 같이 망자를 위한 후속조치에 초점이 맞추어져 있어, 사후불교·기복불교라는 평을 듣기도 한다. 천도재는 민간과 불교가 만나는 핵심 의례이고 사십구재는 천도재의 정점에 놓인 의례로, 사후 극락에만 초점을 맞출 경우 불교 본래의 가르침에서 멀어지고 만다. 따라서 죽음이라는 궁극의 사건을 계기로 삶을 되돌아보고 성찰적 삶으로 이끄는 사십구재의 의례 목적이 뚜렷하게 정립될 필요가 있다.

(3) 국가적·사회적 죽음의 탈상의례

근래 사십구재의 주목할 만한 특성으로 국가적·사회적 죽음의 탈상의례로 일정한 역할을 담당하고 있다는 점을 들 수 있다. 개인적 죽음은 물론이거니와 범국가적이거나 공공의 추앙을 받는 인물에 해당하는 국가적 죽음, 사회문제와 갈등에서 비롯된 사회적 죽음의 경우, 주검을 떠나보내는 장례로 마감하기에는 아쉽고 회한이 남게 마련이다. 죽음의 성격에 따라 고인에 대한 국민적 추모에서부터, 죽음이 지닌 의미를 공론화하고 사회공동체가 짊어진 짐을 함께 풀어나가기 위해, 그리고 죽음의 충격과 상실감에서 벗어나기 위한 방편으로 남은 자들이 무언가를 해야 한다는 당위성이 공동체에 존재하기 때문이다.

예컨대 용산참사 희생자와 같이 사회적 갈등으로 초래된 문제적 죽음을 맞아, 사찰을 벗어난 공간에서 종교를 초월한 일종의 위령제로 망혼을 천도하고 이를 공론화하는 사십구재가 활성화되고 있는 것이다. 이러한 천도재는 개별 사찰 단위로 이루어지기도 하지만 주로 사회단체와 광범위한 연대를 이루는 가운데 행해지고 있어, 의례의 당위성에 공감하는 공동체 구성원이 모두 의례 주체가 되는 천도재의 궁극적 모습을 드러내고 있다. 이러한 차원에서 행하는 사십구재는 불교의례이지만 애틋하고 비통한 죽음의 문제를 풀어내는 '종교적' 의례이자 전통의례로 수용됨으로써 사실상 종교를 초월한 성격으로 진행되는 특성을 지닌다.

전국에서 동시다발적으로 치른 노무현 전 대통령의 사십구재 역시 자율적인 민간상례의 면모를 보여준 바 있다. 전·현직 대통령의 죽음이라 하더라도 장례를 벗어난 부분까지 국가에서 개입할 수는 없다. 따라서 국가행사와는 무관하게 자율적인 민간 차원의 상례가 필요에 따라 자연스럽게 도입되는 현상이 진행되고 있으며, 이러한 움직임의 근원에 사십구재의 역할이 두드러지고 있는 것이다. 국장·국민장과 같은 국가행사에서 특정 종교의 비중이나 역할이 커질 경우 종교적 형평성을 잃을 수 있으나, 다수의 뜻을 담아 자율적으로 전개되는 민간의 의례라면 가장 바람직한 공동체의례가 될 수 있기 때문이다. 특히 지금까지 공론화된 죽음 의례는 서울이나 고인의 연고지 중심으로 치러졌다면, 이슈화된 지역이나 핵심인물과 무관하게 지역공동체에서 동시다발적·자율적으로 구성하고 참여하는 열린 의례의 가능성을 사십구재를 통해 제시한 셈이다. 이처럼 수도권 중심의 국민장, 연고지 중심의 상례에서 벗어난 노무현 전 대통령의 사십구재 사례는, 공론화된 죽음의 추모 방식에 대한 새로운 모색을 자연스럽게 열어 놓았다.

이처럼 공론화된 죽음의 경우라 하더라도, 49일의 전 기간을 추모의 시간으로 열어 놓는다면 관심과 의미가 희석될 수 있으나, 사십구재는 점진적인 과정과 주기적 공론화를 통해 고인을 떠나보내는 데 적합한 구조로 되어 있다. 국가적·사회적 반향이 큰 죽음에 대해 쉽사리 돌아설 수 없는 국민들의 추모열기가 7일마다 거듭되는 의례를 통해 종교적으로 승화되고, 각자 조금씩 떠나보낼 마음의 준비를 다져갈 수 있기 때문이다. 일주일마다 일곱 번 거듭되는 의례 구조 또한 일주일을 단위로 시간을 인식하는 데 익숙한 현대인들에게도 적합성을 지닌다. 매주 같은 요일에 거듭되는 7일 간격의 의례는 명쾌하게 기억될 뿐만 아니라, 일주일이 7회 거듭됨으로써 총체적으로 다시 한 번 숫자 '7'을 각인시키는 기억의 리듬에 잘 부합되기 때문이다.

아울러 불교신자가 아니지만 사십구재로 탈상하거나 49일 상(喪)을 치르는 이들이 점차 늘어가고, 특히 사회적 죽음을 애도하는 탈종교적 의례로 확산되어 가는 데는 한국 천주교의 보이지 않는 힘이 일부 작용한 것으로 여겨진다. 종교가 없는 이들이 사십구재를 선택하는 것은 자연스러운 일일 수 있지만, 타종교인 천주교에서 이를 수용함으로써 사십구재가 불교의례이기 이전에 전통의례로 인식되는 데 큰 역할을 하였기 때문이다. 천주교 내에서 이러한 논의는 비교적 이른 시기부터 진행되어, 1966년 전국전례위원회에서 사십구재를 한국의 전통의례로 수용하여 사십구일 연미사를 드릴 것을 건의, 채택한 바 있다.

무엇보다 국가적 죽음에 해당하는 김수환 추기경의 추모 기간을 49일 째 되는 날까지로 치른 것은 커다란 상징성을 지니는 것이었다. 이처럼 탈상에 해당하는 천주교의 추모 기간이 49일로 관례화됨으로써 49일 탈상과 사십구재가 현대 사회에 적합한 전통의례로 자리매김하는 데 주요한 역할을 하였다. 현재 한국 천주교는 장례 후 맞이하는 삼우(三虞) 미사와 49일 미사를 전례(典禮)로 공식 인정한 것은 아니지만 금지하지 않아, 유족의 의사에 따라 다양한 연미사를 청하고 이웃들과 더불어 고인을 추모하고 있다.[264] 물론 천주교에서 사십구재의 근거가 되는 불교 교리나 의례 자체를 수용한 것이 아니라, 49일 연미사를 통해 고인을 추모하고 상에서 벗어나는 차원의 수용이라는 점은 당연하다. 그런데 많은 이들이 사십구재의 '齋'를 '祭'로 여기며 '49일째 되는 날 지내는 제사'라는 보편적 개념으로 공유하는 가운데, '49일 연미사=사십구제=사십구재'의 의미로 수용하는 경우가 많다. 따라서 한국적인 제사를 미사 봉헌으로 바꾼 것을 의미하게 되어 "천주교에서도 사십구제(사십구재)를 지낸다"는 말을 흔히 들을 수 있게 된 것이다.

사십구재는 분명 불교의례이지만 애틋한 죽음의 문제를 풀어내는 '종교적' 의례이자 전통의례로 수용됨으로써 사실상 종교를 초월한 민상(民喪)의 성격을 띤 채 진행될 수 있는 것이다. 모든 억울한 죽음, 문제적 죽음을 껴안고 치르는 평화적 의례로서 천도재는, 국민들 스스로 공동체의 문제에 성찰하는 계기를 갖도록 하는 가운데 종교가 사회문제에 개입하는 가치로운 방법일 수 있다. 이처럼 불교 죽음의례가 요청에 따라 개별적으로 행하는 폐쇄적 구도에서 벗어나 광장으로 나아가는 현상은, 한국 사회의 갈등과 문제를 공유하고 성찰하며 화합으로 이끄는 자생적 힘의 매개체로 기능할 수 있음을 의미한다.

---

264 김유철, "추모기간과 49재", 「가톨릭뉴스 지금여기」 2009년 4월 12일자.

제례, 죽은 자와 소통하다

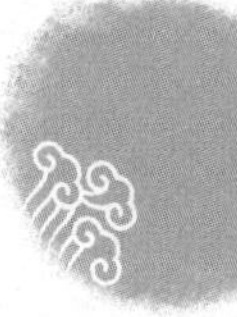

제사 개념은 폭넓은 것이지만 일생의례의 연장선상에서 다루는 것은 부모·조상과 같이 인격신을 대상으로 한 제사이다. 대부분의 한국인들이 일상 속에서 망자의 존재감을 느끼게 되는 계기는 제사(祭祀)를 통해서일 것이다. 마치 살아 있는 이를 대하듯 치르는 제사에서 고인과 교류하는 체험이 가능하기 때문이다. 따라서 제삿날 조상신이 찾아온다고 믿는 사실이 제사를 지내는 가장 현실적인 이유[1]이듯이, 의례 상황 속에서 망자의 강림은 기정사실화되어 후손들의 마음과 몸가짐을 지배하게 된다.

유교에서 상례는 흉례(凶禮)인 반면 제례는 길례(吉禮)에 속하는 것이기에 제사란 원래 축제와 같은 것이었다. 초기의 제사는 천지신명과 왕실조상에 대한 것이 주를 이루었고, 왕실 제사 역시 계절마다 행하는 사시제(四時祭)로 이를 제사의 으뜸이라 여겨 축제처럼 치렀다. 조상이 임종한 날은 슬픈 날이

---

1 임재해, 「설화문화학적 관점에서 본 제사문화와 제례의 민중적 인식」, 『제사와 문화』(안동대학교 민속학연구소, 1999), pp.13~16.

라 여겨 기제사는 원래 예서(禮書)에 없다가 송대에 이르러서야 기제사 관행이 시작되었고,[2] 세 번의 우제(三虞祭)를 지낸 뒤 수시로 하던 곡을 마치는 졸곡제(卒哭祭)를 고비로 상례는 흉례에서 길례로 바뀌게 된다.[3] 상례의 끝은 후손들에 의해 망자가 조상으로 거듭나는 지점이었고, 이후부터 망자는 제사로써 후손들과 지속적인 만남을 보장받게 된다. 제사에서 만나는 조상은 초월성을 담보로 한 것이 아니라 마치 아이가 어른이 되는 것처럼 누구나 거쳐야 할 과정에 놓인 대상이어서, 제사는 통과의례의 연속선상에 놓인 평생의례적 성격[4]을 지닌다.

불교에서도 죽은 조상을 대상으로 하는 제사 개념이 인도불교 초기부터 있어왔다. 고대 인도에서는 사람이 죽으면 귀(鬼)에 해당하는 중간단계를 거쳐 조령(祖靈)이 되는데, 조령이 되기 위해서는 제를 지내야 한다고 보았다. 이는 조상숭배사상을 지닌 문화권에서 보편적으로 지닌 인식일 것이다. 유교의 경우도 망자를 모시고 상제(喪祭)를 치른 뒤 탈상함으로써 조상으로 모시게 된다. 조상을 받듦은 지속적으로 제사를 치러줄 후손이 있음을 전제한 것이자, 조상으로 등극하기 위해 또한 제사가 필요하기 때문이다.

그런데 고대 인도인들이 제사의 대상으로 인식한 귀(鬼)는, 굶주린 존재이자 미혹함과 업의 굴레에서 벗어나지 못한 상태였다. 이는 생전의 선악과 무관하게 죽으면 조상으로 좌정하는 유교적 조상신과 달리 구원이 필요하고, 이 구원의 성격이 어떠한 것이어야 하는지를 드러내 주고 있다. 따라서 불교

---

2 李迎春, 『차례와 제사』(대원사, 1994), p.189, pp.106~109.

3 최진덕, 「『주자가례』와 죽음의 유학적 이해」, 『정신문화연구』, 80호(한국정신문화연구원, 2000), p.31.

4 이욱, 「제사의 종교적 의미에 대한 고찰」, 『儒敎思想硏究』第16輯(韓國儒敎學會, 2002), pp.94~95.

의 윤회사상과 결합된 제사가 보다 좋은 곳으로 보내기 위한 성격을 지니게 되었음은 당연한 일이다. 또한 좋은 곳으로 보내기 위한 천도(薦度)의 의미가, 중유(中有)의 기간만이 아니라 망자를 대상으로 한 의식을 치를 때마다 거듭되었던 것은 윤회로써 내세를 설명하는 종교의 당연한 귀결일 수밖에 없다. 이러한 과정을 거쳐 중국불교에 와서 망자를 위한 의식은 유교 제사의 음식공양과, 불보살의 가르침을 전해주는 법공양(法供養)이 결합한 현재의 재(齋), 곧 불교식 제사로 정착되기에 이른다.

이에 비해 내세를 인정하지 않는 유교 제사는 망자를 좋은 곳으로 보내기 위한 의례가 아니라, 조상과 후손이 주기적으로 만나 감통(感通)하는 의례이고 이로써 산 자들의 예를 바로 세우기 위함이 목적이다. 이처럼 불교와 유교에서 동일한 망자를 대상으로 기제사 또는 명절제사를 치른다고 하더라도 그 출발점에서 차이가 있다. 유교 제사의 핵심은 조상공경과 효의 실천이고, 망자를 대상으로 하는 불교 재의 핵심은 종교적 구원에 있기 때문이다. 따라서 유교의 제사 의미를 포용할 뿐만 아니라 종교의례로서 구원을 전제하고 있는 불교식 제사는 불교가 탄압받던 질곡의 역사 속에서도 활발하게 전승되어 왔다.

상례의 축소나 넋굿의 약화 등에 비해 제사는 삶의 맥락이 달라진 오늘날에도 한국인에게 쉽게 포기할 수 없는 가치로 인식되고 있지만, 봉사 대상(奉祀對象)을 축소·통합하거나 형제간에 제사를 나누어 모시는 등 점차 간소함과 편리를 위한 다양한 대안이 모색되고 있다. 이처럼 상제례를 포함한 사후의례가 전반적으로 약화·축소된 것은 현대인의 생활패턴과 의식의 변화에 따른 자연스러운 귀결로 여겨진다.

Ⅵ장에서는 첫째, 제사와 불교의 기본적인 문제들에 대해 다루었다. 먼저 제사관습이 성행했던 고대 인도에서 그와 관련된 석가모니의 설법과 가르침을 통해 초기불교에서 제사에 대해 어떠한 관점을 취하였는지 살펴보았다.

아울러 불교의 재(齋)와 유교의 제사(祭祀)가 결합된 불교 제사는 다양하고 중층적 양상을 지니고 있어 이에 대해 여러 측면에서 분석하였다. 우선 불교에서 '재(齋)로써 치르는 제사'가 어떤 특성을 지니고 있는지 다룬 다음, 불교의 천도재와 유교의 제사는 서로 다른 내세관에서 출발했지만 각기 저승과 이승에서 존재의 영속성을 추구한다는 점에서 상호보완성을 지니고 있음을 분석하였다. 특히 사십구재를 치른 이후에도 계속되는 천도재가 어떤 의미를 지니고 있는지 다루면서, 민간의 제사와 긴밀하게 결합하여 지속성을 보장받고 있음을 함께 살펴보았다.

둘째, 고려시대와 조선시대를 중심으로 불교 제사의 역사를 다루었다. 불교가 국교나 다름없던 고려시대는 유교 기제사가 정착되지 않았던 시기였지만, 사찰에서 기일에 치르는 불교 제사가 고려 초기부터 성행하였기에 이에 대한 역사적 전개 과정을 살펴보았다. 고려 말기부터 유교와 불교의 상제례는 본격적인 갈등의 역사를 걷게 되고, 조선시대에 들어서도 종교의례로서 수용과 배척의 이중적 대상이었던 불교 제사의 다면적 양상을 다루었다. 특히 여말선초에 사례를 찾기 힘들었던 개인의 수륙재와, 불교 제사의 영향으로 유교 제사에서도 고기를 쓰지 않는 소찬(素饌)의 흥미로운 풍습까지 살펴볼 수 있었다.

셋째, 불교 제사의 내용과 논점에 대해 다루었다. 불교 제사를 '사찰에서 치르는 제사'와 '가정에서 치르는 불교식 제사'로 구분하여, 사찰 제사의 의미를 점검하고 현재 치르는 의례 절차를 살펴보았으며, 가정에서 치르는 불교식 제사는 근래에 정립된 것으로 기본지침과 더불어 의례 내용을 살펴보았다. 마지막으로 불교 제사를 둘러싼 몇 가지 논점으로 불교 제사와 천도(薦度)의 관련성, 망자에게 올리는 절의 횟수가 재배 · 삼배로 혼용되는 문제를 다루었다.

1. 제사와 불교

1) 제사에 대한 불교의 관점

고대 인도를 지배하고 있던 바라문교에서는 신을 향한 제사를 중시하였고, 점차 제사만 잘 지내면 원하는 결과를 얻을 수 있다는 제사만능주의로 흘러갔다. 특히 이들은 제사에 동물을 희생제물(犧牲祭物)로 바침으로써 살생을 금하는 불교와 충돌하는 입장에 놓일 수밖에 없었다. 불교에서는 제식주의(祭式主義)를 부정했지만, 제사관습에 대한 것이기보다는 생명존중의 입장에서 제신(諸神)에게 공수(供獸)하는 동물 살해의 제사를 반대했던 것[5]이고, 또한 바라문의 제식주의가 점차 신성해야 할 종교의식을 세속적 이익추구의 수단으로 삼게 된 데 대한 비판이었다.

석가모니는 만유의 모든 법은 인연으로 생긴 것이어서 실체가 없음에도 불구하고 사람들은 이에 집착하여 그릇된 견해를 일으키므로 이를 없애기 위해 일체의 법이 무아(諸法無我)임을 설파하였다.[6] 반면, "이 세계는 유한한가 무한한가, 인간은 사후에도 존재하는가 존재하지 않는가"와 같이 세상의 영원성이나 사후세계 등에 대한 제자들의 질문에는 다음과 같은 비유를 들려주면서 답하지 않았다.

어떤 사람이 독화살에 맞았다고 하자. 동료들이 화살을 뽑으려 할 때 "멈춰라. 먼저 화살을 쏜 사람이 누군지, 화살이 동쪽에서 날아왔는지 서쪽에서 날아왔는지, 나를 쏜 활은 어떤 것이고 나를 상처 낸 화살은 어떻게 생겼으며

---

5 정각, "불교와 제식주의", 「불교신문」 2011년 2월 12일자.
6 耘虛 龍夏, 『佛敎辭典』(동국역경원, 1961), p.403.

그 살대와 깃과 끝은 어떤지, 그런 것들을 알기 전에 화살을 뽑아선 안 된다"
며 말린다면, 궁금한 것을 알기 전에 그는 목숨이 다할 것이다.…세상의 상·
무상, 유변·무변 등에 대해 나는 설하지 않는다.…그것은 실로 도리의 파악
에 도움이 되지 않으며, 정도의 실천에 도움이 되지 않으며, 염리(厭離)·이욕
(離欲)·멸진(滅盡)·적정(寂靜)·지통(智通)·정각·열반에 도움이 되지 않기
때문이다. 그러므로 나는 설하지 않는다.[7]

그는 나(我)에 대한 집착에서 모든 번뇌가 생겨나는 것이기에, '나'란 실체
가 없는 무상한 것임을 깨닫는다면 고(苦)의 뿌리를 끊을 수 있음을 일관되게
설법하였다. 아울러 인간의 삶 속에서 경험할 수도 실증할 수도 없는 세계에
대한 논란은 정도(正道)를 실천하는 데 도움이 되지 않는 무의미한 것으로 보
았던 것이다. 이와 같이 인간의 인식이나 경험을 초월해 있기에 해결할 수 없
는 형이상학적 질문에 석가모니가 답하지 않은 것을 무기(無記)라 한다. "석가
모니는 그와 같은 모순된 생각의 근원을 알아 이를 끊었던 것이며, 이것이 곧
중도(中道)이다. 따라서 무기란 사견(邪見)을 파기하고 중도를 드러낸 것"[8]이라
할 수 있다.

제사에 대한 근원적인 답변 또한 이러한 영역에 속한다. 유교제사는 내세
나 영혼을 인정하지 않고 효를 실천하는 후손의 예를 세우기 위한 것이지만,
대부분의 조상숭배 문화가 그러하듯 고대 인도인들의 조상 제사는 죽어서도
지속되는 영혼을 대상으로 한 것이기 때문이다.

그런데 초기불교에서는 세계를 반드시 우리의 마음과 연결시켜 설명한다
는 점에 유념할 필요가 있다. 석가모니는 마음과 무관하게 존재하는 객관적

---

7 增谷文雄 엮음, 편집부 옮김, 『부처님의 가르침』(불교시대사, 1992), pp.207~208.
8 http://blog.daum.net/newark825/652

실재로서의 세계를 인정하지 않았고, 우리의 인식이 우리가 살아가는 세계의 일부를 구성한다고 가르쳤던 것이다. 따라서 세계란 우리에게 이해된 방식으로서의 세계를 의미하며, 우리의 생각이 작동하는 한에서 신은 우리에게 영향을 미칠 수 있다.[9] 그의 가르침을 종합하면, 제사 또는 제사 대상에 대한 믿음은 옳고 그름의 문제가 아니라 어떠한 마음가짐으로 접근해야 하는지가 중요하다고 하겠다.

당시 성행했던 희생제사에 대해 석가모니가 언급한 일련의 설법을 통해 제사를 보는 초기불교의 이러한 관점을 읽어볼 수 있다.

어느 날 바사닉 왕이 크게 제사를 주관한다는 말을 듣고 사위성(舍衛城)에 많은 바라문들이 모여들었다. 왕은 제사에 쓰기 위해 검은 소, 물소, 젖소, 송아지, 검은 암양 등 종류대로 수천 마리씩의 갖가지 축생들을 제장(祭場)에 매어 두었다. 비구들이 이 말을 듣고 석가모니에게 알리자 다음과 같은 게송으로 답하였다. "…다달이 백천 번 제사 지내 이로써 복을 구하여도 인자한 마음 한 번 내는 것만 못하리. 다달이 백천 번 제사 지내 이로써 복을 구하여도 중생을 불쌍히 여기는 것만 못하리. 다달이 백천 번 제사 지내 이로써 복을 구하여도 착한 마음을 한 번 내어 축생들을 불쌍히 여기는 것만 못하리…."[10] 또한 "삿된 스승을 의지함으로써 그것을 복이라 하고, 온갖 복을 구해 오래 살고자 하여 어리석고 삿된 소견으로 생물을 죽여 제사를 지내다가 죽어서는 삼악도에 떨어져 벗어날 기약이 없거늘 어찌 삼가지 않겠는가?"[11] 라고도 하였다.

한 바라문이 찾아와 어찌하면 해탈을 얻고, 어찌하면 제사의 주재자가 되

---

9 임승택, "초기불교순례 19: 불교에서의 신(神)", 「법보신문」 2011년 6월 8일자.

10 『別譯雜阿含經』 卷3(『한글대장경』 8, 동국역경원, 1993), 初誦③, pp.116~118.

11 『法苑珠林』 卷62(『한글대장경』 87, 동국역경원, 1992), 第69 祭祀篇, p.84.

어 범천에 태어나 끝없이 장수할 수 있는지 물었다. 이에 석가모니는 "제사를 베풀고자 할 때 기쁜 마음으로 보시하면 그로 말미암아 마음이 기쁘고, 편안한 마음 그대로 보시하면 온갖 허물을 모두 떠나 탐욕이 제거되니 그것이 해탈이라. 자비를 닦는 것이 곧 구족(具足)한 제사이자 바른 제사이니, 그 마음도 구족함을 얻어 범천 위에 태어나고 수명 또한 장구하리라"고 답하였다.[12]

우비가(優比伽)라는 이가 찾아와 묻기를, "바라문이 법답게 재물을 얻어서 큰 제사를 베풀거나 남으로 하여금 제사를 베풀게 한다면, 이러한 제사는 당연히 해야 할 제사입니까, 하지 않아야 할 제사입니까?"라고 하였다. 이에 답하기를, "제사를 베푸는 이라면 중생을 괴롭히지 않고 생명을 해치지 않아야 하니 이렇게 하면 바른 제사라 한다. … 보시할 때는 응당 훌륭한 복밭에 보시해야 하며 훌륭한 복밭이란 이른바 범행을 닦는 것이니, 그와 같이 보시하면 위대한 제사라 한다. … 만약 그와 같이 보시한다면 모든 하늘도 믿고 공경하며 나와 남에게 이익이 되어 그는 반드시 큰 과보를 얻으리"라고 답하였다.[13]

이처럼 초기불교에서도 제사 자체를 반대한 것이 아니라 바른 제사란 어떤 것이어야 하는지를 중시하면서 청정한 제사, 투쟁을 여읜 제사, 삼보에 보시하는 제사는 심오하고 광대한 것이라 하였다. 이에 비해 동물을 죽이는 희생 제사와 개인의 영달을 위한 삿된 제사는 오히려 삼악도에 떨어질 수 있음을 경계하였다. 아울러 인자한 마음을 내고 자비를 닦는 것, 모든 중생에게 측은지심을 갖는 것이 바른 제사라고 하여 다른 지선한 일에 쏟는 공덕이 제사를 지내는 공덕과 다르지 않음을 설파함으로써 제사의 의미를 새롭게 해석하였다.

조상 제사를 두고 볼 때도, "조상의 섬김은 수용했으나 섬김 자체가 조령

---

12 『別譯雜阿含經』卷4(『한글대장경』8, 동국역경원, 1983), 初誦④, pp.151~152.
13 위의 책, 初誦⑤, pp.160~162.

(祖靈)의 생을 좌우한다는 제식지상주의에는 반대하고, 이를 업(業)의 차원에서 수용코자 한 것"[14]이었다. 조상을 모시고 제사 지내는 마음은 인간 본연의 심성을 담고 있는 것이어서 초기불교 당시부터 사후 존재를 위한 제사를 수용하게 된 것이다.

2) 불교의 재(齋)와 유교의 제사(祭祀)

(1) 재와 제사의 결합

재(齋)란 몸과 마음을 깨끗이 한다는 재계(齋戒)의 의미를 지닌 말이다. 근래에는 불교에서 주로 사용하고 있어 불교용어로만 여길 수 있지만, 동일한 어원을 지닌 말이기에 유교에서도 같은 뜻으로 사용해 왔다. 이수광이 『지봉유설(芝峯類說)』에서 "옛사람이 말한 재(齋)란 그 마음이 가지런하지 못한 것을 가지런하게 하는 것이고, 계(戒)란 마음에 바르지 못하고 망령된 것을 경계하라는 것이다"[15]라고 하였듯이, 제사를 지낼 때 재계해야 함을 강조한 것은 유교에서도 오랜 역사를 지닌다.

따라서 불교에서 말하는 재(齋) 또한 본래 심신을 청정하게 하는 수행 방식을 의미했다. 그러다가 점차 불보살에게 공양을 올리며 그 공덕을 함께하기를 기원하는 불교 의식을 일컫는 말로 정착되었고, 특히 망자를 위한 천도재가 널리 행해짐에 따라 근래에는 '재=천도재'로 여기는 경우가 많다. 유교에서는 '재'의 의미가 행위 중심으로 사용되었다면, 불교에서는 의례 양식의 하나로 정착되었음을 알 수 있다. 이를테면 "제사와 재를 지낼 때는 재계해야 한다"는 문장이 성립되는 셈이다.

---

14 정각, "불교와 제식주의", 「불교신문」 2011년 2월 12일자.
15 李晬光 著, 南晚星 譯, 『芝峰類說』 下(乙酉文化社, 1994), pp.323~324.

용어와 의식 내용이 모두 유사하여 재(齋)의 의미는 제사와 곧잘 혼동된다. '齋'와 '祭'를 구분하지 않은 채 혼용하는 경우도 많다. 발음으로는 '재'와 '제'가 구분되지 않고, '재'가 일상생활에서 잘 쓰지 않는 개념일뿐더러, 재의 과정 속에 제사에 해당하는(施食) 절차가 들어있기 때문이다. 더구나 제사를 사찰에서 지낼 때는 재의 형식으로 행하여, 고인을 추모하고 효를 실천하는 제사가 불교에서는 재로써 수용되고 있음을 알 수 있다.

이처럼 불교에서는 민간의 관습을 받아들여 제사를 재에 접목시켜 놓았기 때문에 망자를 모신 영단 앞에서는 유족이 제사와 거의 흡사한 방식으로 의식을 치르게 된다. 그러나 재는 제사와 다른 불교 특유의 체계와 의미를 지니고 있는데, 이에 대해 승려들은 다음과 같이 이야기하고 있다.

제사는 인정으로 조상을 모셔다가 음식을 차려서, 맛있게 드시고 오늘만이라도 저희 가족과 함께 있어주십시오 하는 것이라면, 재는 사바세계의 미련을 버리고 어서 윤회의 길에서 벗어나기를 기원합니다, 하는 것입니다. 부처님 법 안에서 법답게 살기를 기원하는 거니까 경전을 독송하는 것이지요. 조상 천도의 윤회의 길을 강조하면 자연히 거기에 동참이 되어 그런 말을 하는 우리들도 윤회에서 벗어나야겠다는 마음가짐이 생기게 되는 것입니다.[16]

일반 집에서 지내는 제사 같은 경우는 죽은 영혼을 상대로 해서 음식 대접하는 걸로 그치지만…, 절에서는 음식 대접을 하는 형식적인 외형을 빌린 거고, 내용은 부처님의 가르침을 전해서 그들이 그것을 듣고 깨우치도록 하는 의식이란 말이에요. …그래서 집에서 하는 제사는 해당 신위만 청하지만 절에서

---

16 지묵, BBS 라디오방송 2003년 8월 13일자.

는 그게 아니고, 대표는 그 당사자지만 나머지 더 많은 중생들, 유주무주 고혼들이 함께 하도록 청하는 거지요.[17]

이렇듯 제사와 분명히 구분되는 재의 특성을 몇 가지로 간추려 살펴보면 다음과 같다.

첫째, 불교의 재는 불·법·승이라는 삼보의 범주 속에서 치르는 의식이라는 점이다. 불보살을 모신 법당에서(佛) 승려의 집전으로(僧) 경전의 염송과 염불로써(法) 의식을 치른다는 의미가 무엇보다 중요하며, 이는 삼보에 귀의하는 불자의 신행행위를 반영하는 것이기도 하다. 따라서 제사를 사찰에서 치를 때도 불보살에게 귀의하고 이들의 가피를 구하는 기본구도 속에서 이루어지며, 유족이 영단 앞에서 제사를 지내는 중에도 승려는 망자를 위해 끊임없이 불법을 들려주게 된다. 따라서 '시식'이라는 절차에서 유족이 행하는 의식의 모습은 일반 제사와 다를 바 없으나, 승려의 염송하는 내용이 곧 제사의 의미를 나타내는 텍스트에 해당하는 셈이다.

둘째, 제사의 의미가 고인을 추모하고 효를 실천하는 데 있다면, 재는 이와 더불어 불교의 내세관에 따라 영가를 보다 좋은 내세로 인도하기 위한 '천도'의 의미를 지닌다는 점이다. 불교에서 영가를 대상으로 하는 모든 의례는 깨달음의 세계로 이끄는 가운데 극락왕생을 기원하는 의미를 지닌다. 따라서 불보살에게 가피를 기원하고, 영가에게 불법을 들려줌으로써 스스로 깨우침을 얻을 수 있도록 이끄는 불교 특유의 방식을 취하고 있다.

셋째, 개인을 천도하기 위해 치르는 재라 하더라도 해당 영가만이 아니라 천도되지 못한 채 떠도는 모든 고혼(孤魂)과 지옥중생을 함께 의례 대상으로 삼

---

17 제보자 : 법공(50대 초반, 비구. 경기도 부천시 원미구 원미동 향림사 주지). 2004년 3월 27일 면담.

는다는 점이다. 따라서 영가를 모시는 대령에서 이들 모두를 함께 청하여, 관욕과 상단·중단 권공과 시식의 단계를 거쳐 봉송으로 떠나보내기까지 함께 하게 된다. 이는 불교에서 중시하는 회향의 의미를 실천하는 것으로, 자신이 지은 선행의 공덕을 중생을 위해 돌리는 대승적 차원에서 이루어지고 있다.

넷째, 상차림에서 육류와 생선과 술을 사용하지 않는다는 것으로, 이는 곧 불교 재물(齋物)과 일반 제물(祭物)의 차이점이다. 동물성 재물을 올리지 않는 대신 떡·과실·고임음식으로 상차림의 격식을 갖추고, 영단에는 일반 제사에서 쓰는 나물, 두부 등의 반찬을 함께 올리게 된다. 술 대신 차를 올리는데 이때의 차는 맑은 물을 쓰는 것이 일반적이다.

이처럼 '사찰에서 지내는 제사로서 재(齋)'는 불교와 유교에서 죽음을 다루는 두 의례 간의 결합이라 할 수 있다. 천도재를 보면 중생의 심성과 근기에 따라 다양하게 작동하는 불교의 역동성을 실감하게 된다. 불교는 궁극의 목표인 깨달음을 지향하는 가운데 그 목표에 이르는 길을 다양하게 열어 놓음으로써 민간의 삶에 밀착된 채 발전해 왔고, 천도재는 이러한 방편불교의 특성이 집약된 의례이다.

불교 본래의 가르침은 고정불변하는 실체적 자아를 부정하고(無我) 윤회의 주체를 업(業)으로 보면서 인과관계에 따른 체계적인 연기설(緣起說)로써 윤회가 이루어지는 현상을 설명하고 있다. 그러나 천도재에 투영된 죽음 인식은 몸과 분리된 영혼을 '나'의 실체로 보면서 이 영혼이 사후에도 남아 윤회를 하는 것으로 본다. 또한 업은 스스로 지은 대로 받는 인과의 법칙에 따라 자연적으로 이루어지는 것이 불교 본래의 입장이라면, 방편불교에서는 업을 심판하는 신적 존재(十王)가 개입되어 있을 뿐만 아니라 타력에 의해 생전의 업을 없애거나 감할 수 있다고 설정되어 있는 것이다.

유교의 생사관 또한 이와 흡사하다. 유교에서는 사람이 살아가는 것은 정기(精氣)로 인한 것이며, 죽으면 기(氣)인 혼(魂)은 하늘로 올라가고 정(精)인 백(魄)은 땅으로 내려간다[18]고 한다. 이는 연기(魂)와 재(魄)에 비유될 수 있는데, 한번 죽은 사람의 생을 운운함은 연기와 재가 합해져서 다시 불이 될 수 없는 이치와 같다[19]고 본다.

그러나 유교에서는 죽음을 기(氣)의 흩어짐이라 보는 확고한 자연주의적 관점을 취하면서도, '죽은 이후에 산 자와 상응하는 대상'이 가능함을 설명하고 있다. 세상에는 기도하면 응하는 따위의 괴이한 귀신 현상이 존재하는데,[20] 이는 응취한 기가 흩어질 때 완급의 차이가 있기 때문으로, 예를 들어 원한에 맺혀 죽으면 일정 기간 동안 기가 흩어지지 않고 신(神)이 작용할 수 있다고 보았던 것이다.[21] 따라서 유가에서도 울분의 기가 극도로 발하여 요망한 것이 될 경우 해원을 통해 빨리 풀어주어야 한다는 조치들이 있었다.[22] 조선시대에는 비명횡사한 귀신과 후손이 없어 제사를 받지 못하는 귀신을 무사귀신(無祀鬼神) 또는 여귀(厲鬼)라 하여[23] 이들의 부정적 힘을 막기 위해 나라에서 여제(厲祭)·수륙재(水陸齋)를 지내주었다. 이때 유학자들은 '귀신의 빌미'를 전제로 한 이들 의례에 대해 '백성들이 원하고 있으므로 일종의 심리적 치료를 위한 방편'[24]이라는 입장으로써 설명하였다.

---

18 柳仁熙, 「유가철학: 인간적 문화에서의 영생」, 『죽음이란 무엇인가』(도서출판 窓, 1992), pp.141~159.

19 鄭道傳, 『三峯集』, 韓國의 思想大全集 6(同和出版公社, 1972), p.171.

20 최진덕, 앞의 논문(2000), p.31.

21 柳仁熙, 앞의 논문(1992), pp.156~157.

22 김기현, 「儒敎의 喪葬禮에 내재된 삶과 죽음의식」, 『退溪學報』第104輯(退溪學硏究院, 1999), pp.64~65.

23 이욱, 「제사의 종교적 의미에 대한 고찰」(앞의 논문, 2002), pp.95~96.

24 이욱, 「朝鮮前期 冤魂을 위한 祭祀의 변화와 그 의미: 水陸齋와 厲祭를 중심으로」, 『종교문화연구』3호(한신인문학연구소, 2001), pp.174~185.

이를 보면 인간이 지닌 종교적 심성은 철학적 자각이나 실존적 인식 이전의 것임을 알 수 있다. 영혼의 존재와 내세에 대한 추구, 조상에 대한 섬김은 모두 보편적 심성에 가까운 것이어서, 불교와 유교에서는 이러한 민간의 가치관과 근기에 적합한 방편을 취하며 각종 의례를 지속시켜온 것이다. 극락으로 가거나 사후에 새롭게 태어난다는 믿음은 커다란 위안이 되는 한편, 제사를 통해 망자를 추모하고 공경함으로써 후손의 도리 또한 다할 수 있는 것이다. 이처럼 사상적 복합성을 포용함으로써 좋은 것일수록 중첩되는 것이 더욱 좋다는 민간의 인식은 불교제사를 비롯한 천도재의 중요한 기반을 이루고 있다.

(2) 서로 다른 세계에서 추구하는 존재의 영속성

죽음을 다루는 대부분의 종교의례가 그러하듯이 불교의 천도재는 사후 영혼의 영속성에 대한 추구가 의례의 기반을 이루고 있다. 사후의 영혼을 전제했을 때 필연적으로 내세관의 성립이 따르게 된다. 죽음은 단순한 끝이 아니라 또 다른 차원의 삶이 열리는 길이며, 이러한 내세관은 윤회(輪廻)의 관념에 따라 보다 체계적으로 설명되고 있다.

사람이 죽으면 몸과 분리된 영혼이 일정한 기간을 거친 후 육도의 한 존재로 윤회한다는 관념은 오랜 세월 동안 불교 내세관으로 민간에 수용되어 왔다. 일회의 삶을 다하고 난 뒤에도 끊임없이 생과 사를 되풀이함으로써 불교의 사후세계는 무한히 열려 있는 셈이다. 궁극의 목표인 깨달음에 이르면 윤회의 굴레에서 벗어나 생사에 얽매이지 않는 불국토(佛國土)에 살게 되는데, 천도재에서 거론되는 '극락'은 이와 유사한 경지에 해당한다.

그런데 지은 대로 받는 인과의 원리에 더하여, 다음 생의 모습을 좌우하는 데 영향을 미치는 '천도'라는 개념이 등장함으로써 윤회는 보다 다각적으로 진

행되기에 이른다. 근대 초기의 승려이자 불교학자인 권상로(權相老)는 천도
재의 의미를 묻는 이들에게 '죄를 지어 벌 받게 된 이를 위해 가족들이 아무런
조치도 취하지 않고 가만히 있을 수 있겠는가'라는 맥락의 비유로써 답변한
바 있다.

> 가령 어떤 사람이 집을 떠났다고 합시다. 그 사람이 죄를 짓고 떠났다고 하면
> 집 떠나는 그 즉시가 곧 경찰서에 구금되는 때이고, 좋은 일이 있어 집을 떠났
> 다고 하면 집을 떠나는 그 즉시가 곧 대접을 받으러 간 때가 아닙니까? 그러
> 나 그 집안사람들로서는 죄가 되든지 복이 되든지 저 지은 대로 저 갈 데로 갔
> 으면 다시는 생각할 필요도 없다며 그만 잊어버리고 말겠습니까? 그 죄를 경
> 감하고 빼놓아줄 만하다든지 그보다 더 좋은 영화를 받을 데로 승진시켜줄 만
> 한 누가 있다고 하면 심덕을 드리고 재력을 들여가면서 주선하겠습니까? 아
> 니하겠습니까?[25]

이처럼 민간에 회자되는 천도재의 의미 속에는 저승에 편입되지 못한 망자
가 어딘가에서 떠돌고 있으며 생전의 업에 따른 심판을 앞두고 있다는 설정이
전제되어 있다. 따라서 불안하고 중요한 기로에 서 있는 망자를 위해 남은 자
들이 큰 힘을 발휘할 수 있다고 할 때, 유족은 안타깝고 간절한 마음으로 적
극 임하지 않을 수 없는 것이다. 천도재를 둘러싼 현장의 인식과 담론은 '판
결을 받는 망자'와 이를 '도와줄 수 있는 유족'의 관계 속에서 의례의 당위성을
확보하고 있으며, 이로써 유족에게 미치는 공덕과 선업(善業)을 강조하는 구
도를 지니고 있다.

---

25 權相老, 「佛教決疑」, 『佛教』 第83號(1931. 5), pp.30~31. 읽기 쉽게 현대식 문장으로 표
   기하였다.

이에 비해 사후 영혼과 내세를 인정하지 않는 유교에서는 '이승'에서 존재의 영속성을 추구하고 있다. 유교에서 제사를 지내는 것은 영혼의 실재를 믿어서가 아니라 효를 극진히 행함으로써 산 자들의 도덕적 심성을 생활화하려는 데 있다. 조상으로 등장하여 후손들과 관계를 유지하는 제사의 모습은 마치 살아 있는 어른을 대하는 듯한 양상을 띠고 있어, 공자의 "제사를 지낼 때는 선조가 계신 듯이 한다(祭如在)"[26]는 말을 실감나게 한다. 제사의 과정을 보면 조상이 강림하면 절을 올리고, 제수의 뚜껑을 열어 음식과 술을 권하고, 골고루 드시라며 젓가락을 옮겨 놓고, 어른이 식사하는 것을 쳐다보는 것은 불경한 일이기에 밖으로 나가 식사를 마칠 때까지 기다린다. 식사 후에는 국을 내리고, 차 대신 숭늉에 밥을 말아 후식을 권하며, 조상이 돌아갈 무렵에는 다시 절을 올려 전송한다. 이는 먼 곳에서 집안의 어른이 방문했을 때 식사를 대접하는 모습과 다를 바 없는 것이다. 망자의 영정과 지방(또는 신주)이 안치된 제상(祭床) 앞에서뿐만 아니라 망자의 오고감을 드러내는 행위 또한 매우 사실적이다. 대문을 열어 놓고 빨랫줄을 걷는 등 망자가 마치 산 사람처럼 문을 통해 걸어 들어오는 모습을 상정하고 있기 때문이다.

무엇보다 제사의 상징적 의례 요소들은 망자의 강림이 어떤 식으로 진행되는지를 체계적으로 드러내 주고 있어 주목된다. 주검을 땅에 묻고 돌아온 날 치르는 우제(虞祭)는 몸을 떠난 망자의 혼백을 신주(神主)에 안착시키는 제사로서, 이후 기일 때마다 죽은 이의 혼백을 신주로 불러들이게 된다. 신주의 측면에 규(竅)라는 두 개의 작은 구멍이 함중(陷中)을 관통하도록 뚫어 놓았는데, 이는 망자의 혼백이 출입할 수 있도록 하기 위함[27]이다.

---

26 『論語集註』(成百曉 譯註), 「八佾」第三, 傳統文化研究會, 1990, p.58.

27 이광규, 「동족집단과 조상숭배」, 『한국문화인류학』 9(한국문화인류학회, 1977): 로저 자넬리·임돈희 공저, 『조상의례와 한국사회』(一潮閣, 2000), p.98에서 재인용.

특히 향을 살라 하늘로 올려 보내고 술을 땅(모사그릇)에 부음으로써 강신(降神)을 청하는 상징적 행위에 혼백을 부르는 의미가 잘 드러나 있다. 『예기』에 "제사는 하늘과 땅으로 돌아간 혼백을 찾는 것이다. 기름과 쑥을 섞어 태움으로써 그 향기와 불빛을 하늘로 올려 보내어 혼(魂)을 부르고, 향초(香草)의 액을 섞은 술을 땅에 뿌림으로써 그 향기가 지하로 내려가 백(魄)을 부른다"[28]고 하였다. 향으로써 하늘로 올라간 혼을 부르고 술로써 땅으로 돌아간 백을 불러, 흩어진 혼백이 합쳐졌을 때 온전한 존재가 강림한 것으로 보기 때문이다. '산 자들의 예(禮)'로 설명되고 있는 제사 역시 이미 혼백으로 분리되어 흩어진 조상을 가상의 영적 존재로 강림케 하는 신비적 구조를 띠고 있다.

그런데 이러한 상징적 요소에도 불구하고 제사의 일상성은 종교적 체험을 상대적으로 빈약하게 만드는 주요인이 된다. 제사는 초월적 존재와 교류하는 성직자에 의해 주도되는 것이 아니라, 일상의 인간들에 의해 일상의 공간에서 마치 일상의 삶을 재현하듯 의례를 치르기 때문이다. 따라서 '선조가 계신 듯이 제사를 지낸다'는 것은 망자의 존재감을 느끼는 효과뿐만 아니라 일상의 연장과도 통하게 된다. 곧 제사에 내재된 신비 구도 역시 어디까지나 현실에 기반을 두고 있다는 점이 의례 체험의 핵심을 이루고 있는 것이다. 따라서 제사에서 가능한 종교적 체험은, 성직자의 매개에 의해 영혼의 중요한 변화를 실감하는 천도재와는 다른 차원의 것이라 하겠다.

유교의 상제례가 그토록 복잡한 이유도 이와 무관하지 않다. 내세를 인정하지 않으면서 망자를 다시 현세로 맞이하는 생사혼성적(生死混成的) 인식으로 인해 수많은 상상적 사고와 절차를 동원할 수밖에 없었을 것[29]이기 때문이

---

28 『禮記』「郊特生篇」, 李相玉 譯著(明文堂, 2003), pp.734~737(中卷).
29 김기현, 앞의 논문(1999), p.72.

다. 이처럼 유교의 종교적 성격은 궁극적 존재의 초월성을 강조하기보다는 인간 속에서 궁극적 존재를 어떻게 확인하고 만나는가에 관심이 집중된다는 데 있다.[30]

따라서 제사를 지내는 의례 주체들이 지닐 수 있는 종교성은 초월적 존재에 대한 믿음보다는 섭리에 대한 믿음에 보다 가까운 것이라 여겨진다. 곧 부모와 자식, 선조와 후손 간의 기의 감통(感通)은 상상적 공감을 통해 가능한 것이다. 감격(感格)은 주지적 측면에서 이루어지는 것이 아니라 근본적으로 주체적인 인간 마음의 문제이며 일종의 종교적 체험의 문제[31]이다. 영혼관이나 내세관과 같은 종교적 믿음을 담보하지 않은 채 이러한 마음을 가장 잘 드러낼 수 있는 의례가 바로 제사이다. 이처럼 죽은 자가 삶의 세계로 회귀하는 유교적 조상 관념의 배경에는 선조와 후손의 연계원리가 핵심을 이루고 있다. 한 개체는 소멸해 가지만 그의 기를 이어받은 다음 개체가 끝없이 생겨나며, 의례를 통한 이들의 연계로써 죽은 자는 산 자들 속에 영원히 존재하는 것이다. 유교의 제사관을 관통하고 있는 이러한 절대적 가치 또는 궁극적 질서는, 사후 존재의 영속성을 드러내는 요소들과 함께 유교의 종교성을 감지케 한다.

곧 내세를 인정하지 않는 유교에서는 현실에서 영속되는 제사로써 사후에도 소멸되지 않는 영적 존재에 대한 욕구를 실현하고 있으며, 제사의 상징적 요소들은 이러한 기능을 담당하면서 종교적 성격을 부각시키고 있는 것이다. 제사로써 실현되는 이승에서의 영속성은 망자가 일상 속에 끊임없이 현재화 된다는 의미뿐만 아니라, 조상과 후손으로 연계되는 제사원리를 통해 존재의

---

30 금장태, 「유교의 종교성과 유교·천주교의 교류」, 『종교와 문화』 제9호(서울대학교 종교문제연구소, 2003), p.3.
31 이은봉, 『한국인의 죽음관』(서울대학교출판부, 2000), p.189.

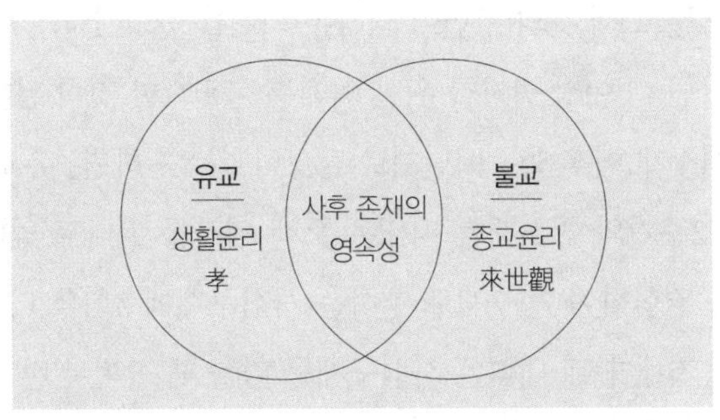

〈그림1〉 '사후 존재의 영속성'을 추구하는 천도재와 제사의 관계 ①

정신적 계승 역시 구현되고 있다는 의미를 지닌다.

이러한 점에서 불교와 유교 의례에 투영된 죽음 인식은 '사후 존재의 영속성에 대한 추구'라는 민간의 동일한 정신세계에 기반을 두고 있는 것이라 할 수 있다(그림1 참조).

이때 제사에서는 혈연을 중심으로 한 생활윤리가 강조된다면, 천도재에서는 성직자와 초월적 존재의 개입이 따르는 종교윤리가 강조되고 있다. 제사에 담긴 효(孝)와 천도재에 담긴 육도의 내세관(來世觀)은 각기 현실적·관념적 가치로서 민간의 죽음 인식을 지탱하는 두 기둥을 이루고 있는 것이다. 아울러 유교에서는 제사의 구조와 상징체계를 통해 관념적 가치를 실현하고 있다면, 불교에서는 민간제사의 적극적 수용을 통해 현실적 가치를 실현함으로써 상호 결핍된 측면을 보완하고 있는 셈이다.

(3) 사십구재 이후에도 계속되는 천도재

불교 생사관에 따르면, 사람이 죽으면 49일 간의 중유기를 지난 다음 새로운 존재로 태어나게 된다. 불교에서 화장을 하는 의미 역시 '몸'은 이승에서 잠시 빌려 입었던 옷으로 보아, 헌 옷과 같은 몸을 태움으로써 이승에 대한 애착과 미련을 끊고 새 옷의 주인이 되라는 의미를 담고 있다. 따라서 사십구재를 치르고 나면 더 이상 망자를 위한 의례는 불필요한 것이 된다.

그러나 사십구재 이후에도 백일재로 탈상하였는가 하면, 유교상례에 해당하는 1주기와 2주기의 천도재를 지내온 오랜 역사를 지니고 있다. 시왕사상이 유교상례와 결합하여 7·7재로 행하는 사십구재에 3회를 더하여 모두 10회의 천도재를 지내게 된 내력은 사십구재를 다룰 때 살펴본 바 있다. 이러한 시왕사상에 근거한 업보의 판결 기간은 사후 만 2년 동안에 걸쳐 행해지는 것이어서, 죽은 뒤 중유 기간인 49일이 지나면 새로운 존재로 태어나게 된다는 사십구재와 시간적 측면에서 서로 모순된다. 시왕사상의 관점에서 보면 판결이 완료되기 전인 49일 만에 다른 몸을 받는다는 것은 이치에 맞지 않고, 사십구재를 중심으로 보면 이미 윤회한 상태에서 판결이 계속되는 셈이라 더욱 납득하기 힘들다.

뿐만 아니라 49일 또는 만 2년이 지나 업에 대한 최대 판결 기간이 끝남으로써 윤회가 이루어진 뒤에도 망자에 대한 의례는 언제까지나 '좋은 곳으로 보내기 위한' 천도의 의미를 지닌다는 점에서, 이러한 모순은 보다 큰 틀에서부터 비롯되는 듯 여겨지기도 한다. 불교신자라면 사십구재를 치른 이후에도 망자의 천도는 계속되는 것이 일반적인 현상이다. 매년 7월 보름의 백중이나 명절 등에 사십구재의 주인공이었던 영가를 모시고 합동천도재를 치르며, 사찰에서 개인의 기제사를 올릴 때도 천도의 의미가 기반을 이루고 있기 때문이다.

권상로(權相老)는 당시 거듭되는 천도재에 대한 질문을 받았을 때, "…망자가 사망한 후 업에 따라 새로운 몸을 받지 못하고 중유에 머물러 있거나, 혹은 새 몸을 받았더라도 현재보다 못한 곳으로 갔다면 당연히 천도해야 할 것이요, 또한 육도 중 인취(人趣)면 천취(天趣)로, 천취면 성문(聲聞) 내지 불지(佛

地)에 이르기까지 추천(追薦)하지 않으면 안 되지 않겠습니까. 그러므로 제사는 항상 추천을 주로 하는 것입니다"[32]라고 답변한 바 있다. 반면, "제사함으로써 정토에 왕생할 수 있다고 하면 한 번 제사하는 것으로 족할 것이며, 제사한데도 그것이 불가능하다고 하면 만 번 제사해도 아무 효과가 없을 것"[33]이라며 거듭되는 재의 의도를 사찰의 재원 확보와 관련시켜 날카롭게 비판한 한용운(韓龍雲) 식의 지적이 공존하고 있다.

이처럼 거듭되는 천도(薦度)에 대해, 천도재가 지속되어온 역사와 의례 구도 속에서 그 내재된 의미를 풀어볼 수 있다.

첫째, 천도의 의미는 협의와 광의로 이원화되어 있다는 점이다. 사후 49일까지 행하는 사십구재는 이승의 존재가 저승에 태어나기 위해 중유의 몸을 바꾸는 가장 핵심적이고 당면한 시기에 행하는 천도이다. 이에 비해 광의의 천도는 영가의 업에 따른 과보보다 상승의 경지로 옮겨가기를 기원하는 지속적 의례로, 일회적 삶에 국한되지 않는 열려 있는 개념에 해당한다. 윤회를 전제할 경우 거듭되는 천도재로써 영가의 전생 업과 이후에 거듭되는 삶에까지 공덕을 미칠 수 있기 때문이다.

둘째, 모든 천도재는 해당 망자만이 아니라 천도되지 못한 채 떠도는 고혼과, 삼악도에 머무는 존재를 함께 청하여 구제하는 공덕을 지닌다는 점이다. 이와 같이 명부세계의 뭇 중생을 함께 껴안는 대승적 의미는 천도재의 가장 중요한 미덕으로 꼽을 수 있다. 떠도는 고혼은 생전의 악업이 깊어서만이 아니라 억울한 죽음, 문제적 죽음으로 인해 제대로 눈을 감지 못했을 것이라 여기는 존재들이다. 모든 사회에는 이러한 성격의 죽음을 맞은 이들이 무수히

---

32 權相老, 「佛敎決疑」, 『佛敎』 第60號(1929. 6), pp.50~52의 내용을 현대적인 의미로 풀어서 기술하였다.
33 한용운 지음, 이원섭 옮김, 『조선불교유신론』, 운주사, 1992, p.105.

존재하게 마련이고, 남은 자들은 의례로써 이들의 문제를 풀어주고 위무하는
동시에 스스로 공동체의 문제를 성찰하는 계기로 삼을 수 있다. 따라서 사십
구재를 포함한 천도재에서 불교의 신적 존재들을 모신 가운데 공동체의 유주
무주 고혼을 청하는 것은, 생과 사, 현세 · 전생 · 내세를 초월하여 육도윤회
의 어느 지점에 놓인 모든 중생이 불법으로 함께 '소통하고 융합하는 장'[34]이라
볼 수 있을 것이다.

셋째, 삼보에 대한 공양, 중생과 나누는 법식으로 자신의 공덕을 회향하
는 의미를 지닌다는 점이다. 천도재의 재 비용은 삼보에 귀의하며 불보살에
게 올리는 공양물인 동시에 승단 운영의 토대가 된다. 불교가 성립되기 전부
터 인도에서는 출가 수행자에게 음식물을 공양하는 것(飯僧)이 곧 공덕이라고
보았으며, 현재도 동남아시아 불교국가에서는 승려에 대한 반승의 의무를 지
키고 있다. 이러한 반승은 음식물의 공양을 넘어서 재를 통한 보시로 확산되
는 것이 일반적이며, 따라서 천도재를 행하는 일이 삼보를 지키고 불교를 융
성케 하는 신앙행위의 하나가 된다는 점이다. 또한 의례를 마친 뒤 대중과 음
식을 나눔으로써 재의 참된 의미인 대중공양의 의미를 실천하게 된다.

넷째, 천도재를 치름으로써 쌓게 되는 이러한 공덕은 결국 재자 스스로에
게 환원된다는 점이다. 불교에서는 죽은 뒤 타력에 의해 얻는 공덕보다 살아
있는 동안 남을 위해 행하는 자력의 공덕이 더욱 크다고 본다. 따라서 천도재
는 자신의 공덕을 남을 위해 돌리는 불교의 회향정신을 실천하는 것인 동시
에, 그로 인한 인과는 더 큰 공덕이 되어 재자에게 환원된다는 종교적 설정
속에서 작용하고 있다.

---

34 수륙재(水陸齋)의 핵심이 '소통과 융합'에 있다는 관점은 홍윤식에 의해 언급된 바 있다. 홍
　윤식, 「수륙재의 내용과 의미」, (2008 삼화사 국행수륙대회 학술대회 논문집 『삼화사와 국행수륙대
　재』(삼화사 · 국제아세아민속학회, 2008).

사실상 판결 기간이 49일인가 2주기인가의 문제는 하나의 뿌리에서 자란 나무의 다른 가지에 불과할 수 있다. 49일은 인도불교에 가깝고 2주기는 중국 불교에 가까운 차이일 뿐, 사람이 죽으면 해탈을 통해 윤회에서 벗어나지 않는 한 자신의 생전 업에 따라 다음 생을 받게 된다는 기본원칙은 다를 바 없기 때문이다. 중요한 것은 '윤회'와 '업'이라는 개념이며, 구체적인 기간은 모두 방편적으로 설정된 것이라 하겠다. 그러나 현재 사십구재가 불교상례로 정착되어 있는 상황에서 업의 판결이 만 2년간 계속된다는 해석은 혼란을 줄 수 있다. 따라서 사십구재 이후 백일 · 1주년 · 2주년에 천도재를 지낼 경우 시왕의 판결과 연결짓기보다는, 제사 역시 천도의 의미로 수용하고 있듯이 유교식 상제례의 수용 차원에서 실시하는 것이 바람직하리라 여겨진다.

불교에서 민간의 의례가 작동하는 방식은 마음의 작용이 순기능을 지향하도록 하는 데 있다. 따라서 철두철미한 원칙이 배제되고, 무교든 유교든 인간의 심성을 순화시키고 그들을 위무할 수 있는 것이라면 모두 수용할 수 있었던 것이다. 부모의 죽음을 맞은 자식들이 지녀야 할 가장 중요한 것은 정성스러운 마음이고, 정성은 곧 유교에서 중시하는 조상숭배 및 효와 긴밀히 연계되는 것이다. 부모와 조상에게 정성을 올리는 '마음'을 수용하면서 불교의 천도재는 유교의 제사와 자연스럽게 결합되었다. 죽음을 보다 심각하게 받아들여 종교적으로 고민함과 동시에, 가족의 질서 속에 존속시키려는 유족들에게 두 의례의 결합은 매우 바람직한 것이 아닐 수 없다.

(4) 천도재와 제사의 결합 방식

제사는 유교와 불교의 이념적 논리와 무관하게, 이를 삶 속에서 실현해 나가는 민간의 논리에 의해 천도재와 긴밀히 연계될 수 있는 여지를 지니고 있다. 제사에 강림하는 조상신을 가시화한 요소들은 사후 존재의 영속성에 대

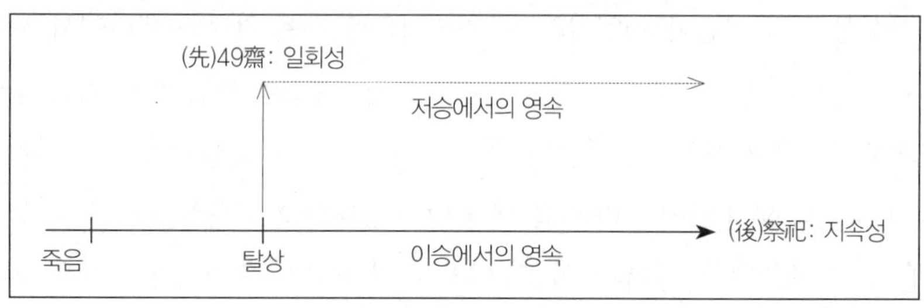

<그림2> '사후 존재의 영속성'을 추구하는 천도재와 제사의 관계 ②

한 민간의 종교적 욕구를 충족시키고 있기 때문이다. 뿐만 아니라 천도재는 민간의 제사를 절차의 하나로 수용하면서, 망자의 천도라는 종교적 목적뿐만 아니라 제사의 의례정신을 구체적으로 실현하고 있는 것이다.

〈그림2〉는 존재의 영속성을 현실 속에서 추구하는 제사와, 관념 속에서 추구하는 천도재의 특성을 드러낸 것이다. 이때 의례를 치르는 시점은 두 종교의 생사관을 뚜렷이 부각시킨다. 곧 사십구재는 의례를 치름으로써 망자가 저승에서 새로운 존재로 살아갈 수 있기 때문에 영속을 위한 선행조건으로 행하는 일회성의 의례이다. 의례를 치르지 않는다면 망자는 저승에 통합되지 못한 채 고혼으로 떠돌 수 있기 때문이다. 이에 비해 제사는 탈상하여 조상으로 좌정한 뒤부터 의례를 반복함으로써 이승에서 영속하는 지속성의 의례이다.

이처럼 망자가 저승으로 편입됨과 동시에 유족 역시 이승으로 통합되는 것이어서, 사십구재를 치르는 시점은 탈상과 동일한 날이 되어야 한다. 그러나 사십구재가 상례의 끝 지점과 일치하게 된 것은 불과 수십 년 전의 일이다. 망자의 영혼이 49일 만에 다음 생을 받게 된다고 보는 불교에서는 사십구재가 곧 탈상이지만, 시대를 거슬러 올라갈수록 불교신자 역시 사십구재를 하면서 이와 별개로 백일·소상·대상 탈상 등을 해왔기 때문이다. 이러한 현상은 유교상례를 치르면서도 사십구재를 별도로 행하는 것이어서 유교와 불교 의

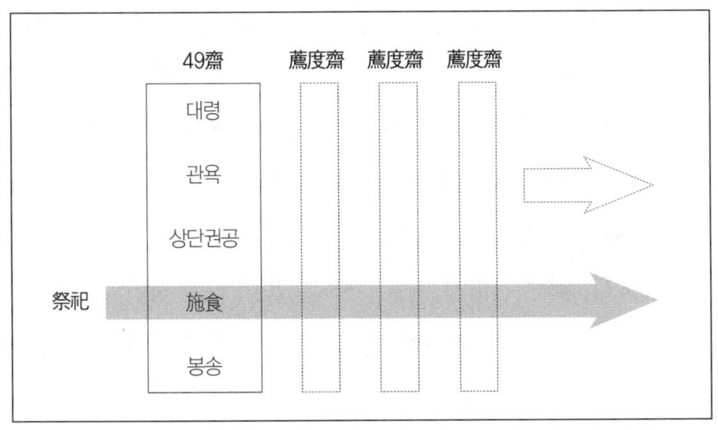

〈그림3〉 천도재와 제사의 상호연계성

례의 보완관계를 드러내고 있다.

또한 사십구재의 의례 의미를 볼 때 떠도는 원혼의 천도재를 지내는 특별한 경우를 제외하면, 사십구재를 지낸 뒤에 불교에서는 제사를 지낼 이유가 없다. 이미 윤회한 영혼은 '저승'이라 통칭하는 내세에서 새롭게 살고 있어 제사를 받으러 올 수 없기 때문이다. 그러나 불교에서는 재(齋)로써 제(祭)를 수용하여 망자에 대한 제사를 지내고 있다. 사십구재 이후에도 상례의 연장선상에서 백일·소상·대상에 천도재를 지내기도 하고, 매년 명절에 해당 망자의 합동천도재를 반복적으로 치르며, 사찰에서 망자의 기제사를 지내는 것역시 일반화되어 있다.

이처럼 '사찰에서 지내는 제사'가 민간에 보다 자연스럽게 수용될 수 있는 것은 천도재 속에 조상 제사와 유사하게 진행되는 시식(施食)이 있기 때문이다. 뿐만 아니라 사십구재로써 망자의 천도가 이루어진 이후에도 거듭 천도재를 올리는 일이 이상하지 않은 것은 민간에 '제사'라는 지속적인 의례가 존재하고 있기 때문이다(그림3 참조).

사십구재의 한 과정인 시식은 민간의 제사와 동일한 모습으로 치러지며 이후에 계속되는 천도재 역시 제사인 시식을 포함하고 있다. 또한 후손들이 사찰에서 망자의 기제사를 지낼 때도 삼보의 범주에서 진행되는 재(齋)로 수용될 뿐만 아니라 의례의 목적 또한 천도(薦度)라는 의미를 지닌다. 따라서 불교에서 의미하는 제사는 곧 '천도재'에 해당하며, 민간의 기제사·명절제사처럼 기일 천도재, 백중 천도재, 수시 천도재 등이 있는 것이다. 이러한 맥락에서 살펴볼 때 '불교에서 언제부터 제사를 지냈는가' 하는 질문은, 망자를 대상으로 유족이 참석한 가운데 진행되었을 천도재의 역사로 귀속될 수밖에 없다. 결국 천도재는 제사의 의미와 결합하여 탄생된 개념으로, 불교적 의미 속에 수용된 제사는 천도재와 동일한 목적과 형식으로 수렴되고 있음을 알 수 있다.

앞서 권상로·한용운 등 근대 불교학자들이 천도재를 '제사'라는 용어로 칭한 점은 불교 천도재를 인식하는 데 매우 중요한 의미를 지닌다. 망자를 대상으로 치르는 천도재는 근원적으로 제사의 의미와 결합하여 탄생된 개념이기 때문이다. 다만 천도재가 민간의 제사 개념과 결합한 것이라 하더라도, 역사적으로 담당해온 역할은 분리될 수밖에 없었다. 특히 가례(家禮)로 체계화된 상제례는 유교이념의 핵심을 이루고 있었기에 상제례에 대한 불교적 영향력은 종교적 처치에 머물렀다면, 근대로 올수록 유교이념이 약화되면서 불교의 천도재가 일생의례의 한 부분으로 민간의 상제례를 수용하고 있다는 데 주목할 수 있다.

2. 불교 제사의 역사

1) 불교 기제사가 정착된 고려시대

중국 역사는 제사와 함께한다 해도 과언이 아니지만 초기의 제사는 모두 천지신명과 왕실조상에 대한 것이 주를 이루었다. 왕실 제사 역시 계절마다 행하는 사시제(四時祭)였고, 이 시제를 정제(正祭)라고도 부르며 제사의 으뜸이자 표상이라 여겨 축제처럼 치렀다. 제사는 길례(吉禮)이기 때문에 조상이 임종한 슬픈 날에 치르는 기제사는 원래 고전 예서(禮書)에 없었으며 송대에 이르러서야 성리학자들에 의해 처음 기제사 관행이 시작되었다.[35]

우리나라에서도 고대로부터 자연숭배의 제사는 물론 시조를 중심으로 왕실제사를 지내왔으며, 유교 기제사는 고려 말기에 성리학과 『주자가례』가 들어오면서 왕실과 지배층을 중심으로 성행하기 시작하였다. 이에 비해 기일에 지내는 불교식 제사는 고려 초기부터 성행하여, 우리나라의 경우 기제사는 유교가 아니라 불교에서 출발했던 특수성을 지니고 있다. 제사 자체는 중국의 영향을 받은 것이지만 고려가 불교 국가였기 때문이다.

부모와 조상에 대한 불교 제사는 고대 동양사상의 광범위한 기반을 이루는 조령숭배에서 비롯된 것이었다. 조상신에 대한 인식이나 섬기는 방식이 유교 제사와 다른 고대 인도의 조령제(祖靈祭)는 불교식 제사이자 천도재의 기반이 되어 왔다. 유교 제사가 조상을 섬기고 효를 실천하는 것이라면, 불교 제사는 초기부터 망혼을 좋은 곳으로 보내기 위한 천도(薦度)의 의미가 내재되어 있었다. 이는 고대 인도 조령제의 의미뿐만 아니라 불교의 내세관에 따른 자연스

---

35 李迎春, 앞의 책(1994), pp.106~109.

러운 귀결이었음을 살펴본 바 있다.

삼국시대에 인격신을 대상으로 불교 제사를 지낸 기록은 드물다. 그런 가운데 신라에 불교를 공인하게 만든 순교자 이차돈(異次頓, 506~527)의 제사로 추정할 만한 기록이 『삼국유사』[36]에 전한다. 이차돈이 순교한 뒤 법흥왕은 신라 최초의 사찰인 흥륜사(興輪寺)를 짓고 왕위를 진흥왕에게 물려준 뒤 승려가 되었는데, 이차돈의 기일이 되면 많은 사람들이 흥륜사에서 모임을 가지고 그를 추모하였다는 것이다.

고려시대에 들어서면 조상 제사가 본격화되면서 주로 불교에 의존하는 종교적 방식으로 치렀다. 자손들은 일정한 재원을 염출하여 기일보(忌日寶)라는 계를 모아 그 이식으로 해마다 사찰에서 지내는 제사를 준비한 집안이 많았다.[37] 당시의 상속제도는 아들·딸에게 동등하게 재산을 물려주고 출가한 딸이라도 구분 없는 균분상속(均分相續)을 국가에서 보장하였다.[38] 재산을 공평하게 나누어 물려받았기에 제사 또한 형제들이 해마다 제사를 돌아가며 당번제로 지냈는데, 이를 윤회봉사(輪廻奉祀)라 한다.[39]

조선시대에 장자 중심의 종법질서가 지배했던 가장 큰 이유도 장자를 봉사(奉祀)의 주체로 삼으면서 집안계승까지 이어받게 된 것이었다. 사찰 제사를 중시했던 고려시대에는 아들의 중요성이 상대적으로 미약하여 사회 전반적으로 남녀평등의 분위기가 자리 잡는 데 일정한 역할을 했던 셈이다. 특히 지배층에서는 사찰에서 임종하고 빈소를 차린 뒤 화장한 유골을 일정 기간 동안 모시는(權安) 이들이 많았기 때문에, 권안했던 사찰이 곧 원당이 되어 망자의

---

36 『三國遺事』 卷三 興法 第三 '元宗興法 猒髑滅身'.

37 보광, 「상장례를 통한 포교의 활성화」(대한불교조계종 교육원 본말사주지 세미나 교육내용, 2004. 7).

38 朴秉濠, "상속(相續)", 『한국민족문화대백과사전』(한국정신문화연구원, 1991).

39 이영춘, 앞의 책(1994), p.119.

영정을 모시고 지속적인 제사를 올려왔음을 짐작할 수 있다.

『삼국유사』[40]에는 태조가 931년에 자신을 따라 개성으로 상경하여 늘 곁에서 분향하고 수도한 데 대한 공로로, 고승 광학(廣學)·대연(大緣)에게 부모의 기일보(忌日寶)로 돌백사(㟹白寺)를 주고 전답을 하사했다는 내용이 나온다. 이처럼 부모·조상의 제사를 위한 준비는 고려 초기부터 중요한 가치였고, 그 내용은 사찰에서 극락왕생을 비는 방식이 주를 이루었음을 알 수 있다.

고조선부터 고려 말까지 통사를 다룬 조선 후기의 『동사강목(東史綱目)』에는, 1085년 고려 선종이 흥왕사(興王寺)에 행차한 기록에 대해 유계(兪棨)의 다음과 같은 글을 첨부하였다.

고려시대에는 무릇 선친의 기일이 돌아오면 대부분 절에서 천복(薦福)하였으니 매우 온당하지 못한 일인데, 더군다나 탈상례(脫喪禮)로 신주(神主)를 태묘(太廟)에 부(祔)하는 일은 반드시 지켜야 할 예절임에도 불구하고 마침내 유사(有司)에게 맡겨 놓고 자신은 몸소 불찰(佛刹)에 나아가 승려들과 뒤섞여 복을 빌었으니 잘못이 아니겠는가?[41]

'선친의 기일이 돌아오면 대부분 절에서 천복(薦福)하였다'는 표현에서 불교 기제사 풍습이 사회에 만연해 있었음을 알 수 있다. 유교 제사가 들어와 있었으나 봉사(奉祀)를 통한 유교적 종법질서로 이어지지는 못하였고, 죽은 망혼을 대상으로 치르는 것이기에 종교적 의미가 우선하여 불교가 관념적 기반을 이루었던 것이다.

사대부가 여성들이 남편과 부모의 제사를 지내기 위해 사찰을 세운 사례들

─────────
40 『三國遺事』 卷五 神呪 第六 '明朗神印'.
41 『東史綱目』 卷7下 '乙丑 宣宗 2年'.

도 많이 전한다. 이덕손(李德孫)의 부인 유씨(庾氏)[42]는 남편이 죽은 후 대덕산 기슭의 선영 옆에 선적사(禪寂寺)라는 원찰을 짓고 명복과 복을 비는 제사를 지냈는가 하면, 허옹(許邕)의 부인 이씨(李氏)[43]는 돌아가신 부모의 명복을 위해 가은난야(加恩蘭若)와 운룡사(雲龍寺)를 지어 제사를 지내왔다.

김변(金眅)의 부인 허씨(許氏) 또한 남편이 1301년에 죽자 몹시 슬퍼하며 나라에서 내리는 의식을 거절하고 스스로 장구(葬具)를 장만해 대덕산(大德山)의 남쪽 언덕에 묘소를 마련하였다. 그녀는 남편의 무덤이 있는 산을 볼 수 있는 곳에 집을 짓고 근처에 사찰을 지어 남편의 극락왕생을 비는 제사를 지내오다가, 14년이 지난 뒤 머리를 깎고 스스로 출가하기에 이른다.

남편의 장례가 끝나자 이 산의 서남쪽 가까운 곳의 서로 볼 수 있는 자리에 집을 짓고, 1리도 못 되는 곳에 감응사(感應寺)를 지어 고인의 명복을 비는 사찰로 삼았다. 승려를 청해 『원둔경전(圓頓經典)』을 사경(寫經)했는데, 집안의 재화와 보물을 기울여 금과 은을 섞어 글자를 꾸몄다. 1315년에 머리를 깎고 비구니가 되어 법명을 성효(性曉)라 하였다.
47세에 남편을 잃고 초하루와 보름의 제사 때마다 반드시 묘소에 갔다. 삼년상을 치르면서 춥거나 더울 때도 해이함이 없었다. 그 뒤로도 명절의 제사 때 바깥나들이를 하지 않고 처음처럼 직접 묘소에 가지 않은 적이 없다가 출가한 뒤에야 그만두었다. 경신년(1320) 서울 남산의 남쪽에 초당을 짓고 머물렀는데, 장남의 집이 그 서쪽에 있어 지아비가 죽으면 맏아들을 따르는 뜻이었다. 1324년 병들어 향년 70세인 3월 4일 초당에서 죽었다.[44]

---

42 이덕손(李德孫) 처 유씨(庾氏, 1247~1326) 묘지명: 김용선, 앞의 책(하권, 2012), p.764.

43 허옹(許邕) 처 이씨(李氏, 1305~1380) 묘지명: 김용선, 앞의 책(하권, 2012), pp.1150~1151.

44 김변(金眅) 처 허씨(許氏, 1255~1324) 묘지명: 김용선, 앞의 책(하권, 2012), pp.739~740.

남편의 죽음에서부터 자신의 죽음에 이르기까지 그녀의 삶은 불교에 깊이 의지해 왔음을 살펴볼 수 있다.

왕실에서도 고려 초기부터 사찰을 세워 원당(願堂)으로 삼았다. 광종은 대봉은사(大奉恩寺)를 설립하여 개국시조이자 아버지인 태조를 모시고, 불일사(佛日寺)를 세워 어머니이자 태조의 왕비인 유씨(劉氏)를 모셔 원당으로 삼았다.[45] 목종 원년(998)에는 임금이 하명하기를 "태조의 기재(忌齋)에 5일간 향을 피우고 마음을 닦으며, 하루 동안 조정의 일을 보지 말도록 하라. 혜종·광종·대종·성종의 기재에는 각각 하루에 한하도록 하고, 이를 상식(常式)으로 삼으라"고 하였다. 덕종 원년(1032)에는 태조의 기일(忌日)에 임금이 봉은사(奉恩寺)에 거둥하였는데, 그 뒤부터 관례가 되었다.[46] 이처럼 고려 초기에 왕실의 원당을 세우고, 기일에 궁궐 내 또는 사찰에서 선대 왕실을 위한 기일재를 치르는 기틀을 마련하였다.

문종 대에는 왕실과 관리들이 혼당(魂堂)을 세워 봉사하였다고 하는데 이는 불교의식이나 무속에 의하였을 것으로 보인다.[47] 1058년에 문종은 정종의 혼당에 있는 금은 기명(器皿)과 거란에서 조제(弔祭) 예물로 보내온 비단으로 대장경을 만들어 정종의 명복을 빌게 하였다.[48] 예종은 왕비 순덕왕후(順德王后)가 세상을 떠나자 안화사(安和寺)에 혼당을 마련해 영정을 모시고 이듬해와 그 다음 해에도 행차하여[49] 제사를 치렀는가 하면, 공민왕은 노국공주의 기일이 되자 혼전에 행차하여 승려들에게 3일간 공양하고, 꽃을 만드는 데 필요한 비

---

45 『高麗史節要』卷2 光宗大成大王 辛亥2年.
46 『增補文獻備考』卷70 禮考17 國忌 '高麗'.
47 朴秉濠, 앞의 글(1991).
48 『高麗史』卷8 文宗 戊戌 12年(1058).
49 『高麗史』卷14 睿宗 戊戌 13年(1118), 睿宗 更子 15年(1120).

용으로 포 5천여 필과 다른 물자도 이에 버금가게 주었다[50]고 한다.

선대 왕실의 기일에 승려들을 궁으로 청하여 공양을 올리는 반승(飯僧)의 풍속도 성행하였다. 현종 대부터 '반승십만(飯僧十萬)'[51]이라는 기록이 등장하듯이 각종 행사와 왕실의 탄일ㆍ기일에 대규모 반승이 행해졌다. 예컨대 의종 8년(1154)에는 인종의 기일에 내전에서 승려들에게 반승하고 8일 뒤에는 다시 인종 기일과 관련해 태평정(太平亭)에서 승려들에게 반승함으로써, 후일 『고려사』에는 이에 대해 "왕이 불공과 기도를 일삼았기 때문에 승려가 궁에 차고 넘었다"고 적었다.[52]

아울러 고려시대에는 휘신도량(諱晨道場)이라는 말이 등장한다. 정종은 1042년에 태조의 휘신도량을 개성의 개국사(開國寺)에서 열었고, 문종은 모후(母后)의 휘신도량을 개성의 왕륜사(王輪寺)에서 개설[53]하였다는 기록이다. 기일(忌日)을 휘일(諱日)이라고도 하므로 이때의 휘신(諱晨)이란 곧 기신(忌晨)을 말한다. 또한 이규보가 강종의 기제사를 위해 지은 기신위표(忌晨慰表)[54]라는 용어가 나오고 충숙왕의 기신재(忌晨齋)[55], 노국공주인 인덕왕후(仁德王后)의 기신재[56] 등 왕실의 기일에 지내는 불교 제사를 본격적으로 '기신재'라 부르기 시작한다. 이전에는 주로 기재ㆍ기일재라 하다가 왕실 제사와 민간 제사를 구분하기 위한 의도에서인지 주로 왕실에 국한하여 '일(日)'의 높임말인 '신(晨)'을

---

50 『高麗史』卷42 恭愍王 庚戌 19年(1370).

51 『高麗史』卷4 顯宗 戊午 9年(1018).

52 『高麗史』卷18 毅宗 甲戌 8年(1154), 毅宗 戊寅 12年(1158).

53 金渭錫, "개국사(開國寺)"ㆍ"왕륜사(王輪寺)", 『한국민족문화대백과사전』(한국정신문화연구원, 1992).

54 『東國李相國集』卷30 私代撰表章 '康宗大王忌晨慰表'.

55 『東文選』卷111 疏 '忠肅懿孝大王忌晨齋疏'.

56 『圓齋先生文稿』卷下 疏 '仁德王后忌晨齋疏'.

사용하고 있다. 따라서 조선시대에 들어서면 왕실 제사는 본격적으로 '기신'이라 칭하면서 불교식으로 치를 때는 기신재, 유교식일 때는 기신제라 부르게 된다.

고려 말기에 이르러 불교식 기제사뿐만 아니라 유교 기제사가 왕실과 지배층을 중심으로 성행하기 시작하였다. 전통건축 분야에서는 고려 말의 두드러진 변화로 한 집안의 가묘(家廟)에 해당하는 사당(祠堂)의 건축을 들듯이, 이때부터 유교와 불교의 상제례는 본격적인 갈등의 역사를 걷게 된다.

2) 유교·불교 제사가 병행된 조선시대

고려 말부터 유교식 상제례가 강조되었지만, 불교에 우호적이었던 태조는 조선 왕조를 열자 마자 건국 과정에서 희생당한 고려 왕실의 인물들을 위한 수륙재(水陸齋)를 크게 열게 된다. 1395년(태조 4) 관음굴(觀音窟)·견암사(見巖寺)·삼화사(三和寺)의 세 곳에서 수륙재를 개최하고 이를 법식으로 삼아 매년 봄가을에 개최하게 하였으며,[57] 2년 뒤에는 다시 진관사(津寬寺)에 수륙재를 전담할 수륙사(水陸社)를 조성하였다. 이에 권근(權近)은「진관사수륙사조성기(津寬寺水陸社造成記)」를 통해 태조의 정책에 대해 다음과 같이 말한다.

주상전하께서 신무(神武)한 자질과 인효(仁孝)한 덕으로 천명을 받아 국가를 창건하시매 공이 조종(祖宗)에게 빛나고 은택이 만물에 덮였는데도, 조상 받들려는 생각이 낮이나 밤이나 더욱 정성스러워, 하늘에 배향하는 제사를 이미 극진하게 하고도 부처에 귀의하려는 마음이 또한 간절하여, 하늘에 계신

---

57 『太祖實錄』太祖 4年 2月 24日(戊子).

조상들의 영혼으로 하여금 친히 부처의 복[佛記]을 받아 묘한 인과를 증험하시
도록 하고 제사 못 받는 귀신들에게도 모두 복리와 혜택을 보게 하였으니, 성
효(誠孝)에 감동되는 바 지극하고도 극진하다.[58]

　　정조는 물론 불교를 배척했던 태종 또한 수륙재를 지속적으로 개설하였을
뿐만 아니라, 태조의 기일에 흥덕사(興德寺)에서 기신재를 베풀고 의정부와
승정원에 명하여 모두 사찰에 나아가도록 하였다. 아울러 "공신들이 태조의
기신재를 베푸는 것은 주상을 향한 정성"이라고 함으로써[59] 기신재에 대한 의
지를 드러내었다. 이러한 태종의 독려와 더불어, 건국에 참여한 공신들 또한
기신재를 적극적으로 수용하였다.

　　예컨대 1424년(세종 6)에는 세종이 명하기를, "태조와 태종의 기일에 신하
들이 각기 사사(寺社)에 나아가 수륙재를 베풀고 있다. 비록 충효의 뜻이기는
하나 온당하지 못하니 이에 대해 의논하라"고 하였다.[60] 세종의 하명을 통해
태조·태종과 인연이 있었던 많은 신하들이 절에서 기신수륙재를 지냈음을
알 수 있으며, 성리학을 표방하였던 건국공신들 또한 개인적인 신앙으로서
불교를 배척하고 있지는 않았음을 살피게 한다.[61] 그러나 불교와의 단절을 주
장하는 신하들이 주를 이루었을 것임은 분명하다. 예컨대 이조판서 허조(許
稠) 등은 세종의 이러한 하명에 대해 "수륙재를 베푸는 것은 본래 바른 예가
아닌데, 하물며 신위(神位)를 하단(下壇)에 설치하는 것은 더욱 무례한 것"이
라면서 여러 신하들이 태조와 태종의 기신재를 치르는 것을 막도록 촉구하

---

58 『陽村集』 卷12 記類 '津寬寺水陸社造成記'.
59 『太宗實錄』 太宗 11年 5月 23日(癸未).
60 『世宗實錄』 世宗 6年 5月 15日(己丑).
61 沈曉燮, 『朝鮮前期 靈山齋 研究』(東國大學校 史學科 博士論文, 2004), pp.88~90.

였던 것이다.

세종은 4년 전인 1420년(세종 2) 불교 상례와 제례에 해당하는 추천재·기신재를 수륙재(水陸齋)로 합설케 한 바 있으나, 신하들이 공공연히 선대 왕에 대해 사적으로 수륙재를 치르는 것을 경계하였던 것이다. 당시 기신재를 수륙재로 합설한 것은 불교의례의 위축을 뜻하는 것이자 한편으로는 수륙재로 불교식 상제례를 지낼 수 있도록 공식 인정을 받은 것이기도 하였다.

이처럼 조선 초기의 수륙재는 나라에서 주관하는 국행수륙재이거나 불특정다수의 고혼을 위한 정기수륙재였고, 사적인 수륙재는 불교 상제례를 대체하도록 한 세종 이후의 일로 알려져 있다. 그런데 개인의 기일(忌日)에 수륙재를 지낸 기록이 여말선초에 발견된다. 고려 말의 문신 이첨(李詹, 1345~1405)이 지은 '동자의 기제사날에 수륙재를 차리는 소(童子忌日水陸齋疏)'로, 작성 연대를 알 수 없지만 이첨의 생몰기간을 볼 때 최소한 1405년(태종 5) 이전에 치른 수륙재가 분명하다. 이첨은 사십구재·기일재·수륙재 등에 많은 소(疏)를 지었지만, 모두 다른 이를 대신하여 지은 것으로 '○○의 부친 칠칠재에 올리는 소'와 같은 제목으로 되어 있다. 그런데 이 소는 자신이 주체가 되어 동자의 기제사에 수륙재를 차린다는 제목이고, 그 내용도 절절하며 이첨의 행적과도 어느 정도 일치한다. 이로 보아 먼저 세상을 떠난 아들의 기일을 맞아 수륙재를 올린 듯하며, 동자의 깨달음을 위해 불자로서 정성을 바치는 기원이 담겨 있다.

… 엎드려 생각하니, 동자(童子)는 나이 겨우 다섯 돌이요, 키가 아직 두 자도 못 되었을 때 아버지는 대방(大謗)의 죄에 걸려 일찍이 남쪽 변방으로 좌천되었고, 어머니는 의탁할 곳이 없어 너를 외조부 집에 맡겼었다. 그 뒤 3년 만에 혁명을 만나 천리에서 살아 돌아오니…. 자미(子美)가 강촌(羌村)에 돌아온 듯

하여 무릎 위를 떠나지 못하게 하였더니, 너무 편안에 겨워 병이 났는지 죄없는 동자를 잡아가서 집안에 벌을 더 내려준 것인가. 날과 달을 손꼽아 헤아리며 빨리 성인이 되기를 기다렸는데, 어찌 총각의 춘추로 벌써 저승에 갔는가. 세월은 빨리 달려서 휘일(諱日)이 돌아오니, 애타게 그리는 마음은 더 새로우나, 선유(仙遊)한 것이 더 멀어짐을 애통한다.

… 무릇 유정무정(有情無情)들이 모두 법희(法喜)와 선열(禪悅)의 음식을 배불리 먹고서, 망상이 다 공한 것임을 알아 모든 번뇌를 없애고, 원심(冤心)이 평등한 것을 깨달아 보리를 빨리 증득하며, 동자의 어리고 어린 것도 대사(大士)들과 착한 벗이 되소서. 바라는 것이 너무 큰 듯하나, 오직 믿는 것은 지성뿐이니, 부처님께 증명하여 알아 주소서.[62]

조선 초기의 문신 변계량(卞季良, 1369~1430)은 대제학으로서 귀신과 부처를 섬기고 하늘에 제사를 지냈다 하여 '살기를 탐내고, 죽기를 두려워한 사람'이라는 비난을 받은 바 있다. 그는 태조의 기신재에 '반야법석(般若法席) 제문'[63]을 지었는데, "지금 흥덕사에서 승려들을 불러모아 닷새 동안 법회를 열어 명복을 비나이다"라는 구절이 나온다. 이를 보면 당시 기신재에서는 규모에 따라 많은 승려들을 청한 가운데 며칠에 걸쳐 법석을 펼쳤음을 알 수 있다.

세종 이후에도 기신재는 다소 약화된 가운데 국가제도의 틀 속에서 진행되었고, 이러한 양상은 폐지를 거듭하는 가운데[64] 지속되다가 중종 11년(1516)에 "기신재를 영구히 혁파하라"는 전교와 함께 전면적으로 폐지되었다. 그러나 명종의 재위 기간에 문정왕후 등의 불교 우호세력에 힘입어 간소하게나마 일

---

62 『東文選』卷111 疏 '童子忌日水陸齋疏'.

63 『春亭集』追補, 祭文 '太上王 忌晨齋 般若法席 祭文'.

64 단종 즉위년(1452년) 5월과 성종 2년(1471년) 12월 등을 들 수 있다.

시적으로 복설되었다가, 선조가 즉위한 뒤에 다시 혁파되었다.

이처럼 왕실의 불교 제사인 기신재는 중종~선조 연간에 제도적으로 폐지되었으나, 민중은 물론 왕실과 지배층의 사적인 영역까지 미치는 것은 아니었다. 조선 중기의 문신 이문건(李文楗, 1494~1567) 문중에서는 안봉사(安峰寺)에 영당(影堂)을 마련하여 중시조를 비롯한 14위의 영정을 봉안해 놓고 매년 2월에 제사를 지냈는데, 이문건이 성주로 유배간 뒤에는 영당제를 본격적으로 이끌었다[65]고 한다.

숙종 때는 유점사(楡岾寺)에서 인조·현종과 왕비의 제사를 모시는 이들이 있어 1716년(숙종 42) 사간원에서 이에 대한 부당함을 아뢴 기록이 등장한다. "고성 유점사에 어실 중당(御室中堂)이라는 한 전각이 있는데, 인조·현종과 왕비의 신위(神位)를 두고 그 앞에 두 개의 큰 상을 놓고서 삭망과 기신·생신에 다 절에서 크게 향사(享祀)한다 합니다. 엄숙한 청묘(淸廟)가 바로 우리 조종(祖宗)께서 오르내리시는 곳인데, 이제 사문(沙門)에서 제사하여 승려에게 공양을 받으시니, 그 외람된 것이 이보다 심할 수 없습니다. …모두 적발하여 금단하게 하소서"라고 하였으나, 숙종은 이를 따르지 않았다[66]는 것이다.

뿐만 아니라 기신재는 공식적으로 폐지되었으나 다른 방식으로 왕실의 불교 제사는 꾸준히 이어져 극락왕생을 비는 마음을 포기하지 않았다. 이는 조선 전 시기에 걸쳐 137곳 사찰에 약 208개의 원당(願堂)이 건립되었고 실제 수는 이보다 더 많을 것[67]이라는 점에서도 잘 드러난다. 원당은 고려시대부터 왕실과 지배층에서 널리 성행된 것으로 이곳에 고인의 위패나 영정을 모셔놓

---

65 宋宰鏞, 「임란 전 의례연구」, 『東아시아古代學』 20輯(東아시아古代學會, 2009), pp.368~369.

66 『肅宗實錄』 肅宗 42年 5月 12日(辛未).

67 朴晛璇, 『朝鮮後期 願堂 硏究』(嶺南大學校 國史學科 博士論文, 2001), pp.104~105.

고 제사를 지내왔는데, 조선시대에는 설립 주체가 대부분 왕실이었다. 특히 왕실 원당은 내수사(內需司)를 통해 사적으로 설립하는 경우가 많아, 제도적으로 기신재가 차단된 조선 후기에 더욱 성행하였던 것으로 보인다.

유형원(柳馨遠, 1622~1673)은 "부모 기일에 집에서 제사를 지내지 않고 절에 가서 재를 올리는 자가 있어 엄금해야 할 것"[68]이라 하였는가 하면, 정조는 즉위년(1776)에 "지역마다 원당이 두루 퍼져 있어 사사로이 위패를 받들고 향사(享祀)하기에 이르러 그 폐해가 막심하다"는 보고를 받고 각 도의 사찰에 설치된 원당을 헐도록 하라는 명을 내리는[69] 등 끊임없는 상소와 탄압에도 사찰에서 올리는 조상 제사는 조선 전 시기에 걸쳐 지속되었다.

제사상에 올리는 제수(祭需)와 관련하여, 일반적으로 유가의 도리에 따르면 육류·어류와 같이 귀한 제물을 잘 갖추어 조상신이 흠향토록 하는 반면, 제주(祭主)를 비롯한 핵심주체들은 기일(忌日)에 술이나 고기를 금하며 근신하는 풍습이 있었다. 그런데 사찰에서 제사를 지내다 보니 제사 음식으로 술과 고기를 쓰지 않게 되면서, 유교식 제사를 지낼 때조차 이러한 풍습이 적용되었던 듯하다.

왕씨(王氏)가 말했다. "사대부 집안에서 기일에 승려에게 불경을 외우고 추천(追薦)케 하니, 그 비속함을 괴이하게 여길 만하다. 이미 이런 이치가 없으니, 이것은 그 선대로 하여금 혈식(血食)하지 못하게 하는 것이다."

이황(李滉, 1501~1570)이 말했다. "예법에는 삼년상의 제사에서도 다 고기를 쓰거늘 더구나 기제에서야 무엇을 의심하겠는가? 지금 상례나 기제에 모두 고기를 쓰지 않는 것은 곧 산 사람이 행소(行素: 고기를 먹지 않고 채식으로 근신함)

---

68 『磻溪隧錄』 卷9 敎選之制 上 '鄕約事目'.
69 『正祖實錄』 正祖 卽位年 6月 14日(癸丑).

하는 데 편리한 점을 취한 것으로서 그 본래의 뜻을 잃은 것이다. 그것이 유전되어 관습이 되어 버리자, 도리어 고기 쓰는 것을 괴이하게 여기고 있으니 탄식할 일이다."

이수광(李睟光, 1563~1628)이 말했다. "우리나라 사람들은 기일이 되면 절에서 재(齋)를 열었기에 시속에서 휘일(諱日)을 승재(僧齋)라 한다. 나라에서도 선왕후의 기일이 되면 역시 시속에 따라 승재를 행했는데, 중종 병자년에 이르러 비로소 기신재를 혁파했으니, 이는 기묘명현(己卯諸賢)이 건의한 데 따른 것이다. 지금 사대부의 집안에서는 한결같이 예문(禮文)을 따르는데, 국가의 기신제에는 오히려 소찬(素饌: 나물반찬)을 쓰니 아마 구습을 따라 그러한 듯하다."[70]

『상변통고(常變通攷)』제례 편에서는 '기제사에서 소찬을 사용하는 잘못(忌祭用素饌之非)'이라는 글에서 위 세 사람의 글을 나란히 인용하였다. 이황은 제사에 고기를 쓰는 것은 당연한 일인데, 제주가 근신하며 고기를 먹지 않는다 하여 제상에도 올리지 않는 것은 잘못된 것임을 탄식하였다. 그런데 왕씨와 이수광 등은 이러한 풍습이 단지 제주의 행소 관례에서 비롯된 것만이 아니라 사찰 제사와 밀접하게 관련되어 있음을 지적한 것이다. 곧 왕씨는 사찰에서 제사를 지냄으로써 선대가 혈식(血食)을 하지 못하게 되었음을 말하였고, 이수광은 사찰에서 기신재를 열던 풍습으로 인해 사대부 집안에서는 고기를 쓰지만 국가의 기신제에는 오히려 소찬(素饌)을 쓰게 되었다고 하였다.

단지 제주가 편하기 위해 제사에 소홀한 것은 효와 조상숭배를 중시했던 당시의 정서와 맞지 않고, 고기를 쓰지 않는 사찰 제사의 관례가 남은 것이라

---

70 『常變通攷』卷25 祭禮 '忌祭用素饌之非'.

보는 것이 보다 타당한 것으로 판단된다. 이는 지배층에서 『주자가례』가 어느 정도 자리를 잡아 가던 조선 중기의 자료이기에 더욱 흥미롭다.

아울러 불교 제사가 천도의 의미로 치러졌음은 역사적 사례를 통해서도 확인된다. 조선시대 유학자들은 왕실의 기일에 지내는 기신재(忌辰齋) 폐지를 청하는 상소를 끊임없이 올렸는데, 그 내용 중에 "기신재는… 바야흐로 부처를 공양할 때는 선왕과 선후의 신주(神主)를 먼저 욕실에 보내어 목욕을 시킨 뒤 뜰에 꿇어앉아 절하게 하니…"[71]라는 대목이 있다. 이는 영가의 업을 씻어 주는 관욕(灌浴)을 묘사한 것으로, 조선시대의 공식적인 불교 기제사가 영가천도의식과 동일한 구조를 지니고 있음을 말해 주고 있다. 당시 기신재는 수륙재로 합설되었기에 모든 기신재에 반드시 관욕이 포함된다고 볼 수는 없겠지만, 당시에도 불교 제사가 천도의 의미를 지니고 있었음을 알 수 있다.

이처럼 조선시대에 유교이념을 실천하며 살아가고 있는 지배층에서 불교 제사를 놓을 수 없었던 것은 두 의례의 기능이 뚜렷이 구분되기 때문이었다. 조선 후기에 불교 제사를 지냈던 이들이 기일에 유교 제사를 지내지 않고 사찰 제사만 지냈다고 보기는 어렵다. 날짜를 달리하거나, 왕실에서 그러했듯이 사찰에 제주 이외의 누군가를 보내어 치르게 하였을 것이다. 이들에게 유교 제사는 마땅히 지내야 할 후손의 도리이고, 불교 제사는 종교적 목적으로 치르는 의례로 수용되었다. 따라서 18세기 이후 일반 백성들에게까지 『주자가례』가 확산되면서 점차 기일에는 유교 제사로 통일되고, 조상의 극락왕생을 기도하는 불교의례는 대표적인 합동천도재로 자리 잡았던 7월 보름의 백중 천도재(우란분재) 등으로 대체되었으리라 짐작된다. 신앙심이 깊고 경제적 여유가 있었던 이들은 여전히 사찰에 위패나 영정을 모셔놓고 개인적인 재로

---

71 『中宗實錄』中宗 10年 1月 23日(辛巳).

450

써 기제사를 치렀음은 물론이다.

조선시대에 정착된 이러한 구도는 근래까지 지속되고 있다. 곧 유교 제사가 기반을 이루는 가운데 조상을 위한 불공은 우란분재를 비롯한 각종 합동천도재에서 올려 왔다. 아울러 사찰에서 치르는 기제사 역시 큰 비중은 아니지만 지속되어 왔는데 주로 아들이 없거나 신앙심이 깊은 집안에서의 일이었다.

필자의 사십구재 선행연구[72]에 따르면, 12개 사례 중 사십구재를 치른 사찰에서 제사를 지내기로 한 경우는 총 3건으로, 이들의 공통점은 망자에게 아들이 없다는 것이었다. 이 가운데 어머니의 사십구재를 외동딸이 올려준 'A사찰 사례'의 경우, 어머니 생존 당시부터 아들이 없었기에 아버지 기제사와 설·추석 명절제사를 사찰에서 지내왔으며, 앞으로 딸은 어머니 제사까지 합하여 매년 네 차례의 제사를 사찰에서 지내게 되었다. "예전부터 그렇게 하는 걸로 봐왔기 때문에 당연히 해드려야 한다고 생각한다"는 딸의 말처럼 죽음과 관련한 일생의례를 모두 사찰에 의지하고 있었다. 'A사찰 사례'가 불교집안이었던 데 비해 두 딸이 어머니의 사십구재를 치른 'B사찰 사례'는 비신자집안으로, 제사로 인해 고민하던 중 의논 끝에 사찰에서 제사를 모시기로 결정한 경우였다. 이처럼 사찰에서 지내는 제사는 독실한 불교신자이거나 아들·후손이 없는 경우가 주를 이루는 가운데, 아들·후손이 있더라도 간편하게 제사를 모시기 위해 의뢰하는 비율이 점차 증가하고 있다.

'B사찰 사례'의 승려는 평소 신도들과 상담을 하는 가운데, 조상제사를 일일이 챙기기는 힘들고 안 하자니 꺼림칙하여 가족 간에 의논을 거쳐 해결책을 강구해 나가는 이들의 모습을 많이 지켜볼 수 있었다고 한다. 예컨대 기제사는 부모만 지내고 윗대부터는 시월에 함께 모시거나, 조부모까지 지낼 경우

---

72 구미래, 「'사십구재'의 의례체계와 의례주체들의 죽음 인식」(안동대학교 민속학과 박사논문, 2005).

에도 할아버지 제사 때 함께 지냄으로써 횟수를 줄이기도 한다는 것이다. 한편으로 제사에는 '조상에 대한 섬김'과 '후손에 대한 보살핌'이라는 후손과 조상의 질긴 끈이 연결되어 있는 탓인지, 제사에 대한 강한 집착을 가진 이들도 적지 않은 듯하다. 곧 'B사찰 사례'의 신도들 중에는 여건이 좋은 아우에게 제사를 넘긴 형이 사업에 실패하자 제사 때문이라고 생각하여 다시 제사를 찾아오는 경우도 있고, 제사를 의뢰한 집안의 개신교나 천주교 신자인 형제들이 법당에 들어와 제사에 참석하기도 한다는 것이다. 또한 사찰에 따라서는 영단에 만년위패를 모셔 놓은 뒤 제사 때마다 참석해서 간단히 예를 올리는 대중적이고 저렴한 제사방법도 있다고 한다.

이처럼 전통유교의 상제례는 가정에서 담당해 왔으나 삶의 환경이 달라진 현대인들에게 이러한 사후의례가 부담으로 작용하게 되면서, 신자가 아니더라도 불교식 제사로써 전통적 의례 욕구를 해결하는 경향이 점차 증가하고 있음을 알 수 있다. 사찰에 의뢰하여 제사를 지내는 것이 민간에 자연스럽게 수용되는 것은 불교에서 기독교와 달리 전통 유교의 제사와 유사하게 죽은 자에 대한 의례기반을 갖추고 있기 때문임은 두말할 나위가 없다. 사십구재를 통해 망자를 좋은 곳으로 보내주고자 하는 유족의 마음과 마찬가지로, 사찰에서 지내는 제사 역시 현실에서 망자를 추모하며 후손의 예를 다하고자 하는 심성을 잘 담고 있어 불교와 무관한 이들까지 포용할 수 있게 된 것으로 여겨진다.

3. 불교 제사의 실제

1) 상용영반으로 치르는 사찰 제사

사찰에서 지내는 제사는 우란분재나 설·추석의 명절 제사 등과 같이 합동으로 지내는 경우와, 기제사와 같이 단독으로 지내는 경우가 있다. 합동 제사일 경우 범패(梵唄)·범무(梵舞) 등의 작법을 추가하여 확대되기도 하나 영가에게 공양을 올리면서 불법으로 인도하는 기본적인 의례 구조는 동일하다. 아울러 사찰에서는 불교의 재에 유교의 제사를 접목시킨 방식으로 의례를 치르고 있지만, 일반 제사와는 다른 불교 특유의 의례 체계와 의미를 갖추고 있음을 앞의 '재(齋)와 제사'에서 다룬 바 있다.

종단에서는 현재 사찰에서 치르는 기제사를 상용영반(常用靈飯)이라 부르고 있다. 간단하게 공양 한 그릇을 대접하는 가벼운 의미의 시식이므로 영반이라 하는 것[73]이다. 이때도 상단을 향해 불보살에게 귀의하는 거불(擧佛)을 한 뒤에 영가를 청하므로, 불보살을 모시고 영가를 불법으로 이끈다는 점에서 기본구도는 합동 제사나 천도재와 다르지 않다.

1827년(순조 27)에 편찬된 『작법귀감』의 상용영반을 보면 대략 다음과 같은 내용으로 구성되어 있다.[74] 먼저 거불을 한 후에, 영가를 청해 법어를 내린 다음, 여러 부처님을 모시고 오늘 재를 열게 된 이유를 고한다. 영가에게 자리에 편히 앉도록 청하고 차를 올리며, 이후 "반야심경을 독송하고, 발원과 회향의 가지소(加持疏), 귀신에게 시식하는 시귀식진언(施鬼食眞言), 공양을 올리는 주문(供養呪), 회향하는 주문(回向呪), 산회하는 게송(破散偈)에 이르기까

73　法眼·牛迪 編譯, 『상용불교의식』(정우서적, 2012, 7판), p.349.
74　『作法龜鑑』, 朴世敏 編, 『韓國佛敎儀禮資料叢書』第3輯(三聖庵, 1993), pp.390~391.

지 앞서 제시한 '상용시식의(常用施食儀)'와 동일하다"고 하였다.

아울러 『석문의범』 이후 여러 의식집을 보면 사십구재 등 천도의식편의 '관음시식'과, '상용영반시식'의 내용이 대동소이한 가운데 영가에게 하는 착어(着語)의 내용에서 상징적인 차이를 두었다.[75] 관음시식에서는 "신령한 근원은 맑고 고요해 옛날도 지금도 다시없으며 묘체는 또렷하고 밝아 있으니 어디에 나고 죽음 있을까 보냐 …이 자리에 함께하신 불자들이여 이 가운데 참소식을 알아듣는가. 청정하고 고요하고 또렷이 밝은 말을 떠난 이 소식을 알아듣는가"라는 법어로 된 반면, 상용영반시식에서는 축소된 비슷한 내용으로 된 가운데 마지막에 "잠시 쉬어 진계에서 이 향단에 내려오소서(暫辭眞界下香壇)"로 되어 있다. 이는 상용영반에서 모시는 영가는 사십구재에서 본격적인 천도의 대상으로 모실 영가와는 달리, 진계(眞界)에 머문다는 의미를 드러낸 것이다.

이러한 차이는 조상영가를 모시는 데 따른 의례적(儀禮的)의 표현으로 봐야 한다. 의례 대상이 어느 곳에 머물든 불교의 가르침으로써 보다 수승한 단계로 인도하는 것이 영가를 대상으로 한 불교의례의 기본 맥락을 이루기 때문이다. 사십구재를 계기로 이전 존재는 삼악도에 머물고 이후 존재는 진계나 극락에 머문다고 규정하는 것은 불교적 의미에 맞지 않는 것으로 여겨진다. 어느 곳에 계시든 불보살의 가르침을 빌어 천도하는 것이고, 그때마다 모든 삼악도의 존재들과 유주무주 고혼을 함께 청한다는 의미로 정리되어야 할 것이다.

아울러 승려들 또한 제자가 스승의 기일에 추모하는 것은 당연한 일이었다. 예컨대 고려시대의 승통(僧統)이었던 승려 원증(圓證)은 임종 무렵에 문도들을 불러 모아놓고 "내가 죽은 뒤 재일(齋日)을 맞게 되면 깨끗한 가사를 입고 대승경전을 읽고 절하며 당래미륵존불(當來彌勒尊佛)을 염하고, 마음을 깨

---

75 安震湖 篇, 『釋門儀範: 下』(寶蓮閣, 1968), pp.70~87 ; 대한불교조계종 포교원, 『한글통일법요집: ①천도·다비의식집』(조계종출판사, 2006), pp.83~143 등.

끗이 하여 삼보를 공양함으로써 자비하신 도움을 기원하십시오. 나에게 관한 일은 오직 향(香)·등(燈)으로 고산(孤山)에 청풍과 명월이 지나가듯 끝내고 시끄럽고 번잡한 것은 피하십시오. 간소하고 편한 것을 따르는 것이 효라고 할 것입니다"[76]라는 유서를 지어 보여주었다. 당시 불가에서도 스승의 기일을 크게 모시는 풍조가 있었기에 이를 경계한 글을 남긴 것이다.

『작법귀감』·『석문의범』 등에는 상용영반과 별개로 종사영반(宗師靈飯)을 두고 있다. 이때의 종사영반은 모든 승려에게 해당하는 것이 아니라 종단에서 품수한 법계가 종사·대종사·대선사에 한하고, 일반 승려에게는 종사영반 대신 관음시식을 올리게 된다. 이와 관련하여 조계종 어장(魚丈) 원명(元明)은 다음과 같은 일화를 소개한 바 있다.[77] 경봉(鏡峰) 대선사가 통도사 극락암에서 그의 은·법사의 기일이 다가오자 원명에게 시식을 부탁하였다. 이에 어떤 시식으로 할 것인지 여쭙자, "우리 스님이 큰절 통도사 강사도 하셨지만 종사 법계가 없으니 그냥 관음시식으로 하라"고 하여 관음시식을 올렸다는 것이다. 관음시식은 일반 승려는 물론 일반 대중의 영가를 대상으로 한 시식으로, 자신의 은·법사임에도 법계가 없기에 관음시식을 올린 데서 불교권의 엄정한 법도를 살펴보게 된다.

사찰에서 치르는 기제사로 정립되어 있는 상용영반(常用靈飯)을 중심으로 의례 내용을 살펴보면 다음과 같다.[78]

거불(擧佛): 고인의 왕생을 이끌어줄 불보살께 귀의한다.

창혼(唱魂): 마련해 놓은 단에 영가가 자리해줄 것을 청한다.

---

76 김덕겸(金德謙, 1083~1150) 묘지명: 김용선, 앞의 책(상권, 2012), pp.173~174.

77 東洲 元明 엮음, 『僧伽儀範』(弘願寺, 2009), p.331.

78 대한불교조계종 포교원, 앞의 책(2006), pp.124~143.

착어(着語): 단에 자리한 영가에게 법어를 한다.

진령게(振鈴偈): 천도의 대상이 되는 뭇 존재를 청한다.

보소청진언(普召請眞言): 불보살을 모시는 진언이다.

영가청(靈駕請): 영가에게 공양을 받들 것을 청한다.

향연청(香烟請), 가영(歌詠): 영가를 거듭 청하고 불보살을 찬탄한다.

수위안좌진언(受位安座眞言): 여러 영가를 영단에 안좌하도록 하는 진언이다.
    이때 영단에 수반을 올린다.

다게(茶偈): 영가에게 차를 올린다.

헌식소(獻食疏): 음식을 조금씩 덜어서 잡귀와 아귀 등에게 베푼다.

반야심경(般若心經): 참석한 모든 이들이 함께 반야심경을 읊는다.

가지소(加持疏): 발원과 회향에 해당하는 내용이다.

시귀식진언(施鬼食眞言): 아귀에게 법식을 권하는 진언이다.

시무차법식진언(施無遮法食眞言): 기타 고혼들에게 평등하게 법식을 권하는 진
    언이다.

보공양진언(普供養眞言): 여러 불보살에게 공양을 올리는 진언이다.

반야경사구게(般若經四句偈): 반야경의 핵심을 적은 글을 읊는다.

여래십호(如來十號): 여래십호의 명호를 부른다.

법화경사구게(法華經四句偈): 법화경의 핵심을 적은 글을 읊는다.

열반경사구게(涅槃經四句偈): 열반경의 핵심을 적은 글을 읊는다.

장엄염불(莊嚴念佛): 아미타부처님을 찬탄하는 염불이다. 이때 위패와 사
    진을 모신 연화대를 법주 앞 절하는 자리로 내려 모시고 유족과 친
    지들은 합장하고 합송한다.

송주성(誦呪聲): 제불을 찬양한다.

봉송(奉送): 자리에 모신 영가를 보내드린다.

부처님을 모신 법당에 반찬 냄새가 나는 재물을 많이 차리는 것에 대해 불교에서는, 중유(中有)의 중생은 음식 냄새를 맡음으로써 생을 이어가는 존재이기 때문이라고 말한다. 곧 "중유의 몸은 극히 가볍고 묘하여 향(香)을 먹고 살아가며, 그들이 먹는 향기는 극히 적은 것이어서 중유가 비록 많다 하더라도 모두 구제할 수 있다"[79]는 것이다. 이처럼 '향을 섭취함으로써 생을 이어간다'는 관념은 중유, 곧 사자(死者)에 대한 제례(祭禮)를 유발시키는 표현으로,[80] 중유기 이후에도 조상에게 공양을 올리는 불교 제례 성립의 중요한 근거가 되고 있다.

2) 가정에서 치르는 불교식 제사

불교식 가정 제사가 예로부터 있었던 것은 아니다. 영가를 위한 불교의례는 극락왕생을 기원하는 목적을 지니고 있어 승려의 법력을 기반으로 삼보의 범주 속에서 치러왔기 때문이다. 개인에 따라 불심이 깊은 이들은 가정에서 기일에 상을 차려 놓고 망자를 위해 불경을 읊었을 수 있지만 이는 어디까지나 개별 사례로 존재하였을 것이고 일반적인 풍습의 하나로 전승되는 것은 아니었다.

그러나 사찰에서 치르지는 못하더라도, 불자로서 불교의 생사관이 반영된 상제례를 불교식으로 치르는 것은 당연한 일이다. 따라서 근래에 불교권에서는 불자들이 생활 속에서 부처님의 가르침을 실천하는 가운데 원만하게 행할 수 있는 가정 제사를 정립하는 일에 많은 관심을 기울이고 있다.

불교에서 지내는 제사는 조상에 대한 공경과 추모의 뜻을 지니는 것은 물론, 조상영가를 위해 불공을 올려 공덕을 쌓아 주고 불보살의 가르침을 전하

---

79 『阿毘達磨大毘婆沙論』 卷70(『한글대장경』 120, 동국역경원, 1995), 有情納息⑧, p. 461.
80 正覺(文相連), 「불교 제례의 의미와 행법: 시아귀회를 중심으로」, 『한국불교학』 33(한국불교학회, 2002), p.307.

는 데 더 큰 의미가 있다. 아울러 새롭게 정립되어 나갈 불교식 가정 제사의 기본지침은 재가불자라면 누구나 쉽게 따라할 수 있도록 간소화하되, 정성과 신심을 다하는 것이 중요할 것이다. 이에 따라 의례 중심에서 벗어나 전반적인 가정식 불교 제사의 지침을 다룬 근래의 자료[81]를 중심으로 주요 내용을 살펴보면 다음과 같다.

첫째, 기제사의 대상은 1대(제주의 부모)까지로 권장하며, 집안상황에 따라 봉사 대상을 확대한다. 현대와 같은 고령사회에서 제주의 아들은 물론 손자까지 제사에 참석하게 되는데, 2대 조상은 제주의 아들에게 증조부에 해당하고 제주의 손자에게 고조부에 해당하여 봉사 대상이 막연한 조상으로 관념화되기 쉽다. 따라서 봉사 대상을 확대하기보다는 친밀감을 지닌 대상으로 좁혀 참된 마음으로 고인과 만나는 것이 바람직하다. 명절제사는 2대까지를 권장하며, 윗대 조상에 대한 제사는 음력 7월 15일의 우란분절에 사찰에서 지내는 합동천도재로 대신한다.

둘째, 제주(祭主)는 호주제에 따라 장남에서 장손으로 이어져온 관습에서 벗어나, 남녀 구분 없이 고인의 배우자와 자식을 중심으로 맡는다. 딸만 있을 경우 제주는 장손이나 사위가 아니라 딸이 되는 것을 기본으로 하되, 가족 간에 상의하여 돌아가면서 제사를 지내는 것도 바람직하다. 현재는 과도기적 상황이어서 장손이 있을 때 딸이 제주가 되는 것에 대한 거부감이 있을 수 있으나, 점차 이러한 남녀구분의 틀을 깨는 것이 합당하다.

셋째, 제사 시간은 기제사의 경우 임종한 당일 저녁에 지내는 것이 바람직하다. 예전에는 임종한 날 새벽 12시를 지난 첫 시간에 제사를 지내왔으나, 편

---

81 대한불교조계종 포교연구실, 앞의 책(2011), pp.111~126.

458

의를 고려하여 온 가족이 함께 모일 수 있는 시간이 좋다. 그런데 자정을 지나 제사 지내던 시간을 앞당긴다는 생각에서, 임종 전날 저녁에 지내는 것은 잘못된 것이다. 하루 중에서 제사 시간은 비교적 자유롭게 정할 수 있으나, 제사는 돌아가신 날 지내야 하기 때문이다. 명절제사의 경우 아침에 합설로 지내며, 설날에는 제사를 지낸 다음 세배를 한다.

넷째, 영가를 모실 영단에는 병풍을 펼쳐 놓고, 병풍 중앙에 탑다라니를 걸어 둔 다음 그 앞에 제상을 배치한다. 돗자리가 있으면 제사를 지내는 장소에 깔아 놓는다. 그러나 병풍, 탑다라니, 돗자리는 모두 없어도 무방하다. 고인의 영정과 위패는 제물을 모두 차린 뒤에 모신다. 위패의 표기는 '佛子－(법명)－이름－영가'의 순으로 쓰며, 영정은 밝은 표정의 사진을 택하는 것이 좋다.

다섯째, 제사에는 모든 가족이 동참하며, 진행은 제주가 맡고 의식의 의미를 이해할 수 있도록 한글로 된 의식문을 사용한다. 목탁이나 죽비를 사용하는 것이 좋지만, 없을 경우에는 제주가 먼저 시작하고 가족들이 뒤따라 하는 방법으로 행한다. 유교 제사는 독축을 제외하면 발성 없이 침묵 속에서 진행되지만, 불교에서는 매 단계마다 염송을 하기 때문에 절차에 따른 의식문을 만들어 각자 앞에 두고 진행한다. 고인에게 절을 올릴 때는 3배를 하며, 종교가 다른 가족도 제사에 참여하도록 하되 배례(拜禮)에 대한 부담은 주지 않는다.

여섯째, 상차림은 간소하게 준비하며 육류·생선은 제외한다. 그러나 고인이 생전에 좋아한 음식이나 집안 전통에 따라 융통성 있게 차려도 무방하다. 먼저 향·초·꽃·차·과실·밥 등 육공양물을 올리고, 기본 상차림으로 국, 3색 나물, 3색 과실을 갖춘다. 나물과 과실은 계절에 적합한 것을 올리고, 형편에 따라 떡·전·과자 등을 추가한다. 일반 제사에서는 꽃을 올리지 않지만 불교에서는 꽃을 갖춤으로써 육공양물을 완성하는 의미를 지니므로 계절에 나는 소박한 꽃을 준비하는 것이 좋다. 술 대신 차를 올리되, 술을 올리던 전통을 지키려는 가족의 의견이 강할 경우 이를 따라도 무방하다. 일반제사에서는 강신(降神)이 이루어지도록 하기 위해 향을 피워 하늘에 올라간 혼(魂)을 부르고, 모사그릇에 술을 부어 땅으로 돌아간 백(魄)을 불러 혼백을 모시게 된다. 그러나 불교에서는 청혼으로 영가를 모실 수 있다고 보기 때문에 강신 때 술을 사용하지 않아도 된다.

일곱째, 명절제사는 기제사에 준하여 행하고 봉사 대상은 2대까지를 권장한다. 영가의 영정 혹은 위패를 나란히 모셔 합설로 지내되 윗대 조상이 서쪽에 오도록 하며, 밥·국·수저·찻잔은 영가의 수대로 마련하고 나머지 음식은 한가지씩만 올린다. 제사 절차에서 청혼을 할 때 '조상님이시여'라는 호칭으로 함께 청하고, 편지 올리기에서는 명절과 관련된 내용을 추가하여 조상에 대해 감사하는 마음을 갖추어 인사 드리는 의미를 담는다. 설에는 밥과 국 대신 떡국을, 추석에는 송편을 추가하는 등 세찬(歲饌)이나 명절음식을 함께 올린다.

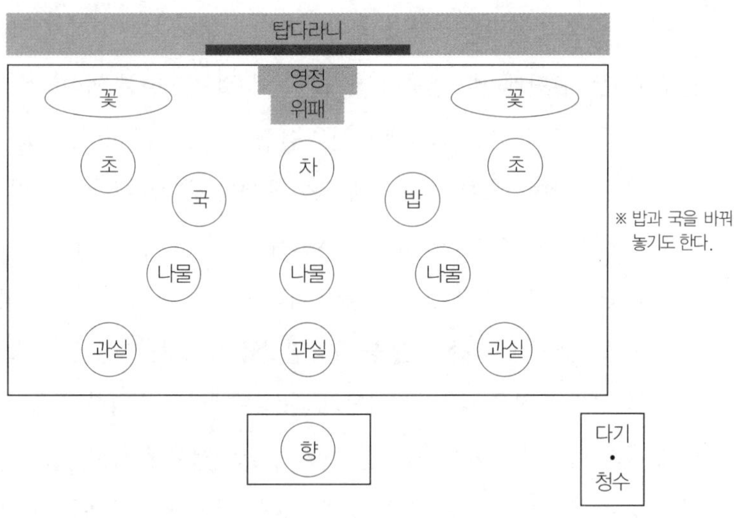

〈그림4〉 불교식 가정제사 상차림

〈표〉 불교식 가정 제사의 절차

의례단계	내 용
1. 영가 모시기	①거불 ②청혼
2. 시식 권하기	①헌다 ②헌식
3. 불법 전하기	경전독송
4. 축원 올리기	축 원
5. 편지 올리기	편지 읽기 (상황에 따라)
6. 영가 보내기	봉 송
7. 제수 나누기	음 복

불교식 가정 제사의 절차는 일반 제사 방식을 근간으로 하되, 불교에서 행하는 시식(施食)의 의미를 수용한다. 의례절차는 영가를 청하는 단계, 시식을 권하는 단계, 불법을 전하는 단계, 축원을 올리는 단계, 영가에게 편지를 올리는 단계, 영가를 보내는 단계, 제수를 나누는 단계로 구분된다. 각각의 의례단계에 해당하는 내용은 〈표〉와 같다.

- 영가 모시기 : 영가를 청해 모시는 단계에서는 먼저 삼보를 칭명하여 가피를 구하는 거불(擧佛)을 올린 뒤, 삼보의 위신력으로 영가를 청해 모시는 청혼(請魂)을 한다. 조상영가와 후손이 함께한 가운데 불보살의 보살핌 속에서 의식을 진행하게 됨을 널리 알린다는 의미이다. 일반 제사의 시작 단계인 강신과 참신에 해당한다.
- 시식 권하기 : 영단에 좌정한 영가에게 공양할 것을 권하는 단계로 먼저 차와 음식을 올리고(獻茶), 공양을 권한 뒤(獻食疏), 영가의 극락왕생과 깨달음을 기원한다. 일반 제사의 초헌 · 아헌 · 종헌 · 유식에 해당한다.
- 불법 전하기 : 공양을 마치고 나서 부처님 법문을 들려주는 독경(讀經)을

한다. 고인이 평소 좋아했던 경전이나,『금강경』·『아미타경』등의 일부분 혹은「법성게」등 짧은 게송을 염송해도 무방하다.

- 축원 올리기 : 영가의 극락왕생과 해탈을 기원하는 축원을 올린다.
- 편지 올리기 : 가족이 영가에게 쓴 편지를 읽는 시간이다. 가족이 모두 함께 쓰거나, 제사 때마다 한 사람씩 돌아가면서 쓰거나, 고인에게 고할 만한 특별한 사연이 있는 가족 등이 쓸 수 있을 것이다. 이 단계는 생략해도 무방하나, 편지를 쓰고 읽는 시간을 가짐으로써 고인에 대한 마음과 추억을 일깨우게 되어 형식적으로 흐르기 쉬운 제사를 보다 의미 있는 시간으로 승화시킬 수 있다.
- 영가 보내기 : 영가를 떠나보내는 봉송(奉送)으로 하직인사를 올리는 의식이다. 이후 상을 물리고, 헌식을 한 뒤, 위패를 사른다.
- 제수 나누기 : 제사를 마치고 나면 가족들이 둘러앉아 음복(飮福)을 한다. 불교에서는 불보살의 가피가 내린 제수는 단순한 음식에 그치지 않고 영가를 비롯한 모든 중생을 이끌어 주는 감로의 법을 상징한다. 따라서 불교제사의 음복은 조상과의 교감을 의미하는 동시에 불보살의 가르침을 나눈다는 뜻을 지닌다.

3) 불교 제사를 둘러싼 논의

불교와 제사의 문제는 종단 내에서도 아직까지 합일점을 찾지 못한 부분이 많다. 이는 초기불교 당시부터 제사란 중생의 종교적 삶을 수용한 방편적인 것이라는 데서 기인한다. 제사를 비롯한 불교 일생의례가 확고하게 정착하지 못했던 주요 이유도 중생의 생활문화 영역에 속한 것이기 때문이다. 따라서 조상영가를 모시고 정성을 다하는 그 마음이 중요한 것이기에, 본질에서 벗어난 문제는 폭넓게 수용해온 것이 불교의 특성이기도 하다. 이러한 여건을 감안하는 가운데 몇 가지 중요한 문제들을 짚어 보면 다음과 같다.

첫째, 불교 제사의 의미에 대해 공론화된 합의를 이끌어 내지 못했다는 점이다. 불교 제사는 '조상공양과 선근공덕 쌓기'의 의미로만 봐야 한다는 관점이 있는가 하면, '천도(薦度)'의 의미도 불교 제사의 중요한 특성이라 보는 관점이 있다. 결국 영가를 좋은 곳으로 보내기 위해 올리는 천도의 의미가 사십구재를 지낸 이후의 의례에도 지속되는지에 대한 문제이다. 이는 의례의 의미를 규정하는 중요한 문제이므로 불교 제사를 다루는 장에서 상세하게 살펴볼 필요가 있다.

역사적 전승 사례를 보면, 고려시대 이후 사십구재와 불교 제사를 구분하지 않고 '추천(追薦)'이라는 단어로 주로 사용하였다. 이 외에 천도(薦導)[82]라는 용어도 보이며, '薦'의 앞뒤로 다른 단어를 사용하여 '설재천(設齋薦: 천도하기 위해 재를 개설하다)'[83], '천망재(薦亡齋: 망자를 위한 재를 열어 천도하다)'[84] 등과 같이 표현한 경우도 많다. 혹자는 현재의 사전적 풀이처럼 추천(追薦: 죽은 이를 위해 공덕을 베풀고 명복을 빎)과 천도(薦度: 죽은 이의 영혼을 좋은 세계로 보내는 의식)를 다른 의미로 수용하기도 하나, 무의미한 구분으로 보인다. '천도(薦度)'는 '천거할 천, 드릴 천(薦)'과 '법식 도(度)'를 합한 말로, 의미를 규정짓는 것은 '薦'이라는 점이 분명할뿐더러 실제 사용한 의미도 그러하기 때문이다. '薦'이 들어가지 않은 용어로 추선(追善)·추복(追福) 등을 사용한 경우도 더러 있다.

고려 말부터는 본격적으로 '천도(薦度)'라는 용어가 등장한다. 승려 나옹(懶翁, 1320~1376)이 지은 「나옹화상승원가(懶翁和尙僧元歌)」는 이두문자로 표기

---

82 『東文選』卷113 疏 '水陸齋疏'.
83 『牧隱詩藁』卷26 '詩'.
84 『牧隱文藁』卷20 傳 '吳仝傳'.

되어 있는데, "죽은 부모 생각하여(死隱父母思覺何也) 천도하자 의논하기(薦度何自議論何其) 천만중에 몇날이고(千萬中厓幾枚治古)"[85]라 하였고, 『성종실록』에 부제학 이명숭 등이 안암사 중창에 관한 상소문에 "사경하고 천도한 연후가 아니라도 낙토에 태어나고 좋은 과보를 받을 것입니다(不必寫經薦度 然後生樂地 受善果也)"[86]라는 표현이 나온다. 이외에도 조선 중기의 휴정대사가 한글로 지은 「속회심곡(續回心曲)」에 "옥제 전에 보장하고 아미타불 석가여래 정지하게 글로 쓰고 삼신 불러 제도할 때 바삐 천도하여 주라"[87]는 내용이 등장하는가 하면, 조선 후기 정태화(鄭太和)의 시문집 『양파유고(陽坡遺稿)』에도 "천도에 대해 올리는 글(辭薦度支箚)"[88]이 있다.

이처럼 천도라는 용어가 일찍부터 등장할뿐더러, 천도재인 사십구재와 불교 제사를 같은 의미인 '추천·천도' 등으로 표현함으로써 제사를 지낼 때도 천도의 의미로써 의례를 치렀음을 알 수 있다.

그렇다면 불교 제사를 '조상공양과 선근공덕 쌓기'로 한정하고 천도의 의미가 없다고 주장하는 관점을 살펴보자. 이러한 주장의 핵심은, 제사에 청하는 조상신은 이미 명계(冥界)가 아닌 진계(眞界)에 머물고 있기에, 스스로 벗어날 수 없는 존재에게 베푸는 천도의 의미와 다르다고 보기 때문이다. 영반(靈飯)의 대상은 부르면 즉시 자유롭게 올 수 있는 조상인 데 비해, 시식(施食)의 대상은 천도할 대상이 명계에 머물기 때문에 지옥을 깨야 하고 인로왕보살처럼 증명할 성현이 함께해야 가능하다는 것이다. 따라서 시식은 법력 없이 정성으로만 지내기 어렵다고 본다.

<hr>

85 임기중, 『불교가사 원전연구』(동국대학교출판부, 2000), p.152·653.
86 『成宗實錄』成宗 15年 3月 13日(更子).
87 임기중, 앞의 책(2000), p.445.
88 『陽坡遺稿』卷7 疏箚 '啓 呈辭 敎諭 批答'.

이에 따르면 조상제사를 '천도'라고 하는 순간, 그 제사의 대상은 조상신이 아니라 구제를 손꼽아 기다리는 아귀이거나 명계에서 고통받고 있는 존재임을 인정하는 셈이 되는 것이다. 매년 명절제사와 기제사를 지내면서 천도하고도 여전히 명계에 있다면 불교의 자비를 설명하기도 어렵고, 그것을 이해하고 수용하기도 힘들다. 따라서 제사는 천도의식이 아니라 조상숭배와 선근을 쌓아 선처에 나고 복덕을 쌓는 수복행위라고 보는 입장이다.[89] 아울러 이미 사십구재로써 천도가 이루어졌기 때문에, 거듭되는 천도로 인해 신도들의 혼란을 초래하거나 천도재를 부추길 수 있다는 점도 일반적으로 지적된다.

이에 대해, 사십구재를 지낸 뒤라도 영가를 향한 의식은 지속적으로 천도의 의미를 지닌다는 것이 필자의 견해이다.[90] 천도(薦度)란 영가가 어느 곳에 머물든 삼보의 가피력을 빌어 극락왕생하길 기원하는 의식으로, 그 개념을 일회로 한정하면서 무거운 의미를 부여하는 것은 오히려 불교적 의미나 전승 역사와 모순된다. 조상이든 고혼이든, 먼저 떠난 이를 위해 불법을 전하며 좋은 곳으로 가기를 기원하는 의식이 곧 천도이고, 이미 다른 몸을 받은 영가라 해도 생전에 혈육으로 만났던 인연으로 지속적인 천도를 빌어줄 수 있기 때문이다.

특히 천도의 대상을 명계에서 고통받는 지옥중생이라는 존재로 규정하는 것은 조심스럽다. 천도 이전의 존재는 명부의 지옥중생이고, 천도 이후의 존재는 진계(眞界)의 조상신으로 양분하는 것은 천도재를 반드시 거쳐야 하는 것

---

89 이성운, 「불교식 가정제사의 정립을 위한 시론」 토론문(조계종 포교원 포교연구실, '불교식 가정제사 표준화를 위한 공청회' 자료집, 2011), pp.41~46.

90 이에 대한 내용은 구미래, 「불교식 가정제사의 정립을 위한 시론」(조계종 포교원 포교연구실, '불교식 가정제사 표준화를 위한 공청회' 자료집, 2011), pp.15~21, 토론문에 대한 발표자의 답변 등.

으로 만듦으로써 오히려 종교적 독단에 빠질 수 있다. 뿐만 아니라 삼보의 한 존재인 승려들의 천도재란 있을 수 없는 일이 되고 만다. 영가에게 시식을 올릴 때 요령을 흔들며 진령게(振鈴偈)로써 천도의 대상이 되는 뭇 존재를 청하게 되는데, 이때 "명도귀계의 존재들은 잘 들으시오(冥途鬼界普聞知)"라는 구절이 나온다. 이에 대해『작법귀감』에서는 "명도귀계라고 한 곳에 '영가'라고 넣는 것은 매우 옳지 못하다(入靈駕甚不可)"[91]고 주석을 달았다. 이는 모든 영가를 삼악도의 존재로 보는 것을 경계한 것으로 판단된다. 천도재를 시아귀회(施餓鬼會)라고 하여 굶주린 아귀중생에게 공양을 베푸는 의미가 분명히 있지만, 그것은 천도재가 지닌 무차법회(無遮法會)적 성격으로 수용해야 할 것이다. 개인의 천도재라 하더라도 주인공뿐만 아니라 항상 지옥중생과 유주무주 고혼을 함께 청하는 것이 불교 천도재의 가장 큰 특성이자 공덕이기 때문이다.

영가에게 올리는 것은 공양이 아니라 법공양이므로 천도의 힘은 항상 '불교의 가르침'에서 나온다. 불자라면 모두 삼보의 범주에 있기 때문에 천도의 대상으로 생각하는 것이 조상을 공경하는 마음과 위배되는 것이 아니다. 따라서 지나치게 방편적으로 흐르거나 사찰의 재정확보를 위해 신도를 현혹하는 방향성을 바로잡는 가운데, 거듭되는 천도의 불교적 의미와 공덕이 분명할 때 그 의미를 보다 폭넓게 수용하는 것이 바람직하다고 본다.

둘째, 망자에게 올리는 절의 횟수가 재배·삼배로 혼용하고 있다는 점이다. 불교적 의미에서는 삼배가 맞지만, 재자들의 입장에서 보면 영단에 올리는 의례는 제사의 의미에 가깝기 때문에 재배도 무방하다고 보기 때문이다. 승려를 대상으로 한 설문조사[92]에서도 다양한 의견이 나왔다. 설문조사는 조

---

91 『作法龜鑑』, 朴世敏 編, 앞의 책(1993), p.388.
92 구미래, 「조계종 49재의 현황 인식과 방향성 모색」, 『불교 상제례문화 연구』(대한불교조계종

계종 소속의 전국 사찰 승려 130명을 대상으로 한 것인데, 망자에게 올리는 절의 횟수를 묻는 질문에 응답자 114명을 기준으로 살펴봤을 때 삼배를 권한다는 비율이 56%(64명), 재배가 36%(41명)였다. 삼배를 권하는 이유를 묻는 질문에는 77명만이 응답했는데 '전통 관례대로 행한다'는 18명을 제외하면, 삼보에 귀의하는 의미(18명), 영가도 불성이 있기 때문(7명), 영가가 아닌 불보살에게 하는 것(3명) 등과 같이 서로 다른 의미로 해석하고 있었다. 이에 비해 재배로 하는 이유에 대해서는, 무응답이 많은 가운데 민간의 풍습을 따르도록 하기 때문(16명)이라는 응답이 대부분을 차지하고 있다.

이러한 현상에 대해 질문하면, 승려들로부터 "두 번이든 세 번이든 별로 문제되지 않는다. 재자들이 하는 대로가 정답이다"는 취지의 답을 곧잘 듣게 된다. 이러한 대답 속에는 대중불교의 역사적 경험이 녹아들어 있다. 예컨대 현장에서 영가에게 삼배를 권했을 때, 망자에게는 당연히 두 번 절한다고 여겨 왔던 이들 가운데는 난색을 표한 경우도 있었을 것이다. 따라서 망자를 향한 제사는 관습적 생활의례이므로 승려들은 가능하면 민간의 전통의례를 인정해 주고 있을 뿐만 아니라 어느 정도 유족의 자율에 맡기고 있다.

다만 실제 의례 현장에서 선택하는 절의 횟수는 자유롭게 두더라도, 불교에서는 삼배인지 재배인지를 분명히 정해 두어야 하고, 삼배를 할 경우 불교적 의미에 대해서도 명확한 입장을 지닐 필요가 있다. 의례에서 절의 횟수는 중요한 의미를 지니고 있기 때문에 이에 대한 해석이 분분할 경우 신도들에게 혼란을 주게 된다. 원칙을 정해 놓되 의례 상황에서는 재자의 입장에 따라 선택하도록 하면 좋을 것이다.

근래 조계종에서는 삼배의 의미를 한 가지로 제한하지 않고 기존의 여러

포교원 포교연구실, 2008), pp.86~87.

의미를 통합하여 제시[93]한 바 있다. 이에 따르면, 불교에서 영가에게 삼배를 하는 것은 모든 중생이 부처의 성품을 지녔다고 보기 때문이며, 삼보에 귀의해 윤회의 업을 벗고 깨달음을 이루라는 의미로 요약할 수 있다.

---

93 대한불교조계종 포교연구실, 앞의 책(2011), p.45 · 47.

사하촌의 일생의례

1. 생활불교의 전승 현장, 사하촌

사찰 주변에 자리한 마을은 불교의 영향권 아래 사찰과 긴밀한 상호관계를 맺으며 살아가게 되는데, 이러한 마을을 사하촌(寺下村)이라 부른다. 이들 사하촌의 가장 큰 특성은 경제적으로 사찰에 예속되어 있다는 점이다. 땅을 소유하지 못한 하층민은 농지소작을 삶의 기반으로 삼게 되므로, 사찰이 소유한 땅에 주민이 농사를 짓는 지주−소작인의 관계가 형성되기 때문이다.

사찰이 소유한 땅에서 생산활동을 하며 살아갈 마을이 형성되기 위해서는 어느 정도 토지 규모가 방대해야 할 것이므로, 사원전의 장원화(莊園化)가 이루어진 통일신라 무렵부터 사찰 주변에 본격적인 마을이 발달한 것으로 본다. 따라서 불교가 융성했던 고려시대까지의 사찰은 종교적 성격을 떠나서도 경제적으로 대지주의 입장에서 마을민의 삶에 구심점 역할을 하며 마을 발달의 특수한 한 유형을 이루어 왔다.[1]

―――――――――
1 金哲埈,「新羅의 村落과 農民生活」, 국사편찬위원회 편,『한국사』3(탐구당, 1976),

조선시대에 들어오면서 사찰 토지와 노비의 몰수 등으로 사원경제가 붕괴되고, 왕실의 비호를 받는 원찰을 제외하면 대부분의 사찰이 핍박을 받기에 이른다. 승려는 온갖 잡역에 시달리는 한편 스스로의 노동력으로 사원경제를 꾸려나가야 할 처지에 놓이고 만 것이다. 따라서 사찰과 사하촌의 경제적 관계 역시 토지를 중심으로 한 일방적 예속관계에서 벗어나 상호보완적 경제공동체의 성격이 강해지게 되었다.

이후 대처승제도가 도입된 일제강점기의 사하촌은 가족을 거느린 승려들의 주거지 성격을 띠기도 하면서 마을 문화 역시 보다 복잡한 양상으로 전개되기에 이른다. 광복과 함께 사하촌에 중요한 전환점을 이룬 사건은 토지개혁으로, 일관성 없는 정부정책에 따라 사찰의 농지를 소작농에게 분배했다가 다시 반환받는 과정을 거치면서 토지를 둘러싼 크고 작은 불씨가 있었다. 1980년대 이후부터는 사찰의 관광지적 기능이 부각되면서 사하촌 또한 다양한 변화를 겪는 가운데 여러 유형의 마을로 분화되어 왔다. 이처럼 역사의 흐름과 함께 사찰과 관련된 주민들의 삶 역시 다양한 변모를 겪어 온 것이다.

주민과 승려가 함께 살아가는 공동체이자 성(聖)·속(俗)으로 구분되는 사하촌은 마을 문화 또한 복합적 특성을 띤다. 지극히 빈약한 근대 생활불교사를 염두에 둘 때, 사하촌은 불교 문화의 전승 주체들이 살고 있는 삶의 현장에 해당한다. 대형 사찰의 아랫마을은 관광지로 상업화되어 외지인이 점령하고 있는 곳도 많지만, 토착민들이 수대에 걸쳐 고향을 지키고 있는 마을 역시 드물지 않다.

그러나 사하촌에 대한 연구는 주로 지리학계에서 취락 연구의 일환으로 다루어져 왔을 뿐 인문학적 관심은 극히 드물었다. 이에 충북의 속리산 법주사

---

pp.109~133.

(法住寺) 사하촌인 사내리(寺乃里)와 월악산 덕주사(德周寺) 사하촌인 송계리를 대상으로, 불교 문화의 전승 현장에서 살고 있는 이들의 불교적 일생의례를 통해 불교가 어떠한 양상으로 민속사회와 관련을 맺으며 지속되어 왔는지 살펴보고자 한다.

법주사 사하촌인 사내리는 조선 중기부터 지리지에 이름이 등장했던 자연마을로, 주민들이 황폐한 사찰 토지를 전답으로 개간하여 농사를 지어온 역사 깊은 사하촌이다. 근대로 접어들면서 경내 승촌(僧村)의 설치, 토지개혁의 상흔, 법주사 영역의 관광개발에 따른 마을 변모에 이르기까지 사하촌이기에 겪어야 하는 다양한 역사를 경험하였다. 1960년대 초 법주사가 관광지로 부각되면서 서비스 기능의 사하촌이 발달했으며, 1970년 속리산이 국립공원으로 지정되면서 본격적인 관광지로 자리매김하게 되었다. 마을 입지는 물론 행정구역 역시 관광지화되는 과정에 수차례 바뀌어, 1960년대에는 하나였던 사내리 마을이 점차 늘어나 여섯 개가 되었다. 따라서 속리산면에는 19개의 리(里)가 있는데 그 가운데 사내리가 3분의 1을 차지하고 있다. 그러나 20여 년 정도 증가 추세이던 관광객이 1990년대부터는 점차 줄어들기 시작하였고, 활성화되었던 지역경제 역시 하향세로 돌아선 지 다시 20여 년이 되었다.

2010년 2월 현재 6개 사내리에는 1,232명이 558가구를 구성하며 살고 있다. 속리산면 전체 인구가 2,244명(1,060가구)인 점을 감안하면 19개 리 가운데 3분의 1에 해당하는 6개 사내리의 인구가 55%라는 높은 비율을 차지하고 있다. 이러한 인구비율은 속리산 관광지역에 자리한 사하촌의 특성을 드러내는 것으로, 주민 가운데 상당수는 이 지역이 관광지화됨에 따라 외지에서 들어와 살고 있는 이들이기 때문이다. 현재 6개 구역 가운데 외지에서 들어온 이들은 주로 관광상업 지역에 사는 2구와 6구의 주민들인데 이들이 581명으로 47%를 차지하고 있다. 사내리에서 면담한 이들은 주민 10인, 승려 1인 등

총 11인이다.

덕주사 사하촌인 송계리는 조선 말에 덕주가(德周街)라는 이름으로 불렸고, 지리적 고립성이 강해 피난처로 즐겨 이용되었던 곳이다. 1860년대에 편찬한 『대동지지(大東地志)』 충주 산수조에 '상덕주사와 하덕주사가 있다'고 했듯이 덕주사는 산자락의 위·아래에 두 개의 절이 있다. 송계리가 있는 한수면은 19개의 마을이 있었으나 충주댐 건설로 16개 마을이 수몰되어 1987년부터 현재의 송계1리~송계4리, 덕곡리, 탄지리의 6개 리로 구성된 작은 규모의 면이 되었다. 실제 덕주사 사하촌에 해당하는 지역은 송계4리인 덕주가에 국한된다. 송계4리에는 약 30가구에 70명 정도의 주민이 살고 있으며, 이 중 수대에 걸친 토박이 주민은 30명 정도이다.

따라서 덕주가를 중심으로 다루되, 예전과 현재를 아우르는 덕주사 마을 문화를 살피기 위해 면담 주민은 송계의 4개 리에 사는 이들 전체를 대상으로 삼았다. 잦은 행정개편과 입지를 감안했을 때 덕주사의 영향권 역시 보다 넓게 잡아도 무방할 것이다. 이 지역의 인구는 지속적인 하향 추세로 2009년에는 면 전체가 800명에 348가구 남짓한 왜소한 규모에 머물고 있다. 아울러 송계리 역시 여느 마을처럼 농가의 수가 점차 줄어드는 추세여서 현재는 농가의 수가 비농가와 거의 유사한 비율일 것으로 생각된다. 송계리 4개 구에는 2010년 현재 약 238가구에 550여 명의 주민이 사는 것으로 추산되고 있다. 송계리에서 면담한 이들은 주민 10인, 승려 1인 등 총 11인이다.

2. 자식을 얻기 위해 빌고, 무사히 자라도록 빌다

1) 자식 위한 불공의 대물림

출생과 관련해서는 사하촌의 주민들 역시 건강한 자식을 얻기 위해 사찰을 찾아 기도하는 기자불공(祈子佛供)의 양상이 널리 확산되어 있다. 자식을 바라는 집안에서 잉태를 기원하는 것은 물론, 출산을 앞둔 이들이 건강하고 복 많은 자식 낳기를 원하는 마음으로 불공을 올리는 것이다. 특히 주 전각인 대웅전 불보살께 정성을 들이기보다는 특별히 효험 있는 불보살이나 전각을 찾아 기도를 올리는 경향이 크다. 아울러 이들은, 예전에는 아들 낳게 해달라는 기도를 많이 했지만 지금은 기자불공보다는 낳은 뒤에 잘 자라게 해달라는 기도를 많이 하게 되었다고 한다.

덕주사 송계리 마을 사람들에게 효험 있기로 소문난 기원의 대상은 단연 월악산 중턱에 모셔놓은 마애불(磨崖佛)이다. 상덕주사에 있는 이 마애불은 암벽에 음각된 높이 14.2m의 거대한 고려 초기의 미륵불로, 이곳 사람들은 신라 말 덕주공주(德周公主)와 마의태자(麻衣太子) 남매의 전설이 담긴 마애불을 끔찍이 아끼고 자랑스럽게 여긴다. 따라서 산 아래에 자리한 하덕주사에서 40분이나 올라가야 하고, 각자 집에서 출발하려면 족히 한 시간 이상 걸리는 산길을 송계리 할머니·어머니들은 멀다 생각하지 않고 찾아가 정성을 들이고 있는 것이다. 이들은 자식을 바라는 기도에서부터 삶의 온갖 소망하는 바를 간절하게 기도하고, 그 뒤에 찾아드는 모든 좋은 일은 불보살의 덕으로 돌리는 데 익숙하다.

덕주사 마애불이 기도빨이 아주 잘 받아. 소문났어. 여서 백일기도하고 애들 셋이나 낳지. 마애불에 등 키고 기도하는 건데, 내가 우리 막내를 부처님한테 기도하고 낳았어요. 딸 둘 낳고 9년 있다가 마애불 가서 기도 맨날 하고 나서 아들 난거야. 우리 수안이 낳을 때는 좋아가지고 아주…. 근데 우리 애들 셋 다 대학 갈 때마다 또 마애불 가서 백일기도 했어. 서울로 다 대학 갔어, 우리 애들. 이 시골에서 서울로 다 대학들 갔잖아. 마애불 앞에 가서 수능 때 되면 백일기도 해, 나는. 세 명 다 백일기도. 시험 볼 때 다 돼가지고. …우리엄마는 사위도 하라 그러는데, 인제 7월 며칠날이 시험인데, 바빠서 못했어. 사윗감이 지금 변리사 시험 보거든. 근데 백일은 놓쳤고….[2]

한 시간 넘는 거리를 마애불까지 걸어서 기도하러 다니시던 어머니의 모습을 늘 봐왔다는 덕주사 송계4리 이장(정종호, 60세)은, 이젠 돌아가신 어머니가 연로하셨을 때부터 자신과 아내가 '건강한 아이 잘 낳고 잘 돌봐주시라고' 마애불을 찾게 됐다고 말한다.

또한 절에 모셔 놓은 민간의 토속신 가운데 산신(山神)과 칠성신(七星神)은 자식을 얻기 위한 기도와 기복의 주 대상이기에 이들 신에게 불공을 올리기 위해 절을 찾는 이들 또한 큰 비중을 차지하고 있다. 하덕주사에 있는 산신각은 자연 그대로의 바위 사이에 석굴처럼 모셔 놓은 독특한 모습을 지니고 있는데, 이곳 사람들의 기도가 끊이지 않는 곳으로 이름 높다. 특히 칠성신은 예로부터 자식발원과 수명장수를 관장하는 신이라 여겨, 칠성각은 자식 낳기를 바라고 수명장수를 비는 사람들이 즐겨 찾아 불공을 올리는 곳이다.

절에 그렇게 자주는 못 가지만, 가면 칠성각에 주로 많이 가요. 저희는 칠월칠

---

2 제보자: 노삼녀할머니 며느리(55세, 덕주사 송계4리 거주). 2011년 7월 19일(화) 면담.

석에도 꼭 가요. 여적암이라고 여 위에 법주사 말사가 있는데, 옛날서부터 다니던 저기가 있어서 거길 주로 가는데, 아이들이 아프다거나 그럴 때 거기 칠성각에 많이 갑니다. (연구자: 왜 특별히 칠성각에 많이 가시나요) 칠성신이 있고 그러니까 거기에 가는데, 인제 그 칠성신이 아이들을 보호해 준다고 하거든요.[3]

도회지에서 처음 이곳으로 시집 와서 절에 다닐 줄도 모르고 아무것도 모를 적에, "시어머니가 '칠성 위한다, 뭐 위한다' 하면서 열심히 빌고 다니는데 난 그런 거 할 줄 몰랐다"는 이정환 할머니(73세, 법주사 사내3구). 그녀는 시어머니가 돌아가시고 나서 자신도 모르게 농사지은 쌀 한 말을 지고 절에 갖다 올리며 칠성각·산신각에 자식들 잘되라고 기도하고 다녔다. 이제는 "세상도 바뀌었고 다리도 아파 쌀 반 되도 못 갖고 다닐 지경이라 그냥 현금으로 통일했다"고 한다.

어머니에서 아들·며느리로 이어지며 불보살을 섬기는 것은 자식들이 건강하게 잘 자라 주기를 바라는 공통된 마음이 그만큼 절실했기 때문일 것이다. 불공을 드릴 줄도 모르고 나와 무관한 것 같아 지켜보기만 하던 젊은 시절의 그들이, 자신을 위해 기도하던 부모가 곁을 떠나자 누가 시킨 것도 아니건만 자연스레 절을 찾아 다시 자신의 자식을 위해 기도하는 대물림이 지극히 자연스럽게 이어지고 있었다.

아기를 낳아 성장하는 과정에서는 백일·돌이나 입시·입대와 같이 특별한 날에 사찰을 찾아 불공을 드리는 것은 물론, 생일이 돌아올 때마다 생일불공으로 불보살의 가피를 비는 이들이 많다. "우리 손자는 낳자 마자 가서 생일불공을 해줬다. 백일이나 아이 돌이 돌아왔다 그러면 또 가서 기도하고….

---

3 제보자: 유근식(64세, 男. 법주사 사내3구 이장). 2011년 8월 26일(금) 면담.

생일엔 잘 안 가지만 대신 절에 신청하면 기도를 해준다"는 법주사 사내3구 이장(유근식, 64세)의 말처럼, 특별한 날에는 절을 찾고 평소에는 생일불공으로 대신하지만 승려가 올리는 생일불공에 대한 이들의 믿음은 깊다.

아이가 태어나 이름을 짓고 나면 가장 먼저 불보살께 이름을 올린다. 이는 주민들이 빠짐없이 챙기는 중요한 일로, 사찰에 비치된 가족카드에 아이의 이름을 올린 다음 축원기도에 넣도록 하는 것이다. 매일 사시마다 불보살께 사시마지를 올릴 때 승려가 축원 대상의 이름들을 읊은 뒤 축원(祝願)을 올리게 된다. 따라서 축원의 대상이 되는 이들이 불보살께 공양을 올리는 공덕으로 가피를 받는다는 구도를 지닌다. 이에 주민들은 가족 중에 생일불공을 올리고자 하는 사람이 있으면, 미리 사찰에 부탁하여 생일날 축원자의 이름에 넣어 불보살의 보살핌을 받도록 하는 것이다.

백일·돌과 같이 중요한 날에는 이러한 내용을 축원문에도 넣어서 좀 더 강조해줄 것을 바라게 된다. 백일잔치·돌잔치는 형편에 따라 집에서 이웃을 청해 치르지만, 승려에게 대중공양을 올려 그 공덕이 아기에게 미치기를 바라는 이들도 적지 않다.

우리 손자 돌잔치 했는데 거기서 쪼끔을 떼 가지고 스님들한테 공양을 하겠다고 와서 인제 대중공양, 한 백여 명. 여기 식사 인원이 한 백 명 넘으니까 짜장면 공양을 내도 최하 50만 원은 들어가니까. 한 50만 원 정도 갖고 오셔서 대중공양, 짜장공양 한번 내시겠다고. 고기 안 들어간 짜장이 있고, 지금은 뭐 콩으로 만든 돼지고기도 있고 그러니까 맛도 비슷하고 모양도 비슷하게 만든 것 가지고 특별식이라 그래가지고 공양을 하는 분들이 많아요.[4]

---

4 제보자: 안춘석(57세, 男. 법주사 종무소 실장). 2011년 8월 27일(토) 면담.

해마다 아이의 생일이면 직접 가지 못해도 승려가 대신 불보살께 축원을 올려주니 안심이고, 특별한 날엔 승려들께 공양 올리거나 성의껏 보시해 그 공덕이 모두 자식에게 가도록 기도하고 나서야 자식 걱정을 한시름 더는 셈 이다.

2) 승려에게 양자 들여 장수기원

자식을 위한 불공이 불보살을 향한 기원이라면, 생활 속의 사제자인 승려 와 의논하고 의지하는 것은 더욱 든든한 일이다. 따라서 평소 따르던 승려가 있는 주민들은 아기를 낳으면 직접 찾아뵙고 이름을 의논하기도 하면서 자식 의 밝은 미래를 기원해 왔다. 간혹 신심이 깊은 이들은 아기를 직접 안고 와 서 승려에게 보여드리고 덕담도 들으면서 인사를 드리는 경우도 있다.

법주사 · 덕주사가 소속된 조계종에서는 승려가 신도들에게 이름을 지어주 거나 날을 받아주는 것처럼 주역과 관련된 일을 하지 못하도록 금하고 있다. 그렇지만 주민들은 "스님들은 한문을 배워서 주역을 알고 계시니까 신도들이 애기 이름 가지고 의논해 오면, 예를 들어 오행 중에 물(水)이 부족하니까 그 걸 좀 넣어서 이렇게 짓는 게 어떻겠나 하시면서 몇 가지씩 자연스럽게 지어 주셨다"(안춘석. 법주사 종무소 실장, 57세), "예전엔 스님들이 많이 하셨는데, 지 금은 세대가 바뀌어서 항렬을 안 따르니까 그렇게들 안 한다"(유근식. 법주사 사 내3구 이장, 64세)는 말을 들려주었다. 이처럼 사하촌 주민들에게 승려들은 가 까이 다가가기 힘든 근엄한 성직자이기보다는 신도들의 문제를 함께 고민해 주는 생활 속의 정신적 지주에 더욱 가까웠다.

우리 손자 이름도 스님이 지주셨어, 월남스님이. 수안이라고. 우리 손자 났을 직에 우리 맏아들이 아들 낳았으이 좋아가지고 어디 가가지고 이름 짓는다 그라길래 내가 뭐 무슨 딴 데 가서 이름 짓냐고, 스님한테 가서 지달라고 해가지고 스님한테 가서 수안이라고 졌지.[5]

그런데 유아사망률이 높았던 1960년대 중반까지 민간에는 '스님의 양아들이 되면 수명이 오래 간다'는 담론이 성행했다고 한다. 이는 '명을 짧게 타고난 사람이 출가하면 단명에서 벗어날 수 있다'는 담론과 같은 맥락으로 보이는데, 이러한 풍습이 가능했던 대처승 시절에는 충청도 사하촌에도 승려를 양아버지로 모시는 이들이 적지 않았던 듯하다. 법주사 사내1구 이장(백영한, 55세)은 1957년에 태어났을 때부터 아버지가 가깝게 지냈던 인품 좋으신 대처승의 양아들이 되었다.

태어나서부터 내가 중학교 땐가 그 분 돌아가셨을 때까지 양아버지였어요. (연구자: 왜 스님을 양아버지로 모셨지요) 명 길으라고. 그분이 대처스님이시라 머리는 안 깎고 동네 살으셨지만 절에 스님이니까. …나 그분 돌아가셨을 때 상복 다 입고 그랬는데. 그것도 친아버지가 수양아버지 돌아가셨으니까 상복 입어라, 그래서 입었지 내가 그 나이 때 뭘 알아요. (연구자: 세배도 드리러 갔겠네요) 그럼요. 젤 먼저 갔죠. (연구자: 그런 분이 많았습니까) 많죠, 속리산에. 대개 양아버지 스님 있었어요. 근데 어쩌면 그런 것도 있었을 것 같애. 내 생각인데, 뭐 스님들 최고였으니까 논밭이라도 하나 얻어 부칠라면 그렇게그렇게 연결해 놓는 게…. 남의 동네 가면 그 토반하고 사돈 맺으라고 그러듯이, 그런 면도 있지 않나 싶어요.[6]

5 제보자: 노삼녀(79세, 女. 덕주사 송계4리 거주). 2011년 7월 19일(화) 면담.
6 제보자: 백영한(55세, 男. 법주사 사내1구 이장). 2011년 8월 26일(금) 면담.

그의 말에 따르면, 예전에는 후손이 귀한 집안에서 아들을 하나 낳으면 형제 많은 집 가장을 양아버지로 삼는 경우가 많았다고 한다. 그 이유는 "외아들로 귀하게 크면 귀신이 해코지를 하기 때문에 형제 많은 데서 천하게 자라 명이 길어지도록 하기 위함"이라는 것이다. 그리고 자신들처럼 절밑마을에서는 주로 오래 살도록 하기 위한 방법이 승려의 양아들로 들어가는 것이었다고 한다. 또한 아기의 건강이 좋지 않거나 근심되는 일이 있을 때는 승려와 만나도록 함으로써 그 인연으로 좋은 기운과 가피가 미치기를 기대하는 경우도 있다.

이러한 맥락에서 유추해볼 때 민간에 '출가하거나, 스님을 양아버지로 삼으면 단명에서 벗어난다'는 담론이 성행한 것은 세속을 초월한 성직자의 신분에 여러 의미를 부여했기 때문일 것이다. 명이 짧은 운세를 타고났더라도 그러한 세속의 기운에서 벗어나 살아가거나 그런 이들과 깊은 인연을 맺으면 나쁜 운명을 물리칠 수 있다고 여겼음을 알 수 있다. 또한 수행으로 닦은 도력이 삿된 기운을 물리칠 수 있다는 믿음, 홀로 살아가는 삶을 복된 것으로 여기지 않아 귀신의 해코지가 있기 힘들다는 생각 등이 혼재되어 있는 것이 아닌가 한다.

특히 한동네에서 승려들의 가족과 함께 살았던 대처승 시절에는 승속(僧俗)이 부모와 자식으로 연결되면서, 공동체의 구성원으로 어우러져 살아갔던 종교 공동체의 모습을 짐작해볼 수 있다. 지금도 유발상좌(有髮上佐)라는 이름으로 승려가 일반인을 제자 삼는 사례가 있듯이, 마을에서는 법력 높은 승려를 자식의 양아버지로 모시고자 원하는 이들이 드물지 않다. 이러한 경우는 장수를 바라는 의미보다는 자식이 승려 가까이에서 불연을 깊이 쌓고, 그러한 인연으로 더 좋은 종교적 영향을 받기를 원하기 때문일 것이다.

3. 부처님 그늘에서 가정을 이루고, 늙어가다

1) 생활공동체적 특성이 담긴 불교 혼례

"노는 입에 염불한다고…. 여 사람들은 그저 부처님 그늘에서 평생 가정 꾸리고 살다가 자손 잘되는 거 보고 죽으면 그게 젤로 낙이고 행복이다." 친정 쪽으로 7대에 걸쳐 법주사 사내리에 거주하는 정순금 할머니(84세)의 말이다. 사찰과 뗄 수 없는 관계 속에서 평생을 살아온 이들에게 불교란 삶의 일부를 이루는 것이어서 일생의 중요한 마디마다 불교와 무관할 수 없다. 이에 1970년대 무렵까지만 해도 사하촌 주민들은 절에서 혼례를 치르는 이들이 많았다. 당시 사찰에서 혼례를 많이 올렸던 이유에 대한 주민들의 답변이다.

살기가 어려우니까, 집에서 할 형편도 마땅찮으니까 절에 가서 많이 했다. 요사채에서 손님 접대하고, 비용이 많이 안 든다. (유근식. 법주사 사내3구 이장, 64세)

구식으로 예 올리던 것이 번거로우니까 절에 가서 스님들이 얘기해 줘서 간단히 올리고 온다. (박용주. 법주사 사내4구, 85세)

마을공회당도 마땅치 않고 절에는 대웅전에서 하면 여법하니까 70년대까지만 해도 절에서 많이 했다. (백영한. 법주사 사내1구 이장, 55세)

큰절도 금전적으로 부담이 될 수 있으니까 암자에 가서 조촐하게 올리는 사람도 많았다. (윤찬우. 법주사 사내4구, 70세)

절도 혼례를 전문적으로 해주는 데가 있었는데 충주 대은사에 가서 많이 했다. 내가 가서 사회도 많이 봐줬다. (안춘석. 덕주사 송계리, 86세)

내 동생이 덕주사에서 결혼했는데 여기 살면서 마땅히 예식장에서 할 필요성이 없었기 때문이다. (정종호. 덕주사 송계4리 이장, 60세)

이들의 이야기를 종합하면, 사찰에서 혼례를 하는 것은 '부처님 앞에서 혼례를 올린다'는 종교적 신앙심에서 비롯된 것이라기보다 전통혼례를 치르기에는 마당도 넓지 않고 준비도 부담스러워 주례로 모실 승려와 의례 공간이 확보되어 있는 사찰을 찾은 경향이 더 컸던 듯하다. 종교 이전에 사찰과 마을의 생활공동체적 특성이 잘 드러나는 대목이다.

"여기 동네 아저씨가 중매해 가지고 선을 봐서 지금 신랑하고 결혼했는데, 스님한테 한번 보시라고 인사드리러 갔었다. 30년도 더 전의 일이다." 덕주사 송계4리에서 펜션과 식당을 경영하는 노삼녀 할머니의 며느리(55세)는 약혼식을 마치고 분홍색 한복을 차려입은 채 당시 덕주사 주지로 계시던 큰스님께 인사를 드리러 갔다고 한다. 혼례를 치른다는 것은 공동체 구성원으로서 일가를 이루어 정식 어른이 되는 것이기에, 마을 어른이자 정신적 지도자인 승려를 찾아뵙고 인사드리는 일이 그들에게는 자연스러운 일일 것이다.

사찰에서 하는 불교식 혼례는 근대 초기부터 전통혼례를 대체하는 불자들의 의례로 확산되었으나, 서구식 결혼식이 일반화되면서 점차 주목을 끌지 못하였다. 따라서 근래에는 독실한 신자들이 의미있게 혼례를 치르고자 선택하는 경우를 제외하면, 사찰에서 치르는 혼례를 기피하는 담론이 성행하고 있다. "지금도 여법하게 불교식으로 치르는 분들이 있지만 드물고, 재혼을 한다든지 비밀결혼이라든지, 바깥에서 공식적으로 하기가 힘든 사람들이 몇 사람만 와서 하는 분들이 더러 있다"(안춘석. 법주사 종무소 실장, 57세), "이제는 모두 예식장에서 하고 절에 가서 안 한다. 또 절에 가서 하면 못산다고 그래서 안 하고 그런다"(김상군. 김용사 김용리, 82세)[7]라는 말처럼 근래로 올수록 불교 혼례는 확연히 줄어들었다.

---

7 제보자는 경북 문경 김용사 사하촌의 주민으로 불교혼례에 대한 일반적 담론을 이야기하고 있어 인용하였다.

그러나 불교 혼례의 핵심이라 할 수 있는 불보살께 꽃을 바치는 헌화의식(獻花儀式)은 1970년대까지만 해도 잘 행하지 않았던 듯하다. 이러한 지침을 따르기보다는 당대의 혼례풍습에 불교의식을 결합하면서, 불보살께 공양을 올리고 승려의 주례로 의식을 진행하는 데 초점을 맞추었기 때문이다. 전통혼례에서는 꽃을 사용하지 않았고 당시에 의식용 꽃을 구하기도 쉽지 않았을 것이므로 주민들은 한결같이 "부처님께 꽃을 바치는 의식은 없었다", "그런 것은 기억나지 않는다"고 입을 모았다.

이러한 경향은 옷차림이나 의식 순서에서도 그대로 드러난다. 1960~1970년대까지는 사찰에서 혼례를 할 때 신랑·신부 모두 한복을 입었는데, 이때의 한복은 전통혼례복이 아니라 명절 때 입는 것과 같은 일반 한복에 전통혼례를 간소화한 모습이었다. 그러다가 "60년대 말까지 한복을 입었는데, 70년대 넘어가니까 양복과 드레스로 바뀌었다"(유근식. 법주사 사내3구 이장, 64세), "여동생이 80년대 중반에 덕주사에서 결혼했는데, 드레스를 빌려서 입었고 예물교환 같은 건 일반 예식장에서 하는 그대로 다했다"(정종호. 덕주사 송계4리 이장, 60세)는 주민들의 말처럼, 예식장 결혼이 일반화되면서 사찰에서 올리는 혼례에서도 드레스가 등장하게 된 것이다.

특히 형편이 어려운 이들은 큰절보다 작은 암자를 찾는 경우가 많았다. 법주사 사내1구 이장(백영한, 55세)이 "이런 표현이 어떨지 몰라도, 금전적으로 부담이 간다면서 암자에 가서 조촐하게 하는 사람들도 있다"고 말했듯이, 큰절에서는 아무래도 비용이 많이 들기 때문이다. 불교 혼례에서 가장 큰 비중을 차지하는 금액은 사찰에 머무는 승려들에게 대중공양을 올리는 데 들어가는 몫이다. 혼례는 공동체의 잔치이기에 사찰에서 식을 올리면서 거주하는 승려들에게 식사를 대접하지 않는 것은 도리가 아니기 때문이다.

원래 옛날부터 그런 큰일을 하면 식사를 한번 내는 겁니다. 그런데 여기는 식구가 백 명이 넘다 보니까…. 식구들 적은 데, 말사 같은 데 가며는 스님 한두 분하고 공양주 몇 명하고 많아도 다섯 명 밖에 안 되니까 쉽게 얘기해서 돈 몇 십만 원만 해도 되는데, 여기선 몇 배 들어가거든요. 한 끼 내는 비용, 거기에 과일 같은 것도 골고루 나눠먹기 때문에 한두 줄 갖고 안 된다, 그러다보니까 비용이 백단위 넘어가죠. 그래서 부담이 돼가지고 좀 잘 안 오기도 하고, 물론 그래도 오는 분들은 있고…. 어떤 분들은 스님 한 분을 딱 초청해 가지고, 스님 저 이러저러해서 어려워 다른 분들한테 공양을 낼 형편은 못 됩니다. 그 냥 간단하게 화혼식을 올리고 싶습니다, 그라면 사회로 말하면 주례, 여기서 말하면 증언을 해주실 스님이 한 분 나가셔서 화혼례를 올려 주시기도 하죠.[8]

"한 60년대 말쯤이었다. 법주사에서 특이하게 하는 걸 봤는데, 스님들이 다 나오셔서 아주 큰 행사처럼 그런 식으로 결혼식을 하더라"(유근식. 법주사 사내3구 이장, 64세)는 사례에서 보듯이 대규모 행사로 치렀던 혼례가 있었던가 하면, 형편이 어려운 이들은 승려 한 명을 증명으로 모신 채 조촐하게 식을 올리는 등 형편에 따라 다양한 불교 혼례가 행해졌음을 알 수 있다.

2) 승속의 구분을 떠난 축수의례

사하촌을 비롯한 농촌 마을에는 노인 인구의 비율이 높다. 이들은 평생 동안 마을을 지킨 마을 역사의 주인공이자 그 역사를 지켜본 산 증인이다. 성직자인 승려 또한 마을의 정신적 지주로 존경을 받지만 연로한 노승은 더욱 받

---

8 제보자: 안춘석(57세, 男. 법주사 종무소 실장). 2011년 8월 27일(토) 면담.

들어 모실 대상이 된다. 이와 마찬가지로 마을 노인 역시 사찰의 승려들과 함께 희로애락을 나누고 늙어가면서 노승들과 친지처럼 지내는 이들이 수두룩한가 하면, 승려 중에는 마을에서 자라 출가한 경우도 있다. "주지스님이 우리 막내딸하고 중학교 동기동창"이라는 주민이 있듯이, 마을 노인들은 승려에게도 모셔야 할 어른인 것이다. 이처럼 승속의 구분을 떠나 모든 어른은 봉양과 존경의 대상이 되게 마련이다.

사하촌에서 불교와 관련된 축수의례는 생일축원에서부터 그 의미가 시작된다. 빠듯한 살림살이에 식구마다 매년 생일불공을 올리기에 부담이 된다면 집안어른들이 우선순위가 되게 마련이다. 환갑을 맞으면서부터는 매년 빠짐없이 생일축원을 올리는 이들이 많다. 환갑·진갑·칠순 등 특별한 경우에는 생일 당일만이 아니라 일주일 혹은 열흘·보름 전부터 카드를 올려서 축원을 시작하여 생일이 되는 날 마치도록 신청하는 경우도 있다. 사찰에 지불하는 축원비용은 성의껏 내는 것이지만 관례적인 비용이 있기 때문에 날짜가 길어질수록 그만큼 비용도 많아지게 된다.

회갑·칠순·팔순 등이면 여유가 되는 집안에서는 돌이나 혼례와 마찬가지로 사찰의 여러 승려들에게 특별한 대중공양을 올리기도 한다. 근래에는 축수의례를 음식점에서 하는 경향이 많아지면서 축수잔치를 하는 곳에 주지와 승려들을 청하여 공양을 올리기도 한다. 자신을 위해 마련된 자리이지만 승려들을 함께 모시고 공양을 올리고 그 공덕을 가족 모두에게 미치도록 하는 의미를 지닌다. 이럴 경우 승려들에게는 별도의 자리를 마련하고, 의식은 없이 법문 정도를 청하게 된다.

마을 노인들은 특히 사찰에서 어떻게 자신들을 대우하는지에 대해 큰 관심을 지니고 있다. "절에서 노인들한테 많이 잘해준다. 봉사활동이라 해가지고 의사도 부르고, 미용하는 사람도 부르고, 그런 이들 불러서 봉사활동을 1년

에 많이 한다"(안성순. 덕주사 송계리, 86세), "한방진료라든지 양방이며 이 지역
에 와서 순회진료를 주도해서 해주고, 가끔 영정사진도 찍고 안경도 맞춰드
리고 그러더라. 어르신들 위해서 좋은 일 많이 해주니 기분이 좋다"(정종호. 덕
주사 송계4리 이장, 60세), "예전에는 단옷날 늙은이들을 절에 모두 초청해 가서
놀고, 정월대보름날도 절에 가서 밤새 스님들과 윷놀고 아주 재밌었다. 요즘
은 또 해마다 노인잔치를 해준다"(정순금. 법주사 사내1구 노인회장, 84세 ; 김언년.
법주사 사내4구, 85세)"며, 마을 노인들을 위한 사찰의 배려에 주민들은 감사와
자긍심을 지니고 있었다.

특히 덕주사에서는 평소 의료 혜택을 자주 못 받는 노인들을 위해 무료진
료를 지속적으로 해오고 있어 주민들로부터 각광을 받고 있다. 2011년 5월에
있었던 사례를 예로 들어 살펴보면, 제천 의림여자중학교 강당에 무료진료소
를 열고 전국병원불자연합회 소속 의사와 약사 등 30여 명이 참가해 진료과목
별로 무료진료를 펼쳤다. 제천미용협회에서 이발과 발마사지도 제공하였고,
서울과 지역사회에서 자원봉사자 100여 명이 대거 동참했는데, 이날 진료를
받은 노인은 500여 명에 달하였다. 또한 노인들, 봉사자, 의료진을 위한 점심
공양과 과일·떡을 제공하고, 노인들에게는 돋보기와 선물보따리를 안겨드
렸다. 당시의 현장 모습을 기록한 신문기사의 일부분이다.

백발성성한 머리에 한방 침을 꽂고 누워 있던 최옥혜(88) 할머니가 침을 놓아
준 박종훈 한의사의 손을 연신 쓰다듬었다. 쪼글쪼글한 주름에 고마움이 한
가득 배어났다. "나이가 드니까 온 삭신이 다 아파. 침 맞으면 며칠은 덜한데
한의원 갈 때마다 돈이 드니까 잘 못 가지. 의사선생님이 이렇게 와서 치료해
주니 얼마나 고마운지 몰라." "가끔 이렇게 와서 어르신들 침 놓아드리는 게
저에겐 큰 보람이고 즐거움입니다. 제가 더 감사하죠." 한의사가 말을 받았

다. 침 시술이 끝나자 자원봉사자의 안내를 받아 내과와 통증클리닉을 찾았
다. 최 할머니는 올해 들어 부쩍 심해진 관절염과 소화불량 때문에 고생을 했
다. 병원에 가볼까 하다가도 검사비용이며 약값 부담 때문에 돌아섰다. 그랬
기에 오늘 무료진료는 더없이 반가운 일이다. 한의원과 내과, 통증클리닉을
한번에 찾았으니 수고도 덜었다. 약을 받아 돌아서는 마음이 한결 편하고 든
든하다.[9]

　사하촌 노인들은 특히 '노인을 대접하는 승려'뿐만 아니라 '노인과 의논하
고 어울리는 승려'를 높이 평하고 있다. 일반적으로 노인들은 존경과 대접뿐
만 아니라 젊은이들이 함께 대화하고 어울려 주는 것을 더욱 원하듯이, 마을
노인들은 사찰의 젊은 승려들에게도 똑같은 것을 기대하고 있는 것이다.
　따라서 "옛날 스님들은 늙은이들과 대화도 많이 했다. 속리산 발전 문제도
서로 상의해야 되는데, 그러려면 우리 같은 사람 찾아와서 대화도 해야 되는
데 노인잔치해서 음식만 대접하는 거지, 늙은이 예우가 없다"(박용주. 법주사 사
내4구, 85세)는 푸념처럼 살가운 어울림이 부족한 데 대해 쓴 소리도 마다하지
않았다. 이러한 점은 사하촌이라는 특수한 불교 마을에 자리한 교회, 그 교회
의 목사에 대한 노인들의 평과도 관련된다. "얼마 전에 새로 온 젊은 목사가
참 잘해준다. 지나가다 만나면 손을 붙잡고 '어머님' 한다. 우리야 부처님이
골수에 배어서 그렇지만, 목사님으로 봐서는 교회 가고 싶은 마음도 있다."
나이도 처지도 비슷하여 매일같이 만나는 법주사 사내리의 정순금(84세)·김
언년 할머니(85세)가 입을 모은 말이다.

---

9 「법보신문」 2011. 6. 8(http://blog.daum.net/buddhapan/6751194)

4. 절에서 극락왕생 이루고, 집에서 제사 지내다

1) 시다림과 사십구재로 치르는 상례

마을에서 누군가 세상을 떠나는 일은 출생이나 혼인보다 더욱 중요한 사건이다. 가족의 상실, 공동체 구성원의 손실은 그 무엇으로도 메울 수 없는 슬픔과 공백이기에 예로부터 흉사는 경사보다 더 큰 관심과 보살핌 속에 치러 왔다. 법주사 사내리에서는 '성심회'라는 상포회(喪布會)가 있어 공동체의 일로써 상례를 치렀고, 전기가 없던 시절 마을에 상(喪)이 발생하면 등계(燈契)로 서로 도우며 살아왔다.

등계가 따로 있었어, 줄 쳐가지고 등 달아 주는. 전기가 없을 때 초상이 나면 등계라 그래가지고 집집마다 등을 다 달아 줘요. 호롱불 넣고 하는 등 있지 왜. 집집마다 하나씩 가지고 있는 거야. 그러면 동네에 초상 나면 가서 다 달아 줍니다. 그러면 환하지 인제.[10]

전기가 들어오지 않아 밤이 되면 창문 사이로 흘러나오는 호롱불만 희미하게 켜져 있던 시절, 초상이 나면 집집마다 줄을 연결하고 그 줄에 등을 내다 걸어 온 동네를 등불로 환하게 밝힌 가운데 큰일을 치렀던 것이다. 따라서 외부 사람이 마을에 들어왔을 때도 상이 난 것을 금방 알 수 있었으며 어린 아이들도 죽음의 의례 방식을 직접 보고 겪으며 자라 어른이 되면 자연스럽게 그 일을 치러나갈 수 있었다.

---

10 제보자: 백영한(55세, 男. 법주사 사내1구 이장). 2011년 8월 26일(금) 면담.

이때 죽은 자의 내세를 보살펴 불교적 방식으로 떠나보내는 일은 사찰과 승려의 몫이다. 불교의례를 치름으로써 고인의 영혼이 좋은 곳으로 천도(薦度)될 수 있을 것이라는 바람은 불교신자들이 공통으로 지닌 믿음이기에, 특히 출생의례·혼례·축수의례 등 생전 의례보다 사후 의례에서 불교적 보살핌이 더욱 간절해지게 마련이다. 따라서 사하촌에 초상이 나면 승려가 직접 빈소에 참석하여 망자에게 불법을 들려주고 극락왕생을 기원하는 시다림을 빠짐없이 해주고 있다.

누가 돌아가셨다거나 하면 꼭 스님이 마을에 내려오셔서 해주셨어요. 시다림, 그런 거. 옛날에는 장례를 집에서 했으니까 집에 와서 해주시고, 지금은 장례식장으로 오셔서 해주고 가시고. (연구자: 장례식장에 몇 번 오십니까) 예전에는 몇 번씩 오셨는데, 지금은 한번 오세요. 그리고 화장터까지도 오시고…."[11]

돌아가시면 무조건 글로, 장례식장으로 가는 거가 여기는 한 10년도 안 된 것 같애. 전부 집에서 다 치렀거든, 3일장을. 근데 지금은 무조건 돌아가시면 (장례식장으로) 가잖아, 또 그게 편하고. 옛날 같으면 그렇게 가면 욕 얻어먹지, 불효자라고. 근데 지금은 당연히 가는 걸로다가 알고 있고. 집안에 누가 돌아가셨다 하면 스님들하고 한두 시간씩 염불해 드리고 그건 다 해주세요. 누가 특별히 오십시오, 청하지 않더라도 절에서 방문해 주시죠. 여기 사람들은 다 그렇게 하는 걸로 알고 있어요."[12]

<hr>

11 제보자: 유근식(64세, 男. 법주사 사내3구 이장). 2011년 8월 26일(금) 면담.
12 제보자: 백영한(55세, 男. 법주사 사내1구 이장). 2011년 8월 26일(금) 면담.

마을공동체의 개념이 와해된 도시의 사찰에서는 신도들에게 상이 났더라도 승려가 알지 못하거나, 청하지 않으면 빈소에 참석하지 못하는 수가 많다. 유족은 승려를 일부러 장례식장까지 모셔야 하는 심적·물적 부담감 때문에, 사십구재를 치르는 경우에만 주로 해당 사찰의 승려를 청하고 있다. 그러나 마을공동체의 특성이 뚜렷한 사하촌에서는 승려가 초상집을 찾아 시다림을 해주는 것이 마치 문상을 가는 마을 주민의 행보처럼 자연스럽다.

사하촌 주민들의 장례 방식은 여느 지역보다 화장률이 높지만 지역에 따라, 주민의 성향에 따라 조금씩 다른 양상을 보이기도 한다. 현재는 80% 정도가 화장으로 가고 있다는 법주사 사하촌에 비해, 덕주사 사하촌의 경우는 매장률이 다른 사하촌보다 상대적으로 높다. 이러한 화장률의 높낮이는 종교적 측면보다 여러 복합적 요인이 작용하고 있어, 장례 방식의 경우는 종교와 큰 상관없이 여건에 따라 좌우되는 경향을 드러내고 있다.

법주사 사하촌의 주민들은 대개 화장을 하고 있는데 그 이유는 산소를 쓸 데가 없기 때문이다. 이전까지는 선산이 없어도 사찰 소유로 되어 있는 산에 몰래 산소를 만들고 사찰에서는 묵인하는 식으로 매장을 해왔으나, 근래에는 국립공원에 매장이 금지되어 기존의 묘지도 이장을 권고하는 분위기가 완연하다. 따라서 사람이 죽으면 땅에 묻혀야 한다는 생각을 하고 있는 이들도 많지만, 물리적 여건이 뒷받침되지 않는데다 자신들이 죽고 나면 후손들이 무덤을 잘 돌보기 힘들다는 인식이 퍼져 있어 이제 대세는 화장이라는 데 노인들 역시 이의가 없다. 또한 오랜 세월 승려들이 화장하는 걸 보고 자랐기 때문에 선산이 없는 주민들은 불교신자들이라면 으레 화장을 하는 것이려니 생각하고 있다.

"불에 태워 없어지면 너무 허무하다 그러지만, 죽으면 그런 게 다 무슨 소용인가"(김언년. 법주사 사내4구, 85세), "뿌리는 게 제일 좋다. 이제 무덤이 뭐 필요한가"(정순금. 법주사 사내1구 노인회장, 84세), "대처스님들 시절부터 스님들 다 화장했다. 수정암은 비구니스님들이 계시기 때문에, 화장하면 내가 수습하고 유골을 갈았다. 그러면 스님들이 장갑 끼고 와서 그 주변에 다 뿌리고 염불하고 그랬다"(유근식, 법주사 사내3구 이장. 64세)…. 주민들의 말에서 화장이 대세임을 실감하게 된다.

특히 1920~1930년대 무렵 법주사에서는 승려들의 다비식 때 주민들에게 꼬챙이에 떡을 꿰어 나눠 주었다. 민간에서 상이 나면 마을 사람들에게 음식을 대접했듯이, 사찰에서는 떡으로써 대신했던 셈이다. "옛날에는 저기 못 안에 화장터가 있었다. 열 살 안팎의 어릴 적에 스님들이 돌아가시면 거기에서 화장을 했는데, 꼬챙이에다가 인절미나 절편 커다란 것을 3개씩 꿰어서 줬기 때문에 너도나도 얻어먹으러 많이 다녔다"(정순금. 법주사 사내1구 노인회장, 84세)고 회상하였다. 이들은 어릴 때부터 마을에서 일상적으로 이루어지는 화장을 보고 자랐기에 일반 노인들보다 화장에 대한 수용성이 높다.

덕주사 사하촌에서는 매장을 적극 주장하며 목소리는 내는 장년층들이 있어 주목된다. "여긴 매장이 좀 많다. 국립공원 지역에는 매장을 못하도록 하지만 선산 있는 분들은 계속 선산에 장사 지낸다. 사유재산제를 추구하는 나라에서 그거 통제하기 어렵다. 여기 마을 사람들, 동기감응을 주장하는 이들이 많다"(석희주. 덕주사 송계리, 57세)는 그의 말에 따른다면, 선산이 있는 주민들은 아직 무덤으로 조상의 음택을 모시고자 하는 이들이 적지 않음을 알 수 있다.

이들은 또한 대부분 사십구재(四十九齋)를 지내고 있다. "보편적으로 여기 계신 분들은 덕주사에서 다 사십구재를 지낸다. 우리 부모님 두 분도 다 여기서 모셨다"(정종호. 덕주사 송계4리 이장, 60세), "시어머니가 돌아가셨을 때 저기 여적암에다 당연히 사십구재 모셨다. 시아버지 때는 물난리가 나서 집이고 뭐고 다 떠내려가 버리는 통해 사십구재를 못했다"(이정환. 법주사 사내3구, 73

세)는 말처럼 면담을 한 주민들은 대개 윗대조상과 부모의 사십구재를 치렀고 '여기 사람들은 대개 사십구재를 지낸다'고 답하였다.

그런데 사십구재를 하려면 적지 않은 비용이 따르고 49일이라는 기간이 소요되기 때문에 시대에 따라 형편에 따라 다양한 양상을 살펴볼 수 있다. "사십구재는 칠칠재라 그래서 일곱 번을 가야 되지만 처음과 마지막에만 가기도 하고, 스님이 그냥 지도만 해주시는 경우도 있다. 그렇게 해서 비용을 줄이는 이들도 많다"(유근식. 법주사 사내3구 이장, 64세)고 했듯이, 일곱 번을 다 지내려면 비용이 많이 들기 때문에 1·3·5·7재 혹은 초하루·보름과 막재만 지내거나, 초재와 막재만 지내기도 하는 것이다.

특히 주목되는 점은, '스님이 그냥 지도만 해주시는 경우'라는 표현이다. 이는 형편이 어려워 정식으로 사찰에 의뢰해서 사십구재를 치르지 못하는 이들을 위해, 유족이 사찰과 집에서 스스로 기도를 올리며 49일을 보내도록 이끌어준다는 뜻이다. 이러한 양상은 도심사찰에서는 보기 드문 현상으로, 사제자와 신도가 한 울타리의 생활공동체로 친밀한 관계를 이루고 있기에 가능한 일이다. 이처럼 집에서 49일간 상식을 올리며 49일 탈상을 하는 이들도 적지 않아, 반드시 사찰에서 하지 않더라도 백일탈상은 부담스럽고 삼우제탈상은 아쉬운 현대 상례의 대안으로 '49일 탈상'이 현장에서 자연스럽게 이루어지고 있었다.

아버님 돌아가셨을 때 뭐 사십구재는 절에서 하지 않고 집에서 49일 하고. 절에까지 가려면 교통이 불편하니까. 그래도 지금 뭐 삼오제[13]로 끝나고 그러는데, 너무 서운해서 49일간 모셔 놓고 상식 올리고. (연구자: 그때가 언제쯤인가요)

---

13 이곳 주민들도 대부분 삼우제(三虞祭)를 삼오제(三五祭)로 잘못 알고 있었다.

그러니까 지금 이 집에 들어와서니까, 81세였으니까 26년쯤 됐나? …옷요?
옷은 상복 입었죠. 상식 올릴 때만 입죠, 남자들이.[14]

수십 년 전에 상을 치른 이들은 사십구재와 무관하게 대부분 부모의 탈상
을 만 2년간의 삼년상으로 치른 이들이 많았다. "보통 절에 가서 사십구재 하
는데 우리는 집에다 차려놨다. 거기다 아침저녁으로 밥 해다 놓고 절하고 제
사 지내다가 3년상을 접었다"(윤찬우. 법주사 사내4구, 70세), "80년 물난리 때 시
아버지 돌아가셔서 집이고 숟가락이고 다 떠내려가 천막을 치고 살면서도 삼
년상을 치렀다"(이정환. 법주사 사내3구, 73세)는 주민들의 말처럼, 일생의례를 유
교식으로 치러왔기 때문에 사십구재와 별개로 유교식 상례는 병행되었던 것
이다. 그러다가 점차 삼년상은 물론 백일탈상도 사라지면서, 49일 탈상이 본
래의 의미를 찾게 된 셈이다.

초하룻날, 저기 보름·삭망에 지청[15]을 해놨어. 지청해 놓고 거기서 3년상 나
고, 보름 또 삭망, 초하루 삭망[16]…. 하이고, 옛날에는 왜 그래가지고 또 그렇
게 밥 떠다 놓고 울고 그라는지 말이여. 하이고, 지금은 그런 게 없으니까 만
고 편하지. (연구자: 수해가 나지 않았으면 시아버지 사십구재도 하셨겠네요) 그럼, 당연
하제.[17]

---

14 제보자: 유영욱(69세, 男. 덕주사 송계리 거주). 2011년 7월 20일(수) 면담.
15 상식을 올리는 상청(喪廳)을 말한다.
16 삭망(朔望)은 초하루와 보름을 함께 일컫는 말로, 한 달에 두 번씩 상식을 올렸다는 말
　　이다.
17 제보자: 이정환(73세, 女. 법주사 사내3구 거주). 2011년 8월 26일(금) 면담.

한편으로 사하촌에서도 여느 농촌과 마찬가지로 자식들을 교육시키기 위해 외지로 보내면서 그들이 타종교를 믿게 되는 경우가 많다. 사하촌의 주민가운데 백영한(55세) 법주사 사내1구 이장 역시 그러한 다종교 집안의 장남으로, 아버님의 죽음을 맞았을 때 형제간의 종교적 갈등을 딛고 슬기롭게 대처한 바 있다. 3남2녀의 맏이인 그와 여동생들은 독실한 불교신자이지만 남동생은 두 명 모두 목사가 되었다. 얼마 전 부친상을 당했을 때 종교 때문에 자식들이 불화를 일으킬 수 없기에 고민 끝에 각자의 종교 방식으로 나란히 장례를 치르기로 결정했다. 또한 사십구재는 여동생이 모시고 싶다고 하여 법주사에서 치르지 않고 여동생이 다니는 대전 지역의 사찰에 모셨다.

그래, 다종교식으로 하자! 아, 대통령 돌아가셨을 때도 보니까 뭐 각 종교마다 나와서 하더라 응? 좋다, 그래가지고 주지스님이 보낸 화환도 이만하게 받고 교회에서 보낸 화한도 이만하고. (연구자: 의식은 어떻게 하셨나요) 아, 의식도당연히 스님도 오시고 목사님도 오시고 그랬죠. 스님 쪽에서 오시면 내가 맡아서 같이 염불하고, 지들 손님이 오면 지들이 찬송가 부르고 예배보고, 그런식으로 했다니까. …여동생도 지가 꼭 사십구재 모시고 싶다니까 어떡해, 그러라 하고 내가 매번 그쪽으로 가서 참석했지.[18]

전반적으로 법주사와 덕주사 모두 사십구재를 지내는 주민들이 예전에 비해 많이 줄어들었다. 인구 감소와 무관하게, 이전에는 사하촌에 상이 나면 80~90% 이상이 사십구재를 치렀다면 지금은 30~40%도 되지 않는다는 것이다. 절에서는 그 요인을 '경제적인 문제'로 추정했지만 오히려 어려웠던 시

---

18 제보자: 백영한(55세, 男. 법주사 사내1구 이장). 2011년 8월 26일(금) 면담.

절에 사십구재를 더 많이 했기 때문에 경제적 요인만으로 설명하기 힘들다. 따라서 백일탈상이 사라지고 삼우제만 치르거나 장례로 상을 마무리하는 등 사회 전반적으로 상례의 비중이 점차 약화·축소되는 분위기와 밀접하게 관련된 것으로 여겨진다. 불교적으로 고인을 떠나보내는 사하촌의 죽음의례 역시 상례지형의 변화 흐름을 타고 있는 것이다.

2) 가정 제사와 합동천도재로 치르는 제례

법주사와 덕주사 사하촌의 주민들은 대부분 기제사를 충실하게 지내고 있다. 노인들만 남아 있는 집의 경우에는 '외지에 나가 있는 자식들이 제사를 잘 모시고 있다'고 말한다. 일반적으로 불교신자 가운데는 절에서 제사를 치르는 이들도 적지 않은데, 이들을 대개 독실한 불교신자이거나 아들이 없는 경우가 주를 이룬다. 근래에는 아들이 있더라도 가정에서 준비하는 번거로움을 덜기 위해 형제간에 의논하여 절에서 불교식으로 제사를 지내는 이들이 늘어나는 추세이다.

"우리 장인·장모는 아들이 없어서 절에 모셔 놓고, 거기에서 제사를 지낸다"(안성순. 덕주사 송계리, 86세), "절에서 제사 모시는 사람들 꽤 있다. 주로 아들 없는 그런 사람들이다. 또 여러 남매가 있다 보니 형제 중에 교회 다니는 사람이 있어 그중에 한 아들이 절에다 모시는 경우도 있다"는 정순금 할머니(법주사 사내1구 노인회장, 84세)의 말에 따르면, 사하촌에도 제사를 사찰에 의뢰해서 가족들이 불보살을 모신 법당에 모여 제사를 지내는 사례들이 적지 않은 듯하다. 특히 형제 중에 기독교신자가 있어 제사를 지내기 힘든 이들이 절을 찾는 사례도 있음을 알 수 있다.

이에 비해 덕주사 승려와 법주사 종무실장은 사찰에서 지내는 제사에 대해 질문하자 다음과 같이 답하였다.

> 사찰에서 제사 모시는 분들 거의 없다고 보면 됩니다. 우리가 말하는 연연제, 기제사라고 표현하는데 그런 거 잘 안 해요. 오히려 그게 더 편하고 좋을 텐데. 집에서 제사 준비 하시나 절에서 그냥 제비 주시는 거나 비슷한데 말이죠.[19]

> 기제사 모시는 분은 요즘 거의 없죠. 근데 여기 예전서부터 있던 분들이 몇 분 있었어요. 논이 지금으로 말하자면 두 마지기 정도? 한 500평 가까이 되는데, 그거를 시사(時祀)를 해놓고 아예 그냥 평생 조상제사를 지내 달라, 그래서 가령 음력 몇월 몇일은 그 제를 지내는 날, 그래갖고 인제 계속 지내주는데. 그것도 시대가 변해서 그런지, 스님들도 많이 바뀌었고 그거를 기억하는 분들이 별로 없잖아요. 가족들이나 이런 분들도 그전에는 기억을 하고 꼭 와서 제를 지내더니 점점 그분들도 인제 안 오더라구요.[20]

덕주사 송계리는 마을 주민의 수가 적지만, 법주사 사내리의 경우는 주민들이 법주사와 함께 10여 개의 사내암자를 동시에 다니는 이들이 많다. 따라서 이들은 제사를 사찰에 모실 경우 큰절에 의뢰하기보다는 작은 사찰에서 부담 없이 모시고 있어, 집안 형편에 따라 사찰에서 제사를 치렀거나 지금도 치르는 이들이 적지 않은 듯하다. 대개 독실한 신자이거나 아들이 없는 경우, 형제 중에 기독교신자가 있어 제사를 지내기 힘든 이들이 사찰을 찾고 있음을 알 수 있다.

이처럼 기제사는 대부분 집에서 지내는 가운데 형편에 따라 여러 양상을

---

19 제보자: 원경스님(덕주사 주지). 2011년 7월 19일(화) 면담.
20 제보자: 안춘석(57세, 男. 법주사 종무소 실장). 2011년 8월 27일(토) 면담.

드러내고 있는데, 특히 법주사의 사례가 흥미롭다. 집안에서 제사에 드는 비용을 충당하기 위해 제사답(祭祀畓)을 떼어 놓듯이, 사찰에 제사답을 맡기고 평생 불교식 제사를 모시도록 위탁한 것이다. 그러나 그들 역시 세대가 바뀌면서 후손들이 고향을 떠나게 되면 제사를 지내기 위해 절을 찾아오기란 쉽지 않았던 듯하다.

덕주사 송계리에서 가장 연장자인 석근용 할아버지(덕주사 송계리, 90세)는 "아직까지 이곳의 사상으로는 집에서 제사를 모셔야 된다"고 하였다. 지금은 흩어졌지만 십 수대에 걸쳐 석씨 집성촌의 마을 토박이로 살아온 할아버지는 대대로 그래왔듯이 '제사는 집에서 후손들이 지내는 것'이라는 굳은 신념을 지니고 있었다. 독실한 불교신자이자 법주사의 청년신도회 단장으로 열심히 활동하고 있는 백영한 사내1리 이장 역시 제사만큼은 '보수적일만큼 원칙대로 지낸다'고 말한다. 한국인에게 기제사는 편리함이나 종교적 측면을 찾기보다는, 쉽게 집에서 떠나보낼 수 없는 전통적 가치임을 사하촌 주민의 모습에서 새삼 실감할 수 있는 대목들이다.

작은할아버지가 막내니까 우리 할아버지하고 아버지 제사를 제가 지내요. 그 윗대부터는 큰집에서 맡고. 보수적인지는 몰라도 저는 쪼끔 원칙을 따져요. 집에서 지낼 때 웬만하면 다른 사람들은 축문 안 쓰잖아요. 지방도 안 쓰고 사진만 올리기도 하고. 전 그런 거 다 합니다. 축문, 지방 다 내가 쓰죠. (연구자: 축문은 누가 읽으세요) 아들이 읽거나 아니면 동생, 막내동생이. (연구자: 마음가짐이 다르시네요) 예, 마음가짐이 그런 거죠. 인제 불편하지만 내 대까지는 그렇게 해야 되지 않겠나 싶어서.[21]

---

21 제보자: 백영한(55세, 男. 법주사 사내1구 이장). 2011년 8월 26일(금) 면담.

따라서 절에서 맡는 제사는 합동천도재 형식으로 지내는 합동제사에서 부각된다. 특별한 날에 절에서 행하는 합동제사는 조상을 추모하는 것만이 아니라 지옥·아귀·축생 등 삼악도(三惡道)에 떨어진 망자를 좋은 곳으로 천도하는 의미 또한 크다. 따라서 기제사의 대상을 포함하여 윗대 조상, 문제 있는 조상 등을 위한 합동제사는 전적으로 절에 의존하고 있는 것이다. 이 합동천도재는 음력 7월 보름의 백중에 주로 행하게 되어 백중 천도재·우란분재(盂蘭盆齋) 등이라 부른다. 이날은 부처님 제자인 목련존자(目連尊者)가 지옥에 떨어진 어머니를 구하는 극적인 사연에서 유래했듯이 부모와 조상에 대한 효 사상을 기반으로 하는 천도재라 할 수 있다.

따라서 "윗대 제사를 못 얻어 잡숫는 어른들은 7월 백중에 주로 한다"(석팔례. 덕주사 송계리, 81세), "1년에 얼마씩 돈을 내놓고 백중날 통지가 오면 가서 합동례를 한다. 거기 위패를 모신 사람들이 전부 다 와가지고 합동례를 지낸다"(안성순. 덕주사 송계리, 86세), "제사는 집에서 지낸다. 백중에는 영가들 합동으로 할 때 가서 제사 지낸다"(이정환. 법주사 사내3구, 73세)는 주민들의 말이 이어진다.

이처럼 사찰에서 합동제사이자 합동천도재로 치르는 백중 천도재는 사하촌 주민들에게 중요한 조상 섬김의 날이다. 기제사의 대상만이 아니라 윗대 조상을 위해 공덕을 쌓고 싶을 때 전적으로 사찰에 의존하게 되고 백중은 그러한 마음을 적극 수용하는 의례이다. "대개 윗분들 조상천도를 많이 하게 되는데, 이렇게 천도를 하고 나서야 일이 잘된다고 생각을 해서 합동천도재에 많이 동참을 한다"는 안춘석(57세) 법주사 종무소 실장의 말처럼, 이들은 조상에 대한 정성을 다하면 저절로 일이 잘될 것이라는 소박하지만 경건한 믿음을 지니고 있다.

법주사에서도 백중은 음력 7월 15일을 회향일로 정하고, 49일 이전부터 입재(入齋)에 들어가 마치 사십구재처럼 매 7일마다 일곱 번에 걸쳐 재를 치르고 있다. 마지막 날에는 합동천도재에 참여하는 이들이 각자 발원문을 가져와 재가 끝날 때 종이위패, 망자의 옷 등과 함께 태우도록 하는 것도 사십구재와 동일하다. 법주사 사내4리의 한 주민[22]은 19세 이후 한 번도 뵙지 못한 채 돌아가신 친정 부모와, 아는 지인 하나 없는 사내리에 왔을 때 자신을 거둬준 양아버지를 위해 2011년의 백중 천도재에 참석하였다. 이날은 영가천도의 뚜렷한 목적을 지니고 있기 때문에 명절 불공 가운데 가장 성대하고 중요하게 여기는 날로, 매년 사내리뿐만 아니라 인근 지역 신도들 수백 명이 참여하고 있다.

그런데 사내리에서는 절백중·마을백중으로 구분하여 사찰에서는 7월 보름에 행하고, 마을에서는 17일에 백중을 지내왔다. 그 이유를 주민들도 확실히 모르지만 "옛날부터 그렇게 해온 것이라 그냥 따라한다. 언제든지 절백중은 보름에 하고, 동네백중은 열이렛날에 한다"고 입을 모았다. 80대의 노인들의 기억도 같아서 날짜를 다르게 해온 것은 오랜 역사를 지닌 듯하다. "우리 마을뿐만 아니라 곳곳이 다 다르다. 보은은 7월 스무날이고, 회인은 칠월 칠석날이 백중이다"(정순금, 법주사 사내1구 노인회장, 84세)라고 하여 편리에 따라 다른 날짜를 정해 놓고 있음을 알 수 있다. 예전에는 절백중과 마을백중이 모두 큰 행사였기 때문에 서로 중복되지 않기 위해 날짜를 조정한 것으로 생각된다.

사내리 80대 주민(정순금, 김언년)의 기억에 따르면 예전에는 마을백중 때 모여서 떡을 해먹거나, 쌀이 없으면 보리쌀을 디딜방아 찧어서 보리쌀 송편이라도 해먹었다고 한다. 50대 주민(백영한, 55세)의 기억에 따르면 절 밑에 있는 민가라서 그런지 '오늘은 마을백중'이라는 얘기는 들었지만 별로 의미를 두지 않

---

22 김희수·김승유, 『사내리, 사찰과 이어진 관광마을』(국립민속박물관, 2012), p.240.

았다고 하며, 실제 마을에서도 한때 씨름대회를 하고 백중행사도 했었으나 10월에 행하는 속리축전으로 모두 통일되었다고 한다(안춘석, 57세). 따라서 사내리에서는 불교가 강한 지역이라서 이른 시기부터 마을백중은 그리 성행하지 않았고, 영가천도에 초점을 둔 절백중에 큰 의미를 두며 전승되어온 듯하다.

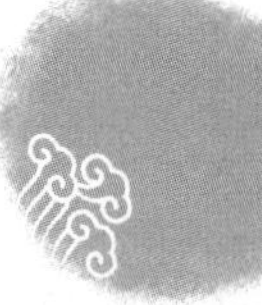

불교 일생의례의 양상과 특성

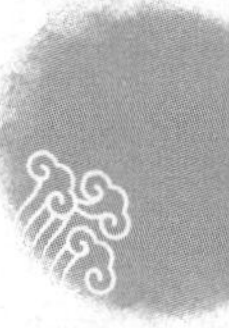

1. 의례 주체와 의례 공간에 따른 양상

불교 일생의례는 민간의 통과의례를 불교이념에 따라 치르는 것이어서 의
례주체는 불교신도와 승려가 두 축을 이룬다. 그러나 가정에서 신도들이 자
율적으로 불교의례를 치르는 경우도 있어 승려의 참석 여부에 따라 의례 주체
가 단일화되기도 한다. 장례처럼 사찰이나 집이 아닌 제3의 장소에서 진행하
는 경우에도 마찬가지이다. 따라서 불교 일생의례의 주체는 신도를 공통분모
로 하는 가운데, 의례 공간에 따라 승려의 개입으로 의례 주체가 이원화되는
구도를 지니고 있다.

그런데 근대화 이후 일생의례를 대행하는 전문업체가 등장하였고, 근래에
는 공동체와 함께하는 대부분의 의례를 이들 업체에서 전담함으로써 일생의
례의 양상은 근본적인 변화를 맞은 지 오래이다. 이처럼 새로운 의례 주체와
의례 공간의 등장으로 인해 불교 일생의례에서도 의례 주체인 신도와 승려,
의례 공간인 집과 사찰의 전통적 틀이 해체되었다. 활성화 정도와 무관하게

〈표〉 신도들의 의례 공간 · 의례 주체별 일생의례의 활성화 정도

의례 공간		집		예식업체		사찰
의례 주체		신도	신도/승려	신도/업체	신도/업체/승려	신도/승려
생전의례	출생의례	○		◎		
	성인의례	△				
	혼 례			◎		△
	축수의례	○		◎		
사후의례	장 례			◎	○	
	탈상의례	◎				◎
	제 례	◎				○

※ 활성화 정도 :◎ → 대 ○ → 중 △ → 소

불교의례를 치를 경우 가능했던 기존구도가 와해됨에 따라 의례 양상 역시 재편될 수밖에 없다. 따라서 현대 불교 일생의례의 전반적 양상을 점검하기 위해 불교신도들이 행하는 일생의례를 의례 공간과 의례 주체별로 나누어 활성화 정도를 살펴보면 〈표〉로 나타낼 수 있다.

첫째, 집에서 치르는 일생의례를 보면, 생전의례의 경우 전반적으로 예식업체에 위탁하는 비율이 높은 가운데 백일 · 돌 등의 출생의례와 회갑례를 비롯한 축수의례는 집에서 치르는 가정도 드물지 않다. 혼례는 생전의례 가운데 가장 규모가 큰 의례이므로 대부분 예식장에서 치르고 있으며, 이벤트화된 성인의례 역시 집에서 어느 정도 수용하고 있는 것으로 보인다. 그런데 집에서 치르는 이들 의례가 불교적 성격을 지니는 경우는 신앙심에 따라 다양한 가능성이 열려 있으나 일반화되지는 못한 상태이다. 종단마다 생일 · 혼례 · 회갑 의식 등의 평생의례를 정립해 놓았지만, 염불 · 독경 · 참선과 같은 일반적 신행행위를 제외하면 신도들이 집에서 자율적으로 행하는 불교의식은 드문 편이다.

　사후의례의 경우 장례는 전문업체에 위탁하는 것이 관례화되었고, 탈상의 례는 사찰에서 사십구재로 치르는 이들이 많은 가운데 집에서 49일 탈상이나 삼우제 탈상을 하는 이들 또한 다수를 차지하고 있다. 신도들이 집에서 탈상을 할 경우 고인의 극락왕생을 기원하는 불교적 성격이 반영될 것임은 당연한 일이다. 그러나 불교권에서는, 탈상의례는 사찰에서 사십구재로 치러야 한다고 보면서 집에서 치르는 49일 탈상 등에 대한 지침을 마련해 놓지 못하고 있다. 또한 불교신자라도 제사는 대개 집에서 유교식으로 지내는 가운데, 사찰에서 치르는 이들도 일정비율을 차지하고 있다. 특히 집에서 지내는 제사를 불교식으로 치르는 데 대한 관심이 높아지면서 불교권에서는 불교식 가정제사를 활성화하기 위한 노력을 하고 있다.

　또한 집에서 치르는 일생의례가 불교식으로 진행된다 하더라도, 승려를 청하는 경우는 사후의례에서 드물게 살펴볼 수 있을 뿐 한국불교의 전반적 상황과는 거리가 멀다. 이처럼 집에서 치르는 불교식 일생의례는 예나 지금이나 신도의 개별적 선택의 문제로 남아 있고 활성화되지 못한 상태이다. 따라서 사제의 가정방문이 일반화된 기독교와는 달리, 불교의 경우 집에서 의례를 치르는 것은 곧 의례 주체가 신도로 단일화됨을 의미하는 것이기도 하다. 특히 '49일 탈상지침'이 정립되어 있지 않은 데서도 알 수 있듯이, 민간에서 불교식 일생의례를 자율적으로 행할 수 있는 기반이 미흡하여 생활불교가 이루어지지 못한 현실을 반영하고 있다.

　둘째, 예식업체에서 치르는 일생의례를 살펴보면, 출생의례 · 혼례 · 축수의례 · 장례 등 이전 시기에 집에서 행한 대부분의 의례를 이들 상업조직에서 전담하고 있다. 민간의 일생의례에 불교적 영향력이 크지 않은 상태에서 다시 제3의 의례 주체가 개입되고 의례 공간이 바뀜에 따라 이러한 변화는 불교적 영향력을 더욱 약화시키는 요인이 되었다. 그런데 예식업체에서 치르는 생전의례에 불교적 개입이 대부분 차단되어 있다면, 종교적 역할이 부각되는 사후의례의 경우는 많은 편차가 있다. 현재 탈상의례는 사찰 또는 집에서 행하지만, 예식장에서 치르는 것이 관례화된 장례에서는 다양한 양상을 살펴볼 수 있기 때문이다.

장례식장에 승려를 청하지 않을 때는, 불교적 특성 없이 진행되기도 하지만 빈소에 녹음된 경전·의식문을 틀어 놓거나 가족들이 모여 경전을 읽는 사례가 많다. 이에 비해 적극적인 신도들은 빈소에 승려를 모시고 망자를 위한 염불을 의뢰하게 된다. 특히 사십구재를 치르기로 한 경우에는 해당 사찰의 승려가 장례식장에 참석하는 것이 관례화되어 있다. 승려의 참관은 대개 염습 무렵에 맞추어 시다림 염불을 한두 시간 정도 하게 되며, 임종 무렵부터 청하거나 삼일장 동안 이틀 또는 사흘간 방문하는 경우, 드물지만 장지까지 동행하는 경우도 있다.

최근에는 장례식장과 무관하게 불교장례를 전문으로 대행해 주는 업체들이 활성화되어, 임종부터 빈소·장지 의례까지 불교식으로 진행하기도 한다. 또한 사찰마다 신도들을 중심으로 상조회를 구성하여 상이 발생했을 때 염불봉사를 하는 사례도 늘어나고 있다. 이처럼 현재 장례식장에서 보이는 불교의식은 신도와 예식업체를 주체로 한 가운데 불교적 요소를 일부 도입하는 소극적 방식에서부터, 염불봉사회를 활용하거나 승려를 초청하여 염불을 해주는 방식, 불교장례 전문업체가 개입하여 본격적 불교의례로 치르는 방식에 이르기까지 다양하게 진행되고 있다. 따라서 의례 주체는 '신도—업체—승려'의 삼자가 작용하는 가운데 보다 복합적 양상을 띠게 된다. 곧 '신도'의 경우 유족인 신도와 염불봉사회인 신도단체로 이원화되고, '업체'의 경우 장례식장과 불교장례 전문업체로 이원화된 가운데 선택적으로 작동하게 되기 때문이다.

셋째, 사찰에서 치르는 일생의례는 탈상의례인 사십구재가 유일하게 활성화되어 있다. 이 외에 기제사·명절제사도 일정 비율을 차지하고 있으며 드물게나마 혼례도 꾸준하게 이어지고 있다. 이들 의례는 모두 불교 성전(공간)에서 승려(주체)의 집전으로 불교교리(이념)에 따라 행해지고 있어, 종교의례의 기본요소인 이념·주체·공간을 충족시키는 셈이다. 아울러 통과의례의 특성으로 의례 주체의 한 축인 신도(유족) 외에 의례 주인공이 별도로 존재하며, 종교이념의 정점에 있는 기원과 경배의 신적 대상이 존재한다. 따라서 사찰에서 치르는 일생의례는 법당의 '의례 공간'에서, 의례 주체인 '승려와 신도'가, 의례 대상인 '불보살'의 도움으로, 의례 주인공인 망자를 무사히 극락왕생하도록 기원하는 구도를 띠게 된다.

그런데 불교혼례는 근대 초기에 이능화(李能和)가 체계화한 뒤 신도들을 중심으로 보급·실천되었으나, 서구식 결혼의 유행과 함께 점차 주목을 끌지 못하게 되었다. 이처럼 독립된 의례로 치러졌던 불교혼례가 기독교혼례에 비해 침체될 수밖에 없는 주요 요인의 하나로 의례 공간의 문제를 들 수 있다. 교회는 특정 종교의 성전이지만 입식의 대형 건물이어서 혼례 등을 치르기에 적합하나, 사찰 법당은 좌식 건물인 데다 공간이 협소하여 강당 형태의 별도 건물이 있어야 무리 없이 혼례를 치를 수 있다. 나아가 이러한 성전(聖殿)의 공간문제가 종교성을 희석시키거나 부각시키는 역할을 하기도 한다. 곧 교회는 예식장과 기본구조가 동일한 서구식 건물로 타 종교인이라도 거부감이 적은 반면, 사찰은 종교적 성격이 강하게 부각되는 공간이어서 손님을 청하는 데 상대적으로 부담이 크기 때문이다.

이에 비해 탈상의례인 사십구재의 경우는 사찰에서 승려에 의해 행해야 하는 것으로 규정되어 있어 의례 공간과 의례 주체를 명확히 하고 있다. 이는 불·법·승 삼보(三寶)의 범주 속에서 치르는 것을 뜻하는데, 곧 불보살을 모신 법당(佛)에서 승려의 주관으로(僧) 경전의 염송과 염불을 통해(法) 망자를 올바로 천도할 수 있다고 보기 때문이다. 사찰에서 지내는 제사 또한 이러한 삼보의 가피 속에서 고인을 추모하고 천도하는 의미를 지닌다. 특히 사찰 제사는 독실한 불교신자이거나 아들·후손이 없는 경우뿐만 아니라, 근래에 와서는 간편하게 제사를 모시기 위한 대안으로 사찰을 선택하는 이들도 늘어나고 있다.

2. 의례 내용을 통해 본 특성

1) 민간이 주체가 된 생전의례

생전의례의 경우는 특히 불교의 의례 기반이 빈약하며 이에 대한 경전상의 지침 또한 찾아보기 힘들다. 민간의 중요한 의례에 불교가 일정한 영향을 미쳤으리라 보는 고려시대에도 관련된 기록이 없다. 경전으로 전하는 원론적 지침이 없기에 불교가 활성화되었던 전통시대에도 독자적 의례로 정비되기보다는 일반 의례의 앞뒤에 불교 의식문을 염송하는 등의 방식으로 진행되었을 가능성이 크다.

따라서 민간이 주체가 된 생전의례에서는 소망하는 바가 절실할수록 적극적 종교행위로써 불교의 신적 존재에 의지하는 경향을 살펴볼 수 있다. 예컨대 출생을 둘러싼 의례에서 불교의 개입은 주로 자식 점지를 위한 주술·종교적 기원과 밀접하게 관련된다. 자식의 잉태는 인간의 힘만으로 되지 않고 신의 점지가 필요하며 그만큼 정성을 들여야 한다고 믿었다. 이에 효험 있는 사찰을 찾아 그곳에 모신 불보살과 산신·칠성신에게 백일기도를 드리며 자식 점지를 빌었다. 특히 민간의 기자불공 대상은 미륵(彌勒)이 단연 압도적이었고 어느 시기부터인가 남근신앙과 긴밀하게 결합하여 신앙되었다. 아울러 제석(帝釋)의 다양한 변용과 수용, 마을을 찾는 탁발승을 둘러싼 출생담론 등에서 볼 수 있듯이 이러한 적극적인 수용은 불교교리와 무관하게 민간의 방식에 따랐다. 기자불공이 일상화되었기에 전승설화와 역사적 인물의 출생담에는 불공과 출생이 짝을 이룬 사례가 무수하게 전승되었고, 이러한 전승담은 다시 기자불공을 강화하는 작용을 해왔다.

아울러 평균수명이 짧았던 시대에 장수는 가장 절실하고 근원적인 소망이었다. 왕실과 지배층·서민의 구분 없이 모든 축원의 근간을 이루는 소망은 무병장수였기에, 신적 존재인 불보살을 향해 이러한 기원을 올리면서 가피를 받고자 한 것은 보편화된 신앙 양상이었다. 수많은 왕실원당(王室願堂)이 세워지고, 사찰 법당마다 불상·불화 등을 조성하면서 '주상전하만만세(主上殿下萬萬歲)'를 기록하게 한 것도 삼보의 위력으로 장수와 권세를 길이 누리고자 염원한 것이었다. 이러한 양상은 모두 절실한 소망으로 불교에 의지하고 사찰을 찾았던 자연스러운 종교적 행위였다.

이에 비해 민간의 출생의례를 불교적 관점에서 정립시키고자 했던 사례를 살펴볼 수 있었다. 이는 승려 안진호(安震湖)가 1925년에 발표한 불교식 출생의례 지침으로, 그가 정립한 사후의례는 현재까지 현장교본으로 전승되고 있는 데 비해 출생의례 지침은 큰 호응을 얻지 못하였다. 출생과 관련된 부분에서는 불교신자라 하더라도 민간의 논리 속에 외적 규범이 자연스럽게 수용되기는 힘들었던 것으로 보인다. 기자신앙 대상인 미륵의 존재가 민간이 주체적으로 창출한 것이었다면, 출생의례 지침은 불교에서 민간을 향해 제시한 것으로 역사적 뒷받침 없이는 쉽사리 뿌리내리기 힘들었음을 짐작케 한다.

아울러 기자신앙에 비해 삼칠일, 백일, 돌 등 출산 이후에 진행되는 일련의 의례에서는 상대적으로 불교의 영향력이 크지 않은 편이었다. 유아사망률이 높았던 시대에는 이 시기의 불교적 기원 또한 간절한 것이었지만, 생명점지에 미치는 신적 존재의 영향력에 비해 종교적 기원의 상황과 멀어지고 점차 일상의 불공으로 환원되기 때문이다. 그러나 출산율이 낮아지고 아들에 대한 갈망이 약화된 근래에 와서는 기자불공보다 자식의 건강과 발복을 위한 일상적 불공이 더 활성화되어 있다. 따라서 출생을 둘러싼 불교적 기원과 승려의 축원 등은 예나 지금이나 신도의 개별적 선택의 문제로 남아 있는 가운데 다양한 양상으로 전승되어온 셈이다.

또한 일생의례를 정립함에 있어 석가모니의 삶과 전생인연 등을 연계시켜 그 의미를 심화하는 일련의 경향을 살펴볼 수 있다. 석가모니는 생로병사의 과정은 물론 사회적 통과의례를 모두 거친 존재로, 태자로 태어나 유복한 유년기를 보낸 뒤 혼인하여 아들을 두었으나 출가 후 깨달음을 얻어 부처를 이루게 된 것이다. 따라서 설화적·신화적으로, 때로 현실적으로 전개되는 그의 삶에서 일생의례와 관련된 부분은 해당 의례의 기원이자 이념적 모티브가 되어왔다.

석가모니의 출생담은 불교적 출생의 이상적 모델이 되어, 비범한 존재의 탄생임을 드러내고자 그의 출생과 동일한 요소를 대입하는 출생 모티브가 다양하게 전승되고 있다. 예컨대 주인공의 출생이 지극한 정성과 부처님의 감응에 따른 것일 뿐만 아니라, 비범한 전생에서부터 출생 날짜 등에 이르기까지 관념적·현실적 요소를 차용함으로써 석가모니의 신성성과 위대함을 함께 공유하고자 한 것이다.

특히 본생담(本生譚)에서는 석가모니의 전생 인물인 선혜선인과 구리선녀가 부처님께 바칠 꽃을 구하다가 맺어지게 되었다는 혼인의 인연을 담고 있다. 이에 따라 불교식 혼례를 화혼식(花婚式)이라 부르면서, 불보살께 꽃을 바치는 헌화의식이 불교혼례를 특징짓는 주요한 요소로 자리하게 되었다. 본생담에 근거하여 부부가 일곱 송이의 꽃을 불보살께 바치는 것은 전생의 인연에 따라 부부로 맺어졌음을 드러내는 것인 동시에, 부처를 지향하는 중생의 뜻이 담겨 있다.

이처럼 생전의례는 민간에서 자율적 방식으로 삼보에 기원하거나 불교적 요소를 다양하게 수용해 왔으며, 규범화된 종교적 지침이 효력을 발휘하기보다는 민속화된 불교로서 전승되어 왔음을 알 수 있다. 아울러 혼례와 같이 의례가 지닌 의미와 영향력이 뚜렷한 경우 불교에서도 독자적 정립을 위해 노력하는 가운데, 단순한 불교 예식문의 삽입이 아니라 석가모니의 삶과 연계시킴으로써 의례의 의미를 심화하는 양상을 살펴볼 수 있다.

2) 불교가 주체가 된 사후의례

사후의례는 임종의례부터 주검을 떠나보내는 장례, 영혼을 보내는 상례, 주기적으로 고인과 만나는 제례 등에 이르기까지 임종의 순간부터 망자를 대상으로 치르는 의례를 말한다. 각 종교의 의례에는 해당 종교의 사상과 교리가 체계적으로 반영되어 있어 종교적 해석이 의례의 의미를 규정하는 경향이 짙다. 따라서 불교신자라면 누구나 불교적 해석과 처치 속에서 사후의례를 보내고자 원하게 마련이다. 특히 유교나 개신교 등에서는 망자를 좋은 곳으로 보내기 위한 의례가 존재하지 않는 데 비해, 불교의 사후의례는 윤회를 전제로 이루어지는 것이기에 망자를 보다 좋은 내세로 보내기 위한 내용이 핵심을 이룬다. 따라서 여기서는 '생유—본유—사유—중유'라는 불교적 일생의 연속된 과정 속에서 의례를 통해 '생과 사', '전생과 내생'의 관계를 풀어나가는 불교 사후의례의 특성을 살펴보고자 한다.

첫째, 불교에서는 임종 무렵을 일생 가운데 가장 중요한 순간으로 여긴다는 점이다. 이는 임종 무렵에 어떤 마음을 품고 죽느냐에 따라 내생이 달라진다고 보기 때문인데, 개신교에서도 '임종은 일생 중 가장 심각한 시간이며, 영혼과 육체가 분리되는 시간이요, 낙원과 음부가 결정되는 시간'이라 보아 성경봉독·찬송·기도를 하고, 천주교 역시 이 시기에 종부성사(終傅聖事)를 치르듯이 종교의례의 보편적 의미와 맥락을 같이한다.

특히 불교에서는 일생에서 가장 절박한 순간인 임종 무렵은 병자의 일생에 걸친 수행이 그대로 집약되어 드러내는 순간이라 본다. 따라서 죽음을 앞둔 병자가 '나무아미타불'을 열 번 외우면 많은 죄를 지은 이라도 극락에 갈 수 있다는 십념왕생(十念往生)은 평소의 꾸준한 마음공부와 염불수행이 없으면 불가능하다는 것이다. 아울러 가족·친지가 곁에서 염불하고 법문을 들려줌으로써 의식·무의식의 상태와 무관하게 병자에게 영향을 미쳐 불법에 가까이 갈 수 있도록 도와주게 된다. 따라서 이 시기는 병자와 가족이 일심으로 행하는 간절한 종교적 행위가 정점을 이루는 시기이다. 생유(生有)가 자력에 의한 것이고 중유(中有)가 타력에 의한 것이라면, 죽음의 순간인 사유(死有)는 자력과 타력이 함께 작용하는 정점에 놓여 있다고 하겠다.

둘째, 일반 상례가 사회적 인정을 중시하는 통과의례라면, 불교 상례인 사십구재는 의례를 치르는 공덕으로써 망자의 근원적 변화를 도모하는 통과의례라는 점이다. 이러한 변화는 의례 과정 속에서 관욕(灌浴)으로 생전의 업을 씻어 주고, 각종 진언(眞言)의 신비한 주문으로 효험을 불어넣어 주며, 끊임없는 불법(佛法)을 염송하여 미혹함에서 깨어나도록 하는 단계를 거침으로써 이루어진다. 아울러 대부분의 의례는 1회의 실행으로 목적을 달성하게 되지만, 중유의 기간에 행하는 사십구재는 임종 후 7일마다 일곱 번의 의례를 통해 완결된다. 의례 목표로 설정된 극락천도를 위해 점진적으로 나아가는 구도를 지님으로써 의례 주체의 성취감이 고조되는 가운데 목표를 수행하는 단계적 상승효과를 지니고 있다.

특히 영가는 저승에 편입되지 못한 채 생전의 업에 따른 심판을 앞두고 있어, '곤경에 처한 영가'와 '이를 구해줄 수 있는 유족'이라는 구도는 사십구재의 필요성에 대한 설명방식으로 널리 확산되어 있다. 불안하고 중요한 기로에 서 있는 영가를 위해 남은 자들이 큰 힘을 발휘할 수 있다고 할 때, 유족은 간절한 마음으로 적극 임하지 않을 수 없을 것이다. 이때의 공덕은 의례를 통해 가장 큰 효과를 발휘한다고 보아 중유기에 의례의 필요성이 강하게 대두된다.

셋째, 내세를 위한 의례가 사후에 해당하는 사유와 중유의 단계에서만 진행되는 것이 아니라, 생전인 본유에도 이루어진다는 점이다. 윤달에 올리는 생전예수재(生前豫修齋)가 그것으로, 사유와 중유 시의 의례는 남은 자들이 행하는 것이지만 예수재는 자신의 내세를 위해 생전에 본인이 직접 올리는 천도재에 해당한다. 누구든 생전에 지은 업을 심판받아 내세가 결정되기 때문에 사후의 삶은 곧 전생의 업보를 갚는 방식을 취하게 된다. 따라서 예수재는 명부세계를 다스리는 심판관인 시왕(十王)을 모시고 사후에 갚아야 할 전생의 과보를 살아 있는 동안에 미리 갚기 위한 의례인 셈이다. 약식으로 하루 만에 지내거나 3 · 7일간 지내기도 하지만, 사후의 중유 기간이 49일간이므로 예수재 역시 7일마다 일곱 번에 걸쳐 행하는 것이 일반적이다. 따라서 윤달이 든 전 달에 시작하여(入齋), 49일째인 회향일(回向日)이 윤달에 속하는 범위 내에서 자유롭게 날짜를 정해 진행하게 된다.

의례 내용의 특징은 누구나 살아 있는 동안에 빚을 안게 되는데, 이는 경전을 보지 못한 빚과 금전적인 빚이라고 본다는 점이다. 따라서 의례에 동참한 재자들은 각 단의 신적 존재들을 차례로 청해 경배와 공양의례를 올릴 뿐만 아니라, 경전을 봉독하고 지전(紙錢)을 헌납하는 과정을 치른다. 이렇듯 생전에 자력으로 짓는 업과 사후에 타력으로 짓는 천도재가 내세를 좌우하는 원동력이 되는 가운데, 생전에 자력으로 행하는 천도재 또한 인정함으로써 내세를 위한 천도재는 생전과 사후에 중층적으로 전개되고 있는 것이다. 특히 사후 사십구재와 동일하게 생전에도 49일간의 의례로 치름으로써 생전의 예수재가 사후의 사십구재와 동일한 공덕을 지닌 것임을 암시하고 있다.

이처럼 보다 나은 내세를 염두에 두는 불교 사후의례는, 생전 삶의 과보로 받게 되는 원론적 윤회를 강조하는 가운데 일생의 전 과정 속에 체계적으로 개입되어 있음을 알 수 있다. 곧 본유(本有)의 예수재, 사유(死有)의 임종의례, 중유(中有)의 사십구재를 통해 새로운 생유(生有)에 영향력을 미치는 '본유 · 사유 · 중유→생유'의 도식 속에서 작동하고 있는 것이다.

넷째, 불교에서 보는 일생의 범주를 벗어나서도 사후의례는 계속된다는 점이다. 곧 불교적 관점에서 보면 생유와 중유가 결합한 일생을 마치면 새로운 존재로 태어나게 되므로 더 이상 망자를 위한 의례는 불필요한 것이 된다. 그러나 이와 무관하게 동일한 주인공을 대상으로 한 사후의례는 사찰의 기제사 · 명절제사는 물론 여러 가지 천도재를 통해 다양한 양상으로 지속되고 있다. 본문에서 상세히 다루었듯이 동일한 망자를 대상으로 지속되는 의례에는 불교적으로 설명 가능한 의미들이 반영되어 있다.

신도들의 입장에서 보자면, 관념적 윤회관에 우선하여 망자에 대한 생각은 언제까지나 생전의 삶을 살았던 존재를 중심으로 떠올리게 마련이다. 아울러 망자가 보다 좋은 곳으로 가기를 바라는 마음은 중유 이후의 재생과 무관하게 거듭될수록 좋은 것이다. 특히 민간에서는 제사를 통해 주기적으로 망자와 만나고 있어, 이러한 죽은 자와 산 자의 보편적 관계가 불교와 결합되는 것은 자연스럽다. 망자를 기리고 추모하는 마음, 생전의 문제로 무사히 저승에 편입하지 못할까 염려하는 마음은 규범적 지침 이전의 문제이기 때문이다.

참고문헌

고문헌

『高麗史』, 『高麗史節要』, 『過去現在因果經』, 『國朝寶鑑』, 『根本說一切有部毘奈耶雜事』, 『論語集註』, 『訥齋集』, 『大般涅槃經』, 『大方便佛報恩經』, 『大乘本生心地觀經』, 『大藏一覽集』, 『大典會通』, 『大智度論』, 『東國李相國集』, 『東文選』, 『東史綱目』, 『牧隱集』, 『黙齋日記』, 『磻溪隨錄』, 『方廣大莊嚴經』, 『法苑珠林』, 『別譯雜阿含經』, 『佛說普曜經』, 『佛說長阿含經』, 『佛說淨飯王涅槃經』, 『佛說胞胎經』, 『佛說孝子經』, 『三國史記』, 『三國遺事』, 『三國志』, 『三峯集』, 『常變通攷』, 『釋迦譜』, 『松南雜識』, 『隋書』, 『阿毘達磨俱舍論』, 『阿毘達磨大毘婆沙論』, 『陽村集』, 『陽坡遺稿』, 『禮記』, 『牛溪集』, 『圓齋先生文稿』, 『瑜伽師地論』, 『瑜伽集要救阿難陀羅尼焰口儀軌經』, 『林下筆記』, 『作法龜鑑』, 『雜阿含經』, 『朝鮮王朝實錄』, 『增補文獻備考』, 『增一阿含經』, 『芝峰類說』, 『春亭集』, 『寒水齋集』, 『賢愚經』, 『弘齋全書』

일반 도서

강한영, 『신재효의 판소리 여섯 바탕집』, 앞선책, 1994.

경전연구모임, 『아미타경 · 무량수경 · 관무량수경』, 불교시대사, 1991.

고려대학교 민족문화연구원, 『한국민속의 세계 2: 의례생활 · 일상생활』, 1980.

고려대학교 민족문화연구원, 『한국민속의 세계 9: 민간신앙 · 기타신앙』, 2001.

高翊晉 編譯, 『한글 아함경』, 東國大學校出版部, 1991.

구미래, 『한국인의 죽음과 사십구재』, 민속원, 2009.

구미래, 『사십구재』, 민족사, 2010.

국립문화재연구소, 『한국민속종합조사보고서 24 · 25: 산속편』, 1993 · 1994.

金敬執, 『한국근대불교사』, 경서원, 1998.

김광식, 『근현대 불교의 재조명』, 민족사, 2000.

김광식, 『우리가 살아온 한국불교 백년』, 민족사, 2000.

김광언, 『한국의 집지킴이』, 다락방, 2000.

김근수 엮음, 『현대 불자가례』, 부다가야, 1998.

金斗鍾, 『韓國醫學史』, 探求堂, 1981.

김용선, 『역주 고려 묘지명집성: 상·하』, 한림대학교 출판부, 2012.

김재일, 『우리민속 아흔아홉 마당 2』, 한림미디어, 1997.

김정희, 『조선시대 지장시왕도 연구』, 一志社, 1996.

김종명, 『한국 중세의 불교의례: 사상적 배경과 역사적 의미』, 문학과지성사, 2001.

김종진, 『불교가사의 계보학, 그 문화사적 탐색』, 소명출판, 2009.

김현준, 『사찰, 그 속에 깃든 의미』, 교보문고, 1991.

김현준, 『바보가 되거라: 경봉대선사일대기』, 효림, 1993.

김희수·김승유, 『사내리, 사찰과 이어진 관광마을』, 국립민속박물관, 2012.

대한불교조계종 포교연구실, 『불교 상제례 안내』, 조계종출판사, 2011.

대한불교조계종 포교원, 『통일법요집』, 조계종출판사, 2004.

대한불교조계종 포교원, 『한글통일법요집: ①천도·다비의식집』, 조계종출판사, 2006.

道端良秀, 『佛敎と儒敎』, 東京: 第三文明社, 1976.

東洲 元明 엮음, 『僧伽儀範』, 弘願寺, 2009.

로저 자넬리·임돈희 공저, 『조상의례와 한국사회』, 一潮閣, 2000.

릴리 핑커스 著, 李仁福 譯, 『죽는 이와 남는 이를 위하여』, 弘益齋, 1983.

文化公報部 文化財管理局, 『韓國民俗綜合調査報告書: 서울篇』, 1979.

文化公報部 文化財管理局, 『韓國民俗綜合調査報告書: 巫儀式篇』, 1983.

미산, 『미산스님 초기경전 강의』, 명진출판, 2010.

朴尙煥, 『朝鮮時代 耆老政策硏究』, 혜안, 2000.

박태호, 『장례의 역사』, 서해문집, 2006.

배진달, 『세상은 연꽃 속에』, 프로네시스, 2006.

백파긍선 저, 김두재 옮김, 『작법귀감(作法龜鑑)』, 동국대학교출판부, 2010.

法眼·牛辿 編譯, 『상용불교의식』, 정우서적, 2012.

법현, 『영산재연구』, 운주사, 1997.

생활개혁실천범국민협의회, 『화장시설의 실태 및 개선방안』, 1998.

서영애, 『불교문학의 이해』, 불교시대사, 2002.

성열, 『고따마 붓다』, 문화문고, 2008.

沈祥鉉, 『佛敎儀式各論 Ⅵ: 常住勸供 下』, 한국불교출판부, 2001.

심상현, 『영산재』, 국립문화재연구소, 2003.

안동대학교 국학부 민속학과, 『의성사람들의 삶과 문화』, 민속학연구 제8집, 2003.

안양규, 『붓다의 입멸에 관한 연구』, 민족사, 2009.

安震湖 篇, 『釋門儀範: 下』, 寶蓮閣, 1968.

安震湖 編, 韓定燮 註, 『新編增註 釋門儀範』, 법륜사, 2001.

오고산·이종익·심재열 편역, 『도해팔상록』, 寶蓮閣, 2004.

오출세, 『한국 서사문학과 통과의례』, 집문당, 1995.

오출세, 『한국민간신앙과 문학연구』, 동국대학교출판부, 2002.

오출세, 『불교민속문학연구』, 집문당, 2008.

오형근, 『불교의 영혼과 윤회관』, 새터, 1995.

耘虛 龍夏, 『佛敎辭典』, 동국역경원, 1961.

월운 옮김, 『부모은중경』, 지영사, 2005.

유성욱, 『붇다의 신격화에 관한 연구』, 종교와 이성, 2007.

이광규, 『韓國人의 一生』, 형설출판사, 1985.

李能和 全集, 金常憶 옮김, 『朝鮮女俗考』, 東文選, 1990.

이능화 지음, 이병두 역주, 『조선불교통사: 근대편』, 혜안, 2003.

이덕일, 『이덕일의 여인열전』, 김영사, 2003.

이복규, 『묵재일기에 나타난 조선전기의 민속』, 민속원, 1999.

이어령, 『신화속의 한국정신』, 문학사상사, 2003.

李迎春, 『차례와 제사』, 대원사, 1994.

이은봉, 『한국인의 죽음관』, 서울대학교출판부, 2000.

이이화, 『이이화의 한국사이야기5: 최초의 민족통일국가 고려』, 한길사, 1999.

이이화, 『놀이와 풍속의 사회사』, 한길사, 2001.

李智冠 校勘譯註, 『歷代高僧碑文: 新羅篇』, 도서출판 伽山文庫, 1993.

李智冠 校勘譯註, 『歷代高僧碑文: 高麗篇2·3』, 社團法人 伽山佛敎文化院, 1995·1996.

日陀, 『범망경보살계』, 다라니, 1992.

임기중, 『불교가사 원전연구』, 동국대학교출판부, 2000.

任東權, 『韓國民俗學論考』, 宣明文化社, 1971.

임민혁 옮김, 『주자가례』, 예문서원, 1999.

임재해, 『전통상례』, 대원사, 1990.

장순용 옮김, 『대장일람집(大藏一覽集)』, 동국역경원, 2006.

장주근, 『풀어쓴 한국의 신화』, 집문당, 1998.

張哲秀, 『韓國의 冠婚喪祭』, 집문당, 1995.

정각(문상련), 『한국의 불교의례』, 운주사, 2001.

정각(문상련), 『불교 諸 의례의 설행 절차와 방법』, 운주사, 2002.

정병삼, 『그림으로 보는 불교이야기』, 풀빛, 2000.

鄭尙圤·柳鍾穆, 『韓國口碑文學大系』8-11: 慶尙南道 宜寧郡篇 2, 韓國精神文化
    硏究院, 1984.

朝鮮總督府 內務部地方局, 『朝鮮寺刹史料』上, 1911.

주강현, 『우리문화의 수수께끼』, 한겨레신문사, 1996.

중산 혜남 역해, 『유행경』, 부다가야, 2009.

中村 元編, 『佛敎語源散策』, 東京書籍, 1977.

增谷文雄 엮음, 편집부 옮김, 『부처님의 가르침』, 불교시대사, 1992.

池斗煥, 『朝鮮前期 儀禮硏究』, 서울大學校出版部, 1994.

崔吉城, 『韓國의 祖上崇拜』, 예전, 1991 증보판.

최재석, 『한국가족제도사연구』, 일지사, 1983.

최재석, 『한국고대사회사연구』, 일지사, 1987.

편무영, 『한국불교민속론』, 민속원, 1998.

편무영, 『초파일 민속론』, 민속원, 2002.

프랑크 라이너 셰크·만프레드 괴르겐스 지음, 황선상 옮김, 『불교』, 예경, 2007.

한국정신문화연구원, 『한국민족문화대백과사전』, 1991.

한용운 지음, 이원섭 옮김, 『조선불교유신론』, 운주사, 1992.

현용준, 『제주도무속자료사전』, 신구문화사, 1980.

洪潤植, 『朝鮮佛敎儀禮の硏究』, 隆文館, 1976.

洪潤植, 『韓國佛敎史의 硏究』, 敎文社, 1988.

홍윤식, 『불화』, 대원사, 1989.

홍윤식, 『영산재』, 대원사, 1991.

황옥자, 『불교 아동교육론』, 불교시대사, 2007.

논문

高榮燮, 「불교 효학의 이론과 실제」, 『韓國佛敎學』44輯, 韓國佛敎學會, 2006.

郭徒領, 「初期佛敎 在家佛子의 傳法과 役割에 關한 硏究」, 東國大學校 佛敎學科 博士論文, 2011.

구미래, 「불교 전래에 따른 화장의 수용양상과 변화요인」, 『한국종교민속시론』, 민속원, 2004.

구미래, 「'사십구재'의 의례체계와 의례주체들의 죽음 인식」, 안동대학교 민속학과 박사논문, 2005.

구미래, 「불교 천도재에 투영된 유교의 제사이념」, 『한국민속학』44. 한국민속학회, 2005.

구미래, 「한국불교 천도재의 중층적 위상」, 『역사민속학』28, 한국역사민속학회, 2008.

구미래, 「팔상도를 통해본 석가모니 출생의 민속학적 고찰」, 『종교와 그림』, 민속원, 2008.

구미래, 「조계종 49재의 현황 인식과 방향성 모색」, 『불교 상제례문화 연구』, 대한불교조계종 포교원 포교연구실, 2008.

구미래, 「불교 죽음의례의 유형과 변화양상」, 『종교문화비평』16, 한국종교문화연구소, 2009.

구미래, 「'일생'에 대한 불교적 관념과 불교 일생의례의 특성」, 『비교민속학』39, 비교민속학회, 2009.

구미래, 「불교적 관점에서 본 공론화된 죽음에 대한 의례」, 『불교학보』54, 불교문화연구원, 2010.

구미래, 「불교식 가정제사의 정립을 위한 시론」, 대한불교조계종 포교원 포교연구실, '불교식 가정제사 표준화를 위한 공청회' 자료집, 2011.

구미래, 「사하촌의 경제적 삶과 일생의례」, 『충북의 민속문화』, 충청북도·국립민속박물관, 2012.

금장태, 「유교의 종교성과 유교-천주교의 교류」, 『종교와 문화』제9호, 서울대학교 종교문제연구소, 2003.

김기현, 「儒敎의 喪葬禮에 내재된 삶과 죽음의식」, 『退溪學報』第104輯, 退溪學硏究院, 1999.

김만태, 「한국인의 삶에서 수연례(壽宴禮)가 갖는 의미 분석」, 『실천민속학연구』 12, 실천민속학회, 2008.

김명실, 「佛典에 나타난 胎兒의 形成과 發達理論: 兒童發達心理學의 胎內發達理論과 비교하여」, 『硏究論集』第20輯, 東國大學校 大學院, 1990.

김문식, 「70세 은퇴와 양로연」, 『전통과 현대』 16호, 전통과현대사, 2001.

金承熙, 「餓鬼考: 初期 韓譯經典에 나타난 餓鬼」, 『韓國의 佛畵 9』, 성보문화재연구원, 1999.

김승희, 「어디서 무엇이 되어 다시 만나랴」, 『甘露:下』, 통도사성보박물관, 2005.

金容德, 「喪葬禮 風俗의 史的 考察」, 『比較民俗學』第11輯, 比較民俗學會, 1994.

김유진, 「고려시기 高僧 靈驗譚의 생성과 유포」, 한국교원대학교 역사교육학과 석사논문, 2007.

김인옥, 「수연례의 변천에 관한 일 고찰」, 『한국전통생활문화학지』 6권 2호, 한국전통생활문화학회, 2003.

金鎭烈, 「輪廻說再考(Ⅱ): 輪廻의 方式과 薦度齋」, 『韓國佛敎學』第15輯, 韓國佛敎學會, 1990.

金哲埈, 「新羅의 村落과 農民生活」, 국사편찬위원회 편, 『한국사』 3, 탐구당, 1976.

金泰坤, 「巫俗과 佛敎의 習合」, 民俗學會, 『韓國民俗學叢書3: 巫俗硏究』, 敎文社, 1989.

金熙俊, 「朝鮮前期 水陸齋의 設行」, 韓國敎員大學校 敎育大學院 歷史敎育專攻 碩士論文, 2001.

나용화, 「盂蘭盆節의 由來와 意義」, 史在東 編, 『盂蘭盆齋와 目連傳承의 文化史』, 中央人文社, 2000.

柳仁熙, 「유가철학: 인간적 문화에서의 영생」, 『죽음이란 무엇인가』, 도서출판 窓, 1992.

閔泳珪, 「月印釋譜 第二十三殘卷」, 『東方學志』第六輯, 延世大學校 東方學硏究所, 1963.

박경용, 「사찰(사찰) 민간의료 전승양상: 산 스님의 사례를 중심으로」, 『한국학논집』 41, 계명대학교 한국학연구원, 2010.

朴昞嬿, 「朝鮮後期 願堂 硏究」, 嶺南大學校 國史學科 博士論文, 2001.

박영선, 「祈子對象神 미륵의 설화문학적 전승연구」, 부산대학교 국어국문학과 석사논문, 2000.

白龍城 編, 「大覺敎儀式」, 朴世敏 編, 『韓國佛敎儀禮資料叢書』第4輯, 三聖庵, 1993.

邊太燮, 「韓國古代의 繼世思想과 祖上崇拜信仰(下)」, 『歷史敎育』4, 歷史敎育硏究會, 1959.

보광, 「상장례를 통한 포교의 활성화」, 대한불교조계종 교육원 본말사주지 세미나 교육내용, 2004. 7.

徐宗梵, 「현행 불교의식의 문제점」, 동국대학교 불교문화연구원 편, 『새로운 정신문화의 창조와 불교』, 우리출판사, 1994.

宋宰鏞, 「임란 전 의례연구」, 『東아시아古代學』20輯, 東아시아古代學會, 2009.

宋賢珠, 「現代 韓國佛敎 禮佛의 性格에 관한 硏究」, 서울大學校 宗敎學科 博士論文, 1999.

송현주, 「근대한국불교 개혁운동에서 의례의 문제: 한용운, 이능화, 백용성, 권상노를 중심으로」, 『종교와 문화』6, 서울대학교 종교문제연구소, 2000.

沈曉燮, 「朝鮮前期 靈山齋 硏究」, 東國大學校 史學科 博士論文, 2004.

안옥선, 「초기불교에서 본 '무아의 윤회'」, 『불교평론』20, 불교시대사, 2004.

圓澤, 「성철스님의 행장」, 『白蓮佛敎論集』4, 白蓮佛敎文化財團, 1994.

유권종, 「한국에서의 상례문화의 전개」, 『유교사상연구』15집, 한국유교학회, 2001.

劉根子, 「간다라 佛傳 圖像의 硏究」, 東國大學校 美術史學科 博士論文, 2005.

유재숙, 「産前俗에 드러난 민간사고와 남녀관계의 상보성」, 경북대학교 고고인류학과 석사논문, 1993.

윤호진, 「佛敎의 죽음이해」, 『신학과 사상』21, 가톨릭대학출판부, 1997.

이경엽, 「씻김굿의 제의적 기능과 현세주의적 태도」, 『韓國民俗學』第31輯, 民俗學會, 1999.

이광규, 「동족집단과 조상숭배」, 『한국문화인류학』9, 한국문화인류학회, 1977.

李美香, 「『釋門儀範』歌曲篇의 음악유형 연구」, 『韓國佛敎學』47, 韓國佛敎學會, 2007.

李炳熙, 「高麗時期 院의 造成과 機能」, 『靑藍史學』第二輯, 靑藍史學會, 1998.

이성운, 「불교식 가정제사의 정립을 위한 시론」 토론문, 대한불교조계종 포교원 포교연구실, '불교식 가정제사 표준화를 위한 공청회' 자료집, 2011.

李誠雲,「韓國佛敎 儀禮體系 硏究: 施食·供養 儀禮를 中心으로」, 東國大學校 佛敎
    學科 博士論文, 2012.

李英淑,『朝鮮後期 掛佛幀 硏究』, 東國大學校 美術史學科 博士論文, 2003.

李英宗,「朝鮮時代 八相圖의 圖像的 淵源과 展開」, 서울大學校 考古美術史學科 碩
    士論文, 1995.

이영태,「판소리 사설에 나타난 불교적 내용에 관한 연구」, 중앙대학교 한국음악학과 석
    사논문, 2003.

李英華,「朝鮮初期 佛敎儀禮의 性格」, 韓國學大學院 歷史專攻 碩士論文, 1992.

李右石,「麗末鮮初의 盧墓制」, 建國大學校 史學科 碩士論文, 1996.

이욱,「朝鮮前期 冤魂을 위한 祭祀의 변화와 그 의미: 水陸齋와 厲祭를 중심으로」,『종
    교문화연구』3호, 한신인문학연구소, 2001.

이욱,「제사의 종교적 의미에 대한 고찰」,『儒敎思想硏究』第16輯, 韓國儒敎學會,
    2002.

李應周,「麗末鮮初 佛敎儀禮의 축소와 薦度齋의 역할」, 서울대학교 국사학과 석사논
    문, 1999.

이종철,「안계마을의 민속지」,『석주선교수 회갑기념 민속학논총』, 통문관, 1971.

임재해,「설화문화학적 관점에서 본 제사문화와 제례의 민중적 인식」,『제사와 문화』, 안
    동대학교 민속학연구소, 1999.

임재해,「민속문화에 갈무리된 제의의 정체성과 문화창조력」,『실천민속학 연구』제10호,
    실천민속학회, 2007.

正覺(文相連),「불교 제례의 의미와 행법: 시아귀회를 중심으로」,『한국불교학』33, 한국
    불교학회, 2002.

鄭吉子,「高麗時代 火葬에 대한 考察」,『釜山史學』第7輯, 釜山史學會, 1983.

鄭吉子,「韓國佛僧의 傳統葬法硏究」,『崇實史學』第4輯, 崇實大學校史學會, 1986.

鄭明熙,「儀式集을 통해 본 掛佛의 圖像的 변용」,『불교미술사학』제2집, 통도사성보박
    물관 불교미술사학회, 2004.

정휴,「불교의 효로 본 인생관」,『불교의 효사상』, 寺刹文化硏究院, 1994.

朝鮮總督府中樞院,「朝鮮祭祀相續法論 序說」, 國學資料院, 1980.

趙宗植,「世界 各國의 火葬制度」,『토지법학』12, 1997.

최순권,「조선후기 장수(長壽)에 대한 인식과 수연(壽宴)」,『수복(壽福)』, 국립민속박물

관, 2007.

최재석, 「신라시대의 葬法과 喪制」, 『人文論集』 30, 高麗大學校 文科大學, 1985.

최진덕, 「『주자가례』와 죽음의 유학적 이해」, 『정신문화연구』 80호, 한국정신문화연구원, 2000.

편무영, 「종교와 그림을 위한 서론: 연화신인출생(蓮花神人出生) 신화의 글로컬리제이션」, 『종교와 그림』, 민속원, 2008.

한양명, 「한국 産俗의 체계적 이해를 위한 試論」, 『比較民俗學』 第16輯, 比較民俗學會, 1999.

許筠 編, 「海東野言」, 『大東野乘』 2, 민족문화추진회, 1984.

許興植, 「高麗의 佛敎와 融合된 社會構造」, 『東洋文化硏究』 第10輯, 慶北大學校出版部, 1983.

洪性奎(慧月), 「佛敎 孝思想의 時代的 考察: 『父母恩重經』을 중심으로」, 東國大學校 佛敎文化大學院 碩士論文, 2007.

洪潤植, 「近代韓國佛敎의 信仰儀禮와 民衆佛敎」, 『崇山 朴吉眞博士 古稀紀念 韓國 近代宗敎思想史』, 圓光大出版局, 1984.

홍윤식, 「전통불교의식의 현황과 금후의 과제」, 『불교전통의식의 보존과 계승의 문제』, 범패시연 및 학술회의 자료, 조계종 전통불교의식 보존연구회, 2004.

홍윤식, 「수륙재의 내용과 의미」, 2008 삼화사 국행수륙대회 학술대회 논문집 『삼화사와 국행수륙대재』, 삼화사 · 국제아세아민속학회, 2008.

잡지 및 신문

「가톨릭뉴스 지금여기」, 「경향신문」, 「동아일보」, 「每日申報」, 「법보신문」, 「불교신문」, 「조선일보」, 「한겨레신문」, 「皇城新聞」, 『佛敎』, 『朝鮮佛敎月報』, 『朝鮮佛敎總報』

※ 책의 내용에 반영되어 있는 저자의 연구물은 각주를 생략하였음.

찾아보기

문헌신화 92
미래불(未來佛) 78
미륵(彌勒) 24, 78, 79, 81~83, 511
미륵불(彌勒佛) 78, 82~84, 104
미륵신앙 78, 80~83
미륵할매 83
미륵할머니 80, 83
민상(民喪) 408
민속불교 23
민속연희 90
민속화된 불교 24
밀교신앙 372
밀교의례 388

ㅂ

바깥채비 368, 374
바라문 344
바라문교 344, 415
박승주(朴勝周) 369
반승(飯僧) 191, 192, 217, 228, 263, 365, 442, 432
반혼재(返魂齋) 376, 381
발라사구위(鉢羅奢佉位) 40
발모사위(髮毛似位) 40
발원문 500
방기(傍記) 55
방편불교 422
배례(拜禮) 459
배불정책 369
백(魄) 427, 460
백고좌회(百高座會) 255

백용성(白龍城) 137, 156, 167, 169, 175, 177, 181
백일 117, 119, 342, 349, 354, 477, 478, 512
백일기(百日忌) 342
백일기도 119, 342
백일불공 33, 78, 95, 101, 119, 317
백일상 235, 315, 316, 342, 343, 399
백일의례 343
백일잔치 478
백일장(百日葬) 309
백일재(百日齋) 235, 342, 343, 349, 351, 353, 356, 359, 361, 362, 365, 399, 430
백일축원 128
백일치성 119
백일탈상 493, 494, 344, 354, 397, 399
백중 430, 499
백중 천도재 436, 450, 499, 500
백파(白坡) 280
범무(梵舞) 368, 372, 453
범음(梵音) 370
『범음집(梵音集)』 368
범패(梵唄) 358, 368~370, 372
법공양(法供養) 348, 394, 413, 466
법보시(法布施) 228
법복(法服) 295
법석(法席) 283, 361~364
법식(法食) 397
법의(法衣) 383
법주(法主) 182, 380, 383
법진(法眞) 거사 104
벽지불(辟支佛) 302
병탑(瓶塔) 302

숫자

구미래

민속학박사(불교민속 전공)
현재 동국대 불교대학원 강사, 한국불교민속학회 연구이사, 대한불교조계종 성보보존위
원·연구위원, 성보문화재연구원 이사 등으로 활동하고 있다.

한국학중앙연구원에 근무하면서『한국민족문화대백과사전』발간작업에 참여했으며, 1988년
직장생활과 병행해 각 분야의 한국학 전공자들과 함께 우리문화연구원을 만들어 활동하면서
10여 년간 월간『얼과 문화』를 발간하였다. 안동대학교 민속학과에서 불교민속을 전공하여
2005년에「'사십구재'의 의례체계와 의례주체들의 죽음 인식」이라는 논문으로 박사학위를 취
득하였다. 불교의례, 불교 세시풍속, 사하촌 등 생활전승불교를 대상으로 불교문화의 의미와
전승주체들의 수용양상을 분석하는 데 관심을 가지고 있다.
주요 저서로는『종교와 노래』(공저, 민속원, 2012),『불교 상제례 안내』(책임집필, 조계종출
판사, 2011),『사십구재』(민족사, 2010),『불교 임종 준비와 안내』(공저, 조계종출판사, 2010),
『한국인의 죽음과 사십구재』(민속원, 2009),『종교와 그림』(공저, 민속원, 2008),『종교와 의
례공간』(공저, 민속원, 2007),『종교와 일생의례』(공저, 민속원, 2006),『종교와 조상제사』(공
저, 민속원, 2005),『韓國宗敎民俗試論』(공저, 민속원, 2004),『한국인의 상징세계』(교보문고,
1995) 등이 있다.

한국불교의 일생의례

초판 1쇄 인쇄   2012년 12월 21일
초판 1쇄 발행   2012년 12월 28일

저자   구미래
펴낸이   윤재승

펴낸곳   민족사
출판등록   1980년 5월 9일 제1-149호
주소   서울 종로구 수송동 58번지 두산위브파빌리온 1131호
전화   02-732-2403, 2404
팩스   02-739-7565
홈페이지   www.minjoksa.org
페이스북   www.facebook.com/minjoksa
이메일   minjoksa@chol.com

ⓒ 구미래, 2012. Printed in Seoul, Korea

ISBN 978-89-7009-559-2 93220

★ 이 논문은 2007년 정부(교육인적자원부)의 재원으로 한국학술진흥재단의 지원을 받아 연
  구되었음(KRF-2007-812-A00053)
★ 이 책에 사용된 도판은 사단법인 성보문화재연구원에서 제공했음을 밝힙니다.
★ 이 책 내용의 전부 또는 일부를 재사용하려면 반드시 저작권자와 출판사의 서면 동의를 받
  아야 합니다.
★ 책값은 뒤표지에 있습니다. 잘못된 책은 바꿔 드립니다.